D1729942

Word 2002

Word 2002

Mechtild Käufer

DATA BECKER

Copyright	© 2001 by DATA BECKER GmbH & Co. KG
	Merowingerstr. 30
	40223 Düsseldorf
	1. Auflage 2001
Umschlaggestaltung	Inhouse-Agentur DATA BECKER
Produktmanagement und Lektorat	Silvia Dreger
Satz & Layout	DTP-Studio Marl
	dtp-studio-marl@businessnet.de
Druck	Media-Print, Paderborn
E-Mail	buch@databecker.de

ISBN 3-8158-2155-X

Wichtiger Hinweis

3. Dokumente für den täglichen Business-Einsatz 67

4. Automatische Funktionen 107

INHALTSVERZEICHNIS

1. News in Word und Office XP

Endlich ist sie da, die neue Office-Version – und damit auch das neue Word 2002! Vermutlich werden Sie neugierig sein auf neue Features, die Ihnen den Einsatz des Office-Pakets am Arbeitsplatz erleichtern. Die Neuigkeiten beginnen bereits mit dem Namen für das Office-Paket und seine Module. Vorbei sind die Zeiten, in denen die Versionen durch eine Versionsnummer oder Jahreszahl gekennzeichnet wurden. Das XP, mit dem die neue Version gekennzeichnet ist, steht für Experience, zu Deutsch etwa Erfahrung, Erlebnis. Freuen Sie sich also auf die neuen Erfahrungen und Erlebnisse mit dem neuen Office-Paket und besonders auf Word, dessen Einsatz Ihnen einen abwechslungsreichen Arbeitsplatz mit Möglichkeiten, die über reine Textverarbeitung hinausgehen, garantiert.

1.1 Office XP-News: Das ist neu

Neben den vielen Word-spezifischen Neuheiten und Änderungen gibt es auch eine Reihe von Ergänzungen und Erweiterungen, die Sie in jedem der Office-Module vorfinden werden oder die sich speziell auf den Austausch zwischen den Office-Modulen, wie z. B. die erweiterte Zwischenablage, beziehen.

Kompatibilität – Dateiformate bleiben

Die erste Frage jedes Office-Anwenders – spätestens nach Office 97 – ist meist die nach der Abwärtskompatibilität. In diesem Punkt können Sie beruhigt aufatmen, denn die Dateiformate in Office XP bleiben abwärtskompatibel zu Office 97/2000, zumindest was Word, Excel und PowerPoint angeht, anders sieht es jedoch bei Outlook und Access aus.

Office im neuen schlichten Design

Zunächst wird Ihnen in allen Office-Modulen das neue Design auffallen. Neben dem neuen Erscheinungsbild der Symbolleisten und deren Inhalt fällt besonders die Task Pane – übersetzt im deutschen Office mit Aufgabenbereich – am rechten Bildschirmrand ins Auge. Auch die Menüs und die Statusleiste sind farblich neu gestaltet.

Wenn Sie sich in Office 2000 immer über die eingeschränkte und platzsparende Anzeige der Standardschaltflächen in nur einer Symbolleiste geärgert haben, Ihnen aber das Umschalten zu umständlich erschien, werden Sie sich jetzt freuen. Über den Klick auf den Doppelpfeil am Ende einer Symbolleiste und den Befehl *Schaltflächen in einer Reihe anzeigen* oder *Schaltflächen in zwei Reihen anzeigen* können Sie zwischen der platzsparenden und der etwas bequemeren Anzeigeform jederzeit umschalten.

Aufgabenbereiche in der Task Pane

Die Taskleiste ist jedem Windows-Anwender bereits seit Windows 95 vertraute Hilfe geworden. Neu ist nun in Office eine so genannte Task Pane (Aufgabenbereich). Dabei handelt es sich um einen – standardmäßig am rechten Rand – eingeblendeten Ausschnitt, in dem passend zum jeweiligen Arbeitsschritt Befehle, Meldungen und Steuerelemente wie Schaltflächen und Eingabefelder angezeigt werden. Über die Schaltflächen in der Titelleiste der Task Pane kann, ähnlich wie in einem Browser, schrittweise im Inhalt der Task Pane zurück- oder vorwärts geblättert werden. Über diesen Ausschnitt hat der Anwender z. B. Vorschau und Zugriff auf die erweiterte Office-Zwischenablage, erhält eine Liste der vorhandenen Dokumentvorlagen, greift auf die erweiterte Suchfunktion zu oder kann Wörter im Dokument übersetzen lassen.

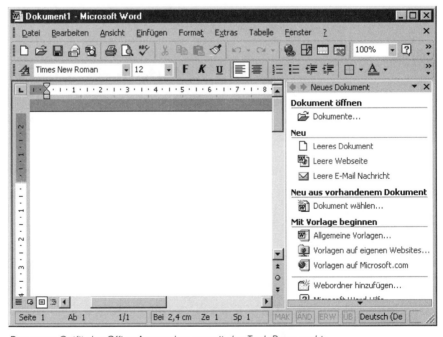

Das neue Outfit der Office-Anwendungen mit der Task Pane rechts

Die Task Pane erscheint automatisch, wenn Sie Aktionen durchführen, die durch die Task Pane erleichtert werden können, also wenn Sie z. B. ein neues Dokument erstellen, eine Suche starten, den Inhalt der Zwischenablage durch Einfügebefehl abrufen, eine Übersetzung anfordern, Formatierungsschritte durchführen oder die Verbindung zum Web herstellen. Sie erspart Ihnen bei all diesen Schritten das Aufrufen eines Dialogfelds über den umständlichen Menüweg.

Intelligente Verknüpfungen – Smarttags

Zur Verbesserung und Vereinfachung des Austauschs zwischen den einzelnen Office-Komponenten wurden in Office XP so genannte Smarttags eingeführt. Hierbei handelt es sich um von den Office-Komponenten gemeinsam genutzte Programmbibliotheken, die den Zugriff auf einmal in einer beliebigen Anwendung gespeicherte Informationen von allen Modulen aus ermöglichen.

Über Smarttags – übersetzt „Intelligente Verknüpfungen" – können Daten wie z. B. eine in Outlook gespeicherte E-Mail-Adresse, Namen oder Datums- und Zeitwerte von allen Anwendungen genutzt werden oder Sie können eine neue Adresse aus Word heraus in das Outlook-Adressbuch eintragen.

Smarttags werden durch besondere Symbole gekennzeichnet. Der Klick auf ein solches Symbol öffnet ein Kontextmenü mit den zum verknüpften Programm passenden Befehlen.

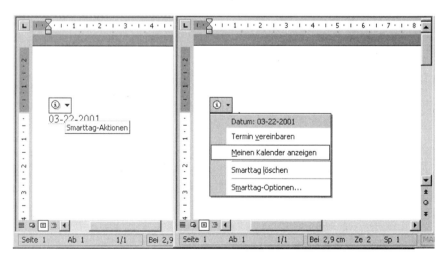

Smarttags in Aktion

Zugriff auf die Smarttags-Einstellungen haben Sie in den einzelnen Office-Anwendungen über die AutoKorrektur-Funktion. Dort können Sie diese Einstellung aktivieren oder deaktivieren, Smarttags hinzufügen oder über das Web auf zusätzliche und aktualisierte Smarttags aus dem Web zugreifen.

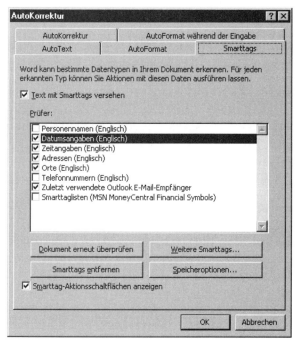

Die Einstellungen für Smarttags

Erweiterte Zwischenablage

Weniger auffällig, aber genauso wichtig sind Änderungen, die nicht sofort ins Auge fallen. So ist z. B. die Zwischenablage erweitert worden. Sie kann jetzt mehr Datenblöcke aufnehmen und sofort über einen Befehl (*Bearbeiten/Office-Zwischenablage*) eingeblendet werden, auch wenn noch keine Daten dorthin kopiert oder verschoben wurden. Anders als in der Vorgängerversion kann der Inhalt der Zwischenablage eingesehen werden. Die Daten, die von den verschiedenen Office-Anwendungen in die Zwischenablage gebracht wurden, erschienen früher nur als Symbole in der *Zwischenablagen*-Symbolleiste. Nun erscheinen die Inhalte selbst in der Task Pane am rechten Bildschirmrand. Erweitert wurde auch das „Fassungsvermögen" der Zwischenablage, sie kann nun 24 statt der bisher möglichen zwölf unabhängigen Datenblöcke speichern.

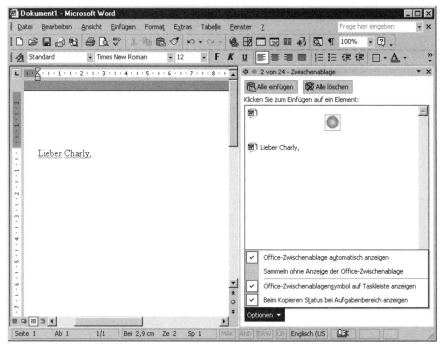

Die erweiterte Zwischenablage

Über eine Schaltfläche können Sie den Einsatz der Zwischenablage außerdem jetzt genauer steuern und z. B. festlegen, dass diese auch als Symbol in der Taskleiste angezeigt werden soll.

Erweiterte Such- und Ersetzmöglichkeiten

Ein sehr nützliches Feature ist die erweiterte Suchfunktion, die in allen Office-Modulen zur Verfügung steht. Sie können mit dieser erweiterten Suchfunktion programmübergreifende Suchläufe durchführen, also z. B. bestimmte Ordner oder den kompletten Arbeitsplatz nach Office-Dateien durchsuchen. Sie können nach Dateien suchen, die bestimmten Text enthalten, oder nach bestimmten Dateitypen oder Ordnern suchen, wie dies bisher nur mit der Windows-Suchfunktion möglich war, nur dass Sie die Suche jetzt durchführen können, ohne das aktuelle Office-Programm verlassen zu müssen.

Gestartet wird die erweiterte Such- oder Ersetzfunktion über die Schaltfläche *Office-Suche* in der *Standard*-Symbolleiste. Die Steuerelemente für die Eingabe des Suchbegriffs werden dann in der Task Pane angezeigt.

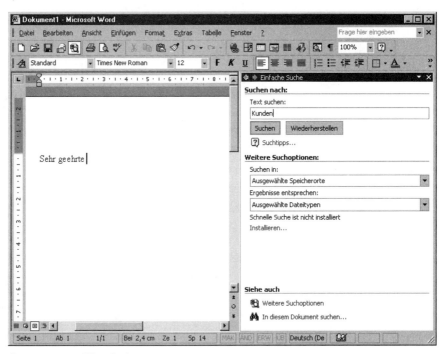

Die erweiterte Office-Suche

SharePoint und Teamfunktionen

Microsoft SharePoint ist eine spezielle Website-Lösung für das Inter- und Intranet, die Arbeitsgruppen einen einfachen Informationsfluss und Datenaustausch ermöglichen soll. Diese eng mit Office XP verzahnte Lösung ist besonders für Arbeitsgruppen, die gemeinsam Dokumente im Intranet verwalten, interessant. Sie hilft bei der Dokumentverwaltung über einen Webserver, gestattet die gemeinsame Verwaltung von Terminen und Adressen sowie die gemeinsame Dateiablage von Office-Dokumenten mithilfe eines Browsers.

Überhaupt wurden in Office XP die Team- und Intranet-Funktionen erweitert und ausgebaut, so unterstützt Office jetzt z. B. das Senden von Dokumenten per E-Mail zur Überarbeitung von anderen Teilnehmern. Bei der Auswahl des Befehls *Datei/Senden an/E-Mail-Empfänger (zur Überarbeitung)* erhält der Empfänger das aktuelle Dokument automatisch mit aktivierter Überarbeitungsfunktion.

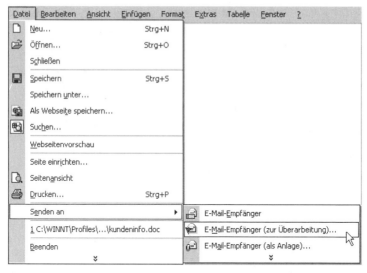

Austauschfunktionen erleichtern die Arbeit im Team

Netzwerk- und Datensicherungsfunktionen

Zu den erweiterten Sicherungsfunktionen gehört die wichtige Möglichkeit, automatisch von Dateien, die innerhalb eines Netzwerks oder auf austauschbaren Laufwerken gespeichert werden, Sicherungskopien zu erstellen. Erreichbar ist diese Sicherheit über die Speicheroptionen der einzelnen Office-Anwendungen.

Es ist außerdem möglich, außer den bereits in früheren Versionen üblichen Kennwörtern für Zugriff und Schreibschutz Dateien zu verschlüsseln und zu signieren. Außerdem können Sie alle persönlichen Informationen beim Speichern aus einer Office-Datei entfernen lassen.

Sicherheitsoptionen

Im Zeitalter von Internet und Intranet wird der Punkt Sicherheit immer wichtiger. Hier hat Office neue Funktionen aufzuweisen, die über den Befehl *Extras/Optionen* auf einer eigenen Registerkarte zusammengefasst wurden. Zu den bereits früher verfügbaren Befehlen für die Vergabe von Sicherheits-Kennwörtern für Schreibschutz und Zugriff kann nun auch eine digitale Signatur eingefügt werden und die Dokumenteigenschaften können verschlüsselt werden.

Verschlüsseln von Word-Kennwörtern

Hier ist nun auch die Schutzfunktion für Dokumente zu finden, die gemeinsam bearbeitet werden und für die nur bestimmte Eingriffe – wie protokollierte Änderungen, Kommentare oder das Ausfüllen von Formularfeldern – von anderen Anwendern zugelassen werden sollen.

Dokumente digital signieren

Über die bereits angesprochene zentrale Sicherheitsschnittstelle, die Sie mit dem Befehl *Extras/Optionen* und dem Register *Sicherheit* ansprechen, können Sie über die Schaltfläche *Digitale Signaturen* auf bereits existierende digitale Signaturen zugreifen oder neue hinzufügen.

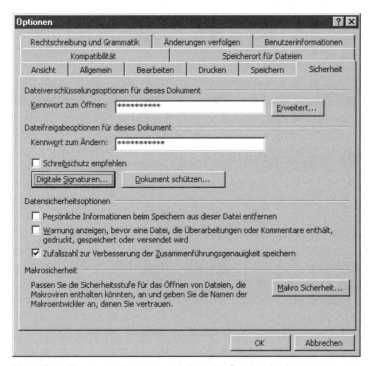

Neue Einstellungsmöglichkeiten erhöhen die Datensicherheit

Makrosicherheit

Auch die Deaktivierung von Makros ist nun über die zentrale Sicherungsfunktion über den Befehl *Extras/Optionen* im Register *Sicherheit* und hier über die Schaltfläche *Makro Sicherheit* erreichbar.

Benutzereinstellungen sichern mit dem Assistent zum Speichern eigener Einstellungen

Viel Zeit wird Ihnen der Setting Wizard ersparen, wenn Sie ihn rechtzeitig einsetzen, um die persönlichen Office-Einstellungen zu speichern. Er speichert alle Benutzereinstellungen und ermöglicht es Ihnen bei einer Neuinstallation oder bei einem Wechsel zu einem anderen Rechner, diese Einstellungen zu transportieren. Mit dem Befehl *Speichern/Eigene Einstellungen* starten Sie einen Assistenten, der die benutzerspezifischen Einstellungen wahlweise in einem OPS-File oder auf einem sicheren Webserver speichert.

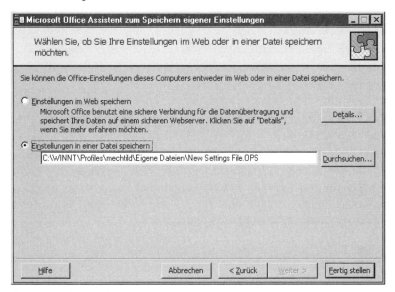

Einsatz des Setting Wizard

Applications Recovery

Die verbesserte Sicherungsfunktion wird bei einem Programmabsturz automatisch aktiv. Nach dem Neustart wird in der Task Pane automatisch eine Liste der automatisch gespeicherten Dateien aufgeführt und Sie können wählen, welche dieser Dateien Sie speichern und weiterbearbeiten wollen. Über den Befehl *Start/Programme/Microsoft/Office Tools/Microsoft Office Problemmanager* können Sie auf eine Art Office-Task-Manager zugreifen, der es Ihnen ermöglicht, eine hängende Anwendung zu beenden oder neu zu starten.

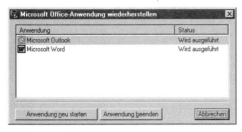

Applications Recovery

Neue Direkt-Hilfe

Fortgeschrittene Anwender arbeiten ungern mit dem Assistenten, da diese Methode zu umständlich ist, um schnell zu einem neuen Feature Hilfe abzurufen, und blenden deshalb den Assistenten aus. In Office XP wird bei abgeblendetem Assistenten ein Listen-Eingabefeld in der Symbolleiste angezeigt, in das Sie eine Frage eingeben können, die direkt zur Hilfe gesendet wird.

Das Fragefeld am Ende der Standard-Symbolleiste

Verwaltung der ClipArts und Grafikdateien

Mit dem Microsoft Clip Organizer stellt Ihnen Office XP ein praktisches Tool für die Verwaltung aller auf Ihrem System verfügbaren ClipArts und Grafikdateien zur Verfügung. Beim Start dieses Tools werden automatisch alle verfügbaren oder angegebenen Laufwerke nach Grafikdateien durchsucht. Anschließend setzen Sie dieses Tool ein, um auf ClipArts zuzugreifen und diese zu verwalten.

Der neue ClipArt-Organizer

Grafiken komprimieren

In Word oder anderen Office-Anwendungen ist nun eine speichersparende Bildkomprimierung möglich. Diese Option können Sie sowohl beim Speichern eines Dokuments über die Option *Extras* wählen als auch über eine Schaltfläche in der *Grafik*-Symbolleiste, die automatisch eingeblendet wird, wenn Sie eine Grafik markieren. Im Dialogfeld haben Sie die Möglichkeit, die Komprimierungseinstellungen nur für die aktuelle Grafik oder für alle Grafiken des Dokuments festzulegen. Eine Reduzierung des Speicherumfangs wird sowohl durch eine herabgesetzte Auflösung als auch durch eine Bildkomprimierung erreicht. Der Umfang beschnittener Grafiken kann zusätzlich reduziert werden, wenn die „abgeschnittenen" Bereiche tatsächlich gelöscht werden.

Grafiken komprimieren

1.2 Word 2002-News: Was ist neu

Freuen Sie sich auf den Einsatz der neuen Word-Version: Sie hat einige nützliche Features hinzubekommen und Sie benötigen – anders als in einigen Vorgängerversionen – keinen großen Zeitaufwand, um Ihre Dokumente umzustellen oder sich in die neue Version einzuarbeiten. Ein wenig umstellen müssen Sie sich nur bezüglich der Befehle für Brief- und Seriendruck sowie der Fußnotenverwaltung.

Mehrfachmarkierung

Darauf haben die Anwender wirklich schon seit langem gewartet: Word beherrscht nun mit der Mehrfachmarkierung eine Fähigkeit, die Excel schon lange besaß. Und wenn Sie bereits wissen, wie Sie in Excel nicht zusammenhängende Zellen markieren, können Sie auch in Word unzusammenhängende Textstellen markieren, indem Sie einfach beim Markieren die Taste [Strg] gedrückt halten. Anschließend können Sie die so markierten Textstellen z. B. alle zusammen einheitlich formatieren.

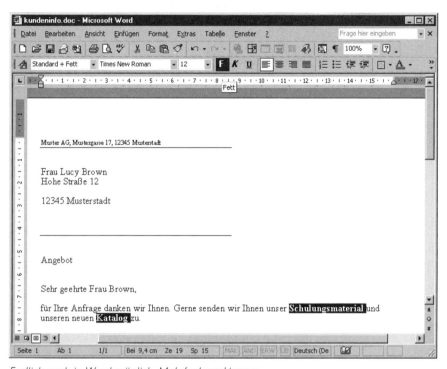

Endlich auch in Word möglich: Mehrfachmarkierung

Verbesserte AutoKorrektur-Funktion

Vielleicht haben Sie sich in früheren Word-Versionen auch schon öfter über die automatische Vervollständigungsfunktion geärgert, die auch dort automatische Ergänzungen vornahm, wo Sie gar nicht erwünscht waren. Natürlich gab es auch die Möglichkeit, diese Ergänzung zurückzusetzen, wenn auch ein wenig umständlich.

In Word 2002 ist diese Möglichkeit vereinfacht worden. Nach einer unerwünschten Ergänzung müssen Sie nur mit der Maus über den ausgewechselten Begriff fahren und können aus dem erweiterten Kontextmenü wählen, ob Sie nur die aktuelle Korrektur oder das Auswechseln dieses Kürzels grundsätzlich deaktivieren wollen.

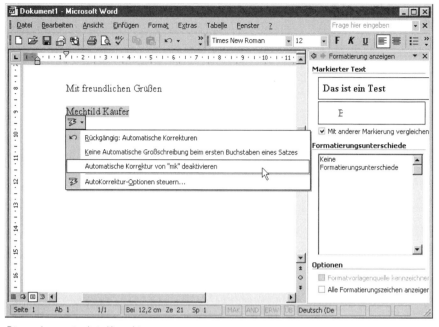

Die verbesserte AutoKorrektur

Verbesserte Fußnotenfunktion

Vielleicht haben Sie beim ersten Blick auf die Menüs der neuen Word-Version den Befehl für die Fußnotenverwaltung vermisst. Keine Angst, es gibt ihn noch immer. Er ist allerdings etwas versteckter untergebracht. Alle Verweise, auch die Fußnoten, sind nun einheitlich im Menü *Einfügen* unter dem Befehl *Referenz* zusammengefasst. Neu und hilfreich ist im Dialogfeld *Fuß- und Endnoten* das Listenfeld *Änderungen übernehmen für*, mit dem Sie festlegen können, dass die im Dialogfeld festgelegten Formatierungen für das komplette Dokument oder nur für den aktuellen Abschnitt gelten sollen. Die Fußnotenverwaltung in Dokumenten mit mehreren Abschnitten wird hierdurch deutlich einfacher.

Verbesserte Formatkontrolle

Im Register *Bearbeiten* finden Sie außerdem in Word 2002 neue Kontroll-kästchen, wie *Vorlagenaktualisierung mitverfolgen,* mit denen Sie Word automatisch eine Formatierungskontrolle übergeben können. So kann Word z. B. vor der automatischen Aktualisierung von Formatvorlagen die von Ihnen direkt im Dokument vorgenommene Formatierung nachfragen.

Sie können Word mit dem Kontrollkästchen *Formatierung mitverfolgen* anweisen, während der Eingabe vorgenommene Formatierungen zur Wiederverwendung anzubieten, oder Word mit der Option *Inkonsistenz bei Formatierungen markieren* veranlassen, Sie auf unterschiedlich angewendeten Formatierungen hinzuweisen.

Schnelleres Formatieren

Word 2002 bietet Ihnen im Großen und Ganzen keine neuen Formatierungsbefehle, wohl aber eine Möglichkeit zur beschleunigten und vereinfachten Formatierung über die Task Pane. Mit dem Befehl *Format/Formatvorlagen und Formatierung* blenden Sie im Aufgabenbereich Listenfelder ein, die Sie über die Formatierungen des aktuellen Absatzes bzw. der markierten Zeichenketten informierten, und zwar sowohl über die direkt zugewiesenen Formatierungen als auch die verwendeten Formatvorlagen. Außerdem finden Sie dort Steuerelemente, mit denen Sie Formatvorlagen zuweisen, neue Formatvorlagen erstellen und auf einfache Weise bereits zugewiesene Formatierungen wieder entfernen können.

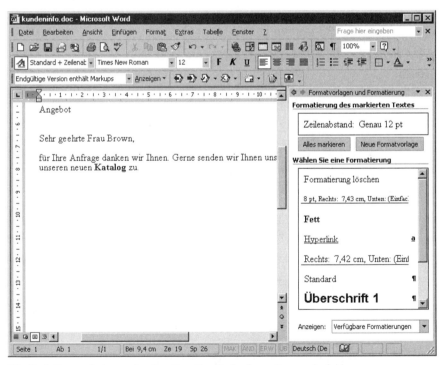

Die Task Pane mit dem schnellen Zugriff auf alle Formatierungsbefehle

Neu ist der Befehl *Format/Formatierung anzeigen*, der den gleichnamigen Aufgabenbereich anzeigt. Dort können Sie sich über die Formatierung des markierten Bereichs informieren, aber diesen auch mit Abschnitten mit ähnlicher Formatierung vergleichen und Formatierungsunterschiede herausfinden.

Neu: Listen- und Tabellenformatvorlagen

Auch die Listenfunktion, mit der Sie Aufzählungen, Nummerierungen und Gliederungen erstellen können, wurde überarbeitet. Neu ist hier in Word 2002 z. B., dass auch grafische Aufzählungszeichen in die Liste der bevorzugten Aufzählungssymbole übernommen werden. Im Dialogfeld *Nummerierung und Aufzählungszeichen* finden Sie nun außerdem eine zusätzliche Registerkarte mit der Beschriftung *Listenformatvorlagen*. Über dieses Register haben Sie sowohl den schnellen Zugriff auf die fertigen Formatvorlagen für Listen als auch die Möglichkeit, eigene Listenformatvorlagen den bestehenden hinzuzufügen.

Im Gegensatz zur Verwaltung der Listenformatvorlagen im Dialogfeld *Formatvorlagen* bleibt die Anzeige hier auf die Formatvorlagen beschränkt, die für ein- oder mehrstufige Nummerierungen oder Aufzählungen eingesetzt werden können. Die Auswahl grafischer Aufzählungszeichen, die bisher über die Schaltfläche *Grafik*, die Sie direkt im Register *Aufzählungen* fanden, aktiviert wurde, finden Sie nun nach der Aktivierung der Schaltfläche *Bilder* im Dialogfeld *Aufzählung anpassen*.

Vereinfachter Zugriff auf Formatvorlagen für Listen

Das Gleiche gilt für Tabellen. Auch hier besteht die Möglichkeit, die Formatierung einer Tabelle als Formatvorlage zu speichern und auf andere

Tabellen zu übertragen, um so ein einheitliches Erscheinungsbild zu garantieren. Hier haben Sie den Zugriff auf die Formatvorlagen über den Befehl *Tabelle/AutoFormat für Tabellen*.

Formatvorlagen leichter erstellen

Eine Beschleunigung für die Erstellung und den Einsatz von Formatvorlagen bedeutet sicherlich bereits der Einsatz des Arbeitsbereichs *Formatvorlagen und Formatierung*, in dem alle wichtigen Steuerelemente zusammengefasst sind. So ist der Zugriff auf die benötigten Befehle möglich, ohne dass ein Dialogfeld geöffnet werden muss. Zusätzlich wird die Erstellung neuer Formatvorlagen erleichtert, weil Sie die wichtigsten Formatierungsbefehle direkt im Dialogfeld *Neue Formatvorlage* über Schaltflächen auswählen können.

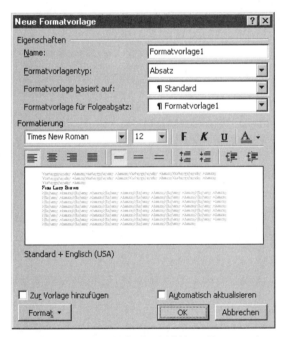

Schnellformatierung im Dialogfeld Neue Formatvorlage

Wasserzeichen

Über die Schaltflächen der *Grafik*-Symbolleiste konnten Sie zwar auch in Vorgängerversionen Wasserzeicheneffekte für den Hintergrund eines Dokuments erzielen, in Word 2002 finden Sie jedoch einen speziellen Befehl, den Sie über die Auswahl *Hintergrund/Gedrucktes Wasserzeichen* aktivieren können. Im Dialogfeld *Gedrucktes Wasserzeichen* können Sie eine Grafik oder einen Text – z. B. den Firmennamen als Wasserzeichen im Hintergrund der Dokumentseiten anzeigen lassen, um so z. B. unerwünschtes Kopieren Ihres geistigen Eigentums zu verhindern.

Das neue Feature Wasserzeichen

Schematische Darstellungen

Neu in Word ist auch ein Feature, das den Namen *Schematische Darstellung* trägt und über das Menü *Einfügen* zu aktivieren ist. Es ermöglicht das Einfügen einiger Organigramme wie z. B. einer Hierarchie-Darstellung, eines Zyklusdiagramms oder eines Pyramidendiagramms. Nach dem Einfügen des Diagrammobjekts müssen Sie nur noch die Beschriftungen einfügen.

Ein neues Feature ermöglicht das Einbetten von Standarddiagrammformen

Übersetzungsfunktion

Neu in Word 2002 ist eine integrierte Übersetzungsfunktion, die sehr einfach zu handhaben ist und sowohl einzelne Begriffe als auch komplette Dokumente in eine Sprache nach Wunsch übersetzt. Der Befehl *Extras/Übersetzen* blendet den Ausschnitt mit einem Eingabefeld für einen einzelnen zu übersetzenden Begriff ein. Alternativ kann im Text eine Markierung vorgenommen oder auch die Auswahl *Gesamtes Dokument* gewählt werden. Nun muss nur noch die Zielsprache ausgewählt und die Übersetzung gestartet werden. Wie bereits von der Thesaurusfunktion oder auch der Rechtschreibprüfung bekannt, kann ein passender Begriff der Ergebnisliste ausgewählt und durch Mausklick in das Word-Dokument übernommen werden. Zur Übersetzung längerer Textpassagen kann über die Auswahl *Übersetzen via Web* eine Internetverbindung hergestellt werden, die automatisch zur Seite von Lernout & Hauspie führt.

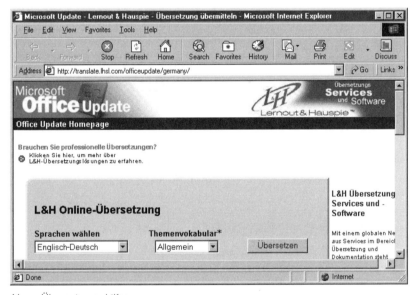

Neue Übersetzungshilfen

Word-Counter, Word-Count-Toolbar

Word hat schon immer über eine Zählfunktion verfügt, mit der Sie die Anzahl der Wörter, Sätze, Seiten, Absätze und Zeilen eines Dokuments zählen konnten. Neu ist in Word 2002, diese Statistik mithilfe einer Symbolleiste zu verfolgen. Dabei ist es möglich, vor der Eingabe der Daten über das *Extras*-Menü die Word-Counter-Toolbar einzublenden. Anschließend können Sie jederzeit die Anzahl der Wörter und Sätze in Ihrem Dokument verfolgen, ohne dass Sie ständig das Menü *Extras/Wörter zählen* öffnen müssen.

Die neue Symbolleiste Wörter zählen

Erweiterte Überarbeitungsfunktion

Wenn Sie Word-Dokument im Team bearbeiten, werden Sie die Überarbeitungsfunktion zu schätzen wissen, die Ihnen das Vergleichen der geänderten Dokumentversionen und das Kenntlichmachen der Änderungsvorschläge ermöglicht. Bisher wurden die Ergänzungen, Streichungsvorschläge und Veränderungen jedoch nur durch eine entsprechende Formatierung – etwa durchgestrichen für Streichvorschläge oder Unterstreichung für Einfügungen – sichtbar. In Word 2002 ist der Umgang mit diesen Änderungsvorschlägen einfacher geworden, da jetzt am rechten Dokumentrand Markierungen mit der Art der Änderung im Klartext angezeigt werden. Über das Kontextmenü und in einem speziellen Überarbeitungsfenster können Sie Informationen über die Art der Änderung und den Bearbeiter abrufen. Die erweiterte *Überarbeiten*-Symbolleiste ist durch die Zusammenfassung von Befehlen zu Listenfeldern wesentlich übersichtlicher geworden und ermöglicht das einfache Umschalten zwischen den Überarbeitungsversionen, der Originalversion und der endgültigen Fassung.

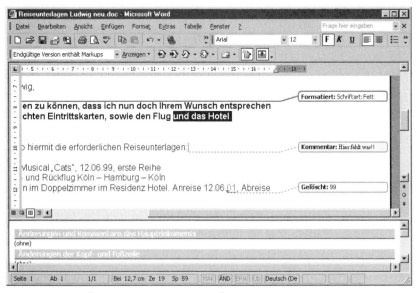

Die verbesserte Überarbeitungsfunktion mit Überarbeitungsfenster

Multi-User-Fähigkeit

Auch bei der Multi-User-Fähigkeit hinkte Word bisher anderen Office-Programmen wie z. B. Excel hinterher. In Word 2002 können Dokumente nun problemloser im Team bearbeitet werden. Greifen Sie auf ein Word-Dokument zu, das bereits von einem anderen Anwender bearbeitet wird, wird automatisch ein Dialogfeld geöffnet, in dem Sie auswählen können, ob Sie eine schreibgeschützte Kopie öffnen, eine lokale Kopie erstellen und die Änderungen später zusammenführen wollen oder ob Sie benachrichtigt werden sollen, wenn das Originaldokument zur Verfügung steht. Sie erhalten eine Nachricht und wählen die Schaltfläche *Zusammenführen*, um die Änderungen mit der Überarbeitungsfunktion zu kennzeichnen und in einem Dokument zusammenzuführen.

Lokale und universelle Dateiverwaltung

Word 2002 ermöglicht es Ihnen, Dokumente direkt auf Laufwerken im lokalen Intranet oder im Internet zu speichern und Speicherziele auf diesen Netz-Ordnern zu behandeln, als seien es lokale Laufwerke. Dabei kann die Übertragung sowohl im HTTP-Protokoll auf einen Webserver als auch im FTP-Protokoll auf einen FTP-Server erfolgen.

Speichern von Webseiten im reinen HTML-Code

Dem professionelleren Einsatz von Word als Webseiten-Editor stand in Word 2000 die Tatsache entgegen, dass Word beim Speichern einer Webseite eigenmächtig den Code veränderte und dieser durch die eingefügten Office-spezifischen Befehle sehr aufgebläht wurde. In Word 2002 besteht nun die Möglichkeit, durch die Auswahl des Dateityps *Webseite, gefiltert* die Office-spezifischen Tags aus dem Code zu entfernen, was wesentlich schlankeren Quellcode zur Folge hat.

Vereinfachter Zugriff auf Dokument-Vorlagen, neue und aktuelle Vorlagen

Über die neue Task Pane in Word haben Sie auch den einfachen Zugriff auf eigene lokal gespeicherte Vorlagen, auf Vorlagen auf der eigenen Website im Intranet und auf eine Vielzahl von Vorlagen, die Microsoft Ihnen auf dem Microsoft-Server zur Verfügung stellt. In der Task Pane *Neues Dokument* finden Sie zudem eine Option, mit der Sie ein bestehendes Dokument als Vorlage für neue Dokumente benutzen können.

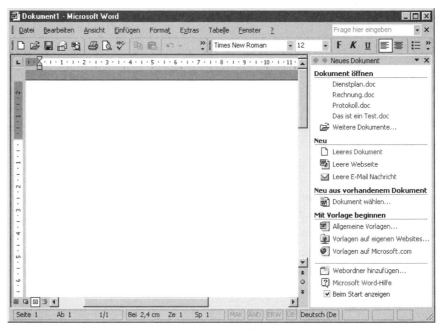

Der Zugriff auf Dokumente und Vorlage über die Task Pane

Word 2002 bietet Ihnen eine Reihe neuer Dokumentvorlagen, z. B. im Bereich Seriendruck-Dokumente, die auf einer separaten Registerkarte verwaltet werden.

Wiederherstellungsfunktion für neue Dokumente

Ein zusätzliches Stück Sicherheit für den Umgang mit wichtigen Dokumenten bietet die neue Wiederherstellungsfunktion, mit der jetzt auch noch nicht gespeicherte Dokumente bei einem Programmabsturz automatisch gesichert werden. Nach dem Neustart bietet Word in einem zusätzliches Ausschnitt automatisch alle gesicherten Dokumente in einer Liste an und Sie können wählen, welche dieser automatisch gesicherten Dokumente Sie behalten und speichern wollen.

Word persönlich – Neue Anpassungsmöglichkeiten

Wenn Sie zu den Anwendern gehörten, denen es überhaupt nicht gefiel, dass Word für jedes neue Dokument auch eine neue Instanz – sichtbar durch die zusätzliche Schaltfläche in der Windows-Taskleiste – öffnete, ist Ihnen in Office XP geholfen. Über den Befehl *Extras/Optionen* können

Sie in Word 2002 im Register *Ansicht* über das Kontrollkästchen *Fenster in Taskleiste* diese Eigenschaft deaktivieren.

Zu den neuen Anpassungsmöglichkeiten gehört außerdem das Ein- und Ausblenden der Task Pane mit dem Startaufgabenbereich, der beim Neustart von Word automatisch erscheint, sowie das Anzeigen der Smarttags und die platzsparende Anzeige durch das *Ausblenden des Leerraums* zwischen den Seiten im Seitenlayout.

Standardposition für neue Grafiken

Praktisch ist auch die Möglichkeit, ein Standardeinfügeformat für das Positionieren von Grafiken festzulegen. Im Register *Bearbeiten* können Sie dies über das Listenfeld *Bild einfügen als* erledigen.

Anpassung des Datenaustauschs

Word 2002 bietet außerdem sehr ausgefeilte Einstellungsmöglichkeiten für das Einfügen von Daten aus anderen Office-Anwendungen wie Excel oder PowerPoint. Zugriff auf diese Anpassungsmöglichkeiten haben Sie über die Schaltfläche *Einstellungen* in der Optionsgruppe *Ausschneide- und Einfügeoptionen* im Register *Bearbeiten*.

Neue Optionen im Register Bearbeiten

2. Effektive Eingabe, Korrektur und Verwaltung von Dokumenten

Wenn Sie Word am Arbeitsplatz einsetzen, werden Sie keine Einweisung in die grundlegenden Funktionen wie Eingabe, Korrektur oder Navigation mehr benötigen. Sie sind im Zusammenhang mit diesen grundlegenden Arbeitsschritten eher daran interessiert, Ihre Arbeit möglichst effektiv und Zeit sparend zu organisieren. Sie werden in diesem Kapitel daher nicht mehr ausführlich darüber informiert, wie Sie Texte eingeben und Fehler korrigieren, sondern erhalten Hinweise auf neue, verbesserte oder besonders effektive Methoden.

2.1 Neue Hilfen bei Eingabe, Korrektur und Verwaltung

Auch wenn Sie bereits intensiv mit Word 2000 gearbeitet haben, stellt Ihnen Word 2002 einige Instrumente zur Verfügung, mit denen Sie Ihre Textverarbeitungsaufgaben noch effektiver erledigen können. Zu diesen Arbeitshilfen gehört die Möglichkeit, mehrere unabhängige Textstellen gleichzeitig zu markieren oder Textstellen zu übersetzen, darüber hinaus finden Sie eine vereinfachte Autoergänzungsfunktion und die neuen Features Task Pane und Smarttags.

Schnellere Bearbeitung durch Mehrfachmarkierung

Die Möglichkeit, mehrere unabhängige Textstellen in einem Arbeitsschritt zu markieren, gibt es endlich auch in Word 2002. Nutzen Sie diese Möglichkeit, wenn Sie bestimmte Wörter oder Textpassagen in einem Word-Dokument einheitlich formatieren oder wenn Sie mehrere Textpassagen in wenigen Arbeitsschritten entfernen wollen. Markieren Sie die erste Textstelle – z. B. das erste Wort – wie gewohnt durch Doppelklick und halten Sie dann für jede weitere Markierung die Taste [Strg] gedrückt, während Sie zusätzliche Wörter oder Zeichenketten markieren.

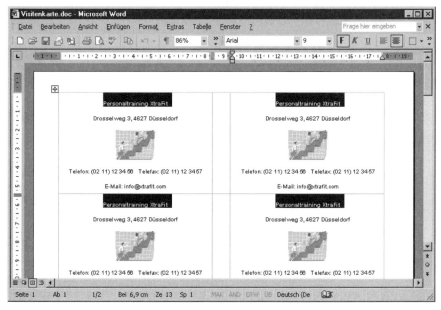

Mehrfachmarkierung

Nachdem Sie auf diese Weise alle Zeichenketten markiert haben, wenden Sie den gewünschten Befehl an, das kann z. B. ein Formatierungsbefehl oder auch der Befehl zum Ausschneiden oder Kopieren der Markierung sein.

Schnelles Übersetzen ganz ohne Wörterbuch

Vorbei sind die Zeiten, in denen Sie im Fremdwörterlexikon einzelne Begriffe nachschlagen mussten. Falls Sie in Word 2002 einen bestimmten Begriff mehrsprachig verwenden oder z. B. einen bereits eingetippten englischsprachigen Begriff in der deutschen Übersetzung im Dokument verwenden wollen, lassen Sie Word diesen Begriff automatisch übersetzen.

Übersetzen von deutschen Begriffen ins Englische

1 Um einen einzelnen deutschen Begriff in die englische Sprache zu übersetzen und im Text durch die gefundene Übersetzung zu ersetzen, markieren Sie den entsprechenden Begriff und wählen *Extras/Sprache/Übersetzen*.

2 Word blendet daraufhin automatisch den Aufgabenbereich – die Task Pane – rechts im Fenster ein. Hier ist in der Optionsgruppe *Was übersetzen?* die Option *Aktuelle Auswahl* und im Wörterbuch die Auswahl

Deutsch (Deutschland) nach Englisch (USA) bereits markiert (um die Zielsprache komplett anzuzeigen, bewegen Sie die Maus auf das Listenfeld).

3 Sie müssen jetzt nur noch auf die Schaltfläche *Ausführen* klicken. Im Listenfeld *Ergebnisse* erscheinen nun die Übersetzungsvorschläge.

4 Klicken Sie auf den passenden Eintrag und dann auf die Schaltfläche *Ersetzen*.

Übersetzen fremder Ausdrücke ins Deutsche

Falls Sie Begriffe von einer anderen Sprache ins Deutsche übersetzen wollen, müssen Sie zusätzlich vor dem Klick auf die Schaltfläche *Ausführen* im Listenfeld *Wörterbuch* den Eintrag für die Ausgangssprache auswählen, wenn Word diese nicht erkannt hat.

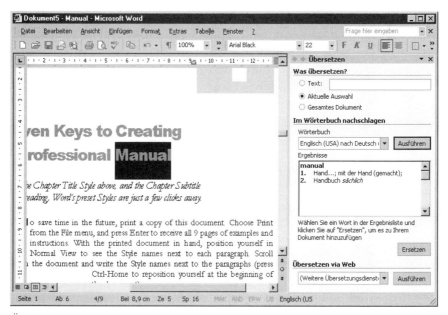

Übersetzungshilfen in der Task Pane

Falls die Übersetzungsfunktion Ihnen keine Vorschläge machen kann, z. B. wenn Sie längere Textpassagen übersetzen wollen, nutzen Sie die Übersetzung via Internet. Dafür finden Sie eine weitere Schaltfläche *Ausführen* unten in der Task Pane. Die Aktivierung dieser Schaltfläche aktiviert den Browser und stellt automatisch die Verbindung zur Homepage von Lernout & Hauspie, einem Übersetzungsspezialisten, her.

Verbesserte AutoKorrektur-Funktion für schnellere Eingabe und Bearbeitung von Dokumenten nutzen

Es gibt wohl keine anderen Funktionen in Word, die gleichermaßen beliebt wie verhasst sind wie die automatischen Korrektur- und Ergänzungsfunktionen. Beliebt sind diese Funktionen, weil sie sehr vielseitig einsetzbar sind und dem Anwender viel Tipparbeit und Fehlersuche abnehmen. Als lästig wurden dagegen die unerwünschten Ersetz- und Korrekturvorgänge empfunden, weil sie nur umständlich zurückzusetzen waren. Das ist in Word 2002 besser gelöst.

Schneller korrigieren durch intelligente AutoKorrektur-Funktionen

Unmittelbar nachdem die AutoKorrektur-Funktion aktiv wurde, erscheint unter dem korrigierten Begriff die AutoKorrektur-Schaltfläche, ein kleines, blau gerahmtes Viereck. Zeigen Sie mit der Maus auf diese Schaltfläche, werden das AutoKorrektur-Symbol, ein Listenpfeil und der Tooltipp *AutoKorrektur-Optionen* angezeigt. Öffnen Sie die Liste per Klick, können Sie die letzte AutoKorrektur-Aktion rückgängig machen, die betreffende Aktion grundsätzlich deaktivieren oder das Dialogfeld *AutoKorrektur* öffnen, um z. B. die AutoKorrektur-Funktion ganz auszuschalten.

Intelligente AutoKorrektur

Wählen Sie im erweiterten Kontextmenü den Eintrag *Rückgängig*, um die von der AutoKorrektur durchgeführte Ersetzaktion zurückzunehmen, bzw. *Automatische Korrektur von xyz deaktivieren*, damit die AutoKorrektur-Funktion sich Ihren Wunsch merkt und diese Änderung zukünftig nicht mehr automatisch durchführt. Sie haben außerdem die Möglichkeit, über die Auswahl *AutoKorrektur-Optionen steuern* direkt das Dialogfeld *AutoKorrektur* mit der gleichnamigen Registerkarte zu öffnen.

Störende AutoKorrektur-Funktionen deaktivieren

Eine weitere Verbesserung bietet die automatische Formatierung während der Eingabe. Wenn Sie früher direkt zu Beginn eines neuen Absatzes die Tabulatortaste drückten, fügte Word keinen Tabulatorsprung ein, sondern formatierte den Absatz mit einem linken Einzug bzw. einem Erstzeileneinzug. Diese Einstellung können Sie in Word 2002 über den Befehl *Extras/AutoKorrektur-Optionen* im Register *AutoFormat während der Eingabe* und mit dem Kontrollkästchen *Setzt den linken und Erstzeileneinzug für Tabstopps und die Rücktaste* ausschalten.

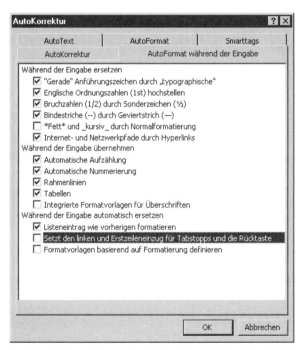

Neue Anpassungsmöglichkeit erleichtert die Eingabe und Bearbeitung

Neue AutoKorrektur-Schaltflächen ausblenden

Falls Sie die AutoKorrektur-Schaltflächen nicht anzeigen wollen, können Sie diese im Dialogfeld *AutoKorrektur* im gleichnamigen Register über das Kontrollkästchen *Schaltflächen für AutoKorrektur-Optionen* ausschalten.

Deaktivieren der AutoKorrektur-Schaltflächen

Schnelle Kontaktpflege mit Smarttags

Die wichtigsten Verbesserungen von Word 2002 betreffen die gemeinsame Bearbeitung von Dokumenten im Team und den Datenaustausch zwischen den Office-Anwendungen. Nutzen Sie die Smarttags, um einfach auf verknüpfte Daten anderer Office-Anwendungen zuzugreifen. Sie können so z. B. nach der Eingabe eines Namens diesen in die Kontaktliste von Outlook aufnehmen, Termine vereinbaren oder eine E-Mail an die betreffende Person schreiben.

Welche Datentypen können als Smarttags erkannt werden?

Die automatische Gestaltung als Smarttag, also als Verknüpfung zu anderen Office-Komponenten, wie z. B. Outlook, ist nur mit bestimmten Arten von Dokumentinhalten möglich. Zu diesen Daten gehören:

- Personennamen
- Datums- und Zeitangaben
- Brief- und E-Mail-Adressen
- Ortsnamen
- Telefonnummern

Wenn Word einen dieser Datentypen in einem Dokument erkennt, wird dieser unmittelbar nach der Eingabe als Smarttag formatiert. Wenn Sie die Smarttags ausgeschaltet hatten, können Sie über *Extras/AutoKorrektur-Optionen* und die Schaltfläche *Dokument erneut überprüfen* im Register *AutoKorrektur* die Formatierung als Smarttag auch noch nachträglich erreichen.

Smarttags aktivieren

Die Funktion Smarttags kann aktiviert oder deaktiviert sein. Falls noch nicht geschehen, aktivieren Sie deshalb zunächst die Smarttags, um die intelligenten Verknüpfungen einsetzen zu können:

1 Dazu wählen Sie *Extras/AutoKorrektur-Optionen* und blenden das Register *Smarttags* ein. Schalten Sie das Kontrollkästchen *Text mit Smarttags versehen* ein.

2 Im Listenfeld *Prüfer* sind die Kontrollkästchen *Personennamen* und *Telefonnummern* ausgeschaltet. Schalten Sie diese Kontrollkästchen ein, damit Word auch diese Informationen als Smarttags gestaltet.

3 Kontrollieren Sie, ob das Kontrollkästchen *Smarttag-Aktionsschaltflächen anzeigen* eingeschaltet ist.

4 Falls das Dokument bereits Daten enthält, die als Smarttags gestaltet werden sollen, aktivieren Sie die Schaltfläche *Dokument erneut prüfen*, sonst reicht die Bestätigung mit *OK*.

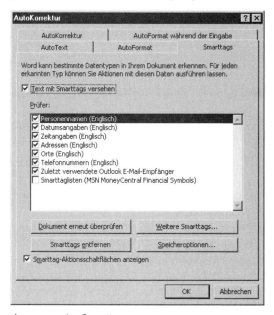

Anpassen der Smarttags

Smarttags erkennen

Auch nach der Aktivierung der Smarttags müssen Sie natürlich erkennen können, dass bestimmte Daten im Dokument von Office erkannt und als Smarttags formatiert wurden. Zu erkennen sind diese Daten an einer roten Punktlinie.

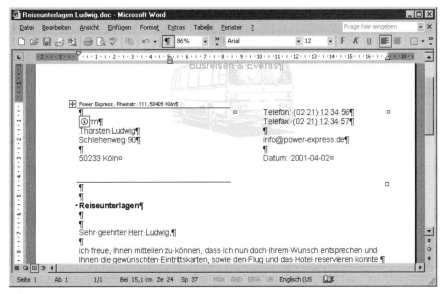

Smarttags in einem Word-Dokument

Programmübergreifende Kontaktpflege per Smarttag

Wenn Sie nun den Namen einer Person eingeben, wird dieser mit einer roten Markierung versehen. Bewegen Sie den Mauszeiger auf diese Markierung, erscheint das Symbol *Smarttag-Aktionen*. Wenn Sie auf das Symbol klicken, wird das Kontextmenü mit möglichen Aktionsbefehlen aufgeklappt.

1 Wählen Sie hier z. B. den Befehl *E-Mail senden*, um eine E-Mail an eine schon im Adressbuch gespeicherte Person zu schicken.

2 Wählen Sie *Termin vereinbaren*, wird automatisch Outlook gestartet und eine E-Mail mit einer Einladung zu einer Besprechung erstellt.

3 Wählen Sie stattdessen *Adresse einfügen*, um die komplette Adresse aus dem Outlook-Adressbuch in das Adressfeld eines Briefs zu übernehmen.

4 Mit dem Befehl *Kontakt öffnen* wechseln Sie automatisch zum Outlook-Adressbuch und können die gespeicherten Kontaktdaten des Smarttag-Kontakts überprüfen oder ergänzen.

5 Umgekehrt können Sie mit dem Befehl *Zu den Kontakten hinzufügen* einen in ein Word-Dokument eingetragenen Kontakt in das Adressbuch übernehmen.

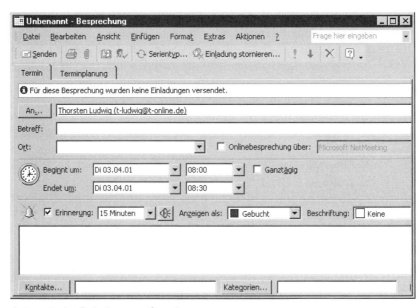

Automatische Einladung per Smarttag

Smarttags aus Word-Dokumentinhalten entfernen

Falls Word Daten als Smarttag gestaltet, die Sie nicht als Smarttag anzeigen wollen, können Sie den Smarttag aus diesem Dokumentinhalt entfernen, indem Sie den Befehl *Smarttag löschen* aus dem erweiterten Kontextmenü wählen. Anschließend wird die rote Punktmarkierung entfernt. Um in einem Schritt alle Smarttags aus einem Word-Dokument zu entfernen, wählen Sie *Extras/AutoKorrektur-Optionen* und aktivieren im Register *Smarttags* die Schaltfläche *Smarttags entfernen*. Solange Ihr Dokument Smarttags enthält, können Sie das Dialogfeld auch über den Kontextbefehl *Smarttag-Optionen* öffnen.

Smarttag-Markierung ausblenden

Wenn Sie die rote Punktmarkierung, mit der Smarttags gekennzeichnet werden, eher als störend denn als hilfreich empfinden, können Sie diese über den Befehl *Extras/Optionen* im Register *Ansicht* und hier über das Kontrollkästchen *Smarttags* ausblenden. Die Funktionalität der Smarttags bleibt trotzdem erhalten. Außer der roten Punktmarkierung können Sie auch die Schaltflächen ausblenden, die angezeigt werden, wenn Sie den Mauszeiger über einen Smarttag bewegen. Dazu wählen Sie *Extras/Auto Korrektur-Optionen* und aktivieren im Register *Smarttags* das Kontrollkästchen *Smarttag-Aktionsschaltflächen anzeigen*.

Dokumente mit oder ohne Smarttags speichern

Word formatiert Dokumentinhalte wie Datums- und Zeitwerte oder Personennamen oder -adressen automatisch als Smarttags, unmittelbar nachdem Sie diese eingegeben haben. Während der Bearbeitung des Dokuments können Sie deshalb bequem über diese intelligenten Verknüpfungen z. B. Daten zwischen Word und Outlook austauschen. Wenn Sie das Dokument speichern, können Sie entscheiden, ob die Verknüpfungen über die Smarttags gespeichert werden sollen oder nicht. Ob Smarttags gespeichert werden sollen oder nicht, legen Sie über den Befehl *Extras/ Optionen* im Register *Speichern* und hier mithilfe des Kontrollkästchens *Smarttags einbetten* fest. Wenn Sie sich mit dem Ausschalten des Kontrollkästchens dafür entscheiden, die Smarttags nicht mit dem Dokument zu speichern, stehen Sie nach dem Schließen und Öffnen des Dokuments nicht mehr zur Verfügung.

Alle Smarttags in einem HTML-Dokument speichern

Wenn Sie in Word eine Webseite erstellen, werden auch hier die Daten, die Word als Datums- oder Kontaktdaten erkennt, als Smarttags gekennzeichnet. Webseiten werden als HTML-Dateien gespeichert und können deshalb normalerweise keine Smarttag-Formatierungen enthalten. Um die Verknüpfungen der Smarttags in einem separaten HTML-Dokument zu speichern, wählen Sie *Extras/Optionen* und aktivieren Sie im Register *Speichern* das Kontrollkästchen *Smarttags als XML-Eigenschaften in Webseiten speichern*. Damit die Smarttags als XML-Eigenschaft gespeichert werden können, dürfen Sie die Webseite nicht mit dem Dateityp *gefilterte Webseite* speichern, da hier die XML-Befehle aus dem HTML-Code entfernt werden.

Auf zusätzliche Smarttags zugreifen

Microsoft will auf seinem Server zusätzliche Smarttags bereitstellen bzw. den Zugriff auf Smarttags anderer Anbieter ermöglichen. Sie können auf diese zusätzlichen Smarttags über eine Schaltfläche im Dialogfeld *Auto Korrektur* zugreifen. Wählen Sie *Extras/AutoKorrektur-Optionen* und aktivieren Sie das Register *AutoKorrektur* oder wählen Sie den Befehl *Auto Korrektur-Optionen* aus dem erweiterten Kontextmenü eines Smarttags und aktivieren Sie die Schaltfläche *Weitere Smarttags*.

2.2 Schneller Befehlszugriff mit der Task Pane

Die wichtigste und auffälligste Neuerung in Word 2002 ist sicherlich die Task Pane, in der deutschen Word-Version übersetzt mit *Aufgabenbereich*. Hierbei handelt es sich um einen Fensterausschnitt, der sowohl Dialogfelder- als auch Symbolleistenfunktionen übernimmt. Der Inhalt des Ausschnitts passt sich an die jeweilige Arbeitsaufgabe an. Unmittelbar nach dem Start zeigt Word z. B. automatisch den *Startaufgabenbereich*. Die Task Pane zeigt in diesem Fall Listen- und Eingabefelder für die Auswahl und Erstellung von Dokumenten und Vorlagen an.

Einsatz der Aufgabenbereiche in der Task Pane

Der Aufgabebereich hat eine Titelleiste, auch wenn diese nicht in der üblichen blauen Windows-Titelleistenfarbe angezeigt wird. Dort finden Sie sowohl die Schaltfläche *Schließen*, mit der Sie den Arbeitsbereich auch ausblenden können, als auch zwei Schaltflächen, mit denen Sie – ähnlich wie im Browser – zwischen den zuletzt angezeigten Arbeitsbereichen blättern können. Der Name des aktuellen Arbeitsbereichs wird ebenfalls in der Titelleiste angezeigt. Rechts daneben finden Sie einen Listenpfeil, über den Sie auch gezielt einen anderen Arbeitsbereich einblenden können.

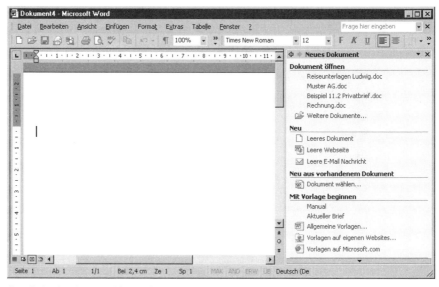

Der Aufgabenbereich Neues Dokument in der Task Pane

Aufgabenbereich ein- und ausblenden

Nutzen Sie die Steuerelemente der Task Pane so oft wie möglich, weil Sie durch den konsequenten Einsatz viel Zeit sparen können. Da Sie in vielen Fällen diesen Bereich nicht explizit einblenden müssen, sondern dieser automatisch angezeigt wird, erspart die Verwendung der dort angezeigten Felder Ihnen das Öffnen von Menüs und Dialogfeldern. Falls die Task Pane nicht automatisch eingeblendet wird, können Sie diese mit dem Befehl *Ansicht/Aufgabenbereich* oder *Ansicht/Symbolleisten/Aufgabenbereich* ein- und ausblenden.

Tipp

Schnelles Einblenden der Task Pane

Der Befehl *Übersetzen* steht im Kontextmenü für die Bearbeitung immer zur Verfügung, deshalb können Sie damit den Aufgabenbereich besonders schnell einblenden. Nach der Wahl des Befehls *Übersetzen* aus dem Kontextmenü wählen Sie über den Pfeil in der Titelleiste der Task Pane einfach den Aufgabenbereich, den Sie anzeigen wollen.

Startaufgabenbereich ein- und ausblenden

Wenn Sie den automatisch eingeblendeten Startaufgabenbereich nicht anzeigen wollen, schalten Sie diesen über den Befehl *Extras/Optionen* im Register *Ansicht* mit dem Kontrollkästchen *Startaufgabenbereich* aus. Wird der Startaufgabenbereich gerade angezeigt, reicht auch das Ausschalten des Kontrollkästchens *Beim Start anzeigen* ganz unten im Aufgabenbereich.

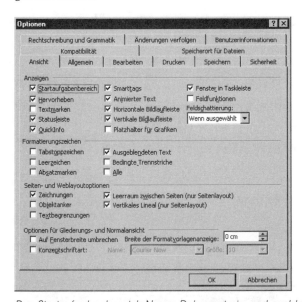

Den Startaufgabenbereich Neues Dokument ein- und ausblenden

Verfügbare Aufgabenbereiche

Der Inhalt der Task Pane ist von der aktuellen Aufgabenstellung abhängig. Er zeigt – ähnlich wie das Kontextmenü – die Befehle und Steuerelemente passend zur jeweiligen Arbeitssituation an. Außer dem Startaufgabenbereich *Neues Dokument* können Sie sieben weitere Aufgabenbereiche wählen:

- *Zwischenablage*
  Dieser Arbeitsbereich wird automatisch angezeigt, wenn Sie Daten in die Office-Zwischenablage verschieben oder kopieren oder wenn Sie den Befehl *Bearbeiten/Zwischenablage* wählen. Er enthält die Schaltflächen der früheren Symbolleiste *Zwischenablage* und die Schaltfläche *Optionen*, mit der Sie die Anzeige der Office-Zwischenablage steuern können.

- *Suchen*
  Dieser Aufgabenbereich wird automatisch eingeblendet, wenn Sie die Office-Suche über die Schaltfläche *Suchen* starten. Er enthält Steuerelemente, mit denen Sie sowohl Dateien suchen können, die bestimmten Kriterien entsprechen, als auch eine Suche im aktuellen Dokument durchführen können. Über den Verweis *Weitere Suchoptionen* können Sie die einfache Suche zu einer komplexen Suche ausbauen.

- *ClipArt suchen*
  Dieser Aufgabenbereich wird angezeigt, wenn Sie den Befehl zum Einfügen von ClipArts aktivieren. Parallel wird der ClipArt-Organizer angezeigt. Sie haben im Arbeitsbereich Zugriff auf lokal gespeicherte ClipArts und können auf die ClipArt-Sammlung auf der Microsoft Site zugreifen.

- *Formatvorlagen und Formatierung*
  Der Aufgabenbereich wird bei Wahl des Befehls *Format/Formatvorlagen und Formatierung* angezeigt. Er zeigt eine Liste der verfügbaren Formatvorlagen, ermöglicht die Erstellung neuer Formatvorlagen und zeigt die Formatierung des aktuellen Absatzes bzw. der Markierung.

- *Formatierung anzeigen*
  Die Task Pane zeigt bei diesem Aufgabenbereich – den Sie über *Format/Formatierung anzeigen* einblenden – eine ausführliche Beschreibung aller Schrift-, Absatz- und Abschnittsformate. Außerdem besteht die Möglichkeit, alle ähnlich formatierten Zeichenketten automatisch auszuwählen, markierte Zeichenketten auf Formatierungsunterschiede zu überprüfen und Formatierungen zu entfernen.

2

Word effektiv

- *Seriendruck*
  Der Arbeitsbereich *Seriendruck* ersetzt den früheren Seriendruck-Manager und führt durch die Erstellung von Seriendruck-Dokumenten.

- *Übersetzen*
  Der Arbeitsbereich *Übersetzen* erscheint automatisch, wenn Sie den Befehl *Extras/Sprache/Übersetzen* oder den entsprechenden Kontextmenübefehl wählen. Er zeigt Steuerelemente, mit denen Sie die aktuelle Auswahl durch einen übersetzten Begriff ersetzen oder längere Zeichenketten via Internet übersetzen können.

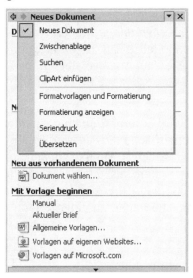

Die verfügbaren Aufgabenbereiche

2.3 Von Anfang an effektiv arbeiten

Die wichtigste Grundregel, die ein Anwender wissen sollte, um Word effektiv einzusetzen, lautet: Word ist ein absatzorientiertes Textverarbeitungsprogramm. Wenn Sie diese Grundregel nicht bereits bei der Eingabe neuer Daten berücksichtigen, werden Sie später u. U. viel überflüssige Zeit verwenden, um zum gewünschten Ergebnis zu gelangen, bzw. manche Formatierungen überhaupt nicht anwenden können.

Die Absatzorientierung wird z. B. bei der Erstellung von Listen, bei der Kennzeichnung von Überschriften und Folgetext oder beim Einsatz von Tabulatoren besonders deutlich.

Die erweiterte Zwischenablage einsetzen

Word ermöglicht Ihnen wie alle Office-Anwendungen den Zugriff auf die Office-Zwischenablage, deren Fassungsvermögen in der aktuellen Version verdoppelt wurde und die nun 24 Datenblöcke verwalten kann. Sie finden im Menü *Bearbeiten* den Befehl *Office-Zwischenablage*. Die Aktivierung dieses Befehls blendet in der Task Pane den Inhalt und die Steuerelemente für die Office-Zwischenablage ein. Benutzen Sie anschließend die Befehle oder Schaltflächen für Kopieren oder Ausschneiden, um markierte Daten in die Zwischenablage zu bringen. Anders als in früheren Office-Versionen zeigt der Arbeitsbereich dann die Daten der Zwischenablage symbolisch, sowohl Zeichenketten als auch grafische Elemente, in einem Listenfeld tatsächlich an.

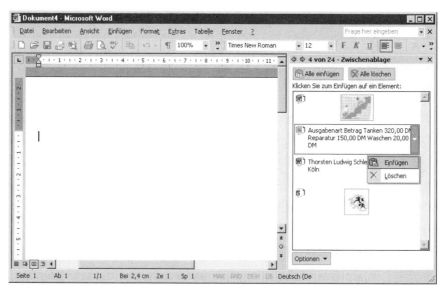

Die erweiterte Zwischenablage in der Task Pane

Klicken Sie auf ein solches Element in der Zwischenablage, wird ein Listenpfeil eingeblendet, über den Sie Zugriff auf die Befehle zum Einfügen oder Löschen des betreffenden Elements haben. Außerdem können Sie ein Element auch per Doppelklick einfügen.

Wie früher gibt es außerdem die Schaltfläche *Alle einfügen*, mit der Sie alle in der Zwischenablage gesammelten Daten zusammen an der Cursorposition einfügen können.

Außerdem gibt es natürlich auch weiterhin die Schaltfläche *Alle löschen*, mit der Sie den Inhalt der Zwischenablage komplett löschen können.

Zusätzlich finden Sie unten im Arbeitsbereich die Schaltflä- Optionen ▼
che *Optionen*. Der Klick auf diese Schaltfläche öffnet ein Listenfeld, mit dessen Einträgen Sie festlegen, ob die Zwischenablage automatisch eingeblendet werden soll, wenn Sie Kopier- oder Ausschneideak-
tionen durchführen.

Die Zwischenablage wird außerdem mit einem Symbol am rechten Rand
der Windows-Taskleiste angezeigt. Mit der Option *Office-Zwischenabla-
gensymbol auf Taskleiste anzeigen* können Sie dieses Symbol aktivieren
oder deaktivieren.

Format des Zwischenablagen-Inhalts anpassen

Unmittelbar nach dem Einfügen eines Elements aus der Office-Zwischenablage wird das Einfügesymbol, das Sie von der *Standard*-Symbolleiste
kennen, neben den eingefügten Daten angezeigt. Wenn Sie den Mauszeiger über dieses Symbol bewegen, erscheint ein Listenpfeil, über den Sie
das erweiterte Kontextmenü öffnen können.

Der Inhalt des Kontextmenüs ist von der Art der eingefügten Daten abhängig, ermöglicht es Ihnen jedoch immer, die Daten im Textformat einzufügen, diese mit dem Befehl *An Zielformatierung anpassen* an den
Umgebungstext anzupassen oder mit der Auswahl *Formatvorlage oder
Formatierung übernehmen* den gleichnamigen Arbeitsbereich einzublenden, um dort eine Formatvorlage auszuwählen, mit der Sie die eingefügten Daten gestalten wollen.

Schneller mit erweitertem Kontextmenü

Nutzen Sie bei der Eingabe und Überarbeitung von Dokumenten die erweiterten Möglichkeiten der Kontextmenüs in Word 2002. Wenn die
Rechtschreibprüfung einen Begriff als fehlerhaft markierte, fehlten im
Kontextmenü von Word 2000 die Befehle zum Kopieren, Ausschneiden
und Einfügen.

In Word 2002 stehen Ihnen diese Befehle zur Verfügung. Praktischerweise „denkt" Word hier mit und zeigt die Befehle nur am Anfang des Kontextmenüs an, wenn Sie auf eine Markierung klicken, sonst werden sie
ans Menüende verschoben.

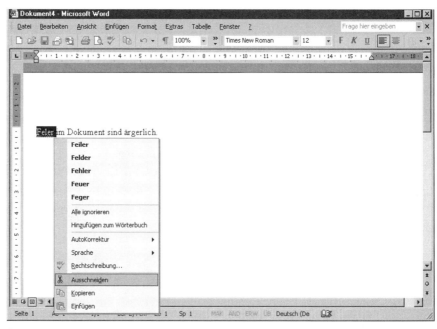

Das Kontextmenü in Word 2002

Ein neuer Befehl im Kontextmenü hilft Ihnen außerdem bei der schnellen Suche nach bestimmten Dokumentinhalten. Da gleichartige Dokumentinhalte normalerweise ähnlich formatiert sind, können Sie über den Kontextmenübefehl *Text mit ähnlicher Formatierung wählen* alle Textstellen markieren, die so formatiert sind wie die ausgewählte (angeklickte) Textstelle. Ist diese Option nicht wählbar, müssen Sie zunächst über *Extras/Optionen* im Register *Bearbeiten* das Kontrollkästchen *Formatierung mitverfolgen* einschalten.

Angepasste Menü- und Symbolleisten

Um möglichst effektiv zu arbeiten, sollte die Office- und Word-Arbeitsumgebung optimal auf Ihren Arbeitsplatz abgestimmt sein. Zu dieser Anpassung gehören Symbolleisten, in denen genau die Schaltflächen angezeigt werden, die Sie an Ihrem Arbeitsplatz benötigen. In Word 2002 ist es sehr einfach, die Symbolleisten an die persönliche Arbeitssituation anzupassen. Dazu klicken Sie auf den Doppelpfeil am Ende einer beliebigen Symbolleiste und dann auf die Schaltfläche, die Sie zusätzlich einblenden wollen.

Um zusätzliche Schaltflächen in eine Symbolleiste aufzunehmen, wählen Sie stattdessen nach dem Klick auf den Doppelpfeil am Ende einer Symbolleiste den Befehl *Schaltflächen hinzufügen oder entfernen*.

Am Ende des Menüs finden Sie bereits zusätzliche Schaltflächen, die nicht zur Standardbelegung gehören, wie etwa die Symbole *Schrift vergrößern* oder *Schrift verkleinern* für die *Format*-Symbolleiste.

Ganz nach Wunsch: Symbole in einer oder zwei Reihen

Neu in Word 2002 ist die Möglichkeit, sehr schnell zwischen der Anzeige der beiden *Standard*-Symbolleisten in einer oder zwei Reihen umzuschalten. Dazu müssen Sie lediglich nach dem Klick auf den Doppelpfeil am Ende einer Symbolleiste zwischen den Befehlen *Schaltflächen in zwei Reihen anzeigen* und *Schaltflächen in einer Reihe anzeigen* hin- und herwechseln.

Zusätzliche Standard-Symbole zu Leisten hinzufügen

Genauso einfach können Sie Menüs oder Symbolleisten um weitere Schaltflächen oder Befehle erweitern. Dazu klicken Sie mit rechts in eine Symbolleiste und wählen *Anpassen*. Anschließend markieren Sie im Register *Befehle* die Kategorie und dann den Befehl, den Sie in eine Symbolleiste aufnehmen wollen. Ziehen Sie den Befehl auf ein Menü oder in eine Symbolleiste und lassen Sie die Maus an der Stelle los, an der Sie den Befehl anzeigen wollen. Über die Schaltfläche *Auswahl ändern* können Sie anschließend festlegen, ob Sie den Befehl als Symbol oder als Text anzeigen wollen. Den Text, mit dem der Befehl angezeigt wird, ändern Sie im Feld *Name*, das Symbol über den Eintrag *Schaltflächensymbol ändern*.

Task Pane frei positionieren

Sicher ist Ihnen die Möglichkeit bekannt, Symbolleisten nicht nur verankert am oberen Rand des Arbeitsbereichs, sondern auch frei an jeder belieben Position anzuzeigen. Dazu müssen Sie lediglich auf die Markierung am Anfang einer Symbolleiste oder auf eine freie Position in einer Symbolleiste zeigen und können diese dann per Drag & Drop auf die gewünschte Position ziehen. Dieses Verfahren können Sie in Word 2002 auch für den Aufgabenbereich – die Task Pane – einsetzen, den Sie mithilfe der Titelleiste verschieben können. Die Task Pane als Office-Werkzeug können Sie sogar außerhalb des Word-Anwendungsfensters anzeigen lassen.

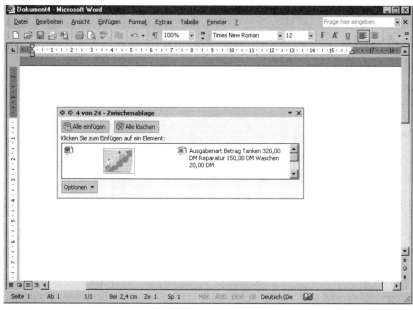

Die frei platzierte Task Pane

Außerdem können Sie auch die Höhe und Breite der frei platzierten Task Pane anpassen. Dazu müssen Sie lediglich deren Rahmen mit der Maus auf die gewünschten Maße ziehen. Die Position der frei platzierten Task Pane wird gespeichert. Wenn Sie Word beenden und neu starten, wird die Task Pane wieder an dieser Stelle angezeigt. Wenn Sie später die Task Pane wieder verankern wollen, ziehen Sie diese per Drag & Drop auf den rechten Rand des Anwendungsfensters.

Tipp

Bei Platzmangel Symbole entfernen

Wird der Platz in einer Symbolleiste knapp oder wollen Sie Schaltflächen entfernen, die Sie sowieso nicht einsetzen, müssen Sie nicht das Dialogfeld *Anpassen* öffnen. Sie können solche überflüssigen Schaltflächen jederzeit per Drag & Drop mit gedrückter [Alt]-Taste aus einem Menü oder einer Symbolleiste wieder entfernen.

2.4 Der Aufgabenbereich Neues Dokument

Wenn Sie Word am Arbeitsplatz einsetzen, werden Sie nicht nur mit einzelnen Dokumenten arbeiten, die nach dem Erstellen ausgedruckt und dann nicht wieder benötigt werden, sondern Sie werden eine systematische Dateiablage einsetzen und Dokumente auf Basis von verschiedenen

Vorlagen erstellen. Bei diesen Aufgaben kann Ihnen der Arbeitsbereich *Neues Dokument* eine wertvolle Hilfe sein. Er erlaubt es Ihnen sowohl, schneller Standarddokumente zu erstellen als auch auf Dokumentvorlagen zuzugreifen, ohne dass Sie hierzu das Menü *Datei* öffnen müssen. Durch die Vorstrukturierung der Vorlagen nach ihrem Standort wird Ihnen außerdem die Auswahl erleichtert.

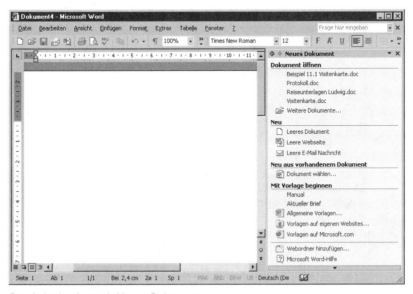

Der Aufgabenbereich Neues Dokument

Dokumente über die Task Pane öffnen

Obwohl der Aufgabenbereich *Neues Dokument* in erster Linie für die Erstellung neuer Word-Dokumente konzipiert ist, können Sie über den Link *Dokumente* unterhalb der Beschriftung *Dokument öffnen* auch bestehende Dateien öffnen. Der Link entspricht der Schaltfläche *Öffnen* in der *Standard*-Symbolleiste und öffnet das Dialogfeld *Öffnen* mit dem Standardorder, voreingestellt ist der Ordner *Eigene Dateien*.

Standarddokumente über die Task Pane erstellen

Natürlich ist es auch in Word 2002 noch immer möglich, ein neues leeres Standarddokument über den Klick auf die Schaltfläche *Neu* zu erstellen. Die neue Seite wird dann als Kopie der Vorlage *Normal.dot* erstellt. In der Task Pane haben Sie jedoch außer der Möglichkeit, neue Standard-Druckdokumente zu erstellen, auch Befehle für die Erstellung neuer Standard-E-Mails und Webseiten zur Verfügung. Die Befehle finden Sie unterhalb der Beschriftung *Neu*. Sie beschleunigen die Erstellung neuer E-Mails und Webseiten, weil Sie das Dialogfeld *Neu* nicht mehr öffnen müssen.

Dokument auf Basis einer Dokumentvorlage erstellen

Wenn Sie in vorherigen Word-Versionen ein neues Dokument auf Basis einer bestimmten Dokumentvorlage erstellen wollten, mussten Sie das Dialogfeld *Neu* über das Menü *Datei* öffnen. In Word 2002 können Sie mithilfe der Task Pane neue Dokumente auf Basis von Dokumentvorlagen erstellen. Der Klick auf den Verweis *Allgemeine Vorlagen* öffnet das Dialogfeld schneller als der Weg über das Menü. Über den Verweis *Vorlagen* auf eigenen Websites können Sie Dokumente auf Basis von Vorlagen erstellen, die Sie in einem Webordner abgelegt haben. Neu in Word 2002 ist die Möglichkeit, über den Link *Vorlagen auf Microsoft.com* auf eine Vielzahl fertiger Dokumentvorlagen auf dem Microsoft Server zugreifen zu können.

Dokument auf Basis eines Dokuments erstellen

Eine besonders praktische Neuerung in Word ist die Möglichkeit, neue Dokument auf Basis von normalen Dokumenten zu erstellen, ohne diese extra in eine Dokumentvorlage umwandeln zu müssen. Sie können also Dokumente einsetzen wie Dokumentvorlagen. Dazu klicken Sie in der Task Pane *Neues Dokument* auf den Link *Dokument wählen* und markieren dann den Namen der Datei, die Sie als Basis für das neue Dokument einsetzen wollen. Word erstellt in diesem Fall eine Kopie des Dokuments, die Sie dann entsprechend anpassen und unter einem beliebigen Namen speichern können.

2.5 Neue Sicherungs- und Wiederherstellungsmöglichkeiten

Office XP und damit auch Word 2002 hat in puncto Sicherheit ordentlich zugelegt. Dies gilt sowohl für den Schutz vor unerwünschten Zugriffen als auch für die Sicherungsmöglichkeiten vor Datenverlusten. Falls bei der Arbeit mit Word ein Fehler auftritt, der zu einem Programmabsturz führt, können Sie Word über den Befehl *Start/Programme/Microsoft Office Tools/Microsoft Office Application Recovery* wiederherstellen.

Anwendung wiederherstellen

Auch das Wiederherstellen von Dokumenten, die Sie vor einem Absturz bearbeitet haben, ist in Word 2002 einfach: Nach dem Neustart zeigt Word automatisch eine Liste dieser Dokumente an und Sie müssen nur noch auswählen, welche der Dateien Sie speichern und weiterbearbeiten wollen.

2.6 Dokumente lokal und im Netz speichern

Der eigentliche Speichervorgang hat sich in Word 2002 im Verhältnis zu vorhergehenden Versionen nicht verändert. Gespeichert wird über die Schaltfläche *Speichern* oder den Befehl *Datei/Speichern unter*. Das Dateiformat von Word 2002 ist abwärtskompatibel, die Dateien können also mit früheren Versionen weiterverarbeitet werden. Als Standardspeicherort ist auch in Office XP der Ordner *Eigene Dateien* voreingestellt. Innerhalb dieses Ordners wird bei der Office-Installation automatisch der Unterordner *Eigene Datenquellen* erstellt, in dem z. B. die Word-Seriendruck-Datenquellen gespeichert werden. Über das Listenfeld *Speichern in* haben Sie Zugriff auf alle verfügbaren lokalen Laufwerke, Netzwerklaufwerke sowie – falls vorhanden – Webordner.

Da Dialogfeld Speichern unter präsentiert sich im neuen Outfit

Standardspeicherordner ändern

Wenn Sie einen anderen Speicherort als Standardspeicherordner verwenden wollen, wählen Sie *Extras/Optionen* und aktivieren die Registerkarte *Speicherort für Dateien*. Markieren Sie den Dateityp *Dokumente* und aktivieren Sie die Schaltfläche *Ändern*. Nun wird das Dialogfeld *Speicherort ändern* angezeigt, das dem Dialogfeld *Speichern unter* entspricht. Wählen Sie den neuen Standardspeicherordner aus und bestätigen Sie die geöffneten Dialogfelder mit *OK*.

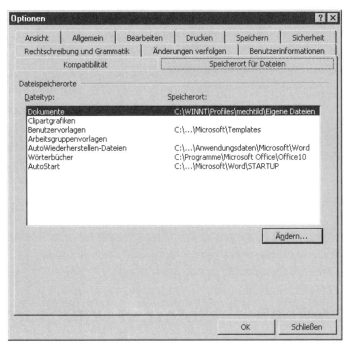

Hier ändern Sie die Standardspeicherorte der Word-Dateien

Lokale Sicherungskopien von Dateien im Netz oder auf Wechselplatten anlegen

Office XP und damit auch Word hat im Punkt Sicherheit ordentlich zugelegt. Eine der neuen Funktionen, die zur Datensicherheit beitragen, jedoch nicht im Register *Sicherheit*, sondern im Register *Speichern* zu finden ist, ermöglicht Ihnen das automatische Erstellen von Sicherungskopien von Dateien, die auf einem Netzwerklaufwerk oder einem Wechselplattenlaufwerk abgelegt sind, wenn auf diese Laufwerke kein Zugriff besteht. Wählen Sie *Extras/Optionen* und schalten Sie das Kontrollkästchen *Anlegen lokaler Kopien von Netzwerk- und Wechselfestplattendateien* ein. Nun legt Word temporäre lokale Kopien von allen Dateien an, die auf einem Netzwerklaufwerk oder einem wechselbaren Datenträger gespeichert werden. Wenn kein Zugriff auf die Originaldatei besteht, greift Word automatisch auf diese Kopie zurück.

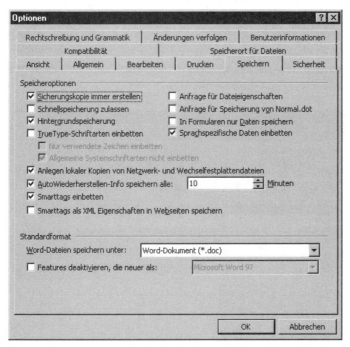

Lokale Kopien von Dateien auf Netzlaufwerken oder Wechselmedien

2.7 Dokumente im Internet speichern und öffnen

Wie bereits in Word 2000 besteht auch in Word 2002 die Möglichkeit, Dateien direkt von Word aus auf einem Webserver zu speichern. Word unterstützt dabei die Übertragung in den Protokollen HTTP oder FTP. Es gibt verschiedene Vorgehensweisen, um ein Dokument auf einem Webserver zu speichern. Zunächst wählen Sie wie beim lokalen Speichern den Befehl *Datei/Speichern unter*. Eine einfache Möglichkeit, Dokumente auf einem Webserver zu speichern, besteht darin, dessen URL in das Feld *Dateiname* einzutragen. Wenn Sie die Schaltfläche *Speichern* aktivieren, wird die Verbindung zum Internet hergestellt und die Datei auf den Server übertragen. Natürlich müssen Sie die entsprechenden Zugriffsrechte für diesen Server besitzen.

Speichern in einem Webordner

Falls der Webserver, auf dem Sie Ihre Webseiten ablegen oder auf dem Sie Webseiten öffnen wollen, die Microsoft Office-Servererweiterungen installiert hat, können Sie den Webordner einsetzen, um Ihr Speicherverzeichnis auf diesem Server zu behandeln wie einen lokalen Ordner.

Webordner neu anlegen

Einen Webordner müssen Sie einmal einrichten und dabei die Zugangsdaten für den Server übergeben, auf dem Sie den Webordner einrichten möchten:

1 Dazu markieren Sie den Webordner in der Ordnerleiste entweder im *Öffnen-* oder *Speichern*-Dialogfeld und doppelklicken auf das Symbol *Add Web Folder*.

2 Im Dialogfeld *Webordner hinzufügen* markieren Sie die Option *Shortcut zu vorhandenem Webordner erstellen*.

3 Im nächsten Schritt geben Sie die Adresse des Servers und den Namen des Verzeichnisses, auf das Sie Schreiblesezugriff haben, in das Feld *Ort* ein. Im Feld *Shortcutname* übernehmen oder vergeben Sie einen Namen, unter dem der Webordner lokal verwaltet werden soll.

4 Nachdem Sie *Fertig stellen* angeklickt haben, müssen anschließend den Benutzernamen und das Kennwort für den Zugriff angeben, das Sie vom Internetdienstanbieter erhalten haben.

Wenn Sie später Dateien auf dem Server öffnen oder ablegen wollen, öffnen Sie einfach den eingestellten Webordner, den Sie als Unterordner des Standardwebordners finden.

Speichern auf einem FTP-Server

Beim im vorherigen Abschnitt beschriebenen Verfahren wird das Protokoll HTTP für die Übertragung von und zu Webservern eingesetzt. Word bzw. Office unterstützt auch das Speichern und Öffnen von Dateien auf FTP-Servern.

Zugangsdaten für FTP-Server angeben

Auch hier müssen Sie vor der ersten Übertragung die Adresse des FTP-Servers und die Zugangsdaten angeben.

1 Öffnen Sie im Dialogfeld *Speichern unter* das Listenfeld *Suchen in* und wählen den Eintrag *FTP-Adressen hinzufügen/Ändern* unter dem Eintrag *FTP-Adressen*.

Word effektiv

2

2 Geben Sie anschließend den Namen des FTP-Servers in das gleichnamige Eingabefeld ein, wobei Sie sowohl den Namen als auch die IP-Nummer des FTP-Servers dort eintragen können.

3 Während die Möglichkeit, Dateien von einem FTP-Server herunterzuladen, sehr oft anonym erfolgen kann, müssen Sie, um Daten auf einem FTP-Server ablegen zu können, Schreibzugriffsrechte für diesen Server haben. Von Ihrem Provider erhalten Sie deshalb einen Benutzernamen und ein Kennwort. Geben Sie diese Daten in die Eingabefelder im Dialogfeld *FTP-Anmeldung* ein und bestätigen Sie mit *OK*.

Anmeldung auf einem FTP-Server

Wenn Sie zukünftig Dateien auf dem FTP-Server ablegen wollen, wählen Sie seinen Namen aus dem Listenfeld *Speichern in*, vergeben den Dateinamen und können die Datei speichern wie in einem lokalen Ordner.

2.8 Sicherungskopien erstellen

Von Dateien, die wichtige Daten enthalten, sollten Sie immer Sicherungskopien anlegen. Dies schützt Sie vor Datenverlusten, die durch Benutzerfehler oder andere Fehler, also z. B. ein versehentliches Ändern oder Löschen von Daten, entstehen können. Die Sicherungskopie müssen Sie nicht manuell anlegen, sondern Sie können dies automatisch von Word erledigen lassen. Dazu müssen Sie lediglich entweder über den Befehl *Extras/Optionen* oder über die Option *Extras/Speicheroptionen* im *Speichern unter*-Dialogfeld auf der Registerkarte *Speichern* das Kontrollkästchen *Sicherungskopien immer erstellen* einschalten. Word speichert in diesem Fall außer der Originaldatei immer auch die vorletzte Version der Datei mit dem Zusatz *Sicherungskopie von*.

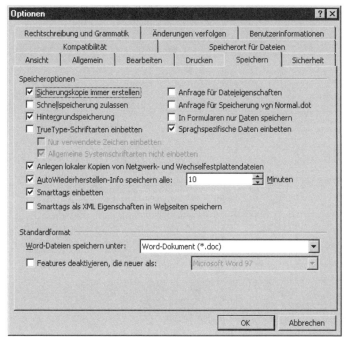

Sicherungskopien automatisch anlegen

Außer dieser Einstellung, mit der die vorletzte Version jeder Word-Datei automatisch gesichert wird, können Sie dafür sorgen, dass Word automatisch lokale Kopien von Dateien anlegt, die auf Wechsellaufwerken – also z. B. einer Diskette – oder auf einem Netzwerklaufwerk gespeichert werden. Dazu aktivieren Sie im Register *Speichern* das Kontrollkästchen *Anlegen lokaler Kopien von Netzwerk- und Wechselfestplattendateien*.

2.9 Dokumentinhalte automatisch sichern

Durch das Anlegen von Sicherungskopien sichern Sie sich für den Fall ab, dass Sie versehentlich Dateien löschen oder überschreiben. Sie können außerdem Vorsorge für den Fall treffen, dass es während der Bearbeitung eines Word-Dokuments zu einer Störung kommt, die zu einem Programmabsturz führt. Wenn Sie keine Vorsorge für diesen Fall treffen, sind alle nicht gespeicherten Daten verloren. Um sich davor zu schützen, wählen Sie *Extras/Optionen* und schalten Sie im Dialogfeld *Optionen* das Kontrollkästchen *AutoWiederherstellen-Info speichern alle* ein und legen Sie das Intervall fest, in dem Word eine automatische Speicherung durchführen soll. Nach einem Programmabsturz zeigt Word in diesem Fall eine Liste aller automatisch gesicherten Dateien an und Sie erhalten Gelegenheit, diese zu speichern, um sie zur Bearbeitung weiterzuverwenden.

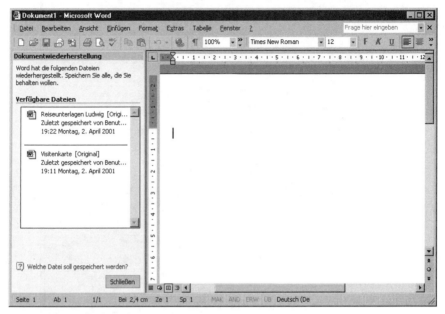

Die verbesserte Wiederherstellungsfunktion

3. Dokumente für den täglichen Business-Einsatz

An jedem Arbeitsplatz wird es einige Dokumente geben, die immer wieder benötigt werden, z. B. Dokumente für den täglichen Schriftverkehr, die Tagesordnung und das Protokoll der wöchentlichen Teamsitzung oder der monatlich wiederkehrende Geschäftsbericht. Für diese Dokumente sind keine besonderen Layoutechniken erforderlich, wichtig sind hier in erster Linie eine möglichst effektive und Zeit sparende Erstellung und eine Orientierung an die für den Geschäftsbereich geltenden Normen der DIN 5008. Sie erfahren in diesem Kapitel, wie Sie neue Word 2002-Techniken zur Vereinfachung und Beschleunigung bei der Erstellung solcher Dokumente einsetzen können.

3.1 Neue Formatierungshilfen nutzen

Word 2002 wartet – anders als bei vorherigen Versionswechseln – nicht mit einer Vielzahl neuer Formatierungsmöglichkeiten auf. Trotzdem gibt es einige neue Befehle, die das Gestalten und Bearbeiten von bereits zugewiesenen direkten Formatierungen oder Formatvorlagen erleichtern.

Formatierung löschen

Zu den neuen Befehlen, mit denen die Überarbeitung gestalteter Dokumente erleichtert wird, gehört die Möglichkeit, Daten und Gestaltungsbefehle getrennt zu entfernen. Bisher gab es nur die Möglichkeit, direkte Formatierungen entweder einzeln zurückzunehmen oder die Formatierungen zurückzusetzen, indem man zur Standardformatierung des Absatzes zurückkehrte. Natürlich war es immer möglich, die Daten zusammen mit den Formatierungen zu entfernen.

In Word 2002 öffnet der Befehl *Bearbeiten/Löschen* ein überlappendes Menü, in dem Sie die Auswahl *Formate* und *Inhalt* finden. Die Auswahl *Inhalt* führt den Löschbefehl in der alten Form aus, indem sowohl der Text als auch die Formatierung entfernt werden. Die Auswahl des Menübefehls *Formate* ermöglicht es Ihnen, nur die Formate aus dem markierten Text zu entfernen, während die Daten unverändert bleiben.

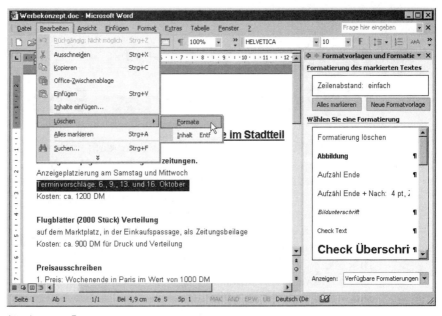

Löschen von Formaten

Wenn Sie die Task Pane anzeigen, können Sie den gleichen Effekt auch erreichen, wenn Sie auf den im Feld *Markierter Text* angezeigten Textplatzhalter zeigen, das daraufhin angezeigte Listenfeld öffnen und die Auswahl *Formatierung löschen* wählen.

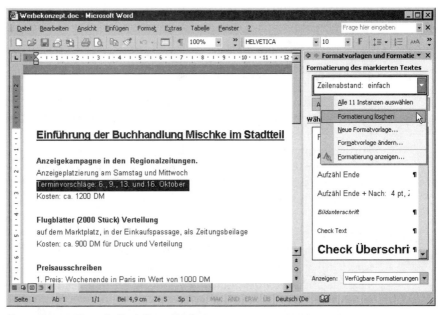

Formatierung über die Task Pane löschen

Tipp

Text löschen – Absatzformat behalten

Das überlappende *Löschen*-Menü bietet nicht die Möglichkeit, nur den Text zu löschen, die Formatierung jedoch beizubehalten. Sie können dieses Ergebnis jedoch erzielen, wenn Sie den Absatztext ohne die abschließende Absatzmarke entfernen.

Formatierung prüfen

Der Arbeitsbereich *Formatierung anzeigen* ermöglicht es Ihnen, mehrere Textstellen, die eine ähnliche Formatierung aufweisen, auf Formatierungsunterschiede zu überprüfen und ggf. die Formatierung einer Auswahl auf eine andere Auswahl zu übertragen. Markieren Sie dazu zunächst die erste Zeichenkette, die in der gewünschten Formatierung angezeigt wird. Der Anfang der markierten Zeichenkette wird nun auch in der Task Pane angezeigt. Bewegen Sie den Mauszeiger darauf und öffnen Sie das Listenfeld. Wählen Sie *Alle Textbestandteile mit ähnlicher Formatierung auswählen*. Word markiert daraufhin alle Zeichenketten, die eine ähnliche Gestaltung aufweisen. Möglich wird dieses Feature durch die Mehrfachmarkierung, die es nun in Word 2002 gibt.

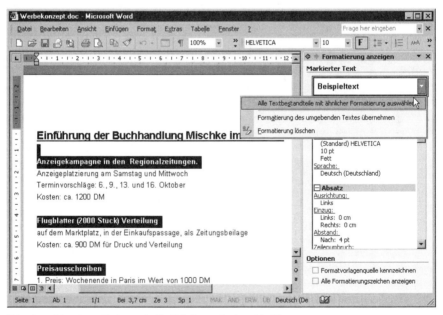

Word sucht automatisch nach ähnlich formatierten Absätzen

Sie haben nun die Möglichkeit, die automatisch markierten Zeichenketten mit einem einzigen Arbeitsschritt anzupassen oder mit zusätzlichen Formatierungsmerkmalen auszustatten.

Einen sehr genauen Überblick über die in einem Dokument verwendeten direkten Formatierungsbefehle und die eingesetzten Formatvorlagen gibt Ihnen die Task Pane im Arbeitsbereich *Formatierung anzeigen*. Dazu müssen Sie das Kontrollkästchen *Mit anderer Markierung vergleichen* ausschalten. Im Listenfeld *Formatierung des ausgewählten Textes* wird daraufhin ein Eintrag für die drei Word-Formatierungskategorien *Schriftart*, *Absatz* und *Abschnitt* angezeigt.

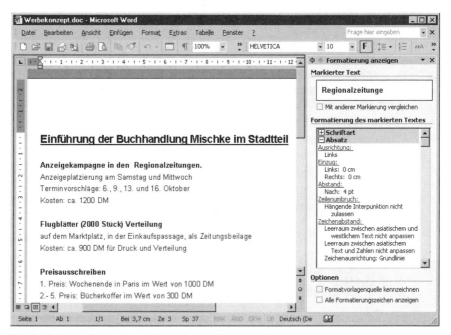

Die Task Pane gibt genaue Informationen über alle Formatierungsmerkmale des aktuellen Absatzes

Ein Klick auf das Pluszeichen vor dem Namen der Formatierungskategorie blendet gegebenenfalls die ausgeblendeten Formatierungen des markierte Textes ein. Die Schrift- und Absatzformate werden dabei nach direkten Formaten und Formatvorlagen differenziert. Die Namen der einzelnen Kategorien werden praktischerweise als Hyperlinks angezeigt, sodass ein Klick auf eine Kategorie reicht, um das entsprechende Dialogfeld zu öffnen und die entsprechende Formatierung anzupassen. Die Kategorie *Abschnitt* wird differenziert in die Formate für *Seitenränder*, *Layout*, *Papier*(format) sowie *Kopf- und Fußzeilen*. Wenn Sie sich durch die Hinweise auf die Formatvorlagen, aus denen bestimmte Formatierungsmerkmale stammen, eher irritiert fühlen, können Sie diese mit dem Ausschalten des Kontrollkästchens *Formatvorlagenquelle kennzeichnen* unten in der Taskleiste ausblenden.

Hinweis

Format der Markierung

Wenn Sie keine Markierung vorgenommen haben, beziehen sich die Angaben in der Task Pane auf das Wort, den Absatz und den Abschnitt, in dem der Cursor sich befindet.

Formatierung aus dem Umgebungstext übernehmen

Falls Sie häufig Dokumente aus einzelnen Fragmenten zusammenstellen oder Dokumentinhalte umstellen müssen, können Sie die neue Möglichkeit der Formatierungsübernahme nutzen, um Formatierungen zu vereinheitlichen.

Bisher haben Sie zur Anpassung von Formatierungen sicherlich die Schaltfläche *Formatierung übertragen* eingesetzt, mit der es möglich ist, die Zeichenformatierungsmerkmale einer markierten Zeichenkette auf eine andere Zeichenkette zu übertragen.

In der Task Pane zeigt der Arbeitsbereich *Formatierung anzeigen* nun ein Feld mit der Beschriftung *Markierter Text*. Hier wird ein markiertes Wort oder der Anfang einer längeren markierten Zeichenkette angezeigt. Bewegen Sie den Mauszeiger über diesen Bereich, verwandelt sich das einfache Feld in ein Listenfeld. In der geöffneten Liste finden Sie den Befehl *Formatierung des umgebenden Textes übernehmen*.

Die Auswahl dieses Befehls überträgt die Formatierung des vorhergehenden Wortes auf die aktuelle Markierung. Ist das Wort – oder auch nur das letzte Zeichen – rechts vor der Markierung z. B. fett und in der Schrift Tahoma gestaltet, werden diese Merkmale auf die aktuelle Markierung bzw. das Wort, in dem der Cursor sich gerade befindet, übertragen.

Formatierungsübertragung mithilfe der Task Pane

Formatieren über die Task Pane

Die Task Pane können Sie nicht nur einsetzen, um die Formatierungen des aktuellen Dokuments zu überprüfen, sondern auch, um neue Formatierungen zuzuweisen, ohne dass Sie dafür ein Dialogfeld öffnen müssen. Der Vorteil des Einsatzes der Task Pane gegenüber den Schaltflächen der Formatierungsleiste besteht darin, dass Sie hier Optionen finden, mit denen Sie bereits verwendete Formatierungskombinationen – etwa fett, unterstrichen und schattiert – auswählen und wieder verwenden können, auch ohne dafür extra eine Formatvorlage erstellen zu müssen.

Um die Taskleiste zur Formatierung einzusetzen, wählen Sie den Arbeitsbereich *Formatvorlagen und Formatierung*. Oben in der Task Pane unterhalb der Beschriftung *Formatierung des markierten Textes* wird die direkte Formatierung des markierten Bereichs angezeigt. Als markierter Bereich wird sowohl eine ausdrücklich markierte Zeichenkette bzw. bei Fehlen einer Markierung auch das Wort oder der Absatz ausgewertet, in dem sich der Cursor befindet.

Bewegen Sie den Mauszeiger auf das Feld *Formatierung des markierten Textes,* verwandelt es sich in ein Listenfeld, in dem Sie den Befehl *Alle x Instanzen auswählen* finden. Dieser Befehl selektiert im Dokument alle Zeichenketten, die die gleiche Formatierung aufweisen wie die aktuelle Auswahl, sodass Sie diese gemeinsam bearbeiten können.

Tipp

Schneller Zugriff auf *Alles Markieren* und Formatierungssymbole

Wollen Sie dem kompletten Dokument eine bestimmte Formatierung zuweisen, finden Sie in der Task Pane die Schaltfläche *Alles markieren*, die Sie schneller aufgerufen haben als den entsprechenden Befehl aus dem *Bearbeiten*-Menü. Zum schnellen Ein- und Ausblenden der nicht druckbaren Formatierungszeichen wie Absatzmarken, Tabulatoren und Zeilenwechsel schalten Sie das Kontrollkästchen *Alle Formatierungszeichen anzeigen* ein oder aus.

Im großen Listenfeld *Wählen Sie eine Formatierung* werden alle im aktuellen Dokument eingesetzten direkten Formatierungskombinationen und Formatvorlagen angezeigt. Wenn Sie eine Zeichenkette im Dokument markieren, reicht der Klick auf einen der Listeneinträge, um die entsprechende Formatierungskombination oder Formatvorlage auf die markierte Zeichenkette zu übertragen.

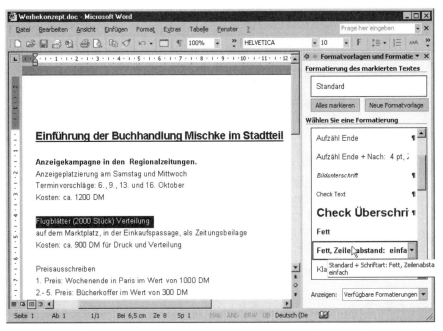

Bereits eingesetzte Formatierung kann einfach ausgewählt werden

Bewegen Sie den Mauszeiger auf einen der Listeneinträge, werden alle zu diesem Eintrag gehörenden Formatierungsmerkmale als Tooltip angezeigt und der Listeneintrag wird als Listenfeld angezeigt. Öffnen Sie die Liste, können Sie über deren Befehle alle mit der aktuellen Formatvorlage gestalteten Absätze markieren, die – ggf. von Word automatisch erstellte – Formatvorlage ändern bzw. diese aktualisieren oder alle bereits markierten Instanzen, die mit der aktuellen Formatvorlage gestaltet sind, löschen.

Im Listenfeld darunter können Sie die Anzeigeform des Arbeitsbereichs anpassen und die Anzeige auf bestimmte Arten von Formatvorlagen, z. B. nur benutzerdefinierte oder nur die tatsächlich eingesetzten beschränken oder über den Eintrag *Benutzerdefiniert* auf weitere Anzeigeoptionen zugreifen.

3.2 Protokolle gestalten

Wie auch bei der DIN-gerechten Gestaltung von Briefen gibt es keinerlei DIN-Vorschriften dafür, was Sie in ein Protokoll schreiben, jedoch Regeln, wie Sie ein Protokoll gestalten. Als Gestaltungsmittel setzen Sie hier Listen- und Absatzformate wie hängende Einzüge ein.

Protokollarten

Bei der Erstellung von Protokollen unterscheidet man verschiedene Arten, je nachdem, wie ausführlich die Redebeiträge festgehalten werden müssen oder ob nur die Ergebnisse protokolliert werden sollen. Die Art des Protokolls bestimmt auch, ob dessen Inhalt eher personenbezogen oder sachbezogen ist.

Das wörtliches Protokoll

Die umfangreichsten Protokolle sind die wörtlichen Protokolle, bei denen sämtliche Redebeiträge notiert werden. Diese Protokollform wird überall dort eingesetzt, wo es auf den genauen Wortlaut eines Gesprächs ankommt, also z. B. bei Gericht oder in einer Anwaltskanzlei.

Das ausführliche Protokoll

Im ausführlichen Protokoll halten Sie zumindest die wichtigsten Beiträge, Argumente und Ergebnisse fest. Das ausführliche Protokoll setzen Sie ein, wenn jeder Leser später den Ablauf der Sitzung noch genau nachvollziehen können soll. Sowohl das wörtliche als auch das ausführliche Protokoll sind personenbezogen.

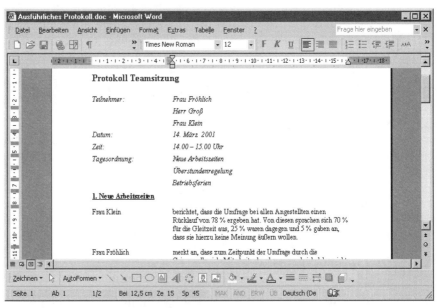

Beispiel für ein ausführliches Protokoll

Das Kurzprotokoll

Wenn Sie ein Kurzprotokoll erstellen, halten Sie die wichtigsten Punkte und Beiträge ebenfalls fest, verzichten jedoch auf wörtliche Wiedergabe der Redebeiträge und auf die Nennung der Teilnehmer. Das Kurzprotokoll ist im Gegensatz zu den beiden vorherigen Protokollen sachbezogen.

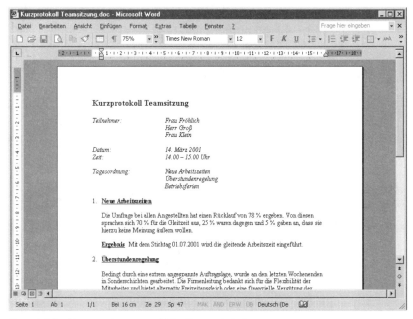

Der gleiche Tagesordnungspunkt im Kurzprotokoll

Das Ergebnisprotokoll

Im Ergebnisprotokoll werden dagegen nur die Entschlüsse des Teams festgehalten. Diese Protokollart wird bei Teamsitzungen und Gesprächen eingesetzt, bei denen nur die erzielten Ergebnisse, nicht aber der Verlauf des Gesprächs wichtig ist. Auch das Ergebnisprotokoll ist noch stärker sachbezogen als das Kurzprotokoll. Neben diesen reinen Protokollformen werden häufig auch Mischformen der verschiedenen Arten erstellt.

Protokollinhalte

Alle Protokolle sollten bestimmte Punkte beinhalten, die normalerweise im Protokollkopf aufgeführt werden. Bei der Erstellung des Protokollkopfs berücksichtigen Sie folgende Punkte:

- Teilnehmer
- Protokollführer

- Ort

- Datum

- Zeitraum

- Tagesordnungspunkte

Zusätzlich können Sie selbstverständlich weitere firmenspezifische Daten in den Protokollkopf aufnehmen.

Protokollgestaltung

Alle Protokolle arbeiten mit einem ähnlich gestalteten Protokollkopf. Diesen Kopf können Sie wahlweise mit Tabulatoren oder mit einer Tabelle erstellen. Im Protokollrumpf unterscheiden sich die Protokolle, je nachdem, ob die Redebeiträge festgehalten werden sollen oder nicht.

Gestaltung des Protokollkopfs mit Tabulatoren oder der Tabellenfunktion

Der Protokollkopf kann unabhängig von der Art des Protokolls mit Tabulatoren oder mit der Tabellenfunktion gestaltet werden.

1 Wenn Sie DIN-gerecht arbeiten wollen, müssen Sie zunächst die Seitenränder anpassen. Ändern Sie den linken Seitenrand zu 2,41 cm und den oberen Seitenrand zu 1,69 cm.

2 Beginnen Sie das Protokoll mit dem Protokolltitel, den Sie hervorgehoben gestalten. Da ein Protokoll immer einen möglichst sachlichen Charakter erhalten sollte, beschränken Sie sich auf einfache Hervorhebungen wie einen höheren Schriftgrad, Fettschrift oder Unterstreichung. Den Titel des Beispielprotokolls gestalten Sie fett und mithilfe der neuen Schaltfläche *Schriftart vergrößern* in einem 2 pt größeren Schriftgrad.

3 Der Protokollkopf gliedert sich in zwei Spalten. Die linke Spalte benötigt eine Breite von ca. 5 cm, für die rechte Spalte verbleiben damit 16,09 cm.

4 Wenn Sie die beiden Spalten mithilfe von Tabulatoren erstellen wollen, kontrollieren Sie, ob die Tabulatorausrichtungsmarke das Symbol für linksbündig anzeigt, bzw. aktivieren diese Ausrichtung und klicken im Lineal auf die Position 5 cm.

5 Alternativ können Sie über den Befehl *Tabelle/Einfügen/Tabelle* oder die Schaltfläche *Tabelle einfügen* eine zweispaltige Tabelle einfügen, deren rechte Spalte Sie auf die Breite von 5 cm ziehen.

6 In die linke Spalte schreiben Sie die bereits aufgeführten Beschriftungspunkte wie *Teilnehmer, Datum, Protokollführer* usw., die jedes Protokoll enthalten sollen. In der rechten Spalte führen Sie die eigentlichen Daten hierzu auf.

Gestaltung des Protokollrumpfs mit der Tabellenfunktion oder Einzügen

Das ausführliche Protokoll listet, wie oben bereits beschrieben, jeden Gesprächsbeitrag und den Redner auf. Deshalb empfiehlt sich hier auf jeden Fall der Einsatz einer Tabelle. Verwenden Sie hier für den Protokollrumpf die gleichen Spalteneinstellungen wie im Protokollkopf.

1 Um die Tagesordnungspunkte über die komplette Tabellenbreite zu schreiben, verwenden Sie verbundene Zellen. Dazu markieren Sie beide Zellen und wählen über den Rechtsklick den Befehl *Zellen verbinden* aus dem Kontextmenü.

2 In den übrigen Protokollformen entfällt die Auflistung von Redner und Beitrag zu jedem Tagesordnungspunkt. Hier können Sie Tagesordnungspunkte und die Zusammenfassung bzw. die Ergebnisse mit einer einfachen manuellen oder automatischen Nummerierung erstellen.

3 Wenn Sie die automatische Nummerierungsfunktion einsetzen und keinen linken und keinen hängenden Einzug wünschen, können Sie diese Einzüge über den Rechtsklick in die Liste, den Befehl *Nummerierung und Aufzählung* und die Schaltfläche *Anpassen* ändern, indem Sie den Wert im Feld *Ausrichtung* auf 0 zurücksetzen.

4 Für den ersten nicht nummerierten Zwischenabsatz schalten Sie die Nummerierungsfunktion aus und ziehen das linke Einzugssymbol im Lineal auf 0,63 cm.

Für diesen Absatz erstellt Word dann automatisch eine Formatvorlage, die im Listenfeld des Arbeitsbereichs erscheint. Für weitere nicht nummerierte Absätze klicken Sie dann einfach auf diesen Listeneintrag *Links: 0,63 cm.*

3

Business-Einsatz

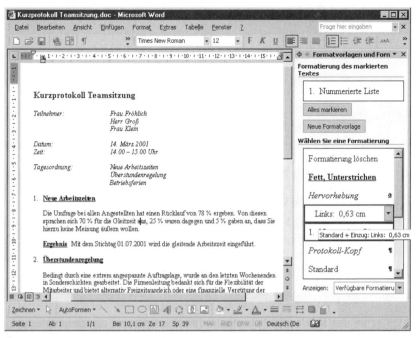

Über die Task Pane sind die eingezogenen Absätze, ohne Nummerierung schnell erstellt

3.3 Listen

Es gibt im beruflichen Alltag häufig Dokumenten in denen einzelne Begriffe oder auch ganze Textabschnitte übersichtlich in Listenform angeordnet werden sollen. Erscheint dabei vor jedem Listenpunkt das gleiche Listenzeichen, spricht man von einer Aufzählung, erscheint eine fortlaufende Nummer, von einer Nummerierung. In mehrstufigen Aufzählungen oder Nummerierungen, die in Word als Gliederung bezeichnet werden – nicht zu verwechseln mit der Überschriftengliederung –, wird jede Gliederungsstufe mit einem anderen Aufzählungszeichen oder mit einem anderen Nummerierungsformat gestaltet.

Preisliste als Aufzählung gestalten

Eine Preisliste ist mit Word 2002 schnell gestaltet. Es bietet sich hier an, die einzelnen Produkte als Aufzählungspunkte zu gestalten, wobei Sie die Auswahl zwischen einer schnellen Blitzformatierung als Standardaufzählung oder der etwas anspruchsvolleren Gestaltung mit einem grafischen Aufzählungszeichen haben.

Eine Preisliste mit benutzerdefinierten Aufzählungszeichen

Einfache angepasste Aufzählung

Sicher ist Ihnen bereits bekannt, wie Sie am schnellsten eine einfache Standardaufzählung erstellen. Hierzu reicht der Klick auf die Schaltfläche *Aufzählung*. Für eine individuell gestaltete Aufzählung müssen Sie anschließend noch einige wenige Anpassungen vornehmen:

1 In Word 2002 werden Aufzählungspunkte, wie bereits in Word 2000, immer außer mit einem hängenden Einzug zusätzlich mit einem linken Einzug eingerückt. Dies ist bei einer Preisliste nicht unbedingt erwünscht. Deshalb klicken Sie mit rechts in die Aufzählung und wählen *Einzug verkleinern*, um die Punkte linksbündig am linken Seitenrand auszurichten.

2 Die Preisliste wirkt wesentlich übersichtlicher, wenn Sie den Abstand zwischen den einzelnen Listenpunkten erhöhen. Das geht in Word 2002 sehr viel einfacher als früher. Klicken Sie auf den Doppelpfeil am Ende der *Format*-Symbolleiste, um die nicht sichtbaren Schaltflächen anzuzeigen.

3 Klicken Sie auf die Schaltfläche *Zeilenabstand* und wählen Sie einen der Einträge, z. B. 2.5, um den Zeilenabstand auf zweieinhalb Zeilen zu vergrößern.

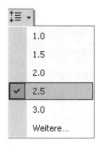

Schaltfläche und Auswahlmenü für den Zeilenabstand

4 Da die Einführung des Euro unmittelbar bevorsteht, müssen Sie die Preise sowohl in DM als auch in Euro angeben. Den Eurobetrag berechnen Sie, indem Sie den DM-Betrag einfach mit dem Faktor 0,45113 multiplizieren. Um hier zwei korrekt ausgerichtete Zahlenspalten zu erhalten, verwenden Sie für den DM-Betrag einen rechtsbündige Tabulator und für den Euro-Betrag einen linksbündigen Tabulator. Am schnellsten fügen Sie diese über das Lineal ein. Markieren Sie die Preisliste und klicken Sie auf die Tabulatorausrichtungsmarke, bis das Symbol für den rechtsbündigen Tabulator erscheint.

5 Jetzt müssen Sie nur noch im Lineal die Positionen anklicken, an denen Sie den Tabulator einfügen wollen, in der Beispielliste ist das die Position 10,5 cm.

6 Den gleichen Vorgang wiederholen Sie nochmals mit einem linksbündigen Tabulator auf der Position 12 cm.

Hinweis

Tabstoppposition im Lineal

Die Tabulatorpositionen im Lineal werden nicht mehr im Abstand von 0,25 cm, sondern mit einem Abstand von 0,32 cm gesetzt, die genauen Tabulatorpositionen im Beispiel sind dementsprechend 10,48 cm und 12,06 cm.

Aufzählung mit grafischen Aufzählungszeichen

Vom Web kennen Sie sicherlich kaum eine Aufzählung, die mit einfachen Standard-Aufzählungszeichen gestaltet ist. Auch die gedruckte Preisliste wirkt individueller, wenn Sie ein grafisches Aufzählungszeichen, passend zu den Produkten, verwenden.

1 Um die Standardaufzählung anzupassen, reicht wieder der Rechtsklick in einen beliebigen Listenpunkt und der Kontextmenübefehl *Nummerierung und Aufzählungszeichen.*

2 Über die Schaltfläche *Anpassen* öffnen Sie das Dialogfeld *Aufzählung anpassen*. Dort aktivieren Sie die Schaltfläche *Bild*.

3 Es wird nun eine Auswahl der grafischen Aufzählungszeichen aus dem ClipArt-Katalog angezeigt. Diese ist so umfangreich, dass Sie die Suche nach einem passenden Symbol mit der Suchhilfe beschleunigen sollten. Dazu aktivieren Sie zunächst die Schaltfläche *Anhalten*.

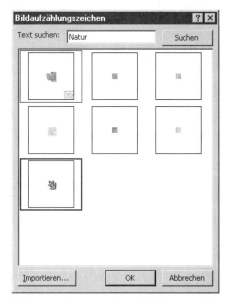

Suchen nach passenden Aufzählungszeichen

4 Geben Sie ein Stichwort zum Motiv in das Feld *Text suchen* ein und klicken Sie auf *Suchen*. Für die Beispielpreisliste soll ein Aufzählungszeichen aus dem Bereich *Natur* gesucht werden.

5 Als Ergebnis wird eine gefilterte Auswahl angezeigt. Bewegen Sie den Mauszeiger auf einen der Vorschläge, werden die Kategorie, die Höhe und Breite und der Speicherumfang dieses Symbols angezeigt.

6 Falls Sie fündig geworden sind, übernehmen Sie das Aufzählungszeichen durch Doppelklick in das Dialogfeld *Aufzählung anpassen* und bestätigen nur noch dieses Dialogfeld.

7 Falls Sie ein eigenes Symbol verwenden wollen, das Sie als Grafikdatei vorliegen haben, können Sie dieses über die Schaltfläche *Importieren* im Dialogfeld übernehmen, indem Sie im Dialogfeld *Clips zum Organizer hinzufügen* auf den Dateinamen der Grafikdatei doppelklicken.

Business-Einsatz

3

Projektplanung in Form einer nummerierten Liste

Wenn Sie an Ihrem Arbeitsplatz Projekte vorplanen, werden Sie die einzelnen Arbeitsschritte wahrscheinlich als nummerierte Liste erstellen. Je nachdem, wie umfangreich die Planung ist, benötigen Sie eine einfache nummerierte Liste oder eine Liste mit zweistelliger Nummerierung. Im zweiten Fall müssen Sie die Standardnummerierung ein wenig anpassen.

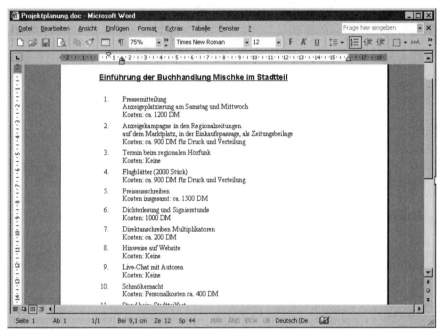

Eine zweistellige Nummerierung

Eine zweistellige nummerierte Liste erstellen

1 Aktivieren Sie die Schaltfläche *Nummerierung* vor der Eingabe des ersten Listenpunkts und geben Sie die Überschrift des ersten Listenpunkts ein.

2 Um eine korrekte Nummerierung zu erzielen, müssen Sie nach der Eingabe der Überschrift für den ersten Tagesordnungspunkt eine Zeilenschaltung verwenden, keine Absatzschaltung.

3 Word 2002 gestaltet die einzelnen Punkte einer nummerierten Liste sowohl mit einem hängenden Einzug als auch mit einem zusätzlichen linken Einzug. Wenn Sie diesen linken Einzug nicht wünschen, klicken Sie mit rechts in den ersten Tagesordnungspunkt und wählen den Kontextbefehl *Einzug verkleinern.* Alle restlichen Tagesordnungspunkte werden dann ebenfalls automatisch ohne linken Einzug gestaltet.

4 Falls es sich bei der Liste um ein umfangreiches Projekt handelt, werden Sie vielleicht zweistellige Listennummern benutzen. In diesem Fall müssen Sie zusätzlich die Ausrichtung der Listenzeichen anpassen. Markieren Sie die Listenpunkte und wählen Sie *Nummerierung und Aufzählungszeichen.*

5 Über die Schaltfläche *Anpassen* öffnen Sie das Dialogfeld *Nummerierung* anpassen. Dort ändern Sie die Ausrichtung in der Optionsgruppe *Nummernposition* im ersten Listenfeld von *Links* zu *Rechts.*

6 Außerdem sollten Sie den Einzug vergrößern. Das genaue Maß hängt von der von Ihnen eingesetzten Schriftart und -größe ab. In der Beispielliste wurde mit einem hängenden Einzug von 1,5 cm gearbeitet. Achten Sie jedoch darauf, dass die Maße in den Feldern *Tabstopp nach* und *Einzug bei* übereinstimmen, damit Sie einen korrekten hängenden Einzug erhalten.

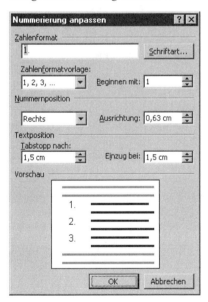

Die Formatierungseinstellungen für eine zweistellige Nummerierung

Die Tagesordnung als benutzerdefinierte nummerierte Liste

Als Vorbereitung für Besprechungen, Teamsitzungen und andere Gespräche wird häufig eine Tagesordnung ausgearbeitet, die als gemeinsame Gesprächsgrundlage dient und den Gesprächverlauf strukturiert. Sie ist auch bei der Erstellung des Gesprächsprotokolls eine große Hilfe. Eine Tagesordnung wird normalerweise als nummerierte Liste erstellt. Wenn eine einfache Nummerierung in der Form 1., 2., 3.... ausreicht, können Sie die automatische Nummerierungsfunktion von Word verwenden. Wünschen Sie eine benutzerdefinierte Nummerierung, müssen Sie lediglich kleine Anpassungen vornehmen.

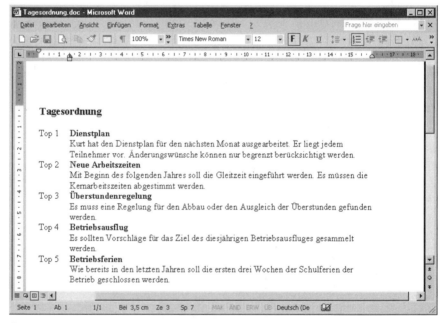

Eine Tagesordnung mit benutzerdefinierter Nummerierung

Das Beispiel zeigt die Tagesordnung für eine Teamsitzung und ist mit einem benutzerdefinierten Nummerierungsformat in der Form *Top 1, Top 2, Top 3* gestaltet.

Benutzerdefiniertes Nummerierungsformat

1 Nach der Zuweisung des Standardnummerierungsformats wählen Sie *Format/Nummerierung und Aufzählungszeichen* bzw. den Kontextmenübefehl *Nummerierung und Aufzählungszeichen*.

2 Aktivieren Sie die Schaltfläche *Anpassen* und geben Sie die Nummerierungsbeschriftung *Top* in das Feld *Zahlenformat* ein.

3 Da dieses Nummerierungsformat mehr Platz und damit einen größeren Einzug benötigt als die Standardnummerierung, erhöhen Sie die Werte in den Feldern *Tabstopp nach* und *Einzug bei* auf je 1,5 cm.

4 Zu beachten ist nun nur noch, dass Sie die Überschriften der einzelnen Tagesordnungspunkte mit einer Zeilenschaltung Umschalt+Enter und nicht mit einer Absatzschaltung Enter beenden müssen.

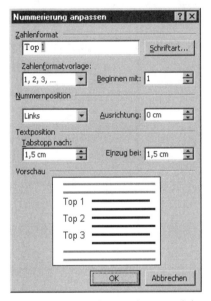

Die Einstellungen für eine benutzerdefinierte Nummerierung

3.4 Einfache Seitengestaltung

Die Standardeinstellungen für das Seitenlayout sind in Word für einseitige Dokumente sehr brauchbar und müssen im normalen Büroalltag nur angepasst werden, wenn Sie mehrseitige Dokumente erstellen, wenn Sie z. B. für den Firmenkopf andere Randeinstellungen benötigen oder sich bei der Seitengestaltung an DIN 5008 orientieren müssen.

Das Seitenlayout für einen Geschäftsbericht

Ein Geschäftsbericht wird häufig nicht nur einseitig, sondern doppelseitig gedruckt, deshalb ist eine Anpassung des Seitenlayouts notwendig. Wenn der Bericht geheftet oder gebunden wird, benötigen Sie im jeweiligen Innenrand einen Bundsteg und außerdem gespiegelte Seitenränder. Falls Sie Kopf- und Fußzeilen verwenden, sollten auch diese Kopf- und Fußzeilen durch eine angepasste Ausrichtung gespiegelt werden. Sie sollten diese Anpassungen vornehmen, bevor Sie mit der Eingabe der Daten beginnen.

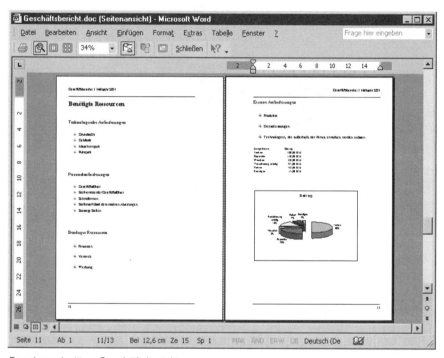

Der doppelseitige Geschäftsbericht

Seitenlayout anpassen

Die erste Seite des Geschäftsberichts wird ohne Kopf- und Fußzeile gedruckt. Damit Sie für die erste Seite keinen separaten Abschnitt erstellen müssen, definieren Sie eine Kopf- und Fußzeile für die erste Seite und lassen diesen Bereich leer.

1 Um die Seitenränder für ein doppelseitiges Dokument mit einer Titelseite anzupassen, wählen Sie entweder *Datei/Seite einrichten* oder Sie doppelklicken in das vertikale Lineal.

2 Das früher in Word vorhandene Kontrollkästchen *Gegenüberliegende Seiten* gibt es in Word 2002 nicht mehr. Diese Einstellung erreichen Sie jetzt über die Auswahl *Gegenüberliegende Seiten* in der Optionsgruppe *Seiten* im Listenfeld *Mehrere Seiten*.

3 Sie können nun auch unterschiedliche Seitenränder für den inneren und den äußeren Rand verwenden, Word spiegelt dann die Einstellung auf rechten und linken Seiten korrekt.

4 Nach der Wahl dieses Listeneintrags wechseln die Beschriftungen für Eingabefelder des linken und rechten Seitenrands zu *Innen* und *Außen*. Den Wert, den Sie im Feld *Innen* eingeben, wendet Word auf den rechten Seiten für den linken Rand und auf den linken Seiten für den rechten Rand an. Umgekehrt wird der Wert vom Feld *Außen* verwendet.

5 Im Feld *Bundsteg* tragen Sie den Wert ein, der als zusätzliche innere Falz- bzw. Bindekante im jeweils inneren Rand berücksichtigt werden soll.

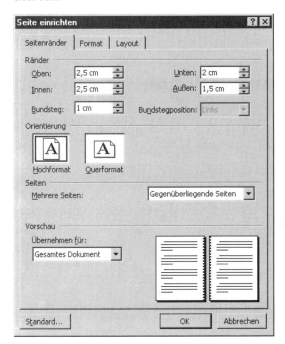

Die Seiteneinstellungen für den Geschäftsbericht

Kopf- und Fußzeilen einrichten

Leider ist auch in Word 2002 mit dem Spiegeln der Seitenränder nicht automatisch ein Spiegeln der Kopf- und Fußzeilen verbunden, sodass Sie hier manuell nachhelfen müssen. Um die erste Seite ohne Kopf- und Fußzeile und die übrigen Seiten mit gespiegelten Kopf- und Fußzeilen zu drucken, sollten Sie unterschiedliche Kopf- und Fußzeilen einrichten, bevor Sie mit der Eingabe von Daten in diese Bereiche beginnen!

Kopf- und Fußzeilen für gerade und ungerade Seiten einrichten

1 Wechseln Sie im Dialogfeld *Seite einrichten* zur Registerkarte *Layout* und schalten Sie die Kontrollkästchen *Gerade/ungerade anders* und *Erste Seite anders* ein.

2 Um, wie im Beispiel, die Kopf- und Fußzeilenbereiche mit einfachen Randlinien vom eigentlichen Textspiegel abzutrennen, aktivieren Sie die Schaltfläche *Ränder*. Die Schaltfläche bringt Sie direkt zur Registerkarte *Seitenrand* im Dialogfeld *Rahmen und Schattierung*.

3 Dort aktivieren Sie die Schaltflächen für die Randlinienpositionen oben und unten.

4 Um Randlinien zu erhalten, die nur in der Breite des Textspiegels angezeigt werden, aktivieren Sie die Schaltfläche *Optionen* und wechseln Sie im Listenfeld *Gemessen von* zu *Text*.

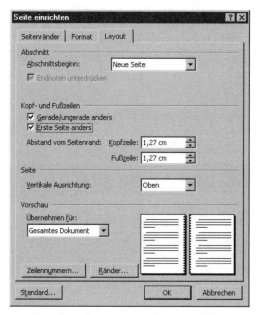

Die Einstellung für unterschiedliche Kopf-/Fußzeilen

Kopf- und Fußzeilen spiegeln

Wenn Sie das Dialogfeld bestätigen, sind für das Dokument bereits drei verschiedene Kopf- und Fußzeilen aktiv. Um diese bearbeiten zu können, muss das Dokument jedoch mindestens drei Seiten (1. Seite: separate Kopfzeile, 2. Seite: gerade Kopfzeile, 3. Seite: ungerade Kopfzeile) enthalten.

Ausrichten der Kopfzeilen

Solange das Dokument keine Daten enthält, können Sie zunächst beliebig viele Leerseiten mit ⟨Strg⟩+⟨Enter⟩ einfügen, um den Kopfzeilenbereich für gerade und ungerade Seiten anzeigen zu können.

1 Aktivieren Sie mit *Ansicht/Kopf- und Fußzeile* die Kopf-/Fußzeilenansicht.

2 Nach dem Wechsel in diese Ansicht wird immer zuerst der Kopfzeilenbereich angezeigt. Die Beschriftung des Bereichs zeigt Ihnen, in welcher der drei Kopfzeilen Sie sich befinden, also z. B. *Erste Kopfzeile* oder *Gerade Kopfzeile*.

3 Zwischen den Kopfzeilen wechseln Sie mit den Schaltflächen *Vorherige anzeigen* und *Nächste anzeigen*.

4 Lassen Sie den Bereich *Erste Kopfzeile* frei und blättern Sie ggf. zum Bereich *Gerade Kopfzeile*. Geben Sie dort die Daten ein, die Sie in der Kopfzeile jeder Seite bzw. in den Kopfzeilen der linken Seiten (Seite 3, 5, 7 usw.) anzeigen wollen. Da die Kopfzeile der linken Seite üblicherweise linksbündig ausgerichtet wird, entfällt hier eine Anpassung der Ausrichtung.

5 Wenn Sie auf allen Seiten – außer der ersten Seite – die gleiche Kopfzeile verwenden wollen, markieren Sie den Inhalt der geraden Kopfzeile und kopieren ihn in die Zwischenablage.

6 Anschließend wechseln Sie in die ungerade Kopfzeile und fügen die kopierten Daten dort ein bzw. geben die Informationen ein, die in den rechten Kopfzeilen angezeigt werden sollen.

7 Richten Sie diese Kopfzeile mit der Schaltfläche *Rechtsbündig* am rechten Seitenrand aus.

Ungerade Seiten mit rechtsbündiger Kopfzeile

Seitennummerierung

Für alle mehrseitigen Dokumente sollten Sie immer eine Seitennummerierung drucken, damit die Empfänger diese in der korrekten Reihenfolge lesen und ggf. fehlende Seiten sofort bemerken.

Einfache Seitenzahlen in der Fußzeile ausgeben

Der Geschäftsbericht soll mit einfachen Seitenzahlen zentriert in der Fußzeile gedruckt werden. Da die erste Seite eines solchen Berichts normalerweise ein Titelblatt ist, wird hier die Seitenzahl unterdrückt.

1 Für eine einfache Seitennummerierung wählen Sie in Word 2002 den Befehl *Einfügen/Seitenzahlen*.

2 Sie können sowohl die vertikale als auch die horizontale Standardposition, die Word Ihnen vorschlägt, übernehmen. Seitenzahlen werden standardmäßig in der Fußzeile gedruckt. Da Sie gespiegelte Seitenränder und den Bundsteg aktiviert haben, schlägt Word die horizontale Position *Außen* vor. Diese Ausrichtung positioniert die Seitenzahlen auf linken Seiten linksbündig und auf rechten Seiten rechtsbündig.

3 Das Kontrollkästchen *Seitenzahl auf erster Seite* bleibt ausgeschaltet, um die Seitennummer – wie üblich – auf der ersten Seite zu unterdrücken.

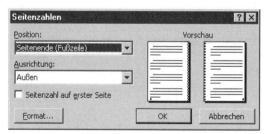

Die Position der Seitenzahlen

Doppelseitiges Drucken

Nachdem Sie Ihr Geschäftsdokument fertig gestellt und gespeichert haben, wollen Sie es sicherlich drucken. Vor dem Ausdruck werfen Sie einen Kontrollblick in die Seitenansicht, die sich in Word 2002 nicht geändert hat. Im Dialogfeld *Drucken* werden Sie allerdings ein neues Kontrollkästchen finden, das Ihnen beim Drucken doppelseitiger Dokumente behilflich ist. Wollten Sie in früheren Word-Versionen Dokumente dop-

pelseitig – also Vorder- und Rückseite – drucken, wählten Sie im Dialogfeld *Drucken* zuerst alle ungeraden Seiten, nach dem Ausdruck wendeten
Sie den Stapel und druckten dann alle geraden Seiten.

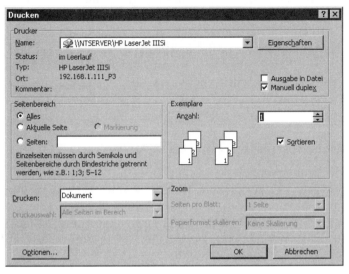

Die Einstellung Manuell duplex

Wenn Sie das Kontrollkästchen *Manuell duplex* aktivieren, können Sie in
einem Arbeitsgang einen Doppelseitendruck durchführen. Word druckt
im ersten Schritt automatisch nur die ungeraden Seiten. Anschließend
wird eine Meldung eingeblendet, mit der Sie aufgefordert werden, den
Stapel zu wenden. Anschließend druckt Word automatisch nur die geraden Seiten des Dokuments aus.

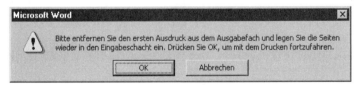

Word 2002 fordert automatisch den Wechsel der Seiten

3.5 Briefgestaltung nach DIN 5008

Um effektiv zu arbeiten, sollten besonders Anwender, die Word 2002 im
Firmenalltag einsetzen, immer eine Vorlage für die geschäftliche Korrespondenz erstellen. Auf das Drucken von Briefbogen können Sie dann
verzichten. Sie müssen sich nur einmal mit der korrekten Position der
einzelnen Briefelemente beschäftigen, den Rest erledigt dann Word für
Sie.

Datum nach DIN 5008

Seit der letzten Aktualisierung der DIN 5008 gilt u. a. ein neues Datumsformat, das sich in der Praxis aber bis heute nicht so recht durchgesetzt hat. Das Datum wird entweder in einer Bezugszeichenzeile auf der Position 10,16 cm oder als letzte Zeile des Infoblocks im Format JJJJ-MM-TT oder JJ-MM-TT eingefügt. Der 5. April 2001 würde also in der Form 2001-04-05 eingefügt. Da die meisten Anwender dieses Datumsformat nicht einsetzen, ist es für jeden nachvollziehbar, wenn Sie ein besser lesbares Format verwenden.

Formlos oder mit Vordruck

DIN 5008 unterscheidet zwischen Briefen, die mit einem Vordruck erstellt werden, und formlosen Briefen, die keinen Briefkopf und keinen Informationsblock besitzen. Die Vordrucke sind gleichzusetzen mit einem Firmenbriefbogen, auf dem bereits Firmenkopf und Infoblock mit allen Kontaktinformationen eingetragen sind. Diese Vordrucke werden entweder nach DIN 676 A oder B gestaltet.

Vordrucke nach DIN 676 A und B sowie formlose Briefe besitzen fast identische Seitenrandeinstellungen, unterscheiden sich jedoch in der Einstellung für den oberen Seitenrand.

Seitenränder nach DIN 5008			
Seitenrand	Formloser Brief	Formbrief DIN 676 A	Formbrief DIN 676 B
Oben	1,69 cm	4,5 cm	2,7 cm
Unten	1,69 cm	1,69 cm	1,69 cm
Links	2,41 cm	2,41 cm	2,41 cm
Rechts	0,81 cm bis 4,62 cm	2,41 cm	2,41 cm
Oberer Seitenrand ab Seite 2 bei Seitenzahlen oben	2,54 cm	2,54 cm	2,54 cm
Unterer Seitenrand ab Seite 2 bei Seitenzahlen unten	2,54 cm	2,54 cm	2,54 cm

Formloser einseitiger Brief

Die Gestaltung eines formlosen einseitigen Briefs unterscheidet sich kaum von der eines Privatbriefs. In formlosen Briefen wird auf ein leeres Blatt ohne Briefkopf und andere vorgegebene Inhalte verzichtet, deshalb werden die Absenderangaben oben im Brief angeordnet und das Datum wird in der ersten Schreibzeile ausgerichtet.

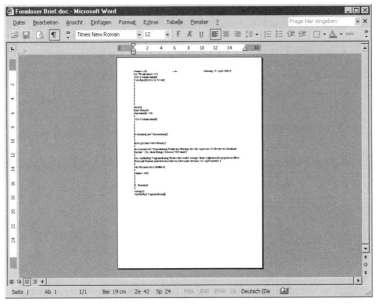

Ein formloser Geschäftsbrief

1 Doppelklicken Sie in das vertikale Lineal und gestalten Sie die Seitenränder nach der oben aufgeführten Tabellenspalte *Formloser Brief*.

2 Der obere Seitenrand in einem formlosen Brief von 1,69 cm entspricht vier Zeilen. Die erste Schreibzeile beginnt somit automatisch in der absoluten Zeile 5. Hier beginnen Sie mit der Eingabe des Firmennamens bzw. Ihres Namens.

3 Anschließend fügen Sie einen Tabulator ein, um das Datum zu positionieren. Das Datum muss mit 10,16 cm zum linken Seitenrand angeordnet werden, diese Position können Sie nicht im Lineal erreichen. Wählen Sie deshalb *Format/Tabulator* oder doppelklicken Sie in das horizontale Lineal.

Die Position für das Datum in einem formlosen Brief

4 Tragen Sie die Position 10,16 cm in das Feld *Tabstoppposition* ein, markieren Sie gegebenenfalls die Ausrichtung *Links* und aktivieren Sie *Festlegen*.

5 Bei der Erstellung einer Briefvorlage sollten Sie das Datum mit dem Befehl *Einfügen/Datum und Uhrzeit einfügen* und das Kontrollkästchen *Automatisch aktualisieren* einschalten, damit Sie nicht bei jedem neuen Brief das Datum erneut an das Tagesdatum anpassen müssen.

Sie können den Absender vervollständigen, wobei Sie beachten, dass zwischen der Straße und der Postleitzahl bzw. dem Wohnort in der Absenderadresse keine Leerzeile eingefügt wird.

Bei der Eingabe der restlichen Briefelemente beachten Sie in einem formlosen Brief folgende Positionen:

Positionen und Abstände im formlosen Brief	Abstand zum vorherigen Element	Statuszeile	Zeile absolut
Adressfeld (9 Zeilen)	4 bei vierzeiligem Absender	9	13
Anrede: Herrn/Frau/Firma	2 zum Adressfeld	11	15
Betreff	2 Leerzeilen Abstand zum Adressfeld	20	24
Anrede	2 Leerzeilen zum Betreff	23	27
Brieftext	1 Leerzeile zur Anrede	25	29
Gruß	1 Leerzeile zum Brieftext		
Firmenbezeichnung	1 Leerzeile zum Gruß		
Maschinenschriftliche Namenswiederholung	3 Leerzeilen zum vorherigen Element		
Anlage	1 Leerzeile zum Namen		
Verteiler	1 Leerzeile zum vorherigen Element		
Einzug nach DIN 5008	2,54 cm		

Um im Brieftext bestimmte Briefelemente hervorzuheben, können Sie Zentrierung oder einen linken Einzug verwenden. Diesen Einzug müssen Sie entweder über *Format/Absatz* im Feld mit 2,54 cm angeben oder Sie ziehen das Symbol für den linken Einzug auf die entsprechende Position.

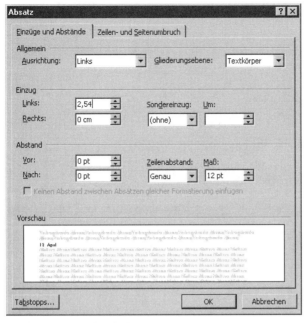

Ein Einzug nach DIN 5008

Tipp

Genaue Einzüge im Lineal

Um die Position genau zu treffen, sollten Sie beim Ziehen des linken Einzugssymbols die Taste [Alt] gedrückt halten.

Geschäftsbriefe mit Infoblock und Seitennummerierung

Obwohl in einigen Fällen – z. B. für den innerbetrieblichen Schriftverkehr – im Rahmen der Geschäftskorrespondenz tatsächlich formlose Briefe geschrieben werden, wird in den meisten Fällen ein gestalteter Vordruck benutzt, der Firmenkopf und alle Absenderangaben bereits enthält. Für diesen Fall sieht die DIN 5008 andere Einstellungen bezüglich der Seitenränder und der Position von Datum und anderen Briefelementen vor, wie Sie der Tabelle weiter oben in diesem Kapitel entnehmen können. In Word erstellten Sie statt eines Vordrucks eine Dokumentvorlage. In eine solche Vorlage für einen Geschäftsbrief fügen Sie den Briefkopf mit Namen und Logo, Absenderadresse, Telefon- und Faxnummer, E-Mail-Adresse, Adressfeld, Grußformel usw. ein. Damit der Brief später auch ohne Lineal exakt gefaltet und gelocht werden kann, fügen Sie außerdem Falz- und Lochmarkierungen hinzu. Sie können den Beispielbrief als normales Dokument beginnen und geben beim Speichern an, dass Sie eine Dokumentvorlage erstellen wollen.

Bei der Erstellung von Geschäftsbriefen stellt sich die Frage, ob eine der fertigen Dokumentvorlagen angepasst oder eigene Briefstandards entwickelt werden. Wenn man ganz ehrlich ist, muss man zugeben, dass die meisten Dokumentvorlagen, die Word „ab Werk" mitbringt, zwar für einen schnellen Einsatz, aber weniger für den Dauereinsatz geeignet sind, da ihre Einstellungen doch sehr von den in Deutschland üblichen Standards abweichen.

Schneller als eine Anpassung der fehlerhaften Einstellungen ist da die Erstellung eines neuen Briefmusters, in dem Sie von Anfang an die korrekten Werte und Abstände vereinbaren.

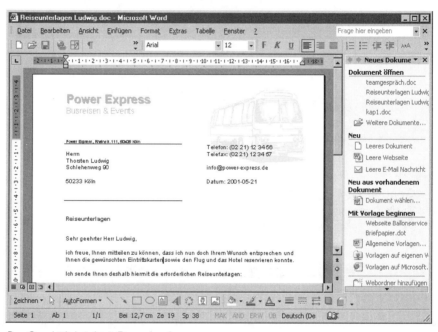

Der Geschäftsbrief mit Firmenkopf

Seitenränder und Zeilenabstand festlegen

Die voreingestellten Ränder für Word-Dokumente sind für die Praxis meist recht brauchbar. Damit die Vorlage für viele neue Briefe ganz korrekt ist, sind jedoch kleinere Anpassungen erforderlich. Über den Befehl *Datei/Seite einrichten* passen Sie im Register *Seitenränder* die Randeinstellungen der neuen Dokumentvorlage an die Regeln von DIN 5008 für Geschäftsbriefe an: *Oben*: 4,5 cm, *Links*: 2,41 cm und *Rechts*: 1,5 cm.

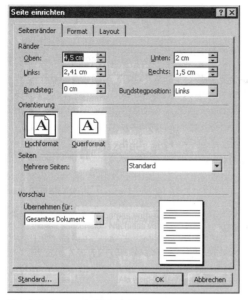

Die Ränder nach DIN 5008

Damit später die üblichen neun Zeilen in das Adressfeld passen und die Positionen aller Briefelemente korrekt sind, müssen Sie einen Zeilenabstand wählen, der genau einer Schreibmaschinenzeile entspricht. Hierzu wählen Sie den Befehl *Bearbeiten/Alles markieren*, wählen *Format/Absatz* und setzen den *Zeilenabstand* auf: *Genau 12 pt.* Der ausgewählte Zeilenabstand entspricht genau einer Schreibmaschinenzeile.

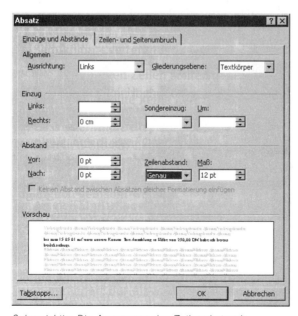

Sehr wichtig: Die Anpassung des Zeilenabstands

3

Business-Einsatz

Briefkopf mit Firmenlogo gestalten

Firmenname und Firmenlogo im Briefkopf haben einen hohen Wiedererkennungswert. Sie sorgen dafür, dass der Absender sofort identifiziert und bei späteren Anschreiben direkt wiedererkannt wird. Platz für den Briefkopf bietet der, von Ihnen auf 4,5 Zentimeter festgelegte, obere Seitenrand. Wenn Sie in Ihrer Firma Briefbogen mit vorgedrucktem Briefkopf verwenden, entfällt dieser Schritt natürlich.

1 Wählen Sie *Ansicht/Kopf- und Fußzeile*, um den oberen Randbereich einzublenden. Der Firmenname kann ruhig etwas größer ausfallen. Wählen Sie über die Liste *Schriftgrad* z. B. eine Schriftgröße von 24 (pt).

2 Sie haben in der nächsten Zeile noch Platz, in etwas kleinerem Schriftgrad – hier wurde die Schriftgröße 14 verwendet – eine kurze Firmenbeschreibung einzufügen.

3 Falls es ein Firmenlogo gibt, gehört dies natürlich unbedingt mit in den Briefkopf. Wählen Sie dazu *Einfügen/Grafik/Aus Datei*. In welcher Größe Sie das Firmenlogo anzeigen lassen, hängt von der Schriftgröße ab, die Sie für Firmennamen und -beschreibung verwenden. Insgesamt darf die Kopfzeile nur 4,5 cm hoch werden, damit später die Absenderadresse nicht zu tief sitzt.

4 Größere Firmenlogos sollten Sie deshalb in den Hintergrund setzen. Über Rechtsklick und den Befehl *Grafik formatieren* öffnen Sie das entsprechende Dialogfeld. Dort wählen Sie im Register *Layout* die Einstellung *Hinter dem Text*. Im Beispiel wurde die Grafik außerdem rechtsbündig angeordnet.

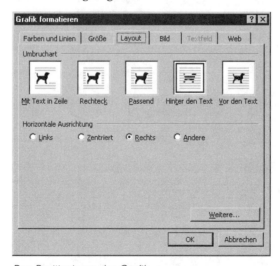

Das Positionieren der Grafik

Wenn die Grafik hinter den Text gelegt wird, empfiehlt sich – je nach Erscheinungsbild Ihres Firmenlogos – außerdem, im Register *Bild* in der Optionsgruppe *Bildsteuerung* die *Farbe* auf die Einstellung *Ausgeblichen* zu setzen. Dies entspricht der früheren Einstellung *Wasserzeichen* und reduziert die Farbintensität, sodass der Text über der Grafik lesbar bleibt.

Tipp

Wasserzeichen

Word 2002 bietet Ihnen eine Alternative zur Positionierung des Firmenlogos im Seitenkopf. Über den Befehl *Format/Hintergrund/Gedrucktes Wasserzeichen* können Sie das Firmenlogo als Hintergrund Ihrer Dokumente anzeigen.

Die Arbeiten in der Kopfzeile haben Sie mit dem Einfügen des Firmennamens und der Positionierung des Firmenlogos abgeschlossen. Ein Doppelklick unterhalb der gestrichelten Linie, die den Kopfzeilenbereich umgibt, aktiviert den normalen Eingabebereich.

Die Firmenabsenderadresse einbauen

Ihr Kontrollblick gilt nun der Positionsanzeige in der Statuszeile. Die erste Schreibzeile befindet sich mit 4,5 cm auf der korrekten Position für die Absenderadresse. Die Absenderadresse wird üblicherweise in einer geringeren Schriftgröße, z. B. im Schriftgrad 8, formatiert.

Das Adressfeld gestalten

Mit einer solchen Tabelle können Sie problemlos beliebige Objekte – hier Adressfeld, Infoblock und Datum – nebeneinander anordnen. Für die Anordnung von Adressfeld und Infoblock fügen Sie im nächsten Absatz unterhalb des Absenders eine dreispaltige Tabelle mit zwei Zeilen ein.

1 Wählen Sie *Tabelle/Einfügen/Tabelle*. Reduzieren Sie die Spaltenanzahl auf 3, belassen Sie aber die Zeilenanzahl auf 2. Neben der Beschriftung *Tabellenformat* zeigt Word standardmäßig das Format *Tabellengitternetz*.

2 In Word 2002 ist das Einfügen von Tabellen ohne Randlinien ein wenig einfacher geworden. Aktivieren Sie die Schaltfläche *AutoFormat* und markieren Sie im Listenfeld *Tabellenformatvorlagen* den obersten Eintrag *Normale Tabelle*.

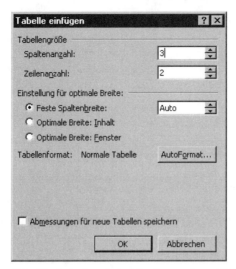

Eine Blindtabelle mit drei Spalten und zwei Zeilen

3 Als Nächstes passen Sie die Breite der ersten Tabellenspalte und die Höhe der ersten Zeile an die Größe eines Adressfelds an. Über den Rechtsklick in die erste Zeile wählen Sie *Tabelleneigenschaften*. Im Register *Zeile* schalten Sie das Kontrollkästchen *Höhe definieren* ein, setzen die Liste *Zeilenhöhe* auf *Genau* und ändern den Zentimeterwert in 4 cm. Nach dem Klick auf die Schaltfläche *Nächste Zeile* setzen Sie für die zweite Zeile eine genaue Höhe von 0,42 cm fest.

4 Jetzt sind die Spalten an der Reihe. Aktivieren Sie das Register *Spalte* und klicken Sie so lange auf die Schaltfläche *Vorherige Spalte*, bis unter der Beschriftung *Größe* der Eintrag *Spalte 1* angezeigt wird. Ändern Sie die Einstellung für die erste Spalte zu einer bevorzugten Breite von 8,5 cm. Dies entspricht der Breite eines Adressfelds. Nach dem Klick auf *Nächste Spalte* ändern Sie genauso die Breite für die zweite Spalte in 1,66 cm und die der dritten Spalte in 6,93 cm.

Ein übersichtliches Adressfeld wird mit Randlinien eingegrenzt. Diese Linien signalisieren Ihnen auf einen Blick, wie viel Platz Ihnen zur Verfügung steht – abgesehen davon, dass ein solches Adressfeld einfach professioneller aussieht!

Nach dem Klick in die erste Zelle, öffnen Sie die *Rahmenlinien*-Palette und klicken Sie nacheinander auf die Schaltfläche *Rahmenlinie oben* und *Rahmenlinie unten*.

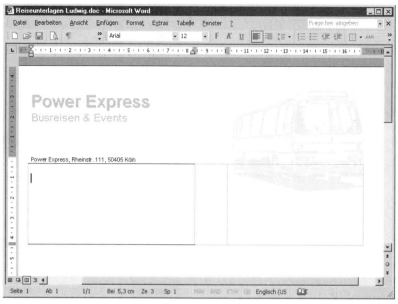

Das Adressfeld in der linken Spalte

Der Informationsblock

Als modernes Unternehmen verfügt Ihre Firma natürlich nicht nur über die herkömmlichen Kommunikationskanäle wie Telefax und Telefon, sondern auch über E-Mail-Adresse und eigene Homepage. Diese Daten geben Sie in die dritte Spalte als so genannten Informationsblock ein.

Hinweis

Informationsblock

Informationsblock wird nach DIN 5008 ein Datenblock bezeichnet, der rechts neben dem Adressfeld angeordnet wird und Informationen über die verschiedenen Kommunikationskanäle, wie Telefonnummer, Telefaxnummer, Bearbeiter, Datum usw. enthält. Im Kommunikationszeitalter bietet er eine echte Alternative zu der etwas altmodischen Bezugszeichenzeile, weil er wesentlich mehr Daten unterbringen kann.

Nach Eingabe von E-Mail- und Internetadresse sorgt die Tastenkombination [Alt]+[Rücklöschtaste] dafür, dass die hier unerwünschte Formatierung als Hyperlink zurückgenommen wird.

Tipp

AutoHyperlinks deaktivieren

Sie können das automatische Formatieren der Hyperlinks ausschalten, wenn Sie im Dialogfeld *AutoKorrektur-Optionen*, Register *AutoFormat während der Eingabe* das Kontrollkästchen *Internet- und Netzwerkpfade durch Hyperlinks* ausschalten.

Business-Einsatz

3

Wenn der Brief später als Vorlage gespeichert werden soll, sollten Sie auf jeden Fall ein Datumsfeld verwenden, das Sie mit *Einfügen/Datum und Uhrzeit* einfügen. Verwenden Sie ruhig das von Ihnen bevorzugte Datumsformat, wichtig ist nur, dass das Kontrollkästchen *Automatisch aktualisieren* eingeschaltet ist, wenn Sie das Dialogfeld bestätigen.

Falzmarke und Lochmarke

Wenn Sie Falzmarken in Ihre Briefvorlage einfügen, gibt es keine Probleme, den Brief so zu falten, dass Absender und Empfängeradresse im Kuvertfenster des Briefumschlags erscheinen. Zum Lochen Ihrer Kopien und als Hilfe für die Empfänger fügen Sie außerdem eine Lochmarke ein.

Für die Falzmarken verwenden Sie ein Sonderzeichen, das Sie mit *Einfügen/Symbol* aus der Registerkarte *Sonderzeichen* unter dem Namen Geviertstrich abrufen. Positioniert werden die Falzmarken mit unsichtbaren Textfeldern.

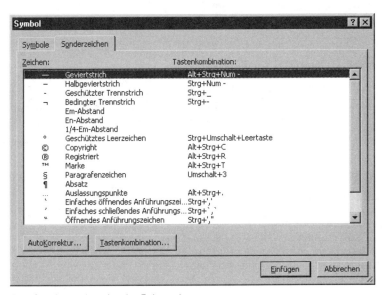

Das Sonderzeichen für die Falzmarken

Einfügen und Positionieren der Falz-Markierungen

1 Wählen Sie *Einfügen/Textfeld* und ziehen Sie ein Textfeld in den linken Randbereich. Klicken Sie in das Textfeld und fügen Sie über *Einfügen/Symbol* den Geviertstrich ein.

2 Der Doppelklick auf den Textfeldrahmen öffnet das Dialogfeld *Textfeld formatieren*. Dort setzen Sie im Register *Farben und Linie* in der Gruppe *Linie* die *Farbe* auf *Keine Linie*. Höhe und Breite legen Sie im Register *Größe* mit je 0,5 cm fest.

3 Im Register *Layout* klicken Sie auf die Schaltfläche *Weitere*. Sie positionieren die Falzmarkierungen im Verhältnis zur linken und oberen Papierkante. Wie nah die Markierung an der linken Papierkante gedruckt werden kann, ist von Ihrem Drucker abhängig. Entweder Sie schauen in Ihr Druckerhandbuch oder Sie versuchen es mit einem Testwert von 0,5 cm. Markieren Sie in den Optionsgruppen *Horizontal* und *Vertikal* die Schaltfläche *Absolute Position* und in den Listenfeldern rechts daneben den Eintrag Seite. Die horizontale Position legen Sie mit 0,5 cm fest, die vertikale mit 10,5 cm.

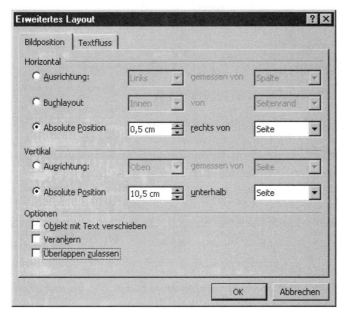

Das Positionieren der ersten Falzmarke

Sie sollten nach dem Einfügen der Falzmarken einen Testdruck durchführen, denn erfahrungsgemäß drucken nicht alle Drucker exakt auf der angegebenen Position. Passen Sie in diesem Falle die Werte an Ihren Drucker an.

Für die beiden anderen Markierungen ziehen Sie nun das noch markierte Textfeld mit gedrückter Taste [Strg] zweimal nach unten, um per Drag & Drop zwei Kopien zu erstellen. Positionieren Sie die Lochmarke und die zweite Falzmarke ebenfalls mit einem Abstand von 0,5 cm zum linken Seitenrand. Positionieren Sie die Lochmarke vertikal auf 14,85 cm, die zweite Falzmarke auf 21 cm.

Brief als Vorlage speichern

Wenn Sie den Briefbogen als Vorlage speichern wollen, sollten Sie dies jetzt tun, bevor Sie mit der Eingabe des Brieftextes beginnen. Wählen Sie *Datei/Speichern unter* und wählen Sie den Dateityp *Dokumentvorlage*.

Anschließend schließen Sie die Vorlage, denn neue Briefe schreiben Sie nie in der Vorlage selbst, sondern immer in einer Kopie. Um den Geschäftsbrief zu schreiben, wählen Sie *Datei/Neu* und klicken in der Task Pane auf den Namen der Vorlage bzw., wenn diese nicht angezeigt wird, auf den Eintrag *Allgemeine Vorlagen*, um die Vorlage im Dialogfeld *Neu* auswählen zu können.

Bei der Eingabe des Brieftextes sollten Sie die Abstände und Positionen einhalten, die nach DIN 5008 vorgegeben sind und die Sie der Tabelle weiter oben in diesem Abschnitt entnehmen können.

Mehrseitiger Geschäftsbrief mit Seitennummerierung

In einem mehrseitigen – formlosen oder mit Vordruck – Brief sollten Sie nach DIN 5008 eine Seitennummerierung ausgeben lassen. Diese Seitennummerierung kann in der fünften Zeile in der Kopfzeile oder in der Fußzeile ausgegeben werden und muss in beiden Fällen mit einer Leerzeile vom restlichen Text getrennt werden. Um ein korrektes Layout für mehrseitige Geschäftsbriefe zu erhalten, sollten Sie mit zwei Abschnitten arbeiten. Dazu müssen Sie nicht unbedingt einen manuellen Abschnittswechsel einfügen, sondern können diesen von Word automatisch einfügen lassen.

Positionieren Sie den Cursor an das Ende der ersten Seite. Wählen Sie *Datei/Seite einrichten* und passen Sie die Seitenränder an. Um die Seitenzahlen in der Fußzeile auszugeben, ändern Sie die Ränder für die Folgeseiten oben in 1,69 cm und unten in 2,54 cm. Damit Word automatisch einen neuen Abschnitt beginnt, wählen Sie außerdem im Listenfeld *Übernehmen* für den Eintrag *Dokument ab hier*.

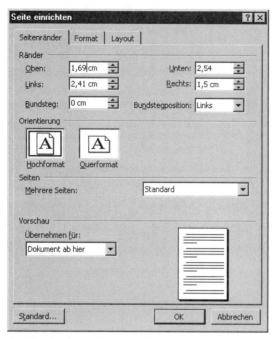

Die Ränder für mehrseitige Geschäftsbriefe

Aktivieren Sie mit *Ansicht/Kopf- und Fußzeile* die Kopfzeilenansicht und wechseln Sie über die Schaltfläche *Zwischen Kopf- und Fußzeile wechseln* in die Fußzeile. Dort geben Sie zunächst eine Leerzeile ein und können dann die Seitenzahl mithilfe der Schaltfläche *Seitenzahl einfügen* automatisch einfügen und mit der Schaltfläche *Zentrieren* positionieren.

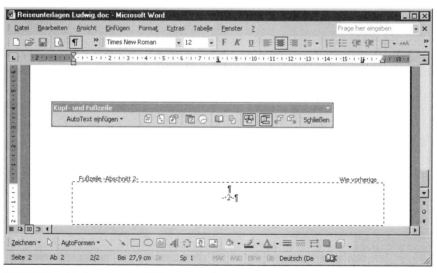

DIN 5008 sieht diese Art der Seitennummerierung vor

4. Automatische Funktionen

Was wäre ein modernes Textverarbeitungsprogramm ohne seine vielen automatischen Funktionen? Diese Frage wird wahrscheinlich von den Anwendern ganz unterschiedlich beantwortet. Gerade die Einsteiger oder die Anwender, die Dokumente unter permanentem Zeitdruck entwickeln müssen und daher nicht die Möglichkeit haben, das Programm gründlich kennen zu lernen, werden vermutlich verärgert über die unerwünschten Aktionen berichten, mit denen Word automatisch und ungefragt in ihre Arbeit eingreift und die sie mühsam zurücksetzen müssen.

Anwender hingegen, die sich intensiver mit Word auseinander setzen und Zeit finden, die automatischen Funktionen kennen zu lernen und vor allen Dingen diese an die persönliche Arbeitssituation anzupassen, werden begeistert von der eingesparten Zeit und der Befreiung von eher langweiligen Routineaufgaben sprechen.

Um die AutoFunktionen effektiv einsetzen zu können, müssen Sie sich jedoch einen Überblick über ihre Funktionsweise verschaffen, um dann die für Sie unbrauchbaren von den hilfreichen unterscheiden zu können und alle überflüssigen und störenden automatischen Funktion zu deaktivieren.

4.1 Automatische Prüfung von Rechtschreibung und Grammatik

Die auffälligsten automatischen Funktionen sind natürlich die Rechtschreibprüfung und die Grammatikprüfung, weil diese im Dokument rote und grüne Markierungen anbringen, wenn sie fehlerhaften Dokumentinhalt vermuten. Wenn Sie sie schon seit mehreren Programmversionen einsetzen, werden Sie vielleicht gewohnt sein, nach der kompletten Eingabe des Dokuments die Rechtschreibprüfung über die Schaltfläche oder das Menü *Extras* zu starten und alle Tippfehler systematisch zu beseitigen. Dieses Verfahren ist zwar sehr systematisch, jedoch auch sehr umständlich und zeitaufwändig. Schneller prüfen und korrigieren Sie mit Kontextmenü und Doppelklick.

4

Automatische Funktionen

Schnellprüfung über Doppelklick und Kontextmenü

Falls Word einen Begriff im Dokument mit einer roten Wellenlinie markiert, wird in diesem Wort ein Fehler vermutet. In diesem Fall können Sie über den Rechtsklick auf das markierte Wort direkt auf die verfügbaren Korrekturvorschläge zugreifen. Die Auswahl eines Korrekturbegriffs aus dem Kontextmenü korrigiert bereits den Fehler. Falls keine Korrekturbegriffe angeboten werden, können Sie entweder manuell korrigieren oder über den Eintrag *Rechtschreibung* das Dialogfeld öffnen, z. B. um weitere Wörterbücher zur Prüfung hinzuzuziehen.

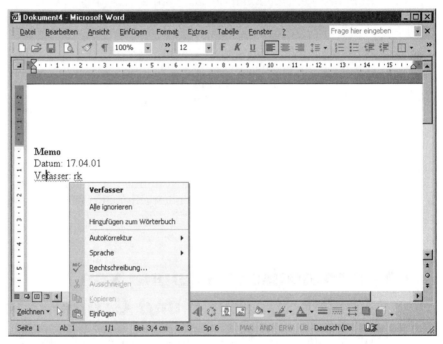

Korrigieren über das Kontextmenü

Noch schneller können Sie die Prüfung mithilfe des Wörterbuch-Symbols in der Statusleiste durchführen. Hier reicht ein Doppelklick, damit Word den ersten Fehler markiert und das Kontextmenü mit Korrekturvorschlägen anzeigt. Nach der Korrektur führt Sie der Doppelklick auf das Wörterbuch-Symbol automatisch zum nächsten Fehler, ohne dass Sie diesen im Dokument selbst suchen müssen.

Neue oder alte Rechtschreibung

Momentan können Sie in den meisten Fällen noch wählen, ob Sie Ihre Dokumente nach alter oder neuer Rechtschreibung gestalten wollen. In Word ist allerdings bereits seit der Version 2000 die neue Rechtschreibprüfung standardmäßig aktiviert. Wenn Sie vorerst noch die alte Rechtschreibung bevorzugen, klicken Sie mit rechts auf das Wörterbuch-Symbol in der Statuszeile und wählen den Kontextbefehl *Optionen*.

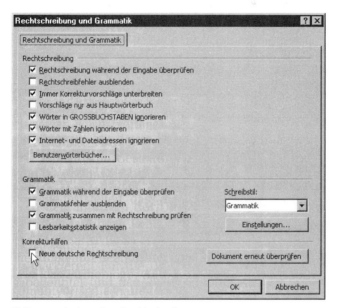

Prüfen nach der alten Rechtschreibung

Im Dialogfeld *Rechtschreibung und Grammatik* schalten Sie das Kontroll-kästchen *Neue deutsche Rechtschreibung* aus.

Abschnitte von Rechtschreibung und Grammatikprüfung ausnehmen

Meist ist es sehr tröstlich zu wissen, dass die in Word eingebaute Auto-Korrektur-Funktion und die automatische Rechtschreibprüfung alle Eingaben überwacht, die meisten Tippfehler bemerkt und diese entweder automatisch korrigiert oder zur Korrektur vorschlägt. Es gibt jedoch auch Dokumente, in denen diese automatischen Prüffunktionen versagen oder unerwünscht sind. Stellen Sie sich z. B. vor, wie die Rechtschreibprüfung mit bestimmten Bedienungsanleitungen umgehen würde, in denen viele fremdsprachliche Begriffe oder Spezialausdrücke vorkommen, oder wie sie mit Texten umgehen würde, die umgangsprachliche Zitate oder Dialekte enthalten.

4

Automatische Funktionen

Prüfung für Absätze deaktivieren

In Dokumenten, die z. B. fremdsprachliche Zitate, Spezialausdrücke oder Dialekt enthalten, ist es sinnvoll, bestimmte Passagen aus der Rechtschreibprüfung auszuschließen und so die vielen Fehlermarkierungen für diese Passagen zu unterdrücken:

1 Erstellen Sie eine Formatvorlage für die Textabschnitte, die nicht auf Rechtschreib- und Grammatikfehler überprüft werden sollen. Wenn Sie bereits den Arbeitsbereich *Formatvorlagen und Formatierung* anzeigen lassen, genügt der Klick auf die Schaltfläche *Neue Formatvorlage*, sonst wählen Sie vorher den Befehl *Format/Formatvorlagen und Formatierung*.

[Neue Formatvorlage]

2 Benennen Sie die neue Formatvorlage im Feld *Name*, z. B. *nicht prüfen*.

3 Aktivieren Sie die Schaltfläche *Format* und wählen Sie den Menübefehl *Sprache*.

4 Im Dialogfeld *Sprache* schalten Sie das Kontrollkästchen *Rechtschreibung und Grammatik nicht prüfen* ein.

Rechtschreib- und Grammatikprüfung unterdrücken

5 Soll die Formatvorlage nicht nur für das aktuelle Dokument verfügbar sein, schalten Sie im Dialogfeld *Neue Formatvorlage* noch das Kontrollkästchen *Zur Vorlage hinzufügen* ein.

Sie können anschließend Textabschnitten, die nicht geprüft werden sollen, über den Arbeitsbereich *Formatvorlagen und Formatierung* die neue Formatvorlage bequem zuweisen, indem Sie einfach auf deren Namen in der Liste *Wählen Sie eine Formatierung* klicken. Eventuell vorhandene Fehlermarkierungen verschwinden anschließend automatisch.

Anlegen eines Benutzerwörterbuchs

Wenn Sie in Dokumenten viele Spezialausdrücke verwenden, können Sie natürlich die Rechtschreibprüfung deaktivieren, um die Fehlermarkierungen zu unterdrücken. Wenn es sich bei diesen von der Rechtschreibprüfung markierten Ausdrücken jedoch um Begriffe handelt, die Sie an Ihrem Arbeitsplatz immer wieder einsetzen, sollten Sie diese in ein Wörterbuch aufnehmen. Sie unterdrücken hierdurch nicht nur die Fehlermarkierungen, sondern Sie ermöglichen dadurch der Rechtschreibprüfung auch die Fehlerkontrolle über diese Ausdrücke und vermeiden dadurch Flüchtigkeitsfehler.

Natürlich können Sie einzelne Begriffe, die Sie besonders häufig benutzen, in das Hauptwörterbuch aufnehmen, Spezialausdrücke, die Sie nur im Zusammenhang mit bestimmten Dokumenten einsetzen, sollten Sie jedoch in separaten Benutzerwörterbüchern verwalten, um das Hauptwörterbuch nicht unnötig aufzublähen.

Benutzerwörterbuch erstellen

1 Um ein Benutzerwörterbuch zu erstellen, klicken Sie mit rechts auf die Statusanzeige für die Rechtschreibprüfung in der Statuszeile und wählen *Optionen*.

2 Aktivieren Sie die Schaltflächen *Benutzerwörterbücher* und *Neu* und benennen Sie das neue Wörterbuch.

3 Die Aktivierung der Schaltfläche *Speichern* erstellt das neue Wörterbuch, das Word 2002 mit dem Suffix *.dic* standardmäßig im Ordner *Proof* ablegt.

Damit die Ausdrücke im Dokument in das neue Wörterbuch aufgenommen werden, müssen Sie andere geöffnete Wörterbücher, insbesondere das Standard-Benutzerwörterbuch *Benutzer.dic*, in der Liste der Wörterbücher deaktivieren. Wenn Sie nun im Dialogfeld der Rechtschreibprüfung die Schaltfläche *Zum Wörterbuch hinzufügen* oder den gleichnamigen Befehl im Kontextmenü wählen, wird der markierte Begriff in das Wörterbuch aufgenommen.

Tipp

Rechtschreibwörterbuch direkt zusammenstellen

Wenn Sie genau wissen, welche Ausdrücke Sie in das neue Wörterbuch aufnehmen wollen, können Sie dieses schneller erstellen. Erstellen Sie ein neues Word-Dokument und geben Sie die Ausdrücke dort in einzelne Absätze ein. Sortieren Sie diese Absätze mithilfe der Word-Sortierfunktion und speichern Sie das Dokument mit dem Suffix *dic* im Ordner *Proof*.

4

Automatische Funktionen

4.2 Automatische Silbentrennung

Mit der Silbentrennung nutzen Sie eine weitere automatische Word-Funktion. Im Gegensatz zur Rechtschreibprüfung kann diese Funktion wirklich vollautomatisch – d. h. ohne Eingreifen des Anwenders – durchgeführt werden. Die Silbentrennung arbeitet relativ zuverlässig, d. h., die Trennpositionen sind in den meisten Fällen korrekt. In einigen Fällen arbeitet die Silbentrennung jedoch fehlerhaft. In wichtigen Dokumenten sollten Sie deshalb auf eine automatische Silbentrennung verzichten und eine kontrollierte Trennung durchführen.

Tipp

Rechtschreibprüfung vor Silbentrennung

Sie sollten eine manuelle Silbentrennung immer erst nach der Überprüfung der Rechtschreibung durchführen, da die korrekte Schreibweise eine Voraussetzung für korrekte Trennvorschläge ist.

Angepasste Silbentrennung

Leider kann die automatische Silbentrennung nur generell ein- und ausgeschaltet werden und nicht für einzelne Wörter. Sie können jedoch weiter unten in diesem Abschnitt lesen, wie Sie Wörter oder Textabschnitte von der Silbentrennung ausnehmen können. Falls Sie in einem wichtigen Dokument vorsichtshalber eine manuelle Trennung durchführen wollen, wählen Sie *Extras/Sprache/Silbentrennung* und schalten Sie im Dialogfeld das Kontrollkästchen *Automatische Silbentrennung* aus, dann aktivieren Sie die Schaltfläche *Manuell*. Vor der Aktivierung der manuellen Silbentrennung haben Sie jedoch im Dialogfeld *Silbentrennung* die Möglichkeit, die Arbeitsweise der Silbentrennung zu beeinflussen.

Mit dem Wert, den Sie für die *Silbentrennzone* angeben, legen Sie die Breite der Zone am rechten Rand fest, in die Word Trennstriche einfügen darf. Mit dem Wert, den Sie im Feld *Aufeinanderfolgende Trennstriche* angeben, legen Sie fest, in wie vielen aufeinander folgenden Zeilen Word Trennstriche einfügen darf. Das Ausschalten des Kontrollkästchens *Wörter in Großbuchstaben trennen* sorgt dafür, dass Begriffe, die Sie ganz in Großbuchstaben eingeben, wie z. B. das Wort ENTER, nicht getrennt werden dürfen.

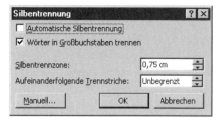

Die Silbentrennung anpassen

Manuelle Silbentrennung

Nachdem Sie die Schaltfläche *Manuell* aktiviert haben, zeigt Word im Dialogfeld *Manuelle Silbentrennung* das erste Wort, das getrennt werden kann. Der Cursor blinkt an der Stelle, an der Word einen Trennstrich einfügen will. Dabei handelt es sich immer um die Trennposition am weitesten rechts im Wort, also die optimale Trennposition. Auch an allen weiteren Trennmöglichkeiten werden Trennstriche angezeigt.

Manuelle Silbentrennung

Wenn Sie mit der markierten Trennposition einverstanden sind, klicken Sie auf die Schaltfläche *Ja*. Soll an einer anderen Stelle getrennt werden, klicken Sie zunächst auf diese Position in das Wort und dann auf die Schaltfläche *Ja*. Wenn Sie das angezeigte Wort überhaupt nicht trennen wollen, aktivieren Sie die Schaltfläche *Nein*.

Absätze von der Trennung ausschließen

Genauso, wie es möglich ist, Textabschnitte sowohl von der Rechtschreibprüfung als auch von der Grammatikprüfung auszuschließen, können Sie auch z. B. für ein Zitat festlegen, dass in diesem Textabschnitt keine Silbentrennung durchgeführt werden soll.

Während der Ausschluss von Rechtschreib- und Grammatikprüfung über die Spracheinstellungen festlegt wird, unterdrücken Sie die Silbentrennung über eine Absatzformatierung.

4

Automatische Funktionen

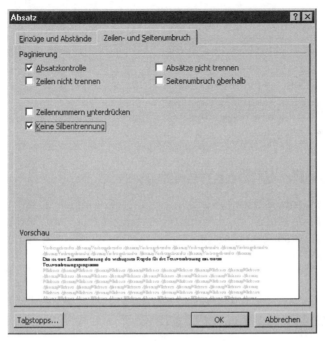

Silbentrennung für Absätze deaktivieren

Markieren Sie die Absätze, die nicht von der Silbentrennung berücksichtigt werden sollen, und wählen Sie *Format/Absatz*. Im Register *Zeilen- und Seitenumbruch* schalten Sie das Kontrollkästchen *Keine Silbentrennung* ein. Die so gekennzeichneten Absätze werden weder von der automatischen noch von der manuellen Silbentrennung berücksichtigt.

4.3 AutoTexte, AutoKorrektur und AutoAusfüllen

Word bietet Ihnen verschiedene Features, die Ihnen zu einem schnelleren Einfügen von Zeichenketten verhelfen, die Sie immer wieder benötigen. Die AutoText-Funktion speichert Floskeln und häufig benutzte Zeichenketten unter einem Kürzel, über das sie auch wieder abgerufen werden können, mit der Funktion AutoAusfüllen sogar automatisch. Die AutoKorrektur-Funktion arbeitet ähnlich wie die AutoText-Funktion, nur dass sie die Ersetzung des Kürzels durch die gespeicherte Zeichenkette automatisch durchführt, ohne dass der Anwender eingreifen muss.

Die Funktion AutoAusfüllen

Die AutoAusfüllen-Funktion ist Bestandteil der AutoText-Funktion. Sie schlägt bei der Eingabe von Zeichenketten, die als Namen von Textbausteinen erkannt werden, automatisch den entsprechenden AutoText-Eintrag vor und ergänzt diesen gegebenenfalls.

AutoAusfüllen einsetzen

Bereits seit einigen Versionen bietet Word eine automatische Vervollständigungsfunktion, die Bestandteil der AutoText-Verwaltung ist. Dieses Feature wurde in Word 2000 noch als Tipp-Funktion geführt, in Word 2002 finden Sie es unter dem Namen AutoAusfüllen. Die Funktion überwacht die Benutzereingaben und vergleicht die eingegebenen Zeichenketten mit den Namen der AutoText-Einträge. Handelt es sich bei der eingegebenen Zeichenkette um den Anfang bzw. den Namen eines Auto-Textes, wird der Rest automatisch zur Ergänzung vorgeschlagen. Der Ergänzungsvorschlag wird als Tooltip eingeblendet und kann durch Drücken der Taste (Enter) übernommen werden. Soll er abgelehnt werden, fährt der Anwender einfach mit der Eingabe fort.

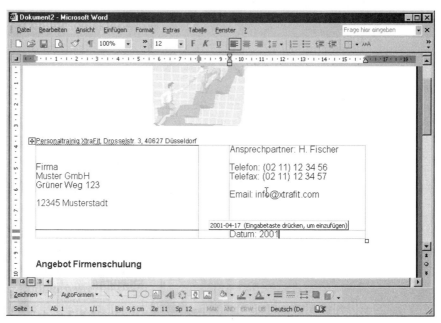

Der Tooltip der AutoAusfüllen-Funktion

AutoAusfüllen abschalten

Die AutoAusfüllen-Funktion kann in einigen Fällen sehr hilfreich sein, in anderen Fällen – z. B. bei der automatischen Ergänzung von Datumswerten – eher stören. Sie können diese Funktion deshalb deaktivieren. Leider ist eine solche Deaktivierung nur grundsätzlich möglich und nicht z. B. nur für Datumswerte. Um das Einblenden der AutoAusfüllen-Vorschläge als Tooltip auszuschalten, wählen Sie *Extras/AutoKorrektur-Optionen* und schalten im Register *AutoText* das Kontrollkästchen *AutoAusfüllen-Vorschläge anzeigen* aus.

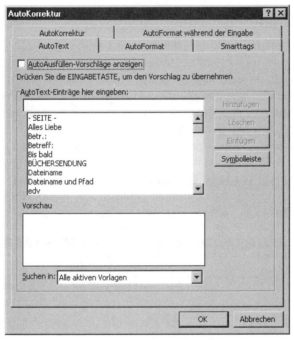

AutoAusfüllen abschalten

Aufbau einer AutoText-Datei für die Verwaltung von Bewerber/-innen

Die Personalverwaltungsabteilungen der Unternehmen setzen täglich viele unterschiedliche Dokumente, Formulare und Bescheinigungen ein. In vielen dieser Dokumente kommen ähnliche Formulierungen immer wieder vor. Es bietet sich daher an, diese Dokumentinhalte zu standardisieren. Um den Zeitaufwand bei der Personalverwaltung zu reduzieren, sollten Sie für alle Dokumentinhalte, die Sie in ähnlicher Form häufiger einsetzen, AutoTexte erstellen. Damit die Verwaltung der zahlreichen AutoTexte übersichtlich bleibt, sollten Sie diese mit benutzerdefinierten Formatvorlagen gestalten, da sie in diesem Fall in separate AutoText-Kategorien aufgenommen werden.

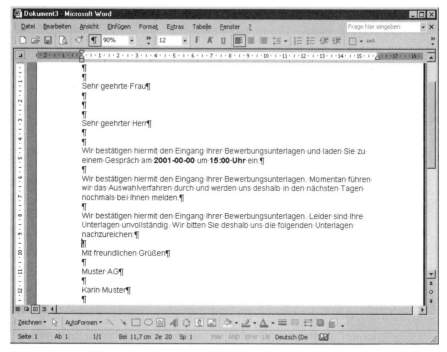

Vorbereitete Inhalte für die Bewerber-Textbausteine, fett gedruckte Inhalte wurden als Feld eingefügt

Die sorgfältige Auswahl eines geeigneten Bewerbers für eine vakante Stelle in einem Unternehmen ist sehr wichtig und deshalb normalerweise mit einem hohen Zeitaufwand und damit mit hohen Kosten verbunden. Reduzieren Sie den Aufwand, indem Sie Dokumentvorlagen für die Bestätigung des Eingangs der Bewerberunterlagen, das Einladungsschreiben zum Bewerbungsgespräch und die Zu- und Absagen an die potenziellen neuen Mitarbeiter entwickeln. In den Schreiben, die Sie auf Basis dieser Dokumentvorlagen entwickeln, stellen Sie dann den Inhalt individuell aus den verschiedenen AutoText-Einträgen zusammen.

Neue AutoText-Einträge anlegen

Bevor Sie damit beginnen, die Textbausteine für die Bewerberverwaltung zusammenzustellen, sollten Sie überlegen, in welchem Zusammenhang Sie diese Bausteine später benutzen wollen. Davon ist dann die Entscheidung abhängig, in welcher Dokumentvorlage die neuen AutoText-Einträge gespeichert werden sollen. Am einfachsten ist es sicherlich, die Auto-Texte in der globalen Dokumentvorlage *Normal.dot* zu speichern. Die hier gespeicherten AutoTexte stehen Ihnen in allen Dokumenten zur Verfügung. Zu bedenken ist allerdings, dass der Inhalt der *Normal.dot* bei jedem Start von Word in den Arbeitsspeicher geladen wird. Eine große Anzahl wahllos in der *Normal.dot* gespeicherter AutoTexte verzögern auf

4

Automatische Funktionen

Dauer die Arbeitsgeschwindigkeit und machen die Bausteindatei unübersichtlich. Übersichtlicher bleibt die Verwaltung der AutoTexte, wenn Sie diese in der Dokumentvorlage speichern, auf deren Basis Sie die Dokumente für die Bewerberverwaltung erstellen. In den folgenden Abschnitten finden Sie die Beschreibung für beide Möglichkeiten.

AutoTexte in der globalen Dokumentvorlage Normal.dot speichern

AutoTexte, die Sie in der globalen Dokumentvorlage *Normal.dot* speichern, können besonders schnell erstellt werden. Für die Bewerberverwaltung sollen die abgebildeten AutoText-Einträge erstellt werden, mit denen Bewerber eingeladen, auf einen späteren Termin hingewiesen oder um Ergänzung fehlender Unterlagen gebeten werden.

1 Geben Sie zunächst die Inhalte für die AutoTexte ein und gestalten Sie diese nach Belieben so, wie Sie diese später einsetzen wollen. Bei der Eingabe der Textabsätze sollten Sie die korrekte Anzahl Leerzeilen z. B. vor und nach der Anrede, vor dem Gruß und zwischen den Absätzen bereits berücksichtigen, dann müssen Sie diese später nicht mehr eingeben.

2 Anschließend markieren Sie den ersten AutoText-Eintrag im Dokument und wählen Sie *Einfügen/AutoText/Neu*.

3 Im Dialogfeld überschreiben Sie den Vorschlag, den Wort automatisch für den Namen des neuen Eintrags macht, mit einem AutoText-namen bzw. dem gewünschten Kürzel.

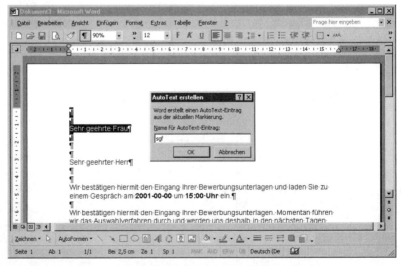

Erstellen eines neuen AutoTextes in der aktuellen Dokumentvorlage

4 Nach der Bestätigung des Dialogfelds ist der neue Baustein erstellt und wird beim nächsten automatischen Speichern der *Normal.dot* gespeichert.

5 Wiederholen Sie nun diese Schritte für die restlichen AutoText-Einträge des Beispiels.

Word ist so voreingestellt, dass beim Beenden keine Nachfrage nach dem Speicherwunsch der *Normal.dot* angezeigt wird.

Ist allerdings im Dialogfeld *Optionen* im Register *Speichern* das Kontrollkästchen *Anfrage für Speicherung von Normal.dot* aktiviert, erscheint nach der Erstellung von neuen AutoTexten beim Beenden von Word eine entsprechende Meldung, die Sie bestätigen müssen.

Ziel-Dokumentvorlage für AutoTexte angeben

Wenn Sie die neuen AutoTexte in einer speziellen Dokumentvorlage speichern, können Sie diese in allen Dokumenten einsetzen, die Sie auf Basis dieser Dokumentvorlage erstellen.

1 Öffnen Sie entweder die Dokumentvorlage oder erstellen Sie ein neues Dokument auf Basis dieser Dokumentvorlage. Dazu wählen Sie *Datei/Neu* und klicken im Arbeitsbereich auf den Link *Allgemeine Vorlagen*. Wählen Sie nun die Dokumentvorlage aus.

2 In das neue Dokument schreiben Sie die Inhalte der AutoTexte und gestalten Sie diese wunschgemäß.

3 Markieren Sie den ersten AutoText-Inhalt und wählen Sie *Einfügen/AutoText/AutoText*.

4 Geben Sie den Namen für den neuen AutoText-Eintrag in das Feld *AutoText-Einträge hier eingeben* ein.

5 Öffnen Sie das Listenfeld *Suchen in* und markieren Sie den Namen der Dokumentvorlage, in der Sie die AutoTexte speichern wollen. In diesem Listenfeld werden nur die geöffneten Dokumentvorlagen angezeigt.

4

Automatische Funktionen

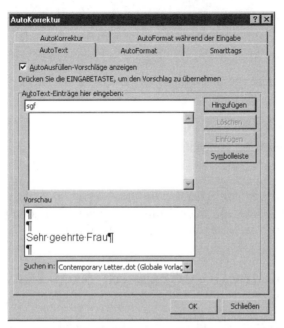

So wählen Sie die Zieldokumentvorlage für den neuen AutoText

6 Aktivieren Sie die Schaltfläche *Hinzufügen*, um den neuen Eintrag zu erstellen.

AutoText-Eintrag mit Abfragefeldern für Datum und Uhrzeit

Einer der AutoText-Einträge im Beispiel weist noch eine Besonderheit auf: Er zeigt nur Platzhalter für die spätere Angabe von Datum und Uhrzeit des Termins an, zu dem der Bewerber eingeladen werden soll. Diese Daten sollen dann bei der Erstellung eines Briefs abgefragt werden. Wenn Dokumentinformationen flexibel erst bei der Erstellung eines Dokuments abgefragt werden sollen, verwenden Sie *Fill-in*-Felder, in früheren Word-Versionen hießen diese Felder *Eingeben*-Felder. Es handelt sich hierbei um ein Feld mit einer sehr einfachen Syntax, Sie müssen lediglich den Aufforderungstext angeben, der später im Dialogfeld angezeigt werden soll:

1 An der Einfügeposition, an der später das Datum des Vorstellungsgesprächs angezeigt werden soll, wählen Sie *Einfügen/Feld*.

2 Markieren Sie in der Liste der *Feldnamen* den Eintrag *Fill-in* und geben Sie in das Feld *Auffordern* den Text ein, der später im Dialogfeld angezeigt werden soll, wenn zur Eingabe des Datums aufgefordert wird.

3 Damit ein Platzhalter angezeigt wird, schalten Sie das Kontrollkästchen *Standardantwort auf Aufforderung* ein und geben das Platzhalterdatum in das zugehörige Eingabefeld ein.

4 Fügen Sie genauso ein zweites *Fill-in*-Feld ein, mit dem zur Eingabe der Uhrzeit aufgefordert wird.

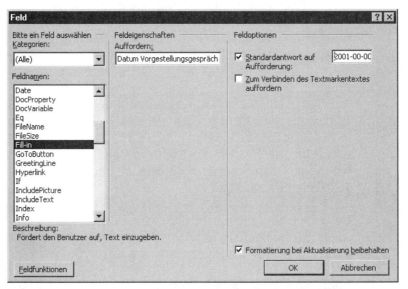

Erstellen eines Fill-in-Felds für das Datum des Vorstellungsgesprächs

Sie können den Absatz, in dem die *Fill-in*-Felder enthalten sind, anschließend ganz normal markieren und als neuen AutoText-Eintrag benennen und in einer beliebigen Dokumentvorlage speichern.

Hinweis

AutoText mit Fill-in-Feldern einfügen

Beim Markieren eines AutoTextes, der *Fill-in*-Felder enthält, wird im Register *AutoText* und nach dem Einfügen automatisch die Eingabeaufforderung angezeigt, damit Sie die Felder aktualisieren können.

Bewerber-Textbausteine abrufen

Nachdem Sie die Textbausteine für die Bewerberverwaltung erstellt und in einer der Dokumentvorlagen abgelegt haben, können Sie auf verschiedene Art und Weise auf diese zugreifen.

Der schnellste Weg, einen AutoText einzufügen

Sie können einen AutoText-Inhalt am schnellsten einfügen, indem Sie seinen Namen bzw. sein Kürzel an die gewünschte Einfügeposition schreiben und die Taste (F3) drücken. Erkennt Word den Namen bzw. das

Kürzel eines AutoTextes bei der Eingabe, wird automatisch dessen Inhalt angezeigt und Sie müssen nur (Enter) drücken, damit dieser Inhalt eingefügt wird.

Systematisches Einfügen über das Menü

Seit Word 2000 werden die AutoTexte in bestimmte Kategorien unterteilt. Sie finden diese Kategorien als Menüeinträge, wenn Sie den Befehl *Einfügen/AutoText* wählen. In welche Kategorie ein neuer AutoText aufgenommen wird, hängt davon ab, mit welcher Formatvorlage Sie ihn gestalten.

AutoTexte, die Sie selbst erstellen und denen Sie keine besondere Formatvorlage zuordnen, werden als Standardabsätze gestaltet und deshalb in die AutoText-Kategorie *Standard* eingeordnet. Gestalten Sie Ihre AutoText-Inhalte vor dem Speichern mit einer bestimmten Formatvorlage, wird eine entsprechende Kategorie im überlappenden Menü des AutoText-Befehls angezeigt.

Um einen bestimmten AuoText einzufügen, wählen Sie also *Einfügen/AutoText*, markieren die Kategorie, zu der dieser AutoText gehört, und klicken dann auf den Namen bzw. das Kürzel des AutoTextes.

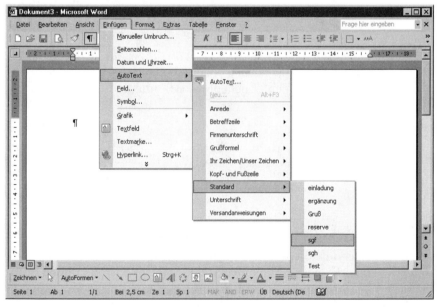

Auswählen eines AutoText-Eintrags aus dem Menü

Wenn Sie den Namen des AutoTextes vergessen haben

Für die beiden oben beschriebenen Verfahren müssen Sie den Namen eines AutoText-Eintrags kennen, um ihn einfügen zu können. Es kann jedoch auch vorkommen, dass Sie den Namen eines AutoTextes vergessen haben oder nicht genau kennen, z. B. weil für die Erstellung der Auto-Texte in Ihrem Unternehmen eine andere Abteilung zuständig ist. In diesem Fall wählen Sie folgendes Verfahren, um AutoTexte einzufügen:

1 Falls die AutoTexte in einer bestimmten Dokumentvorlage gespeichert sind, erstellen Sie ein neues Dokument auf Basis dieser Vorlage.

2 Wählen Sie *Einfügen/AutoText/AutoText*, um das Dialogfeld zur Textbaustein-Verwaltung zu öffnen.

3 Im Listenfeld unterhalb der Beschriftung *AutoText-Einträge hier eingeben* werden alle verfügbaren AutoTexte in alphabetischer Reihe angezeigt.

4 Wenn Sie einen der Listeneinträge markieren, wird im Feld *Vorschau* der Inhalt dieses AutoText-Eintrags angezeigt. Sie können also auf diese Weise nach dem gewünschten Baustein suchen.

5 Haben Sie den passenden Baustein gefunden und markiert, fügen Sie ihn mit Klick auf die Schaltfläche *Einfügen* in das Dokument ein.

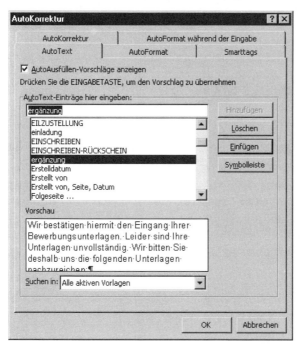

Das Register AutoText im Dialogfeld AutoKorrektur

4

Automatische Funktionen

Neue AutoText-Einträge mit bestimmten Formatvorlagen gestalten

Wenn Sie bereits AutoTexte benutzt haben, kennen Sie die Tatsache, dass nach der Wahl des Befehls *Einfügen/AutoText* ein überlappendes Menü angezeigt wird, aus dem Sie eine Kategorie auswählen müssen. Etwas verwirrender für Einsteiger ist die Tatsache, dass Word nur die AutoTexte der aktuellen Vorlage anzeigt.

Befindet sich der Cursor z. B. in einem Absatz, der mit der Formatvorlage *Anrede* gestaltet ist, werden im überlappenden Menü nur die Textbausteine angezeigt, die mit der Formatvorlage *Anrede* gestaltet sind.

Um Textbausteine systematisch zu verwalten, ist also als Alternative zur Verwaltung in getrennten Dokumentvorlagen auch die Erstellung eigener Kategorien durch die Gestaltung mit ähnlichen Formatvorlagen möglich.

1 Schreiben Sie den ersten AutoText-Inhalt und markieren Sie ihn.

2 Blenden Sie mit dem Befehl *Format/Formatvorlagen und Formatierung* den gleichnamigen Arbeitsbereich ein.

3 Dort finden Sie die Schaltfläche *Neue Formatvorlage*, über die Sie neue Formatvorlagen erstellen können. Sie haben außerdem Zugriff auf alle bestehenden Formatvorlagen.

4 Um den AutoText mit einer bestehenden Formatvorlage zu gestalten, wählen Sie im Arbeitsbereich im Listenfeld *Anzeigen* den Eintrag *Alle Formatvorlagen*. Weisen Sie dem markierten Absatz die gewünschte Formatvorlage zu, indem Sie diese im Feld *Wählen Sie eine Formatvorlage* anklicken.

5 Erstellen Sie aus dem immer noch markierten Absatz mit dem Befehl *Einfügen/AutoText/Neu* einen neuen AutoText-Eintrag.

Um einen so erstellten AutoText später wieder aufrufen zu können, wählen Sie *Einfügen/AutoText* und markieren Sie im überlappenden Menü den Namen der Formatvorlage, die hier als Kategorie angezeigt wird, mit der der entsprechende AutoText gestaltet wurde, bevor Sie ihn gespeichert haben.

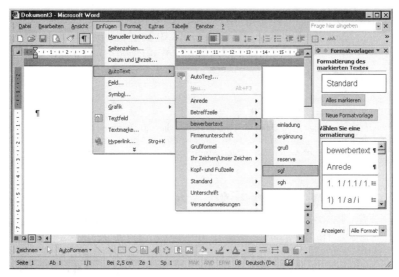

Die neuen AutoTexte in einer eigenen Kategorie, die mit der Formatvorlage bewerbertext erstellt wurde

Der Einsatz des Textbausteins Sammlung

Word bietet Ihnen einen ganz besonderen Textbaustein, der einen konstanten Namen trägt und als Sammelbecken für Dokumentinhalte dienen soll. Das Besondere an diesem Textbaustein ist, dass er mehr als einen markierten Datenblock aufnehmen kann. Sie können ihn nach und nach mit Daten füllen und diese gesammelten Daten dann an einer beliebigen Stelle einfügen, wobei Sie gleichzeitig den Inhalt des Textbausteins löschen können. Der Name dieses besonderen Textbausteins ist *Sammlung*. Der Baustein wird automatisch angelegt, wenn Sie ihm die ersten Daten hinzufügen. Er muss nicht ausdrücklich benannt werden.

1 Um dem Baustein *Sammlung* neue Daten hinzuzufügen, müssen Sie diese markieren und im aktuellen Dokument ausschneiden. Dazu drücken Sie nach dem Markieren die Tastenkombination Strg+F3.

2 Wenn Sie diese Tastenkombination das erste Mal drücken, wird der Textbaustein *Sammlung* automatisch erstellt. Er erscheint anschließend auch in der Liste aller Textbausteine im Dialogfeld *AutoText*.

3 Der Textbaustein *Sammlung* kann nun durch das Markieren von Daten und die Tastenkombination Strg+F3 beliebig erweitert werden.

4 Um nur den Inhalt des Bausteins in ein Dokument einzufügen, geben Sie an der gewünschten Einfügeposition den Namen „Sammlung" ein und drücken F3 bzw. Enter, wenn Word den Baustein erkennt und dessen Inhalt als Tooltip vorschlägt.

5 Um den Inhalt des Bausteins *Sammlung* in ein Dokument einzufügen und ihn gleichzeitig zu leeren, drücken Sie an der gewünschten Einfügeposition die Tastenkombination ⌈Strg⌉+⌈Umschalt⌉+⌈F3⌉.

Hinweis

Dokumente nicht speichern

Sie dürfen nicht vergessen, die Dokumente, aus denen Sie die Daten in die Sammlung verschoben haben, zu schließen, ohne diese zu speichern, da sonst die ausgeschnittenen Daten dort fehlen würden.

AutoTexte verwalten

Wie Sie bereits wissen, werden AutoTexte in einer Dokumentvorlage gespeichert. AutoTexte, die in der *Normal.dot* gespeichert sind, stehen Ihnen automatisch in jedem Dokument zur Verfügung. AutoTexte, die in anderen Dokumentvorlagen gespeichert sind, stehen Ihnen zur Verfügung, wenn diese Dokumentvorlagen geöffnet werden oder wenn Sie ein Dokument auf Basis dieser Dokumentvorlage bearbeiten.

Nicht mehr benötigte AutoTexte löschen

Um AutoTexte, die Sie nicht mehr benötigen, zu löschen, können Sie entweder das Dialogfeld *Organisieren* oder die Registerkarte *AutoText* im Dialogfeld *AutoKorrektur* einsetzen. Das Dialogfeld *AutoKorrektur* öffnen Sie über den Befehl *Einfügen/AutoText/AutoText*. Markieren Sie den nicht mehr benötigten AutoText-Eintrag im Listenfeld und aktivieren Sie die Schaltfläche *Löschen*.

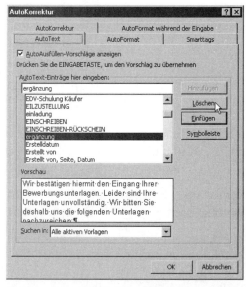

Löschen eines AutoTextes

Über den Befehl *Extras/Vorlagen und Add-Ins* und die Aktivierung der Schaltfläche *Organisieren* können Sie im Register *AutoText* auf die Textbausteine der geöffneten Vorlagen zugreifen. In diesem Dialogfeld können Sie durch Markieren eines Textbausteins und mit Klick auf die Schaltfläche *Löschen* ebenfalls überflüssige AutoTexte entfernen.

Auf AutoTexte aus anderen Vorlagen zugreifen

Wenn Sie mit unterschiedlichen Dokumentvorlagen arbeiten, werden Sie hin und wieder in die Situation kommen, in der Sie einen bestimmten AutoText gut gebrauchen können, dieser jedoch in einer anderen Dokumentvorlage gespeichert ist. In diesem Fall können Sie das Dialogfeld *Organisieren* einsetzen, um den Textbaustein in die aktuelle Dokumentvorlage zu kopieren.

1 Öffnen Sie das Dialogfeld mit dem Befehl *Extras/Vorlagen und Add-Ins* und Klick auf die Schaltfläche *Organisieren*.

2 In einem der beiden Listenfelder wird die aktuelle Datei, im anderen die Dokumentvorlage angezeigt, auf der diese Datei basiert.

3 Um AutoTexte aus einer anderen Dokumentvorlage in die aktuelle Dokumentvorlage zu übernehmen, schließen Sie zunächst die aktuelle Datei mit Klick auf die Schaltfläche *Datei schließen*.

4 Die Beschriftung der Schaltfläche ändert sich zu *Datei öffnen*. Öffnen Sie mit dieser Schaltfläche die Dokumentvorlage, in der der AutoText gespeichert ist.

5 Sie können nun den Namen des AutoTextes markieren und ihn mit der Schaltfläche *Kopieren* in die aktuelle Dokumentvorlage kopieren.

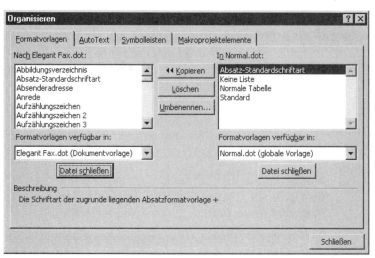

Verwalten von AutoTexten

Anlegen persönlicher AutoKorrektur-Einträge für den täglichen Schriftverkehr

Eine der vielseitigsten Funktionen, die Word 2002 aufzuweisen hat, ist zweifellos die AutoKorrektur-Funktion. Der Einsatzbereich dieser Funktion ist eigentlich das automatische Korrigieren von sich häufig wiederholenden Fehlern. Die Funktion kann jedoch wesentlich mehr, da sie – ähnlich wie die AutoTextfunktion – einen Austausch von Daten vornimmt. Dieser Austausch muss allerdings nicht wie bei der AutoText-Funktion durch einen Befehl oder eine Funktionstaste aktiviert werden, sondern wird automatisch ohne Anwendereingriff durchgeführt. Welche Art von Daten dabei ausgetauscht wird, hängt von der Vorbereitung durch den Anwender ab. Er kann sich darauf beschränken, fehlerhafte Begriffe durch den korrekten Begriff zu ersetzen, aber auch Kürzel durch längere Zeichenketten oder sogar Kürzel durch grafische Elemente, wie etwa das Firmenlogo, ersetzen lassen. Geschickt eingesetzt hilft die AutoKorrektur-Funktion, viel Zeit zu sparen.

Kürzel durch den Firmennamen ersetzen

Auch wenn Sie bereits eine Dokumentvorlage für Ihre geschäftliche Korrespondenz einsetzen, werden Sie den Namen Ihres Unternehmens in vielen Dokumenten immer wieder benötigen. Natürlich könnten Sie einen entsprechenden Textbaustein entwickeln, den Sie unter einem Kürzel speichern und mit dem Sie den Firmennamen dann relativ schnell in die Dokumente einfügen können.

AutoKorrektur-Eintrag erstellen

Es geht jedoch noch schneller und einfacher, wenn Sie den Firmennamen nicht als AutoText-Eintrag, sondern als AutoKorrektur-Eintrag ablegen. In diesem Fall ersetzt Word nach der Eingabe des Kürzels dieses automatisch durch den Firmennamen, ohne dass Sie ein Menü öffnen oder die Funktionstaste F3 drücken müssen.

1 Um einen solchen AutoKorrektur-Eintrag für den Firmennamen zu erstellen, schreiben Sie den Firmennamen einmal und gestalten ihn ggf. so, wie Sie ihn zukünftig immer einfügen wollen.

2 Markieren Sie den Firmennamen und wählen Sie *Extras/AutoKorrektur-Optionen*. Tragen Sie das Kürzel, mit dem Sie später den Firmennamen abrufen wollen, in das Feld *Ersetzen* ein.

3 Im Feld *Durch* ist bereits der komplette Firmenname eingetragen. Sie müssen nun nur noch auf die Schaltfläche *Hinzufügen* klicken und der neue Eintrag wird in die Liste übernommen.

Kürzel und Firmennamen

Falls Sie zukünftig das vereinbarte Kürzel eingeben, wird dieses durch den kompletten Firmennamen ersetzt, sobald Sie das nächste Zeichen, also z. B. das folgende Leerzeichen oder ein Satzzeichen, eingeben oder die Taste Enter drücken.

Speichern von Gruß, Firmenbezeichnung und persönlicher Unterschrift als AutoKorrektur-Eintrag

Dass die AutoKorrektur-Funktion nicht nur für die Fehlerkorrektur, sondern auch als Ersetzfunktion für häufig benötigte Zeichenketten eingesetzt werden kann, ist allgemein bekannt. Weniger bekannt ist die Tatsache, dass auch Absätze oder ganze Textabschnitte als Listeneintrag gespeichert und über die AutoKorrektur-Funktion abgerufen werden können. Am Ende eines Geschäftsbriefs wird normalerweise der Gruß, darunter der Firmenname und darunter wiederum die persönliche maschinenschriftliche Unterschrift eingefügt. Sie können eine Dokumentvorlage erstellen, in der diese Elemente bereits enthalten sind. Vielfach ist dies aber nicht erwünscht, weil der bereits vorhandene Text bei der Eingabe des Brieftextes störend wirkt.

Eine Alternative ist die Erstellung eines entsprechenden AutoKorrektur-Eintrags, der im Gegensatz zu einem Textbaustein automatisch eingefügt wird, sobald Word das entsprechende Kürzel erkennt.

1 Beginnen Sie mit der Eingabe eines leeren Absatzes und geben Sie im Anschluss daran die in Ihrem Unternehmen übliche Grußformel ein.

2 Fügen Sie nach dem Gruß eine Leerzeile, gefolgt von der Firmenbezeichnung, ein.

3 Ergänzen Sie darunter drei weitere Leerzeilen. Der Freiraum von drei Leerzeilen wird üblicherweise für die handschriftliche Unterschrift freigehalten. In die mittlere der drei Leerzeilen fügen Sie ggf. die Abkürzung für Ihre Vertretungsvollmacht, also z. B. „i. A.", ein.

> **Hinweis**
>
> **Position i. A.**
>
> Falls Sie vor der Unterschrift ein Kürzel für die Unterzeichnungsvollmacht wie i. A. oder ppa benutzen, wird dieses in die mittlere der drei Leerzeilen geschrieben.

4 Beenden Sie den Textabschnitt mit der Eingabe der maschinenschriftlichen Namenswiedergabe.

5 Markieren Sie alle Absätze und wählen Sie *Extras/AutoKorrektur-Optionen*.

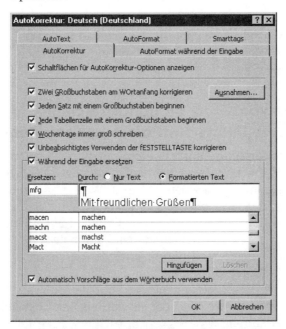

Längere, formatierte Abschnitte als AutoKorrektur-Eintrag speichern

6 Geben Sie das Kürzel für den kompletten Briefabschluss in das Feld *Ersetzen* ein. Im Feld *Durch* ist der Inhalt der Markierung wieder automatisch übernommen worden.

7 Sie fügen den neuen Eintrag mit Klick auf die Schaltfläche *Hinzufügen* der Liste hinzu.

┌───── **Hinweis**

AutoKorrektur mit oder ohne Formatierung

Wenn Sie einen markierten Textabschnitt in das Dialogfeld *AutoKorrektur* übernehmen, haben Sie im Dialogfeld mit der Option *Nur Text* die Möglichkeit, den markierten Text ohne die Formatierung als AutoKorrektur-Eintrag abzulegen. Genauso besteht die Möglichkeit, formatiert gespeicherte Textabschnitte über das Dialogfeld und die Optionen *Nur Text* oder *Formatierten Text* mit oder ohne die gespeicherten Formatierungen einzufügen. ─────┘

Speichern des Firmenlogos als AutoKorrektur-Eintrag

Wussten Sie eigentlich, dass die Liste der AutoKorrektur-Einträge nicht nur Zeichenkette aufnehmen, sondern auch grafische Elemente speichern kann? Beim Betrachten des Dialogfelds *AutoKorrektur-Optionen* stellt sich allerdings die Frage, auf welche Weise die Grafik in die Liste eingefügt werden kann. Die Antwort ist einfach: Sie übernehmen das grafischen Element genauso, wie Sie auch Formatierungen an die AutoKorrektur-Funktion übergeben: durch Markieren.

1 Fügen Sie das Firmenlogo in ein beliebiges Dokument ein und bringen Sie es auf die gewünschte Größe.

2 Markieren Sie es anschließend und wählen Sie *Extras/AutoKorrektur-Optionen.*

3 Falls Word die Grafik im Dialogfeld anzeigen kann, wird dieses im Feld *Durch* dargestellt. Ist dies nicht möglich, wird dort ein Sternchen als Platzhalter angezeigt.

4 Tragen Sie das Kürzel in das Feld *Ersetzen* ein, mit dem Sie zukünftig das Firmenlogo abrufen wollen.

5 Aktivieren Sie die Schaltfläche *Hinzufügen*, um die Einträge in die Liste aufzunehmen.

4

Automatische Funktionen

Das Firmenlogo als AutoKorrektur-Eintrag

Das Firmenlogo wird genauso abgerufen wie eine Zeichenkette. Unmittelbar nach der Eingabe des auf das Kürzel folgenden Zeichens bzw. das Drücken der Taste (Enter) ersetzt Word das Kürzel durch das Firmenlogo.

Fehlerkorrekturen automatisch von der Rechtschreibprüfung an die AutoKorrektur-Funktion übergeben

Für die Korrektur von Tippfehlern ist eigentlich die Rechtschreibprüfung zuständig. Leider hat ihr Einsatz bei der Fehlerkorrektur einen entscheidenden Nachteil: Fehler, die Sie mithilfe der Rechtschreibprüfung korrigieren, müssen Sie jedes Mal neu verbessern. Es ist daher sinnvoller, Fehlerkorrekturen für Fehler, die Ihnen häufiger unterlaufen, an die AutoKorrektur zu übergeben und sie dann zukünftig von dieser automatisch durchführen zu lassen.

Um eine solche Fehlerkorrektur an die AutoKorrektur zu übergeben, klicken Sie wie gewohnt mit rechts auf ein rot markiertes Wort. Wählen Sie dann aus dem Kontextmenü jedoch nicht sofort den Korrekturbegriff, sondern den Befehl *AutoKorrektur* und erst aus dem überlappenden Menü den Korrekturbegriff.

Übergabe von Fehlerkorrekturen an die AutoKorrektur

In einem solchen Fall wird der markierte Fehler im Dialogfeld *AutoKor-rektur-Optionen* in das Listenfeld *Ersetzen* und der ausgewählte Korrek-turbegriff an das Feld *Durch* übergeben, sodass Word zukünftig diesen Fehler automatische durch den korrekten Begriff ersetzen kann.

Symbole an die AutoKorrektur-Funktion übergeben

Bereits am Anfang dieses Abschnitts konnten Sie nachlesen, dass ich die AutoKorrektur-Funktion für eine der Word-Funktionen halte, die am vielseitigsten einsetzbar sind. Grund dafür ist u. a. auch die Tatsache, dass es verschiedene Querverbindungen von anderen Dialogfeldern und vom Kontextmenü aus gibt. Eine solche Querverbindung existiert auch im Dialogfeld *Symbole*.

Sie setzen normalerweise den Befehl *Einfügen/Symbol* ein, um Sonder-zeichen und Symbole in Word-Dokumente einzufügen, die Sie über die Tastatur nicht oder nur sehr umständlich einfügen können. Der Befehl öffnet ein Dialogfeld, in dem Sie den Zeichensatz auswählen müssen, in dem das gesuchte Symbol enthalten ist. Anschließend markieren Sie das Symbol und fügen es über die Schaltfläche *Einfügen* in das Dokument ein. Zum Schluss müssen Sie das Dialogfeld *Symbol* noch mit der Schalt-fläche *Schließen* ausblenden. Vermutlich haben Sie bereits nach Verkür-zungsmöglichkeiten für diesen etwas umständlichen Weg gesucht, wenn Sie Symbole häufiger benötigten. Eine Möglichkeit zum schnelleren Ein-fügen besteht natürlich darin, sich den entsprechenden Zahlencode zu merken, sodass das gewünschte Symbol über die Tastatur eingefügt wer-den kann. Zahlencodes sind jedoch nur schwer einprägsam und erfor-dern zudem ein wenig Tipparbeit.

4

Automatische Funktionen

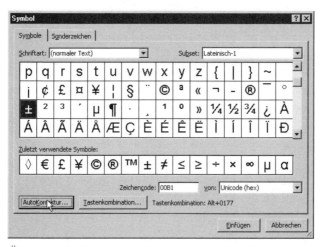

Übergabe des Symbols an die AutoKorrektur-Funktion

Über die Schaltfläche *AutoKorrektur*, die Sie im Dialogfeld *Symbol* finden, können Sie einem Symbol ein Kürzel zuweisen, das Sie zukünftig eingeben, wenn Sie das Symbol benötigen. Word erkennt dieses Kürzel und ersetzt es automatisch durch das entsprechende Symbol. Die Aktivierung der Schaltfläche *AutoKorrektur* im Dialogfeld *Symbol* zeigt die Registerkarte *AutoKorrektur*, in der das ausgewählte Symbol bereits im Feld *Durch* übernommen wurde. Sie müssen lediglich das Kürzel in das Feld *Ersetzen* eingeben und den neuen Eintrag mit der Schaltfläche *Hinzufügen* in die Liste aufnehmen. Mit der Aktivierung der Schaltfläche *Schließen* kehren Sie dann in das ursprüngliche Dialogfeld *Symbol* zurück.

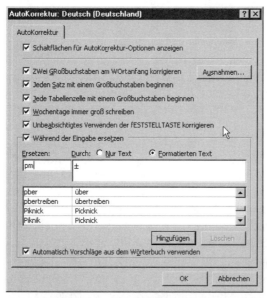

Übergabe von Symbol und Kürzel an die AutoKorrektur-Funktion

4.4 Anpassen der AutoFormatierungsfunktion

Es gibt Features in Word, die eigentlich zum Wohle des Anwenders gedacht sind, in Wirklichkeit jedoch besonders Einsteiger häufig zur Verzweiflung treiben. Zu diesen Features gehören viele der automatisch durchgeführten Aktionen der AutoKorrektur bzw. AutoFormatierung.

Auch für erfahrene Anwender empfiehlt sich eine Anpassung dieser automatischen Funktionen an die eigene Arbeitssituation. Ein Fehler, den die AutoKorrektur-Funktion z. B. in Briefen standardmäßig macht, ist das Umwandeln in Großbuchstaben der Wörter, die am Zeilenanfang stehen, auch wenn dies kein neuer Satz ist. Dies wirkt sich z. B. in einem Brief auf den ersten Satz nach der Anrede oder auf die Fortführung eines Satzes nach einem eingezogenen Absatz aus.

In vielen Fällen ist auch die automatisch Umwandlung von E-Mail-Adresse oder Homepage-Adresse in einen Hyperlink nicht erwünscht. Probleme bereitet außerdem häufig das automatische Zuweisen von Formatvorlagen zu Absätzen, die von Word als Überschrift eingestuft werden, und das automatische Gestalten von Listen und Aufzählungen.

Automatische Hyperlinks deaktivieren

Sicherlich ist Ihnen bekannt, dass Hyperlinks, also jene hervorgehobenen Dokumentinhalte, die auf Webseiten angeklickt werden, um zur verknüpften Information zu springen, auch zur Verknüpfung normaler Office-Dokumente eingesetzt werden können. In diesem speziellen Fall ist es natürlich angenehm, wenn Word nach der Eingabe einer Hyperlink-Adresse diese Adresse automatisch als Hyperlink formatiert, sodass das Aufrufen des Dialogfelds *Hyperlink einfügen* entfällt.

Leider formatiert Word jedoch alle Adressen, die als E-Mail- oder Internetadressen erkannt werden, automatisch als Hyperlink, auch z. B. die eigene E-Mail-Adresse oder die Adresse der Firmensite, die Sie beispielsweise in den Briefkopf eingeben. Es ist daher in der Regel sinnvoller, die automatische Formatierung der Hyperlinks generell auszuschalten.

Wählen Sie *Extras/AutoKorrektur-Optionen* und blenden Sie die Registerkarte *AutoFormat während der Eingabe* ein. Schalten Sie in der Optionsgruppe *Während der Eingabe ersetzen* das Kontrollkästchen *Internet- und Netzwerkpfade durch Hyperlinks* aus.

4

Automatische Funktionen

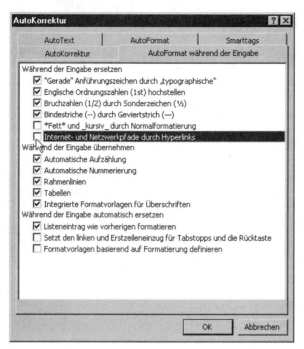

Automatische Formatierung von Hyperlinks deaktivieren

Listen und Aufzählungen manuell statt automatisch formatieren

Ein weiteres Ärgernis, das bei der Eingabe und Gestaltung von Word-Dokumenten auftritt, ist die automatische Formatierung, die Word auf alle Absätze anwendet, die als Listenpunkte erkannt werden. Dabei wird das vom Anwender eingegebene Listenzeichen automatisch durch die Standard-Word-Nummerierung oder das Aufzählungssymbol ersetzt und alle für Listen üblichen Formatierungsmerkmale wie linker Einzug, hängender Einzug usw. werden zugewiesen.

Falls Sie diese automatische Formatierung nicht wünschen, wählen Sie *Extras/AutoKorrektur-Optionen* und schalten im Register *AutoFormat während der Eingabe* in der Optionsgruppe *Während der Eingabe ersetzen* die Kontrollkästchen *Automatische Aufzählung* und *Automatische Nummerierung* aus.

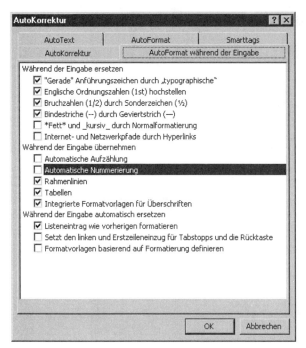

Automatische Formatierung von Listen deaktivieren

Überschriften nicht mehr automatisch formatieren lassen

Eine automatische Formatierung, die sehr häufig in Erscheinung tritt, ist das automatische Zuweisen der Formatvorlagen für Überschriften. Dies liegt an der Regel, für die eine Zuweisung definiert ist. Es reicht, dass Sie nach einer nicht ausgefüllten Zeile eine Leerzeile Abstand einfügen und dann mit der Eingabe fortfahren, damit Word diesen Text als Überschrift kategorisiert und die Vorlage Überschrift 1 zuweist. Wenn Sie die nicht druckbaren Sonderzeichen anzeigen lassen, ist diese automatische Zuweisung an dem kleinen Viereck vor der Zeile erkennbar.

Es kommt in Dokumenten des täglichen Schriftverkehrs, wie z. B. Geschäftsbriefen, jedoch häufig vor, dass Text durch das Einfügen von Leerzeilen abgesetzt wird. Dies trifft z. B. auf den Betrefftext in einem Brief zu. Um hier nicht jedes Mal die automatische Formatierung wieder rückgängig machen zu müssen, schalten Sie diese über den Befehl *Extras/AutoKorrektur-Optionen* und das Deaktivieren des Kontrollkästchens *Integrierte Formatvorlagen für Überschriften* im Register *AutoFormat während der Eingabe* aus.

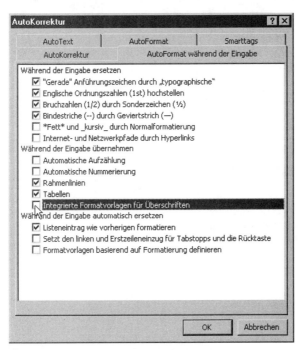

Überschriften werden nicht mehr automatisch formatiert

4.5 AutoZusammenfassen eines Expertenvortrags

Mit der Funktion *AutoZusammenfassen* bietet Ihnen Word eine weitere automatische Funktion, über deren Einsatzfähigkeit sich jedoch streiten lässt. Die Funktion soll automatisch die wichtigsten Inhalte eines Dokuments hervorheben. Sie können dabei angeben, wie umfangreich die Zusammenfassung werden soll.

Word extrahiert daraufhin die wichtigsten Dokumentinhalte zu einer Zusammenfassung. Die extrahierten Sätze können dabei nur hervorgehoben innerhalb des Dokuments angezeigt, in einem neuen Dokument oder am Anfang des Dokuments eingefügt werden.

Das Beispiel zeigt die hervorgehobenen Schwerpunkte am Anfang der Expertenrede.

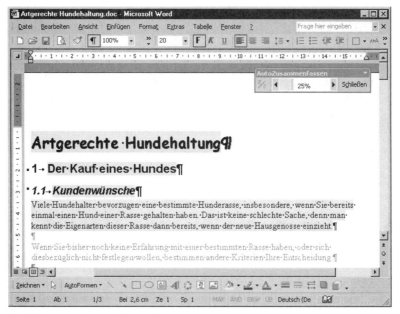

Die Schwerpunkte werden markiert

Damit eine sinnvolle Zusammenfassung erstellt werden kann, sollte das Dokument eine Gliederungshierarchie besitzen. Um in einem solchen Dokument eine automatische Zusammenfassung zu erstellen, wählen Sie *Extras/AutoZusammenfassen*. Im Dialogfeld markieren Sie die Art der Zusammenfassung. Für das Beispiel wurde die Art *Schwerpunkte hervorheben* gewählt. Im Listenfeld *Länge der Zusammenfassung* wählen Sie entweder, aus wie vielen Sätzen oder aus welchem prozentualen Anteil am Gesamtinhalt die Zusammenfassung gebildet werden soll.

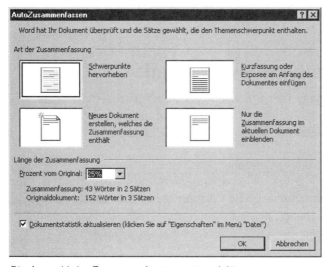

Die Auswahl der Zusammenfassungsart und -länge

Automatische Funktionen

4

Nach der Bestätigung des Dialogfelds wird die Zusammenfassung erstellt. Haben Sie sich bei der Art der Zusammenfassung für ein Hervorheben der Schwerpunkte entschieden, wird automatisch eine Symbolleiste angezeigt, auf der Sie die Schaltfläche *Schließen* zum Ausblenden der Hervorhebungen finden.

Falls Sie eine Zusammenfassung am Anfang des Dokuments eingefügt haben oder nur die Zusammenfassung im aktuellen Dokument anzeigen und den Rest einblenden, können Sie über *Bearbeiten/Rückgängig* eine nicht zufrieden stellende Zusammenfassung zurücksetzen.

4.6 Felder im praktischen Einsatz

Immer, wenn in einem Word-Dokument an einer bestimmten Position, keine konstante Zeichenkette angezeigt werden soll, sondern variable, angepasste Inhalte, kommen die Felder zum Einsatz. Felder haben in Word eine ähnliche Funktion wie eine Variable in einer Programmiersprache, nur dass deren aktueller Wert von Word automatisch ermittelt und zugewiesen wird.

Den aktuellen Wert von Feldern, die z. B. im Zusammenhang mit Datum und Zeit stehen, wie das Erstelldatum oder das Druckdatum, ermittelt Word automatisch aus der Systemzeit des Rechners. Der Wert von berechneten Feldern ergibt sich automatisch aus den Werten der Einzelkomponenten und der Art der Rechenanweisung.

Besonders effektiv können Felder in Dokumenten eingesetzt werden, die einen ähnlichen Aufbau mit konstanten und variablen Inhalten haben, wie etwa bestimmte Arten von Zeugnissen.

Beurteilung und Zeugnis

Jeder Arbeitnehmer hat einen Anspruch auf ein Zeugnis. Bei der Erstellung von Zeugnissen werden jedoch verschiedene Arten unterschieden, die sich unterschiedlich gut für den Einsatz von Feldern eignen.

- Das einfache Zeugnis
  enthält außer den persönlichen Daten wie Namen, Geburtsdatum, Wohnort nur eine Beschreibung der Art und der Dauer der Beschäftigung, jedoch keine Beurteilung. Es eignet sich wegen dieser standardisierten Form gut für den Einsatz von Feldern.

- Das qualifizierte Zeugnis
  enthält zusätzlich zu den Daten, die auch im einfachen Zeugnis erscheinen, eine Beurteilung der Fähigkeiten und des Verhaltens des Beschäftigten im Verhältnis zu seinen Kollegen, zu Untergebenen und zu Vorgesetzten. Außerdem wird hier auch der Kündigungsgrund aufgeführt. Im qualifizierten Zeugnis können zumindest die persönlichen Daten über Felder eingefügt werden.

- Das Zwischenzeugnis
  wird bereits geschrieben, wenn der Arbeitnehmer noch in der alten Firma arbeitet. Es kann sowohl als einfaches als auch als qualifiziertes Zeugnis erstellt werden. Zu beachten ist außerdem, dass das Zwischenzeugnis in der Gegenwartsform verfasst wird, während einfaches bzw. qualifiziertes Zeugnis in der Vergangenheitsform geschrieben werden.

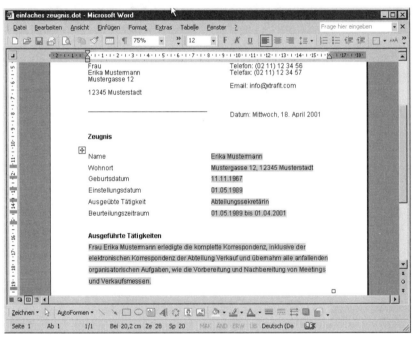

Die Dokumentvorlage für ein einfaches Zeugnis, die grau markierten Inhalte werden über Felder eingefügt

Bei der Entwicklung der Vorlage für ein Zeugnis können Sie verschiedene Arten von Feldern einsetzen, um das Verfahren zu beschleunigen. Falls die Personaldaten in einer Datenbank gespeichert sind, auf die Sie Zugriff haben, können Sie die Serienbrieffunktion einsetzen, um diese in die Dokumentvorlage zu übernehmen. Andernfalls können Sie *Fill-in*-Felder einsetzen, die alle variablen Daten automatisch abfragen, sobald Sie einen neuen Zeugnisentwurf beginnen.

1 Ein Zeugnis schreiben Sie normalerweise auf einen Briefbogen mit Firmenkopf! Als Empfängeranschrift verwenden Sie die Adresse des beurteilten Mitarbeiters. Als Betrefftext verwenden Sie *Zeugnis*.

2 Um den Beispielzeugnisentwurf zu erstellen, erstellen Sie z. B. mit *Tabelle/Einfügen/Tabelle* eine Tabelle mit zwei Spalten und sechs Zeilen.

3 Über die Schaltfläche *AutoFormat* und die Liste *Tabellenformatvorlagen* wechseln Sie zur Tabellenformatvorlage *Normale Tabelle*, um die Gitternetzlinien auszublenden.

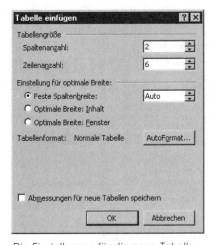

Die Einstellungen für die neue Tabelle

4 In die linke Spalte fügen Sie nun die Beschriftungen wie Name, Geburtsdatum, Einstellungsdatum und Tätigkeit ein. Im Beispiel wurden für die Beschreibung der Tätigkeit, die etwas mehr Platz benötigt, die Zellen mit dem Befehl *Tabelle/Zellen verbinden* verbunden. Zum Abschluss fügen Sie die Beschriftung für Ausstellungsort und -datum ein. Falls es sich – wie im Beispiel – um einen kurzen Zeugnistext handelt, sollten Sie mit anderthalbfachem Zeilenabstand schreiben, den Sie über *Format/Absatz* im Listenfeld *Zeilenabstand* auswählen können.

5 In die rechte Spalte fügen Sie die Felder für die standardisierten Inhalte ein. Wenn Sie die Daten aus einer Datenbank holen, benutzen Sie die Serienbrieffunktion und entsprechende Seriendruckfelder.

6 Wenn Sie diese Daten bei der Erstellung eines neuen Zeugnisses automatisch abfragen wollen, verwenden Sie stattdessen Fill-in-Felder. Dazu wählen Sie an den Einfügepositionen den Befehl *Einfügen/Feld*.

7 Markieren Sie in der Liste *Kategorien* den Eintrag *Seriendruck* und im Listenfeld *Feldnamen* den Eintrag *Fill-in*.

8 Sie können nun in das Feld *Auffordern* den Text eingeben, mit dem Sie zur Eingabe der Daten aufgefordert werden. Sie können z. B. zur Eingabe von Vor- und Nachnamen mit dem Text „Bitte geben Sie den Namen des Beurteilten ein" auffordern.

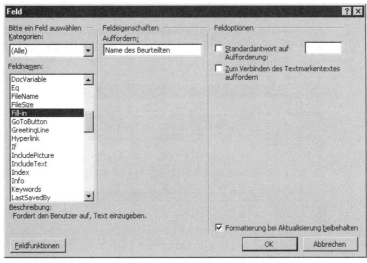

Fill-in-Felder für die Abfrage der variablen Zeugnisinhalte

9 Für das Datum am Ende des Zeugnisentwurfs wählen Sie die Kategorie *Datum und Uhrzeit* und entweder den Feldnamen *CreateDatei*, um das Erstelldatum einzufügen oder *Date*, um das Tagesdatum einzufügen. In beiden Fällen müssen Sie anschließend in der Liste der Datumsformate noch das gewünschte Ausgabeformat markieren, in dem Sie den Datumswert anzeigen wollen.

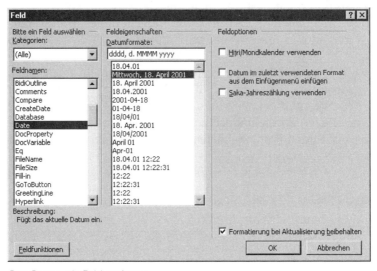

Das Datum als Feld einfügen

10 Speichern Sie den Zeugnisvordruck mit dem Befehl *Datei/Speichern unter* und dem Dateityp *Dokumentvorlage*.

11 Wenn Sie zukünftig ein neues Zeugnis erstellen wollen, wählen Sie *Datei/Neu* und klicken im Arbeitsbereich auf den Eintrag *Allgemeine Vorlagen*. Markieren Sie den Namen der Zeugnisvorlage und bestätigen Sie mit *OK*, um eine Kopie des Zeugnisentwurfs zu erstellen. Nun wird für jedes *Fill-In*-Feld eine Eingabeaufforderung in Form eines Dialogfelds angezeigt.

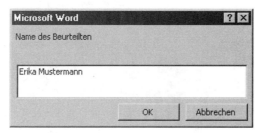

Die Abfrage nach dem Namen des Beurteilten

Sie müssen nur noch die aktuellen Daten für den Mitarbeiter eingeben, ohne dass Sie sich noch um die Position der variablen Daten kümmern müssen, weil Word die Eingabe automatisch in den Zeugnisentwurf einträgt und aktualisiert.

Rechnen mit Feldern und Formeln

Wenn Sie bereits längere Zeit mit Word arbeiten, ist Ihnen bekannt, dass Word auch das Erstellen von Formeln unterstützt. Natürlich sind die entsprechenden Features nicht mit denen einer echten Tabellenkalkulation zu vergleichen, aber einfache Berechnungen wie Summenbildung, Prozentanteile oder Differenzen können Sie mit Word sehr wohl ausführen.

In Word 2002 ist die Erstellung von Formeln noch ein wenig einfacher geworden. Obwohl auf die Formelfunktionen am einfachsten über das Tabellenmenü zugegriffen werden kann, können Sie auch außerhalb von Tabellen Formeln einsetzen. Word muss allerdings die Werte, auf die Sie sich in den Formeln beziehen, eindeutig identifizieren können.

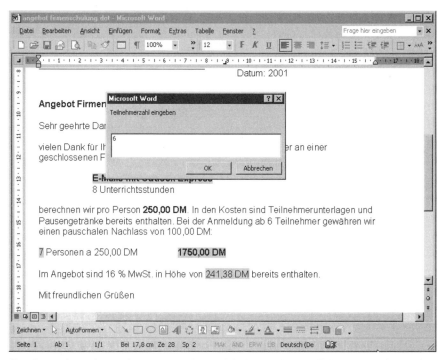

Das Beispielangebot – die grau unterlegten Inhalte werden mit Feldern eingefügt und berechnet

Ein Angebot mit Feldern berechnen

Das Beispieldokument enthält ein standardisiertes Angebot, in dem der Schulungsinhalt, die Schulungsdauer, die Teilnehmerzahl und der Einzelpreis pro Person abgefragt werden. Diese variablen Inhalte werden als Textmarken gestaltet. Den Angebotspreis berechnet Word dann automatisch.

Abfragefelder einfügen

1 Erstellen Sie ein neues Dokument. Stellen Sie ggf. DIN-gerechte Seitenränder und einen DIN-gerechten Zeilenabstand ein und fügen Sie den konstanten Dokumentinhalt ein.

2 An der Einfügeposition für den Kursinhalt wählen Sie *Einfügen/Feld* und markieren in der Liste der *Feldnamen* den Eintrag *Fill-in*.

3 Geben Sie in das Feld *Auffordern* den Text ein, der später im Dialogfeld angezeigt werden soll, mit dem Sie zur Eingabe des Kursinhalts aufgefordert werden, also z. B.:

„Bitte geben Sie das Schulungsthema ein"

Die automatische Aufforderung

4 Wenn das Dialogfeld Sie zur Eingabe auffordert, geben Sie als Beispieldaten den Kurstitel „E-Mails mit Outlook Express" ein.

Fügen Sie auf diese Weise weitere *Fill-in*-Felder für die Eingabe der
Schulungsdauer, der Anzahl Mitarbeiter und des Einzelpreises ein. Füllen
Sie auch diese Felder mit den Beispieldaten, die Sie in der Abbildung sehen. Anschließend müssen Sie die Felder, mit denen Sie rechnen wollen,
als Textmarken gestalten:

Textfelder und Formeln gestalten

1 Markieren Sie nun das Feld, mit dem der Einzelpreis angezeigt wird,
und wählen Sie *Einfügen/Textmarke*.

2 Vergeben Sie den Textmarkennamen *epreis* und aktivieren Sie die
Schaltfläche *Hinzufügen*.

3 Nennen Sie nach dem gleichen Muster das Feld, das die Teilnehmerzahl anzeigt, *anzahl*.

Textmarken benennen

4 Berechnen Sie nun den Preis für das Gesamtangebot mit einem Be-
rechnungsfeld. Wählen Sie an der Einfügeposition *Einfügen/Feld* und
klicken Sie auf die Schaltfläche *Formeln*.

5 Im Eingabefeld *Formel* stellen Sie die benötigte Rechenformel zusammen. Öffnen Sie das Listenfeld *Textmarke einfügen* und wählen Sie den Eintrag *anzahl*.

6 Geben Sie das Zeichen für Multiplikation in das Feld *Formel* ein und wählen Sie den Namen der Textmarke *epreis* aus dem Listenfeld *Textmarke einfügen*.

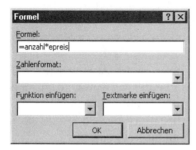

Eine Formel erstellen

7 Im Feld *Zahlenformat* können Sie wählen, in welchem Format das Ergebnis angezeigt werden soll. Da die Felder, auf die sich die Formel bezieht, bereits einen Währungsbetrag anzeigen, wird auch das Ergebnis automatisch im Währungsformat angezeigt.

8 Erstellen Sie eine weitere Formel, mit der Sie die im Angebot enthaltene Mehrwertsteuer ausweisen:

=(anzahl*epreis)/116*16

Word zeigt das Ergebnis der Formel unmittelbar nach der Bestätigung des Dialogfelds *Formel* an. Damit Sie das Angebot immer wieder einsetzen können, speichern Sie es mit *Datei/Speichern unter* und dem Dokumenttyp *Dokumentvorlage*. Immer wenn Sie mit *Datei/Neu* und der Auswahl der Angebots-Vorlage ein neues Angebot erstellen, werden die *Fill-in*-Felder automatisch abgefragt. Nach dem Ausfüllen der Abfragefelder klicken Sie mit rechts in die berechneten Felder und wählen *Felder aktualisieren*, damit die Formeln mit den neuen Eingabewerten neu berechnet werden.

Tipp

Felder schneller mit Tasten einfügen

Statt des etwas umständlichen Wegs über das Menü drücken Sie die Tastenkombination [Strg]+[F9], um ein *Fill-in*-Feld einzufügen. Geben Sie den Feldnamen *Fillin* (ohne Bindestrich!) in die geschweiften Feldklammern, gefolgt von einem Leerzeichen und dann in Anführungszeichen eingeschlossen den Aufforderungstext ein.

Ablageverwaltung mithilfe von Feldern automatisieren

Eine systematische Verwaltung aller mit Word erstellten Dateien ist an jedem Arbeitsplatz unverzichtbar. Sie haben sicher auch bereits die Situation kennen gelernt, in der Sie unter Zeitdruck eine bestimmte Datei ausdrucken mussten und diese auf die Schnelle nicht finden konnten. Aussagekräftige Dateinamen und eine systematische Ordnerhierarchie sind die Grundlage für eine effektive Dokumentverwaltung.

Sie können die Verwaltung Ihrer Word-Dateien jedoch noch weiter erleichtern, wenn Sie bestimmte Felder verwenden, mit denen Sie z. B. in jedes Dokument dessen Speicherort einfügen, die Dateieigenschaften zur Kategorisierung nutzen oder Ihre persönlichen Daten aus der Benutzerinfo automatisch in das Dokument eintragen lassen.

Persönliche Daten automatisch in Briefe und andere Dokumente einfügen

Word ist wie alle Office-Programme in der Lage, Ihre persönlichen Daten automatisch in alle Dokumente einzufügen. Diese Daten werden bei der Installation des Programms abgefragt und dann in der so genannten Benutzerinfo gespeichert. Die Eintragungen in dieser Benutzerinfo können Sie über den Befehl *Extras/Optionen* auf der Registerkarte *Benutzerinfo* später noch ändern.

Zu den in der Benutzerinfo gespeicherten Informationen gehören Ihr Name, Ihre Initialen und die Adresse. Um diese Daten z. B. in den Absender eines Briefs oder in ein anderes Dokument einzufügen:

1 Wählen Sie *Einfügen/Feld* und markieren Sie die Kategorie *Benutzerinformationen*.

2 Verwenden Sie den Feldnamen *UserAdress*, um Ihre Adresse in das aktuelle Dokument einzufügen. Verwenden Sie den Feldnamen *UserInitials*, um Ihre Initialen einzufügen. Mit dem Feld *UserName* können Sie Ihren Vor- und Nachnamen in das Dokument einfügen.

3 Über das Feld *Neue Adresse* bzw. *Neue Initialen* und *Neuer Name* können Sie die Werte, die Word aus der Benutzerinfo übernimmt, noch überschreiben.

4 Verwenden Sie die Einträge der Liste *Format*, um die Daten in einem bestimmten Ausgabeformat, z. B. nur in Großbuchstaben, zu drucken, unabhängig davon, wie diese in der Benutzerinfo gespeichert sind.

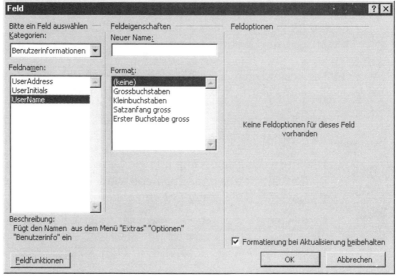

Felder für persönliche Infos

Speicherort, Dateiname und andere Dateieigenschaften zur Dateiablage einsetzen

Insbesondere, wenn Sie am Arbeitsplatz täglich viele verschiedene Dokumente erstellen und bearbeiten, ist es auch bei einer systematischen Dateiverwaltung nicht ausgeschlossen, dass Sie den genauen Speicherort einer bestimmten Datei vergessen. Sicher hilft Ihnen hier die neue Dateisuch-Funktion weiter, die Sie in Word 2002 über den Befehl *Datei/Suche* aktivieren können.

Noch mehr Zeit sparen Sie allerdings, wenn Sie Ihre Datei immer so vorbereiten, dass Sie mit jedem Ausdruck auch deren Speicherort drucken. Je nach Art des Dokuments kann dies auf einem separaten Blatt oder z. B. an unauffälliger Stelle in der Fußzeile erfolgen.

In einem Netzwerk, in dem Sie die Word-Dokumente gemeinsam mit anderen Kollegen bearbeiten, ist außer dem aktuellen Speicherort auch der Hinweis auf den Autoren, das letzte Bearbeitungs- bzw. Speicherdatum oder die Dokumentvorlage, auf der das Dokument basiert, hilfreich.

Dokumentinformationen mit dem Dokument drucken

Die Dokumentinformationen, wie Autor, Erstelldatum, bzw. letztes Druckdatum, Dateiname und Speicherort, werden von Word in den Dokumenteigenschaften verwaltet. Für den externen Dokumentverkehr werden Sie die Zusatzinformationen sicherlich auf separaten Seiten ausdrucken wollen, die Sie dann zusammen mit der Kopie abheften können.

Sie können die Dokumenteigenschaften für das aktuelle Dokument drucken oder grundsätzlich festlegen, dass diese immer mit allen Dokumenten ausgedruckt werden sollen.

1 Um festzulegen, dass die Dokumenteigenschaften des aktuellen Dokuments gedruckt werden sollen, wählen Sie *Datei/Drucken*.

2 Öffnen Sie das Listenfeld *Drucken* und markieren Sie den Eintrag *Dokumenteigenschaften*.

3 Die Einstellungsänderung im Feld *Drucken* wirkt sich nur auf den aktuellen Druck aus. Anschließend wird in diesem Listenfeld automatisch wieder der Eintrag *Dokument* hergestellt.

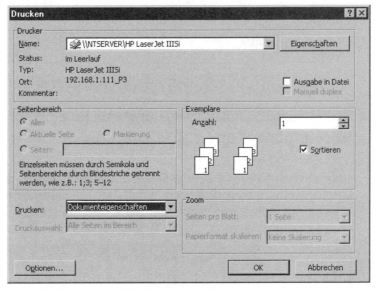

Drucken der Eigenschaften des aktuellen Dokuments

Für eine systematische Dateiablage können Sie sorgen, wenn Sie festlegen, dass grundsätzlich mit dem Dokument auch die Dokumenteigenschaften gedruckt werden sollen.

1 Wählen Sie *Extras/Optionen* und aktivieren Sie die Registerkarte *Drucken*.

2 Schalten Sie in der Optionsgruppe *Mit dem Dokument ausdrucken* das Kontrollkästchen *Dokumenteigenschaften* ein.

3 Nach der Bestätigung des Dialogfelds druckt Word so lange alle Dateien mit einem separaten Blatt aus, auf denen die Eigenschaften ausgegeben werden, bis Sie das Kontrollkästchen wieder deaktivieren.

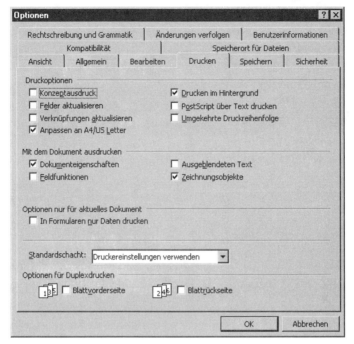

Grundsätzliches Drucken der Dateieigenschaften

Dokumentinformationen direkt in das Dokument einfügen

Wenn Sie bestimmte Dokumenteigenschaften direkt in das Dokument einfügen und mit diesem zusammen drucken wollen, verwenden Sie die Felder der Kategorie *Dokumentinformation*.

1 Wählen Sie *Einfügen/Feld* und markieren Sie im Listenfeld die Kategorie *Dokumentinformationen*.

2 Die wichtigsten Dateieigenschaften wie Autor (*Author*), Kommentar (*Comments*), Dateiname (*FileName*) usw. können Sie direkt mit den Feldern, die im Listenfeld angezeigt werden, einfügen.

3 Um weitere Dateieigenschaften einzufügen, markieren Sie den Listeneintrag *DocProperty*.

4 Im Listenfeld *Eigenschaft* können Sie nun die Namen weiterer Eigenschaften auswählen.

Die ausgewählten Felder werden vor dem Drucken des Dokuments automatisch aktualisiert.

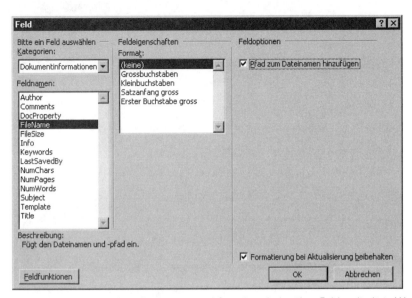

Dateieigenschaften – hier Dateiname und Speicherpfad – über Felder direkt in Word-Dokumente einfügen

5. Tabellen und Tabulatoren

Tabellen und Tabulatoren sind wichtige Funktionen eines modernen Textverarbeitungsprogramms. Da moderne Textverarbeitungsprogramme auch Grundrechenfunktionen beherrschen, wie Sie im letzten Kapitel nachlesen können, macht die Tabellenfunktion in einfachen Fällen sogar ein Tabellenkalkulationsprogramm überflüssig. Wenn Sie in Word Daten zeilen- oder spaltenweise anordnen wollen, haben Sie verschiedene Möglichkeiten:

5

Tabellen

- Der einfache Standardtabulator
  wird eingesetzt, um schnell eine Text-Tabelle zu erstellen. Seine Möglichkeiten sind sehr begrenzt, da hier nur eine einheitliche Spaltenbreite und linksbündige Spaltenausrichtung möglich ist.

- Benutzerdefinierte Tabulatoren
  werden eingesetzt, um Text und Zahlen spaltenweise übereinander anzuordnen, wobei die Spalteninhalte linksbündig, rechtsbündig oder zentriert ausgerichtet werden können.

- Tabellen
  werden eingesetzt, um Daten, d. h. in diesem Fall Text, Zahlen oder grafischen Elemente, ohne Tabulatoren nebeneinander oder übereinander anzuordnen. Die Spalteninhalte können mit dem üblichen Absatzausrichtungen, die Zeilen vertikal oben, unten oder zentriert ausgerichtet werden.

5.1 So geht's am schnellsten

Wenn es auf Schnelligkeit ankommt, können Sie den Standardtabulator einsetzen. Der Abstand des Standardtabulators wird durch kleine senkrechte Markierungen in der grauen Fläche unterhalb des Lineals angezeigt.

Ein wenig mehr Arbeit macht die Definition von Tabulatoren an bestimmten Positionen und mit bestimmten Ausrichtungen. Trotzdem sind beide Verfahren möglich, ohne dass Sie ein Dialogfeld öffnen.

Blitzausrichtung mit Standardtabulator

Nur, wenn es besonders schnell gehen muss, ist der Einsatz des Standardtabulators empfehlenswert. Sein großer Vorteil besteht in der einfachen Handhabung, sein Nachteil besteht in seinen eingeschränkten Möglichkeiten.

Um eine Tabelle mit verschiedenen Textspalten einheitlich auszurichten, genügt es, vor jedem Spalteneintrag die Taste Tab einmal zu drücken. Word erstellt daraufhin Textspalten mit einer Breite von 1,25 cm.

Wählen Sie *Format/Tabstopp*. Im Dialogfeld erhöhen Sie den Wert im Feld *Standardtabstopps* wunschgemäß. Word passt daraufhin die Spaltenbreite der Tabelle entsprechend an.

Anpassen des Standardtabulators

Umsatztabelle mit Tabulatoren über das Lineal festlegen

Ähnlich schnell wie der Einsatz des Standardtabulators, aber weitaus flexibler gestalten Sie Tabellen mithilfe von Tabulatoren über das Lineal. In Word 2002 können Sie sämtliche Tabulatorausrichtungen – inklusive Vertikaltabulatoren – über das Lineal definieren, bearbeiten und löschen.

Tabulatorausrichtungen

Tabulatorausrichtungen

Es können vier verschiedene Tabulatorausrichtungen festgelegt werden. Linksbündige Tabulatoren werden für Textspalten an der Position eingefügt, an der das erste Zeichen der Spalteneinträge ausgerichtet werden soll. Rechtsbündige Tabulatoren werden für Zahlen benutzt und an der Position für die letzte Ziffer bzw. das letzte Zeichen der Währungsbezeichnung eingefügt.

Zentrierte Tabulatoren werden meist für Tabellentitel benutzt und an der Position für die Mitte der Spalteneinträge positioniert. Ein Dezimaltabulator wird nur für Zahlen benutzt. Er wird an der Stelle eingefügt, an der das Dezimaltrennzeichen – normalerweise das Komma – ausgerichtet werden soll.

Rechtsbündig · Linksbündig · Vertikal · Zentriert · Dezimal

Tabulatorausrichtungsmarke

Tabulatorausrichtungen

Vertikale Linien zwischen Spalten

Vertikale Linien können Sie einsetzen, um Tabellenspalten optisch zu trennen. Eine solche Linie erscheint im Lineal als senkrechter Strich. Gleichzeitig wird im markierten Text eine Linie in der gesamten Absatzhöhe eingefügt. Vertikale Linien können in Word 2002 im Lineal gesetzt, umgestellt und gelöscht werden wie die anderen Tabulatoren. Um Text neben der Linie auszurichten, müssen Sie zusätzlich linksbündige oder rechtsbündige Tabulatoren setzen und vor dem Texteintrag die [Tab]-Taste drücken.

Tabulatoren im Lineal definieren und bearbeiten

Tabstopps lassen sich am schnellsten und bequemsten im Lineal oder direkt im Eingabebereich definieren. Auf diese Weise können Sie Tabulatoren mit einer Genauigkeit von 0,25 cm einfügen. Wenn Sie einen genaueren Wert für Tabulatorpositionen benötigen, definieren Sie diese über das Dialogfeld *Tabstopps*.

Tabulator setzen

Die Beispieltabelle zeigt den Umsatz nach Vertretern und Gebiet. Das Besondere an dieser Tabelle ist, dass Tabellentitel und Tabellenrumpf unterschiedliche Tabulatoren erfordern und im Tabellenrumpf direkt die erste Spalte mit dem Vertretercode (V-Code) mit einem Tabulator ausgerichtet ist. Die Tabulatoren können über das Lineal definiert werden. Falls das Lineal nicht angezeigt wird, blenden Sie es mit *Ansicht/Lineal* ein und setzen Sie dem nach unten folgenden Verfahren folgende Tabulatoren:

Ausrichtung Tabellentitel	Position
Linksbündig	2,86 cm, 7,94 cm, 11,75 cm
Ausrichtung Tabellenrumpf	**Position**
Rechtsbündig	1,27 cm
Linksbündig	2,86 cm
Zentriert	8,57 cm
Dezimaltabulator	13,65 cm

1 Geben Sie die Tabellentitel getrennt durch Tabulatoren ein und beenden Sie die Eingabe mit [Enter], um für die Tabellentitel einen separaten Absatz zu definieren.

2 Markieren Sie die erste Zeile und klicken Sie auf das Symbol vor dem Lineal für die Ausrichtung, bis die gewünschte Ausrichtung angezeigt wird.

3 Klicken Sie an der Position ins Lineal, an der Sie den Tabstopp einfügen wollen. Beachten Sie, dass ein rechtsbündiger Tabstopp an der gewünschten Ausrichtungsposition für das letzte Zeichen, ein Dezimaltabstopp an der Ausrichtungsposition für das Komma gesetzt wird.

4 Geben Sie nun die Daten für den Tabellenrumpf ein. Beachten Sie, dass Sie die Zeilen im Tabellenrumpf mit dem Drücken der Tabulatortaste beginnen müssen, um auch die erste Spalte mit einem Tabulator ausrichten zu können.

5 Markieren Sie anschließend den Tabellenrumpf und aktivieren Sie die Schaltfläche für einen rechtsbündigen Tabulator. Klicken Sie im Lineal an die Position für den ersten Tabulator und wiederholen Sie diesen Schritt, um die restlichen Tabulatorausrichtungen und -positionen festzulegen.

--- **Tipp**

Linksbündige Tabulatoren direkt im Textbereich

Um einen linksbündigen Tabstopp zu setzen, können Sie in Word 2002 auch im Eingabebereich an der gewünschten Position direkt im markierten Absatz doppelklicken. Außerdem fügt Word einen zentrierten Tabstopp auf die Position für die Zeilenmitte ein, wenn Sie in die Mitte einer Zeile doppelklicken, die bereits Text enthält.

Tabulatoren verschieben

Falls Sie feststellen, dass die Spalten mehr oder weniger Platz benötigen, können Sie einen Tabulator verschieben, indem Sie das Tabstopp-Symbol im Lineal anklicken und mit gedrückter linker Maustaste an die neue Position schieben. Vergessen Sie jedoch nicht, die Tabelle vor dieser Aktion zu markieren! Für die Umatztabelle, die getrennte Tabulatoren für den Tabellentitel und den Tabellenrumpf enthält, müssen Sie diese beiden Bereiche getrennt markieren und bearbeiten, wenn Sie Tabulatoren verschieben wollen.

Verschieben eines Tabulators im Lineal

Tabulatoren löschen

Manchmal ist es einfacher, einen falsch positionierten Tabulator zu löschen, statt ihn zu verschieben und ihn dann an einer besseren Position neu einzufügen. Einen Tabulator löschen Sie, indem Sie auf das Tabstopp-Symbol im Lineal klicken und die Maus bei gedrückter linker Maustaste nach oben oder unten aus dem Linealbereich schieben und dann die Maus wieder loslassen.

5.2 Benutzerdefinierte Tabulatoren im Einsatz

Als Beispiel für eine Tabelle mit Füllzeichen sehen Sie hier eine Inventarliste. Diese Liste enthält fünf Spalten. Da die erste Spalte mit der Raumnummer hier linksbündig am linken Seitenrand ausgerichtet wird, benötigen Sie für diese Spalte keinen Tabulator. Der Inhalt der Spalte *Gegenstand* ist linksbündig, die anderen drei Spalten sind rechtsbündig ausgerichtet. Eine Inventarliste – von der hier nur ein Ausschnitt dargestellt wird – ist meist sehr umfangreich. Sie erleichtern dem Leser in einer solch umfangreichen Tabelle das Zuordnen der einzelnen Spalteneinträge, wenn Sie diese mithilfe von Füllzeichen verbinden.

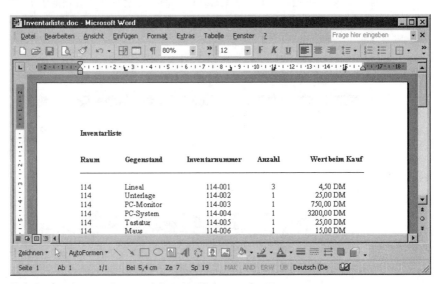

Eine Inventarliste mit genau definierten Tabstopp-Positionen

Inventarliste mit genauen Tabulatorpositionen über das Dialogfeld gestalten

Definieren Sie Tabulatoren im Dialogfeld *Tabstopps*, wenn Sie eine Spalte auf eine genau vorgegebene Tabulatorposition setzen wollen. In diesem Dialogfeld können Sie Tabulatoren definieren, verändern und einzelne oder alle Tabulatoren eines Absatzes löschen. Nur dort besteht zudem die Möglichkeit, Tabellen mit Füllzeichen zu erstellen. Für die Inventarliste benötigen Sie folgende Tabulatorpositionen und -ausrichtungen:

Ausrichtung Tabellentitel	Position
Linksbündig	2,5 cm, 6 cm, 10 cm 13 cm
Ausrichtung Tabellenrumpf	**Position**
Linksbündig	2,5 cm
Rechtsbündig	8,5 cm, 11 cm, 15 cm

Tabulator im Dialogfeld setzen

Die Tabstopp-Positionen im Lineal können mit einer Genauigkeit von 0,32 cm gesetzt werden. Genauere Positionen müssen Sie im Dialogfeld *Tabstopps* festlegen.

1 Geben Sie die Tabellentitel ein und drücken Sie vor jedem Spalteneintrag einmal auf die Tabulatortaste. Beenden Sie die Eingabe der Zeilen mit Drücken der Taste (Enter), um für die erste Zeile getrennte Tabulatoren setzen zu können.

2 Um die Tabulatoren für die Tabellentitel zu setzen, markieren Sie die erste Zeile und wählen *Format/Tabstopp*.

3 Der Cursor befindet sich im Eingabefeld *Tabstoppposition*. Tragen Sie dort die Position für den ersten Tabstopp (2,5 cm) ein.

4 Aktivieren Sie im Feld *Ausrichtung* die Tabulatorausrichtung für den ersten Tabstopp (*Links*).

5 Aktivieren Sie die Schaltfläche *Festlegen*. Die neue Tabulatorposition erscheint in der Liste *Tabstoppposition*.

6 Wiederholen Sie diese Schritte für jeden Tabstopp, den Sie benötigen, und aktivieren Sie die Schaltfläche *OK*, um das Dialogfeld zu schließen.

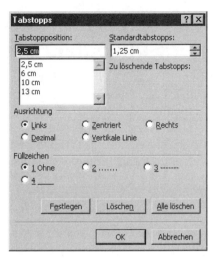

Das Dialogfeld Tabstopps mit den Werten für die Tabellentitel

Die Tabstoppposition wird nach dem Klick auf *Festlegen* im Feld *Tab-stoppposition* markiert. Solange dieser Wert markiert ist, können Sie den Eintrag mit der nächsten Tabstopp-Position überschreiben. Sie sparen sich auf diese Weise das Löschen des vorherigen Eintrags aus dem Eingabefeld.

Tabulatoren löschen

Einen Tabstopp können Sie am schnellsten löschen, indem Sie das entsprechende Symbol aus dem Lineal ziehen. Alle Tabstopps einer Tabelle können Sie schneller über das Dialogfeld *Tabstopps* löschen. Zum Löschen der Tabstopps im Dialogfeld wählen Sie *Format/Tabstopp*. Markieren Sie die Position eines einzelnen Tabulators und aktivieren Sie die Schaltfläche *Löschen* bzw. aktivieren Sie die Schaltfläche *Alle löschen*, um alle Tabulatoren innerhalb der markierten Absätze zu löschen.

Inventarliste mit Vertikaltabulatoren gestalten

Eine umfangreiche Tabelle wie eine Inventarliste ist einfacher zu lesen, wenn die einzelnen Spalten durch Linien getrennt angezeigt werden. Tabellenspalten, die durch vertikale Linien getrennt sind, benötigen außerdem weniger Abstand.

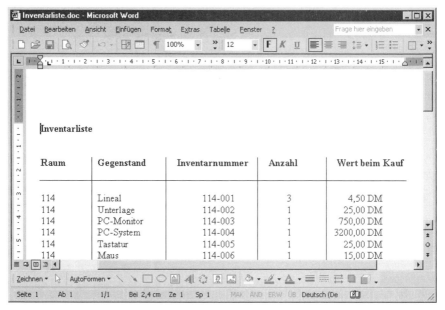

Die Beispieltabelle mit vertikalen Trennlinien

Für die Beispieltabelle setzen Sie die Vertikaltabulatoren an folgenden Positionen:

Positionen vertikale Linie	Position
Tabellentitel	2,5 cm, 5,5 cm, 9,5 cm, 12,5 cm
Tabellenrumpf	2,5 cm, 5,5 cm, 9,5 cm, 12,5 cm

Vertikale Linien mit dem Dialogfeld einfügen

Wenn Sie die vertikalen Linien nicht im 0,32cm–Raster einfügen wollen, müssen Sie auch hier das Dialogfeld *Tabstopps* einsetzen. In diesem Dialogfeld finden Sie die Vertikaltabulatoren in der Optionsgruppe *Ausrichtung*:

1 Markieren Sie die komplette Inventarliste und wählen Sie *Format/Tabstopps*.

2 Tragen Sie die Position für die erste Linie in das Feld *Tabstoppposition* ein.

3 Markieren Sie die Ausrichtung *Vertikale Linie* und aktivieren Sie die Schaltfläche *Festlegen*.

5

Tabellen

4 Wiederholen Sie Schritt 1 und 2, bis alle vertikalen Linien eingefügt sind, und verlassen Sie das Dialogfeld mit *OK*.

Dienstplan mit Füllzeichen gestalten

In umfangreichen Tabellen oder bei einem großen Abstand zwischen den Spalteneinträgen kann es mühsam sein, zusammengehörige Einträge zu finden. Sie können das Auffinden solcher Einträge erleichtern, indem Sie das Auge des Lesers durch Verbindungslinien zum jeweils nächsten Spalteneintrag führen. Diese Verbindungslinien werden in Word Füllzeichen genannt, da sie den Zwischenraum zwischen den Spalteneinträgen ausfüllen. Sie können den Spaltenzwischenraum mit Punkten, einer gestrichelten oder einer durchgezogene Linie ausfüllen.

Sie können zwischen den Spalten einer Tabelle Füllzeichen benutzen, um den nicht beschriebenen Zwischenraum auszufüllen. Bei zusammengehörigen Tabellenspalten können Sie dadurch deren Zusammengehörigkeit deutlich machen und das Auge des Lesers jeweils zum nächsten Eintrag führen. Bei der folgenden Beispieltabelle handelt es sich um einen Dienstplan für ein Team, das in drei Schichten arbeitet. Die Teammitglieder sollen sich selbst in die gewünschte Schicht eintragen. Für diese Eintragung werden Füllzeichen als Platzhalter benutzt.

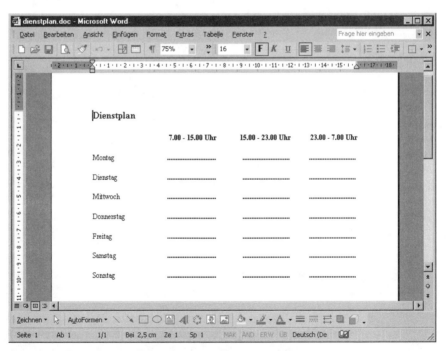

Beispiel für Tabstopps mit Füllzeichen

Um einen Tabulator mit einem Füllzeichen zu verbinden, markieren Sie nach der Eingabe seiner Position und der Wahl seiner Ausrichtung eine der Optionsschaltflächen in der Gruppe *Füllzeichen* und aktivieren die Schaltfläche *Festlegen*.

Dienstplan-Tabellenkopf gestalten

Um den Kopf der oben abgebildete Inventarliste zu erstellen, führen Sie folgende Schritte durch:

1 Setzen Sie die Tabulatoren für die erste Zeile getrennt. Setzen Sie hier rechtsbündige Tabulatoren ohne Füllzeichen auf die Positionen 7,5 cm, 12 cm und 16 cm.

2 Drücken Sie bei der Eingabe der ersten Zeile bereits vor der ersten Uhrzeit auf die Taste Tab.

Den Tabellenrumpf gestalten Sie mit Füllzeichen. Dazu benötigen Sie für jede Spalte zwei Tabulatoren. Einen linksbündigen ohne Füllzeichen für den Anfang der Markierung und einen rechtsbündigen mit dem Füllzeichen Punkt für das Ende der Punktmarkierung.

Positionen	Ausrichtung	Füllzeichen
4,5 cm	Links	Ohne
7,5 cm	Rechts	2 ....
9 cm	Links	Ohne
12 cm	Rechts	2 ....
13 cm	Links	Ohne
16 cm	Rechts	2 ....

Tabellenrumpf mit Füllzeichen gestalten

1 Wählen Sie *Format/Tabstopp* und geben Sie als Position 4,5 cm in das Feld *Tabstoppposition* ein.

2 In der Optionsgruppe *Füllzeichen* bleibt die Vorauswahl *Ohne* markiert, weil dieser Tabstopp für den Anfang der gepunkteten Linie benötigt wird.

3 Geben Sie die Position für den zweiten Tabulator mit 7,5 cm an. Markieren Sie die Ausrichtung *Rechts* und das 2. Füllzeichen, das Punkte einfügt.

5

Tabellen

4 Aktivieren Sie die Schaltfläche *Festlegen* und wiederholen Sie diese Schritte, um die übrigen linksbündigen Tabulatoren auf 9 cm und 13 cm ohne Füllzeichen und die rechtsbündigen Tabulatoren auf 12 cm und 16 cm mit Füllzeichen zu setzen.

Geben Sie den Text – im Beispiel die Daten für den Tabellenrumpf – ein und drücken Sie vor jedem Spalteneintrag – außer den Daten der ersten Spalte – die Taste [Tab].

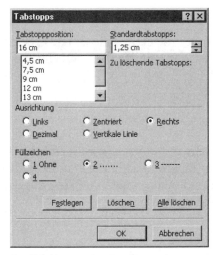

Die Tabulatoren für den Dienstplan

Abstände in Dienstplan-Tabelle formatieren

Um den größeren Abstand zwischen den Tabellenzeilen zu erreichen, ändern Sie den Zeilenabstand und legen einen Absatzabstand nach jedem Absatz fest. Beides können Sie im Dialogfeld *Absatz* erledigen.

1 Markieren Sie die komplette Tabelle, also sowohl die Tabellenüberschrift und die Uhrzeiten im Tabellenkopf als auch den Tabellenrumpf.

2 Wählen Sie *Format/Absatz* und aktivieren Sie die Registerkarte *Einzüge und Abstände*.

3 Ändern Sie den Wert im Feld *Nach* zu 12 pt, um so eine Leerzeile Abstand zwischen den Zeilen zu erzielen.

4 Markieren Sie im Listenfeld *Zeilenabstand* den Eintrag *1,5 Zeilen*.

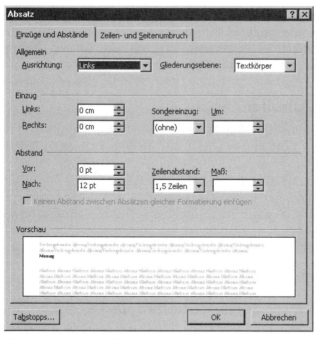

Die Abstände für den Dienstplan

Füllzeichen löschen

Falls Sie nach der Erstellung einer Tabelle feststellen, dass Sie einige Spalten lieber ohne Füllzeichen gestalten wollen, können Sie die Füllzeichen entfernen, ohne hierfür die Tabulatoren zu löschen. Um ein Füllzeichen wieder aus einer Tabelle zu entfernen, öffnen Sie mit *Format/Tabstopp* das Dialogfeld *Tabstopps*.

Markieren Sie die erste Tabstopp-Position, aktivieren Sie im Feld *Füllzeichen* die Option *Ohne* und klicken Sie auf *Festlegen*. Sie müssen diesen Schritt für jeden Tabstopp wiederholen und schließen dann das Dialogfeld mit der Schaltfläche *OK*.

5.3 Daten und Objekte mit Tabellenraster anordnen

Tabellen setzen Sie ein, um Informationen platzsparend und übersichtlich zu präsentieren. Die Tabellenfunktion bietet sich insbesondere an, wenn größere Textblöcke oder Grafik und Text nebeneinander positioniert werden sollen. Unabhängig von der Art der Erstellung können Sie nachträglich Spalten oder Zeilen einfügen, umstellen oder sortieren. Sie können die Spalten einer Tabelle durch Linien optisch trennen und sie mit Rahmen und Schattierungen versehen. Außerdem können Sie in Tabellenzellen Text mit vertikaler Laufrichtung (von oben nach unten oder umgekehrt) einfügen.

Das Tabellenlineal

Für das Arbeiten mit Tabellen bietet Ihnen Word verschiedene Hilfsmittel. Das horizontale Lineal nimmt eine besondere Form an, wenn der Cursor in einer Tabelle positioniert ist. Dadurch erhalten Sie die Möglichkeit, Spaltenbreite und Spaltenabstände für jede Tabellenspalte im Lineal abzulesen und zu verändern. Wenn das Lineal ausgeblendet ist, blenden Sie es zur Bearbeitung einer Tabelle mit *Ansicht/Lineal* ein.

Das Tabellenlineal

Die Symbolleiste Tabellen und Rahmen

Für das Erstellen oder Bearbeiten von Tabellen bietet Word eine besondere Symbolleiste an. Klicken Sie auf die Schaltfläche *Tabellen und Rahmen* oder benutzen Sie das *Ansicht*-Menü, um diese Symbolleiste einzublenden.

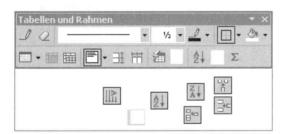

Die Symbolleiste Tabellen und Rahmen

Tabellen mit Symbol oder Befehl erstellen

Sie können zuerst das Tabellenraster einfügen und dann die Zellen mit Inhalt füllen. Die Tabellenfunktion kann über ein Symbol in der Symbolleiste *Standard* oder einen Menübefehl aktiviert werden. Je nachdem, wo sich der Cursor befindet, wenn Sie die Tabellenfunktion aktivieren, wird eine neue Tabelle eingefügt oder eine bestehende erweitert, wenn Sie auf die Schaltfläche klicken.

Das Einfügen von Tabellen mit dem Tabellensymbol

Über die Schaltfläche *Tabelle einfügen* können Sie nur Tabellen mit einer begrenzten Anzahl Spalten und Zeilen einfügen. Sie können eine eingefügte Tabelle aber mit diesem Symbol jederzeit erweitern.

Klicken Sie mit der Maus auf das *Tabellensymbol*. Word blendet ein symbolisches Raster aus fünf Spalten und vier Zeilen ein. Ziehen Sie bei gedrückter linker Maustaste die Maus nach rechts und unten, bis so viele Spalten und Zeilen markiert sind, wie Sie benötigen. Dann lassen Sie die Maustaste los. Word fügt das Tabellenraster an der aktuellen Cursorposition ein. Dabei wird die zur Verfügung stehende Zeilenbreite gleichmäßig auf alle Spalten verteilt.

Das Tabellen-Hilfsraster kann mit dem Befehl *Tabelle/Gitternetzlinien anzeigen/Gitternetzlinien ausblenden* ein- und ausgeblendet werden. Word formatiert eine neu eingefügte Tabelle automatisch mit einem Rahmen um jede Zelle.

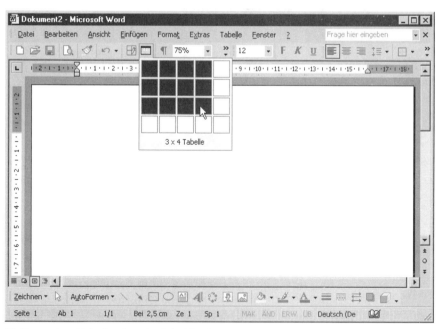

Einfügen einer Tabelle über die Schaltfläche

Das Einfügen von Tabellen über das Dialogfeld

Der Menübefehl *Tabelle/Einfügen/Tabelle* bietet Ihnen die Möglichkeit, umfangreichere Tabellen zu erstellen und bereits vor dem Einfügen der Tabelle deren Gestaltungsmerkmale festzulegen. Sie können im Dialogfeld direkt die gewünschte Spaltenbreite eintragen und die Funktion zum automatischen Formatieren der Tabelleninhalte starten.

1 Wählen Sie *Tabelle/Einfügen/Tabelle*.

2 Tragen Sie ins Feld *Spaltenanzahl* ein, wie viele Spalten Ihre Tabelle haben soll, oder wählen Sie die Zahl mithilfe der Drehpfeile.

3 Tragen Sie ins Feld *Zeilenanzahl* ein, wie viele Zeilen Ihre Tabelle haben soll, oder wählen Sie die Zahl mithilfe der Drehpfeile.

Soll Word die Spaltenbreite nicht automatisch festlegen, tragen Sie die gewünschte Spaltenbreite ein, sonst lassen Sie die Vorgabe *Auto* unverändert. Beim Wechsel zur Schaltfläche *Optimale Breite: Inhalt* wird eine automatische Anpassung an den Tabelleninhalt vorgenommen, bei der Wahl *Optimale Breite: Fenster* passt Word hingegen die Größe der Tabelle an die aktuelle Fenstergröße an, wie Sie das vielleicht vom Browserfenster kennen.

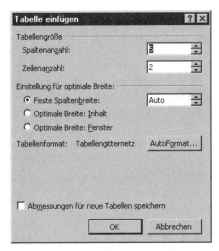

Tabellen über das Dialogfeld einfügen

Word fügt eine Tabelle, die Sie mithilfe des Dialogfelds *Tabelle einfügen* dimensioniert haben, ebenfalls mit Gitternetzlinien ein. Wenn Sie diese Gitternetzlinien unterdrücken wollen, müssen Sie im Dialogfeld *Tabelle einfügen* die Schaltfläche *AutoFormat* aktivieren. Im neu gestalteten Dialogfeld *Tabelle AutoFormat* markieren Sie den obersten Listeneintrag *Normale Tabelle* in der Liste *Tabellenformatvorlagen*. Nun fügt Word die Tabelle ohne die Gitternetzlinien ein. Was allerdings weiter angezeigt wird, ist das hellgraue Hilfsgitternetz, das nur als Rasterhilfe dient und nicht gedruckt wird.

5

Tabellen

Tipp

Tabelle immer ohne Gitternetz einfügen

Word fügt Tabellen immer mit einem Rahmengitternetz ein. Im Abschnitt o-
ben können Sie nachlesen, wie Sie eine Tabelle ohne Gitternetz einfügen.
Wenn Sie standardmäßig Tabellen ohne Gitternetz einfügen wollen, müssen
Sie nach dem Markieren des Eintrags *Normale Tabelle* nur noch auf die
Schaltfläche *Standard* klicken und die Auswahl *Alle Dokumente basierend
auf Vorlage Normal.dot* markieren und bestätigen.

Das Markieren in Tabellen

Um bestimmte Bearbeitungsschritte, wie z. B. das Einfügen einer neuen
Zeile oder das Gestalten von Tabellenelementen, durchzuführen, müssen
Sie den entsprechenden Tabellenbereich zuerst markieren. Die folgende
Übersicht zeigt die Mausaktionen und Befehle zum Markieren von Ta-
bellenelementen. Mit der Maus können Sie Tabellenelemente sehr
schnell markieren, wenn Sie dazu die Markierungsleisten einsetzen. Jede
Zelle, jede Zeile und jede Spalte hat eine eigene Markierungsleiste.

Markieren	Aktion
Zelle	Klicken Sie auf die Markierungsleiste der Zelle, die Maus wird dabei als Pfeil angezeigt.
Zeile	Klicken Sie in die Markierungsleiste vor die Zeile.
Markieren	**Aktion**
Spalte	Klicken Sie bei gedrückter Taste [Alt] in die Spalte oder klicken Sie auf die Markierungsleiste der Spalte, der Mauszeiger nimmt dabei die Form eines Pfeils an, der nach unten zeigt.
Ganze Tabelle	Klicken Sie vor die erste Zeile und ziehen Sie bei gedrückter linker Maustas-te bis zur letzten Zeile.

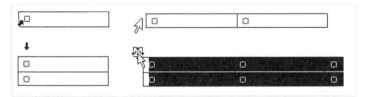

Von links: Markieren einer Zelle, einer Zeile, einer Spalte und der kompletten Tabelle

Hinweis

Markieren mit Menübefehlen

Wenn Sie sich keine Tastenkombinationen merken können oder wollen, finden für zum Markieren jedes Tabellenelements im Menü *Tabelle/Markieren*
einen entsprechenden Befehl.

Das Einfügen von Tabellenzellen, -zeilen und -spalten

Zu den besonderen Vorteilen einer Tabelle, die mit der Tabellenfunktion erstellt wurde, gehört deren problemlose Erweiterungsmöglichkeit. Sie können mit einem Klick oder einem Befehl zu einer Tabelle Zeilen, Zellen und Spalten hinzufügen.

Markieren Sie die Zeile, vor oder nach der Sie eine Zeile einfügen wollen. Eine Zeile oberhalb fügen Sie am schnellsten mit Klick auf das Symbol *Zeilen einfügen* ein. Zeilen ober- oder unterhalb fügen Sie außerdem über den Befehl *Tabelle/Einfügen/Zeilen oberhalb* oder *Zeilen unterhalb* ein. Sollen mehrere Zeilen eingefügt werden, markieren Sie vor der Wahl des Befehls so viele Zeilen, wie Sie einfügen wollen.

Genauso schnell und unproblematisch wie das Einfügen von Zeilen gestaltet sich auch das Einfügen von Tabellenspalten. Markieren Sie die Spalte, nach oder vor der Sie eine Spalte einfügen wollen. Wählen Sie *Tabelle/Einfügen/Spalten nach* rechts oder *Spalten nach links*.

Das Einfügen von Tabellenzellen

Sie können in ein Tabellenraster auch nachträglich einzelne Zellen einfügen. Durch das Einfügen einzelner Zellen verschieben sich entweder die Zellen der entsprechenden Spalte oder die Zellen der Zeile. Sie müssen Word deshalb mitteilen, ob Sie eine Zelle spaltenbezogen oder zeilenbezogen einfügen wollen. Wenn Sie eine oder mehrere Tabellenzellen zeilenbezogen einfügen, verschieben Sie die anderen Zellen nach rechts. Wenn Sie eine oder mehrere Tabellenzellen spaltenbezogen einfügen, verschieben Sie die anderen Zellen nach unten. Um eine oder mehrere Tabellenzellen einzufügen, markieren Sie Zellen in der Anzahl, die Sie einfügen wollen. Achten Sie darauf, dass die Zelle, vor der Sie eine leere Zelle einfügen wollen, die linke oder obere Zelle in der Markierung ist.

Klicken Sie auf das Symbol *Zellen einfügen* oder wählen Sie *Tabelle/Einfügen/Zellen*. Wählen Sie die Option *Zellen nach rechts verschieben*, um die Leerzellen so einzufügen, dass bestehende Zellen in der Zeile weiter nach rechts verschoben werden und sich die Veränderung nur in der (den) aktuellen Zeile(n) auswirkt. Wählen Sie stattdessen die Option *Zellen nach unten verschieben*, um die Leerzellen so einzufügen, dass bestehende Zellen in der Spalte nach unten verschoben werden und sich die Veränderung nur in der (den) aktuellen Spalte(n) auswirkt. Die Optionen *Ganze Zeile einfügen* und *Ganze Spalte einfügen* wählen Sie nur, wenn Sie keine Verschiebung der Tabellenbezüge wünschen und Leerzellen für die ganze Tabellenbreite oder Tabellenhöhe einfügen wollen.

> **Tipp**
>
> **Zeilen schneller einfügen**
>
> Wenn Sie in der letzten Tabellenzelle der letzten Zeile nochmals die Taste [Tab] drücken, fügt Word eine neue, leere Zeile zur Tabelle hinzu.

Das Löschen von Tabellenelementen

Beim Löschen von Tabellenelementen müssen Sie zwischen dem Entfernen des Zellinhalts und dem Entfernen eines Elements des Tabellenrasters unterscheiden. Im ersten Fall löschen Sie nur die Zellinhalte, das Zellenraster bleibt aber erhalten. Im zweiten Fall löschen Sie den Zellinhalt und die Zelle und das Tabellenraster verschiebt sich entsprechend.

Das Löschen von Zellen und Zellinhalten

Wenn Sie nur den Zellinhalt entfernen wollen, markieren Sie die Zellen, deren Inhalt gelöscht werden soll, und drücken die Taste [Entf] oder wählen den Befehl *Bearbeiten/Löschen/Inhalt*. Word entfernt den Inhalt der markierten Zellen. Das Tabellenraster und die Formatierungen bleiben erhalten. Um Zellen, Zeilen, Spalten oder die gesamte Tabelle zu entfernen, markieren Sie die Zellen und wählen *Tabelle/Löschen* und aus dem überlappenden Menü *Tabelle*, *Spalten*, *Zeilen* oder *Zellen*.

Das Verbinden und Teilen von Tabellenzellen

Wenn Sie eine Tabelle erstellt haben und diese bearbeiten, stellen Sie vielleicht nachträglich fest, dass Sie die Zellen noch weiter unterteilen müssen, um Informationen zu separieren. In einem anderen Fall wollen Sie die Überschrift einer Tabelle über alle Spalten schreiben und zentrieren.

Zellen teilen

Sie können Zellen vertikal und horizontal teilen oder verbinden. Sie können eine oder mehrere Zellen in beliebiger Weise weiter aufteilen, wenn die Tabelle dadurch nicht die erlaubte Höchstspaltenzahl von 63 Spalten überschreitet. Standardmäßig schlägt Word die Aufteilung einer Zelle in zwei Spalten vor.

Um eine oder mehrere Tabellenzelle(n) weiter zu unterteilen, markieren Sie die Zellen und wählen *Tabelle/Zellen teilen* oder klicken auf die Schaltfläche *Zellen teilen*. Word öffnet das Dialogfeld *Zellen teilen*. Ändern Sie ggf. den Wert in den Feldern *Spaltenanzahl* und/oder *Zeilenanzahl* und klicken Sie auf die Schaltfläche *OK*. Wenn Sie das Kontrollkästchen *Zellen vor dem Teilen zusammenführen* ausschalten, bezieht Word die Werte für Zielzeilenanzahl und Spaltenanzahl auf jede einzelne Zelle, sonst auf die komplette Markierung.

Zellen verbinden

Um mehrere Zellen zu einer neuen Zelle zu verbinden, markieren Sie die Zellen, die verbunden werden sollen. Wählen Sie *Tabelle/ Zellen verbinden* oder klicken Sie auf die gleichnamige Schaltfläche in der Symbolleiste *Tabellen und Rahmen*.

Bestellformular mit verbundenen Zellen

Das Beispiel-Bestellformular wurde mit der Tabellenfunktion entwickelt. Es enthält im oberen Bereich ein normales Adressfeld, in das die Empfängeradresse eingegeben werden kann. Dieses Adressfeld wurde als Einzelzelle in der Höhe von 4 cm und der Breite von 8,5 cm eingefügt.

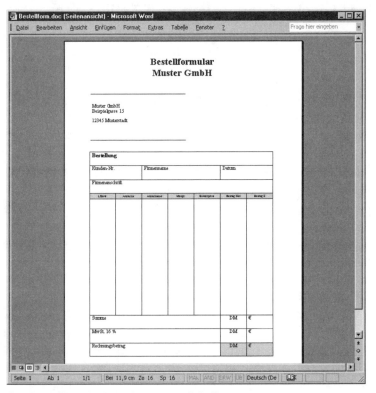

Das Bestellformular besteht aus zwei Tabellen

Adressfeld über die Tabellenfunktion gestalten

1. Das Adressfeld besteht aus einer Tabelle mit nur einer einzigen Zelle. Wählen Sie *Tabelle/Einfügen/Tabelle* und reduzieren Sie sowohl die Spaltenanzahl als auch die Zeilenanzahl jeweils auf 1.

2 Markieren Sie die Optionsschaltfläche *Feste Spaltenbreite* und überschreiben Sie den Wert *Auto* im zugehörigen Eingabefeld mit *8,5 cm*.

3 Aktivieren Sie die Schaltfläche *AutoFormat* und markieren Sie den ersten Listeneintrag *Normale Tabelle*. Bestätigen Sie die geöffneten Dialogfelder.

4 Nach dem Einfügen der Tabelle klicken Sie mit rechts in die Zelle und wählen *Tabelleneigenschaften*.

5 Aktivieren Sie das Register *Zeile* und schalten Sie das Kontrollkästchen *Höhe* definieren ein. Geben Sie den Wert „4 cm" in das zugehörige Eingabefeld ein und wählen Sie im Listenfeld *Zeilenhöhe* den Eintrag *Genau*.

6 Die Tabellenzelle hat nun die Höhe und Breite des Adressfelds. Über die *Rahmen*-Palette und die Schaltflächen *Randlinie oben* und *Randlinie unten* können Sie noch die Markierungen für das Adressfeld einfügen.

7 Dieser Schritt ist besonders wichtig, damit Sie die vorgesehenen neun Schreibmaschinenzeilen in das Adressfeld einfügen können, markieren Sie die Zelle ggf. und wählen *Format/Absatz*. Setzen Sie die Zeilenhöhe auf Genau 12 pt, das entspricht einer Schreibmaschinenzeile.

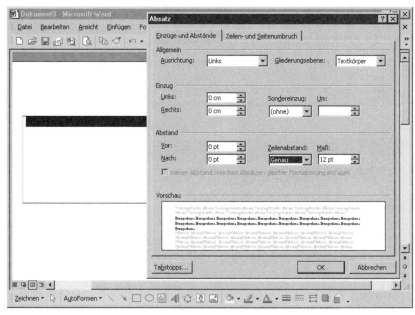

Der Zeilenabstand für das Adressfeld muss geändert werden

Mit zwei Leerzeilen Abstand darunter wird nun die Tabelle für das eigentliche Bestellformular eingefügt. Es besteht aus Zeilen mit unterschiedlich vielen Zellen, die teilweise durch Verbinden oder Teilen erstellt werden.

Tabellen erstellen und Tabellen-Zeilenhöhe anpassen

1 Mit dem Befehl *Tabelle/Einfügen/Tabelle* fügen Sie eine neue Tabelle mit 8 Zeilen und 7 Spalten ein. Die Rahmenlinien, die Word automatisch für jede Tabelle anzeigt, können hier bestehen bleiben. Sie werden nur für einigen Zellen ausgeblendet.

2 Beginnen Sie mit der Gestaltung der Standardtabelle. Dazu markieren Sie die erste Zeile, z. B. durch Klick links vor die Zeile, und wählen *Tabelle/Tabelleneigenschaften* und aktivieren das Register *Zeile*.

3 Schalten Sie das Kontrollkästchen *Höhe* definieren ein und geben Sie in das zugehörige Eingabefeld eine Höhe von 1.2 cm ein.

4 Das Listenfeld stellen Sie um auf *Genau*.

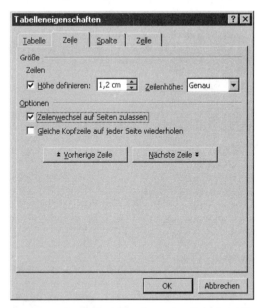

Anpassen der Zeilenhöhe der ersten Tabellenzeile

5 Aktivieren Sie die Schaltfläche *Nächste Zeile* und wiederholen Sie die Schritte 1-5, um die Zeilenhöhe der nächsten Zeilen wie folgt festzulegen:

Zeilenhöhen	Wert	Zeilenhöhe
Zeile 1 bis 3	1,2 cm	Genau
Zeile 4	0,5 cm	Genau
Zeile 5	10 cm	Genau
Zeile 6 bis 8	1,2 cm	Genau

Tipp

Mehrfachmarkierung in Tabellen

Auch in Tabellen können Sie in Word 2002 die Mehrfachmarkierung einsetzen, um Formatierungen zu beschleunigen. In der Beispieltabelle können Sie z. B. die erste bis dritte Zeile und bei gedrückter Taste Strg zusätzlich die sechste bis achte Zeile markieren und allen gleichzeitig die Zeilenhöhe von 1,2 cm zuweisen.

Zellen für Titel und Summen verbinden

Die Zellen der ersten bis dritten Zeile und der sechsten bis achten Zeile sind teilweise verbunden, um die nötigen Spaltenbreite erzielen zu können:

1 Markieren Sie alle Zellen der ersten Zeile und wählen Sie *Tabellen/Zellen verbinden* bzw. aktivieren Sie die Schaltfläche *Zellen verbinden* in der Symbolleiste *Tabellen und Rahmen*.

2 Verbinden Sie die ersten zwei Zellen, die dritte bis fünfte und die letzten beiden Zellen der zweiten Zeile, sodass die Zeile danach drei Zellen enthält.

3 Verbinden Sie alle Zellen der dritten Zeile.

4 Verbinden Sie die erste bis fünfte Zelle der sechsten, der siebten und der achten Zeile. Sie müssen diesen Schritt für jede Zeile separat durchführen, da Word sonst eine einzige über Zeilen und Spalten verbundene Zelle erzeugt!

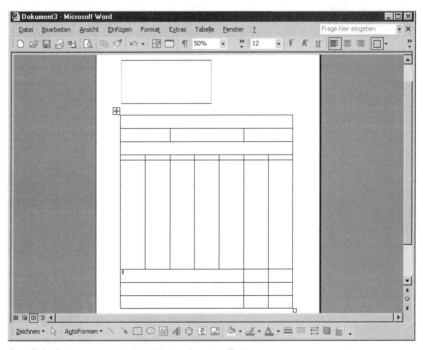

Das Tabellenraster nach dem Verbinden der Zellen

Daten hinzufügen und ausrichten

Sie können nun bereits die Beschriftungen in die Tabellenzellen einfügen und sie dann mithilfe der Zellausrichtung innerhalb der Tabellenzelle ausrichten:

Zeile	Zelle 1	Zelle 2	Zelle 3	Zelle 4	Zelle 5	Zelle 6	Zelle 7	Zeile 1	Bestellung
Zeile 2	Kunden-Nr.	Firmen-name	Datum						
Zeile 3	Firmen-anschrift								
Zeile 4	Lfd-Nr.	Artikelnr.	Artikel-name	Menge	Einzel-preis	Betrag DM	Betrag		
Zeile 6	Summe								
Zeile 7	MwSt. 16 %								
Zeile 8	Rechnungs-betrag								

1 Fügen Sie die Beschriftungen nach der oben abgebildeten Tabelle in die Zellen ein.

2 Gestalten Sie die Daten der ersten bis dritten Zeile in der Schriftgröße 12, die Zeile 1 wird fett gestaltet.

3 Die Spaltenbeschriftungen in der vierten Zeile gestalten Sie in der Schriftgröße 8.

4 Die Daten in den Zeilen sechs bis acht gestalten Sie wieder in der Schriftgröße 8.

5 Markieren Sie anschließend die komplette vierte Tabellenzeile, in der die Spaltenbeschriftungen enthalten sind. Klicken Sie mit rechts in die markierte Zeile und wählen Sie den Kontextmenübefehl *Zellausrichtung* oder klicken Sie auf die Schaltfläche *Zellausrichtung* in der Symbolleiste *Tabellen und Rahmen*.

6 In der Palette klicken Sie auf die Schaltfläche für vertikales und horizontales Zentrieren.

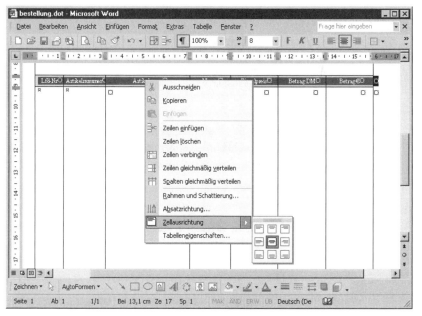

So werden die Zellinhalte vertikal und horizontal zentriert

Tabelle mit Schattierung gestalten

Fügen Sie nun den Zellen, in denen die Spaltenüberschriften enthalten sind, und den Zellen, in denen der Rechnungsbetrag in Euro oder in DM ausgegeben wird, die Schattierungen hinzu. Sie können die Optionen des Dialogfelds *Rahmen und Schattierung* sowohl auf die komplette Tabelle als auch auf einzelne Zeilen, Spalten oder Zellen anwenden. Word wendet die ausgewählten Formatierungen immer auf die markierten Zellen an.

Da hier in beiden Fällen eine Schattierung von 20 % Grauanteil hinzugefügt werden soll, können Sie das Verfahren beschleunigen, wenn Sie eine Mehrfachmarkierung vornehmen:

1 Markieren Sie die komplette vierte Zeile, z. B. durch Klick links vor die erste Zelle. Ziehen Sie dann die Maus bei gedrückter Taste (Strg) über die letzten beiden Zellen der letzten Tabellenzeile.

2 Wenn Sie die Symbolleiste *Tabellen und Rahmen* anzeigen lassen, öffnen Sie die Palette *Schattierungsfarbe* und markieren die Schaltfläche für 20 % Grauanteil. Wenn Sie die Symbolleiste nicht anzeigen, können Sie den gleichen Effekt über *Format/Rahmen und Schattierung* im Register *Schattierung* zuweisen.

Tipp

Gesamtpreise automatisch berechnen lassen

Falls Sie das Formular auch mit Word ausfüllen, können Sie für die Berechnung der Gesamtpreise und der Mehrwertsteuer und der Rechnungssummen Formeln einfügen. Lesen Sie weiter unten in diesem Kapitel, wie Sie Formeln in Tabellenzellen einfügen.

Natürlich empfiehlt es sich, das mit viel Mühe gestaltete Bestellformular mit dem Dateityp *Dokumentvorlage* zu speichern, um es anschließend über den Befehl *Datei/Neu* immer wieder einsetzen zu können.

5.4 Tabellen automatisch oder manuell gestalten

Eine der versteckten, aber wirklich praktischen Neuerungen in Word 2002 finden Sie bei der Erstellung neuer Tabellen im Dialogfeld *Tabelle*. Wenn Sie häufig Blindtabellen benötigen, also Tabellen, die ohne Rahmenlinien und nur zur Anordnung der enthaltenen Daten eingesetzt werden, haben Sie sich sicherlich auch darüber geärgert, dass Word bereits seit vielen Programmversionen jede neue Tabelle automatisch mit Gitternetzlinien einfügt, die Sie dann mühsam wieder ausblenden müssen.

In Word 2002 ist dieses Ärgernis behoben, denn es besteht sowohl die Möglichkeit, bei der Erstellung der Tabelle anzugeben, dass diese ohne Gitternetz eingefügt werden soll, andererseits können Sie eine solche rahmenlose Tabelle auch zum neuen Standard definieren. Möglich ist dies über eines der vielen AutoFormate, mit denen Sie Tabellen automatisch gestalten können.

Sie können die Spaltenbreite, den Spaltenabstand und die Zeilenhöhe in Tabellen Ihren Wünschen entsprechend gestalten. Sie können Text in Tabellen mit allen Befehlen zur Absatz- und Zeichenformatierung gestalten. Zusätzlich gibt es noch tabellenspezifische Gestaltungsbefehle.

AutoFormatieren

Der schnellste Weg, eine Tabelle zu gestalten, besteht in der Zuweisung eines AutoFormats. AutoFormate sind fertig zusammengestellte Formatierungen für Tabellen. Sie gestalten die erste und letzte Zeile und Spalte meist besonders hervorgehoben, weil dort in der Regel die Titel und Ergebnisse enthalten sind. In der folgenden Abbildung sehen Sie eine Umsatztabelle, die automatisch gestaltet werden soll:

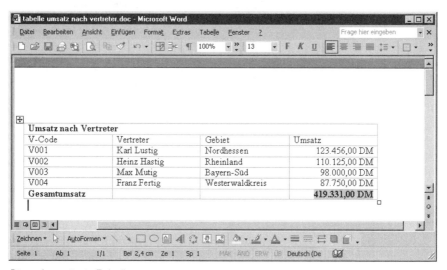

Die unformatierte Tabelle

Umsatztabelle automatisch formatieren

Um der Umatztabelle ein AutoFormat zuzuweisen:

1 Markieren Sie die Tabelle und wählen Sie *Tabelle/AutoFormat für Tabellen* oder aktivieren Sie in der Symbolleiste *Tabellen und Rahmen* die Schaltfläche *AutoFormat*. Im Listenfeld *Tabellenformatvorlagen* ist automatisch das Standardformat für Tabellen, *Tabellengitternetz*, markiert.

2 Wenn Sie in der Liste ein anderes AutoFormat markieren, wird die Beispieltabelle im Feld *Vorschau* mit diesem Format angezeigt. Für die Beispieltabelle wurde das AutoFormat *Tabelle aktuell* ausgewählt.

3 Enthält die markierte Tabelle bereits Formatierungen, die Sie behalten wollen, können Sie mit den Kontrollkästchen im unteren Bereich des Dialogfelds festlegen, welche Formatierungen Sie nicht aus dem AutoFormat übernehmen wollen.

4 Im Beispiel werden die Kontrollkästchen *Überschrift* und *Letzte Spalte* ausgeschaltet, damit die rechtsbündig formatierten Zahlen nicht neu formatiert werden.

5 Das ausgewählte AutoFormat weisen Sie der Tabelle mithilfe der Schaltfläche *Übernehmen* zu.

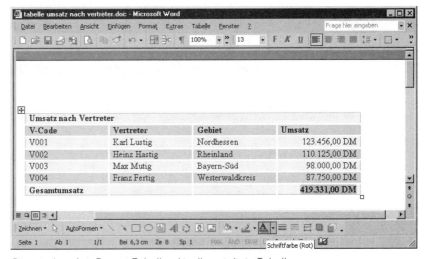

Die mit dem AutoFormat Tabelle aktuell gestaltete Tabelle

In der Beispieltabelle wurden die Spaltentitel in der zweiten Zeile zusätzlich zum AutoFormat noch durch manuell zugeordnete Fettschrift hervorgehoben.

AutoAnpassen von Spaltenbreite und Zeilenhöhe

Eine weitere Möglichkeit, Tabellen automatisch zu gestalten, bezieht sich auf die Anpassung der Zeilenhöhe oder der Spaltenbreite. Sie können die Breite der Spalten automatisch an den jeweiligen Tabelleninhalt oder an die Fenstergröße anpassen oder eine feste Spaltenbreite zuweisen.

Um die Spaltenbreite an den Inhalt anzupassen, wählen Sie *Tabelle/Auto Anpassen/AutoAnpassen* an Inhalt. Der Befehl *Tabelle/AutoAnpassen/ Größe an Fenster anpassen* eignet sich in erster Linie für Tabellen in Onlinedokumenten wie Webseiten, deren Größe automatisch an die Größe des Browserfensters angepasst wird.

Mit dem Befehl *Tabelle/AutoAnpassen/Spalten gleichmäßig verteilen* bzw. *Zeilen gleichmäßig verteilen* oder den Schaltflächen *Spalten gleichmäßig verteilen* oder *Zeilen gleichmäßig verteilen* in der Symbolleiste *Tabellen und Rahmen* können Sie die Tabellenzellen, deren Breite oder Höhe Sie verändert haben, auf einheitliche Breite/Höhe zurücksetzen.

Tabellengröße, -position und Textfluss manuell festlegen

Die Größe einer Tabelle ist normalerweise von deren Inhalt abhängig. Beim Einfügen einer neuen Tabelle wird die Zeilenlänge gleichmäßig auf die Spalten verteilt und die Zeilenhöhe automatisch an das größte Zeichen angepasst. Tabellen werden standardmäßig linksbündig ausgerichtet, ohne Textfluss, aber mit einfachen Randlinien eingefügt.

Das Verändern von Spaltenbreite und Zeilenhöhe

Bei der Erstellung der Tabelle errechnet Word automatisch die Breite der Tabellenspalten, indem die Breite des Textspiegels gleichmäßig auf die Spalten aufgeteilt wird. Sie können diese Spaltenbreite über das Dialogfeld *Tabelleneigenschaften*, über eine automatische Anpassung oder mit Maus und Lineal verändern.

┌──── Tipp

Spaltenbreite oder Zeilenhöhe anzeigen

Um sich über die Breite einer Spalte oder die Höhe einer Zeile zu informieren, klicken Sie bei gedrückter Taste [Alt] auf eine der Markierungen im horizontalen bzw. vertikalen Lineal. Word blendet das Lineal aus und zeigt stattdessen alle Spaltenbreiten oder die Zeilenhöhen an.

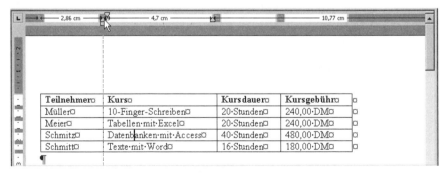

Das Tabellenlineal zeigt die aktuellen Spaltenbreiten

Spaltenbreite oder Zeilenhöhe mit der Maus ändern

In der Ansicht *Seitenlayout* können Sie die Spaltenbreite oder Zeilenhöhe verändern, indem Sie das Symbol für die Spaltenbreite im horizontalen Lineal oder das Symbol für die Zeilenhöhe im vertikalen Lineal auf die gewünschte Position ziehen. Außerdem können Sie Zeilenhöhe und Spaltenbreite auch durch Ziehen der Gitternetzlinien direkt in der Tabelle auf die gewünschten Maße ziehen.

Genauere Werte für Zeilenhöhe und Spaltenbreite im Dialogfeld angeben

Das Anpassen der Zeilenhöhe und Spaltenbreite mit der Maus ist ein sehr schnelles Verfahren. Wenn Sie jedoch Zeilen und Spalten mit sehr genauen Abmessungen benötigen, empfiehlt sich die Eingabe der entsprechenden Werte in das Dialogfeld *Tabelleneigenschaften*:

1 Markieren Sie die Spalten, deren Spaltenbreite Sie ändern wollen, und wählen Sie *Tabelle/Tabelleneigenschaften*.

2 Aktivieren Sie die Registerkarte *Spalte* und schalten Sie das Kontrollkästchen *Bevorzugte Breite* ein.

3 Tragen Sie im Eingabefeld rechts daneben die gewünschte Breite ein. Wenn Sie für weitere Spalten die Breite verändern wollen, aktivieren Sie die Schaltfläche *Vorherige Spalte* bzw. *Nächste Spalte*, bis die gewünschte Spaltennummer angezeigt wird, und tragen Sie wieder die Spaltenbreite ein.

Falls Sie die Breite der Spalten im Verhältnis zur Gesamttabelle festlegen wollen, wechseln Sie im Feld *Maß* von *Zentimeter* zu *Prozent* und geben die Breite anteilmäßig ein.

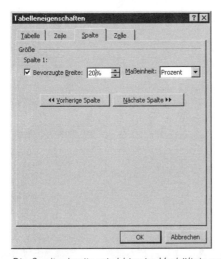

Die Spaltenbreite wird hier im Verhältnis zur Gesamttabelle angegeben

Tipp

Optimale Spaltenbreite per Doppelklick

Wenn Sie mit Excel vertraut sind, kennen Sie vielleicht die Möglichkeit, die optimale Spaltenbreite über den Doppelklick auf den rechten Spaltenkopfrand einzustellen. Weniger bekannt ist, dass diese Möglichkeit auch in Word besteht. Falls Sie eine Tabelle mit der Tabellenfunktion erstellt haben, können Sie auch in Word über den Doppelklick auf den rechten Zellgitterrand die optimale Spaltenbreite für eine Spalte, oder bei Markieren aller Spalten, für alle Spalten gleichzeitig einstellen. Optimale Spaltenbreite heißt hier, dass Word die Breite an den längsten Eintrag anpasst.

Die Zeilenhöhe einer Tabellenzeile passt Word normalerweise automatisch an deren Inhalt an. Auch die Zeilenhöhe können Sie im Dialogfeld *Tabelleneigenschaften* ändern:

1 Markieren Sie die Zeile, für die Sie die Zeilenhöhe verändern wollen. Wählen Sie *Tabelle/Tabelleneigenschaften* und aktivieren Sie die Registerkarte *Zeile*.

2 Schalten Sie das Kontrollkästchen *Höhe definieren* ein.

3 In der Liste *Zeilenhöhe* wählen Sie *Mindestens*, um eine Mindestzeilenhöhe mit automatischer Anpassung nach oben festzulegen. Das Maß für die Mindestzeilenhöhe geben Sie in das Eingabefeld ein. Wählen Sie stattdessen den Eintrag *Genau* und tragen Sie den Wert in das Feld links daneben ein, um die automatische Anpassung der Zeilenhöhe zu verhindern.

Falls Sie eine genaue Zeilenhöhe festgelegt haben, beschneidet Word den Inhalt der Zellen, wenn er zu groß für die vereinbarte Zeilenhöhe ist.

Die Zeilenhöhe manuell anpassen

Die Größe der Gesamttabelle festlegen

Sie können die Größe einer Tabelle entweder indirekt über die Festlegung der einzelnen Spaltenbreiten oder direkt über die Angabe einer Größe für die Gesamttabelle festlegen.

1 Um die Größe der Gesamttabelle festzulegen, klicken Sie in die Tabelle und wählen Sie *Tabelle/Tabelleneigenschaften*.

2 Wechseln Sie ins Register *Tabelle*, schalten Sie das Kontrollkästchen *Bevorzugte Breite* ein und setzen den Wert im Eingabefeld fest. Wenn Sie die Maßeinheit von *Zentimeter* zu *Prozent* ändern, können Sie die Tabellengröße im Verhältnis zur Fenstergröße festlegen.

3 Damit Word sich an die von Ihnen festgelegte Tabellengröße hält, aktivieren Sie die Schaltfläche *Optionen* und schalten das Kontrollkästchen *Automatische Größenänderung* zulassen aus.

Die automatische Größenanpassung wurde deaktiviert

Sie können die Größe einer Tabelle auch über die rechte untere Gitternetzecke verändern. Wenn Sie mit dem Mauszeiger auf eine Tabelle zeigen, erscheint dort eine viereckige Markierung, mit der Sie die Tabelle auf eine andere Größe ziehen können.

Teilnehmer¤	Kurs¤	Kursdauer¤	Kursgebühr¤	¤
Müller¤	10-Finger-Schreiben¤	20·Stunden¤	240,00·DM¤	¤
Meier¤	Tabellen·mit·Excel¤	20·Stunden¤	240,00·DM¤	¤
Schmitz¤	Datenbanken·mit·Access¤	40·Stunden¤	480,00·DM¤	¤
Schmitt¤	Texte·mit·Word¤	16·Stunden¤	180,00·DM¤	¤

Tabellengröße per Drag & Drop verändern

Ausrichtung von Tabelle und Tabelleninhalt

Eine neue Tabelle wird beim Einfügen am linken Seitenrand ausgerichtet. Sie können im Dialogfeld *Tabelleneigenschaften* im Register *Tabelle* zwischen den Ausrichtungen *Links*, *Zentriert* und *Rechts* wählen.

Über die Schaltflächen für die Absatzausrichtungen können Sie den Inhalt der Tabellenzellen, nicht die Tabelle selbst ausrichten.

Sie können den Zellinhalt per Doppelklick neben den linken Zellrand links, neben dem rechten Zellrand rechtsbündig und in die Zellmitte zentriert ausrichten. Wenn Sie auf die Position am oder zwischen den Zellrändern zeigen, wird ein Ausrichtungssymbol neben dem Mauszeiger eingeblendet.

Aktivieren Sie die gewünschte Ausrichtung per Doppelklick, bevor Sie Daten in die Zelle eingeben.

Die vertikale Ausrichtung des Zellinhalts können Sie über *Tabelle/Tabelleneigenschaften* im Register *Zelle* oder mithilfe der Schaltfläche *Zellausrichtung* festlegen.

Klicken Sie auf eine dieser Schaltflächen in der geöffneten Ausrichtungspalette der Symbolleiste *Tabellen und Rahmen*, um den Inhalt der markierten Zelle(n) unten, vertikal zentriert oder oben in der Zelle auszurichten.

> **Tipp**
>
> **Zellinhalt ausrichten über das Kontextmenü**
>
> Besonders schnellen Zugriff auf alle vertikalen und horizontalen Ausrichtungsoptionen haben Sie über einen Kontextmenübefehl. Nach dem Rechtsklick in eine Zelle zeigen Sie auf den Befehl *Zellausrichtung*, der eine Palette mit Schaltflächen für alle Ausrichtungsmöglichkeiten öffnet.

Teilnehmerliste mit vertikaler Laufrichtung

Sie können die Textrichtung des Zellinhalts verändern. Sie haben die Möglichkeit, den Text von rechts nach links, von oben nach unten oder von unten nach oben laufen zu lassen.

5

Tabellen

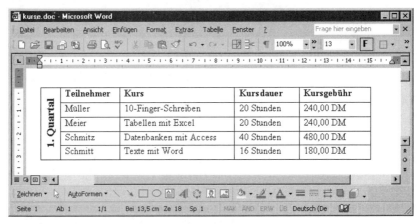

Verbundene Zellen mit vertikaler Laufrichtung

In der oben abgebildeten Beispieltabelle wurden die Zellen der ersten Spalte verbunden und der Text in vertikaler Laufrichtung angezeigt.

Vertikale Laufrichtung für Zellinhalt

1 In der Beispieltabelle geben Sie zunächst den Text „1. Quartal" in die erste Zelle der ersten Spalte ein.

2 Anschließend markieren Sie die fünf Zellen der ersten Spalte und wählen *Tabelle/Zellen verbinden* oder aktivieren die Schaltfläche *Zellen verbinden* in der Symbolleiste *Tabellen und Rahmen*.

3 Um die Laufrichtung des Textes zu ändern, wählen Sie dann entweder *Format/Textrichtung* und klicken auf die Schaltfläche, die die Beschriftung in der gewünschten Laufrichtung anzeigt, oder Sie klicken so lange auf die Schaltfläche *Textrichtung ändern*, bis der Zellinhalt die gewünschte Richtung angenommen hat.

Position und Textfluss

Normalerweise werden neben einer Tabelle keine Daten angezeigt, auch wenn die Tabelle nicht die komplette Absatzbreite einnimmt. Aktivieren Sie im Dialogfeld *Tabelleneigenschaften* auf der Registerkarte *Tabelle* die Option *Umgebend*, wenn der Umgebungstext die Tabelle umfließen soll. Ob der Umgebungstext nur rechts bzw. links, oder rechts und links umfließt, hängt von der Ausrichtung der Tabelle ab. Sie können die Position einer Tabelle auch mit der Maus ändern. Zeigen Sie auf eine Tabelle, wird in der linken oberen Ecke ein Vierfachpfeil angezeigt. Ziehen Sie die Tabelle mit diesem Vierfachpfeil auf eine andere Position. Bei diesem Verfahren wird automatisch der Textfluss aktiviert, falls er vorher noch nicht eingeschaltet wurde.

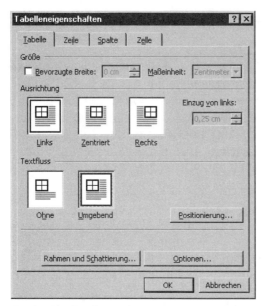

Textfluss für Tabellen

Nachdem Sie die Option *Textfluss* auf *Umgebend* gesetzt haben, wird die vorher abgeblendete Schaltfläche *Position* wählbar. Sie öffnet ein Dialogfeld, in dem Sie die Position einer Tabelle im Verhältnis zur Seite, zur Spalte oder zu den Rändern festlegen können. Hier können Sie auch den Abstand zwischen Tabelle und Umgebungstext festlegen.

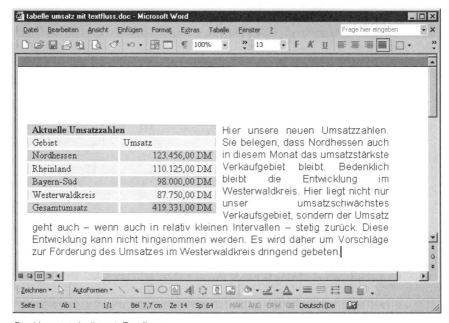

Die Umsatztabelle mit Textfluss

Abstand zwischen Zellen bzw. Zellrand und Zellinhalt ändern

Im Dialogfeld *Tabelleneigenschaften* aktivieren Sie auf der Registerkarte *Tabelle* die Schaltfläche *Optionen*, um das Dialogfeld *Tabellenoptionen* zu öffnen. In der Optionsgruppe *Standardzellenbegrenzungen* können Sie den Abstand zwischen dem Inhalt der Zellen und den Gitternetzlinien vereinbaren. Um einen Abstand zwischen den Zellen festzulegen, schalten Sie das Kontrollkästchen *Abstand zwischen Zellen zulassen* ein und geben Sie rechts daneben den Abstand ein.

Aufkleber gestalten

Auch wenn Word mit der Serienbrief- und der Etikettenfunktion über zwei weitgehend automatisierte Funktionen zum Druck von Aufklebern verfügt, hat der fortgeschrittene Anwender schneller das entsprechende Raster mithilfe der Tabellenfunktion erstellt, als die Standardangebote von Seriendruck- oder Etikettendruck entsprechend anzupassen.

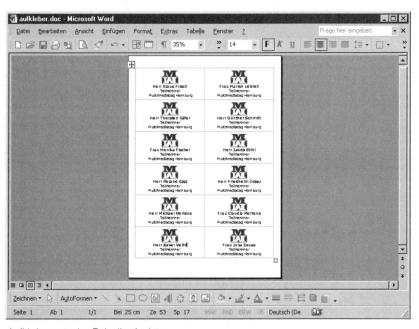

Aufkleber mit der Tabellenfunktion

Seitenränder und Tabellenraster erstellen

Wenn Sie genormte Aufkleberbögen verwenden, wie sie z.B. von Zweckform angeboten werden, enthält die Schachtel eine Schablone, in der die Maße der Aufkleber aufgeführt sind. Beim Beispielraster handelt es sich um einen genormten Zweckform-Bogen Nummer 4743. Er enthält zwei Spalten mit je sechs Aufklebern, diese sind 96 x 42,3 mm groß.

Wenn Sie keinen genormten Bogen verwenden, ermitteln Sie die Anzahl der Aufkleber in jeder Zeile und Spalte und messen deren Breite und Höhe sowie die Abstände zwischen den Zeilen und Spalten und die vier Seitenränder.

1 Wählen Sie *Datei/Seite einrichten* und passen Sie im Register *Seitenränder* die Ränder an die ermittelten Seitenränder des Aufkleberbogens an. Da viele Drucker nicht exakt den eingestellten Rand drucken, bzw. bestimmte Minimalränder nicht unterschritten werden können, müssen Sie die ermittelten Werte an Ihren Drucker anpassen und sollten einen Testdruck auf Normalpapier durchführen.

2 Erstellen Sie nun eine Tabelle, in der Sie das ermittelte Raster nachbilden. Über den Befehl *Einfügen/Zellen einfügen/Tabelle* fügen Sie eine Tabelle ein, die so viele Spalten enthält, wie Aufkleber auf dem Bogen nebeneinander passen, und so viele Zeilen, wie der Bogen Aufkleber untereinander enthält.

3 Da die Aufkleber alle die gleiche Breite besitzen, können Sie dieses Maß bereits in das Feld *Bevorzugte Breite* eintragen. Beachten Sie hierbei, dass die Maße auf den Schablonen meist in Millimeter, im Word-Dialogfeld aber in cm eingegeben oder ausdrücklich mit dem Maß „mm" versehen werden müssen.

4 Aktivieren Sie anschließend die Schaltfläche *AutoFormat* und markieren Sie in der Liste den ersten Eintrag *Ohne*.

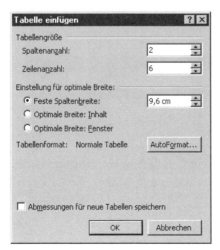

Die Einstellungen für die Beispielaufkleber

5

Tabellen

Nach der Bestätigung der geöffneten Dialogfelder fügt Word ein Raster ein, das bereits die korrekten Spaltenbreiten aufweist. Sie müssen nur noch die Zeilenhöhe und die Abstände anpassen.

Zeilenhöhe und Zellabstände manuell anpassen

1 Markieren Sie die Tabelle und wählen Sie *Tabelleneigenschaften*.

2 Im Register *Zeile* schalten Sie das Kontrollkästchen *Zeilenhöhe definieren* ein und tragen die ermittelte Zeilenhöhe – im Beispiel 4,23 cm – in das zugehörige Eingabefeld ein.

3 Um die automatische Anpassung der Zeilenhöhe an den Zeileninhalt auszuschließen, müssen Sie anschließend das Listenfeld *Zeilenhöhe* umstellen auf *Genau*.

Die Zeilenhöhe wird für alle Zeilen gleichzeitig festgelegt

4 Um den Zellabstand anzupassen, aktivieren Sie im Register *Tabelle* die Schaltfläche *Optionen* und schalten das Kontrollkästchen *Abstand zwischen den Zellen zulassen* ein. Tragen Sie den ermittelten Wert in das Eingabefeld ein.

Der Abstand zwischen den Spalten

Sie sollten das so erstellte Raster vor dem Ausfüllen mit Daten unter dem Dateityp *Dokumentvorlage* speichern, um es für weitere Einsatzmöglichkeiten als leeres Raster verfügbar zu haben.

5.5 Tabellen und Tabulatoren kombinieren, umwandeln oder konvertieren

Prinzipiell macht es für Word keinen Unterschied, ob die Daten einer Liste mit der Word-Tabellenfunktion oder mithilfe von Tabulatoren angeordnet sind. Sie können zwischen beiden Listenarten jederzeit wechseln. Voraussetzung dabei ist allerdings, dass Word die Zeilen und Spalten eindeutig erkennen kann.

Tabellen in Tabulatoren umwandeln

Für eine Tabelle, die Sie in eine tabulatorenseparierte Liste verwandeln wollen, bedeutet dies:

Die Tabelle muss ein gleichmäßiges Raster aufweisen, d.h., sie sollte keine verbundenen bzw. geteilten Zellen enthalten.

Die Tabelle sollte in jeder Zeile einen einzelnen Datensatz enthalten.

Hinweis

Überschrift separat konvertieren

Wenn Ihre Tabelle eine Überschrift enthält, die in einer verbundenen Zelle enthalten ist, sollten Sie diese separat konvertieren, um Fehler auszuschließen.

Tabellenraster in Tabulatoren umwandeln

Um die untere Tabelle in eine durch Tabulatoren getrennte Liste zu verwandeln, die dann beispielsweise auch von jedem Datenbankprogramm weiterverarbeitet werden kann, gehen Sie folgendermaßen vor:

Die Kundenliste als Tabelle

1 Klicken Sie in die Liste und wählen Sie *Tabelle/Umwandeln/Tabelle in Text*. Das Dialogfeld *Tabelle in Text umwandeln* wird angezeigt.

2 Markieren Sie die Optionsschaltfläche für das Zeichen, mit dem die einzelnen Spalteneinträge getrennt werden sollen, im Beispiel also *Tabstopps*.

Das Trennzeichen auswählen

3 Word wandelt die einzelnen Tabellenzeilen in Absätze und die Spalten in tabulatorgetrennte Textspalten um. Diese sind jedoch alle linksbündig ausgerichtet.

4 Um die Zahlenkolonne in der dritten Spalte der Beispieltabelle korrekt auszurichten, müssen Sie den linksbündigen Tabulator durch einen rechtsbündigen Tabulator oder einen Dezimaltabulator ersetzen.

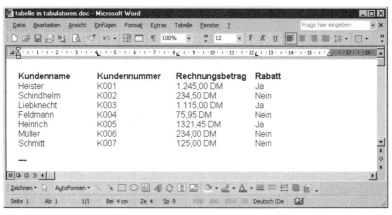

Das Ergebnis der Konvertierung muss nachbearbeitet werden

Wenn die konvertierte Liste mit einem Datenbankprogramm weiterbearbeitet werden soll, müssen Sie diese mit dem Dateityp *Nur-Text* speichern.

Tabulatoren in Tabellenraster umwandeln

Natürlich ist auch der umgekehrte Weg möglich. Sie können also jederzeit Textspalten, die Sie mithilfe von Tabulatoren ausgerichtet haben, in eine Tabelle umwandeln. Für die Umwandlung von Textspalten, die Sie mithilfe von Tabulatoren ausgerichtet haben, in eine Tabelle sollten Sie folgende Regeln berücksichtigen:

- Die zukünftigen Spalteneinträge sollten durch einen einzelnen Tabulator – oder ein anderes eindeutiges Trennzeichen, wie etwa ein Semikolon – getrennt ein.

- Die zukünftigen Zeilen sollten in separaten Absätzen enthalten sein.

- Die Tabelle sollte keine Leerzeilen enthalten, wie dies z. B. zwischen Tabellentitel und Tabellenrumpf häufig eingefügt wird.

Textspalten in Tabelle umwandeln

Mit dem Umwandeln einer durch ein Trennzeichen wie ein Semikolon oder einen Tabulator getrennten Liste in eine Tabelle können Sie jede von einer Datenbank exportierte Tabelle als Word-Tabelle weiterverarbeiten. Da Word Anfang und Ende einer Tabelle, nicht aber einer Liste, die ja aus normalen Absätzen besteht, erkennen kann, müssen Sie diese komplett markieren, bevor Sie den Befehl zur Umwandlung aktivieren:

1 Markieren Sie die komplette Liste und wählen Sie *Tabelle/Umwandeln/Text in Tabelle*.

2 Markieren Sie das Trennzeichen, an dem Word die Spalteneinträge differenzieren kann.

3 Word wandelt jeden Absatz in eine Tabellenzeile und die Daten zwischen dem Trennzeichen in einzelne Zellen um.

Tabellenraster und Tabultoren kombinieren

In vielen Fällen ist es ähnlich einfach, Tabellen mit der Tabellenfunktion oder mit Tabulatoren zu erstellen. Nicht ohne Tücken ist hingegen die Kombination von Tabulatoren und Tabellenfunktion. Das liegt einerseits an einigen Fallstricken, die z. B. aus einer nicht passenden Zellausrichtung oder aus übrig gebliebenen Tabulatoren bestehen können, andererseits an einem gewöhnungsbedürftigen Umgang mit den Tabulatoren im Tabellenlineal.

Hinweis

Tabulatoren in Tabellen

Beim Einsatz von Tabulatoren in Tabellen müssen Sie einige Besonderheiten beachten: Da die Tabulatortaste in Tabellen eingesetzt wird, um die nächste Zelle anzusteuern, müssen Sie zum Einfügen eines Tabulators in Tabellen statt der Taste ⎡Tab⎤ die Tastenkombination ⎡Strg⎤+⎡Tab⎤ benutzen. Für das Anordnen von Zahlenkolonnen mit einem Dezimaltabulator entfällt in Tabellen das Drücken der Taste ⎡Tab⎤ vor den Zahlen.

Eurobeträge mit Tabelle und Tabulatoren ausrichten

Vielleicht fragen Sie sich nun, in welchen Fällen in Tabellenzellen Tabulatoren sinnvoll eingesetzt werden. In der folgenden Preisliste finden Sie ein Beispiel. Die Liste enthält die Preise der einzelnen Artikel sowohl in DM als auch in Euro. Die Anordnung der DM-Beträge ist einfach und kann mit einer rechtsbündigen Ausrichtung der Spalte oder wahlweise mit einem Dezimaltabulator gelöst werden.

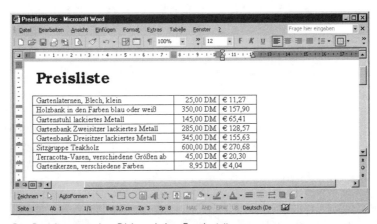

Die Preisliste mit den DM- und den Eurobeträgen

Die Anordnung der Euro-Beträge ist dagegen etwas schwieriger. Damit sowohl der Betrag rechtsbündig als auch das Eurosymbol bündig angeordnet angezeigt wird, müssen Sie hier mit Tabulatoren arbeiten:

Tabulatoren in Tabellenzellen einfügen

1 Drücken Sie in der dritten Spalte der Beispieltabelle vor der Eingabe des Eurosymbols und vor der Eingabe der Zahl die Tastenkombination [Strg]+[Tab].

2 Nun können Sie die Spalteneinträge markieren und ihnen über die Tabulatorausrichtungsmarke und das Lineal Tabulatoren zuordnen. Im Beispiel wurde das Eurosymbol mit einem linksbündigen Tabulator und der Betrag mit einem Dezimaltabulator ausgerichtet

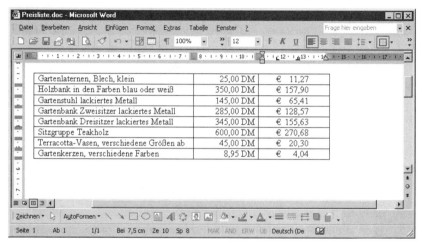

Mit Tabulatoren sind Symbol und Betrag in der letzten Spalte bündig ausgerichtet

---

Hinweis

Tabulatorposition in Tabellen

Es ist wesentlich einfacher, die Positionen für die Tabstopps in Tabellen über das Lineal zu setzen, da hier die übliche durchgehende Einteilung über die Seitenbreite angezeigt wird. Im Dialogfeld *Tabstopps* wird hingegen die Position jedes Tabstopps im Hinblick auf die Spalte und nicht auf die Seite angezeigt.

5.6 Sortierfunktionen

Obwohl Word weder eine Datenbank noch ein Tabellenkalkulationsprogramm ist, unterstützt es Sortierfunktionen. Sie können diese Sortierfunktionen sowohl für Absätze als auch für Tabellenzellen benutzen.

Sortieren einer Telefonliste

Die Beispieltabelle enthält die Namen, Adressen und Telefonnummern der Mitarbeiter in insgesamt sieben Spalten. Noch sind die Einträge unsortiert und werden einfach in der Reihenfolge der Eingabe angezeigt. Das bedeutet jedoch, dass bei einer entsprechend umfangreichen Mitarbeiterliste lange gesucht werden muss, bis ein bestimmter Mitarbeiter gefunden wird. Besser ist es, hier die Sortierfunktion einzusetzen, um die Tabelle z. B. nach den Namen, Vornamen oder nach den Wohnorten zu sortieren.

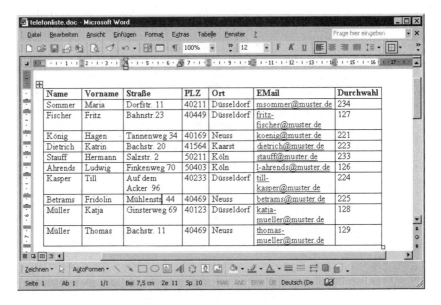

Einfache Sortierung nach Nachnamen

Wenn Sie Daten in einer Tabelle organisiert haben, können Sie diese besonders schnell nach jeder beliebigen Spalte aufsteigend oder absteigend sortieren, wenn Sie die Symbolleiste *Tabellen und Rahmen* anzeigen lassen. Klicken Sie in die Spalte, nach der Sie die Tabelle sortieren wollen – im Beispiel also in die Spalte *Name* –, und dann auf die Schaltfläche *Aufsteigend*, um die Tabelle nach den Nachnamen der Mitarbeiter, alphabetisch von A nach Z, zu sortieren.

Hinweis

Sortieren

Word sortiert aufsteigend von A nach Z und von 0 nach 9, absteigend von Z nach A und von 9 nach 0, wobei keine Unterscheidung zwischen Groß- und Kleinbuchstaben gemacht wird. Bei einer Sortierung werden zuerst leere Zellen, dann Sonderzeichen, dann Ziffern und dann Buchstaben berücksichtigt. Außer den *Sortier*-Schaltflächen in der Symbolleiste *Tabellen und Rahmen* können Sie auch den Befehl *Tabelle/Sortieren* einsetzen.

Sortieren mit zwei Sortierschlüsseln

Ein wenig mehr Aufwand erfordert das Sortieren nach mehr als einem Sortierschlüssel. Wenn eine Tabelle kein eindeutiges Identifikationsmerkmal aufweist, wie z. B. eine Mitarbeiternummer, sondern wie hier der Nachname als Sortierkriterium dienen soll, müssen Sie eventuell einen zweiten Sortierschlüssel benutzen, wie z. B. den Vornamen. In diesem Fall verwenden Sie folgendes Verfahren:

1 Klicken Sie in die Tabelle und wählen Sie *Tabelle/Sortieren*. Sie finden im Dialogfeld drei Listenfelder. Falls die Tabelle in der ersten Zeile die Spaltentitel enthält, werden diese in den Listenfeldern angezeigt, sonst die Standardbezeichnungen *Spalte 1* usw.

2 Markieren Sie in der ersten Liste den Spaltentitel, den Sie als Haupt-Sortierschlüssel verwenden wollen, für die Telefonliste also z. B. den Namen.

3 Markieren Sie in der zweiten Liste den zweiten Sortierschlüssel – im Beispiel den Vornamen – und ggf. in der dritten Liste den dritten Sortierschlüssel.

4 Sie können für jeden Sortierschlüssel die aufsteigende oder absteigende Sortierrichtung festlegen. Falls Sie keine Angaben machen, sortiert Word aufsteigend.

Normalerweise erkennt Word automatisch, ob die Tabelle in der erste Zeile die Spaltentitel enthält. Trotzdem sollten Sie dies in der Optionsgruppe *Liste enthält* kontrollieren. Wenn Sie dies versäumen, werden erkannte Spaltentitel mit in die Tabelle einsortiert.

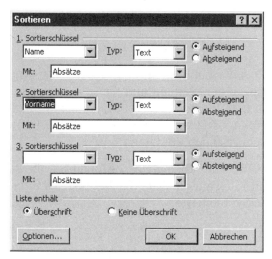

Sortieren mit zwei Sortierschlüsseln

Makros sortieren die Liste per Mausklick

Wenn Sie mit Word relativ vertraut sind, ist der Einsatz der Sortierfunktion für Sie sicherlich kein Problem. Was ist aber mit den weniger erfahrenen Anwendern?

Sie als Word-Spezialist können mit einfachen Makros und einer angepassten Symbolleiste dafür sorgen, dass auch unerfahrene Anwender die Telefonliste per Mausklick nach jeder der Spalten sortieren können.

Makro für die erste Sortierung aufzeichnen

1 Um den Makrorekorder zu starten, wählen Sie *Extras/Makro/Aufzeichnen* oder Sie doppelklicken auf die Statusanzeige *MAK* in der Statusleiste.

2 Benennen Sie das Makro *Sortieren_Name_Vorname* und bestätigen Sie mit *OK*.

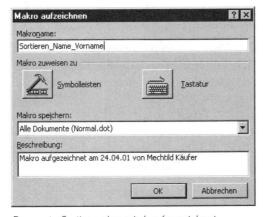

Das erste Sortiermakro wird aufgezeichnet

3 Nun beginnt die Aufzeichnung. Sie müssen nun eine alphanumerische Sortierung nach dem Namen und dem Vornamen durchführen. Beginnen Sie mit dem Klick in die Tabelle, wählen Sie *Tabelle/Sortierung*, markieren Sie als ersten Sortierschlüssel den Namen und als zweiten Sortierschlüssel den Vornamen.

4 Nach der Bestätigung des Dialogfelds beenden Sie die Makroaufzeichnung mit Klick auf die Schaltfläche *Aufzeichnung beenden* in der *Makro*-Symbolleiste.

Sie sollten das aufgezeichnete Makro nun testen. Sortieren Sie dazu die Tabelle nach einem beliebigen anderen Sortierkriterium, außer dem Namen. Anschließend starten Sie das Makro mit *Extra/Makro/Makros*.

Markieren Sie den Makronamen *Sortieren_Name_Vorname* und aktivieren Sie die Schaltfläche *Ausführen*. Wenn die Tabelle anschließend nach Namen und Vornamen sortiert ist, ohne dass eine Fehlermeldung eingeblendet wird, funktioniert das aufgezeichnete Makro und Sie können mit der Anpassung beginnen.

Hinweis

Makro löschen

Wenn Ihnen bei der Aufzeichnung des Makros ein Fehler unterlaufen ist, können Sie das Makro entfernen und neu aufzeichnen. Dazu wählen Sie *Extras/Makro/Makros*, markieren Sie den Makronamen *Sortieren_Name_Vorname* und aktivieren Sie die Schaltfläche *Löschen*.

Das aufgezeichnete Makro anpassen

Die weiteren Beispielmakros sind schneller erstellt, wenn Sie den aufgezeichneten Code kopieren und anpassen, anstatt weitere Aufzeichnungen durchzuführen. Selbst wenn Sie noch nicht mit VBA gearbeitet haben, werden Sie ohne Problem die Anpassung des Codes für die weiteren Sortierungen vornehmen können.

1 Wählen Sie *Extras/Makro/Makros* und markieren Sie den Namen des aufgezeichneten Makros *Sortieren_Name_Vorname* im Listenfeld.

2 Aktivieren Sie die Schaltfläche *Bearbeiten*. Markieren Sie den Programmcode von *Sub Sortieren_Name_Vorname()* bis *Sub Ende*.

3 Kopieren Sie den Programmcode und fügen Sie ihn unterhalb des ersten Makros ein. Benennen Sie die kopierte Prozedur um in *Sub Sortieren_Ort_PLZ()*.

4 Ändern Sie den ersten Sortierschlüssel von *Spalte1* um in *Spalte5* und den zweiten Sortierschlüssel von *Spalte2* in *Spalte4*.

5 Speichern Sie den erweiterten Programmcode und kehren Sie mit dem Befehl *Datei/Schließen und zurückkehren zu Microsoft Word* zur Tabelle zurück.

5

Tabellen

```
Normal - NewMacros (Code)                                          _ □ X
(Allgemein)                              ▼   Sortieren_Ort_PLZ              ▼

  Sub Sortieren_Ort_PLZ()
  '
  ' Sortieren_Name_Vorname Makro
  ' Makro aufgezeichnet am 24.04.01 von Mechtild Käufer
  '
      Selection.Sort ExcludeHeader:=True, FieldNumber:="Spalte5", SortFieldType _
          :=wdSortFieldAlphanumeric, SortOrder:=wdSortOrderAscending, FieldNumber2 _
          :="Spalte4", SortFieldType2:=wdSortFieldAlphanumeric, SortOrder2:= _
          wdSortOrderAscending, FieldNumber3:="", SortFieldType3:= _
          wdSortFieldAlphanumeric, SortOrder3:=wdSortOrderAscending, Separator:= _
          wdSortSeparateByCommas, SortColumn:=False, CaseSensitive:=False, _
          LanguageID:=wdGerman, SubFieldNumber:="Absätze", SubFieldNumber2:= _
          "Absätze", SubFieldNumber3:="Absätze"
  End Sub

  |
```

Der kopierte und angepasste Makrocode

Sie sollten die neu erstellten Makros ebenfalls testen und ggf. Fehler korrigieren.

Sortier-Schaltflächen in einer Sortier-Symbolleiste anzeigen

Sie werden sich sicher daran gestört haben, dass der Aufruf der Makros zum Testen über das Menü sehr umständlich ist und im Grunde keine Erleichterung zum direkten Sortierbefehl bringt. Damit die Makros eine wirkliche Arbeitserleichterung und -beschleunigung bedeuten, erstellen Sie nun noch eine Symbolleiste mit Schaltflächen für die verschiedenen Sortierungen.

1 Wählen Sie *Ansicht/Symbolleisten/Anpassen* und aktivieren Sie die Registerkarte *Symbolleisten*.

2 Um die neue Symbolleiste zu erzeugen, aktivieren Sie die Schaltfläche *Neu*.

3 Geben Sie der neuen Liste den Namen *Telefonliste sortieren*, öffnen Sie das Listenfeld *Verfügbar machen in* und markieren Sie den Eintrag *Telefonliste.doc*, da die Schaltflächen der neuen Leiste Makros aktivieren, die nur im Zusammenhang mit der Telefonliste eingesetzt werden sollen.

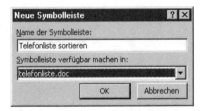

Erstellen einer Symbolleiste

4 Nach der Bestätigung des Dialogfelds wird eine noch leere Minimal-symbolleiste angezeigt. Wechseln Sie in das Register *Befehle*, um die Schaltflächen für die verschiedenen Sortiervorgänge einzufügen.

5 Markieren Sie den Listeneintrag *Makros* und ziehen Sie den Eintrag für das erste Makro *Normal.NewsMakros.Sortieren_Name_Vorname* in die neue Symbolleiste. Aktivieren Sie die Schaltfläche *Auswahl ändern* und ändern Sie die Schaltflächenbeschriftung im Feld *Name* in *Name/Vorname*.

6 Nehmen Sie genauso Schaltflächen für die anderen Sortier-Makros in die Symbolleiste auf und passen Sie die Schaltflächenbeschriftungen entsprechend an.

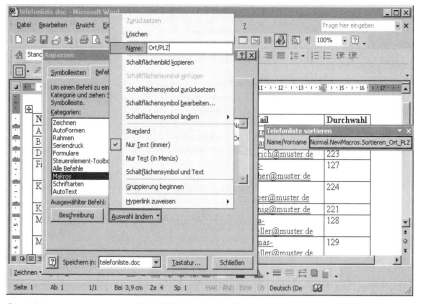

Die Makronamen sind als Schaltflächenbeschriftung zu lang und müssen angepasst werden

7 Beenden Sie die Symbolleistenbearbeitung mit Aktivierung der Schaltfläche *Schließen* und testen Sie die Schaltflächen der neuen Symbolleiste.

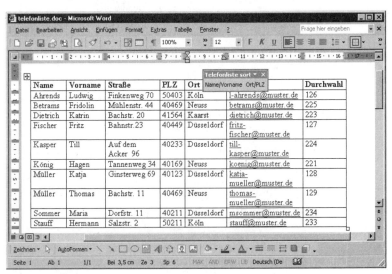

Die Telefonliste kann per Mausklick nach Name, Vorname oder nach Wohnort/PLZ sortiert werden

5.7 Verwaltung umfangreicher Tabellen

Bei der Bearbeitung umfangreicher Tabellen können Probleme auftreten, die mit der Größe der Tabelle zusammenhängen. Es ist z. B. schwierig, eine umfangreiche Tabelle zu markieren. Deshalb stellt Ihnen Word im Menü *Tabelle* unter dem Menübefehl *Markieren* die Möglichkeit zur Verfügung, die komplette Tabelle mit einem Befehl zu markieren.

Drucken umfangreicher Tabellen

Beim Ausdruck einer umfangreichen Tabelle, die in der ersten Zeile die Spaltentitel enthält, sollten Sie dafür sorgen, dass dieser Spaltentitel auf allen Seiten wiederholt ausgegeben wird, damit die Daten später im Ausdruck korrekt interpretiert werden können. Um eine oder mehrere Zeilen als Überschriften zu definieren, die auf jeder Seite ausgegeben werden sollen, markieren Sie diese Zeilen und wählen *Tabelle/Überschriftenzeilen wiederholen*.

Tipp

Tabellenkopf beim Einfügen definieren

Wenn Sie bereits bei der Tabellenerstellung wissen, dass in der ersten Tabellenzeile die Spaltentitel enthalten sind und diese auf jeder Seite ausgegeben werden sollen, können Sie bereits im Dialogfeld *Tabelleneigenschaften* im Register *Zeile* das Kontrollkästchen *Gleiche Kopfzeile auf jeder Seite wiederholen* aktivieren.

Steuern des Zeilenwechsels in Tabellen

In umfangreichen Tabellen, die auf mehr als einer Seite ausgegeben werden sollen, muss auch die Position des Seitenwechsels kontrolliert werden, damit er nicht zusammengehörige Zellinhalte gewaltsam auseinander reißt.

Sie können die Zeilen kennzeichnen, in denen kein Zeilenwechsel erlaubt sein soll. Markieren Sie diese und wählen Sie *Tabelle/Tabelleigenschaften*. Schalten Sie im Register *Zeile* das Kontrollkästchen *Zeilenwechsel auf Seiten zulassen* aus.

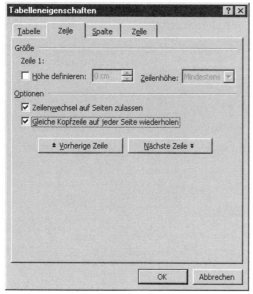

Über die Kontrollkästchen der Gruppe Optionen steuern Sie Zeilenwechsel und Überschriftenzeile in großen Tabellen

Einstellungen für Standardtabelle festlegen

Wenn Sie eine neue Tabelle über das Menü *Tabelle* erstellen, schlägt Word im Dialogfeld eine Tabelle mit fünf Spalten und zwei Zeilen als Standardtabelle vor. In Word 2002 haben Sie die Möglichkeit, anhand einer Beispieltabelle festzulegen, in welcher Größe und mit welchen Gestaltungsmerkmalen eine neue Tabelle eingefügt werden soll.

1 Wählen Sie *Tabelle/Einfügen/Tabelle* und legen Sie in den Feldern *Spaltenanzahl* und *Zeilenanzahl* fest, mit wie viele Spalten und Zeilen die neue Tabelle eingefügt werden soll.

2 Legen Sie in der Optionsgruppe *Einstellung für optimale Breite* fest, wie breit die Tabelle werden soll, und schalten Sie das Kontrollkästchen *Abmessungen für neue Tabelle speichern* ein.

3 Um die Standardtabelle mit einem AutoFormat gestaltet einzufügen, aktivieren Sie die Schaltfläche *AutoFormat*, wählen ein Format aus der Liste aus und deaktivieren die Kontrollkästchen der Gestaltungsmerkmale, die Sie nicht übernehmen wollen.

4 Aktivieren Sie die Schaltfläche *Standard* und markieren Sie die Optionsschaltfläche *Alle Dokumente basierend auf der Vorlage Normal.dot*.

Wenn Sie die geöffneten Dialogfelder bestätigen, wird das gewählte Format für alle neuen Tabellen benutzt.

Format der neuen Standardtabelle festlegen

6. Format- und Dokumentvorlagen, Formulare und Vordrucke

Zu den wichtigsten Hilfsmitteln bei der Rationalisierung der Aufgaben, die Sie mit Word lösen, gehören die Format- und die Dokumentvorlagen. Eine spezielle Form von Dokumentvorlagen bilden Vordrucke und Formulare aller Art.

Sie setzen Formatvorlagen ein, um einerseits den Schnellzugriff auf häufig benötigte Formatierungskombinationen zu haben und andererseits eine einheitliche Gestaltung gleichartiger Dokumentinhalte zu gewährleisten. Formatvorlagen können ausschließlich Formatierungen speichern und keine Texte oder anderen Daten.

Im Gegensatz dazu kann eine Dokumentvorlagen sämtliche Informationen speichern, die Sie auch in ein normales Dokument einfügen können. Hierzu gehören Standardtext, Formatvorlagen, Standard-Grafiken, wie etwa das Firmenlogo, AutoTexte und sogar Symbolleisten. Mit einer Dokumentvorlage schaffen Sie sich ein Gerüst, in dem alle Informationen, die Sie für eine bestimmte Art von Dokumenten benötigten , bereits enthalten sind.

Formulare und Vordrucke sollten Sie immer als Dokumentvorlage erstellen. Sie speichern in diesem Fall alle Feldbeschriftungen der Formularfelder und sonstigen konstanten Inhalte und müssen später nur die variablen Informationen hinzufügen.

6.1 So geht's am schnellsten: Fertige Formatvorlagen einsetzen

Formatvorlagen speichern Zeichen- oder Absatzformatierungen unter einem frei wählbaren Namen. Über diese Namen können die Formatierungen in einem Schritt neuen Dokumentinhalten zugewiesen werden, ohne dass dazu die einzelnen Formatierungsbefehle wieder aufgerufen werden müssen.

6

Formatvorlagen

In Word 2002 greifen Sie auf die Liste *Formatvorlagen* über den Aufgabenbereich *Formatierung anzeigen* zu, den Sie mit dem Befehl *Format/Formatvorlagen und Formatierung* einblenden.

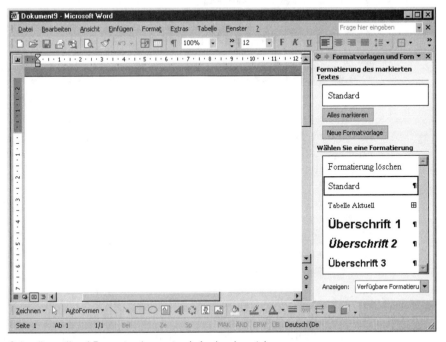

Schnellzugriff auf Formatvorlagen im Aufgabenbereich

Im Listenfeld *Wählen Sie eine Formatierung* werden einige Standard-Formatvorlagen angezeigt. Dazu gehören die Absatz-Standardschriftart, die Formatvorlage *Standard*, die alle Absätze gestaltet, denen Sie nicht ausdrücklich eine Formatvorlage zuweisen. Außerdem finden Sie die Formatvorlagen für die Überschriftenebenen 1 bis 3 und die Standardformatvorlage(n) für Tabellen.

Um Dokumentinhalte mithilfe der fertigen Formatvorlagen zu gestalten, markieren Sie diese Inhalte und klicken im Aufgabenbereich auf den Namen der Vorlage. Beachten Sie hierbei bitte, dass Sie Absatzformatvorlagen, unabhängig von der Markierung, immer nur dem kompletten Absatz zuweisen können.

Hinweis

Fehlende Formatvorlagen

Wenn Sie im Listenfeld *Wählen Sie eine Formatierung* eine Formatvorlage vermissen, stellen Sie die Liste *Anzeigen* um auf *Alle Formatvorlagen*.

Benutzte Formate wie Formatvorlagen einsetzen

In Word 2002 ist es möglich, Formatierungskombinationen, die Sie im aktuellen Dokument bereits benutzt haben, aus der Liste *Wählen Sie eine Formatierung* auszuwählen, auch wenn Sie keine Formatvorlage erstellt haben. Statt des Namens der Formatvorlage wird für einen solchen automatisch erstellten Listeneintrag die Formatierungskombination in der Liste *Wählen Sie eine Formatierung* angezeigt. Sie können diese automatisch erstellten Einträge filtern, indem Sie die Liste *Anzeige* auf den Eintrag *Benutzte Formatierungen* einstellen.

6.2 Formatvorlagen erstellen, bearbeiten und verwalten

6

Formatvorlagen

Natürlich ist es sehr bequem, die fertigen Formatvorlagen einzusetzen, die Word Ihnen bietet. Individuellere Dokumente erstellen Sie jedoch mit eigenen Formatvorlagen, die Sie genau auf die Anforderungen an Ihrem Arbeitsplatz anpassen können.

Formatvorlage mit Formatierungsmuster erstellen

Am einfachsten erstellen Sie eine Formatvorlage, wenn Sie einem Textabschnitt die Formatierungen zuweisen, die Sie in der Formatvorlage speichern wollen. Sollen z. B. alle Kapitelüberschriften fett, in Arial, in Schriftgröße 11, mit 6 pt Endabstand und einer grauen Hintergrundschattierung gestaltet werden, erstellen Sie eine Beispielüberschrift, markieren diese und weisen ihr alle benötigten Formatierungen zu. Da die Kapitelüberschriften sowohl mit Zeichen- als auch mit Absatzformatierungen gestaltet sind, müssen Sie eine Absatzformatvorlage erstellen, wenn diese Formatierungen gespeichert werden sollen.

Markieren Sie dann den Absatz, der die Kapitelüberschrift enthält, und aktivieren Sie im Aufgabenbereich *Formatvorlagen und Formatierung* die Schaltfläche *Neue Formatvorlage*.

Im Dialogfeld *Neue Formatvorlage* schlägt Word den Standardnamen *Formatvorlage1* für die erste benutzerdefinierte Formatvorlage vor. Überschreiben Sie diesen Namen im Feld *Name* mit einem passenden Namen, im Beispiel wäre ein passender Name „Kapitelüberschrift".

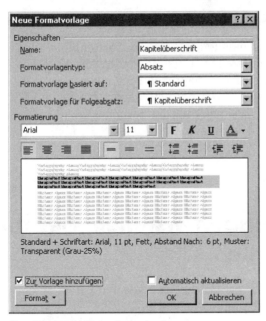

Das Dialogfeld Neue Formatvorlage

In der Liste *Formatvorlagentyp* ist standardmäßig *Absatz* eingetragen. Die restlichen Listenfelder können Sie unverändert lassen. Falls Sie die neue Formatvorlage nicht nur im aktuellen Dokument, sondern auch in weiteren Dokumenten einsetzen wollen, schalten Sie das Kontrollkästchen *Zur Vorlage hinzufügen* ein. Die Formatvorlage wird dann in der Dokumentvorlage, statt in der aktuellen Datei gespeichert.

Schalten Sie das Kontrollkästchen *Automatisch aktualisieren* ein, wenn eine Änderung, die Sie direkt an einem Absatz durchführen, der mit der aktuellen Formatvorlage gestaltet ist, automatisch auf die Formatvorlage übertragen werden soll.

Im Feld *Formatierung* können Sie die Formate, die in der neuen Formatvorlage gespeichert werden, kontrollieren und über die verschiedenen Formatierungs-Schaltflächen gegebenenfalls korrigieren. Mit Klick auf die Schaltfläche *OK* bestätigen Sie das Dialogfeld *Neue Formatvorlage*. Nun erscheint der Name der neuen Formatvorlage auch im Listenfeld *Wählen Sie eine Formatierung* und kann per Mausklick weiteren Absätzen zugewiesen werden.

Wenn Sie sich vor der Zuweisung einer Formatvorlage vergewissern wollen, welche Formatierungen in dieser Formatvorlage gespeichert sind, bewegen Sie den Mauszeiger auf den entsprechenden Listeneintrag im Feld *Wählen Sie eine Formatierung.*

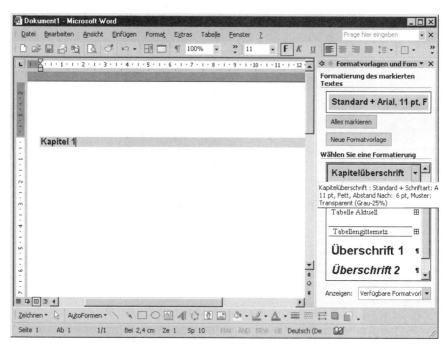

Die Formate einer Formatvorlage werden als Tooltip angezeigt, wenn Sie die Maus auf den Namen der Formatvorlage bewegen

Formatvorlage ohne Muster erstellen

Wenn Sie keinen extra Musterabsatz erstellen wollen, können Sie die Formatierungen für eine Formatvorlage auch direkt im Dialogfeld *Neue Formatvorlage* zusammenstellen. Dazu klicken Sie im Aufgabenbereich *Formatvorlagen und Formatierung* auf die Schaltfläche *Neu Formatvorlage*.

Benennen Sie die neue Formatvorlage im Feld *Name*. Falls Sie eine Zeichenformatvorlage erstellen wollen, wechseln Sie in der Liste *Formatvorlagentyp* zum Eintrag *Zeichen*. Word 2002 ermöglicht Ihnen in diesem Listenfeld außerdem die Erstellung spezieller Formatvorlagen für Listen oder Tabellen.

In Word 2002 können Sie die Formatierungen für neue Formatvorlagen besonders schnell zusammenstellen, weil Sie die wichtigsten Formatierungen über Schaltflächen und Listenfelder direkt auswählen können.

Nur wenn die gewünschte Formatierung nicht direkt wählbar ist, z. B. Rahmenformate, Tabulatoren oder Nummerierungsformate, aktivieren Sie die Schaltfläche *Format* und wählen Sie die entsprechende Formatierungskategorie.

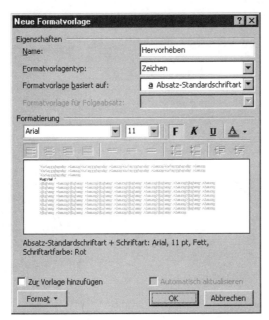

Die meisten Schriftmerkmale können Sie direkt im Dialogfeld zuweisen

Wollen Sie z. B. Schriftmerkmale in der Formatvorlage speichern, können Sie diese direkt über die Formatierungsschaltflächen auswählen, sonst wählen Sie nach der Aktivierung der Schaltfläche *Format* die Kategorie *Schriftart*. Sollen Tabulatoren in der Formatvorlage gespeichert werden, wählen Sie nach dem Klick auf *Format* die Kategorie *Tabstopp*. In den *Format*-Dialogfeldern aktivieren Sie die Formatierungen, die Sie in der Formatvorlage speichern wollen, und wiederholen diesen Schritt, bis alle gewünschten Formate zusammengestellt sind.

Schalten Sie das Kontrollkästchen *Zur Vorlage hinzufügen* ein, wenn Sie die Formatvorlage nicht nur im aktuellen Dokument, sondern auch in weiteren Dokumenten benutzen wollen. Falls Änderungen, die Sie an Absätzen durchführen, die mit der aktuellen Formatvorlage gestaltet sind, automatisch in der Formatvorlage gespeichert werden sollen, schalten Sie auch das Kontrollkästchen *Automatisch aktualisieren* ein. Bestätigen Sie die Einstellungen für die neue Formatvorlage mit *OK*.

Formatvorlagen auf Basis anderer Formatvorlagen erstellen

Besonders schnell können Sie Formatvorlagen erstellen, wenn Sie eine ähnliche Vorlage als Basis für die neue Formatvorlage benutzen. Die Basisvorlage wählen Sie im Dialogfeld *Neue Formatvorlage* in der Liste *Formatvorlage basiert auf*. Alle in der Basisvorlage enthaltenen Formatierungen werden automatisch auf die neue Vorlage übertragen, sodass Sie nur noch Ergänzungen und Änderungen durchführen müssen. Außerdem übertragen sich Änderungen, die Sie später in der Basisvorlage machen, automatisch auch auf die neue Vorlage.

Formatvorlagen bearbeiten

Formatvorlagen sind in der Regel keine statischen Formatierungsmuster, sondern werden von Zeit zu Zeit an die veränderten Bedürfnisse angepasst. Formatvorlagen können in einem Dokument oder in einer Dokumentvorlage gespeichert sein. Um eine Formatvorlage zu bearbeiten, müssen Sie entweder die Dokumentvorlage oder das Dokument öffnen, in der sie gespeichert sind. Wählen Sie dann *Format/Formatvorlage*. Falls die Formatvorlage in der Liste *Formatvorlagen* nicht angezeigt wird, wechseln Sie im Listenfeld *Auflisten* entweder zu *Benutzerdef. Formatvorlagen* oder zu *Alle Formatvorlagen*.

Zeigen Sie mit der Maus im Aufgabenbereich *Formatvorlagen und Formatierung* im Listenfeld *Wählen Sie eine Formatierung* auf den Namen der Formatvorlage, die Sie bearbeiten wollen. Es erscheint ein Listenpfeil, über den Sie ein Menü öffnen, aus dem Sie den Eintrag *Ändern* auswählen.

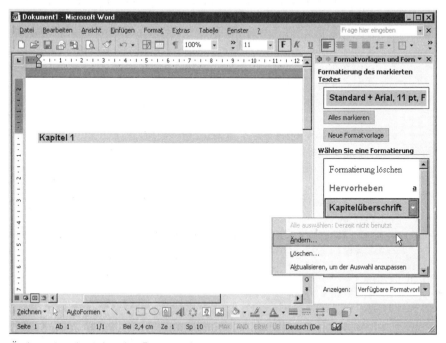

Ändern einer bestehenden Formatvorlage

Das Dialogfeld *Formatvorlage ändern* entspricht dem Dialogfeld *Neue Formatvorlage*. Ergänzen Sie hier die gewünschten Formatierungen bzw. entfernen Sie Formate, die Sie nicht mehr in der Vorlage speichern möchten.

Schalten Sie das Kontrollkästchen *Zur Vorlage hinzufügen* ein, damit die Änderungen auf eine in der Dokumentvorlage gespeicherte Vorlage übertragen werden.

Tipp

Änderungen direkt im Absatz durchführen

Falls Sie das Kontrollkästchen *Automatisch aktualisieren* für eine Formatvorlage eingeschaltet haben, können Sie Formatvorlagen auch ändern, indem Sie die Änderungen direkt in einem Absatz durchführen, der mit dieser Formatvorlage gestaltet ist. Ändern Sie z. B. die Zeilenausrichtung von linksbündig zu zentriert, wird diese Änderungen automatisch auch in der Formatvorlage gespeichert.

Formatvorlagen für Fragebogen zur Kundenzufriedenheit entwickeln

Die Zufriedenheit der Kunden ist ein wichtiger Punkt für jedes Unternehmen. Um herauszufinden, wie zufrieden Ihre Kunden sind und welche Dinge Sie beim Kundenservice noch verbessern könnten, führen Sie Kundenbefragungen durch. Eine solche Kundenbefragung sollte kurz, einfach verständlich und klar gegliedert sein, damit möglichst viele Kunden die Fragen beantworten und die Auswertung unproblematisch ist. Da Kundenbefragungen regelmäßig durchgeführt werden, bietet sich hier die Erstellung entsprechender Formatvorlagen an. Der Beispielfragebogen stellt verschiedene Fragen zu den Öffnungszeiten und zum Kundenservice und bietet der Einfachheit halber die Antworten zum Ankreuzen an. Sie benötigen insgesamt drei Formatvorlagen:

- Blocktitel
  ist die Formatvorlage, mit der die Überschriften der drei Abschnitte *Längere Öffnungszeiten*, *Verkaufspersonal* und *Kundenservice* gestaltet werden. Der Blocktitel wird in Schriftgröße 12, Fett, mit Hintergrundschattierung, weißer Schriftfarbe und Absatzabstand gestaltet.

- Frage
  ist die Formatvorlage, mit der die einzelnen Fragen formatiert sind. Die Fragen werden ebenfalls mit Absatzabstand und kursiv gestaltet.

- Antwort
  ist die Formatvorlage für die Antworten. Die Antworten werden als Aufzählungspunkte mit hängendem Einzug gestaltet.

Die ersten Absätze des Beispielfragebogens sind ohne spezielle Formatvorlagen gestaltet, allerdings wurde die Formatvorlage für Standard-Absätze bezüglich Schrift und Absatzabstand angepasst. Alle Formatvorlagen sollen unabhängig von der Texteingabe gestaltet werden.

Fragebogen-Dokumentvorlage erstellen

1 Wählen Sie *Datei/Neu*, um den Aufgabenbereich *Neues Dokument* einzublenden.

2 Aktivieren Sie im Aufgabenbereich den Link *Allgemeine Vorlagen*, markieren Sie die Vorlage *Leeres Dokument* und wechseln Sie in der Optionsgruppe *Neu erstellen* zur Auswahl *Vorlage*.

3 Nach der Bestätigung des Dialogfelds wird eine neue Standardvorlage angezeigt, in der Sie die Formatvorlagen für den Fragebogen entwickeln.

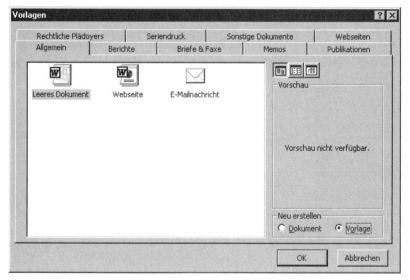

Die Auswahl für eine neue Standard-Dokumentvorlage

Formatvorlage für Standardabsatz anpassen

Um möglichst effektiv zu arbeiten, sollten Sie zuerst die Formatvorlage entwickeln, in der Sie die Grundeinstellungen festlegen. Sie können anschließend weitere Formatvorlagen auf dieser Basis-Formatvorlage basieren lassen und müssen so z. b. nicht für jede Formatvorlage die Schrift anpassen. Da die Beispielformatvorlagen in einer separaten Dokumentvorlage entwickelt werden, passen Sie hier die Formatvorlage *Standard* an. Eine Änderung dieser Formatvorlage wirkt sich auf alle neuen Absätze aus.

6

Formatvorlagen

1 Wählen Sie *Format/Formatvorlagen und Formatierung*, um den gleichnamigen Aufgabenbereich einzublenden.

2 Zeigen Sie auf den Eintrag *Standard* im Listenfeld Wä*hlen Sie eine Formatierung*, klicken Sie auf den dann angezeigten Listenpfeil und wählen Sie *Ändern*.

3 Wechseln Sie zur Schriftart *Verdana* und ggf. zur Schriftgröße *12*.

4 Aktivieren Sie die Schaltfläche *Absatzabstand vergrößern*, um vor und nach jedem Absatz einen Abstand von 6 pt anzuzeigen.

5 Aktivieren Sie das Kontrollkästchen *Zur Vorlage hinzufügen* und bestätigen Sie das Dialogfeld.

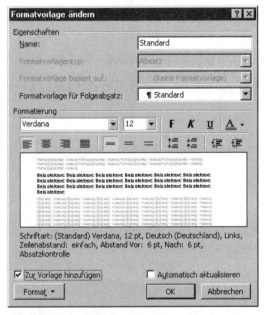

Anpassung der Standard-Absatzformatvorlage

Die in der Standard-Absatzformatvorlage festgelegten Schrifteinstellungen und der Absatzabstand wirken sich automatisch auf alle Absätze der Dokumentvorlage aus, weil die Formatvorlage *Standard* die Basis aller weiteren Formatvorlagen ist und außerdem für die Formatierung aller Absätze zuständig ist, die Sie mit keiner besonderen Formatvorlage gestalten.

Titel-Formatvorlage gestalten

1 Aktivieren Sie im Aufgabenbereich *Formatvorlagen und Formatierung* die Schaltfläche *Neue Formatvorlage*.

2 Überschreiben Sie den Namen, der im Feld *Name* angezeigt wird, mit dem Namen für die erste Formatvorlage „Blocktitel" und lassen Sie im Listenfeld *Formatvorlagentyp* den Eintrag *Absatz* unverändert, weil Sie eine Absatzformatvorlage erstellen sollen.

3 Im Feld *Formatvorlage basiert auf* wird automatisch *Standard* angezeigt. Auch diesen Eintrag lassen Sie unverändert.

4 Stellen Sie nun zunächst alle Formatierungen ein, die Sie direkt im Dialogfeld *Neue Formatvorlage* festlegen können. Aktivieren Sie die Schaltfläche *Fett*.

5 Öffnen Sie die Liste *Schriftfarbe* und wechseln Sie zu weißer Schriftfarbe.

6 Aktivieren Sie nun die Schaltfläche *Format* und wählen Sie *Rahmen*, um die Hintergrundschattierung auszuwählen. Markieren Sie die Schaltfläche für einen Grauwert von 20 % und bestätigen Sie das Dialogfeld.

7 Schalten Sie das Kontrollkästchen *Zur Vorlage hinzufügen* ein und bestätigen Sie das Dialogfeld.

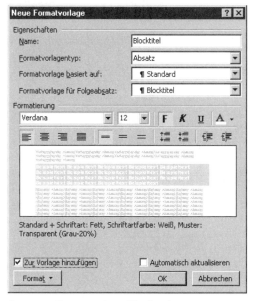

Die erste Formatvorlage Blocktitel

Nach der Bestätigung des Dialogfelds wird der Name der neuen Formatvorlage in der Liste *Wählen Sie eine Formatierung* angezeigt. Sie können den Mauszeiger auf diesen Namen bewegen, um sich die in der Formatvorlage *Blocktitel* gespeicherten Formate später jederzeit ins Gedächtnis zu rufen.

6

Formatvorlagen

Formatvorlagen für Fragen und Antworten erstellen

1 Um die Formatvorlagen für die Fragen und die Antworten zu entwickeln, aktivieren Sie im Aufgabenbereich *Formatvorlagen und Formatierung* die Schaltfläche *Neue Formatvorlage*.

2 Überschreiben Sie den Standardeintrag im Feld *Name* mit dem Namen für die nächste Formatvorlage: „Frage". Lassen Sie die anderen Felder unverändert.

3 Aktivieren Sie die Schaltflächen *Kursiv* und *Einzug vergrößern*.

4 Schalten Sie das Kontrollkästchen *Zur Vorlage hinzufügen* ein und bestätigen Sie das Dialogfeld.

5 Aktivieren Sie nochmals die Schaltfläche *Neue Formatvorlage* und benennen Sie diese Formatvorlage „Antwort".

6 Aktivieren Sie die Schaltfläche *Kursiv* und klicken Sie dann auf *Format* und wählen Sie *Nummerierung*.

7 Markieren Sie im Register *Aufzählungszeichen* ein Aufzählungszeichen und aktivieren Sie die Schaltfläche *Anpassen*.

8 Setzen Sie in der Optionsgruppe *Aufzählungszeichenposition* den Wert *Einzug bei* auf 1,25 cm.

9 Legen Sie in der Optionsgruppe *Textposition für Tabstopp nach* und *Einzug bei* jeweils einen Wert von 2,0 cm fest und bestätigen Sie die geöffneten Dialogfelder.

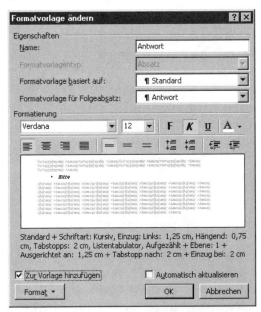

Die Einstellungen für die Formatvorlage Antwort

Sie können die neuen Formatvorlagen jetzt bereits benutzen. Speichern Sie jedoch zuerst die Dokumentvorlage und erstellen Sie einen neuen Fragebogen auf Basis der Dokumentvorlage. Es reicht, wenn der Cursor in einem bestimmten Absatz des Fragebogens positioniert ist und Sie dann im Aufgabenbereich *Formatvorlagen und Formatierung* klicken, um dem aktuellen Absatz diese Formatvorlage zuzuweisen.

Hinweis

Aufzählungs-Einzüge verstehen

Der erste Einzug (Aufzählungszeichenposition), den Sie im Dialogfeld *Nummerierung anpassen* einstellen, wirkt sich auf den kompletten Antwortabsatz aus. Damit Sie einen korrekten hängenden Einzug erhalten, müssen Sie den Wert für den Tabulator und den Einzug des Textes so erhöhen, dass das Aufzählungszeichen und ein Abstand möglich werden.

Formatvorlagen verketten

In einigen Fällen können Sie die Arbeit mit den Formatvorlagen noch erheblich beschleunigen, indem Sie die Formatvorlagen verketten. Eine solche Verkettung ist immer dann sinnvoll, wenn die Formatvorlagen immer in der gleichen Reihenfolge abgerufen werden müssen. Nach dem Verketten der Formatvorlagen müssen Sie nur noch die erste Formatvorlage der Kette aufrufen, die übrigen Kettenglieder werden automatisch zugewiesen:

1 Beginnen Sie die Verkettung mit der Formatvorlage *Blocktitel*. Klicken Sie mit rechts auf den entsprechenden Eintrag im Aufgabenbereich *Formatvorlagen und Formatierung* und wählen Sie *Ändern*.

2 Öffnen Sie das Listenfeld *Formatvorlage für Folgeabsatz* und markieren Sie den Eintrag *Frage*.

3 Schalten Sie das Kontrollkästchen *Zur Vorlage hinzufügen* ein und bestätigen Sie das Dialogfeld.

4 Klicken Sie mit rechts auf die Formatvorlage *Frage* und wählen Sie *Ändern*.

5 Markieren Sie in der Liste *Formatvorlage für Folgeabsatz* den Eintrag *Antwort*.

6 Schalten Sie das Kontrollkästchen *Zur Vorlage hinzufügen* ein und bestätigen Sie das Dialogfeld.

6

Formatvorlagen

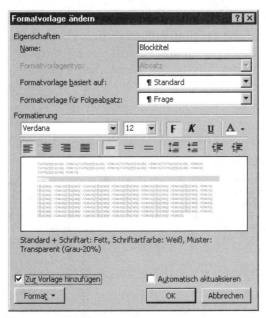

Verkettung von Formatvorlagen

Wenn Sie nun den Titel eines mit der Formatvorlage *Blocktitel* gestalten Frageblocks eingegeben haben und den Absatz mit der Taste [Enter] abschließen, wird dem neuen Absatz sofort die Formatvorlage *Frage* und beim Abschluss des Absatzes *Frage* dem nächsten die Formatvorlage *Antwort* zugewiesen.

Formatvorlagen kopieren, löschen und umbenennen

Formatvorlagen werden entweder innerhalb des Dokuments oder in der Dokumentvorlage gespeichert. Wenn Sie bereits erstellte Formatvorlagen in anderen Dokumenten einsetzen wollen, können Sie diese zwischen den Dokumenten oder Dokumentvorlagen kopieren. Falls Sie beim Kopieren feststellen, dass in der aktuellen Dokumentvorlage bereits gleichnamige Formatvorlagen enthalten sind, sollten Sie diese umbenennen und die neuen Formatvorlagen danach erst kopieren.

Formatvorlagen, die Sie nicht mehr benötigen, entfernen Sie aus einer Dokumentvorlage, um die Liste übersichtlich zu halten.

Verwaltet werden Formatvorlagen über das Dialogfeld *Organisieren*. Sie öffnen dieses Dialogfeld über den Befehl *Extras/Vorlagen und Add-Ins* und Aktivierung der Schaltfläche *Organisieren*. Im Register *Formatvorlagen* werden zwei Listen angezeigt. Die eine Liste enthält die im aktuellen Dokument gespeicherten Formatvorlagen, die zweite die Formatvorlagen, die in der aktuellen Dokumentvorlage enthalten sind. Zwischen den beiden Listen sehen Sie Schaltflächen, mit denen Sie die Formatvorlagen von einer Liste in die andere kopieren, sie löschen oder umbenennen können.

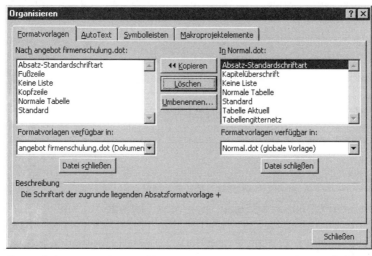

Die im Dokument und in der Dokumentvorlage verfügbaren Formatvorlagen

Über die Schaltfläche *Datei schließen*, die unter jeder Liste angezeigt wird, können Sie das aktuelle Dokument und/oder die geöffnete Dokumentvorlage schließen und andere Dokumente und Dokumentvorlagen öffnen, wenn Sie andere Dateien als Quell- bzw. Zieldatei benötigen.

Formatvorlagen kopieren

Um Formatvorlagen zu kopieren, öffnen Sie in einer Liste das Dokument oder die Dokumentvorlage, in der die Formatvorlagen, die Sie bearbeiten wollen, enthalten sind, und in der anderen Liste die Zieldatei, in die Sie die Vorlagen kopieren wollen. Markieren Sie dann die gewünschte Formatvorlage und kopieren Sie diese mit Klick auf die Schaltfläche *Kopieren*.

Hinweis

Dokumentvorlagen sind im Standardordner gespeichert

Bitte beachten Sie, dass die Word-Dokumentvorlagen an einem bestimmten Standardort, nämlich dem Ordner *...\MICROSOFT\Templates* abgelegt werden. Diesen Ordner öffnet Word automatisch, wenn Sie die Schaltfläche *Datei öffnen* im Dialogfeld *Vorlagen und Add-Ins* aktivieren.

Formatvorlagen umbenennen

Eine Formatvorlage, die Sie umbenennen wollen, markieren Sie ebenfalls und aktivieren *Umbenennen*. Überschreiben Sie den Namen, der im Feld *Neuer Name* angezeigt wird, mit dem neuen Namen und bestätigen Sie die Eingabe.

Formatvorlagen löschen

Zum Löschen klicken Sie auf den Namen einer Formatvorlage und aktivieren die Schaltfläche *Löschen*. Sie müssen das Löschen der Formatvorlage nochmals bestätigen. Nachdem Sie die gewünschten Bearbeitungen an den Formatvorlagen durchgeführt haben, können Sie das Dialogfeld *Organisieren* mit der Schaltfläche *Schließen* ausblenden.

Liste der Formatvorlagen ausdrucken

Manchmal ist es hilfreich, sich eine Liste der in einem Dokument oder einer Dokumentvorlage verfügbaren Formatvorlagen auszudrucken, um festzustellen, welche Formatierungen darin enthalten sind, welche zusätzliche Formatvorlagen noch benötigt werden und welche überflüssig geworden sind. Sie können für diese Fälle eine Liste der Formatvorlagen ausdrucken, in denen die Namen und die Formatierungen enthalten sind.

Wählen Sie *Datei/Drucken* und öffnen Sie die Liste *Drucken*, in der standardmäßig das Objekt *Dokument* ausgewählt ist. Wechseln Sie hier zum Eintrag *Formatvorlagen* und starten Sie den Ausdruck mit *OK*.

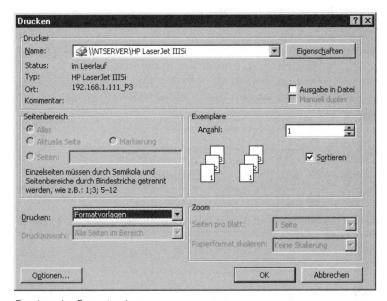

Drucken der Formatvorlagen

6.3 Dokumentvorlagen und Musterbriefe

Eine Dokumentvorlage ist eine Datei, in der Sie das Muster für eine bestimmte Art von Dokumenten oder ein Formular bzw. einen Vordruck gespeichert haben. Word bietet Ihnen bereits Dokumentvorlagen für eine Reihe von Dokumenten an. Wenn Sie prüfen wollen, welche Vorlagen Word mitbringt, wählen Sie *Datei/Neu* und klicken im Aufgabenbereich auf den Link *Allgemeine Vorlagen*.

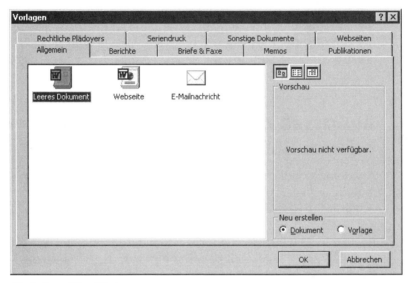

Die fertigen Word-Vorlagen

Auf der Registerkarte *Allgemein* finden Sie sozusagen die Grundausstattung an Dokumentvorlagen. Die Vorlage mit der Beschriftung *Leeres Dokument* ist die Basisvorlage für neue Standarddokumente. Auch wenn Sie in der Symbolleiste auf die Schaltfläche *Neues leeres Dokument* klicken, wird ein neues Dokument auf Basis dieser Vorlage erstellt. Die Dokumentvorlage, die hier aktiviert wird, heißt *Normal.dot*.

Das Register *Allgemein* enthält noch Vorlagen für Webseiten und E-Mails und zeigt später Ihre selbst erstellten Vorlagen an. Die weiteren Dokumentvorlagen sind thematisch auf anderen Registerkarten zusammengefasst. Auf der Registerkarte *Briefe & Faxe* finden Sie z. B. Vorlagen für Privat- und Geschäftsbriefe sowie verschiedene Vorlagen für Faxformulare. Sie finden dort auch eine mit *Brief-Assistent* und eine mit *Fax-Assistent* beschriftete Vorlage. Hierbei handelt es sich um Vorlagen mit integrierten Makros, die Sie dialogfeldgeführt dabei unterstützen, ein neues Dokument zu entwickeln, das an Ihre persönlichen Anforderungen angepasst ist. Sie finden weiterhin Vorlagen für Berichte, Memos, Broschüren,

Formatvorlagen **6**

Dissertationen, Handbücher und im Register *Sonstige Dokumente* auch Vorlagen für Lebenslauf und Kalender.

Um eine der angebotenen Vorlagen in einer Vorschau anzuzeigen, müssen Sie nur auf den Namen der Vorlage klicken. Im Feld *Vorschau* wird dann – falls möglich – der Aufbau der Vorlage eingeblendet.

Wenn Sie sich auf diese Weise einen Überblick über die angebotenen Vorlagen verschafft und eine passende Vorlage gefunden haben, markieren Sie diese und klicken auf *OK*. Word erstellt dann ein neues Dokument als genaue Kopie der ausgewählten Dokumentvorlage. Alles, was in der Dokumentvorlage enthalten ist, enthält auch das neue Dokument bereits. Sie können es anschließend vervollständigen, drucken und speichern wie ein ganz normales Word-Dokument.

Anpassen der Standard-Dokumentvorlage oder anderer Dokumentvorlagen

Als Standarddokumentvorlage wird eine Vorlage mit dem Namen *Normal.dot* eingesetzt. Diese wählen Sie aus, wenn Sie entweder auf die Schaltfläche *Neu* klicken oder wenn Sie im Dialogfeld *Vorlage* das Symbol mit der Beschriftung *Leeres Dokument* auswählen. Es gibt eine ganze Reihe von Anwendern, die mit der Standarddokumentvorlage *Normal.dot* arbeiten und keine weiteren Dokumentvorlagen einsetzen. In diesem Falle kommt es jedoch besonders darauf an, die Standarddokumentvorlage optimal an den persönlichen Arbeitsplatz anzupassen. Sie sollten für Seitenränder, Schrift und Standardabsätze die Einstellungen wählen, die Sie am häufigsten einsetzen.

Standardseitenränder

Sicher wissen Sie als erfahrener Word-Anwender, wie Sie die Seitenränder eines Dokuments anpassen können. Die Anpassung der Standardseitenränder in einer Dokumentvorlage unterscheidet sich hiervon kaum. Wählen Sie wie üblich *Datei/Seite einrichten* und legen Sie im Register *Seitenränder* die gewünschten Randeinstellungen fest. Anschließend müssen Sie jedoch noch die Schaltfläche *Standard* aktivieren und die Änderung der Standardeinstellungen bestätigen. Alle neuen Dokumente, die Sie auf Basis der aktuellen Vorlage erstellen, erhalten nun die von Ihnen angepassten Seitenränder.

Dokumentvorlage für die Seitenränder in mehrseitigen Briefen erstellen

Vielfach wird auf der ersten Seite eines Briefs ein Firmenbogen mit aufgedrucktem Briefkopf verwendet, für die Folgeseiten nicht. Aus diesem Grund wird normalerweise für die erste Seite eine andere Randeinstellung verlangt als für die Folgeseiten. Normalerweise ist es nicht möglich, eine leere Dokumentvorlage mit Randeinstellungen für mehrseitige Dokumente zu erstellen, weil für die Einstellung der Seitenränder für die Folgeseiten mehrere Abschnitte erforderlich sind. Mit einem kleinen Trick können Sie Ihr Ziel jedoch auch ohne Abschnitte und in einer leere Vorlage erreichen:

1 Erstellen oder öffnen Sie die Dokumentvorlage, deren Ränder Sie ändern wollen.

2 Wählen Sie *Datei/Seite einrichten* und geben Sie im Register *Seitenränder* die Seitenränder für die Folgeseiten – nicht für die erste Seite! – ein.

3 Wechseln Sie dann zum Register *Layout* und schalten Sie das Kontrollkästchen *Erste Seite anders* ein. Durch diesen Schritt werden im Dokument unterschiedliche Kopf- und Fußzeilen für die erste Seite und die Folgeseiten erzeugt.

4 Nach der Bestätigung des Dialogfelds wählen Sie *Ansicht/Kopf- und Fußzeile*.

5 Die Kopfzeile wird normalerweise mit einem Abstand von 1,25 cm zur oberen Papierkante gedruckt. Wählen Sie in der Kopfzeile *Format/Absatz* und geben Sie in das Feld *Abstand nach* die Differenz zwischen der Kopfzeilenposition und dem gewünschten oberen Seitenrand für die erste Seite ein. Soll z. B. der obere Seitenrand nach DIN 676 B von 4,5 cm gelten, müssen Sie dort „3,25 cm" eintragen.

6 Nach der Bestätigung des Dialogfelds können Sie die Kopfzeilenbearbeitung mit Klick auf die Schaltfläche *Schließen* in der Symbolleiste *Kopf- und Fußzeile* abschließen.

Wenn Sie die geänderte Dokumentvorlage speichern, werden alle neuen Dokumente, die Sie auf Basis dieser Vorlage erstellen, auf der ersten Seite mit einem Rand gedruckt, der sich aus der Summe der im Dialogfeld *Seite einrichten* im Register *Layout* eingestellten Kopfzeilenposition und dem Absatzabstand für die erste Kopfzeile und, falls das Dokument mehr als eine Seite umfasst, mit dem im Register *Seitenränder* eingegebenen Seitenrand für die Folgeseiten ausgedruckt.

6

Formatvorlagen

Standardschrift

Als Standardschrift sollten Sie unbedingt die Schriftart vereinbaren, die Sie an Ihrem Arbeitsplatz am häufigsten einsetzen. Es entfällt dann das lästige Anpassen der Schrift für jedes neue Dokument.

1 Wählen Sie *Format/Zeichen* und markieren Sie die Schriftart, die Sie als künftige Standardschrift verwenden wollen.

2 Wählen Sie zusätzlich die gewünschte Schriftgröße und ggf. andere Schriftoptionen, wie z. B. eine andere Schriftfarbe oder einen bestimmten Schriftschnitt, den Ihre Standardschrift aufweisen soll.

3 Aktivieren Sie die Schaltfläche *Standard* und bestätigen Sie sowohl das Ändern der Standardschrift als auch das Dialogfeld.

Standardabsatzeinstellungen

Die Einstellungen für Absatzformate wie z. B. Zeilenabstand und Zeilenausrichtung, die automatisch allen Absätzen zugewiesen werden, sind in einer Formatvorlage mit dem Namen *Standard* gespeichert. Diese Formatvorlage müssen Sie ändern, wenn Sie z. B. standardmäßig einen anderen Zeilenabstand oder Absatzabstände benötigen.

1 Wählen Sie *Format/Formatvorlagen und Formatierung* und klicken Sie im Listenfeld *Wählen Sie eine Formatierung* mit rechts auf den Eintrag *Standard* und wählen Sie *Ändern*.

2 Passen Sie nun die Formatierungen wunschgemäß an. Die wichtigsten Formatierungsmerkmale können Sie direkt über die Schaltfläche und Listenfelder im Dialogfeld *Formatvorlage ändern* anpassen.

3 Falls Sie Formate ändern wollen, die hier nicht angezeigt werden, aktivieren Sie die Schaltfläche *Format* und ändern die Einstellungen über das entsprechende Dialogfeld.

4 Vor der Bestätigung des Dialogfelds *Formatvorlage ändern* schalten Sie das Kontrollkästchen *Zur Vorlage hinzufügen* ein, damit die geänderte Formatvorlage in der Dokumentvorlage und nicht nur im Dokument gespeichert wird.

Anpassen der aktuellen Fax-Vorlage

Haben wenig Zeit? In diesem Fall müssen Sie nicht auf den Einsatz von Dokumentvorlagen verzichten. Statt eigene Dokumentvorlagen neu zu entwerfen, benutzen Sie einfach eine der vielen bereits in Word integrierten Vorlagen. Und wenn die Vorlage nicht ganz Ihren Ansprüchen genügt, passen Sie diese einfach an.

1 Falls der Aufgabenbereich *Neues Dokument* noch nicht angezeigt wird, wählen Sie *Datei/Neu*.

2 Aktivieren Sie im Aufgabenbereich den Link *Allgemeine Vorlage* und im Dialogfeld das Register *Briefe und Faxe*.

3 Markieren Sie das Symbol mit der Beschriftung *Aktuelles Fax*.

4 Um eine neue Vorlage auf Basis der Vorlage *Aktuelles Fax* zu erstellen, wechseln Sie in der Optionsgruppe *Neu erstellen* zur Optionsschaltfläche *Vorlage* und bestätigen das Dialogfeld.

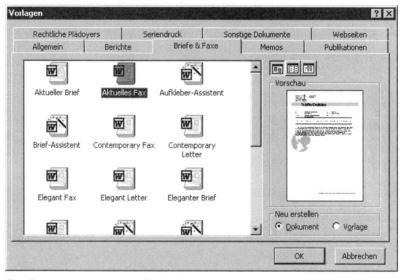

Erstellen einer angepassten Fax-Vorlage

Das neue Faxformular enthält Platzhalter an allen Positionen, an denen Sie Ihre persönlichen Daten einfügen sollen. Klicken Sie z. B. auf die Beschriftung *Hier klicken und Adresse eingeben*, wird die Beschriftung automatisch markiert und Sie können Ihre Absenderadresse eintragen.

Platzhalter überschreiben, anpassen oder entfernen

Nun erstellt Word eine Kopie der ursprünglichen Dokumentvorlage als Vorlage und nicht als normales Dokument. Sie können dies am Eintrag in der Titelleiste – *Vorlage 1 – Fax Deckblatt* – sehen. Ersetzen Sie in der neuen Vorlage den Platzhalter für Ihren Absender und Ihren Namen. Wenn Sie bestimmte Elemente in Ihrer Vorlage nicht einsetzen wollen, wie z. B. die für das manuelle Ausfüllen gedachten Kontrollkästchen *Dringend, Zur Erledigung* usw., markieren Sie diese und entfernen Sie. Eine einzelne Beschriftung können Sie durch Drücken der Taste (Entf) löschen. Da die Daten in Form einer Tabelle angeordnet sind, können Sie eine ganze Zeile nicht mit ⌈Entf⌉ löschen. Markieren Sie eine Zeile und wählen Sie *Tabelle/Löschen/Zeilen*, um sie zu entfernen.

Sie können genauso einfach Elemente hinzufügen. Die Daten im Formularkopf sind mithilfe einer Tabelle angeordnet. Wenn Sie in der letzten Zelle einmal die Taste ⌈Tab⌉ drücken, erhalten Sie eine neue Zeile und können dort Ergänzungen einfügen.

Standardgrafik durch Firmenlogo ersetzen

Wie viele Dokumentvorlagen, enthält auch die Vorlage *Aktuelles Fax* eine Standardgrafik, in diesem Falle eine Weltkugel. Vielleicht möchten Sie an dieser Stelle Ihre eigene Grafik einfügen, z. B. das Firmenlogo. Die Standardgrafik wurde in der Kopfzeile positioniert.

1 Um sie zu ersetzen, wählen Sie deshalb *Ansicht/Kopf- und Fußzeile*. Scrollen Sie mit den Bildlaufleisten nach unten, bis die Weltkugel sichtbar ist, und klicken Sie dann auf die Grafik. Um sie zu ersetzen, wählen Sie anschließend *Einfügen/Grafik/Aus Datei*.

2 Markieren Sie die Grafikdatei, in der Ihr Firmenlogo gespeichert ist. Wenn Sie die Schaltfläche *Einfügen* aktivieren, wird die Weltkugel durch Ihr Firmenlogo ersetzt.

3 Sie müssen nun nur noch in der Symbolleiste *Kopf- und Fußzeile* auf die Schaltfläche *Schließen* klicken, um die Kopfzeilenbearbeitung abzuschließen.

Die angepasste Dokumentvorlage speichern

Nachdem Sie alle Änderungen und Ergänzungen durchgeführt haben, können Sie die angepasste Vorlage speichern. Dazu wählen Sie wie gewöhnlich *Datei/Speichern unter*. Wundern Sie sich nicht, in welchem Ordner Sie landen. Word speichert die von Ihnen erstellten Vorlagen automatisch im Ordner *Templates*, wo dieser Ordner angelegt wird, ist von der eingesetzten Windows-Version abhängig.

Sie sollten diesen Ordner unverändert lassen. Vorlagen, die dort gespeichert sind, werden später im Dialogfeld *Vorlagen* auf der Registerkarte *Allgemein* angezeigt. Geben Sie einen Namen für Ihre angepasste Vorlage ein und klicken Sie auf *Speichern*. Anschließend können Sie die Dokumentvorlage mit *Datei/Schließen* ausblenden. Wenn Sie jetzt ein neues Fax erstellen wollen, können Sie Ihre angepasste Dokumentvorlage nun, genau wie die Word-Vorlagen, über den Befehl *Datei/Neu* über den Link *Allgemeine Vorlagen* auf der Registerkarte *Allgemein* abrufen.

Markieren Sie dort den Namen, den Sie Ihrer Vorlage gegeben haben, und bestätigen Sie Ihre Auswahl mit *OK*.

Der Einsatz von Dokumentvorlagen

Jedes Word-Dokument basiert auf einer bestimmten Dokumentvorlage. Wenn Sie bei der Erstellung eines Dokuments nichts anderes festlegen, wird ein neues Dokument auf Basis der *Normal.dot*, also der Standarddokumentvorlage, erstellt.

So prüfen Sie, auf welcher Dokumentvorlage ein Dokument basiert

Wenn Sie überprüfen wollen, mit welcher Dokumentvorlage das aktuelle Dokument erstellt ist, wählen Sie *Extras/Dokumentvorlagen und Add-Ins*. Der Name der verknüpften Dokumentvorlage wird im Feld *Dokumentvorlage* angezeigt.

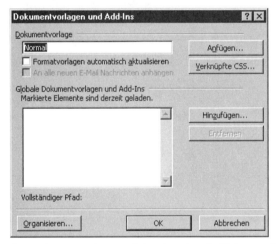

Die Dokumentvorlage, auf der das aktuelle Dokument basiert

Erstellen von Dokumenten auf Basis einer bestimmten Dokumentvorlage

Wenn Sie ein neues Dokument auf Basis einer bestimmten Dokumentvorlage erstellen wollen, müssen Sie den Befehl zur Dokumenterstellung über das Dialogfeld wählen und können nicht die Schaltfläche *Neu* einsetzen, weil diese immer ein neues Standarddokument vom Typ des aktuellen Dokuments erstellt.

Wählen Sie *Datei/Neu*, um den Aufgabenbereich *Neues Dokument* einzublenden. Falls die gesuchte Dokumentvorlage zu den zuletzt benutzten Dokumentvorlagen gehört, finden Sie diese unterhalb der Beschriftung *Mit Vorlage beginnen* und Sie müssen nur auf den Namen der Vorlage klicken.

Tipp

Dokumente als Vorlagen nutzen

In Word 2002 können Sie neue Dokumente auch auf Basis von einfachen Dokumenten erstellen. Wählen Sie *Datei/Neu* und klicken Sie im Aufgabebereich auf den Link *Neu aus Dokument,* markieren Sie das gewünschte Dokument und bestätigen Sie das Dialogfeld. Word erstellt das neue Dokument als Kopie des ausgewählten Dokuments.

Dokument auf Basis einer lokalen Dokumentvorlage erstellen

Um ein Dokument auf Basis einer Dokumentvorlage zu erstellen, die auf einem lokalen Laufwerk gespeichert ist, klicken Sie im Aufgabenbereich *Neues Dokument* auf den Link *Allgemeine Vorlage*.

Der Klick öffnet das Dialogfeld *Vorlagen,* in dem Sie die gewünschte Vorlage markieren und das Dialogfeld anschließend bestätigen.

Tipp

Schneller Dokument nach Vorlage

Besonders schnell können Sie ein neues Dokument auf Basis eine Vorlage erstellen, wenn Sie im Windows-Explorer auf den Namen der Dokumentvorlage doppelklicken. Word erstellt auch hier ein neues Dokument als Kopie Ihrer Vorlage und gibt ihm den Standardnamen für neue Dokumente.

Dokument auf Basis einer auf einer Website gespeicherten Vorlage erstellen

Wenn Sie Zugriff auf einen HTTP- oder FTP-Server im Internet haben und diesen als Webordner verknüpft haben, können Sie auf die dort gespeicherten Vorlagen zugreifen.

Dazu klicken Sie im Aufgabenbereich *Neues Dokument* auf den Link *Vorlagen auf eigenen Websites*.

Dokumentvorlage aus der Microsoft Template Gallery verwenden

Als neuen Service bietet Ihnen Microsoft in Office XP den Zugriff auf einen Katalog mit Vorlagen für die verschiedenen Anwendungen, u. a. auch Word-Dokumentvorlagen. Sie greifen auf diese *Template Gallery* über den Link *Vorlagen auf Microsoft.com* zu.

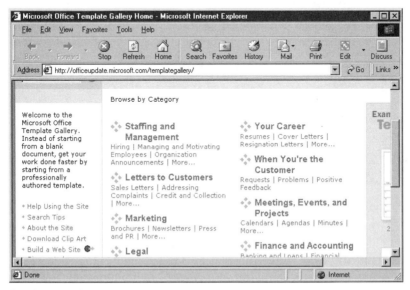

Die Template Gallery

Verknüpfen eines Dokuments mit einer anderen Dokumentvorlage

Insbesondere in Unternehmen, in denen die Gestaltungsmittel von Dokumenten, also die Dokumentvorlagen und die Formatvorlagen, zentral organisiert werden, besteht manchmal die Notwendigkeit, ein Dokument nachträglich mit einer anderen Dokumentvorlage zu verknüpfen, z. B. weil diese Dokumentvorlage die aktuellen Formatvorlagen enthält.

Wählen Sie *Extras/Vorlagen und Add-Ins* und aktivieren Sie die Schaltfläche *Anfügen*. Markieren Sie den Namen der Vorlage, die Sie dem aktuellen Dokument zuordnen wollen. Das Dialogfeld zeigt automatisch den Inhalt des Speicherordners, in dem Word Benutzer-Vorlagen verwaltet. Wenn Sie eine Dokumentvorlage zuordnen wollen, die in einem anderen Speicherordner enthalten ist, wechseln Sie zuerst in diesen Speicherordner.

Verknüpfen eines Dokuments mit einer anderen Dokumentvorlage

Aktivieren Sie die Schaltfläche *Öffnen*. Anschließend wird der Name der neuen Vorlage in das Feld *Dokumentvorlage* übernommen. Schalten Sie das Kontrollkästchen *Formatvorlagen automatisch aktualisieren* ein, damit die Änderungen in den Formatvorlagen der neuen Dokumentvorlagen automatisch auf den Dokumentinhalt übertragen werden.

Dokumentvorlagen als globale Vorlage öffnen

Die Standarddokumentvorlage *Normal.dot* wird als globale Dokumentvorlage bezeichnet. Was bedeutet dies? Eine Dokumentvorlage ist eine globale Dokumentvorlage, wenn ihr Inhalt global – d. h. dokumentübergreifend – allen geöffneten Dokumenten zur Verfügung steht. Dazu muss die Vorlage im Arbeitsspeicher zur Verfügung stehen. Sie können eine Dokumentvorlage global zur Verfügung stellen:

1 Wählen Sie *Extras/Vorlagen und Add-Ins* und aktivieren Sie die Schaltfläche *Hinzufügen*.

2 Wenn die Vorlage nicht im Standardspeicherordner für Dokumentvorlagen, also im Ordner *Templates*, abgelegt ist, öffnen Sie den Speicherordner, in dem die Dokumentvorlage abgelegt ist.

3 Markieren Sie die Dokumentvorlage und bestätigen Sie das Dialogfeld. Der Name der ausgewählten Dokumentvorlage wird im Listenfeld *Globale Dokumentvorlagen und Add-Ins* angezeigt.

Das Kontrollkästchen neu hinzugefügter Dokumentvorlagen ist automatisch aktiviert. Wenn Sie zu einem späteren Zeitpunkt globale Dokumentvorlage aktivieren oder deaktivieren wollen, schalten Sie das entsprechende Kontrollkästchen ein oder aus.

Die globalen Dokumentvorlagen

Zusätzlich zu diesen fertigen Musterdateien können Sie eigene Dokumentvorlagen erstellen. Sie sollten z. B. eine Dokumentvorlage für Ihre Privat- oder Geschäftskorrespondenz erstellen, in der Ihre Absenderdaten und alle in diesem Rahmen benötigten Standardelemente bereits enthalten sind.

Neue Dokumentvorlage erstellen

Es gibt zwei Möglichkeiten, neue Dokumentvorlagen zu erstellen. Falls Sie bereits ein Beispieldokument für die neue Art von Dokumenten besitzen, können Sie aus diesem Beispiel die Dokumentvorlage erstellen oder Sie können eine Dokumentvorlage auch komplett neu entwickeln.

Dokumentvorlage auf Basis eines Dokuments entwickeln

Um eine Dokumentvorlage aus einem Beispieldokument zu entwickeln, öffnen oder erstellen Sie dieses Dokument. Stellen Sie den Inhalt, den Sie in der Dokumentvorlage speichern wollen, zusammen. Hierzu können Zeichenketten, Formatierungen oder Formatvorlagen, Grafiken usw. gehören.

Wenn das Muster genau so aussieht, wie Sie es wünschen, wählen Sie *Datei/Speichern unter*. Öffnen Sie die Liste *Dateityp* und markieren Sie den Eintrag *Dokumentvorlage*, bzw. *Dokumentvorlage (*.dot)*. Der Wechsel des Dateityps führt automatisch dazu, dass der Standardspeicherordner *Templates* geöffnet wird. Sie sollten Ihre Dokumentvorlagen unbedingt in diesem Ordner bzw. seinen Unterordnern speichern, damit Word sie finden kann.

Hinweis

Speichern von Dokumentvorlagen

Dokumentvorlagen, die Sie im Ordner *Vorlagen* speichern, werden später im Dialogfeld Neu auf der Registerkarte *Allgemein* angezeigt. Vorlagen, die Sie in einem der Unterordner speichern, die im Ordner *Templates* enthalten sind, werden auf einer Registerkarte angezeigt, die denselben Namen hat wie der Ordner, also z. B. *Briefe & Faxe*. Erstellen Sie über die Schaltfläche *Neuen Ordner* erstellen einen neuen Speicherordner im Ordner *Templates*, um benutzerdefinierte Vorlagen auf einer neuen Registerkarte anzuzeigen.

Speichern eines Dokuments als Vorlage

Tragen Sie den Namen für die neue Dokumentvorlage in das Feld *Dateiname* ein. Aktivieren Sie die Schaltfläche *Speichern* und schließen Sie die neue Dokumentvorlage mit *Datei/Schließen*.

Dokumentvorlage auf Basis einer Vorlage entwickeln

Es gibt eine zweite Möglichkeit zur Entwicklung neuer Dokumentvorlagen. In diesem Fall geben Sie direkt bei der Erstellung des neuen Dokuments an, dass es sich um eine Dokumentvorlage handeln soll. Sie müssen beim Speichern den Dateityp dann nicht mehr festlegen.

Um eine Dokumentvorlage auf diese Weise zu erstellen, klicken Sie im Aufgabenbereich *Neues Dokument* auf den Link *Allgemeine Vorlage* und markieren im Dialogfeld *Vorlagen* entweder eine bestimmte Dokumentvorlage, die Sie als Basis für die neue Vorlage einsetzen wollen, oder Sie wählen mit der Vorlage *Leeres Dokument* die Datei *Normal.dot* als Vorlage aus.

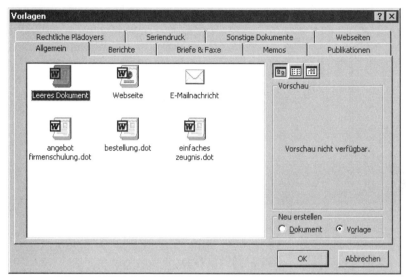

Erstellen einer Vorlage auf Basis einer Vorlage

Wichtig ist, dass Sie in der Optionsgruppe *Neu erstellen* von *Dokument* zu *Vorlage* wechseln, bevor Sie das Dialogfeld bestätigen. Stellen Sie die gewünschten Inhalte der Dokumentvorlage, also AutoTexte, Formatvorlagen und konstante Inhalte, wunschgemäß zusammen. Wenn Sie anschließend den Speicherbefehl wählen, öffnet Word automatisch den Standardordner *Templates* und schlägt den Dateityp *.dot* für Dokumentvorlagen vor.

Aufeinander abgestimmte Dokumentvorlagen für Briefpapier, E-Mail und Visitenkarten entwickeln

Falls Sie Word am Arbeitsplatz einsetzen, legen Sie sicherlich Wert auf eine einheitliche Gestaltung Ihrer Dokumente. Die Erstellung von Vorlagen für Print- und Onlinedokumente hat viele Vorteile. Einheitliche Vorlagen wirken professionell, sparen Zeit und erleichtern die Erstellung neuer Dokumente.

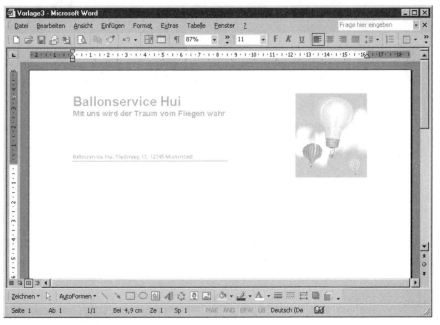

Die Vorlage für den Firmenbogen

Erstellen des Briefpapiers

Das erste Dokument, das Sie entwickeln, ist der Firmenbriefbogen. In der Vorlage werden im Briefkopf der Firmenname, das Firmenlogo und die Absenderadresse positioniert.

Schrift und Seitenränder anpassen

1 Wählen Sie *Datei/Neu* und klicken Sie im Aufgabenbereich *Neue Dokumente* auf den Link *Allgemeine Vorlagen*.

2 Markieren Sie das Symbol *Leeres Dokument*, wechseln Sie in der Optionsgruppe *Neu erstellen* zu *Vorlage* und bestätigen Sie das Dialogfeld.

3 Stellen Sie nun die Standardschrift für die Vorlage ein: Wählen Sie *Format/Zeichen*, markieren Sie die Schrift *Arial* und die Schriftgröße *11* und aktivieren Sie die Schaltfläche *Standard*.

4 Bestätigen Sie die geöffneten Dialogfelder und passen Sie die Randeinstellungen an. Wählen Sie *Datei/Seite einrichten* und setzen Sie den linken und rechten Seitenrand auf 2,41 cm, den oberen Seitenrand auf 5 cm und den unteren Seitenrand auf 1,69 cm.

Firmennamen positionieren

1 Um den Firmenkopf in der Kopfzeile einzufügen, wählen Sie *Ansicht/Kopf- und Fußzeile* und geben den Firmennamen ein. Gestalten Sie ihn hervorgehoben.

2 Fügen Sie dann in der Kopfzeile mit *Einfügen/Grafik* Ihr Firmenlogo ein und passen Sie die Größe der Grafik ggf. per Drag & Drop an.

3 Klicken Sie mit rechts auf die markierte Grafik und wählen Sie *Grafik formatieren*. Aktivieren Sie das Register *Layout* und markieren Sie die Umbruchart *Rechteck*.

4 Damit das Firmenlogo am rechten Seitenrand ausgerichtet wird, wählen Sie in der Optionsgruppe *Horizontale Ausrichtung* die Optionsschaltfläche *Rechts*. Dann bestätigen Sie das Dialogfeld.

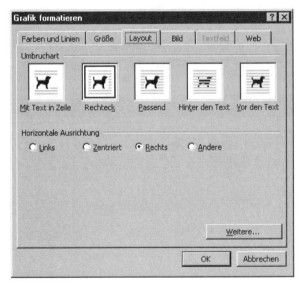

Positionieren des Firmenlogos

Firmenabsender mit Textfeld positionieren

1 Aktivieren Sie in der Zeichnungssymbolleiste die Schaltfläche *Textfeld*, um die Absenderadresse einzufügen und auf der korrekten Position zu positionieren. Ziehen Sie in der Kopfzeile ein Textfeld auf, in das Sie in Schriftgröße 8 die Firmenabsenderadresse eintragen.

2 Doppelklicken Sie auf den grauen Rahmen des Textfelds und setzen Sie im Register *Farben und Linien* das Listenfeld *Farbe* auf *Keine Linie*.

6

Formatvorlagen

3 Wechseln Sie in das Register *Größe* und setzen Sie das Textfeld auf eine Höhe von 0,5 cm und eine Breite von 8,5 cm.

4 Wechseln Sie in das Register *Layout*, markieren Sie die Umbruchart *Rechteck* und aktivieren Sie die Schaltfläche *Weitere*. Setzen Sie die *Absolute Position* in der Optionsgruppe *Vertikal* auf 4,5 cm unterhalb der *Seite* und bestätigen das Dialogfeld.

5 Zurückgekehrt zum Dialogfeld *Textfeld formatieren,* setzen Sie in der Registerkarte *Textfeld* alle inneren Seitenränder auf 0 und bestätigen die geöffneten Dialogfelder.

6 Klicken Sie in das Textfeld und fügen Sie über die *Rahmen*-Symbolleiste eine untere Randlinie ein.

7 Die Arbeiten in der Kopfzeile sind damit abgeschlossen und Sie schließen die Kopfzeile mit Klick auf die Schaltfläche *Schließen* in der Symbolleiste *Kopf- und Fußzeile.*

Der Absender wird mit einem Textfeld positioniert

Mit *Datei/Speichern unter* speichern Sie den fertigen Briefbogen z. B. unter dem Namen *Briefpapier*. Word schlägt automatisch den passenden Dateityp und den Speicherordner für Dokumentvorlagen vor.

E-Mail-Vorlage entwickeln

Die E-Mail-Vorlage soll ebenfalls das Firmenlogo anzeigen und Ihre Absender-E-Mail-Adresse als Hyperlink und eine Standardanrede und Grußformel enthalten.

1 Wählen Sie *Datei/Neu*, markieren Sie im Aufgabenbereich *Neues Dokument* den Link *Allgemeine Vorlagen*.

2 Im Dialogfeld *Vorlagen* markieren Sie im Register *Allgemein* die Vorlage *E-Mail-Nachricht* und die Optionsschaltfläche *Vorlage* und bestätigen Sie mit *OK*. Es wird eine neue Vorlage auf Basis der markierten E-Mail-Vorlage erstellt.

3 Fügen Sie mit dem Befehl *Einfügen/Grafik/Aus Datei* das Firmenlogo in das Mail-Formular ein. Doppelklicken Sie auf die Grafik, markieren Sie im Register *Layout* die Umbruchart *Rechteck* und wechseln Sie in der horizontalen Ausrichtung zu *Rechts*.

4 Ergänzen Sie links oben den Firmennamen und eine Leerzeile. Markieren Sie den Firmennamen und aktivieren Sie die Schaltfläche *Hyperlink einfügen*.

5 Aktivieren Sie in der Leiste *Link zu* die Auswahl *E-Mail-Adresse* und geben Sie in das Feld *E-Mail-Adresse* Ihre E-Mail-Adresse ein bzw. markieren Sie diese in der Liste *Zuletzt verwendete E-Mail-Adressen*. Bestätigen Sie das Dialogfeld mit *OK*.

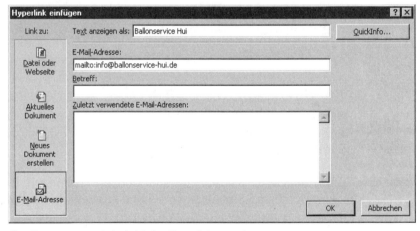

Der Firmenname wird als Mailto-Hyperlink gestaltet

6 Fügen Sie mit der *Rahmenlinien*-Palette eine Trennlinie unterhalb der Grafik und des Firmennamens ein.

7 Fügen Sie eine Leerzeile und die allgemeine Anrede „Sehr geehrte Damen und Herren" oder die von Ihnen üblicherweise verwendete Anrede für Mails ein. Fügen Sie darunter wieder eine Leerzeile und dann die Grußformel ein. Falls Sie über das Dialogfeld *Optionen* eine Signatur festgelegt haben, entfällt die Grußformel ggf.

6

Formatvorlagen

8 Speichern Sie die Mail-Vorlage unter einem frei wählbaren Namen, aber mit dem Dateityp *Dokumentvorlage*.

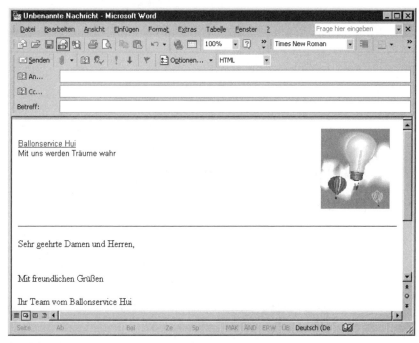

Die E-Mail-Vorlage

Firmen-Visitenkarten entwerfen

Die Visitenkarten werden ebenfalls als Vorlage gestaltet. Dabei fügen Sie nur die Firmendaten ein, den Namen und die Position kann dann jeder Mitarbeiter individuell einfügen.

Zum Drucken der hier entwickelten und zum Briefpapier passenden Visitenkarten müssen Sie die entsprechenden Visitenkartenbögen kaufen. Es gibt sie z. B. von der Firma Zweckform unter der Bestellnummer 32011. Eine Visitenkarte hat in diesem Format die Größe 85 x 54 mm. Der Bogen enthält jeweils zehn Etiketten, die in zwei Spalten angeordnet sind.

1 Zur Erstellung der Visitenkarten wählen Sie *Datei/Neu* und klicken im Aufgabenbereich auf den Link *Allgemeine Vorlagen*.

2 Markieren Sie die Vorlage *Leeres Dokument*, wechseln Sie zur Auswahl *Vorlage* und bestätigen Sie mit *OK*.

3 Wählen Sie *Datei/Seite einrichten* und legen Sie im Register *Seitenränder* folgende Randeinstellungen fest: oben: 1,1 cm, unten: 1 cm, links und rechts: 1,5 cm. Bestätigen Sie das Dialogfeld mit *OK*.

4 Fügen Sie über den Befehl *Tabelle/Einfügen/Tabelle* eine Tabelle mit drei Spalten und fünf Zeilen ein. Setzen Sie über den Kontextbefehl *Tabelleneigenschaften* im Register *Spalte* die Spaltenbreite der ersten und dritten Spalte auf 8,5 cm, die der zweiten Spalte auf 1 cm.

5 Aktivieren Sie im Register *Tabelle* die Schaltfläche *Rahmen und Schattierung* und klicken Sie auf *Ohne*. In der Liste *Übernehmen für* markieren Sie *Tabelle*.

6 Schalten Sie im Register *Zeile* das Kontrollkästchen *Höhe definieren* ein und setzen Sie die Zeilenhöhe aller Zeilen in der Liste *Zeilenhöhe* auf *Genau* und verwenden Sie den Wert 5,42 cm. Sie können die Dialogfelder nun mit *OK* bestätigen.

7 Fügen Sie Ihr Firmenlogo mit *Einfügen/Grafik* in die erste Zelle ein, positionieren Sie es wunschgemäß und schreiben und gestalten Sie die Firmenangaben.

8 Markieren Sie die erste Zelle über den Befehl *Tabelle/Markieren/Zelle* und aktivieren Sie die Schaltfläche *Kopieren*. Fügen Sie den Inhalt der Zwischenablage mit der Schaltfläche *Einfügen* in die anderen Zellen ein.

9 Speichern Sie die Visitenkarten als Dokumentvorlage unter einem frei wählbaren Namen.

Anschließend können Sie die Dokumentvorlage allen Kollegen zur Verfügung stellen, die dann nur noch ihren Vor- und Nachnamen sowie ihre Position in die Vorlage einfügen müssen.

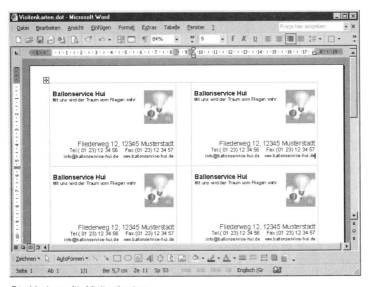

Die Vorlage für Visitenkarten

Sie sollten einen Probedruck auf normalem Briefpapier durchführen. Falls der Probedruck zu Ihrer Zufriedenheit ausfällt, müssen Sie vor dem Druck der Visitenkarten einen der gekauften Visitenkartenbögen entweder in die Papierkassette oder in den manuellen Einzugsschacht einlegen und ggf. diesen Schacht über die Schaltfläche *Eigenschaften* im Dialogfeld *Drucken* auswählen.

Einsatz der Vorlagen

Um einen neuen Brief, eine neue E-Mail oder einen neuen Visitenkartenbogen mit den gespeicherten Vorlagen zu erstellen, wählen Sie *Datei/Neu* und markieren im Aufgabenbereich den Link *Allgemeine Vorlagen*. Markieren Sie im Dialogfeld den Namen der gespeicherten Briefvorlage, E-Mail-Vorlage oder Visitenkartenvorlage. Nach der Bestätigung mit *OK* wird eine neue Kopie der Vorlage erstellt.

Benutzerdefinierte Dokumentvorlagen einsetzen

Wenn Sie die Word-Dokumentvorlagen oder benutzerdefinierte Dokumentvorlagen als Basis für ein neues Dokument auswählen, erstellt Word eine Kopie der Dokumentvorlage, sodass die Originaldatei unverändert erhalten bleibt. Um ein neues Dokument auf Basis einer Dokumentvorlage zu erstellen, wählen Sie *Datei/Neu*. Falls die Dokumentvorlage nach dem Öffnen des Dialogfelds nicht angezeigt wird, aktivieren Sie die Registerkarten, in die Sie eingeordnet wurde. Markieren Sie dann den Namen der Vorlage und aktivieren Sie die Schaltfläche *OK*. Bei der neuen Datei handelt es sich um eine genaue Kopie der Dokumentvorlage, die jedoch den Standardnamen für neue Dokumente erhält und von Ihnen beliebig bearbeitet, benannt und gespeichert werden kann.

Dokumentvorlage bearbeiten

Wenn Sie den Befehl *Datei/Öffnen* wählen, zeigt Word im Dialogfeld nur die Dateien des aktuellen Ordners an. Dokumentvorlagen sind in einem Standardordner gespeichert. Um sie zu bearbeiten, muss im Dialogfeld *Öffnen* der Ordner *Templates* geöffnet sein, in dem Office die Dokumentvorlagen verwaltet, und als Dateityp muss entweder *Dokumentvorlagen* oder *Alle Word-Dokumente* ausgewählt sein. Falls die gewünschte Vorlage nicht im Ordner *Templates* angezeigt wird, müssen Sie einen der in diesem Ordner enthaltenen Unterordner öffnen. Markieren Sie den Namen der Dokumentvorlage, die Sie bearbeiten wollen, und aktivieren Sie die Schaltfläche *Öffnen*.

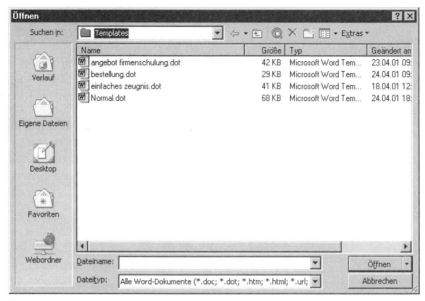

Öffnen einer Dokumentvorlage

Sie können nun den Inhalt der Dokumentvorlage ergänzen und bearbeiten und die geänderte Datei danach über den Befehl *Datei/Speichern* oder die Schaltfläche *Speichern* speichern.

6.4 Formatvorlagen und Dokumentvorlagen fürs Team erstellen und im Team nutzen

Jedes Unternehmen legt Wert auf eine „Corporate Identity". Um das einheitliche Erscheinungsbild der Dokumente zu gewährleisten, ist es wichtig, dass alle Mitarbeiter die von Ihnen erstellten Dokumente einheitlich gestalten. Aus diesem Grunde ist es nicht empfehlenswert, dass an jedem Arbeitsplatz unterschiedliche Formatvorlagen erstellt werden, sondern diese sollten an einer zentralen Stelle entwickelt und dann dem Team zugänglich gemacht werden.

Word unterscheidet bei der Verwaltung der Dokumentvorlagen zwischen den Benutzervorlagen und den Arbeitsgruppenvorlagen. Damit nicht jeder die gemeinsam benutzten Dokumentvorlagen verändern kann, sollten Sie entweder den Ordner, in dem die Teamvorlagen gespeichert werden, nur zum Lesen freigeben oder die Dokumentvorlagen mit einem Schreibschutz versehen.

Einstellen des Arbeitsgruppen-Speicherordners

Falls nicht vom Systemadministrator ein Speicherordner vorgegeben wurde, in dem die gemeinsam genutzten Dokumentvorlagen gespeichert werden sollen, können Sie diesen Ordner über den Befehl *Extras/Optionen* festlegen. Aktivieren Sie die Registerkarte *Speicherort für Dateien*. Über den Eintrag *Benutzervorlagen* kann der Speicherort für Ihre lokal genutzten Dokumentvorlagen geändert werden. Um einen Speicherordner für die gemeinsam genutzten Team-Vorlagen auszuwählen, markieren Sie den Eintrag *Arbeitsgruppenvorlagen*, aktivieren die Schaltfläche *Ändern* und geben den Netzwerkordner an, in dem diese Vorlage gespeichert werden soll.

Arbeitsgruppenvorlagen-Ordner

Dokumentvorlage schreibgeschützt speichern

Wenn Sie Dokumentvorlagen für das Team zur Verfügung stellen wollen, diese aber vor Veränderungen schützen wollen, sollten Sie die Vorlagen schreibgeschützt speichern. Dazu klicken Sie im Dialogfeld *Speichern unter* auf die Schaltfläche *Extras* oben in der *Dialogfeld*-Symbolleiste und wählen *Sicherheitsoptionen*. Tragen Sie ein Kennwort in das Feld *Kennwort zum Ändern* ein und bestätigen Sie das Dialogfeld. Sie müssen das Kennwort in gleicher Schreibweise nochmals eingeben und bestätigen.

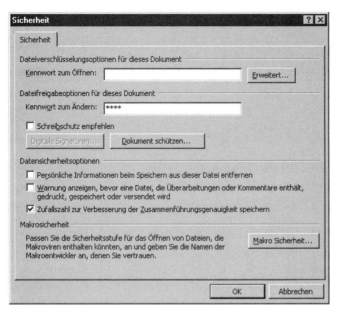

Dokumentvorlagen mit Schreibschutz speichern

Will ein Mitarbeiter ein neues Dokument auf Basis der Vorlage erstellen, muss er entweder das Kennwort angeben oder er muss die Vorlage schreibgeschützt öffnen und kann keine Änderungen – wie z. B. die Änderung der Standardschrift – durchführen, die sich auf die Dokument-vorlage auswirken.

6.5 Vordrucke und Formulare

Eine knifflige Sache kann das Ausfüllen von Vordrucken und Formularen mit einem Textverarbeitungsprogramm werden. Hier kommt es auf genaues Ausmessen der Feldpositionen und sorgfältiges Einlegen des Vordrucks in den Druckereinzugsschacht an. Word unterstützt die Erstellung von Formularen, die Sie entweder für das spätere manuelle Ausfüllen vorbereiten oder die als Onlineformulare direkt am Bildschirm ausgefüllt werden sollen. Word unterstützt auch das Ausfüllen von vorgedruckten Formularen.

Druckformulare mit Word entwerfen – Kurzmitteilung

Mit einem Druckformular ist hier ein Vordruck gemeint, der mit Word vorbereitet und für das spätere manuelle Ausfüllen ausgedruckt wird. Bei der Kurzmitteilung handelt es sich um einen Vordruck, der Ihnen helfen soll, schnell Nachrichten per Post zu verschicken, für die kein extra Brief angefertigt werden soll. Er kann z. B. als Begleitung von Material gesendet werden, das keiner speziellen Erläuterung bedarf.

Das Formular für Kurzmitteilungen

Die Kurzmitteilung wird so gestaltet, dass Sie zwei Vordrucke auf einem DIN-A4-Blatt drucken können, mit einem Papierschneider trennen und die Kurzmitteilung mit einem normalen Fensterumschlag verschicken können. Sie enthält vorgegebene Antworten zum Ankreuzen und einen Bereich für handschriftliche kurze Notizen.

Anpassung des Seitenlayouts

1 Um die Kurzmitteilung zu erstellen, wählen Sie *Datei/Seite einrichten* und stellen Sie auf der Registerkarte *Seitenränder* den oberen Seitenrand auf 4,5 cm, den unteren Rand auf 1,5 cm und den rechten und linken Seitenrand auf 2,41 cm.

2 Wechseln Sie in der Optionsgruppe *Orientierung* zur Auswahl *Querformat*. Markieren Sie im Listenfeld *Mehrere Seiten* die Auswahl *2 Seiten pro Blatt*.

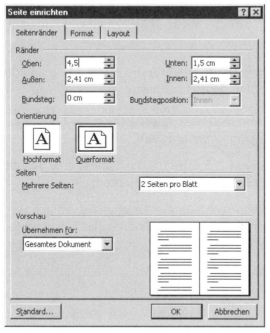

Die Einstellungen für den Vordruck

Absender und Adressfeld

Damit die Kurzmitteilung in einem genormten Briefumschlag verschickt werden kann, fügen Sie den Absender an der üblichen Position ein und erstellen mit der Tabellenfunktion ein Adressfeld:

1 Geben Sie oben die Absenderadresse Ihres Unternehmens in Schriftgröße 8 ein. Wählen Sie *Tabelle/Einfügen/Tabelle*, setzen Sie die Spaltenanzahl und die Zeilenanzahl auf 1.

2 Setzen Sie die feste Spaltenbreite auf 8,5 cm und bestätigen Sie das Dialogfeld. Klicken Sie mit rechts in die Tabellenzelle und wählen Sie *Tabelleneigenschaften*.

3 Schalten Sie im Register *Zeile* das Kontrollkästchen *Höhe definieren* ein und setzen Sie die *Zeilenhöhe* auf *Genau 4 cm*.

4 Schalten Sie mithilfe der *Rahmenlinien*-Palette den Zellrahmen aus und fügen Sie stattdessen einfache Randlinien oberhalb und unterhalb des Adressfelds ein.

6

Formatvorlagen

Ankreuzkästchen und Beschriftungen mit geschachtelter Tabelle erstellen

Für das eigentliche Formular erstellen Sie eine geschachtelte Tabelle, indem Sie eine einzellige Tabelle in die Zellen einer äußeren Tabelle einfügen.

Die äußere Tabelle sorgt dabei für die Ausrichtung und den Abstand von Ankreuzkästchen und Beschriftungen:

1 Fügen Sie unterhalb des Adressfelds zwei Leerzeilen und dann die Beschriftung *Kurzmitteilung* ein.

2 Erstellen Sie mit *Tabelle/Einfügen/Tabelle* eine Tabelle mit vier Spalten und acht Zeilen und ohne Gitternetz ein.

3 Klicken Sie mit rechts in die Tabelle und wählen Sie *Tabelleneigenschaften*. Setzen Sie die Zeilenhöhen aller Zeilen im Register *Zeile* auf eine genaue Höhe von 24 pt.

4 Setzen Sie die Spaltenbreiten der ersten und dritten Spalte auf 1,5 cm und der zweiten und vierten Spalte auf 3,5 cm.

5 Verbinden Sie mit dem Befehl *Tabelle/Zellen verbinden* die Zellen der zweiten und der sechsten bis achten Zeile.

6 Um das Ankreuzkästchen einzufügen, klicken Sie in die erste Zelle und wählen nochmals *Tabelle/Einfügen/Tabelle*. Fügen Sie eine einzellige Tabelle mit der Spaltenbreite von 0,5 cm und Gitternetzlinien ein.

7 Kopieren Sie diese einzellige Tabelle in die anderen (nicht verbundenen) Zellen der ersten und dritten Spalte.

8 Fügen Sie mit der *Rahmenlinien*-Palette untere Randlinien in die verbundenen Zellen der sechsten bis achten Zeile ein.

9 Speichern Sie die fertige Kurzmitteilung mit dem Dateityp *Dokumentvorlage*.

Zum Ausdruck müssen Sie dann im Dialogfeld *Drucken* die Anzahl der Exemplare auf *2* setzen, damit Word zwei Seiten auf ein DIN-A 4-Blatt druckt.

Onlineformulare entwerfen

Word für Windows ist mit speziellen Befehlen zur Erstellung und Bearbeitung von Formularen ausgestattet. Sie können in Word ein Musterformular entwickeln, das ausgedruckt wird, um es nachher manuell ausfüllen zu lassen. Besonders schnellen Zugriff auf die Befehle zur Gestaltung von Formularen haben Sie mit der Symbolleiste *Formular*. Blenden Sie mit *Ansicht/Symbolleisten* und der Aktivierung des Kontrollkästchens *Formular* die Symbolleiste ein.

Die Symbolleiste Formular

Steuerelemente eines Onlineformulars

Ein Formular besteht aus konstantem Text und den Formularfeldern, die die variablen Textelemente aufnehmen. Sie können in ein Formular, das Sie mit Word erstellen, auch Grafiken und Tabellen einfügen. Word stellt Ihnen drei verschiedene Standardelemente für Formulare zur Verfügung. Textfelder zur Aufnahme von Zeichenketten, Ziffern, Daten, Zeiten und Berechnungen. Kontrollkästchen, wie Sie auch in den Word-Dialogfeldern vorkommen, und Dropdown-Felder, mit denen Sie eine Auswahlmöglichkeit von Antworten in ein Formular aufnehmen können. Sie können den Formularfeldern jeweils ein Makro zuordnen, das ausgeführt wird, sobald der Cursor in dem betreffenden Feld positioniert wird. Sie können für jedes Feld einen Hilfetext erstellen, der eingeblendet wird, wenn das Feld bearbeitet wird. Sie können dafür sorgen, dass ein Feld immer das aktuelle Tagesdatum und die aktuelle Uhrzeit anzeigt. Ein Formular kann in mehrere Abschnitte unterteilt werden, von denen einige Dateneingabe und Bearbeitung erlauben und andere vor Veränderung geschützt sind.

Die Symbolleiste Formular

Die Symbolleiste *Formular* stellt Ihnen Symbole zur Erstellung von Textfeldern, Kontrollkästchen und Listenfeldern zur Verfügung. Außerdem enthält sie Schaltflächen zum Einfügen einer Tabelle, eines Positionsrahmens, zum Schattieren und Schützen von Feldern. Die Symbole bedeuten im Einzelnen:

Textformularfeld: Fügt ein Feld ein, in das alphanumerische Daten eingegeben werden können.

Kontrollkästchen-Formularfeld: Fügt ein Kontrollkästchen in ein Formular ein.

Dropdown-Formularfeld: Fügt ein aufklappbares Listenfeld in ein Formular ein.

Formularfeld-Optionen: Öffnet ein Dialogfeld zur Eingabe von Feldoptionen für das markierte Feld.

Tabelle zeichnen: Aktiviert die Tabellenzeichenfunktion, mit der Sie eine Tabelle von beliebiger Größe und Einteilung mit der Maus zeichnen können.

Tabelle einfügen: Öffnet ein Raster, in dem die gewünschte Spalten- und Zeilenzahl markiert wird, und fügt die so ausgewählte Tabellengröße ein.

Positionsrahmen einfügen: Fügt einen leeren Positionsrahmen ein oder umgibt ein markiertes Element mit einem Positionsrahmen.

Formularfeld-Schattierung: Fügt dem Feld eine Schattierung zu oder entfernt sie.

Formularfelder zurücksetzen: Entspricht der *Reset*-Schaltfläche eines Webformulars und löscht die eingegebenen Formularfeldeinträge.

Formular schützen: Aktiviert und deaktiviert den Bearbeitungsschutz von Formularen.

Formulare entwerfen

Ein Formular, das Sie mit der Formularfunktion erstellen, entwerfen Sie, um es mehrfach zu benutzen. Sie speichern es deshalb nicht als normales Dokument, sondern als Dokumentvorlage. Wenn Sie das Formular aufrufen, wird nicht das Original geöffnet, sondern immer eine Kopie, sodass das leere Musterformular weiterhin erhalten bleibt. Die einzelnen Schritte zur Gestaltung eines Formulars können je nach Art und Zielsetzung des Formulars stark differenzieren, deshalb gebe ich Ihnen zuerst einen Überblick über die notwendigen Arbeitsschritte und erläutere die einzelnen Punkte später ausführlicher.

1 Um ein Musterformular zu entwerfen, erstellen Sie eine neue Dokumentvorlage. Wählen Sie *Datei/Neu* und aktivieren Sie im Aufgabenbereich den Link *Allgemeine Vorlagen*.

2 Markieren Sie die Vorlage *Leeres Dokument*, wechseln Sie zur Optionsschaltfläche *Vorlage* und bestätigen Sie das Dialogfeld.

3 Wenn Sie die Formularfelder mithilfe eines Tabellenrasters positionieren wollen, müssen Sie die Tabelle nun mit dem Befehl *Tabelle/Einfügen/Tabelle* einfügen.

4 Fügen Sie die einzelnen Formularfelder mit den Symbolen der Symbolleiste *Formular* ein. Das Symbol fügt immer nur ein Standardfeld des jeweiligen Typs ein.

5 Wählen Sie die Schaltfläche *Formularfeldoptionen*, um die Gestaltung eines Felds festzulegen, oder klicken Sie nachträglich doppelt auf das eingefügte Feld.

6 Wenn Sie die Formularfelder mithilfe von Positionsrahmen positionieren wollen, markieren Sie das erste Feld und aktivieren die Schaltfläche *Positionsrahmen einfügen*. Sie können mit Doppelklick die Position und Größe des Felds ändern.

7 Vergeben Sie mithilfe der Schaltfläche *Formular schützen* einen Dokumentschutz für Formulare, sodass keine Veränderung außer dem Eintragen der Feldinhalte möglich ist.

8 Speichern und schließen Sie die Dokumentvorlage, die das Musterformular enthält.

Zum Ausfüllen der einzelnen Formularexemplare rufen Sie ein neues Dokument auf Basis des Musterformulars auf. Speichern und drucken Sie ein ausgefülltes Formularexemplar wahlweise nur mit den Feldinhalten oder mit allen variablen und konstanten Formularinhalten.

Felder gestalten

Mit den Symbolen oder den oben beschriebenen Befehlen können Sie nur Standardfelder einfügen. Sie können aber das Aussehen und den Inhalt der Formularfelder genauer bestimmen. Sie können die Befehle zur Zeichenformatierung und zur Absatzformatierung verwenden, um Formularfelder zu gestalten.

Wenn Sie mit der rechten Maustaste auf ein Formularfeld klicken, können Sie den Befehl *Eigenschaften* aus dem Kontextmenü wählen. Das Dialogfeld weist je nach Feldart unterschiedliche Informationen auf.

6

Formatvorlagen

Eigenschaften für alle Feldtypen

Viele der Optionen, die Sie für Formularfelder festlegen können, sind für alle Feldtypen, also Textfelder, Kontrollkästchen und Dropdown-Listenfelder, gleich:

Eigenschaft	Bedeutung
Makro ausführen bei	Ordnen Sie dem Formularfeld ein oder zwei Makros zu, die automatisch ausgeführt werden, wenn das Formularfeld bearbeitet wird.
Ereignis	Wählen Sie den Namen eines Makros, das ausgeführt werden soll, wenn das Formularfeld aktiviert wird.
Beenden	Wählen Sie den Namen eines Makros, das gestartet werden soll, wenn das Formularfeld verlassen wird.
Textmarke	Damit ein zugeordnetes Makro ausgeführt werden kann, tragen Sie hier einen Textmarkennamen für das Formularfeld ein oder übernehmen die Vorgabe.
Beim Verlassen berechnen	Aktualisiert und berechnet das Feld, sobald das Feld verlassen wird.
Hilfetext hinzufügen	Öffnet ein Dialogfeld zur Eingabe eines Hilfetextes, der eingeblendet wird, wenn das Formularfeld aktiviert wird.

Textfelder gestalten

Um ein bereits eingefügtes Textfeld zu gestalten, klicken Sie doppelt auf das Formularfeld oder klicken mit rechts auf das Feld und wählen den Befehl *Eigenschaften* aus dem Kontextmenü.

Eigenschaft	Bedeutung
Typ	Wählen Sie den Typ des Textfeldinhalts.
Vorgabetext	Geben Sie hier den Text ein, der im Textfeld standardmäßig angezeigt wird. Die Beschriftung derVorgabe ändert sich je nach ausgewähltem Datentyp.
Maximale Länge	Tragen Sie die maximale Anzahl Zeichen ein, die höchstens in das Textfeld eingegeben werden dürfen. Belassen Sie den Eintrag *Unbegrenzt*, können höchstens 32.767 Zeichen eingegeben werden.
Textformat	Die Beschriftung ist vom Typ des Textfelds abhängig. Wählen Sie das Text-, Zahlen-, Datums- oder Uhrzeitformat für das Textfeld aus.
Eingabe zulassen	Aktivieren Sie den Kontrollkasten, wenn das Textfeld bearbeitet werden soll, deaktivieren Sie ihn, um das Feld mit einem Schreibschutz zu versehen.

Der Standardeintrag des Felds *Typ* lautet *Normaler Text*. Wenn Sie einen anderen Datentyp für den Feldinhalt benötigen, öffnen Sie die Liste und wählen den gewünschten Datentyp aus. Je nach ausgewähltem Typ können Sie dann unterschiedliche Formate im Feld *Format* einstellen. Die Standardbeschriftung dieses Felds *Textformat* wechselt je nach Datentyp.

Die Optionen für Textfelder

Wenn Sie die Feldtypen *Aktuelles Datum*, *Aktuelle Uhrzeit* oder ein Feld vom Typ *Berechnung* einfügen, erstellt Word die Feldinhalte automatisch. Im Textfeld können dann keine Benutzereingaben gemacht werden. Sie können in das Vorgabefeld eine Vorgabezahl oder -uhrzeit, einen Vorgabetext, ein Vorgabedatum oder beim Datentyp *Berechnung* einen Rechenausdruck eingeben. Dieser Vorgabewert wird eingeblendet und kann überschrieben werden. Hier empfiehlt sich natürlich die Verwendung des Feldinhalts als Vorgabewert, der vermutlich am häufigsten auftreten wird.

Hinweis

Datums- und Rechenfelder

Beim Datentyp *Aktuelles Datum* oder *Aktuelle Uhrzeit* können Sie keinen Vorgabewert eintragen. Der Vorgabewert eines Felds vom Typ *Berechnung* kann aus einer Konstanten oder aus einem Ausdruck bestehen. Sie können hier z. B. die Mehrwertsteuer für einen anderen Feldinhalt des Formulars berechnen. Nehmen wir an, Ihr Formular enthält ein Feld, das Sie mit der Textmarke *Netto* versehen haben. Im Ergebnisfeld soll für den Feldinhalt von *Netto* die Mehrwertsteuer berechnet werden. Sie tragen in diesem Fall in das Feld den Ausdruck "=Netto*16%" ein. Das Ergebnis eines berechneten Ausdrucks wird bei jedem Öffnen des Formulars aktualisiert.

Tragen Sie in das Feld *Maximale Länge* die Anzahl Zeichen ein, die höchstens in das Feld eingetragen werden dürfen. Die von Word erlaubte Maximalzahl beträgt 32.767 Zeichen. Sie können diese mit dem Eintrag *Unbegrenzt* gestatten. Im Feld *Textmarke* muss ein Textmarkenname für jedes Feld eingetragen werden. Auf diesen Namen können Sie sich dann z. B. in berechneten Ausdrücken beziehen.

6

Formatvorlagen

Word trägt als Standardvorgabe den Feldtyp, also Text, Kontrollkästchen und Dropdown, ein und nummeriert diese typenweise durch. Sie können diese Vorgabe beibehalten. Wenn Sie allerdings Feldberechnungen durchführen wollen oder Makros einsetzen, empfiehlt es sich, die Felder dem Feldinhalt entsprechend zu benennen, um Bezüge leichter herstellen zu können. Ein Feld, das die Mehrwertsteuer ausweist, ist mit der Textmarke *MwSt* sicherlich leichter zu identifizieren als mit *Text24*.

Wenn Sie Textfelder lediglich zur Information der Anwender einblenden, der Inhalt aber nicht verändert werden soll, können Sie das Kontrollkästchen *Eingabe zulassen* deaktivieren und damit den Feldinhalt mit einem Schreibschutz versehen.

Kontrollkästchen gestalten

Um ein Kontrollkästchen zu gestalten, markieren Sie es und wählen den Befehl *Eigenschaften* aus dem Kontextmenü oder klicken doppelt auf das Feld.

Eigenschaft	Bedeutung
Größe des Kontrollkästchens	Wählen Sie *Automatisch*, um die Größe des Kontrollkästchens an die ausgewählte Schriftart und Schriftgröße des Formulartextes anzupassen. Wählen Sie *Genau*, um mit einem pt-Wert im Eingabefeld daneben die genaue Größe des Kontrollkästchens festzulegen.
Standardwert	Wählen Sie die Option *Aktiviert*, wenn das Kontrollkästchen aktiviert werden soll, und *Deaktiviert*, wenn es deaktiviert eingefügt werden soll.
Markierung zulassen	Aktivieren Sie den Kontrollkasten, wenn das Kontrollkästchen vom Anwender an- und ausgeschaltet werden darf, deaktivieren Sie ihn, um das auszuschließen.

Geben Sie die gewünschte Größe für das Kontrollkästchen in das Feld *Genau* ein oder überlassen Sie Word die Größenanpassung an den umgebenden Formulartext, indem Sie die Optionsschaltfläche *Automatisch* markieren. Legen Sie im Feld *Standardwert* fest, wie das Kontrollkästchen eingeblendet werden soll. Entscheiden Sie sich für den Zustand, der wahrscheinlich beim Ausfüllen des Dokuments am häufigsten benötigt wird. Im Feld *Textmarke* muss ein Textmarkenname für das Kontrollkästchen eingetragen werden. Word trägt als Standard *Kontrollkästchen* und die Nummer ein. Sie können diese Vorgabe beibehalten oder mit einem eigenen Namen überschreiben. Wenn Sie ein Kontrollkästchen im eingeblendeten Zustand belassen wollen, ohne dass es aus- und angeschaltet werden kann, deaktivieren Sie den Kontrollkasten *Markierung zulassen*.

Formularfelder vom Typ Kontrollkästchen gestalten

Dropdown-Feld gestalten

Ein Dropdown-Feld bietet Ihnen die Möglichkeit, viele verschiedene Auswahlantworten platzsparend im Formularfeld anzubieten. Aktivieren Sie nach dem Einfügen des Dropdown-Felds die Schaltfläche *Formularfeld-Optionen*, um die Gestaltungsmerkmale festzulegen. Sie können ein Dropdown-Feld auch gestalten, indem Sie es markieren, das Kontextmenü öffnen und den Eintrag *Eigenschaften* auswählen oder doppelt auf das Feld klicken.

Eigenschaft	Bedeutung
Dropdownelement	Tragen Sie hier den Text für die Listenelemente ein.
Elemente in Dropdownliste	Zeigt die bisher definierten Listeneinträge des Dropdownfelds an.
Hinzufügen	Nimmt den in das Feld *Dropdownelement* eingegebenen Eintrag in die Liste der Dropdown-Elemente auf.
Entfernen	Löscht den in der Liste Elemente in *Dropdownliste* markierten Eintrag.
Verschieben	Klicken Sie auf die Pfeilschaltfläche mit dem Pfeil nach oben, um einen markierten Listeneintrag weiter nach oben in der Liste zu verschieben. Klicken Sie auf die Pfeilschaltfläche mit dem Pfeil nach unten, um einen markierten Listeneintrag weiter nach unten in der Liste zu verschieben.
Dropdown zulassen	Aktivieren Sie den Kontrollkasten, wenn das Dropdown-Feld auf- und zugeklappt werden darf, oder deaktivieren Sie ihn, um das auszuschließen.

Sie verwenden ein Dropdown-Feld immer dann, wenn Sie den Anwendern eine Auswahl von Antworten zur Verfügung stellen wollen. Dies spart Zeit, da der Feldinhalt nur angeklickt und nicht eingetippt werden muss. Gleichzeitig beschränken Sie den Feldinhalt auf die angezeigten Vorschläge und können so die Benutzereingabe steuern.

6

Formatvorlagen

Im Eingabefeld *Dropdownelement* tragen Sie nacheinander die Einträge für die Liste ein und aktivieren dann jeweils die Schaltfläche *Hinzufügen*. Um ein Listenelement zu löschen, markieren Sie es und aktivieren die Schaltfläche *Entfernen*. Wenn Sie die Reihenfolge der Listeneinträge nachträglich verändern wollen, markieren Sie einen Eintrag im Feld *Elemente in Dropdownliste*. Klicken Sie dann so lange auf den Pfeil *Verschieben*, der in die gewünschte Zielrichtung zeigt, bis die richtige Position erreicht ist.

Gestalten eines Dropdown-Listenfelds

Sie können den vorgegebenen Textmarkennamen im Feld *Textmarke* übernehmen oder überschreiben. Wenn Sie das Aufklappen der Dropdown-Liste nicht zulassen wollen, deaktivieren Sie die Schaltfläche *Dropdowliste aktiviert*

Formularfelder schattieren

Word 2002 zeigt alle Felder, so auch Formularfelder, mit einer grauen Schattierung an. Diese Schattierung soll das Feld vom normalen Dokumentinhalt unterscheidbar machen. Im Gegensatz zur Schattierung von anderen Word-Feldern wird die Schattierung von Formularfeldern auch gedruckt! Klicken Sie auf die Schaltfläche *Formularfeld-Schattierung*, um Formularfeldern eine Schattierung zuzuweisen oder sie zu entfernen.

Formularfelder positionieren

In einem Formular ist das Positionieren von Elementen mithilfe von Tabulatoren, Leerzeilen oder Absatzabständen zu ungenau. Die Symbolleiste *Formular* beinhaltet deshalb die Schaltfläche *Positionsrah-*

men einfügen, mit der Sie Feldern Positionsrahmen zuweisen können. Für Felder, die mit einem solchen Positionsrahmen versehen sind, können Sie die vertikale und horizontale Position ganz genau bestimmen. Nach der Aktivierung der Schaltfläche ziehen Sie den Positionsrahmen an der gewünschten Position auf. Doppelklicken Sie dann auf den Positionsrahmen und passen Sie Position, Größe und Erscheinungsbild im Dialogfeld *Positionsrahmen* an.

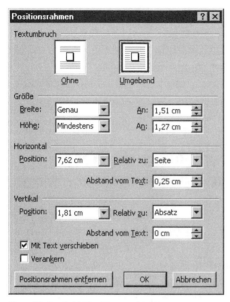

Das Dialogfeld Positionsrahmen

Hinweis

Rahmen um Positionsrahmen

In Word 2002 werden Positionsrahmen immer mit Randlinien eingefügt. Das ist bei Positionsrahmen, die zum Positionieren von Formularfeldern benötigt werden, unerwünscht. Sie können den Rahmen über den Befehl *Format/ Rahmen und Schattierung* oder über die *Rahmenlinien*-Palette, nicht jedoch über die Schaltfläche *Positionsrahmen entfernen* im Dialogfeld *Positionsrahmen* löschen.

Formularfelder mit Tabellenraster anordnen

Die einfachste Möglichkeit zum Anordnen der Felder in einem Formular ist ein Tabellenraster. Für das Einfügen eines Tabellenrasters bietet Word Ihnen zwei Symbole in der Symbolleiste *Formular.*

Mit dem Befehl *Tabelle/Tabelleneigenschaften* oder dem Kontext-Menü zur Tabellengestaltung können Sie Größe und Position der einzelnen Zellen beeinflussen.

Klicken Sie auf das Symbol und zeichnen Sie mithilfe der Maus das Tabellenraster. Zeichnen Sie zuerst die gewünschte Tabellengröße und fügen Sie dann Zeilen und Spalten ein.

Klicken Sie auf das Symbol *Tabelle einfügen*. Ziehen Sie die Maus über das Raster nach rechts, bis Sie die gewünschte Anzahl Spalten, und nach unten, bis Sie die gewünschte Anzahl Zeilen markiert haben.

Sie können im Register *Zelle* des Dialogfelds *Tabelleneigenschaften* die Breite jeder Zelle und den Abstand zwischen dem Zellinhalt, in diesem Fall also zwischen den Formularfeldern, festlegen. Sie können im gleichen Dialogfeld im Register *Zeile* die Höhe der Zellen einer Zeile festlegen. Wenn Sie für ein Formularfeld oder eine erläuternde Feldüberschrift mehr Platz benötigen, können Sie einzelne Zellen mit dem Befehl *Tabelle/Zellen verbinden* zusammenschließen.

Hilfetexte einblenden und ausblenden

Um Benutzer beim Ausfüllen eines Formulars zu unterstützen, können Sie zu jedem Formularfeld einen Hilfetext einblenden. Dieser Hilfetext kann in der Statusleiste oder nach Drücken der Hilfetaste (F1) als Meldungsfeld eingeblendet werden. In der Statusleiste können Sie Hilfemeldungen mit bis zu 138 Zeichen Länge einblenden. Ein Hilfefenster kann bis zu 255 Zeichen aufnehmen. Sie öffnen das Dialogfeld zur Eingabe des Hilfetextes mit Klick auf die Schaltfläche *Hilfetext hinzufügen* in den Dialogfeldern zur Festlegung der Feldoptionen.

Formularfeldern Hilfetexte zuordnen

Musterformular speichern und aufrufen

Nachdem Sie alle Formularkonstanten und alle Formularfelder eingefügt, gestaltet und eventuell mit den notwendigen Hilfetexten versehen haben, können Sie das Musterformular mit dem Befehl *Datei/Speichern unter* unter einem frei wählbaren Namen, aber mit dem Dateityp *Dokumentvor-*

lage speichern und anschließend mit dem Befehl *Datei/Schließen* oder Doppelklick auf das Systemmenü schließen. Mit *Datei/Neu*, Klick auf *Allgemeine Vorlagen* und Auswahl der Formularvorlage im Dialogfeld *Vorlagen* erstellen Sie ein neues leeres Formular zum Ausfüllen.

Formular-Exemplare ausfüllen, drucken und speichern

Sie bearbeiten immer nur eine Kopie, nie das Originalformular, wenn Sie ein Exemplar ausfüllen, speichern und ausdrucken wollen. Sie haben beim Speichern und Drucken von Formularen die Möglichkeit, entweder das komplette Formular oder nur die Feldinhalte auszudrucken. Wenn Sie nur die Feldinhalte ausdrucken, haben Sie damit die Möglichkeit, einen bereits ausgedruckten Vordruck auszufüllen, ohne dabei die Textkonstanten nochmals zu drucken. Sie können das Drucken von Formularen über den Befehl im Register mit dem Ein- oder Ausschalten des Kontrollkästchens *In Formularen nur Daten drucken* steuern.

In Formularen nur die Daten ausdrucken

Wenn Sie viele Exemplare eines Formulars ausgefüllt speichern, sparen Sie Speicherplatz auf dem Datenträger, wenn Sie nur die Feldinhalte speichern. Außerdem werden die Daten dann in einer Form gespeichert, die als Word-Seriendruck-Datenquelle oder in einer Datenbank, z. B. von Microsoft Access, importiert werden kann. Die Art und Weise, wie Formulare gespeichert werden, steuern Sie mit *Extras/Optionen* im Register *Speichern* über das Kontrollkästchen *In Formularen nur Daten speichern*.

6

Formatvorlagen

Word speichert bei aktiviertem Kontrollkästchen *In Formularen nur Daten speichern* die Formulardaten im Nur-Text-Format und durch Tabulator getrennt, sodass sie in einer Datenbank weiterverarbeitet werden können.

Bearbeitungsmodus Formulareingabe aktivieren

Um die spätere Eingabe der Feldinhalte zu ermöglichen, müssen Sie den Modus *Formulareingabe* aktivieren. Dieser Modus aktiviert einen Schreibschutz für alle konstanten Elemente des Formulars und ermöglicht nur noch die Eingabe und Bearbeitung der Feldinhalte.

Aktivieren Sie die Schaltfläche *Formular schützen*, wenn nur Sie selbst mit dem Formular arbeiten werden. Aktivieren Sie stattdessen jedoch das Menü *Extras* und wählen Sie den Eintrag *Dokument schützen*, wenn das Formular von anderen Personen ausgefüllt wird und diesen eine Veränderung nicht gestattet werden soll. In diesem Fall markieren Sie im Dialogfeld die Option *Formulare* und tragen ein bis zu 15 Zeichen langes Kennwort aus Buchstaben, Ziffern, Leerzeichen und Symbolen in das Feld *Kennwort* ein. Aktivieren Sie die Schaltfläche *OK*.

Formulare mit Kennwort schützen

Wenn Sie die Bearbeitungsmöglichkeit für ein Formular wieder über die Eingabe von Feldinhalten hinaus ermöglichen wollen, wählen Sie den Befehl *Extras/Dokumentschutz aufheben* oder klicken nochmals auf das Symbol *Formular schützen*. Wenn Sie ein Kennwort vergeben hatten, müssen Sie jetzt dieses Kennwort eingeben, damit der Dateischutz aufgehoben werden kann.

Formulare ausfüllen

Um eine Kopie des Musterformulars auszufüllen, wählen Sie *Datei/Neu* und aktivieren das Register, in dem Ihre Formular-Dokumentvorlage enthalten ist. Markieren Sie den Namen der Dokumentvorlage, in der Sie das Musterformular gespeichert haben, und schließen Sie das Dialogfeld mit *OK*. Sie können jetzt die Daten für die einzelnen Felder eingeben. Da ein Formular im Schutz-Modus *Formular* ausgefüllt wird und in diesem Modus nur die Feldinhalte bearbeitet werden dürfen, springt der Cursor von Formularfeld zu Formularfeld, sobald Sie die Taste ⎡Tab⎤ drücken, und überschlägt dabei die Formularkonstanten. Sie können die Eingabe der Feldinhalte und das Bewegen zwischen den Formularfeldern mit bestimmten Tastenkombinationen durchführen.

Tasten	Ziel
⎡Tab⎤ oder ⎡→⎤	Nächstes Feld
⎡Umschalt⎤+⎡Tab⎤ oder ⎡←⎤	Vorheriges Feld
⎡F4⎤ oder ⎡Alt⎤+⎡↓⎤	Dropdown-Liste öffnen
⎡↑⎤ oder ⎡↓⎤	Dropdown-Listeneintrag auswählen
⎡Leertaste⎤ oder ⎡x⎤	Kontrollkästchen aktivieren oder deaktivieren
⎡F1⎤	Hilfetextfenster zum Formularfeld einblenden
⎡Strg⎤+⎡Tab⎤	Tabulator in ein Textfeld einfügen

Onlineformular für Telefonnotizen erstellen

Das unten abgebildete Beispielformular wurde mit der Formularfunktion entwickelt. Es enthält Felder, die durch Auswahl, Einschalten oder Eintippen die wichtigsten Punkte eines Telefongesprächs festhalten, das Sie für einen abwesenden Kollegen entgegennehmen. Das Formular ist so konzipiert, dass es immer abrufbereit in Word geöffnet und sofort nach dem Ausfüllen ausgedruckt wird. Um das Beispielformular zu erstellen, benötigen Sie eine Tabelle mit zwei Spalten und sechs Zeilen, in die Sie ein Dropdown-Listenfeld, ein Kontrollkästchen und drei Texteingabefelder einfügen.

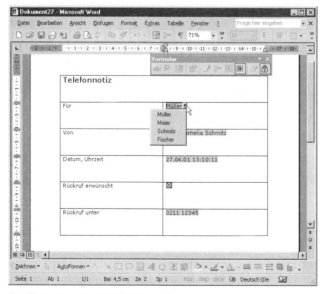

Ein Onlineformular für Telefonnotizen

1 Um die benötigte Tabelle einzufügen, wählen Sie *Tabelle/Einfügen/ Tabelle* und setzen die *Zeilenanzahl* auf *6* und die *Spaltenanzahl* auf *2*. Weitere Einstellungen sind nicht nötig.

2 Klicken Sie mit rechts in die Tabelle und wählen Sie *Tabelleneigenschaften*. Setzen Sie im Register *Zeile* die *Zeilenhöhe* aller Spalten auf *Genau 2 cm*.

3 Markieren Sie die erste Tabellenzeile und verbinden Sie mit dem Befehl *Tabelle/Zellen verbinden* die Zellen der ersten Zeilen und fügen Sie dort den Formulartitel „Telefonnotiz" hervorgehoben ein.

4 Fügen Sie in die Zellen der erste Spalte die Beschriftungen „Für", „Von", „Datum, Uhrzeit", „Rückruf erwünscht" und „Rückruf unter" ein.

Dropdown-Listenfeld für Mitarbeiter

1 Aktivieren Sie mit *Ansicht/Symbolleiste/Formular* die benötigte *Formular*-Symbolleiste.

2 Klicken Sie in die erste Zelle der zweiten Spalte und aktivieren Sie in der Symbolleiste die Schaltfläche *Dropdown-Formularfeld*.

3 Doppelklicken Sie auf das neu eingefügte Feld und fügen Sie die Namen Ihrer Mitarbeiter, für die die Telefonnotiz ausgefüllt werden soll, in die Liste ein. Dazu schreiben Sie die Namen nacheinander in das Feld *Dropdownelement* und aktivieren jedes Mal die Schaltfläche *Hinzufügen*.

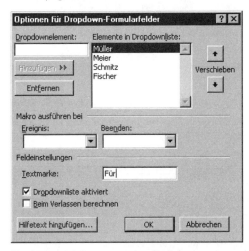

Die Listeneinträge zusammenstellen

Textfelder einfügen und gestalten

1 Klicken Sie in die rechte Zelle der dritten Zeile und fügen Sie mit Klick auf die Schaltfläche *Textformularfeld* dort ein Textformularfeld ein.

2 Doppelklicken Sie auf das neu eingefügte Formularfeld, um die Eigenschaften zu gestalten. Setzen Sie die *Maximale Länge* auf 30 Zeichen und das Textformat auf *Erster Buchstabe gross*.

So wird jede Eingabe von Vor- und Nachamen automatisch mit großen Anfangsbuchstaben gestaltet.

Textfeld gestalten

Fügen Sie in die rechte Zelle der letzten Spalte ebenfalls ein Textformularfeld ein, dessen Eigenschaften Sie auf den Standardeinstellungen belassen können.

Systemdatum und Uhrzeit automatisch anzeigen lassen

1 Fügen Sie in der rechten Zelle der vierten Zeile ebenfalls ein Textfeld ein und aktivieren Sie es per Doppelklick zur Bearbeitung der Feldeigenschaften.

2 In diesem Feld soll das Datum und die Uhrzeit des Anrufs automatisch über die Systemzeit eingefügt werden, da das Formular unmittelbar nach dem Ausfüllen ausgedruckt wird. Wählen Sie deshalb den Typ *Aktuelles Datum* und das Datumsformat *dd.MM.yy HH:mm:ss*.

6

Formatvorlagen

Systemzeit und -datum werden automatisch angezeigt

Da Datum und Uhrzeit bei Auswahl des Feldtyps *Aktuelles Datum* automatisch generiert werden, wird automatisch das Feld *Eingabe zulassen* abgeblendet, wenn Sie diesen Datentyp auswählen.

Kontrollkästchen einfügen

1 Um dem Angerufenen mitzuteilen, ob der Anrufende einen Rückruf wünscht oder nicht, reicht ein Kontrollkästchen, das ein- oder ausgeschaltet werden kann.

2 Klicken Sie in die rechte Zelle der fünften Zeile und aktivieren Sie die Schaltfläche *Kontrollkästchen-Formularfeld*. Die Eigenschaften des Formularfelds müssen nicht mehr angepasst werden.

Formularschutz aktivieren

1 Um das Formular ausfüllen zu können, muss der Formularschutz aktiviert sein.

2 Wenn Sie das Formular nur selbst benützen, müssen Sie nicht unbedingt ein Kennwort für den Formularschutz vergeben. Aktivieren Sie in der *Formular*-Symbolleiste die Schaltfläche *Formular schützen*.

Speichern Sie das fertige Formular mit dem Befehl *Datei/Speichern* und dem Dateityp *Dokumentvorlage* als Dokumentvorlage ab.

Neue Telefonnotiz per Mausklick

Damit Sie bei Bedarf wirklich nur einmal klicken müssen, um ein Formular zu erhalten, und nicht erst die Vorlage suchen müssen, fügen Sie eine Schaltfläche in die *Standard*-Symbolleiste ein, die ein neue Formular erstellt. Um das Makro aufzuzeichnen, sollte die Dokumentvorlage mit dem Formular *Telefonnotiz* bereits geschlossen sein.

1 Wählen Sie *Extras/Makro/Aufzeichnen*, vergeben Sie den Makronamen *Telefonnotiz* und aktivieren Sie die Schaltfläche *Symbolleisten*.

Erstellen des Makros

2 Ziehen Sie den Eintrag *Normal.NewMacros.Telefonnotiz* aus dem Feld *Befehle* auf die *Standard*-Symbolleiste. Aktivieren Sie die Schaltfläche *Auswahl ändern* und *Schaltflächensymbol ändern* und markieren Sie das Telefonsymbol.

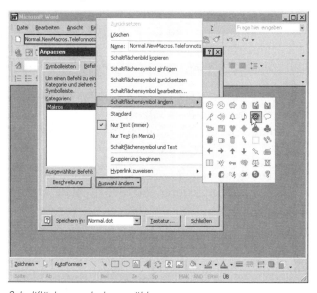

Schaltflächensymbol auswählen

3 Aktivieren Sie anschließend nochmals *Auswahl ändern* und klicken Sie im Menü auf *Standard*, um nur das Symbol auf der Schaltfläche anzuzeigen. Sie können nun das Dialogfeld mit *Schließen* ausblenden und mit der Makroaufzeichnung beginnen.

4 Alles, was Sie dazu tun müssen, ist, einmal ein neues Formular auf Basis der Dokumentvorlage *Telefonnotiz* zu erstellen. Wählen Sie also *Datei/Neu*, klicken Sie im Aufgabenbereich auf den Link *Allgemeine Vorlagen* und markieren Sie die Vorlage *Telefonnotiz*.

5 Bestätigen Sie das Dialogfeld und beenden Sie die Makroauf- zeichnung mit Klick auf die Schaltfläche *Aufzeichnung beenden*.

Zukünftig reicht ein Klick auf die Schaltfläche *Telefonnotiz*, wenn Sie einen Anruf für einen abwesenden Kollegen entgegennehmen müssen, und Sie haben eine Kopie des Formulars zum Ausfüllen bereit.

Vordrucke mit Word ausfüllen

Formulare und Vordrucke, die bereits in gedruckter Form vorliegen, können Sie in den Druckereinzugsschacht legen, um die variablen Formularinhalte von Word aus zu drucken. Dazu ist es erforderlich, dass Sie die genauen Positionen der Formularfeld-Inhalte ausmessen. Dies lohnt sich nur, wenn Sie ein Formular immer wieder ausfüllen müssen. Für ein einmaliges Ausfüllen ist das Verfahren zu aufwändig.

Positionieren von Feldinhalten für Vordrucke

Messen Sie den Abstand der Formularfelder zum oberen und linken Papierrand aus und notieren Sie diese Werte. Messen Sie auch, wie viel Platz die Formularfelder zum Ausfüllen bieten. Blenden Sie dann zunächst mit An*sicht/Symbolleisten/Formular* die *Formular*-Symbolleiste ein.

1 Geben Sie dann einen Platzhalter für den ersten Formularinhalt ein. Markieren Sie den Platzhalter und aktivieren Sie die Schaltfläche *Positionsrahmen einfügen*.

2 Um den Druckrahmen auszuschalten, wählen Sie *Format/Rahmen und Schattierung*, markieren die Schaltfläche *Ohne* und bestätigen das Dialogfeld.

3 Der Platzhalter wird von einem Bearbeitungsrahmen umgeben, der automatisch markiert ist. Doppelklicken Sie auf diesen Rahmen, um Position und Größe des Felds festzulegen.

4   Wechseln Sie in der Optionsgruppe *Größe* in den Listenfeldern *Breite* und *Höhe* zu *Genau* und geben Sie die Breite und Höhe für das erste Feld in die Eingabefelder *An* ein.

5   Überschreiben Sie den Eintrag im Feld *Horizontal Position* mit dem gemessenen Abstand zum linken Rand und setzen Sie die Liste *Relativ zu* auf *Seite*.

6   Überschreiben Sie den Eintrag im Feld *Vertikal Position* und ändern Sie die Liste *Relativ zu* ebenfalls auf *Seite*.

Wiederholen Sie nun die Schritte 1 bis 6, bis Sie alle Formularfelder positioniert und dimensioniert haben. Dann speichern Sie das Formular mit dem Befehl *Datei/Speichern unter* und dem Dateityp *Dokumentvorlage*. Über den Befehl D*atei/Neu* und Auswahl der *Formular*-Dokumentvorlage können Sie das Musterformular laden und die Platzhalter durch die eigentlichen Feldinhalte ersetzen.

Formulare automatisch ausfüllen

Sie können das Ausfüllen von Formularen nach dem im vorherigen Abschnitt beschriebenen Verfahren beschleunigen, wenn Sie statt der Platzhalter Fill-in-Felder benutzen. Wenn sich der Cursor nach dem Einfügen eines Positionsrahmens im Positionsrahmen befindet, drücken Sie die Tastenkombination Strg+F9 und schreiben den Feldnamen „Fill-in" und anschließend – eingeschlossen in Anführungszeichen – eine Eingabeaufforderung. Soll z. B. der Name in das Feld eingegeben werden, könnten Sie die Aufforderung „Bitte geben Sie den Namen ein" formulieren:

{Eingeben „Bitte geben Sie den Namen ein:"}

Erstellen Sie auf diese Weise ein Feld für jeden Formularinhalt innerhalb des entsprechenden Formularfelds. Speichern Sie das Ergebnis mit dem Befehl *Datei/Speichern unter* und dem Dateityp *Dokumentvorlage*. Wenn Sie mit *Datei/Neu* und der Auswahl des Formularmusters eine Kopie erstellen, werden die Felder automatisch abgefragt und aktualisiert.

Felder für ein Überweisungsformular automatisch abfragen und positionieren lassen

Das folgende Beispiel zeigt Ihnen, wie Sie eine Vorlage für ein Überweisungsformular nach Zweckform 2816 erstellen können. Dabei werden die Felder mit Fill-in-Feldern abgefragt und mithilfe von Positionsrahmen positioniert.

6

Formatvorlagen

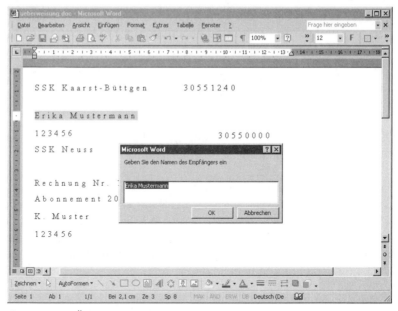

Felder für ein Überweisungsformular

1 Wählen Sie *Datei/Seite einrichten* und setzen den linken und oberen Seitenrand auf je 0,7 cm.

2 Drücken Sie die Tastenkombination (Strg)+(F9) und fügen Sie ein Feld ein, in das Sie den Feldnamen *Fill-in* und in Klammern eingeschlossen die Eingabeaufforderung für das erste Feld „Name und Sitz des beauftragten Kreditinstituts eingeben".

3 Erstellen Sie für jede Eingabe ein weiteres Fill-in-Feld mit den unten abgebildeten Abfragetexten. Wichtig ist, dass Sie für jedes Feld einen separaten Absatz einfügen!

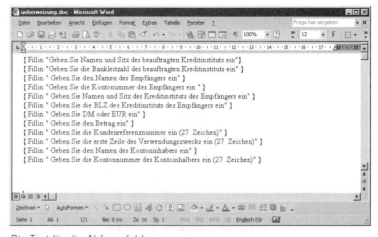

Die Text für die Abfragefelder

4 Blenden Sie anschließend mit *Ansicht/Symbolleisten/Formular* die *Formular*-Symbolleiste ein. Markieren Sie das erste Feld und aktivieren Sie in der Symbolleiste die Schaltfläche *Positionsrahmen einfügen.*

5 Wählen Sie *Format/Rahmen und Schattierung*, aktivieren Sie die Schaltfläche *Ohne* und bestätigen Sie das Dialogfeld.

6 Doppelklicken Sie auf dem grauen Bearbeitungsrahmen des Positionsrahmens. Markieren Sie im Listenfeld *Breite* den Eintrag *Genau* und geben Sie im Feld *An* den Wert „7,5 cm" ein.

7 Markieren Sie im Listenfeld *Höhe* den Eintrag *Genau* und legen Sie den Wert im Feld *An* mit 0,48 cm fest. Überschreiben Sie den Wert, der in der Optionsgruppe *Horizontal* im Feld *Position* angezeigt wird, mit „0,7 cm" und setzen Sie das Listenfeld *Relativ zu* auf *Seite*. Setzen Sie auch die vertikale Position auf „0,5 cm" relativ zur Seite.

8 Markieren Sie das Feld für die BLZ und aktivieren Sie wieder die Schaltfläche *Positionsrahmen einfügen*. Schalten Sie wieder den Rahmen aus und doppelklicken Sie auf den Bearbeitungsrahmen.

9 Setzen Sie das Feld auf eine genaue Breite von 4 cm und eine Höhe von 0,48 cm. Überschreiben Sie den Wert der in der Optionsgruppe *Horizontal* im Feld *Position* angezeigt, wird mit „8,5 cm" und setzen Sie das Listenfeld *Relativ zu* auf *Seite*. Setzen Sie die vertikale Position auf 0,8 cm relativ zur Seite.

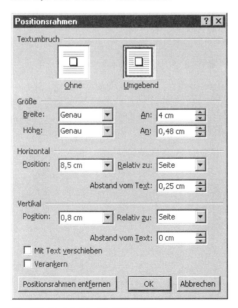

Positionieren der Bankleitzahl

10 Legen Sie die Breite und die Höhe der übrigen Felder genauso nach den Werten der folgenden Tabelle fest.

Feld	Breite	Höhe	Hposition	Relativ zu	Vposition	Relativ zu
Empfänger Name	13,4 cm	0,48 cm	0,7 cm	Seite	2,2 cm	Seite
Empfänger Kontonrr	4,9 cm	0,48 cm	0,7 cm	Seite	3,1 cm	Seite
Empfänger BLZ	3,8	0,48 cm	10,3 cm	Seite	3,2	Seite
Empfänger Kreditinst.	13,4 cm	0,48 cm	0,7 cm	Seite	3,9 cm	Seite
DM/EURO	1,5 cm	0,48 cm	6,1 cm	Seite	4,7 cm	Seite
Betrag	5,9 cm	0,48 cm	8,1 cm	Seite	4,7 cm	Seite
Kundenreferenz	13,4 cm	0,48 cm	0,7 cm	Seitenrand	5,6 cm	Seite
Verwendung	13,4 cm	0,48 cm	0,7 cm	Seitenrand	6,4 cm	Seite
Kontoinhaber	13,4	0,48 cm	0,7 cm	Seitenrand	7,3 cm	Seite
Kontonummer	5 cm	0,48 cm	0,7 cm	Seitenrand	8,2 cm	Seite

11 Markieren Sie das komplette Dokument und wählen Sie *Format/ Zeichen*. Aktivieren Sie im Register *Zeichenabstand* eine erweiterte Laufweite von 4 pt. Speichern Sie den Vordruck als Dokumentvorlage.

7. Grafiken und grafische Elemente

Auch wenn Word als Textverarbeitungsprogramm in erster Linie natürlich für die Erstellung und Gestaltung von Textdokumenten eingerichtet ist, besitzt es einige Grafikfunktionen. Zu diesen Funktionen gehören Befehle, mit denen Sie Grafiken und grafische Elemente, die Sie mit einem Grafikprogramm erstellt haben, in Dokumente einfügen können.

Word unterstützt jedoch auch zahlreiche Features, mit denen Sie grafische Elemente direkt in einem Word-Dokument erstellen können. Mit den Schaltflächen der *Zeichnen*-Symbolleiste können Sie einfache Zeichenobjekte, Legenden, so genannte AutoFormen, aber auch grafischen Text mit besonderen 3-D- oder Schatten-Effekten erstellen und bearbeiten. Sie haben außerdem von Word aus den Zugriff auf die ClipArt-Sammlung und können eingescannte grafische Objekte in Dokumente einbinden.

7.1 ClipArts und Grafikdateien

Zu den vielfältigen Gestaltungsmitteln, die Word anbietet, gehören verschiedene grafische Formen, die aus einer Sammlung von ClipArts gewählt, in Grafikdateien gespeichert oder als Zeichnungs- oder Schriftobjekte vom Anwender selbst geformt werden können.

Einsatz der ClipArt-Gallery

Bei der Arbeit mit der ClipArt-Gallery müssen Sie sich ein wenig umgewöhnen. Das frühere Dialogfeld *ClipArt-Gallery* gibt es in Word 2002 nicht mehr. Hier werden die Clips vom ClipOrganizer verwaltet. Über den Befehl *Start/Programme/Microsoft Office Tools/MicrosoftClip Organizer* können Sie auch unabhängig von Word auf diese Sammlung zugreifen.

Wenn Sie einen Clip in ein Word-Dokument einfügen wollen, finden Sie die entsprechenden Befehle in einem speziellen Aufgabenbereich, der bei Wahl des Befehls *Einfügen/ClipArt* automatisch angezeigt wird.

7

Grafiken

Als ClipArt werden grafische Objekte, Sounddateien oder Videosequenzen bezeichnet, die in kleinen Sammlungen zu bestimmten Themen zusammengefasst sind. Auch auf der Microsoft Office-CD finden Sie eine solche Sammlung.

Um eine Grafik aus dieser Sammlung einzufügen, wählen Sie *Einfügen/Grafik/ClipArt* oder klicken in der Symbolleiste *Zeichnen* auf die Schaltfläche *ClipArt einfügen*.

Der Aufgabenbereich ClipArt einfügen

Der Aufgabenbereich *ClipArt einfügen* wird eingeblendet. Wenn Sie schon einmal auf der Microsoft-Website gewesen sind und dort nach Clip Arts gesucht haben, werden Sie den Aufbau des Aufgabenbereichs von dort her kennen.

Hinweis

Dialogfeld *Clips zum Organizer hinzufügen*

Bei der ersten Aktivierung der ClipArts wird das Dialogfeld *Clips zum Organizer hinzufügen* angezeigt und Sie werden aufgefordert, der Katalogisierung der auf Ihrem System vorhandenen Mediendateien zuzustimmen. Das Dialogfeld wird so lange eingeblendet, bis Sie der Katalogisierung zustimmen oder das Kontrollkästchen *Diese Meldung nicht mehr anzeigen* einschalten.

Suchen nach Clips

Da die Sammlung der Clips recht umfangreich ist, finden Sie im Aufgabenbereich *ClipArts einfügen* verschiedene Optionen, mit denen Sie gezielt nach Grafiken suchen können, die zu bestimmten Themenbereichen passen.

Clips zu einem bestimmten Thema suchen

Geben Sie entweder einen Suchbegriff in das Feld *Text suchen* ein oder wählen Sie ihn aus dem Listenfeld der bereits verwendeten Begriffe aus. Als Ergebnis wird entweder eine Anzahl passender Grafiken angezeigt oder Sie erhalten eine Meldung, dass keine passenden Clips existieren. In diesem Fall klicken Sie auf die Schaltfläche *Ändern* und erhalten die Gelegenheit, einen anderen Suchbegriff einzugeben.

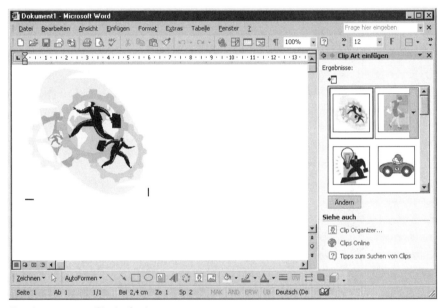

Ergebnisse einer ClipArt-Suche

Suche auf eine bestimmte Sammlung beschränken

Statt ein oder mehrere Stichwörter als Suchbegriff zu verwenden, können Sie sich auch auf bestimmte Sammlungen oder Mediendateien beschränken. Der *Clip Organizer* fasst die gefundenen Medien in verschiedenen Sammlungen zusammen, die im Listenfeld *Suchen in* angezeigt werden. Die auf Ihren verfügbaren Laufwerken gefundenen Grafikdateien werden in der Kategorie *Meine Sammlungen* zusammengefasst. Die mit Office gelieferten Clips finden Sie in den *Office Sammlungen* und den *Web Sammlungen*.

Um die hier enthaltenen Grafikkategorien anzuzeigen, klicken Sie auf das Pluszeichen vor dem Namen der Sammlung. Ist eine Hauptkategorie noch in weitere untergeordnete Kategorien unterteilt, klicken Sie auf die Pluszeichen vor den Namen der Unterkategorien.

Um die Suche auf bestimmte Sammlungen oder Kategorien zu beschränken, schalten Sie einfach das Kontrollkästchen vor dem Namen oder Kategorie der vor dem Namen der Sammlung aus.

ClipArt-Sammlungen

Suche auf einen bestimmten Medientyp oder auf ein Dateiformat beschränken

Eine weitere Selektionsmöglichkeit bietet Ihnen die Liste *Ergebnisse*. Hier finden Sie die Kontrollkästchen für verschiedenen Medientypen, wie ClipArts, Fotos, Filme oder Sounddateien.

Wenn Sie auf das Pluszeichen vor einem Medientyp klicken, werden alle in dieser Kategorien zusammengefassten Dateiformate aufgelistet. Sie können die Suche auf ein bestimmtes Dateiformat beschränken, indem Sie alle Kontrollkästchen bis auf das des gesuchten Formats ausschalten.

ClipArt-Sammlungen

ClipArt einfügen

Als Ergebnis einer erfolgreichen Suche werden alle Clips angezeigt, auf die die angegebenen Selektionskriterien zutreffen. Über der Liste mit den Ergebnissen wird außerdem eine kleine Schaltfläche angezeigt, mit der Sie die Ergebnisliste vergrößern können.

Falls passende Clips angeboten werden, zeigen Sie auf einen Clip, um eine QuickInfo mit den zugeordneten Stichwörtern, dem Grafikformat, den Dimensionen und der Dateigröße einzublenden.

Infos zu einem Clip

Zum Einfügen eines Clips klicken Sie einfach darauf. Nach dem Einfügen des ausgewählten Clips wird der Aufgabenbereich *Clip Art einfügen* nicht automatisch geschlossen, damit Sie Gelegenheit erhalten, weitere Clips einzufügen.

Zugriff auf Clips im WWW

Vielleicht vermissen Sie die früher im Dialogfeld verfügbare Schaltfläche *ClipArt Online,* mit der Sie auf die riesige ClipArt-Sammlung auf dem Microsoft-Webserver zugreifen konnten, wenn Sie in der lokalen ClipArt-Gallery keinen passenden Clip gefunden hatten. Keine Sorge! Der Zugriff auf diese Sammlung ist über den Link *Clips Online* unten im Aufgabenbereich *Clip Art einfügen* immer noch möglich.

Organisieren von Clips

Um die im Aufgabenbereich *ClipArt einfügen* angezeigten Clips zu verwalten, setzen Sie deren Kontextmenü ein. Zeigen Sie auf einen Clip und klicken Sie auf die graue Leiste oder klicken Sie mit rechts auf den Clip, um das Menü einzublenden. Sie erhalten dann Befehle, mit denen Sie Clips in das aktuelle Dokument einfügen, kopieren, aus der Sammlung löschen, in eine andere Sammlung kopieren oder mit einem Grafikprogramm öffnen können. Wenn Sie einem Clip zusätzliche Stichwörter hinzufügen wollen, klicken Sie auf den Befehl *Schlüsselwörter bearbeiten*. Mit dem Befehl *Vorschau* können Sie alle Eigenschaften des Clips und eine vergrößerte Vorschau in einem separaten Dialogfeld anzeigen lassen.

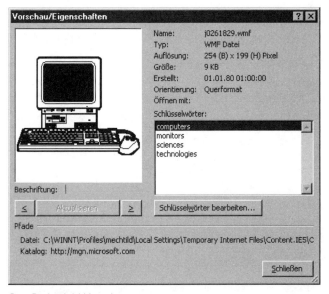

Das Dialogfeld Vorschau

Einsatz des Microsoft Clip Organizers

Microsoft Office bietet Ihnen mit dem Clip Organizer die Möglichkeit, Grafiken, Fotos und andere Mediendateien in den Sammlungen zu verwalten. Um den Clip Organizer zu starten, wählen Sie entweder *Start/Programme/Microsoft Office Tools/Microsoft Clip Organizer* oder Sie blenden den Aufgabenbereich *ClipArt einfügen* ein und klicken darin auf den Link *Clip Organizer.*

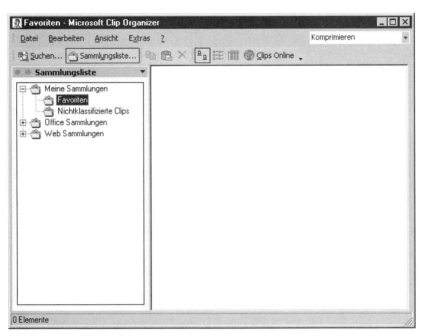

Der Microsoft Clip Organizer

Neue Sammlung erstellen

Wie bereits weiter oben erwähnt, werden die Grafiken und andere Mediendateien vom Clip Organizer in so genannten Sammlungen verwaltet. Diese Sammlungskataloge werden wie Windows-Speicherordner organisiert und können auch so verwaltet werden. Neue Sammlungen können Sie nur innerhalb des Katalogs *Meine Sammlungen* anlegen.

Um einen neuen Sammlungskatalog zu erstellen, wählen Sie *Datei/Neue Sammlung* und geben den Namen für die neue Sammlung in das Feld *Name* ein. Markieren Sie in der Ordnerliste den Ordner, in dem Sie die neue Sammlung einfügen wollen, und bestätigen Sie das Dialogfeld.

Erstellen einer neuen Sammlung

Über den Rechtsklick auf einen Sammlungsordner können Sie dessen *Eigenschaften* einblenden. Zu diesen Eigenschaften gehören alle verknüpften Ordner und Dateien, die automatisch in den Sammlungsordner aufgenommen werden sollen. Über die Schaltfläche *Hinzufügen* im Dialogfeld *Sammlungseigenschaften* können Sie Ordner mit einer Sammlung verknüpfen und über die Optionsgruppe *Optionen* aktualisieren, wie die Dateien in den verknüpften Ordner zur Sammlung hinzugefügt werden sollen.

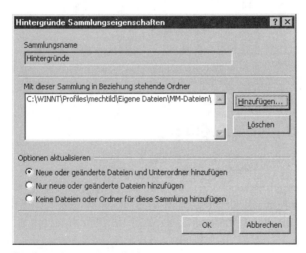

Die Sammlungseigenschaften

Clips zum Organizer hinzufügen

Wenn Sie den Microsoft Clip Organizer zum ersten Mal starten, schlägt er Ihnen automatisch vor, die verfügbaren Laufwerke nach Grafiken und Mediendateien zu durchsuchen und diese in die Sammlungen aufzunehmen. Dieser Vorschlag wird so lange wiederholt, bis Sie entweder das Kontrollkästchen aktivieren, mit dem Sie die Meldung ausblenden, oder der Clip Organizer einmal die Mediendateien der verfügbaren Laufwerke archiviert hat. Später wählen Sie im Clip Organizer den Befehl *Datei/Clips zum Organizer hinzufügen*, um neue Dateien zu archivieren.

Clips automatisch hinzufügen

Um den Microsoft Clip Organizer alle verfügbaren Laufwerke automatisch nach Mediendateien durchsuchen zu lassen, wählen Sie *Datei/Clips zum Organizer hinzufügen/Automatisch*. Um alle verfügbaren Laufwerke zu durchsuchen, aktivieren Sie im Dialogfeld *Clips zum Organizer hinzufügen* die Schaltfläche *OK*. Soll die Suche auf bestimmte Ordner beschränkt werden, aktivieren Sie stattdessen die Schaltfläche *Optionen* und schalten die Kontrollkästchen für die Ordner aus, die nicht durchsucht werden sollen.

Clips manuell hinzufügen

Um Clips manuell zu einer Sammlung hinzuzufügen, wählen Sie *Datei/ Clips zum Organizer hinzufügen/Manuell*. Öffnen Sie den Speicherordner, in dem die Mediendatei enthalten ist, und markieren Sie deren Dateinamen. Aktivieren Sie im Dialogfeld *Favoriten – Clips zum Organizer hinzufügen* die Schaltfläche *Hinzufügen zu* und wählen Sie die Sammlung aus, in die Sie die Mediendatei aufnehmen wollen. Dann aktivieren Sie die Schaltflächen *OK* und *Hinzufügen*.

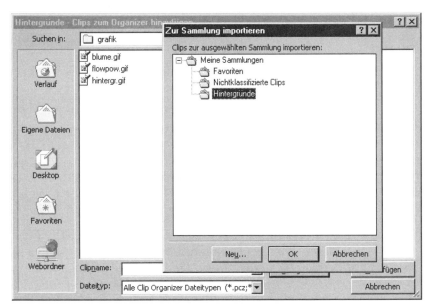

Neue Mediendateien manuell hinzufügen

Grafik zu ClipArt-Aufzählungzeichen hinzufügen

Sie können grafische Symbole, die Sie als Aufzählungszeichen verwenden wollen, gezielt in die Liste der Aufzählungszeichen aufnehmen. Wählen Sie dazu *Format/Nummerierung und Aufzählungszeichen* und markieren Sie im Register *Aufzählungszeichen* ein beliebiges Aufzählungszeichen. Aktivieren Sie die Schaltflächen *Anpassen* und *Bild*. Aktivieren Sie im Dialogfeld *Bildaufzählungszeichen* die Schaltfläche *Importieren*. Sie können nun die Grafikdatei übergeben, die Sie als grafisches Aufzählungszeichen verwenden wollen.

Clips kopieren und bearbeiten

Über den Befehl *Ansicht* oder die beiden Schaltflächen *Suchen* und *Sammlungsliste* können Sie im Microsoft Clip Organizer zwischen dem Aufgabenbereich *Sammlungsliste* und dem Aufgabenbereich *Suchen*, der dem gleichnamigen Word-Aufgabenbereich entspricht, wechseln.

In der Symbolleiste finden Sie die von Windows bekannten Schaltflächen, mit denen Sie die Ansicht der Clips steuern. Mit den Schaltflächen *Liste* oder *Details* zeigen Sie die Dateiinformationen zu den Grafiken an. Die Schaltfläche *Miniaturbilder* zeigt dagegen eine Vorschau der Grafiken an. Unabhängig von der ausgewählten Ansicht können Sie die Clips über das Kontextmenü oder den Befehl *Bearbeiten* verwalten, d. h. den aktuellen Clip zwischen Sammlungen verschieben, in eine andere Sammlung kopieren, ihn mit einem Grafikprogramm zur Bearbeitung öffnen oder die zugeordneten Schlüsselwörter bearbeiten oder ergänzen.

Tipp

Clips aus dem Organizer in Word-Dokumente übernehmen

Mit den Befehlen *Kopieren* und *Einfügen* aus dem Kontextmenü können Sie Clips direkt aus dem Clip Organizer in ein Word-Dokument übernehmen.

Clip Organizer-Katalog komprimieren

Über den Befehl *Extras/Komprimieren* haben Sie die Möglichkeit, den ClipArt-Hauptkatalog zu komprimieren. Dadurch verringern Sie die Zugriffszeiten auf die Thumbnails und die Eigenschaften der Clips. Setzen Sie den Befehl zum Komprimieren auch ein, wenn Sie Fehlermeldungen über fehlende Clips oder Datenkorruption erhalten, wenn Sie versuchen, auf Clips zuzugreifen. Der Clip Organizer führt mit der Komprimierung auch eine Reparatur solcher Datenfehler durch.

Komprimieren des ClipArt-Hauptkatalogs

Einladung zur Geschäftseröffnung

Die Eröffnung des eigenen Geschäfts ist ein wichtiger Termin. Die Einladung zu diesem Ereignis wollen Sie deshalb sicherlich perfekt gestalten, um möglichst viele potenzielle Kunden in den neuen Laden zu ziehen. Die Beispieleinladung wurde als DIN-A4-Flugblatt konzipiert, das per Wurfzettel verteilt oder an wichtigen Punkten ausgelegt werden kann.

Eine Einladung zur Gschäftseröffnung

Firmenlogo in ClipArt aufnehmen

1 Um das Firmenlogo zur Sammlung der eigenen Clips hinzuzufügen, zeigen Sie mit *Einfügen/Grafik/ClipArt* zunächst den Aufgabenbereich *ClipArt einfügen* an.

2 Aktivieren Sie dann im Aufgabenbereich den Link *Clip Organizer*.

3 Wählen Sie dann im Clip Organizer den Befehl *Datei/Clips zum Organizer hinzufügen/Manuell*, öffnen Sie den Speicherordner, in dem Ihr Firmenlogo gespeichert ist, und markieren Sie dessen Dateinamen.

4 Aktivieren Sie im Dialogfeld *Favoriten – Clips zum Organizer hinzufügen* die Schaltfläche *Hinzufügen zu* und wählen Sie die Sammlung aus, in die Sie das Firmenlogo aufnehmen wollen.

5 Aktivieren Sie die Schaltflächen *OK* und *Hinzufügen*.

6 Klicken Sie anschließend mit der rechten Maustaste auf das Firmenlogo und wählen Sie den Eintrag *Schlüsselwörter bearbeiten*.

7 Geben Sie „Firmenlogo" in das Feld *Schlüsselwort* ein und aktivieren Sie die Schaltfläche *Hinzufügen*.

8 Sie können den Clip Organizer mit *Datei/Beenden* ausblenden.

Einladung mit Firmenlogo und Seitenrahmen gestalten

Die Einladung zur Geschäftseröffnung der neuen Filiale der Buchhandlung Schulze ist in der Schrift Tahoma gestaltet. Wenn Sie statt Ihres Firmenlogos den Clip aus dem Beispiel verwenden sollen, müssen Sie das Stichwort *Buch* benutzen.

1 Um die Beispieleinladung zur Geschäftseröffnung mit dem Logo Ihrer Firma zu gestalten, wählen Sie *Einfügen/Grafik/ClipArt* oder klicken Sie in der Symbolleiste *Zeichnen* auf die Schaltfläche *ClipArt einfügen*.

2 Geben Sie in das Suchfeld im Aufgabenbereich *Clip Art einfügen* den Suchbegriff „Firmenlogo" ein und aktivieren Sie die Schaltfläche *Suchen*.

3 Wählen Sie den Clip aus, den Sie verwenden wollen, und klicken Sie mit rechts auf den entsprechenden Thumbnail.

4 Wählen Sie *Einfügen* und ziehen Sie den Clip mithilfe der Markierungspunkte an den Ecken auf eine passende Größe.

5 Ergänzen Sie den Text für das Einladungsschreiben und gestalten Sie ihn in der Schrift Tahoma, in der Schriftgröße 14 und zentriert.

6 Um die Einladung mit einem Seitenrahmen zu gestalten, wählen Sie *Format/Rahmen und Schattierung* und blenden das Register *Seitenrahmen* ein.

7 Wählen Sie aus dem Listenfeld *Effekte* einen passenden Rahmen aus und bestätigen Sie das Dialogfeld.

Die Aufzählung mit grafischen Aufzählungszeichen aus der ClipArt-Sammlung gestalten

1 Markieren Sie die Absätze, die als Aufzählungspunkte gestaltet werden sollen, und wählen Sie *Format/Nummerierung und Aufzählungszeichen*.

2 Klicken Sie auf ein beliebiges Aufzählungszeichen und aktivieren Sie die Schaltfläche *Anpassen*.

3 Im Dialogfeld *Aufzählung anpassen* aktivieren Sie die Schaltfläche *Bild*. Suchen Sie nach einem passenden Aufzählungszeichen.

4 Bestätigen Sie das Dialogfeld, um die markierten Absätze mit dem Aufzählungszeichen zu gestalten.

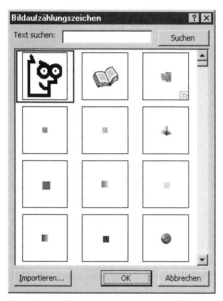

Benutzerdefiniertes grafisches Aufzählungszeichen

Grafikdateien einfügen, einbetten und verknüpfen

Sie können selbstverständlich auch Grafiken einfügen, die nicht in einer ClipArt-Sammlung enthalten sind. Word versteht alle gängigen Grafikformate und Sie können das Setup nutzen, um fehlende Grafikfilter nachträglich zu installieren. Um eine Grafikdatei in ein Word-Dokument einzufügen, klicken Sie an die gewünschte Einfügeposition und wählen *Einfügen/Grafik/Aus Datei*.

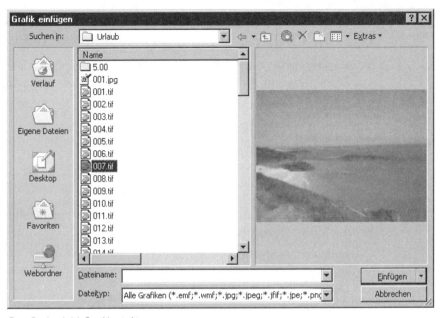

Das Dialogfeld Grafik einfügen

Word zeigt im Dialogfeld *Grafik einfügen* automatisch den Inhalt des Ordners *Eigene Bilder* an. Öffnen Sie den Ordner, in dem die Grafikdatei gespeichert ist, und markieren Sie deren Dateinamen. Anschließend fügen Sie die Datei auf eine der folgenden Arten ein:

Grafik einbetten

Um die Grafik so einzufügen, dass sie innerhalb des Textdokuments und ohne Verbindung zur Originaldatei gespeichert wird, klicken Sie auf die Schaltfläche *Einfügen*. Diese Methode vergrößert zwar das Word-Dokument, hat jedoch den Vorteil, dass die Originalgrafikdatei nicht benötigt wird, wenn Sie das Dokument weitergeben oder auf Diskette kopieren.

Grafik verknüpfen

Soll die Grafik mit einer Verbindung zur Originaldatei eingefügt, aber außerhalb des Word-Dokuments gespeichert werden, klicken Sie auf den Listenpfeil, der neben der Schaltfläche *Einfügen* angezeigt wird, und wählen *Mit Datei verknüpfen*. Diese Methode verringert den Platzbedarf und überträgt trotzdem Änderungen der Quelldatei auf das Word-Dokument.

Grafik einbetten und verknüpfen

Um die Grafik so einzufügen, dass sie im Word-Dokument gespeichert und mit der Originaldatei verknüpft wird, klicken Sie auf den Listenpfeil, der neben der Schaltfläche *Einfügen* angezeigt wird, und wählen *Einfügen und Verknüpfen.* Diese Methode vergrößert das Word-Dokument, garantiert jedoch die Aktualität der Grafik.

Hinweis

Fehlende Grafik-(formate)

Falls der Name einer Grafikdatei in der Dateiliste des Dialogfelds *Grafik einfügen* nicht angezeigt wird, obwohl der Speicherordner geöffnet ist, unterstützt Word das entsprechende Format nicht. Sie sollten prüfen, ob Sie über das Office-Setup einen passenden Grafikfilter zusätzlich installieren können. Falls nur den Name der Grafikdatei, aber nicht deren Inhalt im Dialogfeld *Grafik einfügen* angezeigt wird, klicken Sie auf die Schaltfläche *Ansichten* und markieren *Vorschau.*

Einkaufsgutschein gestalten

Ein Einkaufsgutschein wird z. B. von Buchhandlungen oder von Blumenhandlungen verteilt. Kunden können solche Einkaufsgutscheine kaufen, um sie an Freunde oder Verwandte zu verschenken, die dann für die Höhe des auf dem Gutschein notierten Betrags einkaufen können. Der Beispiel-Einkaufsgutschein ist mit einer Grafik gestaltet, die als Grafikdatei eingefügt und frei positioniert ist. Dabei wurde ein normaler DIN-A4-Bogen verwendet, der jeweils zwei Einkaufsgutscheine enthält, die dann mithilfe eines Schneidegeräts exakt getrennt werden können.

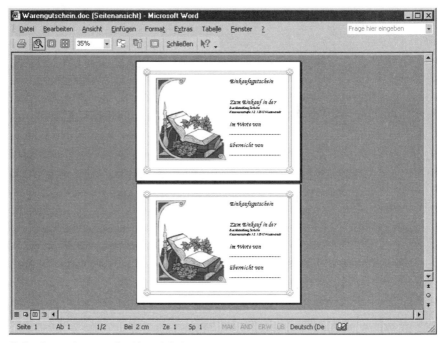

Einkaufsgutschein mit Grafik und Rahmen

7

Grafiken

1 Erstellen Sie ein neues Standarddokument und wählen Sie *Datei/Seite einrichten*. Markieren Sie in der Optionsgruppe *Seiten* im Listenfeld *Mehrere Seiten* den Eintrag *2 Seiten pro Blatt*.

2 Stellen Sie den Seitenrand *Links* und *Rechts* auf 2,5 cm und den Seitenrand *Außen* und *Innen* auf je 2 cm.

3 Fügen Sie die Grafik, die Sie verwenden wollen, mit dem Befehl *Einfügen/Grafik/Aus Datei* ein und ziehen Sie diese per Drag & Drop auf eine passende Größe.

4 Klicken Sie auf die Datei und in der Symbolleiste *Grafik* auf die Schaltfläche *Textfluss*. Um den Text wie hier neben der Grafik anzuzeigen, wählen Sie den Eintrag *Quadrat*.

5 Der Text, den Sie eingeben, wird neben der Grafik angeordnet. Verwenden Sie eine Zierschrift nach Wunsch.

6 Um die Markierungen für die handschriftlichen Eintragungen für den Wert des Einkaufsgutscheins und den Namen des Schenkenden einzufügen, verwenden Sie leere Absätze.

7 Weisen Sie den leeren Absätzen über den Befehl *Format/Rahmen und Schattierung* eine untere gepunktete oder gestrichelte untere Randlinie zu. Weisen Sie den Absätzen ggf. über den Befehl *Format/Absatz* einen höheren *Zeilenabstand* zu.

8 Um den Zierrahmen um den kompletten Einkaufsgutschein einzufügen, wählen Sie nochmals *Format/Rahmen und Schattierung* und wählen einen zur Grafik passenden Rahmen im Listenfeld *Effekt* und eine passende Farbe im Listenfeld *Farbe* aus.

9 Fügen Sie am Ende des ersten Einkaufsgutscheins mit der Tastenkombination [Strg]+[Umschalt] einen Seitenwechsel ein und kopieren Sie den Inhalt der ersten Seite auf die zweite Seite.

Grafiken (oder Text) von Scanner oder Digitalkamera übernehmen

Schon seit einigen Vorversionen ist es möglich, direkt von Word aus auf einen angeschlossenen Scanner zuzugreifen. Dadurch ist es möglich, Grafiken einzuscannen und in einem Word-Dokument zu verwenden.

Grafik oder Text von Scanner oder Digitalkamera in Word-Dokument einfügen

Starten Sie z. B. mit Klick auf die Schaltfläche *Start* und dem Befehl *Programme/Microsoft Office-Tools/Microsoft Clip Organizer* den Clip Organizer. Wählen Sie im Clip Organizer den Befehl *Datei/Clips zum Organizer hinzufügen/Von Scanner oder Kamera.*

Die Office-Scan-Tools

Microsoft Document Imaging einsetzen

Zusätzlich bietet Office XP Ihnen jetzt eine weitere Möglichkeit, Text oder Grafiken von einem Scanner in Office-Dokumente zu übernehmen. Um diese Möglichkeit zu nutzen, wählen Sie nach der Aktivierung der Schaltfläche *Start* den Befehl *Programme/Microsoft Office Tools/Microsoft Office Document Imaging.*

Das Office-Scan-Tool beinhaltet die zwei Komponenten *Microsoft Office Document Scanning*, das den eigentlichen Scan-Vorgang und ggf. eine Texterkennung mittels OCR durchführt und *Microsoft Office Dokument Imaging*, das die Vor- und Nachbearbeitung durchführt. Mit *Microsoft Office Dokument Imaging* können Sie beispielsweise festlegen, dass mehrere Seiten eingescannt werden sollen, Ausschnitte aus dem eingescannten Objekt auswählen und diese zur Weiterverarbeitung nach Word senden oder per E-Mail verschicken.

Wählen Sie in *Microsoft Office Document Imaging* den Befehl *Datei/ Neues Dokument scannen* oder aktivieren Sie die Schaltfläche *Neues Dokument scannen.*

7

Grafiken

Vor dem Start des Scanvorgangs wählen Sie im Listenfeld das Format, in dem das Objekt eingescannt werden soll. Empfohlen wird die Einstellung *Schwarzweiß*, wenn Sie Textdokumente einscannen wollen, und *Farbe*, wenn Sie Bilder einscannen.

Auswahl der Voreinstellung

Mit der Aktivierung der Schaltfläche *Scannen* starten Sie anschließend den Scanvorgang. Um eine eingescannte Grafik in ein Word-Dokument zu übernehmen, ziehen Sie anschließend einen Rahmen um den gewünschten Grafikausschnitt und wählen *Bearbeiten/Bild kopieren*. In Word können Sie das Bild aus der Zwischenablage an der gewünschten Position einfügen.

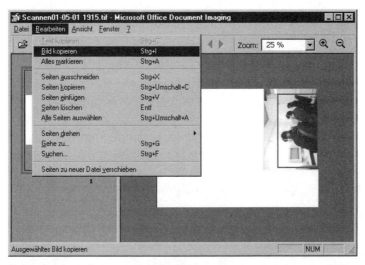

Kopieren einer eingescannten Grafik

Nach dem Scan-Vorgang wird automatisch eine Texterkennung durchgeführt. Mit der Schaltfläche *Leseansicht* können Sie eine vergrößerte Textvorschau anzeigen.

In der Symbolleiste finden Sie außerdem die Schaltfläche *Text an Word Senden* bzw. im Menü *Datei* den Befehl *Text an Word senden,* mit dem Sie den kompletten Text oder einen ausgewählten Textabschnitt in ein Word-Dokument übernehmen können.

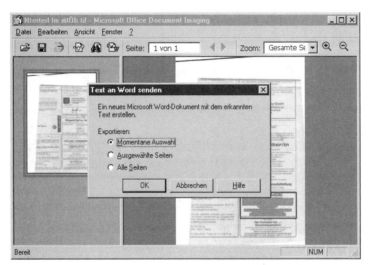

Eingescannte Texte oder Grafik in Word-Dokumente übernehmen

Grafiken über Zwischenablage einfügen

Selbstverständlich kennen Sie die Möglichkeit, Grafiken, die Sie in einem Grafikprogramm erstellt haben, direkt über die Windows-Zwischenablage in ein Word-Dokument einzufügen. Normalerweise setzen Sie im Grafikprogramm den Befehl *Bearbeiten/Kopieren* ein, um die Grafik in die Zwischenablage zu kopieren, und fügen diese dann über den Befehl *Bearbeiten/Einfügen* oder die Schaltfläche *Einfügen* in das Word-Dokument ein. Die so übernommene Grafik wird in das Word-Dokument eingebettet, d. h. innerhalb des Word-Dokuments gespeichert.

Wenn Sie statt des Befehls *Einfügen* den Befehl *Inhalte einfügen* wählen, können Sie festlegen, in welchem Format die kopierte Grafik eingefügt werden soll. Wurde die Grafik im Quellprogramm bereits gespeichert, können Sie diese mit der Optionsschaltfläche *Verknüpfung* einfügen auch mit einer Verknüpfung zur Quelldatei einfügen.

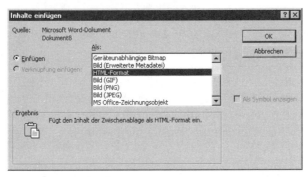

Grafik als Verknüpfung einfügen

Außerdem können Sie das Grafikformat wählen, mit dem die Grafik eingefügt werden soll.

Tipp

Grafik mit Zwischenablage konvertieren

Sie können mit *Bearbeiten/Kopieren* und *Bearbeiten/Inhalte einfügen* schnell eine bereits in Word eingefügte Grafik in ein anderes Format konvertieren.

Grafische Objekte mit Symbolleiste oder Dialogfeld gestalten

Unabhängig davon, aus welcher Quelle die Grafikdatei stammt, die Sie in ein Word-Dokument eingefügt haben, können Sie die folgenden Befehle und Mausaktionen einsetzen, um Größe und Position einer Grafik zu steuern:

Einsatz der Grafik-Symbolleiste

Falls die Symbolleiste nach dem Einfügen oder Markieren einer Grafik nicht automatisch eingeblendet wird, können Sie sie über *Ansicht/Symbolleisten* und Klick auf *Grafik* einblenden.

Die Symbolleiste Grafik

Verwenden Sie die Symbole der Symbolleiste wie folgt:

Mit diesem Symbol öffnen Sie das Dialogfeld *Grafik einfügen*.

Klicken Sie auf das Symbol *Farbe*, um die automatische Farbkontrolle ein- oder auszuschalten bzw. die Grafik in Graustufen, Schwarzweiß oder als Wasserzeichen anzuzeigen.

Mit diesen Symbolen können Sie den Farbkontrast vergrößern oder verringern.

Klicken Sie auf diese Symbole, um die Helligkeit zu erhöhen oder zu reduzieren.

Aktivieren Sie dieses Symbol, um einen Grafikausschnitt zu erstellen, und ziehen Sie die Grafik an den Markierungspunkten mit dem veränderten Mauszeiger auf den gewünschten Ausschnitt.

Mithilfe der Schaltfläche *Grafik komprimieren* können Sie grafische Elemente gegen den Uhrzeigersinn in 90-Grad-Schritten nach links drehen.

Dieses Symbol öffnet eine Auswahl an Linienarten, mit der Sie den Grafikrahmen gestalten können.

Mithilfe dieser Schaltfläche können Sie Grafiken, deren Größe Sie im Word-Dokument verkleinert haben, in der verkleinerten oder ausgeschnittenen Form abspeichern. Dadurch sparen Sie Speicherplatz.

Dieses Symbol ermöglicht eine Änderung des Textflusses. Ein Klick auf dieses Symbol öffnet ein Menü mit den wichtigsten Textfluss-Optionen.

Mithilfe dieses Symbols können Sie eine transparente Farbe in einer GIF-Grafik festlegen.

Ein Klick auf dieses Symbol hebt alle Veränderungen auf und versetzt die Grafik zurück in den Originalzustand.

Es ist natürlich nicht möglich, eine verkleinerte Grafik, die Sie bereits komprimiert gespeichert haben, mithilfe der Schaltfläche *Grafik zurücksetzen* wieder in die ursprüngliche Größe zurückzusetzen.

Grafikgröße per Drag & Drop verändern

Wenn Sie eine Grafik durch einfachen Klick auswählen, werden Markierungspunkte an allen Ecken und auf den Randlinien angezeigt. Mithilfe dieser Punkte kann die Größe der Grafik verändert werden. Wenn Sie den Mauszeiger auf einen solchen Markierungspunkt bewegen, wird er zum Doppelpfeil. Sie verändern die Größe des Objekts durch Ziehen des Doppelpfeil-Mauszeigers. Das Ziehen der Markierungspunkte auf den Randlinien verändert nur die Höhe oder Breite, das Ziehen der Eckpunkte verändert Höhe und Breite gleichzeitig und proportional.

7

Grafiken

Größe einer Grafik per Drag & Drop verändern

Grafikausschnitt erstellen

Falls Sie in einem Word-Dokument eine Grafik verwenden wollen, von der Sie nur einen bestimmten Ausschnitt benötigen, können Sie diesen Ausschnitt direkt in Word erstellen, ohne ein Grafikprogramm einsetzen zu müssen. Aktivieren Sie in der Symbolleiste *Grafik* die Schaltfläche *Zuschneiden*. Die Grafik wird von dicken Markierungen eingefasst. Wenn Sie den Mauszeiger auf eine solche Markierung bewegen, verwandelt er sich in ein Schneidesymbol. Erstellen Sie damit den gewünschten Ausschnitt und beenden Sie das Zuschneiden durch erneuten Klick auf die Schaltfläche *Zuschneiden*.

Zuschneiden eines Grafikausschnitts

Speicherplatz sparen durch komprimierte Grafiken

Wenn Sie eine Grafik verkleinert oder einen Grafikausschnitt er-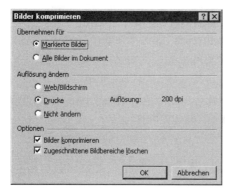
stellt haben, aktivieren Sie anschließend die Schaltfläche *Bilder*
komprimieren oder wählen *Format/Grafik* und aktivieren die Schaltfläche
Komprimieren. Mit der Auswahl *Markierte Bilder* komprimieren Sie die
nur die ausgewählte Grafik. Schalten Sie das Kontrollkästchen *Bilder*
komprimieren ein, um die eingebettete Grafik in verkleinerter Form zu
speichern, und *Zugeschnittene Bildausschnitte löschen*, um nur den Grafikausschnitt im Word-Dokument zu speichern.

Komprimieren der markierten Grafik

Grafikposition per Drag & Drop ändern

Wenn Sie auf ein grafisches Objekt zeigen, verwandelt sich der Mauszeiger in einen Vierfachpfeil und Sie können das Objekt mit gedrückter linker Maustaste an eine andere Position ziehen. Frei positionieren können
Sie auf diese Weise allerdings nur Grafiken, die nicht im Layout *Mit Text*
in Zeile gestaltet sind!

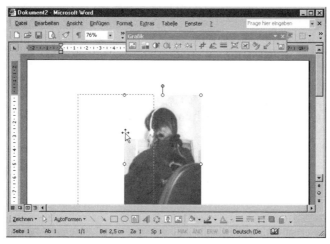

Grafik per Drag & Drop positionieren

7

Grafiken

Textfluss um Grafik steuern

Mit der Einstellung des Textflusses legen Sie fest, ob und wie der
Umgebungstext eine Grafik umfließen darf. Am schnellsten können
Sie den Textfluss mit der Schaltfläche *Textfluss* in der *Grafik*-Symbolleis-
te beeinflussen.

Außerdem ist es möglich, den Textfluss über das Register *Layout* und die
Schaltfläche *Zeichnen* in der *Zeichnen*-Symbolleiste zu steuern.

- *Mit Text in Zeile*
  Mit dieser Umbruchart schalten Sie den Textfluss des Umgebungstextes aus. Die Grafik verhält sich dann wie ein Textabschnitt und kann
  nicht frei positioniert werden.

- *Quadrat*
  Mit dieser Umbruchart legen Sie fest, dass der Umgebungstext die
  Grafik in quadratischer Form umfließt.

- *Passend*
  Bei dieser Umbruchart umfließt der Text die Grafik eng und bildet
  dabei die äußere Form nach.

- *Hinter den Text*
  Mit der Umbruchart *Hinter den Text* positionieren Sie die Grafik hinter dem Umgebungstext. Der Text fließt nicht um die Grafik, sondern
  über die Grafik hinweg.

- *Vor den Text*
  Diese Umbruchart setzt die Grafik vor den Text. Es findet auch hier
  kein Textfluss um die Grafik statt. Die Grafik verdeckt den Text teilweise.

- *Oben und Unten*
  Hiermit legen Sie fest, dass der Umgebungstext die Grafik nur unten
  und oben, nicht jedoch rechts und links umfließen darf.

- *Transparent*
  Diese Umbruchart lässt den Text eng um das grafische Objekt fließen,
  der Text fließt hierbei auch in offene Bereiche der Grafik.

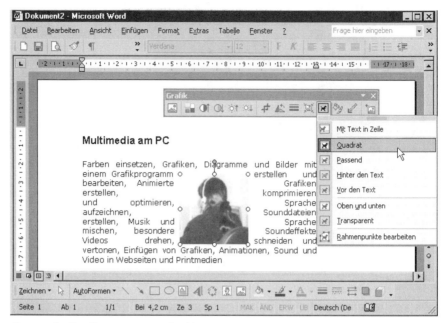

Steuern des Textflusses um eine Grafik

Grafik formatieren und positionieren im Dialogfeld

Das Dialogfeld zur Grafikgestaltung öffnen Sie über den Befehl *Format/ Grafik,* den Kontextmenübefehl *Grafik formatieren* oder per Doppelklick auf eine Grafik.

Größe festlegen

Im Register *Größe* können Sie die Grafikgröße über die Eingabe von Werten oder prozentual im Verhältnis zur Originalgröße ändern. Wenn die Änderung der Größe nicht zu einer Verzerrung der Grafik führen soll, müssen Sie das Kontrollkästchen *Seitenverhältnis* einschalten.

Um die Grafikgröße absolut festzulegen, tragen Sie die Werte für *Höhe* und *Breite* in die gleichnamigen Felder der Optionsgruppe *Größe und Drehung* ein.

Um die Größe prozentual zur aktuellen Größe oder zur Originalgröße festzulegen, verwenden Sie die Werte in der Optionsgruppe *Skalierung*.

7

Grafiken

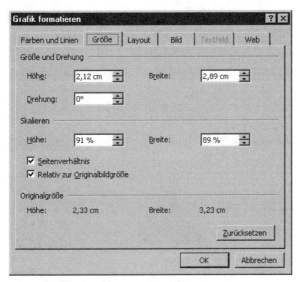

Grafikgröße im Dialogfeld festlegen

Bei eingeschaltetem Kontrollkästchen *Relativ zur Originalbildgröße* bezieht sich die Skalierung auf die Originalgröße der Grafik. Falls Sie die Größe einer Grafik bereits verändert haben, können Sie mit der Schaltfläche *Zurücksetzen* zur ursprünglichen Größe zurückkehren.

Textfluss festlegen

Das Register *Layout* setzen Sie ein, um den Textfluss des Umgebungstextes um die Grafik zu steuern. Sie können z. B. festlegen, dass der Umgebungstext die Grafik im Quadrat umgibt oder deren Konturen folgt.

Außerdem kann die Grafik hinter oder vor den Text gesetzt werden, wie bereits weiter oben im Abschnitt Textfluss genauer beschrieben. Im Register *Layout* können Sie über die Schaltfläche *Weitere* die Bildposition und den Textfluss noch genauer steuern.

Im Register *Textfluss* des Dialogfelds *Erweitertes Layout* können Sie in der Optionsgruppe *Textfluss* die Seite festlegen, an der Textfluss stattfinden darf, und in der Optionsgruppe *Abstand vom Text* festlegen, welcher Abstand zwischen dem Umgebungstext und der Grafik eingehalten werden soll.

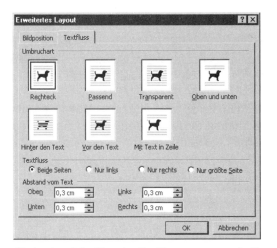

Abstand und Position des Textflusses genauer festlegen

Grafik absolut oder relativ positionieren

Das Register *Bildposition* setzen Sie ein, um eine Grafik absolut oder relativ zu positionieren. Die Positionierung ist genauer als eine Positionierung per Drag & Drop. Mit der Optionsschaltfläche *Ausrichtung* können Sie die markierte Grafik horizontal linksbündig, rechtsbündig oder zentriert bzw. vertikal oben, unten oder zentriert relativ z. B. zu verschiedenen Bezugspunkten wie zur Seite oder zum Seitenrand ausrichten.

Um eine Grafik mit festem Abstand zur Papierkante oder zum Papierrand zu positionieren, markieren Sie in den Optionsgruppen *Horizontal* und *Vertikal* die Schaltflächen *Absolute Position*, wählen in dem Listenfeld rechts den Bezugspunkt und geben in die Eingabefelder den gewünschten Abstand zum Bezugspunkt ein.

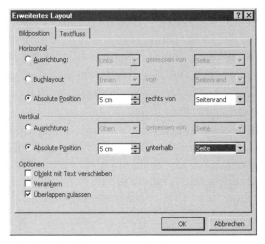

Absolutes Positionieren von Grafiken

Grafik im Absatz verankern

Mit dem Einschalten des Kontrollkästchens *Objekt mit Text verschieben* sorgen Sie dafür, dass eine Grafik mitverschoben wird, wenn Sie den Textabsatz verschieben, in den Sie diese Grafik eingefügt haben.

Mit dem Kontrollkästchen *Verankern* wird das Objekt an der aktuellen Position verankert und behält diese Position auch beim Verschieben oder Kopieren des verankerten Absatzes bei.

Mit dem Kontrollkästchen *Überlappen zulassen* erlauben Sie grafischen Objekten mit der gleichen Umbruchart ein Überlappen.

Kontrast, Helligkeit und Farbintensität ändern

Das Register *Bild* ermöglicht das Zuschneiden eines Grafikausschnitts und die Veränderung der Bildhelligkeit und des Bildkontrasts. Über die Liste *Farbe* können Sie die Grafik als Schwarzweißbild, als Graustufung oder als halb transparentes Wasserzeichen (Ausgeblichen) anzeigen lassen. Das entspricht den Optionen, die Sie über die Schaltfläche *Farbe* in der *Grafik*-Symbolleiste schneller auswählen können.

Grafik oder Text als gedrucktes Wasserzeichen

In den bisherigen Word-Versionen konnten Sie zwar bereits Dokumente über den Befehl *Format/Hintergrund* mit Hintergrundgrafik gestalten, diese Grafik wurde jedoch nur auf dem Bildschirm angezeigt und nicht gedruckt. Hintergrundgrafik in Printmedien mussten Sie relativ umständlich einfügen und hinter den Text positionieren, damit sie auch im Druck sichtbar wurde. Damit eignete sich der Befehl in erster Linie für Webseiten und andere Bildschirmdokumente.

Neu in Word 2002 ist die Möglichkeit, eine Grafik als Wasserzeichen zu gestalten und in dieser Form im Hintergrund eines Dokuments anzuzeigen und auszudrucken. Dabei können Sie sowohl Grafiken, wie z. B. Ihr Firmenlogo, als auch Text als Hintergrund drucken lassen.

Grafik als Wasserzeichen im Hintergrund drucken

Um z. B. das Firmenlogo als Wasserzeichen im Hintergrund eines Geschäftsbriefs zu drucken, wählen Sie *Format/Hintergrund* und klicken in der geöffneten Farbpalette auf die Auswahl *Gedrucktes Wasserzeichen*. Wechseln Sie im Dialogfeld zur Optionsschaltfläche *Bildwasserzeichen* und übergeben Sie mit der Schaltfläche *Bild auswählen* die Grafikdatei.

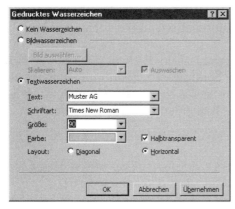

Grafik als Hintergrund in Printmedien

Über die Option *Skalieren* können Sie die ausgewählte Grafik anpassen oder die Anpassung mit der Auswahl *Auto* Word überlassen. Schalten Sie das Kontrollkästchen *Auswaschen* ein, damit die Farbintensität der Grafik so heruntergesetzt wird, dass sie sich als Hintergrund eignet.

Text als Wasserzeichen im Hintergrund drucken

Wie bereits weiter oben erwähnt, können Sie auch Text als Wasserzeichen im Hintergrund eines Dokuments anzeigen und ausdrucken lassen. In diesem Fall wählen Sie im Dialogfeld *Gedrucktes Wasserzeichen* die Optionsschaltfläche *Textwasserzeichen*. Überschreiben Sie den Eintrag im Feld *Text* und wählen Sie die Schriftart und die Größe aus, in der der Text angezeigt werden soll.

Normalerweise zeigt Word Textwasserzeichen in hellgrauer Farbe an, Sie können im Listenfeld *Farbe* aber auch eine andere Farbe auswählen. Beschränken Sie sich hier jedoch möglichst auf helle Farben, damit der Vordergrundtext lesbar bleibt.

Formatieren eines Textwasserzeichens

Word schlägt im Dialogfeld *Gedrucktes Wasserzechen* vor, den Text diagonal anzuzeigen. Alternativ können Sie mit der Optionsschaltfläche *Horizontal* einen horizontalen Textverlauf erzwingen.

7.2 Word-Zeichnungsfunktionen und AutoFormen

Word für Windows bietet Ihnen viel mehr als nur Textverarbeitungsfunktionen. In Word können Sie, wie in allen Office-Anwendungen, über die Symbolleiste *Zeichnen* auf die Funktionen von OfficeArt zugreifen. Sie können Zeichnungsobjekte, AutoFormen wie Linien, Pfeile, Flussdiagramme und Legenden einfügen und gestalten.

Eine ausführliche Beschreibung aller möglichen Objekte und Funktionen würde den Rahmen dieses Buchs sprengen, deshalb erhalten Sie hier lediglich einen Überblick über die wichtigsten Elemente und deren Bedeutung.

Sie blenden die Symbolleiste *Zeichnen* ein, indem Sie dieses Symbol in der Symbolleiste *Standard* aktivieren oder den Befehl *Ansicht/Symbolleisten* wählen und den Eintrag *Zeichnen* aktivieren.

Arbeiten mit Zeichnungsbereichen

Neu in Word 2002 ist die Möglichkeit, Zeichnungsbereiche über einen Befehl zu erstellen und zu bearbeiten. In einem Zeichnungsbereich können Sie beliebige Zeichnungen und grafische Elemente zusammenstellen, den Hintergrund mit einer Farbe gestalten und einen bestimmten Textfluss festlegen. Anschließend können Sie alle Objekte des Zeichnungsbereichs zusammen bearbeiten, markieren und z B. auf eine andere Größe skalieren oder die Größe automatisch an den Inhalt anpassen lassen.

Um einen Zeichnungsbereich zu erstellen, wählen Sie *Einfügen/Grafik/Neue Zeichnung*. Der Zeichnungsbereich wird mit einem grauen Arbeitsrahmen eingefasst. Wenn Sie Zeichnungsobjekte oder Textfelder einfügen, erstellt Word automatisch einen Zeichnungsbereich!

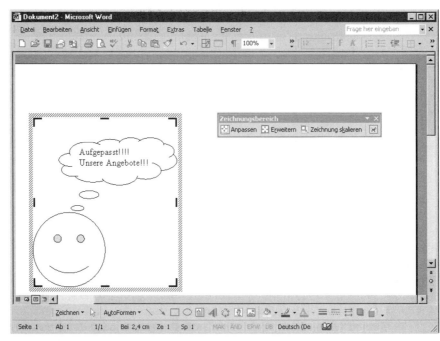

Ein Zeichnungsbereich

Bei der Bearbeitung eines Zeichnungsbereichs oder nachdem Sie alle gewünschten Zeichnungen und AutoFormen in den Zeichnungsbereich eingefügt haben, können Sie die Größe des Zeichnungsbereichs anpassen. Es ist sowohl eine manuelle Anpassung der Größe per Drag & Drop als auch eine automatische Anpassung möglich. Um den Zeichnungsbereich anzupassen, doppelklicken Sie auf den grauen Bearbeitungsrahmen oder Sie setzen die Schaltflächen der Symbolleiste *Zeichnungsbereich* ein.

Die Symbolleiste Zeichnungsbereich

Die Symbolleiste *Zeichnungsbereich* wird automatisch eingeblendet, wenn Sie einen Zeichnungsbereich aktivieren und automatisch ausgeblendet, wenn Sie diesen wieder verlassen. Falls die Symbolleiste fehlt, können Sie sie über den Rechtsklick in den Zeichnungsbereich und den Befehl *Symbolleiste für Zeichnungsbereich* wieder anzeigen lassen. Auf der Symbolleiste finden Sie die Schaltflächen:

Die Symbolleiste Zeichnen

- *Anpassen*
  Aktivieren Sie diese Schaltfläche, damit Word die Größe des Aufgabenbereichs automatisch an dessen Inhalt anpasst.

- *Erweitern*
  Nach dem Klick auf diese Schaltfläche wird der Aufgabenbereich schrittweise vergrößert.

- *Zeichnung skalieren*
  Nach der Aktivierung dieser Schaltfläche können Sie die Größe des Zeichnungsbereichs per Drag & Drop durch Ziehen der Eckmarkierungen verändern.

Textfluss um Zeichnungsbereich steuern

Im Register *Layout* wird das Verhalten des Umgebungstextes festgelegt. Word beherrscht auch den Kontursatz. Als Kontursatz bzw. Formsatz wird der Schriftsatz bezeichnet, der den Konturen einer Grafik folgt. In der Optionsgruppe *Umbruchart* können Sie festlegen, dass der Umgebungstext den Zeichnungsbereich umfließt, hinter dem Zeichnungsbereich weiterfließt, kein Umbruch stattfindet oder Zeichnungsbereich und Text in einer Zeile angezeigt werden.

Layout für den Zeichnungsbereich festlegen

Der Einsatz der Symbolleiste Zeichnen

Die Symbolleiste *Zeichnen* bietet Ihnen Schaltflächen, mit denen Sie Zeichnungsobjekte, erläuternde Legenden und Textfelder einfügen, gestalten oder gruppieren können.

Die Symbolleiste Zeichnen

Die Bedeutung der einzelnen Symbole:

Mit dieser Schaltfläche öffnen Sie ein Menü, aus dem Sie Befehle zum Gruppieren, Ausrichten, Drehen und Kippen von Zeichnungsobjekten auswählen können.

Objekte markieren: Mithilfe dieses Symbols können Sie Zeichnungsobjekte zur weiteren Bearbeitung markieren. Klicken Sie auf das Objekt oder setzen Sie den Mauszeiger über die obere linke Ecke des Objekts und ziehen Sie mit der Maus einen Auswahlrahmen um das Zeichnungsobjekt.

AutoFormen: Mit dieser Schaltfläche öffnen Sie ein Menü mit Befehlen, die wiederum überlappende Menüs zur Auswahl von Linien, Standardformen wie Kreisen, Vierecken, Würfeln, Herzen sowie Pfeilen, Flussdiagrammsymbolen, Sternen, Bannern und Legenden anbieten. Nach der Auswahl der AutoForm zeichnen Sie das Objekt mit gedrückter linker Maustaste in der gewünschten Größe und an der gewünschten Position ins Dokument.

Linie: Mit diesem Werkzeug können Sie Linien zeichnen. Klicken Sie auf das Symbol und dann auf den gewünschten Startpunkt für die Linie. Ziehen Sie die Maus bei gedrückter linker Maustaste auf den gewünschten Endpunkt der Linie und lassen Sie die Maustaste wieder los.

Pfeil: Klicken Sie auf diese Schaltfläche, um Pfeile zu zeichnen. Ziehen Sie anschließend eine Linie vom Anfangs- zum Endpunkt des Pfeils.

Rechteck: Mit dieser Schaltfläche erzeugen Sie ein Rechteck. Klicken Sie auf die gewünschte Einfügeposition und ziehen Sie die Maus bei gedrückter linker Maustaste, bis das Rechteck die gewünschte Größe anzeigt. Um ein Quadrat zu erzeugen, halten Sie die Taste (Umschalt) gedrückt.

Ellipse: Klicken Sie diese Schaltfläche an, um eine Ellipse oder einen Kreis zu erzeugen. Klicken Sie dann auf die gewünschte Einfügeposition und ziehen Sie die Ellipse mit der Maus bei gedrückter linker Maustaste auf die gewünschte Größe. Um einen Kreis zu erzeugen, halten Sie bei dieser Aktion die Taste (Umschalt) gedrückt. Wollen Sie den

Kreis oder die Ellipse vom inneren Mittelpunkt aus aufbauen, drücken Sie während des Zeichnens die Taste (Strg).

Textfeld: Mit diesem Symbol fügen Sie ein Textfeld ein, mit dem Sie Text auf jeder beliebigen Position auf der Seite positionieren können. Klicken Sie auf das Symbol und dann auf die gewünschte obere linke Eckposition für das Textfeld und ziehen Sie es auf die gewünschte Größe. Um ein quadratisches Textfeld zu erzeugen, halten Sie die Taste (Umschalt) gedrückt. Nach dem Einfügen des Textfelds wird automatisch die Symbolleiste *Textfeld* angezeigt.

WordArt einfügen: Klicken Sie auf diese Schaltfläche, um ein neues WordArt-Objekt einzufügen.

Füllfarbe: Öffnet die Farbpalette, damit ein Objekt mit Füllfarbe ausgefüllt werden kann. Klicken Sie auf den Listenpfeil und dann auf die gewünschte neue Füllfarbe.

Linienfarbe: Öffnet die Farbpalette zur Festlegung der Linienfarbe für ein Objekt. Klicken Sie vor dem Einfügen eines neuen Zeichnungsobjekts auf dieses Symbol oder markieren Sie ein Zeichnungsobjekt, dessen Linienfarbe Sie ändern wollen.

Schriftfarbe: Aktiviert eine Palette mit Schriftfarben, um die Farbe des Textes in einem Textfeld oder einer Legende zu ändern.

Linienart: Aktiviert eine Liste zur Veränderung von Linienarten. Markieren Sie ein Zeichnungsobjekt, um seine Linienart zu ändern.

Strichart: Öffnet eine Liste mit verschiedenen Linien, z. B. einfache, gepunktete, Linien aus Sternchen oder unterbrochenen Strichen. Markieren Sie ein Zeichnungsobjekt, um seine Linienart zu ändern.

Pfeilart: Öffnet eine Auswahl von Pfeilen. Diese Auswahl kann nur benutzt werden, wenn das markierte Objekt eine Linie oder ein Pfeil ist.

Schatten: Dies Schaltfläche öffnet eine Auswahl von Schattenarten. Der Eintrag *Schatteneinstellungen* blendet die Symbolleiste ein, mit der Schattenfarbe und -ausrichtung beeinflusst werden können.

3D: Mit dieser Schaltfläche öffnen Sie eine Palette, um ein zwei- in ein dreidimensionales Objekt zu verwandeln oder die Einstellungen eines 3-D-Objekts zu verändern. Mit der Auswahl *3D-Einstellungen* blenden Sie die gleichnamige Symbolleiste ein, mit der die Perspektive eines 3-D-Objekts geändert werden kann.

Der Einsatz der AutoFormen

Eine weitere Möglichkeit, das im Dokument behandelte Thema mithilfe von grafischen Objekten zu veranschaulichen, bieten die AutoFormen. Hierbei handelt es sich um fertige Standardzeichnungsobjekte, wie Linien, Pfeile, Sterne, Banner, Legenden oder einfache Symbole aus den Bereichen Programmierung, EDV, Architektur oder Webdesign. Nach dem Einfügen können Sie diese Objekte umformen und anpassen.

Zum Einfügen einer AutoForm sollte die Symbolleiste *Zeichnen* angezeigt werden. Diese ist normalerweise unter dem Eingabebereich sichtbar oder kann mit einem Klick auf die Schaltfläche *Zeichnen* ein- und ausgeblendet werden.

AutoFormen erstellen

Klicken Sie in dieser Symbolleiste auf die Schaltfläche *AutoFormen* und markieren Sie eine der angebotenen Kategorien. Eine Palette mit den AutoFormen dieser Kategorie wird angezeigt. Klicken Sie auf die gewünschte Form, um sie einzufügen, und dann an die gewünschte Einfügeposition. Word fügt automatisch einen Zeichnungsbereich ein. Klicken Sie in den Zeichnungsbereich, um die Auto-Form darin zu erstellen, oder außerhalb, um sie ohne Zeichnungsbereich einzufügen, und ziehen Sie anschließend diese Form in der gewünschten Größe im Dokument auf.

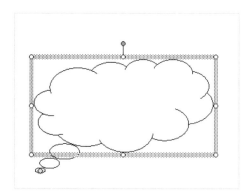

Eine markierte AutoForm

Mit den weißen Markierungspunkten können Sie anschließend die Größe, mit dem gelben Markierungspunkt die Form noch verändern. Der grüne Markierungspunkt wird zum freien Drehen von AutoFormen eingesetzt.

AutoFormen und Zeichnungsobjekte bearbeiten

Von der Textformatierung wissen Sie bereits, dass Sie einen Textabschnitt, den Sie nachträglich bearbeiten wollen, markieren müssen, bevor Sie die entsprechenden Gestaltungsbefehle zuweisen können.

Für Zeichnungsobjekte gilt dieselbe Regel, nur die Art des Markierens unterscheidet sich. Bevor Sie ein Zeichnungsobjekt gestalten, verknüpfen, verschieben, kopieren oder entfernen können, müssen Sie es markieren.

AutoForm oder Zeichnungsobjekte markieren

Um ein einzelnes Zeichnungsobjekt zu markieren, klicken Sie auf den Rahmen des Zeichnungsobjekts. Bei zwei- oder dreidimensionalen Objekten können Sie auch in das Element klicken. Markierte Linien, Quadrate und Rechtecke werden durch Markierungspunkte gekennzeichnet.

Kreise, Ellipsen, Bogen und Freihandfiguren werden mit einem Rahmen umgeben, der Markierungspunkte enthält. Um den gesamten Text in einem Textfeld zu markieren, reicht es, das Textfeld anzuklicken. Wenn Sie nur einzelne Textelemente markieren wollen, können Sie die üblichen Markierverfahren für Textelemente einsetzen.

Um mehrere nicht zusammenstehende Zeichnungsobjekte gleichzeitig zu markieren, halten Sie die Taste (Umschalt) gedrückt und klicken nacheinander alle Elemente an.

Um mehrere zusammenstehende Zeichnungsobjekte zu markieren, klicken Sie auf das Symbol *Objekte markieren* und ziehen einen Rahmen um die Zeichnungsobjekte. Um eine Markierung wieder aufzuheben, klicken Sie außerhalb des markierten Elements.

Tipp

Zeichnungsobjekte und AutoFormen bearbeiten

Sie können das Dialogfeld zur Bearbeitung eines Zeichnungsobjekts noch schneller durch Doppelklick öffnen. Der Doppelklick öffnet das zum Objekt passende Dialogfeld, ein Klick mit der rechten Maustaste öffnet ein Kontextmenü mit passenden Befehlen. In beiden Fällen wird das Objekt gleichzeitig markiert.

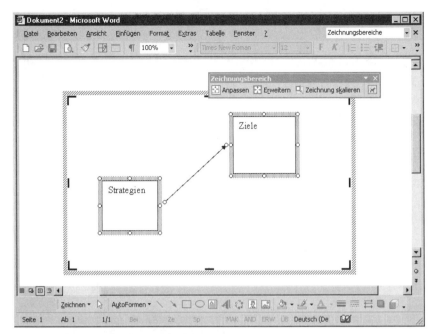

Mehrere markierte Zeichnungsobjekte

AutoForm formatieren

Zur Gestaltung der Zeichnungsobjekte bzw. der AutoFormen können Sie die oben vorgestellten Schaltflächen einsetzen oder nach dem Markieren des Objekts den Befehl *Format/AutoForm* bzw. *Textfeld* wählen bzw. einen Doppelklick auf das Objekt ausführen. Word bietet Ihnen im Register *Farben und Linien* die Möglichkeit, Hintergrundfarbe, Muster und Musterfarbe für Zeichnungsobjekte auszuwählen.

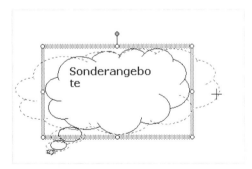

Die Größe von AutoFormen oder Zeichnungsobjekten verändern

Aktivieren Sie die gewünschten Optionen, bevor Sie ein neues Element mit veränderter Füllung erstellen, oder markieren Sie ein erstelltes Zeichnungsobjekt, für das Sie nachträglich die Füllfarbe verändern wollen.

Größe von Zeichnungsobjekten verändern

Im Register *Größe* können Sie die Höhe und Breite des Objekts entweder als festen Wert angeben oder prozentual zur aktuellen Größe skalieren. Außerdem können Sie hier den Grad der Drehung festlegen. Nach einer Veränderung setzt die Schaltfläche *Zurücksetzen* das Objekt auf die ursprüngliche Größe zurück.

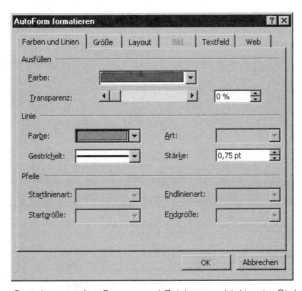

Gestalten von AutoFormen und Zeichnungsobjekten im Dialogfeld

Positionieren von Zeichnungsobjekten im Zeichnungsbereich

Im Register *Layout* können Sie die horizontale und vertikale Position von Zeichnungsobjekten innerhalb des Zeichnungsbereichs festlegen. Dabei legen Sie die Position des Zeichnungsobjekts entweder im Verhältnis zur linken oberen Ecke des Zeichnungsbereichs fest oder Sie zentrieren das Objekt vertikal/horizontal im Zeichnungsbereich.

Textfelder und Legenden gestalten

Wenn Sie ein Textfeld oder eine Legende markiert haben, ist zusätzlich die Registerkarte *Textfeld* wählbar, mit der Sie den Rand zwischen dem Inhalt und dem Rahmen des Textfelds oder der Legende festlegen und bei einer Legende den Abstand, Winkel und Ansatz der Legendenhinweislinie formatieren können. Sie finden hier außerdem eine Schaltfläche, mit der Sie ein Textfeld in einen Positionsrahmen konvertieren können.

Freies Drehen von Objekten

Markieren Sie ein Zeichnungsobjekt, klicken Sie auf die Schaltfläche *Zeichnen* und wählen Sie *Drehen oder Kippen/Drehen*. Die viereckigen Markierungspunkte, die ein aktiviertes Zeichnungsobjekt umgeben, verwandeln sich in grüne runde Punkte. Zeigen Sie auf einen solchen Punkt, können Sie das Zeichnungsobjekt mit dem kreispfeilförmigen Mauszeiger und gedrückter Maustaste drehen.

AutoFormen und Zeichnungsobjekte drucken

In bestimmten Fällen wollen Sie vielleicht nur den Text Ihres Dokuments ausdrucken und die enthaltenen Zeichnungsobjekte beim Ausdruck unterdrücken. Sie können im Register *Drucken* des Dialogfelds *Optionen* festlegen, ob die Zeichnungsobjekte, die ein Dokument enthält, gedruckt werden sollen oder nicht. Deaktivieren Sie dort im Feld *Mit dem Dokument ausdrucken* das Kontrollkästchen *Zeichnungsobjekte* und schließen Sie das Dialogfeld mit *OK*.

AutoFormen und Zeichnungsobjekte anzeigen und ausblenden

Zeichnungsobjekte werden nur in der Seiten-Layoutansicht und der Onlinelayoutansicht angezeigt. Wenn Sie in diesen Ansichten einen Text bearbeiten, der Zeichnungsobjekte enthält, können Sie diese Zeichnungsobjekte ausblenden. Damit verhindern Sie eine versehentliche Veränderung dieser Elemente und beschleunigen den Bildschirmaufbau. Deaktivieren Sie das Kontrollkästchen *Zeichnungen* im Register *Ansicht* des Dialogfelds *Optionen*.

7

Grafiken

7.3 Design per WordArt

Wenn Sie mit den normalen Schrifteffekten, die Word Ihnen anbietet, nicht zufrieden sind, sondern etwas Besonderes suchen, wie z. B. dreidimensionalen Text in Wellenform, mit Farbverläufen gestaltete Zeichen oder kreisförmig angeordnete Textobjekte, sollten Sie das Office-Tool WordArt kennen lernen.

Einfügen eines WordArt-Objekts

Sie können WordArt-Objekte über ein Symbol in der *Zeichnen*-Symbolleiste einfügen. Nach dem Aktivieren des Symbols *WordArt einfügen* wählen Sie das WortArt-Format durch einen Klick auf ein Beispiel und Bestätigung mit *OK* aus.

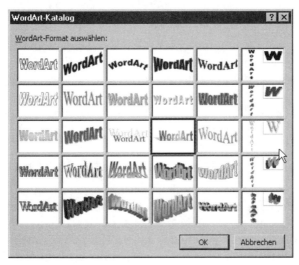

Einfügen eines WordArt-Objekts

Jetzt wird das Dialogfeld *WordArt-Text bearbeiten* mit einem Standardtext angezeigt. Überschreiben Sie diesen mit dem Text, den Sie als WordArt-Objekt einfügen wollen. Über die kleine Symbolleiste können Sie Schriftart, Schriftgröße und die Schriftschnitte fett und kursiv auswählen.

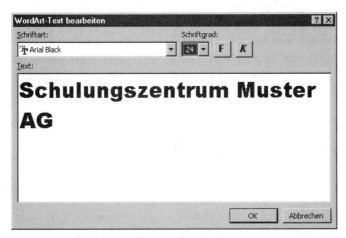

Text für das WordArt-Objekt einfügen und gestalten

WordArt-Objekte bearbeiten und gestalten

Nach der Bestätigung des Dialogfelds wird das WordArt-Objekt eingefügt. Beim Einfügen oder später nach dem Markieren eines WordArt-Objekts wird automatisch die Symbolleiste *WordArt* eingeblendet. Sie finden dort Schaltflächen, mit denen Sie den Text oder das Objekt bearbeiten, drehen, gestalten oder mit weiteren Spezialeffekten versehen können.

Ein WordArt-Objekt

Grafiken

7

Aktivieren Sie die Schaltfläche *Text bearbeiten*, wenn Sie den Text, der als WordArt angezeigt wird, später noch bearbeiten wollen.

Mit der Schaltfläche *WordArt-Katalog* haben Sie später noch Zugriff auf das Dialogfeld *WordArt-Katalog* und können zu einer anderen vordefinierten WordArt-Objektform wechseln.

Über die Schaltfläche *WordArt formatieren* öffnen Sie ein Dialogfeld, in dem Sie die Farbe, die Größe und das Layout von WordArt-Textobjekten gestalten können. Im Register *Farbe* können Sie außer der Füllfarbe auch die Transparenz der Farbe ändern und die Buchstaben mit einer Randlinie gestalten.

Mit der Schaltfläche *WordArt-Form* blenden Sie eine Palette mit Ausrichtungsformen ein. Klicken Sie auf eine der Ausrichtungen, um den Text in dieser Form auszurichten.

In Office XP werden WordArt-Objekte nicht mehr automatisch mit dem Layoutstil vor den Text positioniert, sondern ohne Textfluss. Über die Schaltfläche *Textfluss* oder das gleichnamige Register im Dialogfeld *WordArt formatieren* können Sie den Textfluss steuern, wie weiter oben für grafische Objekte beschrieben.

Aktivieren Sie diese Schaltfläche, um den WordArt-Text so anzuzeigen, dass Klein- und Großbuchstaben in der gleichen Höhe angezeigt werden. Ein erneuter Klick auf diese Schaltfläche zeigt die Buchstaben wieder in der normalen Höhe.

Mithilfe dieser Schaltfläche können Sie die Textrichtung von horizontal zu vertikal und umgekehrt ändern.

Diese Schaltfläche öffnet ein Menü, in dem Sie den Text innerhalb
des WordArt-Objektrahmens ausrichten und den Abstand zwischen
den Buchstaben und Wörtern so dehnen können, dass Blocksatz ent-
steht. Die drei Ausrichtungen *Wortausrichtung*, *Zeichen ausrichten* und
Streckung ausrichten wirken sich nur auf mehrzeilige Texte aus.

Mithilfe dieser Schaltfläche können Sie den Zeichenabstand in
WordArt-Texten erweitern oder verkleinern.

Teilnehmerzertifikat gestalten

Das Teilnehmerzertifikat dient dem Teilnehmer einer Fortbildungsmaß-
nahme zum Nachweis der erworbenen Fähigkeiten und Kenntnisse. Natürlich ist es wie jedes Dokument, das Ihr Unternehmen verlässt, zu-
gleich auch ein Medium, das das Gesamterscheinungsbild Ihres Unternehmens nach außen trägt, und sollte deshalb sorgfältig gestaltet werden.

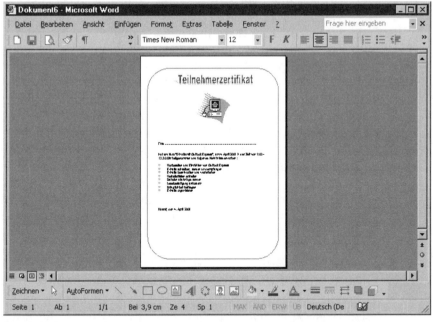

Das Teilnehmerzertifikat

Beim Beispielteilnehmerzertifikat handelt es sich um einen DIN-A 4-Bogen, in den eine AutoForm in Gestalt eines gerundetes Vierecks eingefügt wurde. Der Text und das Firmenlogo werden in diese AutoForm eingefügt und zentriert. Der Firmenname wurde als WordArt-Grafikobjekt einfügt.

1 Erstellen Sie ein leeres Standarddokument. Aktivieren Sie in der *Zeichnen*-Symbolleiste die Schaltfläche *WordArt einfügen* und markieren Sie das gewünschte WordArt-Objekt. Für das Beispiel wurde das vierte Objekt in der dritten Reihe verwendet.

2 Überschreiben Sie den Platzhaltertext im Dialogfeld *WordArt-Text bearbeiten* mit dem Titel „Teilnehmerzertifikat" und setzen Sie die Schriftgröße auf 28 pt. Bestätigen Sie das Dialogfeld.

3 Kicken Sie auf das WordArt-Objekt und aktivieren Sie in der Symbolleiste *WordArt* die Schaltfläche *WordArt formatieren*. Wählen Sie im Register *Farben und Linien* über die Optionsgruppe *Ausfüllen* ggf. eine dezentere Farbfüllung.

4 Aktivieren Sie im Register *Layout* die Schaltflächen *Rechteck* und *Weitere*. Richten Sie das WordArt-Objekt horizontal zentriert und vertikal oben jeweils zum Seitenrand aus und bestätigen Sie das Dialogfeld.

5 Wählen Sie *Ansicht/Zoom* und aktivieren Sie die Zoomstufe *Ganze Seite*.

6 Aktivieren Sie in der *Zeichnen*-Symbolleiste die Schaltfläche *AutoFormen,* wählen Sie die Kategorie *Standardformen* und die Form *Abgerundetes Rechteck*.

7 Ziehen Sie ohne Zeichnungsbereich ein gerundetes Viereck mit ca. 1 cm Abstand zum Rand der Seite auf und doppelklicken Sie auf die neue AutoForm. Markieren Sie im Register *Layout* die Umbruchart *Hinter den Text* und aktivieren Sie die Schaltfläche *Weitere*.

8 Markieren Sie sowohl in der Optionsgruppe *Horizontal* als auch in der Optionsgruppe *Vertikal* die Ausrichtung *Zentriert* zur *Seite*. Wählen Sie außerdem in der Registerkarte *Farbe und Linien* eine zum Zertifikat passende Farbe.

9 Um im Hintergrund den Firmennamen als Wasserzeichen anzuzeigen, wählen Sie *Format/Hintergrund/Gedrucktes Wasserzeichen*.

10 Markieren Sie die Optionsschaltfläche *Textwasserzeichen* und wählen Sie Schriftart, Schriftgröße, -farbe und in der Optionsgruppe *Layout* die Textrichtung aus.

7

Grafiken

7.4 Schematische Darstellungen einfügen

Neu in Word 2002 ist die Möglichkeit, so genannte schematische Zeichnungen einzufügen. Bei diesen Diagrammen handelt es sich um verschiedene Formen, wie Pyramiden, Kreisdarstellungen oder Organigramme, mit denen bestimmte Abläufe im Unternehmen, wie etwa eine Hierarchie oder einen Warenfluss, verdeutlicht werden können.

Um eine schematische Darstellung einzufügen, aktivieren Sie entweder in der Symbolleiste *Zeichen* die Schaltfläche *Schematische Darstellung* oder Sie wählen *Einfügen/Schematische Darstellung*.

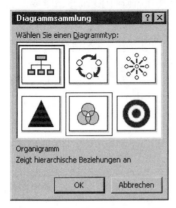

Schematische Darstellung einfügen

Klicken Sie anschließend auf die Platzhalter für den Text, um sie durch die eigenen Texte zu ersetzen. Aktivieren Sie die Schaltfläche *AutoFormat*, um das ausgewählte Objekt mit vordefinierten Formen und Farben zu gestalten. Die hier angezeigte Auswahl ist abhängig von der ausgewählten Diagrammform.

Über die Schaltfläche *Ändern zu* können Sie die Diagrammform nachträglich noch ändern.

Aktivieren Sie die Schaltfläche *Form einfügen*, um das Diagramm um zusätzliche Elemente zu erweitern. Die Art der Elemente, die hinzugefügt werden, ist von der Diagrammart abhängig. Dieser Befehl kann nur aktiviert werden, wenn die Layoutform *AutoLayout* aktiv ist.

Über den Befehl *Format/Diagramm* können Sie die Farbe, die Umrandungslinie, die Größe und den Textfluss um das Diagramm beeinflussen.

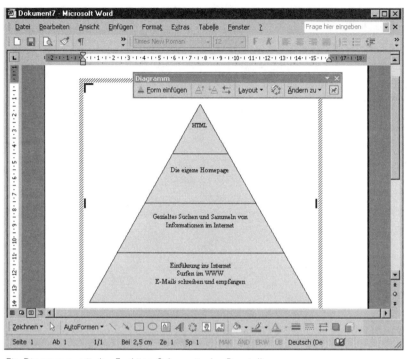

Ein Diagramm mit der Funktion Schematische Darstellung

8. Layoutfunktionen

Moderne Textverarbeitungsprogramme wie Word 2002 sprengen den Rahmen einfacher Textverarbeitung und bieten außer den gewohnten Funktionen ähnliche Gestaltungsmittel wie ein DTP-Programm. Die Grenze zwischen echten DTP-Programmen wie Ventura Publisher und einem Textverabeitungsprogramm wie Word verläuft fließend. Word beherrscht viele Features, die auch in einem DTP-Programm zu finden sind, wie etwa Spaltensatz, Fließtext oder Positionsrahmen. In Word 2002 sind die Funktionen zum Publizieren von Dokumenten, die für den Ausdruck bestimmt sind, noch um die Funktionen für die Onlinepublikation, also die Erstellung von Homepages und Websites, erweitert worden.

8.1 AutoFormatieren mit Designfunktionen

Eine bereits in Word 2000 verfügbare Funktion, mit der Sie Ihren Dokumenten durch den Einsatz aufeinander abgestimmter Formatvorlagen schnell ein professionelles Aussehen verleihen können, sind die Designs. Falls Sie schon einmal Microsoft FrontPage oder Microsoft PowerPoint eingesetzt haben, werden Ihnen die fertigen Formatierungsmuster bereits vertraut sein. Falls FrontPage auf Ihrem Rechner installiert ist, verwendet Word die dort verfügbaren Designs. Sie haben außerdem die Möglichkeit, zusätzliche Designs von der Microsoft-Homepage herunterzuladen.

Einsatz und Auswirkung von Designs

Die fertigen Designs können sowohl für Webseiten oder E-Mails als auch für Printmedien, also ganz normale Seiten, benutzt werden. Designs sollten nicht mit Dokumentvorlagen verwechselt werden, da sie lediglich Gestaltungselemente speichern und nicht z. B. Makros oder Symbolleisten. Designs beeinflussen folgende Dokumentinhalte:

- Überschriften
- Aufzählungen
- Linien
- Hintergrundfarbe oder Hintergrundgrafik

- Standardabsätze

- Tabellenrahmen

- Hyperlinks

Zuweisung eines Designs

Die Zuweisung eines Designs verändert das Erscheinungsbild des Dokumentinhalts, weil bestimmte Dokumentinhalte, wie Aufzählungen, aber auch Standardabsätze, Überschriften oder Tabellen mit automatischen Formatvorlagen gestaltet werden. Sie sollten vor der Zuweisung eins Designs das Dokument speichern, um ggf. wieder zur gespeicherten Form zurückkehren zu können.

Um einem Dokument ein Design zuzuweisen, wählen Sie dann *Format/ Design*. Markieren Sie im Listenfeld *Design auswählen* den Namen des Designs. Wenn Sie noch nie mit Designs gearbeitet haben, können Sie sich zunächst einen Überblick über das Erscheinungsbild der Designs verschaffen, indem Sie die Listeneinträge im Feld *Design auswählen* der Reihe nach markieren. Im Feld *Beispiel des Designs xy* sehen Sie dann Beispiele für die vom Design gestalteten Elemente.

Mit den Kontrollkästchen unten links im Dialogfeld können Sie genauer steuern, welche Elemente des Designs übernommen werden sollen.

- *Lebendige Farben*
  Schalten Sie das Kontrollkästchen *Lebendige Farben* ein, um hellere Farben für Schriftfarben, Tabellenrahmen und Grafiken bzw. den Hintergrund zu verwenden.

- *Aktive Grafiken*
  Manche der Designs verwenden animierte, d. h. bewegte Grafiken, wie Sie diese wahrscheinlich von Webseiten kennen. Diese Grafiken sind nur sinnvoll einsetzbar, wenn das Dokument in einem Webbrowser angezeigt wird. Schalten Sie das Kontrollkästchen *Aktive Grafiken* aus, wenn Sie das Design nicht für eine Webseite einsetzen.

- *Hintergrundbild*
  Der Hintergrund von Dokumenten kann mit einer Grafik oder mit einer Farbe ausgefüllt werden. Schalten Sie das Kontrollkästchen *Hintergrundbild* aus, wenn Sie keine Hintergrundgrafik wünschen oder den Hintergrund mit Farbe ausfüllen wollen.

Die Auswirkungen, die das Aktivieren oder Deaktivieren der Kontrollkästchen auf den Dokumentinhalt hat, können Sie direkt in der Vorschau begutachten.

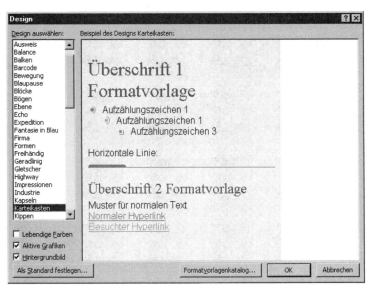

Zuweisen eines Designs

Wenn Sie ein passendes Design gefunden und markiert haben sowie ggf. mithilfe der Kontrollkästchen festgelegt haben, welche Gestaltungselemente aus dem Design übernommen werden sollen, müssen Sie das Dialogfeld nur noch bestätigen.

Hinweis

Hintergrund in Printmedien

Bitte beachten Sie beim Einsatz der Word-Designs, dass die Hintergrundgrafik, die Sie mit mithilfe eines Designs zugewiesen haben, nicht ausgedruckt wird.

Entfernen oder Wechseln eines Designs

Der Dokumentinhalt eines Dokuments, das mit mithilfe eines Designs gestaltet ist, ist mit vielen einzelnen, aufeinander abgestimmten Formatvorlagen verknüpft. Trotzdem müssen Sie diese Formatvorlagen nicht alle einzeln entfernen oder auf *Standard* zurücksetzen, wenn Sie das Design nicht mehr verwenden wollen. Es reicht, wenn Sie das Design zurücksetzen oder ein anderes Design auswählen.

Zum Entfernen des verknüpften Designs wählen Sie *Format/Design* und markieren den obersten Eintrag *Kein Design* im Listenfeld *Design auswählen*. Um zu einem anderen Design zu wechseln, markieren Sie im Listenfeld *Design auswählen* den Namen des neuen Designs.

8

Layout

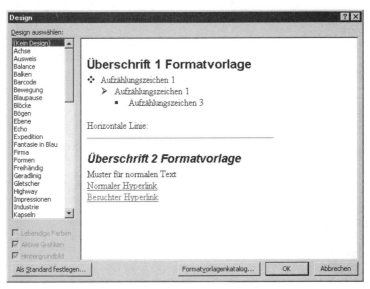

Entfernen eines Designs

Festlegen eines Standarddesigns

Falls Ihnen eines der Word-Designs so gut gefällt, dass Sie es immer wieder verwenden wollen, können Sie es als Standarddesign festlegen. Es wird dann für alle neuen Dokumente, die auf der aktuellen Dokumentvorlage basieren, eingesetzt. Um ein Design als Standard festzulegen, wählen Sie *Format/Design* und markieren das gewünschte Design in der Liste *Design auswählen*. Anschließend aktivieren Sie die Schaltfläche *Als Standard festlegen*.

Ändern des Standarddesigns

Wie bei jeder Änderung, die sich auf die Dokumentvorlage auswirkt, müssen Sie auch die Festlegung des Standardesigns nochmals bestätigen.

Hinweis
Standarddesign entfernen
Sie können ein Standarddesign entfernen, indem Sie den Eintrag *Kein Design* im Listenfeld *Design auswählen* markieren, die Schaltfläche *Als Standard festlegen* aktivieren und das neue Standarddesign bestätigen.

8.2 Professioneller Einsatz von Zeichen- und Absatzformaten

Zum Gesamterscheinungsbild eines Dokuments gehört auch der professionelle Einsatz von Zeichenformaten. Außer den üblichen Zeichenformaten, mit denen Sie Textstellen im täglichen Briefverkehr oder anderen Geschäftsdokumenten der alltäglichen Praxis hervorheben, bietet Ihnen Word noch eine Reihe weitere Gestaltungsmittel, mit denen Sie Zeichenketten hervorheben können, die professionelles Layout verlangen.

Besondere Schrifteffekte

Besondere Ziereffekte können Sie mit mithilfe der Kontrollkästchen *Schattiert*, *Umriss*, *Relief* und *Gravur* im Register *Schrift* des Dialogfelds *Zeichen* zuweisen. Sie öffnen das Dialogfeld entweder über das *Format*-Menü oder den Kontextmenübefehl *Zeichen*.

8

Layout

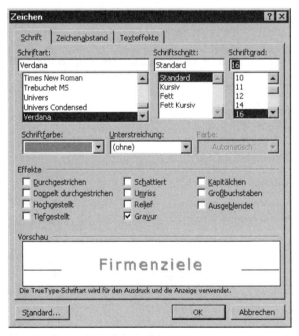

Hervorhebung durch Schrifteffekte

┌─── **Tipp**

Edle Schrifteffekte

Besonders edel wirken die Effekte *Schattiert, Relief* und *Gravur,* wenn Sie sie mit identischer oder nur leicht abweichender Hintergrundfrage und Schriftfarbe gestalten. ┘

Zeichenabstand steuern

Der Abstand, der in einem Word-Dokument zwischen den einzelnen Zeichen einer Zeichenkette angezeigt wird, hängt von der verwendeten Schriftart und der Schriftgröße ab. Word passt den Zeichenabstand automatisch passend zu den hier eingestellten Schriftmerkmalen an. Sie können den automatisch angepassten Zeichenabstand jedoch auch manuell beeinflussen, um so z. B. Textabschnitte durch einen erweiterten Zeichenabstand hervorzuheben oder beispielsweise durch eine minimale Verringerung des Zeichenabstands in einem Brief den kompletten Dokumentinhalt auf einer Seite unterbringen zu können.

Hervorheben mit erweitertem Zeichenabstand

Weitere Möglichkeiten zur Zeichengestaltung finden Sie im Register *Zeichenabstand*. Mithilfe dieser Registerkarte steuern Sie sowohl die vertikale Position von Zeichen als auch den horizontalen Abstand zwischen Zeichenketten.

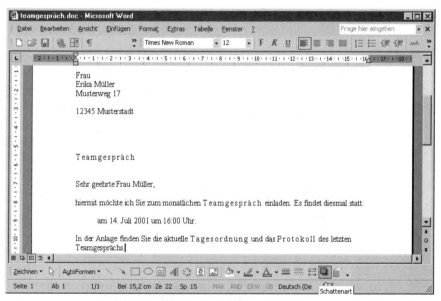

Hervorhebung durch erweiterten Zeichenabstand

Erweiterter Zeichenabstand – ähnlich der früher häufig eingesetzten Sperrung in Schreibmaschinentexten – eignet sich gut, um kürzere Textabschnitte in sachlich gehaltenen Dokumenten hervorzuheben, ohne dass diese hervorgehobenen Abschnitte aufdringlich wirken, wie z. B. beim Fettdruck.

1 Markieren Sie die Zeichenkette, die Sie mit erweitertem Zeichenabstand gestalten wollen, und wählen Sie *Format/Zeichen*.

2 Aktivieren Sie das Register *Zeichenabstand* und markieren Sie in der Liste *Laufweite* den Eintrag *Erweitert*.

3 Word schlägt im Feld *Um* automatisch eine Erweiterung der Laufweite um 2 pt vor. Um den Effekt aus dem Beispieldokument zu erzielen, erhöhen Sie die Laufweite auf 2 pt.

Auch wenn Sie Zeichenketten auf eine einheitliche Breite bringen wollen, können Sie dafür gut den erweiterten Zeichenabstand einsetzen, wie das folgende Beispiel zeigt.

Firmenname und Firmenbeschreibung werden mit einheitlicher Breite angezeigt

Der Beispielfirmenname wurde in der Schriftart *Arial* und der Schriftgröße 20, die Firmenkurzbeschreibung in Schriftgröße 12 gestaltet. Um den Firmennamen auf die gleiche Breite zu zwingen wie die Firmenkurzbeschreibung, wurde die Laufweite auf 4,2 pt erweitert.

Unterschneidung

Wie bereits weiter oben erwähnt, gestaltet Word Zeichenketten automatisch mit einem zur Schriftart und Schriftgröße passenden Zeichenabstand. Obwohl diese automatische Einstellung in den meisten Fällen für ein zufrieden stellendes Ergebnis sorgt, gibt es bestimmte Kombinationen von Buchstaben, die einen ungünstigen Zeichenabstand bewirken. Dieser ungünstige Zeichenabstand wirkt sich besonders auf Dokumente aus, deren Inhalte Sie in einer besonders großen Schriftgröße anzeigen, wie z. B. ein Plakat oder Ähnliches. In diesem Fall können Sie die „Löcher", die im Text durch die ungünstigen Buchstabenpaare entstehen, vermeiden, wenn Sie das Zeichenformat *Unterschneidung* aktivieren. Im folgenden Beispiel sehen Sie einen Ausschnitt aus einem Plakat, auf dem die Seminarinhalte für die Teilnehmer in Schriftgröße 36 veröffentlicht werden. Zum Vergleich wurde der erste Aufzählungspunkt ohne, der zweite mit Unterschneidung gestaltet:

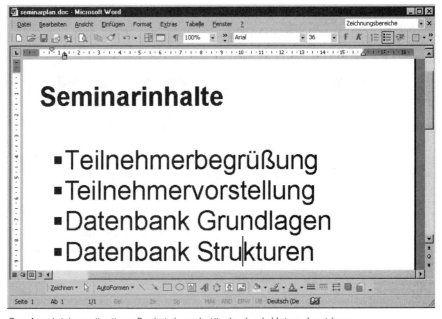

Der Ausgleich ungünstiger Buchstabenabstände durch Unterschneidung

Die Auswirkung des Kernings bzw. der Unterschneidung wird hier besonders zwischen dem „T" und dem „e" am Wortanfang deutlich.

Seminarplan mit Unterschneidung gestalten

Um den Beispielseminarplan mit Unterschneidung zu gestalten, geben Sie die Überschrift und die einzelnen Aufzählungspunkte ein. Aktivieren Sie die Schaltfläche *Aufzählungspunkte*, um die Aufzählugszeichen zuzuweisen. Gestalten Sie die Überschrift fett.

1 Markieren Sie zunächst den kompletten Inhalt des Seminarplans und wählen Sie *Format/Zeichen*.

2 Weisen Sie der Markierung im Register *Schrift* die Schriftart *Arial* und die Schriftgröße *36 pt* zu.

3 Wechseln Sie dann zum Register *Zeichenabstand*. Aktivieren Sie das Kontrollkästchen *Unterschneidung ab*.

4 Lassen Sie den im Feld *Punkt* vorgeschlagenen Punktwert von 36 unverändert und bestätigen Sie das Dialogfeld.

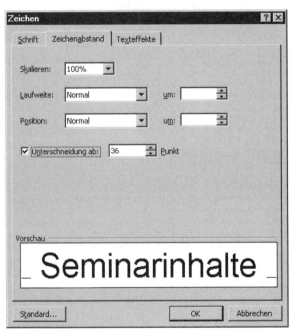

Unterschneidung aktivieren

Hinweis

Unterschneidung ab

Word schlägt im Register *Zeichenabstand* immer den aktuell eingesetzten Schriftgrad als Schriftgröße vor, ab der die Unterschneidung beginnen soll.

Kapitälchen einsetzen

Kapitälchen sind nichts anderes als Großbuchstaben in der Höhe von Kleinbuchstaben. Sie können ebenfalls eingesetzt werden, um bestimmte Begriffe in Dokumenten oder auch kürzere Textpassagen insgesamt besonders hervorzuheben. Da Kapitälchen die Lesbarkeit eines Textabschnitts nicht fördern, sollten Sie diese nicht für längere Textpassagen einsetzen.

Kapitälchen

Sie müssen Begriffe oder Zeichenketten, die Sie in Kapitälchen gestalten wollen, unbedingt in der üblichen Schreibweise – also großer Anfangsbuchstabe und anschließend Kleinbuchstaben für Substantive oder Kleinschreibung für Verben usw. – eingeben und dürfen sie nicht komplett in Großbuchstaben eintippen!

Da Kapitälchen zu den Zeichenformaten gehören, markieren Sie zunächst die Zeichenketten, die Sie mit Kapitälchen gestalten wollen, wählen dann *Format/Zeichen* und schalten im Register *Schrift* das Kontrollkästchen *Kapitälchen* ein.

⌐ Hinweis

Kapitälchen und Großbuchstaben

Da die Kontrollkästchen *Kapitälchen* und auch das Kontrollkästchen *Großbuchstaben* die markierten Zeichenketten in Großbuchstaben umwandeln, schließen sich diese beiden Formatierungen aus.

Pressemitteilung mit professionellen Zeichenformaten gestalten

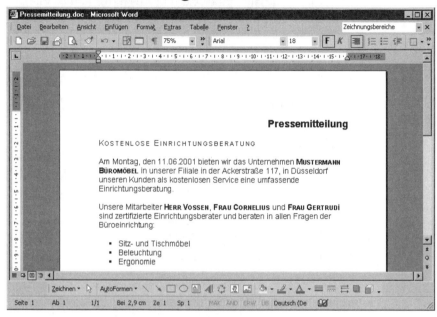

Eine Pressemitteilung mit Kapitälchen und erweitertem Zeichenabstand

Die Pressemitteilung wurde in der Schriftgröße Arial und verschiedenen Schriftgrößen gestaltet. Um wichtige Inhalte hervorzuheben, wurden Fettdruck, erweiterter Zeichenabstand und Kapitälchen eingesetzt.

1 Geben Sie den Text für die Pressemitteilungen in der Schrift Arial ein und gestalten Sie die Überschrift *Pressemitteilung* in einer erhöhten Schriftgröße und fett und rechtsbündig.

2 Markieren Sie den Betrefftext *Kostenlose Einrichtungsberatung.* Wählen Sie *Format/Zeichen* und schalten Sie im Register *Schrift* das Kontrollkästchen *Kapitälchen* ein.

3 Aktivieren Sie die Registerkarte *Zeichenabstand* und setzen Sie das Listenfeld *Laufweite* auf *Erweitert*. Erhöhen Sie den Wert im Feld *um* auf 2 pt und bestätigen Sie das Dialogfeld.

4 Markieren Sie bei gedrückter Taste Strg den Namen der Firma und die Namen der Mitarbeiter. Aktivieren Sie die Schaltfläche *Fett* und wählen Sie *Format/Zeichen.*

5 Schalten Sie das Kontrollkästchen *Kapitälchen* ein und bestätigen Sie das Dialogfeld.

Layout **8**

Den Absatzbeginn mit Initialen betonen

Die bisher vorgestellten Formatierungsmittel gehören alle zu den Zeichenformaten, Initiale jedoch zu den Absatzformaten. Vielleicht verwundert Sie das, weil Initiale sich ja eigentlich nur auf ein einzelnes Zeichen auswirken, wie das folgende Beispieldokument zeigt:

Initialen in einer Firmenbroschüre

Initiale werden über die Absatzformate aktiviert, weil sie nicht beliebige Zeichenketten, sondern immer das erste Zeichen des Absatzes gestalten. Es handelt sich hierbei um eine Formatierung, mit der das erste Zeichen jedes Absatzes in der Höhe von mehreren Zeilen angezeigt wird. Sie können dabei festlegen, in welcher Höhe die Initiale angezeigt werden sollen und auf welcher Position.

1 Um einen Textabschnitt mit Initialen zu gestalten, markieren Sie die entsprechenden Abschnitte und wählen *Format/Initial*.

2 Markieren Sie die Schaltfläche *Im Text*, wenn die Initialen innerhalb des Absatzes positioniert werden sollen, oder *Im Rand*, wenn sie außerhalb des eigentlichen Textspiegels links vor den Absätzen angezeigt werden sollen.

3 Falls Sie die Initialen mit einer vom restlichen Text abweichenden Schriftart gestalten wollen, wählen Sie diese im Listenfeld *Schriftart* aus.

4 Geben Sie im Feld *Initialhöhe* an, in wie vielen Zeilen Höhe das Initial angezeigt werden soll.

5 Legen Sie im Feld *Abstand vom Text* fest, welcher Leerraum zwischen dem Initial und dem umgebenden Absatztext eingehalten werden soll.

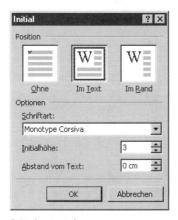

Initiale gestalten

8.3 Abstände und Positionen

In Dokumenten, die ein exaktes und professionelles Layout verlangen, reicht es nicht, die Abstände zwischen den Elementen mithilfe von Leerzeilen zu steuern oder die Position von Dokumentinhalten mithilfe von Absatzformaten festzulegen. In diesen Fällen ist eine genauere Kontrolle der Abstände und Positionen nötig. Bei der Steuerung von Abstand und Position müssen Sie unterscheiden zwischen Text, Grafiken und anderen Objekten, die wie Absätze eingefügt sind, und positionierten Elementen.

Absatzabstände über Befehle genau kontrollieren

Die Kontrolle der Abstände von Elementen über ein Absatzformat hat verschiedene Vorteile. Sie müssen z. B. nicht mehr zwischen den Absätzen zweimal auf die Taste (Enter) drücken, um den gewünschten Leer-

Layout 8

raum einzufügen, und Sie können sicher sein, dass alle Absätze den gleichen Abstand aufweisen, wenn Sie die Abstände über Absatzformate und Formatvorlagen gestalten. Den Abstand eines Textabsatzes oder einer Grafik, die in einen separaten Absatz eingefügt – und nicht positioniert – wurde, steuern Sie über den Befehl *Format/Absatz* im Register *Einzüge und Abstände* und hier in der Optionsgruppe *Abstand*.

Abstände über die Absatzformate kontrollieren

Den Abstand eines Absatzes zum vorhergehenden Absatz legen Sie über das Feld *Vor*, seinen Abstand zum nachfolgenden Absatz im Feld *Nach* fest. Sie können den Abstand in den in Word üblichen Einheiten, also Punkt (pt), Zentimeter (cm) oder auch Zeilen (ze), eingeben. Word rechnet den eingegebenen Wert automatisch in einen Punktwert um. Jeder Klick auf die Drehpfeile der beiden Felder erhöht oder verringert den angezeigten Wert um 6 pt. Der Abstand von 12 pt entspricht einer Schreibmaschinenzeile.

Absolutes oder relatives Positionieren von Text

Während Text, den Sie in Word immer in Form von Absätzen in Dokumente einfügen, nur – wie im vorhergehenden Abschnitt beschrieben – mithilfe der Absatzabstände und nur relativ im Verhältnis zum vorhergehenden und nachfolgenden Absatz gestaltet werden kann, können Sie andere Objekte, also z. B. Grafiken, Zeichnungselemente oder AutoFormen, sowohl relativ als auch absolut positionieren. Während normal eingegebener Text immer in der Reihenfolge der Eingabe angezeigt wird, spielt es für ein absolut positioniertes Objekt keine Rolle, zu welchem Zeitpunkt dieses Objekt in das Dokument eingefügt wurde. Um auch Textabschnitte absolut positionieren zu können, müssen Sie Textfelder einsetzen.

In Word 2002 werden auch Zeichnungsobjekte, die früher immer absolut positioniert waren, innerhalb des Zeichnungsbereichs und relativ zu diesem Zeichnungsbereich positioniert. Hingegen werden Grafiken aus der ClipArt-Gallery in den meisten Fällen wie normale Textobjekte eingefügt und nicht positioniert.

Tipp

Positionsrahmen

Wenn Sie die in frühren Word-Versionen verfügbaren Positionsrahmen vermissen, können Sie diese auch in Word 2002 noch benutzen. Dazu blenden Sie die Symbolleiste *Formulare* ein. Dort finden Sie eine Schaltfläche mit der Sie Positionsrahmen einfügen bzw. markierten Objekten einen Positionsrahmen zuweisen können.

Um grafische Objekte absolut oder relativ positionieren zu können, dürfen Sie diese mit einer anderen Umbruchart als *Mit Text in Zeile* gestaltet haben.

Texte mit Textfeldern frei positionieren

Textabsätze werden in einem Word-Dokument normalerweise immer in der Reihenfolge angezeigt, in der Sie diese eingeben. Sie können Texte jedoch genau wie grafische Objekte auf einer genauen Position und unabhängig von der Reihenfolge der Eingabe positionieren, wenn Sie diese mit einem Textfeld einfügen.

1 Aktivieren Sie in der Symbolleiste *Zeichnen* die Schaltfläche *Textfeld*.

2 Klicken Sie in das Dokument außerhalb des Zeichnungsbereichs und ziehen Sie das Textfeld an der gewünschten Position und in der gewünschten Größe auf.

3 Nach dem Einfügen des Textfelds wird der Cursor automatisch innerhalb des Textfelds positioniert. Geben Sie den Text in das Textfeld ein.

4 Um das Textfeld zu gestalten, doppelklicken Sie auf den grauen Bearbeitungsrahmen.

Layout 8

5 Um den Text ohne sichtbaren Rahmen zu positionieren, setzen Sie im Register *Farbe und Linien* die Liste *Farbe* in der Optionsgruppe *Linie* auf den Eintrag *Keine Linie.*

6 Um das Textfeld auf einer bestimmten Position anzuzeigen, aktivieren Sie im Register *Layout* die Schaltfläche *Weitere.*

7 Wählen Sie für die horizontale und vertikale Ausrichtung die Schaltfläche *Absolute Position.*

8 Geben Sie in die zugehörigen Eingabefelder die gewünschte Position ein und wählen Sie in den zugehörigen Listenfeldern den Bezugspunkt.

Sie können den Inhalt von Textfeldern mithilfe des Kontextmenübefehls *Text bearbeiten* nachträglich verändern oder ergänzen und mit Doppelklick auf den Textfeldrahmen oder das Textfeld mit dem Kontextmenübefehl *Textfeld formatieren* gestalten. Das Dialogfeld entspricht dem Dialogfeld zur Formatierung von AutoFormen oder Zeichnungsobjekten. Zusätzlich ist jedoch die Registerkarte *Textfeld* wählbar. Hier legen Sie in der Optionsgruppe *Innerer Seitenrand* den Abstand, der zwischen dem Textfeldrahmen und dem Text angezeigt werden soll, fest. Word legt standardmäßig für rechts und links einen Abstand von 0,25 cm und für oben und unten einen Abstand von 0,13 cm fest.

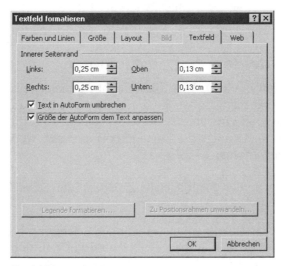

Textfeld formatieren

Wenn Sie die Dimensionen eines Textfelds nicht per Drag & Drop oder über Eingabe der entsprechenden Werte in das Register *Größe* festlegen wollen, schalten Sie im Register *Textfeld* das Kontrollkästchen *Größe der AutoForm dem Text anpassen* ein. Word nimmt dann eine automatische Größenanpassung des Textfelds an den jeweiligen Inhalt vor.

Der Text, der in einem Textfeld enthalten ist, kann mit den normalen Zeichen und Absatzbefehlen gestaltet werden. Klicken Sie auf den Bearbeitungsrahmen eines Textfelds und wenden Sie einen Formatierungsbefehl wie z. B. Kursivschrift oder Zentrierung an, wirkt sich der Befehl auf den kompletten Inhalt des Textfelds aus. Soll nur ein Teil des Textfeldinhalts gestaltet werden, klicken Sie in das Textfeld und markieren die Zeichenkette anschließend, bevor Sie den Formatierungsbefehl anwenden.

Textfelder verknüpfen

Wenn Sie mit Textfeldern arbeiten, können Sie diese untereinander verknüpfen. Durch diese Verkettung ist es möglich, den Text fortlaufend über die Textfelder zu verteilen. Um eine Verknüpfung zwischen zwei Textfeldern herzustellen, klicken Sie mit rechts auf das erste Textfeld und wählen aus dem Kontextmenü den Befehl *Textfeld verknüpfen*. Der Mauszeiger verändert seine Form zu einem Füllgefäß. Klicken Sie mit diesem Mauszeiger auf das Textfeld, mit dem Sie das aktuelle Textfeld verknüpfen wollen.

Verknüpfen von Textfeldern

Wenn Sie mehrere Textfelder verknüpft haben, wird der Text, den Sie in das erste Feld eingeben, automatisch im nächsten Feld weitergeführt, wenn das erste Textfeld ausgefüllt ist. Wenn Sie mit rechts auf ein verknüpftes Textfeld klicken, steht Ihnen im Kontextmenü der Befehl *Nächstes Textfeld* zur Verfügung, mit dem Sie das nächste Feld der Kette zur Bearbeitung aktivieren. Mit dem Kontextmenübefehl *Textfeldverknüpfung aufheben* können Sie die Verknüpfung wieder zurücksetzen.

Text mit vertikaler Laufrichtung

Die normale Laufrichtung des Absatztextes in Word geht von rechts nach links. In Tabellenzellen und Textfeldern können Sie Text jedoch auch mit vertikaler Laufrichtung, und zwar von oben nach unten oder von unten nach oben, gestalten. Um die Laufrichtung zu ändern, wählen Sie vom Textfeld oder von der Tabellenzelle aus den Befehl *Format/Absatzrichtung*. Der Befehl bleibt abgeblendet, wenn der Cursor sich nicht in einer Zelle oder einem Textfeld befindet! Aktivieren Sie in der Optionsgruppe *Orientierung* die Schaltfläche, auf der die gewünschte Laufrichtung angezeigt wird. Die oberste Schaltfläche der Gruppe *Orientierung* setzen Sie ein, um später zur normalen Laufrichtung zurückzukehren. Wenn Sie Text mit vertikaler Laufrichtung gestaltet haben, passen sich die Schaltflächenbeschriftungen in der Symbolleiste automatisch an. So beziehen sich die Schaltflächen für die Ausrichtung jetzt nicht mehr auf die Ausrichtung des Textes zwischen linkem und rechten, sondern zwischen oberem und unterem Rand des Textfelds bzw. der Zelle.

Produktpreisauszeichung mit Textfeldern

Das Beispielprodukt ist ein PC-Komplettsystem, das sich aus verschiedenen Komponenten zusammensetzt. Mithilfe von Textfeldern sollen die einzelnen Komponenten beschriftet werden.

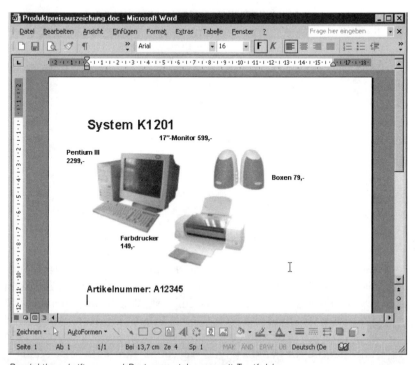

Produktbeschriftung und Preisauszeichnung mit Textfeldern

1 Schalten Sie ggf. die Anzeige der nicht druckbaren Zeichen ein, damit die Absatzmarken der unsichtbaren, noch leeren Textfelder sichtbar bleiben.

2 Fügen Sie den Produkttitel in der gewünschten Schriftart und Schriftgröße ein.

3 Fügen Sie im nächsten Absatz mit dem Befehl *Einfügen/Grafik/Aus Datei* die Grafikdatei ein, in der Sie das Produkt gespeichert haben, und ziehen Sie diese auf die gewünschte Anzeigegröße.

4 Fügen Sie unterhalb der Grafik in einem separaten Absatz die Artikelnummer ein und gestalten Sie diese wunschgemäß.

5 Markieren Sie den Absatz, der die Grafik enthält, und weisen Sie ihm über den Befehl *Format/Absatz* und die Felder *Vor* und *Nach* Abstände oberhalb und unterhalb von je 24 pt zu.

6 Aktivieren Sie in der *Zeichen*-Symbolleiste die Schaltfläche *Textfeld* und ziehen Sie neben dem ersten Produktbestandteil ein Textfeld auf.

7 Doppelklicken Sie auf den Rand des Textfelds und aktivieren Sie die Registerkarte *Farben und Linien*. Markieren Sie in der Optionsgruppe *Linie* im Listenfeld *Farbe* den Eintrag *Keine Linie*. Setzen Sie in der Optionsgruppe *Ausfüllen* die *Transparenz* auf 100 %.

8 Aktivieren Sie die Registerkarte *Textfeld* und schalten Sie das Kontrollkästchen *Größe der AutoForm dem Text anpassen* ein. Bestätigen Sie das Dialogfeld.

9 Weisen Sie dem markierten Textfeld über die normalen Zeichenformate die gewünscht Schriftart und Schriftgröße zu. Um Platz zu sparen, weisen Sie einem markierten Textfeld über *Format/Absatzrichtung* vertikale Textrichtung zu.

10 Um alle Beschriftungsfelder einheitlich zu gestalten, kopieren Sie das Textfeld. Dazu ziehen Sie es bei gedrückter Taste ⌈Strg⌋ per Drag & Drop an die Positionen für die restlichen Produktbeschriftungen und fügen anschließend die Beschriftungen der Einzelkomponenten in die Textfelder ein.

Sie können anschließend unterhalb der Grafik die ausführliche Erläuterung der Einzelkomponenten als normalen Text einfügen.

8

Layout

8.4 Mehrspaltensatz im Zeitungslayout

Die Hersteller von Zeitungen und Zeitschriften berücksichtigen bei der Erstellung ihrer Publikationen die Tatsache, dass ein mehrspaltig gesetzter Text einfacher zu lesen ist, da das Auge einen kürzeren Weg zurücklegen muss. Dabei gilt der Grundsatz, dass schmalere Spalten leichter zu lesen sind als eine Zeile in DIN-A4-Breite, weil das Auge kürzere Strecken zurücklegen muss.

Normalerweise setzt Word Dokumente in eine einzige Spalte, die vom linken bis zum rechten Seitenrand reicht. Sie können in Word jedoch einen Text auch in mehrere Textspalten umsetzen. Damit ein Text auch in der schmaleren Textspalte eines Mehrspaltentextes akzeptabel formatiert werden kann, geben Sie ihn als Fließtext ein.

Änderung der Spaltenanzahl erfordert einen neuen Abschnitt

Sie wissen sicherlich, dass Sie Zeichenformatierungen sowohl einzelnen Zeichen, beliebigen Zeichenketten, aber auch dem kompletten Dokumentinhalt zuweisen, Absatzformatierungen aber nur einmal pro Absatz festlegen können. Für eine Änderung der Spaltenanzahl gilt grundsätzlich: Wenn Sie für einen Teil eines Dokuments die Spaltenanzahl ändern wollen, müssen Sie das Dokument in mehrere Abschnitte einteilen. Wie Sie für jeden neuen Absatz neue Absatzformate festlegen können, dürfen Sie für jeden neuen Abschnitt die Spaltenanzahl neu definieren und so beispielsweise eine einspaltige Überschrift über einem zweispaltigen Text anzeigen.

Mehrere Abschnitte auf einer Seite mit fortlaufendem Abschnittswechsel

Vielleicht haben Sie Abschnittswechsel bisher nur eingesetzt, um unterschiedliche Seitenränder oder unterschiedliche Kopf- und Fußzeilen in ein Dokument einzufügen. In diesem Fall ist mit einem Abschnittswechsel auch ein Seitenwechsel verbunden. Abschnittswechsel können auch eine Seite in mehrere Abschnitte unterteilen. Sie müssen z. B. einen Abschnittswechsel einfügen, wenn Sie auf einer Seite mit unterschiedlicher Spaltenanzahl arbeiten wollen.

Soll z. B. der Titel einspaltig und darunter der Text zweispaltig gesetzt werden, fügen Sie nach dem Titel einen Spaltenwechsel ein. Ein Abschnittswechsel, der nicht gleichzeitig einen Seitenwechsel einfügt, wird als „fortlaufend" bezeichnet. Einen Abschnittswechsel, der gleichzeitig eine neue Seite beginnt, können Sie über den Befehl *Einfügen/Manueller Umbruch* und die Auswahl der Optionsschaltfläche *Fortlaufend* einfügen.

Ein fortlaufender Abschnittswechsel

Spaltensatz vor der Texteingabe festlegen

Sie können bereits vor der Eingabe des Textes festlegen, dass Sie einen mehrspaltigen Abschnitt erstellen wollen. Dazu markieren Sie die Position, an der Sie die erste Spalte beginnen wollen, mit dem Cursor und geben die gewünschte Spaltenzahl über den Befehl *Format/Spalten* und die Auswahl des Abschnittsbeginns ab der Cursorposition mit dem Eintrag *Dokument ab hier* im Feld *Übernehmen für* ein.

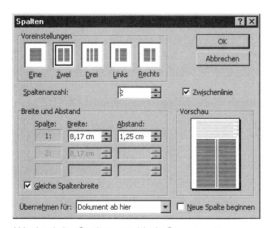

Wechsel der Spaltenanzahl ab Cursorposition

Word fügt in diesem Fall an der Cursorposition einen Abschnittswechsel ein. Oberhalb des Abschnittwechsels wird der Text weiterhin einspaltig angezeigt, unterhalb des Abschnittswechsels wird der Text direkt bei der Eingabe in die gewünschte Spaltenzahl umbrochen. Dabei beginnt Word die jeweils nächste Spalte jedoch erst, wenn die erste Spalte komplett ausgefüllt ist.

Spaltensatz nach der Texteingabe zuweisen

Um einen bereits eingegebenen Teilabschnitt des Textes in mehrere Spalten umzusetzen, markieren Sie den betreffenden Textabschnitt. Word fügt nach der Wahl des Spaltensatzes automatisch einen Abschnittswechsel vor und nach dem markierten Bereich ein. Text, der über oder unter der Markierung steht, wird unverändert in der alten Spaltenzahl gedruckt.

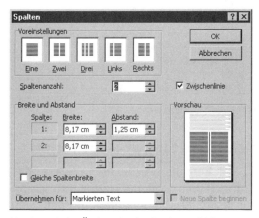

Nachträgliche Änderung der Spaltenzahl für einen markierten Textabschnitt

Das Spaltenlineal

Im Lineal sehen Sie die einzelnen Spaltenbreiten jeweils weiß und die Spaltenzwischenräume jeweils grau angezeigt. An den Markierungen im Spaltenlineal können Sie sowohl die aktuelle Spaltenbreite erkennen als auch diese durch Ziehen der Markierungen verändern.

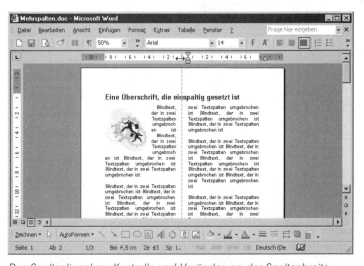

Das Spaltenlineal zur Kontrolle und Veränderung der Spaltenbreite

Wenn Sie das Spaltenlineal zur Kontrolle der aktuellen Spaltenbreiten einsetzen oder während einer Veränderung die Breite permanent kontrollieren wollen, halten Sie beim Ziehen der Spaltenmarkierung die Taste (Alt) gedrückt. Im Lineal werden dann statt der Einteilung die Werte für die Spaltenbreiten angezeigt.

Mehrspaltensatz mit dem Spaltensymbol erstellen

Es gibt zwei Möglichkeiten, den Text in Zeitungsspalten zu setzen. Die schnelle und bequeme Variante führt über den Klick auf die Schaltfläche *Spalten*.

Setzen Sie diese Schaltfläche ein, wenn Sie Textabschnitte schnell in eine bis vier Spalten von gleichmäßiger Spaltenbreite umbrechen wollen.

Falls Sie nicht in der Ansicht *Seitenlayout* arbeiten, aktivieren Sie zuerst das *Seitenlayout*. Anschließend aktivieren Sie das Symbol *Spalten*. Word blendet ein Spaltenraster ein. Ziehen Sie die Maus über dieses Raster nach rechts, um die gewünschte Spaltenzahl zu markieren. Unter dem Raster wird gleichzeitig eingeblendet, wie viele Spalten Sie momentan markiert haben.

Sie können die Markierung auch zurückschieben, um die Spaltenzahl wieder zu reduzieren. Word setzt den kompletten Text oder den markierten Abschnitt in die ausgewählte Spaltenzahl um.

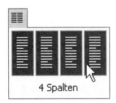

Mehrspaltentext mit dem Raster erstellen

Der Einsatz des Dialogfelds Spalten

Das Dialogfeld *Spalten* setzen Sie bei der Bearbeitung von Mehrpaltentext ein, um die Spaltenzahl ohne Maus festzulegen und um weitere Gestaltungsoptionen auszuwählen, die nicht mit Symbolen aktivierbar sind.

Mehr Gestaltungsmöglichkeiten bietet Ihnen das Dialogfeld *Spalten*. Sie rufen es mit dem Befehl *Format/Spalten* auf. Im Dialogfeld *Spalten* können Sie die Spaltenanzahl und die Spaltenbreite generell oder einzeln verändern. Sie können Zwischenlinien definieren, den Beginn einer neuen Spalte festlegen und die Auswirkung der Veränderungen vor Aktivierung in der Vorschau überprüfen.

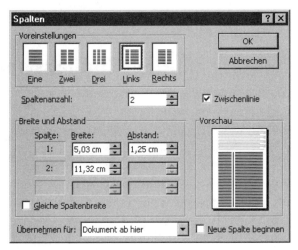

Das Dialogfeld Spalten

In der Optionsgruppe *Voreinstellungen* können Sie zwischen vier Standardvorschlägen für Zwei- bzw. Dreispaltenlayout wählen. Die Auswahl *Zwei* und *Drei* brechen den Text in zwei bzw. drei gleich breite Spalten um. Der Vorschlag *Links* erzeugt ebenfalls zwei Spalten, von denen die linke ungefähr halb so breit ist wie die rechte, bei der Auswahl *Rechts* ist es genau umgekehrt.

Sie können im Dialogfeld über das Feld *Spaltenanzahl*, abhängig vom verwendeten Papierformat, auch mehr als vier Spalten festlegen. Für eine DIN-A4-Seite, die Sie im Hochformat bedrucken, können Sie z. B. bis zu zwölf Spalten festlegen.

Nachdem Sie die Spaltenzahl festgelegt haben, verteilt Word den zur Verfügung stehenden Raum gleichmäßig auf die Spalten und fügt zwischen den Spalten einen passenden Spaltenabstand ein. Die errechnete Spaltenbreite und den Zwischenraum zeigt Word in der Optionsgruppe *Breite und Abstand* an. Dort wird zuerst die Nummer der Spalte, dann ihre Breite und dann der Abstand zur nächsten Spalte angezeigt. Sie können diese Einstellungen mithilfe der Drehfelder für jede Spalte getrennt ändern, sobald Sie das Kontrollkästchen *Gleiche Spaltenbreite* ausgeschaltet haben.

Spaltenwechsel automatisch oder manuell einfügen

Word bricht den Text automatisch in die von Ihnen gewählte Spaltenzahl um. Voraussetzung ist allerdings, dass genug Text vorhanden ist, um alle Spalten auszufüllen, denn Word füllt zuerst die erste Spalte in voller Länge und beginnt dann erst die zweite usw. Wenn Sie die zweite Spalte schon vor diesem automatischen Spaltenumbruch beginnen wollen, müssen Sie einen manuellen Spaltenwechsel einfügen.

Um einen allgemeinen Spaltenwechsel ohne eine Veränderung der Spaltenzahl einzufügen, wählen Sie *Einfügen/Manueller Umbruch* und aktivieren die Option *Spaltenumbruch*. Word fügt einen Spaltenwechsel in Form einer einfachen gepunkteten Linie ein, die mit *Spaltenwechsel* beschriftet ist.

Ein manueller Spaltenwechsel

Tipp
Manueller Spaltenwechsel über Tastenkombination
Sie können in einem Mehrspaltentext sehr schnell einen Spaltenwechsel einfügen, indem Sie die Tastenkombination [Strg]+[Umschalt]+[Enter] drücken.

Spaltenlänge ausgleichen

Es kann vorkommen, dass ein mehrspaltiger Text am Ende eines Abschnitts mit automatischen Spaltenwechseln Spalten mit sehr unterschiedlicher Länge anzeigt. Um die unregelmäßige Spaltenlänge von mehrspaltig gesetztem Text auszugleichen, fügen Sie unter den Spalten einen zusätzlichen Abschnittswechsel ein. Wählen Sie *Einfügen/Manueller Umbruch* und aktivieren Sie im Kasten *Abschnittswechsel* die Option *Fortlaufend*.

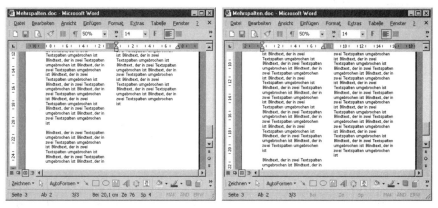

Das Dokumentende ohne und mit Spaltenausgleich

Firmen-Newsletter im Zeitungsstil

Der Newsletter der Muster AG ist im Zeitungsstil mit einem ansprechenden Layout gestaltet. Das einseitige Dokument ist in drei Abschnitte eingeteilt. Im ersten Abschnitt werden der Name der Firmenzeitung als Haupttitel, ein Untertitel und die Hauptüberschrift einspaltig gesetzt. Es folgt ein zweispaltiger Abschnitt, der in der linken Spalte ein Foto und rechts eine Grafik mit umgebenden Textfluss enthält. Zum Abschluss folgen Firmenname und Firmenadresse wieder einspaltig gesetzt. Als Eyecatcher wurde eine besonders wichtige Adresse für Bewerbungen in einem Textfeld zwischen die Spalten positioniert:

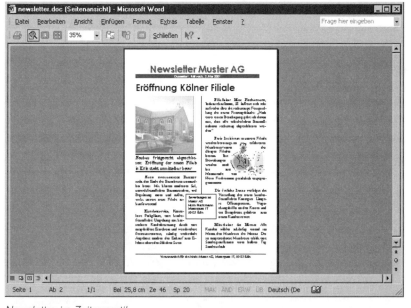

Newsletter im Zeitungsstil

Erster Abschnitt mit einspaltigen Titeln, Untertiteln und Schlagzeile

Wie eine normale Zeitung erhält die Firmenzeitung Titel, Untertitel und Schlagzeile. Diese werden noch einspaltig gesetzt. Beginnen Sie die Gestaltung des ersten Abschnitts zunächst mit der Einstellung der Seitenränder:

1 Wählen Sie *Datei/Seite einrichten* und setzen Sie alle Ränder auf 1,5 cm.

2 Wählen Sie für den Zeitungstitel eine kräftige Schriftgröße. Um den Titel hervorzuheben, wurden hier der Schriftgrad 36 und der Schrifteffekt *Schattiert* gewählt.

3 Der Untertitel, der Ort und Datum enthält, wird in Schriftgröße 12 Weiß auf Dunkelgrau präsentiert. Die Hintergrundfarbe legen Sie mit dem Befehl *Format/Rahmen und Schattierung* fest. Wählen Sie im Register *Schattierung* eine graue Hintergrundschattierung.

4 Legen Sie über die Liste *Schriftfarbe* eine weiße Schriftfarbe fest und zentrieren Sie Titel und Untertitel zwischen den Seitenrändern.

5 Setzen Sie die Schlagzeile im nächsten Absatz in die Schriftgröße 36, fett und linksbündig. Damit die Schlagzeile einen Abstand zum vorhergehenden Untertitel und zum folgenden Bild erhält, wählen Sie *Format/Absatz* und setzen in der Optionsgruppe *Abstand* die Werte *Vor* und *Nach* auf *12 pt*.

Haupt- Untertitel und Schlagzeile

Der Hauptabschnitt mit zweispaltigem Zeitungslayout

Damit die Firmenzeitung echtes Zeitungslayout erhält, sollten Sie Ihre Texte in mehreren Spalten umbrechen. Zuerst fügen Sie einen Abschnittswechsel ein, der dafür sorgt, dass die Überschrift einspaltig bleibt.

1 Klicken Sie an die Position, ab der Sie den Text in zwei Spalten umbrechen wollen, und wählen Sie *Einfügen/Manueller Umbruch*. Im Dialogfeld markieren Sie die Optionsschaltfläche *Fortlaufend*.

2 Anschließend wählen Sie *Format/Spalten* und markieren die Schaltfläche *Zwei*. Bei einer Seitenbreite von 21 cm und einem rechten und linken Rand von 1,5 cm werden die zwei Spalten automatisch auf eine Breite von 8,37 cm gesetzt und wird ein Spaltenabstand von 1,25 cm vorgeschlagen.

3 Schalten Sie das Kontrollkästchen *Zwischenlinie* ein, um eine Trennlinie zwischen den beiden Spalten anzuzeigen, und bestätigen Sie das Dialogfeld.

Der Abschnittswechsel zum Zweispaltenlayout

Das Foto der neuen Filiale

Natürlich können Sie in eine Firmenzeitung auch Fotos, Bilder, Zeichnungen oder sonstige Grafiken einfügen. Über den Befehl *Einfügen/Grafik/Aus Datei* fügen Sie die Grafik am Beginn des zweispaltigen Abschnitts ein und ziehen sie per Drag & Drop auf die benötigte Größe. Hier wurde das Foto auf eine zur Spaltenbreite passende Größe von 8 cm gesetzt.

Mit den Layoutfunktionen können Sie die Fotos in den Text integrieren. Dazu klicken Sie nach dem Einfügen auf ein Foto und in der *Grafik*-Symbolleiste auf die Schaltfläche *Textfluss* und markieren die Auswahl *Quadrat*, damit der Text die Grafik viereckig umfließt. Diese Layouteinstellung sieht in der Regel in einem Zeitungslayout am besten aus.

Um die vertikale und horizontale Position genau zu kontrollieren, wählen Sie *Format/Grafik* und klicken im Register *Layout* auf die Schaltfläche *Weitere*. Markieren Sie im Register *Bildposition* in der Optionsgruppe *Horizontal* die Optionsschaltfläche *Absolute Position*. Mit der Position 0 cm und der Auswahl *Spalte* wird das erste Foto linksbündig in der Spalte positioniert. Die vertikale Position wird mit 0 cm zum vorhergehenden Absatz festgelegt.

Die Grafik am Anfang der Spalte positionieren

Der Einlauftext hebt das Wichtigste hervor

Wie bei einer richtigen Zeitung werden die Kunden und Mitarbeiter mit einer Einführung – dem Einlauftext – neugierig auf den weiteren Inhalt gemacht. Diese Einführung wird fett gestaltet und mit kleinen Balken und einem kleinen Abstand vom Foto und dem nachfolgenden Absatz optisch abgesetzt.

1 Schließen Sie den Einführungstext mit einer Absatzmarke ab und markieren Sie ihn. Setzen Sie ihn in Fettschrift und in Schriftgröße 16.

2 Wählen Sie *Format/Absatz* und setzen Sie die Werte in der Optionsgruppe *Abstand* in den Feldern *Vor* und *Nach* auf je 6 pt.

3 Öffnen Sie anschließend das Dialogfeld *Format/Rahmen und Schattierung*. Setzen die Liste *Breite* auf 4,5 pt und klicken dann in der *Vorschau* auf die Schaltflächen für eine Randlinie oben und unten. Die Balken werden in der Breite der Spalte eingefügt.

Der Einlauftext mit Rahmen und Abstand

Profilayout – Blocksatz, Erstzeileneinzug und Kapitälchen

Die Firmenzeitung besteht in erster Linie aus Text. Damit dieser gegliedert und leichter lesbar wird, gibt es verschiedene Gestaltungsmöglichkeiten. Der Fließtext in Zeitungen ist in der Regel im Blocksatz gestaltet, das garantiert ein ruhiges und gleichmäßiges Schriftbild.

Hinweis

Blocksatz ohne Lücken

Wichtig ist, dass Sie bei der Verwendung von Blocksatz immer auch die automatische Silbentrennung aktivieren, sonst erhalten Sie hässliche Lücken im Text. Wählen Sie *Extras/Sprache/Silbentrennung* und aktivieren Sie das Kontrollkästchen *Automatische Silbentrennung*.

In Zeitungen können Sie außerdem häufig beobachten, dass die Absätze des Fließtextes mit einem Erstzeileneinzug versehen und die Absatzanfänge in Kapitälchen gestaltet sind. Außerdem wird zwischen den einzelnen Textabschnitten ein gleichmäßiger Abstand eingehalten. Das führt die Augen automatisch durch den Text. Da die weiteren Absätze einheitlich gestaltet werden sollen, erstellen Sie eine Formatvorlage.

1 Wählen Sie *Format/Formatvorlagen und Formatierung* und klicken Sie auf die Schaltfläche *Neue Formatvorlage*. Benennen Sie die Formatvorlage wunschgemäß.

2 Aktivieren Sie die Schaltfläche *Format* und wählen Sie *Absatz*. Markieren Sie in der Liste *Ausrichtung Blocksatz* und stellen die Liste *Sondereinzug* auf *Erste Zeile*.

3 Legen Sie in der Optionsgruppe *Abstand* im Feld *Vor 12* pt und im Feld *Nach 6 pt* fest, was insgesamt 1,5 Zeilen Abstand ergibt.

4 Nach der Bestätigung können Sie dem aktuellen Absatz und allen folgenden Absätzen die Formatvorlage durch einfachen Klick zuweisen.

5 Für Absatzanfänge erstellen Sie eine weitere (Zeichen-)Formatvorlage. Klicken Sie dazu nochmals auf die Schaltfläche *Neue Formatvorlage* und benennen Sie die neue Vorlage. Wechseln Sie im Listenfeld *Formatvorlagentyp* zum Eintrag *Zeichen*.

6 Aktivieren Sie die Schaltfläche *Format* und wählen Sie *Schriftart*. Legen Sie den Schriftschnitt *Fett* fest und aktivieren Sie das Kontrollkästchen *Kapitälchen*.

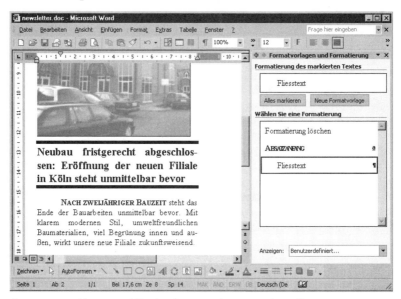

Der erste mit Absatz- und Zeichenformatvorlage gestaltete Absatz

Vor der Zuweisung der Zeichenformatvorlage dürfen Sie nicht vergessen, die Wörter am Absatzanfang zu markieren. Nach der Eingabe und Gestaltung der Absätze haben Sie einen ungefähren Überblick über den Gesamtumfang und können ggf. mit der Tastenkombination (Strg)+(Umschalt)+ (Enter) manuelle Spaltenumbrüche einfügen.

Auflockern mit Formsatz

Zur Auflockerung des Textes können Sie in einige Absätze Grafiken so einfügen, dass der Text sie im Formsatz umfließt. Als Formsatz wird der Textfluss um eine Grafik bezeichnet, der die Grafikform nachbildet, sich also um das Äußere der Grafik schmiegt und nicht ein Rechteck nachbildet. Word beherrscht Formsatz, wenn Sie den Textfluss über die Symbolleiste oder im Register *Layout* auf *Transparent* setzen. Sie sollten dieses Layout jedoch sparsam einsetzen, da es eine gewisse Unruhe in das Schriftbild bringt.

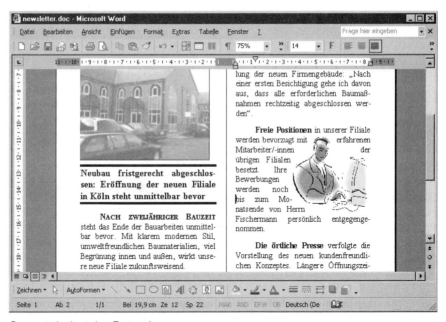

Formsatz lockert den Text auf

Wichtige Hinweise mit Textfeldern positionieren

Um den Fließtext aufzulockern und das Auge des Lesers auf wichtige Inhalte zu lenken, können Sie diese in Textfeldern präsentieren, die Sie mitten im Fließtext positionieren. Hier wird die Adresse für die Bewerbung auf freie Stellen in der neuen Filiale auf diese Weise präsentiert.

1 Um ein solches Textfeld einzufügen, wählen Sie *Einfügen/Textfeld* und ziehen Sie das Textfeld – ohne einen Zeichnungsbereich – direkt an der gewünschten Position auf.

2 Geben Sie anschließend den Text in das Textfeld ein. Um den Textfluss um das Textfeld zu steuern, doppelklicken Sie auf den Rand des Textfelds oder Sie markieren es und wählen *Format/Textfeld*.

3 Wenn Sie im Register *Textfeld* das Kontrollkästchen *Größe der Auto-Form an Text anpassen* aktivieren, berechnet Word automatisch die für den jeweiligen Inhalt benötigte Größe.

4 Legen Sie hier im Register *Layout* über die Auswahl *Rechteck* fest, dass der Umgebungstext das Textfeld rechteckig umfließt.

5 Damit das Textfeld genau in der Mitte zwischen rechtem und linkem Seitenrand zentriert ist, aktivieren Sie die Schaltfläche *Weitere* und legen die horizontale Ausrichtung *Zentriert* bezogen auf den *Seitenrand* fest.

Tipp

Effekte mit Füllfarbe und Fülleffekten

Wenn Sie Text mithilfe eines Textfelds positionieren, können Sie dieses auf einfache Weise mit besonderen Effekten versehen. Sie können Textfeldern im Dialogfeld *Textfeld formatieren* im Register *Farben und Linien* nicht nur Füllfarben zuweisen, sondern auch Fülleffekte. Dazu öffnen Sie in der Optionsgruppe *Ausfüllen* die Liste *Farbe* und klicken statt auf eine Farbe in der Farbpalette auf die Beschriftung *Fülleffekte*.

Das Textfeld präsentiert wichtige Hinweise

8

Layout

Zum Abschluss ein fortlaufender einspaltiger Abschnitt

Der Firmennewsletter ist fast fertig. Im Beispiel wird unterhalb des zweispaltigen Abschnitts noch ein kurzer einspaltiger Abschnitt mit der Firmenadresse gesetzt. Falls Sie keinen solchen Abschnitt, aber trotzdem eine ausgeglichene Spaltenlänge erzielen wollen, fügen Sie einen leeren, fortlaufenden Abschnittswechsel ein:

1 Klicken Sie in einen neuen leeren Absatz unterhalb des letzten Textabsatzes und wählen Sie *Einfügen/Manueller Umbruch*.

2 Markieren Sie in der Optionsgruppe *Abschnittswechsel* die Optionsschaltfläche *Fortlaufend* und bestätigen Sie das Dialogfeld.

3 Sie können nun im neuen Abschnitt mit der Schaltfläche *Spalten* zum einspaltigen Layout zurückkehren.

4 In der Beispielzeitung fügen Sie in den neuen Abschnitt den Firmennamen in Schriftgröße 12 und zentriert ein.

5 Wählen Sie *Format/Absatz* und legen Sie einen *Abstand Vor* von 18 pt und keinen Abstand *Nach* fest.

6 Trennen Sie den neuen Abschnitt mit einer einfachen 1-Punkt-Randlinie oben. Wählen Sie *Format/Rahmen und Schattierung*, wählen Sie eine *Breite* von 1 pt und klicken Sie auf die Schaltfläche für eine untere Randlinie.

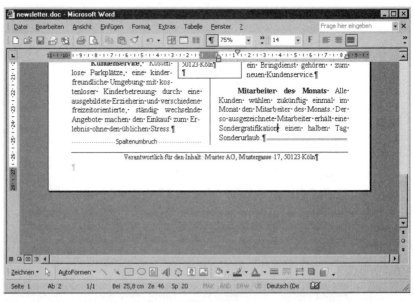

Der einspaltige Abschnitt am Ende des Newsletters

8.5 Rahmen, Linien, Hintergrundgestaltung

Wie Sie vielleicht bereits im vorherigen Beispiel festgestellt haben, können Sie durch den Einsatz von Rahmenlinien und Hintergrundfarbe auf einfache Weise schöne Effekte erzielen.

Rahmen und Randlinien

Um Textabschnitte, die zusammengehören, als solche zu kennzeichnen oder um Textpassagen von den folgenden abzugrenzen, eignen sich Rahmen und Linien. Randlinien können Sie über die *Rahmenlinien*-Palette zuweisen. Um einem Textabschnitt einen Rahmen oder eine Linie zuzuweisen:

1 Markieren Sie den Textabschnitt.

2 Öffnen Sie die *Rahmenlinien*-Palette mit einem Klick auf den Listenpfeil.

3 Klicken Sie auf das Symbol in der Palette, auf dem die Randlinie an der gewünschten Position angezeigt wird. Für einen Gesamtrahmen klicken Sie beispielsweise auf das Symbol *Rahmenlinie außen*.

Die *Rahmenlinien*-Palette zeigt im geschlossenen Zustand immer das zuletzt benutzte Symbol an. Falls Sie diese Rahmenart mehrfach benötigen, können Sie sofort auf das Symbol klicken, ohne die Palette zu öffnen. In der geöffneten Palette finden Sie außerdem das Symbol *Kein Rahmen*. Benutzen Sie dieses Symbol, um einen Rahmen oder eine Randlinie wieder zu entfernen.

Hinweis

Randlinien sind Absatzformate

Randlinien gehören zu den Formatierungen, die Sie nur einem ganzen Absatz zuweisen können. Wenn Sie nur einen Teil eines Absatzes oder ein einzelnes Wort markieren und dann ein Symbol der *Rahmenlinien*-Palette aktivieren, erhält die Markierung immer einen Gesamtrahmen, unabhängig davon, welche Rahmenschaltfläche Sie aktivieren.

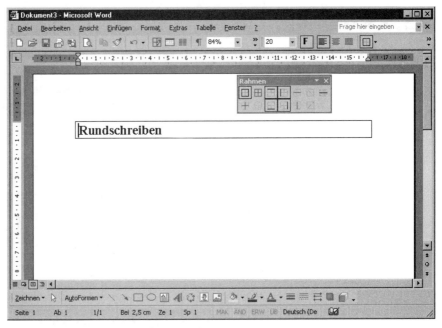

Ein Gesamtrahmen über die Rahmenpalette

┌─── **Tipp**

Symbolleiste Rahmen

Wenn Sie die *Rahmenlinien*-Palette häufiger einsetzen, können Sie diese aus der Verankerung ziehen, damit Sie als frei positionierbare Symbolleiste angezeigt wird.

Rahmenlinien-Optionen

Wenn Sie die Art der Rahmenlinie, also die Rahmenfarbe oder die Rahmenstärke, beeinflussen wollen, müssen Sie das Dialogfeld *Rahmen und Schattierung* einsetzen, das Sie mit *Format/Rahmen und Schattierung* öffnen. Sie finden im Dialogfeld auf der Registerkarte *Rahmen* links eine Reihe von Schaltflächen, mit denen Sie einige Standardrahmen, wie z. B. einen Konturrahmen oder einen schattierten Rahmen, zuweisen können. Über die Listen *Linienart*, *Farbe* und *Breite* können Sie die Art der Rahmenlinien genauer festlegen. Rechts daneben können Sie über die gleichen Symbole wie in der *Rahmenlinien*-Palette die Linienpositionen festlegen. Im Dialogfeld können Sie für jede Position eine andere Linienart auswählen, also z. B. oben eine rote doppelte, unten eine blaue gepunktete Linie.

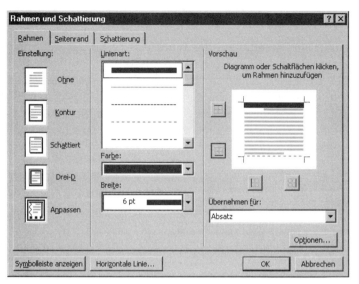

Mehr Rahmenoptionen finden Sie im Dialogfeld Rahmen und Schattierung

Abstand zwischen Rahmen und Text

Häufig wird der Abstand von einem Punkt, den Word zwischen Randlinien oberhalb und unterhalb eines Absatzes und dem Text freihält, als zu eng empfunden. Sie können diesen Abstand beeinflussen. Im Dialogfeld *Rahmen und Schattierung* finden Sie die Schaltfläche *Optionen*, mit der Sie ein weiteres Dialogfeld öffnen. In diesem Dialogfeld können Sie für jede Randlinie eines Rahmens den Abstand genau festlegen und auch den 4-Punkt-Abstand für rechte oder linke Randlinien anpassen.

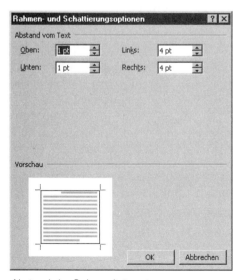

Abstand der Rahmenlinien steuern

Die Länge der Randlinien steuern

Die Länge der Randlinien, die Word oberhalb oder unterhalb eines Absatzes einfügt, ist abhängig von der Absatzbreite. Falls Sie die Randlinien verkürzen wollen, z. B. um sie an den Inhalt des Absatzes anzupassen, können Sie die Länge mithilfe des rechten Einzugs, in zentrierten Absätzen ggf. mit linkem und rechtem Einzug, steuern. Am einfachsten können Sie dies im Lineal erledigen, weil Sie hier den Absatzinhalt direkt vor Augen haben.

Einzüge steuern die Länge der Randlinien

Seitenrahmen und -randlinien

Eine klare Abgrenzung von Kopfzeilen- und Fußzeilenbereich und Seitennummerierung vom restlichen Satzspiegel erzielen Sie mit der Zuordnung von Seitenrahmen oder -randlinien. Bereits seit Word 2000 ist diese Form der Randlinien über eine spezielle Registerkarte im Dialogfeld *Rahmen und Schattierung* sehr einfach zuzuweisen.

1 Wählen Sie *Format/Rahmen und Schattierung* und aktivieren Sie die Registerkarte *Seitenrand*.

2 Um einen Gesamtrahmen einzufügen, aktivieren Sie die Schaltfläche *Kontur* und legen dann in den Listenfeldern *Linienart*, *Farbe* und *Breite* fest.

3 Mithilfe der Liste *Effekte* können Sie bei einem Gesamtrahmen besondere Zierrahmen, z. B. für Zertifikate und Urkunden, auswählen.

4 Einzelne Randlinien oben und unten müssen Sie über die Schaltfläche in der *Vorschau* einfügen.

Seitenrahmen nur für bestimmte Seiten festlegen

Word fügt den Seitenrahmen normalerweise in jede Seite des Dokuments ein. Sie können den Rahmen nur in bestimmte Seiten oder Abschnitte einfügen. Falls Sie den Seitenrahmen nur für die erste Seite oder für alle Seiten außer der ersten Seite vereinbaren wollen, müssen Sie keine weiteren Vorkehrungen treffen, sondern öffnen Sie im Register *Seitenrand* die Liste *Übernehmen für*. Markieren Sie den Eintrag *Nur erste Seite*, um den Rahmen nur für die erste Seite zu drucken, oder *Alle außer 1. Seite*, um ihn erst ab der zweiten Seite zu drucken.

Um den Seitenrahmen nur auf bestimmten Seiten, auf anderen nicht anzuzeigen, müssen Sie das Dokument in Abschnitte unterteilen. Fügen Sie mit *Einfügen/Manueller Umbruch* und der Auswahl *Nächste Seite* in der Optionsgruppe *Abschnittwechsel* Abschnittswechsel ein, um die Seiten mit Rahmen und die Seiten ohne Rahmen zu trennen. Anschließend wählen Sie in den Abschnitten, die einen Seitenrahmen erhalten sollen, *Format/Rahmen und Schattierung* und legen den gewünschten Rahmen fest. Öffnen Sie das Listenfeld *Übernehmen für* und wählen Sie den Listeneintrag *Diesen Abschnitt*.

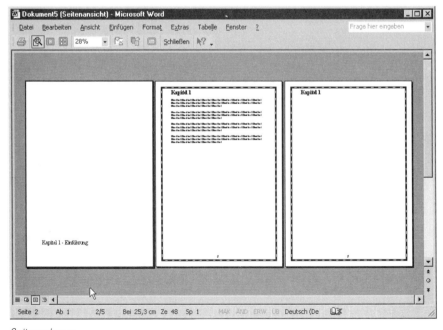

Seitenrahmen

Abstand und Position von Seitenrahmen

Normalerweise fügt Word Seitenrahmen so ein, dass sie nicht nur den kompletten Satzspiegel, sondern auch die Kopf- und Fußzeilen umfassen, wie Sie in der oberen Abbildung sehen können. Falls Sie Seitenrahmen einsetzen wollen, um Kopf- und Fußzeilen optisch vom restlichen Seiteninhalt zu trennen, aktivieren Sie im Register *Seitenrand* die Schaltfläche *Optionen* und wechseln im Listenfeld *Gemessen von* zur Auswahl *Text*. Anschließend schalten Sie die Kontrollkästchen *Kopfzeile umgeben* und *Fußzeile umgeben* aus. Wenn Sie das Kontrollkästchen *Immer im Vordergrund anzeigen* eingeschaltet lassen, sorgen Sie dafür, dass der Seitenrahmen immer im Vordergrund vor jedem anderen Objekt angezeigt wird.

In den Feldern *Oben*, *Unten*, *Links* und *Rechts* können Sie den Abstand des Seitenrahmens zum Text genauer steuern. Den Abstand der Randlinien können Sie für alle Seitenrahmen ändern, unabhängig davon, ob der Rahmen die Kopf-/Fußzeilenbereiche einschließt oder nicht.

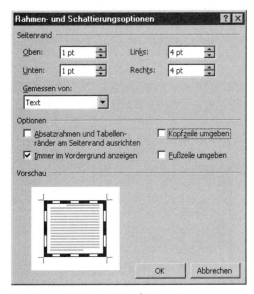

Position und Abstand des Seitenrahmens

8.6 Die Firmenbroschüre im anspruchs-vollen Seitenlayout gestalten

Die Beispielfirmenbroschüre besteht aus vier Seiten. Sie ist in zwei Abschnitte unterteilt, um die erste Seite ohne Seitenzahl und Seitenrandlinie ausgeben zu können. Auf der Titelseite werden das Firmenlogo, der Firmenname, eine kurze Beschreibung und die Firmenadresse angezeigt. Hier kommen bereits Hintergrundfarbe und Randlinien zum Einsatz. Im linken Randbereich der Folgeseiten wird der Firmenname mit einem farbig gefüllten Textfeld und vertikalem Textverlauf angezeigt und die Seitenzahl mit einer Randlinie vom restlichen Text getrennt. Verschiedene Textabschnitte sind mit Grafiken im Formsatz gestaltet und die Absätze beginnen mit einem Initial.

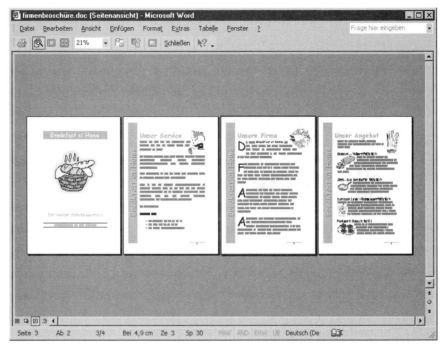

Firmenbroschüre mit anspruchsvollem Layout

Die Titelseite gestalten

Die Titelseite einer Werbebroschüre sollte das Firmenlogo, den Firmennamen, eine kurze Beschreibung und die Firmenadresse anzeigen. Falls Ihre Firma Homepage und E-Mail-Adresse besitzt, können Sie diese auch hier bereits angeben. Auf der Titelleiste kommen Hintergrundfarbe und Randlinien zum Einsatz.

Seitenränder und Fußzeilenposition anpassen

Bemessen Sie die Seitenränder großzügig:

1 Wählen Sie *Datei/Seite einrichten* und legen Sie oben und rechts 3 cm, unten und links 3,5 cm Rand fest. Links muss der Rand etwas größer ausfallen, weil dort der Firmenname angezeigt werden soll.

2 Wechseln Sie ins Register *Layout* und erhöhen Sie die Position der Fußzeile auf 2,5 cm.

3 Sie können nun Text und Grafik für die Titelleiste einfügen. Im Beispiel enthält die Titelleiste oben den Firmennamen, darunter das Firmenlogo, eine kurze Firmenbeschreibung und die Firmenadresse, jeweils in separaten Absätzen, die alle zentriert werden.

Gestalten mit Hintergrundfarbe und Randlinen

Farben spielen in Werbemedien eine wichtige Rolle. In der Beispielbroschüre werden deshalb die Farben für Schrift und Hintergrund – passend zum Firmenlogo und zum Firmenschriftzug – überwiegend in den Farben Orange, Weiß und Schwarz gehalten. Diese Kombination wirkt frisch und knackig – also passend zu einem Frühstücksservice – und nicht zu bunt. Diese Farben tauchen als Hintergrundfarbe, als Schriftfarbe für die Überschriften und als Linienfarbe auf.

Firmenbeschreibung und Firmenadresse mit Randlinien gestalten

Besonders frisch wirkt der Firmenname, der mit weißer Schriftfarbe auf farbigem Hintergrund angezeigt wird.

1 Dazu markieren Sie den Absatz und weisen ihm über den Befehl *Format/Rahmen und Schattierung* im Register *Schattierung* die gewünschte Füllfarbe – hier ein helles Orange – zu.

2 Über den Befehl *Format/Zeichen* kann dann das Listenfeld *Schriftfarbe* auf Weiß umgestellt werden. Durch das Anschalten des Kontrollkästchens *Schattiert* erhält der Firmenname als zusätzlichen Schrifteffekt eine Schattierung, die auf dem farbigen Hintergrund besonders zur Geltung kommt.

3 Mit einigen Leerzeilen Abstand unter dem Firmennamen, die Sie entweder direkt eingeben oder über den Absatzabstand festlegen, wird über den Befehl *Einfügen/Grafik/Aus Datei* das Firmenlogo eingefügt und horizontal zentriert.

4 Die Firmenbeschreibung wird wieder mit einigen Leerzeilen Abstand und mit einer kleineren Schriftgröße unter dem Firmenlogo eingefügt. Hier wurde auf eine Hintergrundfarbe verzichtet und stattdessen die Schriftfarbe Hellorange und ebenfalls der Schrifteffekt *Schattierung* verwendet.

5 In den letztem Absatz geben Sie die Firmenanschrift ein. Die Firmenanschrift ist in der gleichen Schriftfarbe, mit dem gleichen Schrifteffekt und wieder in einem kleineren Schriftgrad gestaltet.

6 Die Firmenadresse erhält außerdem eine feine Randlinie oberhalb und unterhalb. Diese fügen Sie über den Befehl *Format/Rahmen und Schattierung* ein. Wenn Sie die Randlinien in Schwarz einfügen, haben Sie die kompletten Firmenfarben der Beispielfirma auf der Titelseite bereits eingesetzt. Klicken Sie im Register *Rahmen* in der *Vorschau* auf die Schaltflächen für die Randlinie unten und oben.

7 Der Standardabstand von Randlinie und Absatztext beträgt nur 1 pt. Das sieht in der Broschüre nicht besonders gut aus. Über die Schaltfläche *Optionen* können Sie deshalb den Abstand vom Text in den Feldern *Oben* und *Unten* erhöhen, wie dies hier z. B. auf 4 pt.

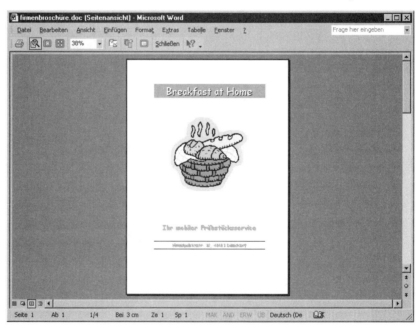

Die Titelseite mit Hintergrundfarbe und Randlinien gestaltet

Gestaltung der Folgeseiten

Die Gestaltung der Titelseite haben Sie damit bereits abgeschlossen. Auf allen Folgeseiten soll das Firmenlogo als Wasserzeichen, der Firmenname als vertikaler Lauftext im linken Seitenrand und rechts unten die Seitenzahl angezeigt werden. Das erledigen Sie am elegantesten über Kopf- und Fußzeilen. Weil auf der ersten und den Folgeseiten unterschiedliche Seitenformatierung gewünscht wird, müssen Sie zwischen der ersten und der zweiten Seite einen Abschnittswechsel einfügen.

Broschüre in Abschnitte unterteilen

Wählen Sie am Ende der ersten Seite *Einfügen/Manueller Umbruch* und markieren Sie im Dialogfeld *Manueller Umbruch* die Optionsschaltfläche *Nächste Seite*. Mit dieser Auswahl legen Sie fest, dass der neue Abschnitt auf einer neuen Seite beginnen soll.

Wasserzeichen und Firmenname über die Kopfzeilenfunktion auf jeder Seite ausgeben

Damit Firmenlogo, Firmenname und Seitenzahl auf jeder Seite – außer der Titelseite – angezeigt werden, fügen Sie diese Elemente über die Kopfzeile ein.

Vielleicht wundern Sie sich jetzt, weil der Firmenname doch im linken Seitenrand und das Firmenlogo hinter dem Text, also beide Objekte keinesfalls in der Kopfzeile zu sehen sind. Sie müssen sich in der Kopfzeilenansicht nicht auf den schmalen Bereich des oberen und unteren Seitenrands beschränken, sondern können die Kopfzeilenfunktion für die gesamte Seite immer dann einsetzen, wenn Sie Text oder andere Objekte auf jeder Seite ausgeben wollen.

Bevor Sie mit der Gestaltung der Kopf- und Fußzeile beginnen, sollten Sie sich vergewissern, dass der Cursor sich im zweiten Abschnitt befindet. Die Abschnittsnummer wird in der Statuszeile neben der Seitennummer angezeigt. Wählen Sie im zweiten Abschnitt *Ansicht/Kopf- und Fußzeile*.

Das Firmenlogo als Wasserzeichen

Das Firmenlogo soll auf den Folgeseiten nur noch als unaufdringliches Wasserzeichen im Hintergrund des Textes zu sehen sein. Den Befehl *Format/Hintergrund/Gedrucktes Wasserzeichen* können Sie hier nicht einsetzen, weil das Wasserzeichen auf der ersten Seite nicht angezeigt werden soll.

1 Über den Befehl *Einfügen/Grafik/Aus Datei* können Sie das Firmenlogo in die Kopfzeile einfügen.

2 Doppelklicken Sie auf die Grafik, um sie in der Blattmitte zu positionieren und als Hintergrund-Wasserzeichen anzuzeigen.

3 Im Register *Bild* setzen Sie die *Farbe* auf *Ausgeblichen*, um den Wasserzeicheneffekt zu erzielen. Sie können mit den Reglern für *Kontrast* und *Helligkeit* die Grafik nachbearbeiten.

4 Aktivieren Sie im Register *Layout* die Schaltfläche *Weitere*, wählen Sie die Umbruchsart *Hinter den Text* und vereinbaren Sie im Register

Bildposition eine vertikale und horizontale Zentrierung auf der Seite. Diese Einstellung garantiert, dass das Firmenlogo genau in der Seitenmitte positioniert ist, unabhängig von den Seitenrändern, die Sie einstellen.

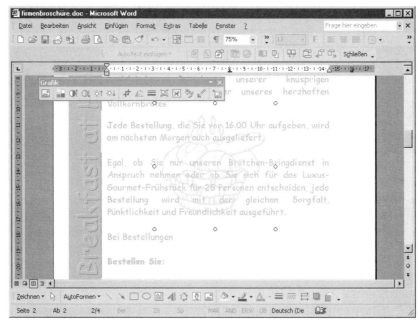

Das Firmenlogo ist als Wasserzeichen hinter dem Text der Folgeseiten zentriert

Den Firmennamen mit vertikaler Laufrichtung am linken Seitenrand

Der Firmenname soll in vertikaler Laufrichtung – die Zeichen laufen von unten nach oben – im linken Seitenrand jeder Seite angezeigt werden. Um diesen Effekt zu erzielen, benutzen Sie ein Textfeld, das Sie ebenfalls in die Kopfzeile einfügen.

1 Wählen Sie ggf. *Ansicht/Kopf- und Fußzeile* und aktivieren Sie die Schaltfläche *Textfeld*.

2 Ziehen Sie ohne Zeichnungsbereich im linken Randbereich ein Textfeld zwischen oberen und unteren Seitenrand auf. Darin geben Sie den Firmennamen – zunächst in normaler Laufrichtung – ein. Damit der Firmenname hier möglichst dezent wirkt, verwenden Sie hier die gleiche Farbe für Hintergrund und Schrift. Die Schriftfarbe weisen Sie über das Listenfeld, die *Hintergrundfarbe* über das Register *Schattierung* im Dialogfeld *Rahmen und Schattierung* zu.

3 Weisen Sie dem Text über *Format/Zeichen* den Schrifteffekt *Relief* zu, der bei gleicher Text- und Hintergrundfarbe besonders edel zur Geltung kommt.

4 Damit das Textfeld nicht eingerahmt wird, doppelklicken Sie auf den grauen Bearbeitungsrahmen des Textfelds und setzen im Register *Farben und Linien* in der Optionsgruppe *Linie* die Liste *Farbe* auf *Keine Linie*.

5 Zur vertikalen Laufrichtung wechseln Sie dann über den Befehl *Format/Absatzrichtung*.

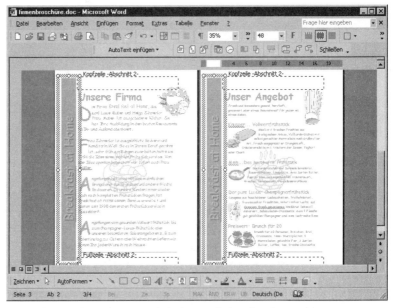

Der Firmenname als vertikaler Relieftext im linken Rand

Die Seitenzahl im unteren Rand

Es ist immer sinnvoll, in mehrseitigen Dokumenten eine Seitennummerierung zu benutzen. Auf diese Weise können Sie sich in der Firmenbroschüre problemlos auf eine andere Stelle beziehen, z. B. „Bitte beachten Sie auch unsere Angebote auf Seite 4". Die Seitenzahl soll hier rechts unten in der Fußzeile angezeigt und mit einer farbigen Trennlinie vom normalen Textspiegel abgesetzt werden.

1 Wechseln Sie in der Kopfzeilenansicht zunächst über die Schaltfläche *Zwischen Kopf- und Fußzeile wechseln* in die Fußzeile.

2 Über die Schaltfläche *Seitenzahl einfügen* haben Sie schnell die gewünschte Seitennummerierung eingefügt und mit de Absatzausrichtung rechtsbündig ausgerichtet.

3 Fügen Sie dann mit dem Befehl *Rahmen und Schattierung* die farbige Trennlinie oberhalb der Seitenzahl in die Fußzeile ein. Wählen Sie zunächst in der Liste *Farbe* den entsprechenden Eintrag, bevor Sie auf die Schaltfläche für eine Randlinie oben klicken.

4 Damit die Randlinie nicht über die ganze Absatzbreite läuft, wurde in der Firmenbroschüre über den Befehl *Format/Absatz* ein linker Einzug von 11 cm vereinbart und die Seitenzahl im verbleibenden Bereich zentriert.

Die Arbeiten im Kopf- und Fußzeilenbereich sind damit abgeschlossen.

Falls Sie Ihre Firmenbroschüre im Doppelseitendruck – also mit Vorder- und Rückseite – ausdrucken wollen, müssen Sie über den Befehl *Datei/ Seite einrichten* im Register *Papierformat* das Kontrollkästchen *Gerade/ Ungerade* anders einschalten. Dann können Sie in der ungeraden Kopfzeile die Seitenzahl wie beschrieben ausrichten. In der geraden Kopfzeile benutzen Sie dann einen entsprechenden rechten Absatzeinzug.

Sie können nun die Überschriften und den Text in die Firmenbroschüre eingeben. Für die Überschrift wurde wieder die Schriftfarbe Hellorange und ein höherer Schriftgrad gewählt, der restliche Text wird in schwarzer Schriftfarbe geschrieben.

Restarbeiten Grafikeinbindung und -positionierung

Wenn Sie eine Werbebroschüre erstellen, die nur aus Text besteht, müssen Sie schon etwas sehr Spannendes zu erzählen haben, damit die Leute nicht abwinken. Die Beispielfirma hat als Blickfang passende kleine Grafiken über die Seiten verteilt.

Die Grafiken wurden über den Befehl *Einfügen/Grafik/Aus Datei* in den Text eingefügt und per Drag & Drop grob positioniert und mit der Schaltfläche *Textfluss Transparent* gestaltet. Dabei umfließt der Text die Grafikkonturen, und zwar nicht viereckig, sondern er folgt der äußeren Bildform. Anschließend können Sie die Grafik auf die gewünschte Position in oder neben den Text ziehen. Der Textfluss passt sich jeder neuen Position automatisch an.

Damit die kleinen Grafiken in der rechten oberen Ecke auf allen Seiten der Broschüre auf der gleichen Position sitzen, sollten Sie diese über das erweiterte Layout genauer platzieren, als das per Drag & Drop möglich ist. Doppelklicken Sie auf eine solche Grafik.

8

Layout

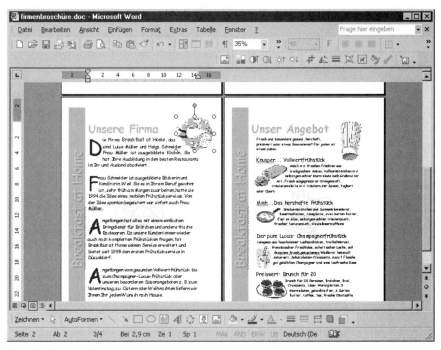

Die Grafiken sind transparent gesetzt

Im Register *Layout* klicken Sie auf *Weitere*. Markieren Sie im Register Textfluss die Umbruchsart *Transparent* und im Register *Bildposition* die Schaltfläche *Ausrichtung* und wählen Sie im Listenfeld *Rechts*. Bei *gemessen von* wählen Sie als Bezugspunkt *Spalte*. In der Optionsgruppe *Vertikal* wählen Sie die Ausrichtung *Oben* und als Bezugspunkt in der Liste *gemessen von* den Eintrag *Seitenrand*.

Initialen

Einen besonders schönen Effekt können Sie durch das Einfügen von Initialen erzielen. Initialen werden die besonders hervorgehobenen ersten Zeichen eines Absatzes genannt. Sie werden durch einen sehr großen Schriftgrad hervorgehoben, normalerweise wird das Zeichen auf die Höhe von drei Absatzzeilen gesetzt. Damit dies möglich ist, positioniert Word das erste Zeichen mit einem Positionsrahmen, aber darum müssen Sie sich nicht kümmern, das Einfügen und auch das Entfernen von Initialen ist mit wenigen Handgriffen erledigt.

1 Markieren Sie einen Absatz, den Sie mit Initialen gestalten wollen, und wählen Sie *Format/Initial*. Markieren Sie die Auswahl *Im Text*. Wenn Sie auf Ihrem PC besondere Zierschriften installiert haben, können Sie über die Liste *Schriftart* eine besonders effektvolle Schriftart für das Initial auswählen.

2 Die Initialhöhe ist mit 3 (Zeilen) vorgegeben. Das ist ein ganz brauchbarer Wert, der unabhängig von der verwendeten Schriftgröße benutzt werden kann. Sie können den Wert verändern und dem Initial bis zu zehn Zeilen Größe zuweisen.

3 Wenn Sie eine besondere Zierschrift für das Initial verwenden, ist es manchmal sinnvoll, zwischen dem Initial und dem Folgetext einen kleinen Abstand festzulegen, den Sie im Feld *Abstand zum Text* vereinbaren.

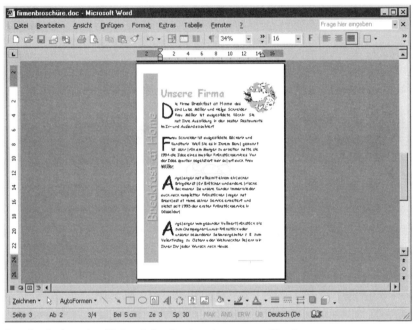

Initialen lenken den Blink auf den Beginn eines neuen Absatzes

9. Umfangreiche Dokumente bearbeiten

Obwohl die Bewältigung des täglichen Briefverkehrs sicher einer der Schwerpunkte von Word 2002 ist, gehört auch die Gestaltung anderer Dokumente, wie Geschäftsberichte, Redemanuskripte, wissenschaftliche Artikel oder Handbücher, zu den Aufgaben eines Textverarbeitungsprogramms. Damit Sie diese Dokumente professionell und gleichzeitig komfortabel gestalten können, unterstützt Word Sie mit speziellen Funktionen.

Bereits bei der Erstellung eines Konzepts für ein umfangreiches Dokument und später beim Umstellen und Überarbeiten des Dokumentinhalts ist die Gliederungsfunktion behilflich. Weitere Funktionen unterstützen Sie mit einer sehr bequemen Art der Seitenumbruchskontrolle, mit Kopf- und Fußzeilen, mit automatischer Seitennummerierung und einer automatischen Fußnotenverwaltung.

Darüber hinaus können Sie in Word auch sehr einfach ein Inhaltsverzeichnis, ein Stichwortverzeichnis –Index – oder andere Verzeichnisse erstellen. Damit auch das Wiederfinden von Textstellen online oder im Ausdruck schnell und effektiv möglich ist, enthält Word Such- und Ersetzfunktionen und die Möglichkeit, Querverweise und Hyperlinks in Dokumente einzufügen.

9

Dokumente

9.1 Word-Ansichten in umfangreichen Dokumenten nutzen

Word bietet Ihnen die Möglichkeit, für die verschiedenen Bearbeitungsstufen eines Textes, wie die Eingabe, Gestaltung und die Prüfung des fertigen Dokuments, unterschiedliche Ansichten einzustellen, die jeweils die Elemente unterdrücken, die momentan nicht benötigt werden. Die Wahl der richtigen Ansicht und eine entsprechende Anpassung der Ansichtoptionen beschleunigt in längeren Dokumenten die Arbeitsgeschwindigkeit erheblich.

Ansichten anpassen

Die einzelnen Word-Ansichten zeigen das aktuelle Dokument auf verschiedene Art und Weise an. Dabei ist jede Ansicht für ein anderes Ziel optimiert. Die Normalansicht ist beispielsweise für ein möglichst schnelles Blättern in umfangreichen Dokumenten optimiert, wohingegen die Seitenlayout- oder die Weblayout-Ansichten konzipiert sind, um Dokumente möglichst genau so anzuzeigen, wie sie gedruckt bzw. in einem Webbrowser angezeigt würden. Sie können jede Ansicht noch weiter optimieren und – um z. B. die Anzeige weiter zu beschleunigen während eines Arbeitsschritts, in dem Sie nur den Text lesen wollen – die Grafiken ausblenden. Die Ansichtseinstellungen passen Sie über den Befehl *Extras/Optionen* im Register *Ansicht* an. Dort können Sie mithilfe von Kontrollkästchen Elemente ein- und ausblenden. Die Optionsgruppe *Seiten- und Weblayoutoptionen* enthält Optionen, die nur für die Seitenlayoutansicht oder die Weblayoutansicht gelten.

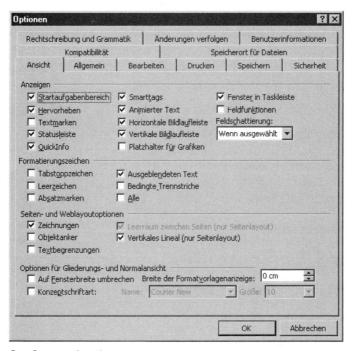

Das Register Ansicht

Ansichten einsetzen

Word-Ansichten zeigen ein umfangreiches Dokument in verschiedenen Größen und mit ein- und ausgeblendeten Elementen oder Formatierungen. Durch die Wahl der richtigen Ansicht können Sie gezielt bestimmte Bearbeitungsschritte optimieren und beschleunigen. Sie wechseln die

Ansicht entweder über das Menü *Ansicht* oder schneller über die vier Schaltflächen links vor der horizontalen Bildlaufleiste.

Links die vier Schaltflächen für den Wechsel der Ansicht

Normalansicht

Die Normalansicht aktivieren Sie mit dem Befehl *Ansicht/Normal* oder durch das Anklicken des Symbols *Normalansicht* unten links in der Statusleiste. In der Normalansicht werden alle Formatierungsmerkmale angezeigt, nur die Textposition kann vom Ausdruck abweichen. Diese spielt bei Mehrspaltentext, Tabellen und fest positionierten Elementen eine Rolle. In der Normalansicht wird nur der eigentliche Textspiegel, es werden aber nicht die Randbereiche angezeigt, in denen Kopf- und Fußzeile untergebracht sind.

Mehrspaltentext in der Normalansicht im – nächsten Bild sehen Sie den gleichen Text im Seitenlayout

Da die Normalansicht die schnellste Bearbeitungsansicht ist, eignet sie sich besonders gut zur Eingabe und späteren Textkontrolle von umfangreichen Dokumenten. Nicht so gut geeignet ist diese Ansicht zur Formatierungskontrolle. Sie können die Anzeige umfangreicher Texte beschleunigen, wenn Sie im Register *Ansicht* das Kontrollkästchen *Platzhalter für Grafiken* und *Konzeptschriftart* aktivieren. Die speziellen Anpassungseinstellungen für die Normalansicht finden Sie im Register *Ansicht* in der Optionsgruppe *Optionen für Gliederungs- und Normalansicht.*

Seitenlayoutansicht

Wenn Sie Mehrspaltentexte, Tabellen oder positionierte Elemente bearbeiten, die Seitenränder nach Augenmaß verschieben oder den Text vor dem Ausdruck überprüfen wollen, dann schalten Sie in die Seitenlayoutansicht, die Sie über *Ansicht/Seitenlayout* oder die Schaltfläche *Seitenlayoutansicht* aktivieren.

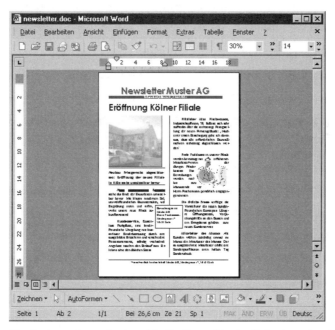

Der Text aus der vorherigen Grafik diesmal in der Seitenlayoutansicht

Hier erhalten Sie den Text so angezeigt, wie er später ausgedruckt wird. Im Seitenlayout wird im Gegensatz zur Normalansicht auch der nicht beschreibbare Randbereich angezeigt. Außerdem erscheint links vor dem Text ein zusätzliches vertikales Lineal. Sie können am vertikalen und horizontalen Lineal die Seitenränder ablesen und verändern. Sie können die Layoutansicht aktivieren, indem Sie das Symbol *Seitenlayoutansicht* in der Statusleiste anklicken. Die *Seitenlayoutansicht* können Sie genauer über *Extras/Optionen* und die Kontrollkästchen der Optionsgruppe *Seiten- und Weblayoutoptionen* steuern. Eine neue Einstellungsoption in Word 2002 ist die Möglichkeit, mit dem Kontrollkästchen *Leerraum zwischen Seiten* den Freiraum, der im Seitenlayout zwischen den Einzelseiten angezeigt wird, auszublenden.

Gliederungsansicht

Wenn Sie die Überschriften eines längeren Textes in verschiedene Hierarchiestufen, Gliederungsebenen genannt, einstufen wollen, können Sie die Gliederungsansicht aktivieren, um die Einstufung vorzunehmen, sie zu verändern oder große Textabschnitte bequem umzustellen. Sie aktivieren diese Ansicht, indem Sie den Befehl *Gliederung* im Menü *Ansicht* aktivieren. Sie deaktivieren die Gliederungsansicht, indem Sie das Menü *Ansicht* aktivieren und *Normal* oder *Seitenlayout* wählen bzw. das entsprechende Symbol links in der horizontalen Bildlaufleiste aktivieren. Die speziellen Anpassungseinstellungen für die Gliederungsansicht finden Sie im Register *Ansicht* in der Optionsgruppe *Optionen für Gliederungs- und Normalansicht*.

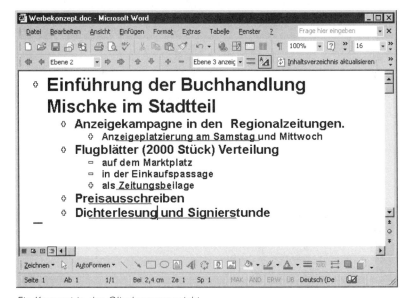

Ein Konzept in der Gliederungsansicht

Weblayout

Diese Ansicht ermöglicht Ihnen das Bearbeiten von Onlinedokumenten. In dieser Ansicht werden die Lineale und die horizontale Bildlaufleiste ausgeblendet. Sie finden im Dialogfeld *Optionen* auf der Registerkarte *Ansicht* die Optionsgruppe *Seiten- und Weblayoutoptionen*, über die Sie diese Ansicht genauer steuern können.

Sie können das Onlinelayout mit der gleichnamigen Schaltfläche in der horizontalen Bildlaufleiste aktivieren und über das Menü *Ansicht* zu einer anderen Ansicht zurückwechseln.

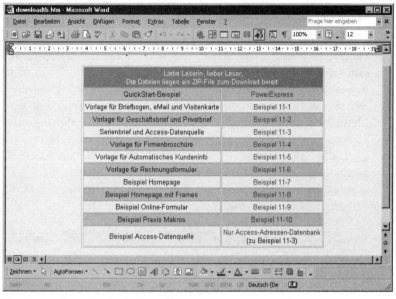

Eine Webseite in der Ansicht Weblayout

Ansicht Ganzer Bildschirm

Mit dem Befehl *Ansicht/Ganzer Bildschirm* blenden Sie alle Bildschirm-elemente aus, sodass auf dem Bildschirm nur noch Ihr Text und eine kleine Schaltfläche mit der Beschriftung *Ganzer Bildschirm schließen* zu sehen ist, die für das Zurückschalten gebraucht wird. Wählen Sie diesen Modus zur Texteingabe oder bei bestimmten Prüfschritten, die die Sicht auf größere Textblöcke erforderlich machen. Klicken Sie die Schaltfläche an, um zum Normalmodus zurückzukehren. Wenn die Schaltfläche fehlt, drücken Sie (Esc).

Ein Dokument in der Ansicht Ganzer Bildschirm ohne überflüssige Steuerelemente

Ansicht Kopf- und Fußzeile zur Erstellung und Bearbeitung von Kopf- und Fußzeilen einsetzen

In umfangreichen Dokumenten werden Sie normalerweise eine Seitennummerierung vornehmen. Diese Seitenzahlen werden entweder in den oberen oder unteren Randbereich gedruckt, diese Bereiche werden als Kopf- oder Fußzeilen bezeichnet.

Kopf- und Fußzeilen bieten außerdem die Möglichkeit, einmalig eingegebenen Text oder eine Funktion wie z. B. die Seitenzahl auf jeder gewünschten Textseite auszudrucken. Seitenzahlen oder sonstiger Text in Kopf- und Fußzeilen müssen Sie in einer besonderen Ansicht bearbeiten, die Sie mit *Ansicht/Kopf- und Fußzeile* aktivieren.

Wenn Sie den Befehl *Ansicht/Kopf- und Fußzeile* aktivieren, wechselt Word automatisch zum Seitenlayout, positioniert den Cursor in die Kopfzeile und blendet eine zusätzliche Symbolleiste ein, mit der Sie die Kopfzeile gestalten können. Zurück zur normalen Textansicht gelangen Sie durch Anklicken der Schaltfläche *Schließen*.

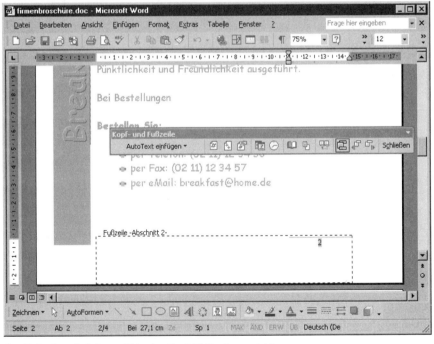

Die Fußzeile mit Seitenzahl in der Kopf-/Fußzeilenansicht

Die Seitenansicht für die Kontrolle umfangreicher Texte einsetzen

Eine Möglichkeit, die Positionierung des Textes auf der Seite zu ü-
berprüfen und gleichzeitig die Seitenränder anzupassen, bietet die
Seitenansicht. Sie aktivieren die Seitenansicht mit dem Befehl *Da-
tei/Seitenansicht* oder dem Symbol *Seitenansicht* in der Standardleiste.
Sie können die Seitenansicht beenden, indem Sie die Schaltfläche *Schließen* aktivieren oder erneut den Befehl *Datei/Seitenansicht* wählen.

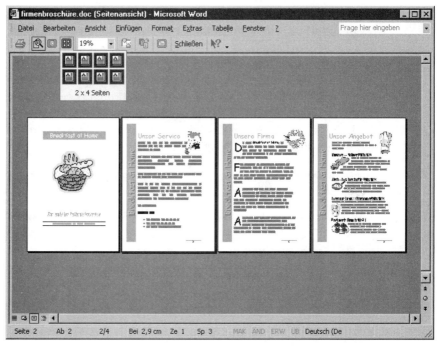

Text in der Seitenansicht

Normalerweise zeigt Word in der Seitenansicht eine Dokumentseite
in einer verkleinerten Form an. Mit dieser Schaltfläche zeigen Sie
ein Raster an, in dem Sie markieren, wie viele Seiten Sie gleichzeitig anzeigen und prüfen wollen.

Um von der Anzeige mehrerer Seiten zurück zur Anzeige einer Ein-
zelseite zu gelangen, klicken Sie auf diese Schaltfläche.

Bei der Kontrolle mehrseitiger Dokumente blättern Sie mit diesen
Schaltflächen, die in der Seitenansicht rechts unten in der vertikalen Bildlaufleiste angezeigt werden, vorwärts und rückwärts im Dokument.

Sie können ein umfangreiches Dokument in der Seitenansicht bequem kontrollieren. Wenn Sie an eine Stelle kommen, an der Sie
eine Korrektur oder Ergänzung einfügen wollen, aktivieren Sie zunächst
mit Klick an die Stelle im Dokument die vergrößerte Anzeige und mit
Klick auf die Schaltfläche *Lupe* den Bearbeitungsmodus. Sie können dann
die Bearbeitung durchführen, ohne die Seitenansicht verlassen zu müssen.

Wenn Sie bei der Kontrolle eines mehrseitigen Textes in der Seitenansicht feststellen, dass die letzte Seite nur wenig Daten enthält,
können Sie Word auffordern, eine Optimierung durchzuführen. In diesem Fall versucht Word, den Text durch eine Reduzierung der Schriftgröße so zu optimieren, dass eine Druckseite weniger benötigt wird.

Steuern der Anzeigegröße des Textes

Bei der Eingabe und Bearbeitung eines Dokuments stört es Sie vielleicht,
dass Sie nur einen kleinen Textbereich sehen können. Sie haben die
Möglichkeit, die Textanzeige auf den gesamten Bildschirm zu erweitern
oder Elemente auszublenden, um einen größeren Textabschnitt darzu-
stellen.

Zoomen des Fensters

Eine weitere Möglichkeit, die Größe des dargestellten Dokuments zu beeinflussen, bietet der Zoom. Sie können die Text-
größe zwischen 10 % und 500 % zoomen. Dies erreichen Sie am schnellsten, wenn Sie in der Symbolleiste *Standard* die Liste *Zoom* öffnen, indem
Sie auf den Listenpfeil klicken und dann die gewünschte Zoomstufe aus
den Vorgabewerten durch Anklicken auswählen.

Sie können die hier eingetragene Vorgabe auch mit einem selbst gewählten Zwischenwert überschreiben und dann die Taste (Enter) drücken. Alternativ zu diesem Verfahren können Sie auch das Dialogfeld *Zoom* aktivieren und dort das Optionsfeld für eine vorgegebene Zoomstufe aktivieren oder einen eigenen Wert im Feld *Prozent* einstellen oder eintragen.
Dieses Dialogfeld bietet Ihnen die Möglichkeit, im Kasten *Vorschau* die
Auswirkung der eingestellten Zoomstufe zu prüfen, bevor sie endgültig
aktiviert ist. Hier finden Sie auch die Optionen *Zoom-Modus Seitenbreite*,
Ganze Seite und *Mehrere Seiten*.

9

Dokumente

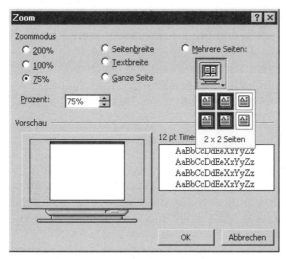

Die Anzeigegröße im Dialogfeld Zoom steuern

Zoom-Modus Seitenbreite

Diese Ansicht ist dann für Sie interessant, wenn Sie Proportionalschriften, kleinere Schriftgrößen als Schriftgrad 12, Papierformate mit ungewöhnlicher Breite oder im Querformat verwenden. Wenn Sie diese Ansicht aktivieren, versucht Word, die Anzeige so zu verkleinern, dass Sie jeweils die ganze Zeile vom Zeilenanfang bis zum Zeilenende gleichzeitig sehen können.

Sie aktivieren die Ansicht im Dialogfeld *Zoom* mit der Schaltfläche *Seitenbreite*. Die folgenden Zoomstufen können Sie nur aktivieren, wenn Sie in der Layoutansicht arbeiten.

Zoom-Modus Textbreite

Diese Ansicht zeigt Ihr Dokument in der Breite des Textspiegels an. Von der Ansicht *Seitenbreite* unterscheidet sich diese Ansicht dadurch, dass der rechte und der linke Seitenrand nicht mit angezeigt werden. Dadurch kann der Text etwas größer dargestellt werden.

Hinweis

Textbreite und Seitenbreite

Wenn Sie den Listeneintrag *Textbreite* wählen, berechnet Word automatisch die Anzeigegröße so, dass Sie die komplette Textzeile vom Zeilenanfang bis -ende sehen. Der Eintrag *Seitenbreite* berechnet die Anzeigegröße so, dass außer dem Text auch der rechte und linke Rand noch Platz finden.

Zoom-Modus Ganze Seite

Sie können die Darstellung eines Dokuments so verkleinern, dass Sie eine ganze Textseite betrachten können. Sie können in diesem Modus den Text auch bearbeiten. Wählen Sie diesen Modus, wenn Sie größere Textblöcke verschieben oder ein Objekt, wie z. B. eine Grafik, vergrößern oder verkleinern.

Zoom-Modus Mehrere Seiten

Bei der Bearbeitung mehrseitiger Dokumente können Sie in der Layoutansicht die Anzeige so verkleinern, dass Sie mehrere Seiten gleichzeitig überprüfen können. Sie aktivieren diese Ansicht, indem Sie im Dialogfeld Zoom die Option *Mehrere Seiten* aktivieren. Klicken Sie auf den kleinen Monitor unter dem Eintrag *Mehrere Seiten*, ziehen Sie die Maus bei gedrückter linker Maustaste über die gewünschte Anzahl Seiten und lassen Sie die Maus dann wieder los. Sie können im Feld *Prozent* ablesen, um wie viel die Darstellung verkleinert wird, wenn die eingestellte Anzahl Seiten angezeigt wird.

9.2 Navigieren in umfangreichen Texten

Da der PC-Bildschirm immer nur einen sehr begrenzten Teil eines umfangreichen Dokuments anzeigen kann, ist die Navigation in längeren Texten nicht ganz unproblematisch. Es gibt deshalb verschiedene Navigationshilfen, mit denen Sie gezielt zu Textpositionen springen oder zwischen Objekten navigieren können.

Die Statusleiste als Navigationshilfe

Um sich in einem umfangreichen Dokument über die aktuelle Position zu informieren, setzen Sie natürlich die Statusleiste ein. Dort erhalten Sie genaue Informationen darüber, welche Seite aus welchem Abschnitt Sie gerade anzeigen und aus wie vielen Dokumenten das Gesamtdokument besteht.

Statusleiste

Word zeigt Ihnen eine Statusleiste am unteren Rand des Anwendungsfensters, um Ihnen Informationen über Ihren Standort im Text und den Status von Tastatur oder Bearbeitungsmodus zu liefern. Die Statusleiste wird eingesetzt, um die Koordinaten des Cursors und den Status von

9

Dokumente

Schalterbefehlen anzuzeigen. Sie blenden die Statusleiste mit dem Kontrollkästchen *Statusleiste* im Register *Ansicht* des Dialogfelds *Optionen* ein und aus. Im linken Teil der Statusleiste tauchen folgende Informationen auf:

Anzeige	Bedeutung
Seite 1	Seite 1
Ab 1	Abschnitt
1/10	Seite 1 von 10
Bei 2,5 cm	Vertikale Cursorposition
Ze 1	Zeile
Sp 1	Spalte

Navigieren in der Ansicht Dokumentstruktur

Klicken Sie auf diese Schaltfläche oder wählen Sie *Ansicht/Dokumentstruktur*, um im linken Teil des Bildschirms die Dokumentstruktur anzuzeigen. Mit Dokumentstruktur ist die hierarchische Gliederung der Überschriften in Ihrem Dokument gemeint. Sie können also mit dieser Schaltfläche gewissermaßen die Normalansicht oder die Layoutansicht mit der Gliederungsansicht kombinieren.

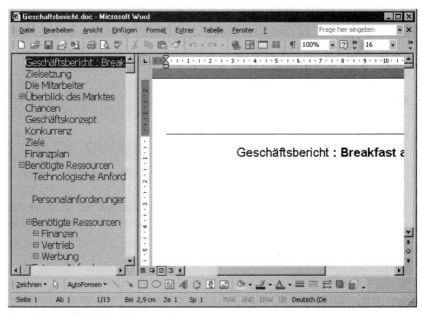

Navigieren mithilfe der Dokumentstruktur

In der Dokumentstruktur finden Sie vor den Überschriften die bereits aus der Gliederungsansicht bekannten Plus- und Minuszeichen, mit denen Sie untergeordnete Elemente ein- und ausblenden können. Klicken Sie auf eine Überschrift, um sofort zu dieser Dokumentposition zu springen. Um den Ausschnitt mit der Dokumentstruktur wieder auszublenden, klicken Sie nochmals auf die Schaltfläche *Dokumentstruktur.*

Navigationshilfe Bildlaufleiste

Auch die vertikale Bildlaufleiste unterstützt Sie bei der schnellen Navigation in umfangreichen Dokumenten. Sie finden dort die Schaltflächen, mit denen Sie seitenweise vorwärts und rückwärts blättern. Wenn Sie größere Textsprünge mithilfe der Bildlaufleiste zurücklegen wollen, zeigt Word als Kurzhinweis einen Tooltip mit der Überschrift der aktuellen Seite an wie im folgenden Bild:

Der Tooltipp zeigt die Hauptüberschrift

In der vertikalen Bildlaufleiste finden Sie außerdem die Schaltfläche *Browseobjekt auswählen,* mit der Sie sich ebenfalls bequem im Dokument bewegen können. Klicken Sie auf diese Schaltfläche, wird eine Auswahl weiterer Schaltflächen sichtbar.

Klicken Sie auf eine dieser Schaltflächen, um eines der Dialogfelder *Suchen* und *Ersetzen* zu öffnen oder mithilfe der weiteren Schaltflächen das Dokument nach Bearbeitungen, Überschriften, Grafiken, Tabellen, Feldern, Fuß- oder Endnoten oder Kommentaren zu durchsuchen.

9

Dokumente

Navigieren mit der Schaltfläche Browseobjekt

Nachdem Sie auf die Schaltfläche für die Art von Objekten ge- 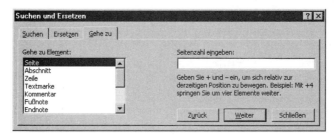 klickt haben, nach denen Sie suchen, können Sie diese Schaltflächen einsetzen, um vorwärts oder rückwärts zum vorherigen oder nächsten Objekt der ausgewählten Art zu gelangen. Suchen Sie z. B. nach einer bestimmten Überschrift, klicken Sie nach der Aktivierung der Schaltfläche *Browseobjekt auswählen* auf die Schaltfläche *Nach Überschriften durchsuchen* und navigieren dann mit den Schaltflächen *Vorherige Überschrift* und *Nächste Überschrift* zwischen den Überschriften.

Bewegen mit Textmarken und Gehe zu

Sie können sich im Text auch mithilfe des Befehls *Bearbeiten/Gehe zu* bewegen. Benutzen Sie diesen Befehl, wenn Sie größere Textsprünge machen oder gezielt eine bestimmte Seite oder ein anderes Element in einem langen Text anspringen. Sie können diesen Befehl z. B. einsetzen, um zu einer bestimmten Fußnote, Textmarke oder Anmerkung zu gelangen. Wählen Sie Bear*beiten/Gehe zu* oder doppelklicken Sie auf den linken Teil der Statusleiste, um das Dialogfeld *Gehe zu* zu öffnen. Sie können das Dialogfeld auf drei verschiedene Weisen einsetzen.

Das Dialogfeld Gehe zu nach Aufruf

Vorwärts- oder Rückwärtsblättern in Elementreihen

Aktivieren Sie das Dialogfeld *Gehe zu* mit F5 oder Doppelklick in die Statusleiste und markieren Sie in der Liste *Gehe zu Element* das Element, zu dem Sie springen wollen. Wenn Sie die Schaltfläche *Weiter* aktivieren, springt Word zum nächsten Element dieser Elementenreihe in Richtung

Textende. Wenn Sie die Schaltfläche *Zurück* aktivieren, springt Word zum vorherigen Element dieser Reihe in Richtung Textanfang.

Gezieltes Anspringen eines Elements

Aktivieren Sie das Dialogfeld *Gehe zu* mit F5 oder Doppelklick in die Statusleiste und markieren Sie in der Liste *Gehe zu Element* das Element, zu dem Sie springen wollen. Rechts neben diesem Listenfeld finden Sie ein Eingabefeld, dessen Beschriftung sich je nach ausgewähltem Objekt ändert. Tragen Sie in das Feld die zum Objekt gehörende Information, also einen Namen oder eine Nummer, ein und aktivieren Sie die Schaltfläche *Gehe zu*. Wenn Sie sich auf diese Weise zu einer bestimmten Textmarke, zu einer Anmerkung, einem Feld oder einem Objekt bewegen, wechselt das Eingabefeld zu einem kombinierten Listen- und Eingabefeld. Sie können dann wahlweise den Namen des Objekts eintragen oder die Liste öffnen und den Namen auswählen.

Intervallbewegungen in Elementreihen

Aktivieren Sie das Dialogfeld *Gehe zu* mit F5 oder Doppelklick in die Statusleiste und markieren Sie in der Liste *Gehe zu Element* das Element, zu dem Sie springen wollen. Rechts neben diesem Listenfeld finden Sie ein Eingabefeld, dessen Beschriftung sich je nach ausgewähltem Objekt ändert. Tragen Sie in das Feld ein Pluszeichen und das Intervall ein, wenn Sie sich vorwärts bewegen wollen, oder ein Minuszeichen und ein Intervall, wenn Sie sich rückwärts bewegen wollen, und aktivieren Sie die Schaltfläche *Gehe zu*.

9

Dokumente

Tipp

Zurück zur alten Textposition

Word speichert die drei letzten Textpositionen, an denen sich Ihr Cursor befunden hat. Mit der Tastenkombination Umschalt+F5 können Sie diese Positionen in umgekehrter Reihenfolge anspringen. Nach einmaligem Drücken von Umschalt+F5 springt der Cursor an die letzte Textposition, drücken Sie nochmals, an die vorletzte Position usw. Haben Sie auf diese Weise die drittletzte Position erreicht, führt ein erneutes Drücken wieder zur letzten Position.

Tipp

Markieren umfangreicher Textabschnitte

Falls Sie einen umfangreichen Teilabschnitt, etwa mehrere Seiten, innerhalb eines umfangreichen Dokuments markieren müssen, können Sie dies besonders schnell, wenn Sie den Cursor an die Startposition setzen, die Markiererweiterung mit F8 aktivieren und mit *Bearbeiten/Gehe zu* die Endposition ansteuern.

9.3 Layout- und Druckeinstellungen für umfangreiche Dokumente

Es gibt in Word einige Spezialeinstellungen für das Seitenlayout und den Ausdruck mehrseitiger Dokumente, insbesondere wenn diese doppelseitig, d.h. mit Vorder- und Rückseite, gedruckt werden sollen.

Seitenlayout für Doppelseitendruck

Die Seiten eines solchen doppelseitigen Dokuments werden nach dem Druck geheftet, gebunden oder gelocht. Um rechte und linke Seiten so zu erstellen, dass diese später gebunden werden können:

1 Wählen Sie *Datei/Seite einrichten* und aktivieren Sie die Registerkarte *Seitenränder*.

2 Markieren Sie im Listenfeld *Mehrere Seiten* den Eintrag *Gegenüberliegende Seiten*, damit die Seitenränder der gegenüberliegenden Seiten gespiegelt werden.

3 Legen Sie im Feld *Bundsteg* den Wert für den zusätzlichen inneren Rand fest.

Wenn Sie sich für die Bundstegposition links entschieden haben, wird der Bundsteg auf rechten Seiten links und auf linken Seiten rechts berücksichtigt. Bei der Bundstegposition oben wird der Rand immer oben berücksichtigt.

Hinweis

Bundsteg

Der Bundsteg bezeichnet den zusätzlichen inneren Rand, der in Dokumenten eingerichtet wird, damit die ausgedruckten Seiten gebunden oder geheftet werden können. Er wird bei gegenüberliegenden, doppelseitig bedruckten Seiten am inneren Rand, also abwechselnd rechts und links, berücksichtigt.

Der Ausdruck umfangreicher Dokumente

Damit Sie auch beim Ausdruck umfangreicher Dokumente weder Zeit noch Papier durch Fehldrucke vergeuden, können Sie einige spezielle Optionen im Dialogfeld *Drucken* nutzen, um längere Dokumente effektiv zu drucken.

Vorder- und Rückseite bedrucken

Wenn Sie ein Dokument mit linken und rechten Seiten ausdrucken wollen, Ihr Drucker aber keinen Doppelseitendruck unterstützt, wählen Sie *Datei/Drucken*. Im Dialogfeld *Drucken* schalten Sie das Kontrollkästchen *Manuell duplex* ein.

Über die Schaltfläche *Optionen* gelangen Sie in das Dialogfeld mit den Druckoptionen, dort können Sie mithilfe der Kontrollkästchen *Optionen für Duplexdrucken* festlegen, ob Sie die ungeraden oder die geraden Seiten auf Vorder- bzw. Rückseiten drucken wollen.

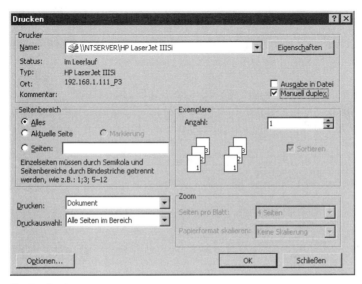

Duplexdruck

Word druckt nun alle festgelegten Vorder- oder Rückseiten und fordert Sie dann auf, den Stapel erneut einzulegen.

Druckvorschau drucken

Sie sollten natürlich besonders umfangreiche Dokumente in der Seitenvorschau überprüfen, bevor Sie deren Ausdruck starten. Sie können auch eine verkleinerte Vorschau des Dokumentinhalts drucken. Dazu wählen Sie *Datei/Drucken* und stellen in der Liste *Seiten pro Blatt* ein, wie viele Seiten Sie auf einer Druckseite ausgeben wollen.

Konzeptdruck

Benötigen Sie einen schnellen Ausdruck, bei dem es Ihnen mehr auf den Inhalt als auf die Formatierung ankommt, können Sie den Druck umfangreicher Dokumente beschleunigen, wenn Sie im Dialogfeld *Drucken* die

9

Dokumente

Schaltfläche *Optionen* aktivieren und das Kontrollkästchen *Konzeptausdruck* einschalten. Sie dürfen nicht vergessen, das Kontrollkästchen später wieder auszuschalten, wenn das Dokument wieder normal gedruckt werden soll. Die Option wird allerdings nicht von allen Druckern unterstützt.

Layout und Druck einer gefalteten Broschüre

Word bietet Ihnen im Register *Seitenansicht* eine spezielle Einstellung für den Druck von Dokumenten wie Broschüren, die mit zwei Seiten pro Blatt und im Duplexverfahren gedruckt werden sollen. Um eine solche Broschüre zu erstellen, wählen Sie im Register *Seitenränder* im Listenfeld *Mehrere Seiten* den Eintrag *Buch*.

Im Feld Seiten pro Broschüre können Sie festlegen, wie viele Seiten die Broschüre umfassen soll. Enthält das Dokument mehr Seiten, als Sie angeben, druckt Word die restlichen Seiten in eine neue Broschüre.

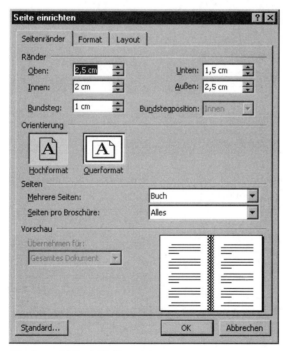

Die Auswahl Buch für Broschüren

9.4 Gliederung, Überschriften und Dokumentstruktur

In langen Texten, die mit einem PC erstellt oder überarbeitet werden, ist es nicht ganz einfach, die Übersicht zu behalten. Bedingt dadurch, dass Sie immer nur einen Bildschirmausschnitt Ihres Textes anzeigen können, ist es nicht möglich, den ganzen Text im Überblick zu sehen. Word stellt deshalb eine Funktion zur Verfügung, mit der Sie langen Text reduziert anzeigen lassen können und in der Sie bequem Textabschnitte umstellen können.

Die Gliederungsansicht ist eine Sicht des Textes, bei der Überschriften und die zugehörigen Texte ein- und ausgeblendet werden können. Die Gliederungsfunktion können Sie einsetzen, um langen Text übersichtlich und einheitlich zu gestalten und größere Textabschnitte umzustellen.

Sie erstellen vor, während oder nach Eingabe des übrigen Textes eine Struktur aus den Überschriften. Unterhalb dieser Hauptüberschriften können Sie weitere untergeordnete Überschriften bis zu insgesamt neun Ebenen erstellen.

In der Gliederungsansicht können Sie diese Überschriften einstufen, umstellen und ein- oder ausblenden. Word erstellt aus den Überschriften automatisch ein Inhaltsverzeichnis, wenn Sie das wünschen. Word stellt zur Gestaltung der neun Gliederungsstufen Formatvorlagen zum automatischen Formatieren zur Verfügung.

Wenn Sie einen Vortrag vorbereiten, eine wissenschaftliche Arbeit erstellen oder ein Buch veröffentlichen wollen, werden Sie ein Konzept entwickeln, in dem Sie die Dokumentstruktur grob skizzieren, und diese dann mit weiteren Unterpunkten verfeinern und schließlich zum kompletten Dokument ergänzen.

Bei dieser Arbeit lassen Sie sich von der Gliederungsansicht und der Dokumentstruktur unterstützen. Die Gliederungsansicht hilft Ihnen bei der Entwicklung Ihres Konzepts und bei der späteren Bearbeitung der Dokumentstruktur. Bei der Ansicht *Dokumentstruktur* handelt es sich um einen zusätzlichen Fensterausschnitt, in dem die Gliederungsstruktur angezeigt und per Klick zu einer beliebigen Stelle im Dokument gesprungen werden kann. Besonders umfangreiche Dokumente, die Sie nicht mehr in einer Datei speichern, sondern auf mehrere Dateien aufteilen müssen, können Sie außerdem als Unterdokumente in einem Masterdokument verwalten.

9

Dokumente

┌──── **Hinweis**
Überschriften und Textkörper

In den Ansichten *Gliederung, Masterdokument* oder *Dokumentstruktur* wird mit einer Überschriftenhierarchie gearbeitet. Alle Hauptüberschriften werden als *Überschrift 1* (bzw. Überschrift der Ebene 1) bezeichnet. Die der Hauptüberschrift untergeordnete Überschrift wird als *Überschrift 2* (bzw. als Überschrift der Ebene 2), die nächste Ebene als *Überschrift 3* usw. betrachtet. Alle Absätze, die keine Überschriften enthalten, sondern normalen Text, werden als *Textkörper* bezeichnet.

Die Ansicht Gliederung

Die Gliederungsansicht hilft Ihnen, Überschriften als Gliederungsüberschriften einzustufen, zu verändern oder umzustellen. In der Gliederungsansicht wird eine zusätzliche Leiste am oberen Bildschirmrand eingeblendet, die bei der Bearbeitung Ihres Textes helfen soll.

Aktivieren der Ansicht Gliederung

Wählen Sie *Ansicht/Gliederung,* um in die Gliederungsansicht zu wechseln. Sie schalten die Gliederungsansicht wieder aus, indem Sie über das *Ansicht*-Menü oder die Schaltfläche für eine andere Ansicht links vorne in der vertikalen Bildlaufleiste klicken. Sie sehen hier ein Beispiel für eine Gliederung, wie sie in der Gliederungsansicht angezeigt wird.

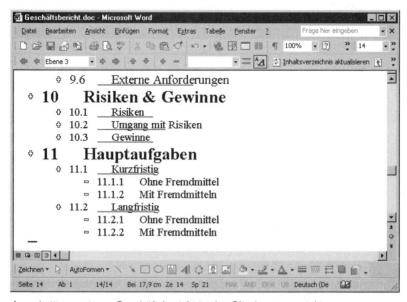

Ausschnitt aus einem Geschäftsbericht in der Gliederungsansicht

Konzeptentwicklung in der Gliederungsansicht

Um die Gliederungsansicht zu aktivieren, wählen Sie *Ansicht/Gliederung* oder klicken am Anfang der vertikalen Bildlaufleiste auf die Schaltfläche *Gliederungsansicht*. In der Gliederungsansicht wird eine spezielle Symbolleiste zum Einstufen der Gliederungsebenen und zum Ein- und Ausblenden der Überschriften bis zu einer bestimmten Ebene angezeigt.

Einstufen der Gliederungsüberschriften

Bei der Entwicklung der Dokumentstruktur gehen Sie nun folgendermaßen vor:

1 Geben Sie die erste Hauptüberschrift ein und schließen Sie diese mit ⌜Enter⌟ ab. Wie Sie in der Liste *Gliederungsebene* prüfen können, wird der erste Punkt automatisch in die Ebene *Ebene 1* eingestuft und mit der entsprechenden Formatvorlage gestaltet.

2 Auch der aktuelle Absatz wird automatisch in die erste Ebene eingestuft. Um eine Überschrift in die nächste Ebene, also *Ebene 2*, einzustufen, klicken Sie einmal auf das Symbol *Tiefer stufen*.

3 Um den aktuellen Absatz eine Ebene höher zu stufen, aktivieren Sie das Symbol *Höher stufen*.

4 Um eine Überschrift einer beliebigen Ebene wieder in einen normalen Absatz zurückzuverwandeln, klicken Sie in den betreffenden Absatz und aktivieren das Symbol *Umwandeln in Textkörper*.

Das Markieren in der Gliederungsansicht

Gliederungen werden prinzipiell ähnlich wie normaler Text markiert. In einigen Fällen können Sie das Markieren in Gliederungen jedoch beschleunigen:

Markiereinheit	Position
Überschrift	Klicken Sie in der Markierungsleiste links vor die Überschrift.
Textkörper	Klicken Sie auf das Kästchen links vor dem Text.
Überschrift und untergeordneter Text	Klicken Sie auf das Kreuz links vor der Überschrift oder klicken Sie doppelt in die Markierungsleiste.
Mehrere Überschriften oder Textkörper	Ziehen Sie die Maus in der Leiste oder im Text.

9

Dokumente

Umstellen von Gliederungspunkten

Bei der Entwicklung und späteren Bearbeitung von Konzepten kommt es häufig vor, dass die Reihenfolge der Themen später noch umgestellt werden soll. So soll z. B. das ursprünglich dritte Kapitel ans Ende gestellt werden oder ein besonders wichtiges Thema weiter vorn erscheinen:

Um Gliederungspunkte umzustellen, markieren Sie die entsprechende Überschrift durch einen Klick auf das Symbol links vor dem ersten Zeichen und ziehen die Markierung per Drag & Drop an die gewünschte Position. Alle untergeordneten Überschriften werden automatisch mit umgestellt. Sie können markierte Überschriften auch umstellen, indem Sie so lange auf das Symbol *Nach oben* oder *Nach unten* klicken, bis die Überschrift an die gewünschte Position verschoben ist.

Ein- und Ausblenden von Gliederungsebenen

Sie können auch in umfangreichen Dokumenten die Übersicht behalten, indem Sie untergeordnete Informationen zeitweise ausblenden und die Anzeige auf die Hauptkonzeptpunkte bzw. auf die Punkte, die Sie momentan bearbeiten wollen, beschränken.

Um alle untergeordneten Elemente einer Überschrift ein- oder auszublenden, doppelklicken Sie auf das Symbol vor der Überschrift. Dort wird ein Minuszeichen angezeigt, wenn alle untergeordneten Elemente bereits angezeigt werden, und ein Pluszeichen, wenn sie ausgeblendet sind.

Alternativ zum Doppelklick können Sie einmal auf die Schaltfläche *Reduzieren* oder *Erweitern* klicken, um untergeordnete Ebenen ein- oder auszublenden.

Um nur alle Überschriften bis zu einer bestimmten Ebene einzublenden, Überschriften unterhalb der Ebene aber auszublenden, wählen Sie aus dem Listenfeld *Ebene anzeigen* die Ebene, bis zu der Sie die Überschriften sehen wollen.

Nummerieren und Gestalten einer Gliederung

Haben Sie den Überschriften eines Textes Gliederungsebenen zugewiesen, können Sie die automatische Nummerierungsfunktion von Word nutzen, um sie zu nummerieren. Das ist besonders hilfreich, wenn Sie Ihren Text nachträglich umgestellt haben. In einem langen Dokument, wie z. B. einem Bericht oder einer Dokumentation, ist eine klare Untergliederung besonders wichtig, um sowohl bei der Eingabe als auch beim späteren Lesen den roten Faden nicht zu verlieren. Besonders gut gelingt Ihnen das, wenn Sie bereits vor der Texteingabe alle wichtigen Punkte sammeln und in eine systematische Ordnung bringen. Wenn Sie auf diese Weise die Überschriften Ihres Dokuments erstellt haben, können Sie die systematische Untergliederung noch deutlicher zum Ausdruck bringen, indem Sie alle Überschriften nach ihrer Position in der Überschriftenhierarchie einheitlich gestalten.

Das automatische Nummerieren von Überschriften

Sie setzen die automatische Nummerierung z. B. ein, wenn Sie das Konzept für ein langes Dokument anhand der Überschriften entwickeln oder ein Dokument aus Überschriften und zugeordneten Textabschnitten schreiben. Um die automatische Überschriftennummerierung zu aktivieren, wählen Sie aus dem Menü *Format* den Befehl *Überschriften nummerieren*, markieren die gewünschte Nummerierung und aktivieren die Schaltfläche *OK*. Sie können die automatische Nummerierung vor oder nach der Eingabe der Gliederung aktivieren. Word weist sofort nach der Einstufung in eine bestimmte Ebene dem Gliederungspunkt die entsprechende Nummer zu. Wenn Sie die Gliederung nachträglich umstellen, Abschnitte hinzufügen oder entfernen, korrigiert Word automatisch die Nummerierung entsprechend.

Einfache Nummerierung

Wenn Sie die Art der Nummerierung näher beeinflussen wollen, wählen Sie aus dem Menü *Format* den Befehl *Nummerierung und Aufzählungszeichen* und aktivieren das Register *Gliederung*. Wählen Sie eines der angebotenen Nummerierungsformate aus und bestätigen Sie das Dialogfeld.

Nummerierung einer Gliederung

Überschriftennummerierung anpassen

Wenn Sie die Art der Nummerierung genauer anpassen wollen, aktivieren Sie die Schaltfläche *Bearbeiten*. Word öffnet das Dialogfeld *Gliederung anpassen*. Wenn Ihr Dokument mehr als eine Überschriftenebene enthält, markieren Sie zunächst im Listenfeld *Ebene*, für welche Ebene Sie die Nummerierung anpassen wollen.

Wählen Sie dann die gewünschte Art der Nummerierung aus der Liste *Zahlenformatvorlage* aus oder legen Sie im Feld *Zahlenformat* die Schrift und die Art der Nummerierung fest und geben Sie den Text ein, der vor oder nach jeder Nummer stehen soll. Aktivieren Sie die Schaltfläche *Schriftart*, um das Dialogfeld *Zeichen* zu öffnen und die Zeichenformate für die Nummer und den Text davor und danach festzulegen. Falls die Nummerierung nicht, wie in Word üblich, mit 1 beginnen soll, stellen Sie im Feld *Beginnen mit* die Startnummer ein. Bestimmen Sie im Feld *Ausrichtung*, ob die Nummer bei 0 cm am linken Rand oder mit einem Einzug angezeigt werden soll.

Nummerierung in umfangreichen Dokumenten

Falls Sie ein umfangreiches Dokument bearbeiten oder Nummernformate benutzen, die viel Platz benötigen, sollten Sie die Werte für den *Einzug bei* und den *Tabstopp nach* entsprechend erweitern, damit die Zahlen in den Einzug passen.

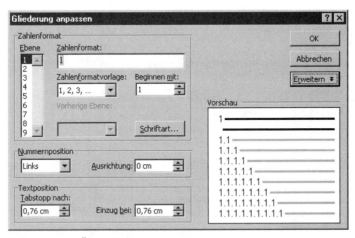

Anpassen der Überschriftennummerierung

Über die Schaltfläche *Erweitern* können Sie zusätzliche Anpassungsoptionen im Dialogfeld *Gliederung anpassen* anzeigen. Wählen Sie im Feld *Neu nummerieren nach* aus, ab welcher Ebene die Nummerierung angepasst werden soll. Dieses Listenfeld ist nur wählbar, wenn Sie im Feld *Ebene* eine Ebene unterhalb der Ebene 1 markiert haben. Im Feld *Text da-*

nach wählen Sie das Zeichen, das hinter jedem Listenpunkt erscheinen soll. Möglich sind Tabstoppzeichen, Abstand (Leerzeichen) und Nichts, d. h., dass die Ziffer ohne Abstand zum Folgetext eingefügt wird.

Nummerierung mit Formatvorlagen

Statt manuell alle Gestaltungsmerkmale einer Überschriftennummerierung anzupassen, können Sie auch eine Formatvorlage verwenden. In diesem Fall markieren Sie im erweiterten Dialogfeld *Gliederung anpassen* die Ebene, die Sie gestalten wollen, und markieren die Formatvorlagen im Listenfeld *Verbinden mit*.

Word setzt bei der Gestaltung einer Gliederung automatische Formatvorlagen ein, die fertige Formatierungskombinationen für neun verschiedene Überschriftenebenen bereithalten. Diese Formatvorlagen aller Überschriften enthalten automatisch die Kontrollfunktion, mit der der nachfolgende Absatz mit der Überschrift zusammengehalten wird und nicht durch einen Seitenwechsel von der Überschrift getrennt werden kann.

Das Drucken einer Gliederung

Sie können von einem langen Text nur die ausgewählten Überschriften ausdrucken. Blenden Sie in der Gliederungsansicht die Überschriften bis zu der gewünschten Ebene ein und drucken Sie dann die Datei aus.

Um eine Gliederung zu drucken, wählen Sie *Ansicht/Gliederung* und wählen in der Liste *Ebene anzeigen* die Ebene, die der gewünschten Gliederungsebene entspricht. Wählen Sie dann *Datei/Drucken* oder aktivieren Sie die Schaltfläche Drucken.

> **Tipp**
>
> **Inhaltsverzeichnis aus nummerierten Überschriften**
>
> Wenn Sie die automatische Überschriftennummerierung eingesetzt haben, um Ihr Dokument zu gestalten, können Sie aus den Überschriften automatisch ein Inhaltsverzeichnis erstellen. Wählen Sie *Einfügen/Referenz/Index und Verzeichnisse*, aktivieren Sie das Register *Inhaltsverzeichnis* und klicken Sie auf die Schaltfläche *OK*. Word fügt an der Cursorposition ein Inhaltsverzeichnis inklusive Seitenzahlen aus den Überschriften ein, wobei jede untergeordnete Ebene leicht eingerückt wird.

9

Dokumente

Erstellen einer Gliederungsstruktur für eine Kundenanalyse

Kundenanalyse: Kaufverhalten von Singles und Familien

1 Kaufverhalten Singles

1.1 Weibliche Singles

1.1.1 Weibliche Singles von 16 bis 24

1.1.2 Weibliche Singles von 25 bis 34

1.1.3 Weibliche Singles von 35 bis 44

1.1.4 Weibliche Singles von 45 bis 54

1.1.5 Weibliche Singles über 54

1.2 Männliche Singles

1.2.1 Männliche Singles von 16 bis 24

1.2.2 Männliche Singles von 25 bis 34

1.2.3 Männliche Singles von 35 bis 44

1.2.4 Männliche Singles von 45 bis 54

1.2.5 Männliche Singles über 54

2 Kaufverhalten Verheiratete Partner

2.1 Ehefrauen

2.1.1 Ehefrauen von 16 bis 24

2.1.2 Ehefrauen von 25 bis 34

2.1.3 Ehefrauen von 35 bis 44

2.1.4 Ehefrauen von 45 bis 54

2.1.5 Ehefrauen über 54

2.2 Ehemänner

2.2.1 Ehemänner von 16 bis 24

2.2.2 Ehemänner von 25 bis 34

2.2.3 Ehemänner von 35 bis 44

2.2.4 Ehemänner von 45 bis 54

2.2.5 Ehemänner über 54

Gliederungsstruktur für eine Kundenanalyse

Die Beispielgliederung enthält eine dreistufige Überschriftenhierarchie und wird mit der Nummerierungsfunktion automatisch nummeriert.

1 Geben Sie den Titel der Untersuchung ein und gestalten Sie diesen ohne Formatvorlage als normalen Textkörper.

2 Aktivieren Sie die Schaltfläche *Gliederungsansicht* und geben Sie die erste Hauptüberschrift ein. Diese wird automatisch in die erste Gliederungsebene eingestuft.

3 Wenn Sie eine Überschrift der zweiten Ebene eingegeben haben, aktivieren Sie die Schaltfläche *Tiefer stufen*.

4 Wenn Sie eine Überschrift der dritten Ebene eingeben, aktivieren Sie zweimal die Schaltfläche *Tiefer stufen*.

5 Um nach der Eingabe der dritten Ebene wieder eine Überschrift der ersten Ebene zu gestalten, aktivieren Sie entweder die Schaltfläche *Höher stufen* zweimal oder Sie klicken direkt auf die Schaltfläche *Zur Überschrift 1 höher stufen.*

6 Nachdem Sie alle Überschriften eingegeben haben, wählen Sie *Format/Nummerierung und Aufzählungszeichen.*

7 Aktivieren Sie im Register *Gliederung* die Schaltfläche, in der die Gliederung nach Norm 1, 1.1, 1.1.1 ohne Einrückung angezeigt wird, und bestätigen Sie das Dialogfeld.

Geben Sie anschließend in der Gliederungsansicht oder der Seitenlayoutansicht den restlichen Text ein. In der Gliederungsansicht aktivieren Sie die Schaltfläche *Umwandeln in Textkörper*, um normale Absätze einzugeben.

Anpassen der drei Überschriftenformatvorlagen der gegliederten Kaufanalyse

Damit Sie die gegliederte Studie nicht manuell formatieren müssen, passen Sie nun noch die Formatvorlagen an, mit denen die Überschriften gestaltet sind. Sorgen Sie dafür, dass die Überschriftenebenen in abgestuften Schriftgrößen angezeigt werden und die erste Ebene immer auf einer separaten Seite beginnt:

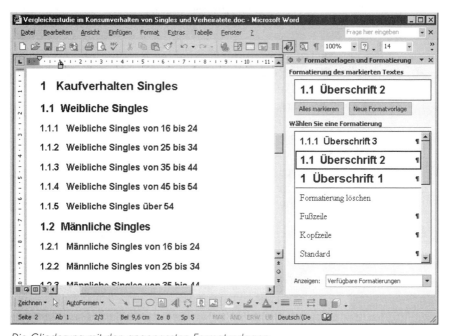

Die Gliederung mit den angepassten Formatvorlagen

9

Dokumente

1 Wählen Sie *Format/Formatvorlagen und Formatierung* und klicken Sie mit rechts auf die Formatvorlage *Überschrift 1*. Diese Ebene wird in der Schriftgröße 12 gestaltet.

2 Aktivieren Sie die Schaltfläche *Format* und wählen Sie *Absatz*. Aktivieren Sie im Register *Zeilen- und Seitenumbruch* das Kontrollkästchen *Seitenumbruch oberhalb*.

3 Bestätigen Sie die geöffneten Dialogfelder. Alle Überschriften der *Ebene 1* – im Beispiel *Kaufverhalten Singles* und *Kaufverhalten Verheiratete Partner* – werden nun am Anfang einer neuen Seite angezeigt.

4 Klicken Sie mit rechts auf die Formatvorlage *Überschrift 2* und deaktivieren Sie im Dialogfeld die Schaltfläche *Kursiv*. Diese Ebene wird mit der Schriftgröße 14 gestaltet.

5 Bestätigen Sie das Dialogfeld und klicken Sie mit rechts auf die Formatvorlage der *Ebene 3*. Ändern Sie die Schriftgröße zu 12 und bestätigen Sie das Dialogfeld.

Navigieren in der gegliederten Studie

Ein mit der Gliederungsfunktion gegliedertes Dokument hat viele Vorteile, weil Word die Überschriften und ihre Stellung in der Hierarchie automatisch identifizieren kann, wie bereits die automatische Nummerierung bewiesen hat. Es gibt noch eine Reihe zusätzlicher Möglichkeiten, die nach der Gliederung automatisch durchgeführt werden können. Zu diesen Funktionen gehört die einfache Navigation im Dokument.

In der gegliederten Studie können Sie jetzt mithilfe der Dokumentstruktur des Befehls *Gehe zu* oder der Navigationsschaltfläche in der vertikalen Bildlaufleiste gezielt zu einzelnen Überschriften oder schrittweise von Überschrift zu Überschrift springen. Blenden Sie zunächst die Dokumentstruktur mit *Ansicht/Dokumentstruktur* ein und klicken Sie dann auf die Überschrift 1.2.5., um im Bearbeitungsfenster diesen Abschnitt anzuzeigen.

Nach dem Klick auf die Schaltfläche *Browseobjekt auswählen* klicken Sie auf die Auswahl *Nach Überschrift durchsuchen*. Bewegen Sie sich jetzt mit Mithilfe der Doppelpfeilschaltflächen über und unter der Schaltfläche *Browseobjekt auswählen* vorwärts oder rückwärts zwischen den Überschriften.

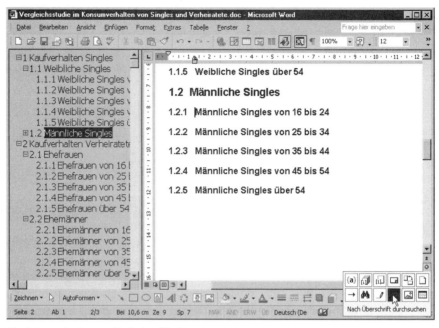

Navigieren in der gegliederten Studie

Gezieltere Bewegungen können Sie mit dem Befehl *Gehe zu* durchführen, den Sie mit *Bearbeiten/Gehe zu* oder mit Doppelklick in die Statuszeile aktivieren. Im Dialogfeld *Suchen und Ersetzen* markieren Sie in der Liste *Gehe zu Element* den Eintrag *Überschrift* und geben in das Feld *Überschriftennummer eingeben* ein, zu welcher Überschrift Sie springen wollen, hier als Beispiel „5", um zur fünften Überschrift, „Weibliche Singles von 25 bis 34", zu springen. Es ist auch möglich, durch die Eingabe einer Ziffer mit vorangestelltem Vorzeichen die Überschriften intervallweise vor- oder rückwärts zu durchlaufen. Die Eingabe von „+3" springt z. B. drei Überschriften in Richtung Textende, von „Weibliche Singles von 25 bis 34" wäre das die Überschrift „Männliche Singles".

9.5 Arbeiten mit Master- und Unterdokumenten

Besonders umfangreiche Dokumente werden nicht in einer Datei, sondern verteilt auf mehrere Dateien gespeichert. Damit es trotzdem möglich ist, sie als Einheit zu behandeln und z. B. ein gemeinsames Inhaltsverzeichnis, eine durchgehende Seitennummerierung und ein Stichwortverzeichnis zu erstellen, verwalten Sie diese Dateien als Unterdokumente in einem Masterdokument.

9

Dokumente

Hinweis

Zentral- und Filialdokumente werden Master- und Unterdokumente

Wenn Sie bereits längere Zeit mit Word arbeiten, müssen Sie sich jetzt bei der Arbeit mit umfangreichen Dokumenten in Word 2002 ein wenig umorientieren. Die früheren Zentraldokumente heißen nun Masterdokumente und die Filialdokumente werden Unterdokumente genannt.

Erstellen von Zentral- und Unterdokumenten

Bei der Arbeit an einem auf mehrere Dateien verteilten Dokument erstellen Sie ein Masterdokument und mehrere Unterdokumente. Das Masterdokument dient dabei als Ausgangsdatei, es speichert Verknüpfungen zu allen getrennt gespeicherten Unterdokumenten, es dient als Ausgangspunkt für das Erstellen von Seitenzahlen und Verzeichnissen. Durch die Verwendung eines Masterdokuments können Sie mehrere Dateien (Unterdokumente) parallel behandeln.

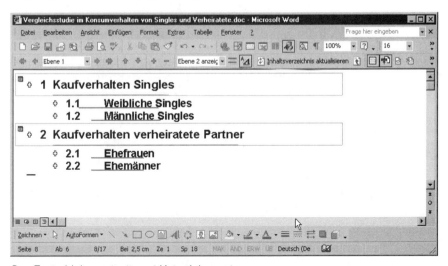

Das Zentraldokument mit zwei Unterdokumenten

Erstellen eines Masterdokuments

Zur Erstellung eines Masterdokuments müssen Sie keinen speziellen Befehl benutzen. Verwenden Sie die Datei, in der Sie die Gliederungsstruktur erstellen, als Masterdokument und erstellen Sie aus den Hauptüberschriften der Gliederung die einzelnen Unterdokumente. Die Schaltflächen, mit denen dies möglich ist, werden auf der Gliederungssymbolleiste angezeigt, wenn Sie das Symbol *Masterdokumentansicht* aktivieren. Im Beispieldokument der Studie zum Kaufverhalten, wäre das

Dokument *Vergleichsstudie im Kaufverhalten von Singles und Verheirateten* das Masterdokument, das die beiden Unterdokumente *Kaufverhalten von Singles* und *Kaufverhalten verheirateter Partner* zusammenfasst.

Erstellen von Unterdokumenten

Markieren Sie eine Hauptüberschrift und aktivieren Sie die Schaltfläche *Unterdokument erstellen*. Im Beispieldokument *Vergleichsstudie im Kaufverhalten von Singles und Verheirateten* würden Sie zunächst in die Überschrift *Kaufverhalten von Singles* klicken und dann die Schaltfläche *Unterdokument erstellen* aktivieren. Vor dem Gliederungspunkt wird nun das Unterdokumentsymbol angezeigt. Klicken Sie auf dieses Symbol, um ein Unterdokument zu markieren. Nach der Erstellung aller Unterdokumente speichern Sie das Masterdokument. Word erstellt nun aus allen als Unterdokument markierten Gliederungspunkten separate Dateien, deren Inhalt aber weiterhin im Masterdokument angezeigt wird.

Einfügen von externen Dateien als Unterdokumente

Um eine außerhalb des Masterdokuments erstellte Datei nachträglich als Unterdokument in ein Masterdokument aufzunehmen, markieren Sie die gewünschte Einfügeposition im Masterdokument und aktivieren das Symbol *Unterdokument einfügen*. Das Dialogfeld *Unterdokument einfügen* wird geöffnet. Markieren Sie die gewünschte Datei und aktivieren Sie die Schaltfläche *Öffnen*.

Entfernen von Unterdokumenten

Um ein Unterdokument wieder aus dem Masterdokument zu entfernen, markieren Sie dieses mit einem Klick auf das Unterdokumentsymbol und aktivieren die Schaltfläche *Unterdokument entfernen*. Die Schaltfläche entfernt nur die Verknüpfung zum Masterdokument, die Datei selbst wird nicht gelöscht.

Einfügen von Inhaltsverzeichnis, Index oder Seitenzahlen in ein Zentraldokument

Ausgangspunkt für das Erstellen eines durchgehenden Inhalts- oder Stichwortverzeichnisses oder das Einfügen von Seitenzahlen ist immer das Masterdokument. Im Masterdokument markieren Sie die Position, an der Sie das Inhaltsverzeichnis für das Zentral- und alle Unterdokumente einfügen wollen. Wählen Sie *Einfügen/Referenz/Index und Verzeichnisse* und gestalten Sie das Inhaltsverzeichnis oder den Index wunschgemäß.

9

Dokumente

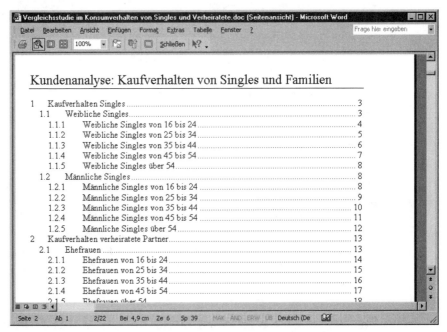

Das automatisch erstellte Inhaltsverzeichnis im Masterdokument

> **Hinweis**
>
> **Fehlerhafte Anzeige des Inhaltsverzeichnisses**
>
> Falls Word die Seitenzahlen im Inhaltsverzeichnis nicht korrekt anzeigt, klicken Sie in das Inhaltsverzeichnis und drücken die Taste F9, um es zu aktualisieren, danach werden sie korrekt angezeigt. In der Masterdokumenansicht werden die Seitenzahlen nur in der Seitenansicht rechtsbündig ausgerichtet!

Um eine durchgehende Seitennummerierung einzufügen, wählen Sie im Masterdokument entweder *Einfügen/Seitenzahlen* oder Sie erstellen eine Kopf- oder Fußzeile, in die Sie über die entsprechenden Schaltflächen oder über AutoTexte Seitenzahlen einfügen. Die Seitenzahlen der Unterdokumente werden nur im Masterdokument angezeigt, nicht in den Unterdokumenten!

9.6 Arbeiten mit Abschnitten und Kapiteln

Bei der Eingabe des Textes erstellen Sie zuerst immer ein Dokument, das aus nur einem Abschnitt besteht. Erst wenn Sie Abschnittswechsel einfügen, besteht Ihr Dokument aus mehreren Abschnitten.

Was ist ein Abschnitt?

Ein Abschnitt umfasst einen zusammenhängenden Textbereich mit einheitlichem Seitenlayout. Folglich ist ein Abschnitt immer dann zu Ende, wenn Sie ein Seitengestaltungsmerkmal ändern. Sie fügen dann entweder selbst einen Abschnittswechsel ein oder Word fügt mit dem Formatierungsbefehl zusammen automatisch einen Abschnittswechsel ein.

Am einfachsten können Sie das ausprobieren, wenn Sie einen Teil eines Dokuments markieren und die voreingestellten Werte für die Seitenränder ändern. Word hat vor und nach der Markierung doppelt gepunktete Linien mit der Beschriftung *Abschnittswechsel (Nächste Seite)* eingefügt. Unter diesem Ende des ersten Abschnitts könnten Sie nun alle Seitengestaltungsmerkmale neu definieren.

Die doppelt gepunktete Linie, die das Abschnittsende anzeigt, speichert gleichzeitig alle seitenbezogenen Formatierungen. Löschen Sie diese Linie, wird der davor liegende Abschnitt mit der Abschnittsformatierung des folgenden Abschnitts gestaltet. War der Abschnitt der letzte oder der einzige Abschnitt des Dokuments, wird er mit dem Standardformat für Abschnitte gestaltet.

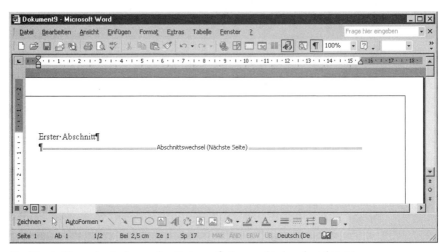

Ein Abschnittswechsel, der auch mit einem Seitenwechsel verbunden ist

Die meisten Befehle zur Steuerung von abschnittsbezogenen Elementen finden Sie nun im Register *Seitenlayout* des Dialogfelds *Seite einrichten* wieder. Andere abschnittsbezogene Elemente sind in eigene Dialogfelder integriert, das beschleunigt die Arbeit von erfahrenen Anwendern. Wenn Sie sich mit dem Konzept von Word erst noch vertraut machen müssen, ist es nicht so einfach zu erkennen, welche Elemente eines Dokuments Sie abschnittsbezogen formatieren müssen oder können. Informieren Sie sich in der folgenden Übersicht, in welchen Fällen Sie einen Abschnitts-wechsel in Ihr Dokument einfügen müssen bzw. bei welchen Befehlen ein Wechsel von Word automatisch eingefügt wird, um das gewünschte Ergebnis zu erzielen:

- Änderung der Seitenränder

- Unterschiedliche Seitenzahlen (z. B. abschnittsbezogene Nummerie-rung)

- Neue Kopfzeile oder neue Position für Kopfzeile

- Neue Fußzeile oder neue Position für Fußzeile

- Änderung der Druckrichtung von Hoch- zu Querformat und umge-kehrt für einen Teil des Dokuments

- Änderung der Spaltenzahl (z. B: einspaltige Überschrift über mehr-spaltigem Text

- Fußnoten, die jeweils am Abschnittsende (Kapitelende) ausgedruckt werden sollen

- Änderung der vertikalen Ausrichtung zwischen den Seitenrändern

Das Einfügen von Abschnittswechseln

Um einen Abschnittswechsel einzufügen, gibt es in Word leider keine Tastenkombination, wie z. B. für den Seitenwechsel. Wenn Sie einen Ab-schnittswechsel einfügen wollen, müssen Sie die entsprechende Option im Dialogfeld aktivieren. Wenn Sie einen Abschnittswechsel in Ihr Do-kument einfügen wollen, wählen Sie *Einfügen/Manueller Umbruch* und aktivieren im Kasten *Abschnittswechsel* die gewünschte Option. Aktivie-ren Sie die Option:

- *Nächste Seite*: Wenn der neue Abschnitt auf einer neuen Seite begin-nen soll.

- *Fortlaufend*: Wenn der Abschnitt auf derselben Seite beginnen soll, z. B. wenn Sie nach einer einspaltigen Überschrift einen zweispaltigen Text schreiben wollen.

- *Gerade Seite*: Wenn der neue Abschnitt auf der nächsten geraden Sei-te beginnen soll. Word fügt eine leere Seite ein, wenn die nächste fol-gende Seite eigentlich eine ungerade Seite ist. Diesen Abschnitts-wechsel setzen Sie z. B. in Dokumenten ein, bei denen jedes Kapitel wieder auf einer linken Seite beginnen soll.

- *Ungerade Seite*: Wenn der neue Abschnitt auf der nächsten ungeraden Seite beginnen soll. Word fügt eine leere Seite ein, wenn die nächste folgende Seite eigentlich eine gerade Seite ist. Diesen Abschnittswechsel setzen Sie z. B. in Dokumenten ein, bei denen jedes Kapitel wieder auf einer rechten Seite beginnen soll.

Das Dialogfeld Manueller Umbruch

Word fügt die doppelt gepunktete Linie mit der Beschriftung *Abschnittswechsel* und der Art des Abschnittswechsels ein. Sie können dieses Abschnittsende wie normalen Text behandeln, d. h., Sie können es verschieben, indem Sie es ausschneiden und an einer Position weiter oben oder unten im Dokument wieder einfügen. Sie können es auch löschen, wenn Sie einen Abschnitt wieder auf Standardformat zurücksetzen wollen oder wenn ein Abschnitt mit dem folgenden Abschnitt zusammengefasst werden soll. Sie positionieren den Cursor auf die doppelt gepunktete Linie und drücken die Taste (Entf), um den Abschnittswechsel zu löschen.

Einfügen eines Abschnittswechsels mit einem Makro

Das Verfahren, um einen Abschnittswechsel in ein Dokument einzufügen, ist recht umständlich. Sie können ein Makro erstellen, mit dem dies viel schneller erledigt ist.

1 Klicken Sie doppelt auf das Feld *MAK* in der Statuszeile, um den Makrorekorder zu starten.

2 Überschreiben Sie im Feld *Aufzuzeichnender Makro* den Standardnamen mit *AbschnittswechselEinfügen* und aktivieren Sie die Schaltfläche *Tastatur*.

3 Drücken Sie im Feld *Neue Tastenkombination* die Tastenkombination, mit der Sie den Abschnittswechsel einfügen wollen, z. B. (Alt)+(Strg)+(Enter).

4 Aktivieren Sie die Schaltflächen *Zuordnen* und *Schließen*.

5 Wählen Sie *Einfügen/Manueller Umbruch* und markieren Sie die Optionsschaltfläche *Nächste Seite*.

6 Schließen Sie das Dialogfeld und klicken Sie in der eingeblendeten Symbolleiste auf die Schaltfläche *Aufzeichnung beenden*.

Sie können zukünftig mit der Tastenkombination [Alt]+[Strg]+[Enter] sehr schnell einen Abschnittswechsel einfügen.

Das Einbeziehen der Abschnitt-/Kapitelnummern in die Überschriftennummerierung

Umfangreiche Dokumente bleiben übersichtlich, wenn sie in mehrere Kapitel eingeteilt werden. Word unterstützt diese Aufteilung. Sie können eine kapitelbezogene Nummerierung eines Dokuments erstellen, in die neben der Seitennummer auch die Kapitelnummer einbezogen wird.

Voraussetzung für eine kapitelbezogene Nummerierung ist, dass Word die Kapitelanfänge eindeutig identifizieren kann und dass sie nummeriert sind. Sie kennzeichnen aus diesem Grund die Kapitelüberschriften mit den Formatvorlagen für *Überschriften* und lassen sie mit dem Befehl *Format/Nummerierung und Aufzählungszeichen* im Register *Gliederung* automatisch nummerieren. Wenn Sie im Dialogfeld *Nummerierung und Aufzählungszeichen* die Registerkarte *Gliederung* aktivieren, finden Sie dort eine Schaltfläche, mit der Sie die Überschriften kapitelbezogen nummerieren können.

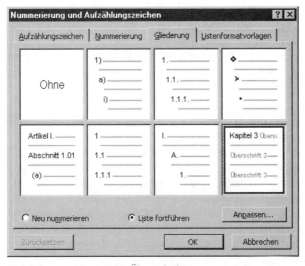

Kapitelnummerierung für Überschriften

Natürlich können Sie auch die kapitelbezogene Art der Überschriftennummerierung mithilfe der Schaltfläche *Anpassen* gestalten.

Hinweis

Nummerierungsformat der Kapitelnummer

Das Nummerierungsformat der Kapitelnummer ist abhängig von der Einstellung der Überschriftennummerierung in der Liste *Zahlenformat* im Dialogfeld *Gliederung anpassen* bearbeiten. Also: So, wie Ihre Überschriftennummerierung aussieht, wird auch später die Kapitelnummer formatiert.

9.7 Fortgeschrittene Kopf- und Fußzeilen und Seitennummerierung

Ein Word-Dokument kann, außer dem normalen Textspiegel, Informationen auch im oberen oder unteren Seitenrandbereich enthalten. Textteile – oder andere Daten –, die im oberen Randbereich gedruckt werden, heißen Kopfzeile, Daten, die im unteren Randbereich gedruckt werden, Fußzeile. Kopf- und Fußzeilen enthalten normalerweise Informationen, die auf jeder Seite ausgedruckt werden sollen, wie z. B. die Seitenzahlen. Sie können für die erste Seite und für rechte und linke Seiten eine andere Kopf- oder Fußzeile festlegen. Außerdem ist es möglich, einen neuen Abschnitt zu beginnen, wenn der Inhalt von Kopf- oder Fußzeile sich ändern soll.

Standardseitennummerierung

Wenn Sie ein Dokument erstellt haben, das mehrere Seiten enthält, ist es sinnvoll, dieses mit Seitenzahlen zu versehen. Auf diese Weise verhindern Sie Verwechslungen und es fällt sofort auf, wenn eine Seite fehlt.

Standardseitenzahlen einfügen

Word unterstützt sowohl einfache Standardseitenzahlen als auch benutzerdefinierte Seitennummerierungen. Um eine einfache Standardnummerierung einzufügen:

1 Wählen Sie *Einfügen/Seitenzahlen*.

2 Öffnen Sie die Liste *Position* und markieren Sie den Eintrag *Seitenende (Fußzeile)*, wenn die Seitenzahlen im unteren Seitenrandbereich gedruckt werden sollen. Wählen Sie stattdessen *Seitenanfang (Kopfzeile)*, wenn die Seitenzahlen im oberen Randbereich gedruckt werden sollen.

9

Dokumente

3 Legen Sie in der Liste *Ausrichtung* die horizontale Ausrichtung fest. Sie können die Seitenzahl links, rechts oder zentriert zwischen den Seitenrändern drucken. Außerdem ist es in Dokumenten mit rechten und linken Seiten möglich, die Seitenzahlen in den inneren oder äußeren Rand zu drucken.

4 Um die Seitenzahlen erst ab der zweiten Seite zu drucken, schalten Sie das Kontrollkästchen *Seitenzahl auf erster Seite* aus.

5 Über die Schaltfläche *Format* können Sie festlegen, welche Art von Seitenzahl Sie einfügen wollen. Über das Zahlenformat wählen Sie die Nummerierungsart, also z. B. römische oder arabische Ziffern bzw. Klein- oder Großbuchstaben, und im Feld *Beginnen mit* können Sie eine andere Startzahl als 1 festlegen.

6 Bestätigen Sie das Dialogfeld, um die Seitenzahl in der gewählten Form einzufügen.

Eine einfache Seitennummerierung

Die Seitenzahlen können Sie nur in der Seitenlayoutansicht oder der Seitenansicht kontrollieren, da in der Normalansicht der obere und untere Randbereich nicht angezeigt werden.

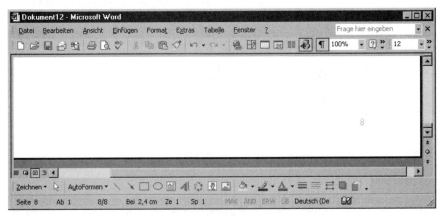

Einfache Standardseitenzahlen in der Fußzeile

Einfache Seitennummerierung wieder entfernen

Eine einfache Seitennummerierung wird in Kopf- oder Fußzeilen nicht als normaler Text, sondern mit einem Textfeld eingefügt. Sie können diese Seitennummer nur über den Kopf-/Fußzeilenbefehl wieder entfernen:

1 Wählen Sie *Ansicht/Kopf- und Fußzeile.* Falls die Seitennummern in der Fußzeile eingefügt wurden, müssen Sie nun noch die Schaltfläche *Zwischen Kopf- und Fußzeile wechseln* aktivieren.

2 Klicken Sie auf die Seitenzahl, diese wird daraufhin von einem grau schraffierten Rahmen umgeben.

3 Klicken Sie auf diesen Rahmen und drücken Sie die Taste (Entf).

4 Beenden Sie die Kopf-/Fußzeilenbearbeitung mit einem Klick auf die Schaltfläche *Schließen*.

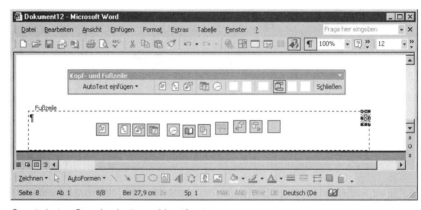

So wird eine Standardseitenzahl entfernt

Individuelle Seitennummerierung

Eine einfache Seitennummerierung ist bereits sehr hilfreich, damit der Leser die Reihenfolge der Seiten erkennen kann. Damit fehlende Seiten sofort bemerkt werden, können Sie der aktuellen Seitenzahl noch die Gesamtseitenzahl hinzufügen.

Außerdem ist es allgemein üblich, in der Fußzeile einen Hinweis auf eine Folgeseite anzuzeigen und der eigentlichen Seitenzahl das Wort „Seite" voranzustellen oder sie in Spiegelstriche einzuschließen. Falls Sie diese individuellere Form der Seitennummerierung wünschen, müssen Sie eine Kopf- oder Fußzeile erstellen.

Seitennummerierung in der Form Seite 1, Seite 2, Seite 3

Um der eigentlichen Seitenzahl Zeichenkonstanten wie das Wort „Seite" hinzuzufügen, erstellen Sie eine Kopf- oder Fußzeile. Dort haben Sie auch weitere Gestaltungsmöglichkeiten, um z. B. die Schriftart der Seitenzahl zu ändern, diese kursiv oder fett zu drucken oder mit einer Trennlinie zum normalen Textspiegel zu versehen:

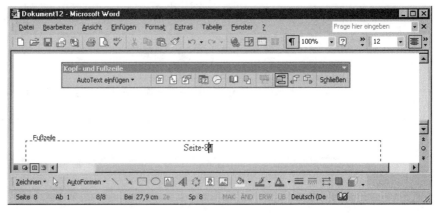

Benutzerdefinierte Seitenzahlen

1 Wählen Sie *Ansicht/Kopf- und Fußzeile*. Um die Seitenzahlen in der Fußzeile auszudrucken, müssen Sie nun noch die Schaltfläche *Zwischen Kopf- und Fußzeile wechseln* aktivieren.

2 Schreiben Sie das Wort „Seite", gefolgt von einem Leerzeichen.

3 Aktivieren Sie in der Symbolleiste *Kopf- und Fußzeile* das Symbol *Seitenzahl einfügen*.

4 Über das Symbol *Seitenzahlen formatieren* können Sie das Zahlenformat oder die Startseitenzahl festlegen.

5 Um die Seitenzahl auszurichten, benutzen Sie die Absatzausrichtungen *Linksbündig*, *Rechtsbündig* oder *Zentriert*.

6 Schließen Sie die Kopf-/Fußzeilenbearbeitung durch einen Klick auf die Schaltfläche *Schließen*.

Seitenzahl in Bindestriche einschließen

Falls Sie die Seitenzahl in der Form *- 1 -*, *- 2 -*, *- 3 -* usw. einfügen wollen, erstellen Sie eine Kopf- oder eine Fußzeile und fügen dort die Seitenzahlen über einen AutoText ein:

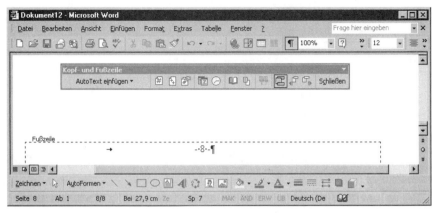

Dieses Seitenzahlenformat kann über einen AutoText eingefügt werden

1 Wählen Sie *Ansicht/Kopf- und Fußzeile*. Um die Seitenzahlen in der Fußzeile auszudrucken, müssen Sie nun noch die Schaltfläche *Zwischen Kopf- und Fußzeile wechseln* aktivieren.

2 Klicken Sie in der Symbolleiste *Kopf- und Fußzeile* auf die Schaltfläche *AutoText einfügen*.

3 Klicken Sie auf den Eintrag – *SEITE* -.

4 Über das Symbol *Seitenzahlen formatieren* können Sie das Zahlenformat oder die Startseitenzahl festlegen.

5 Schließen Sie die Kopf-/Fußzeilenbearbeitung durch einen Klick auf die Schaltfläche *Schließen*.

Die Seitenzahl wird automatisch mit einem Tabulator in der Zeilenmitte zentriert. Falls Sie die Seitenzahl linksbündig oder rechtsbündig anzeigen wollen, löschen Sie den Tabulator und aktivieren das Symbol für das Absatzformat *Linksbündig* oder *Rechtsbündig*.

Seitenzahl und Gesamtseitenzahl

Unabhängig davon, auf welche Weise Sie die Seitenzahlen in ein Dokument einfügen, verwendet Word für die Seitenzahlen nicht normalen Text, sondern eine Feldfunktion. Eine ähnliche Feldfunktion können Sie auch zur Ausgabe der Gesamtseitenzahl nutzen.

Diese Feldfunktion ist einer manuell eingegebenen Gesamtseitenzahl überlegen, weil die Feldfunktion bei jeder Änderung der Textlänge die Gesamtseitenzahl automatisch anpasst.

9

Dokumente

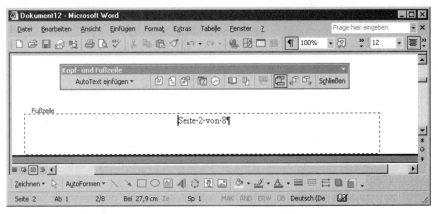

Seitenzahl und Gesamtseitenzahl

1 Wählen Sie *Ansicht/Kopf- und Fußzeile*. Um die Seitenzahlen in der Fußzeile auszudrucken, müssen Sie nun noch das Symbol *Zwischen Kopf- und Fußzeile wechseln* aktivieren.

2 Aktivieren Sie in der Symbolleiste *Kopf- und Fußzeile* die Schaltfläche *AutoText einfügen*.

3 Markieren Sie den Eintrag *Seite X von Y*.

4 Um die Seitenzahl auszurichten, benutzen Sie das Symbol für die Absatzausrichtungen *Linksbündig*, *Rechtsbündig* oder *Zentriert*.

5 Schließen Sie die Kopf-/Fußzeilenbearbeitung durch einen Klick auf die Schaltfläche *Schließen*.

Die Seitenzahl, die Sie nach dieser Beschreibung einfügen, wird beispielsweise in einem zehnseitigen Dokument in der Form Seite 1 von 10, Seite 2 von 10 usw. angezeigt.

Seitennummerierung nach DIN 5008

DIN 5008 schreibt für mehrseitige Dokumente eine Seitennummerierung vor. Die Seitenzahlen sollen dabei in der Form – 1 – am Seitenanfang in der fünften Zeile und mit einer Leerzeile vom restlichen Text getrennt ausgegeben werden.

Die Seitenzahlen werden entweder über einen Tabulator mit einem Abstand von 7,62 cm zum linken Seitenrand eingefügt oder mit der Absatzformatierung zentriert ausgerichtet. Diese Art der Seitennummerierung beginnt erst ab der zweiten Seite.

Außerdem sollte am Seitenende durch drei Punkte „...." auf Folgeseiten hingewiesen werden. Dieser Hinweis sollte ebenfalls mit einer Leerzeile vom Textspiegel abgesetzt werden.

Eine weitere Form der Seitennummerierung ist der Hinweis „Seite x von y". Diese Art von Seitenzahl wird bereits auf der ersten Seite ausgedruckt und kann rechtsbündig formatiert werden. Falls die Seitennummerierung in der Form „Seite x von y" erfolgt, entfällt der Hinweis auf die Folgeseite.

In doppelseitig bedruckten Dokumenten wird die Seitenzahl entweder zentriert ausgegeben oder auf geraden Seiten linksbündig und auf ungeraden Seiten rechtsbündig ausgerichtet.

Normgerechte Seitenzahlen „- 1 -" erst ab der zweiten Seite

Wie Sie dem Hinweis auf eine DIN-gerechte Seitennummerierung entnehmen können, sollten die Seitenzahlen erst ab der zweiten Seite ausgedruckt werden. Um die Seitenzahlen auf der ersten Seite zu unterdrücken:

1 Wählen Sie vor dem Einfügen der Seitenzahlen den Befehl *Datei/Seite einrichten*.

2 Aktivieren Sie die Registerkarte *Seitenlayout* und schalten Sie das Kontrollkästchen *Erste Seite anders* ein und bestätigen Sie das Dialogfeld.

3 Wenn Ihr Dokument momentan nur eine Seite enthält, müssen Sie nun unbedingt mit Strg+Enter eine zweite Seite einfügen, damit Sie die Kopfzeile für die zweite und alle folgenden Seiten bearbeiten können.

4 Wählen Sie nun *Ansicht/Kopf- und Fußzeile*. Falls die Beschriftung der Kopfzeile *Erste Kopfzeile* und nicht *Kopfzeile* lautet, klicken Sie auf die Schaltfläche *Nächste anzeigen*.

5 Um eine an DIN orientierte Seitennummerierung einzufügen, aktivieren Sie das Symbol *AutoText einfügen* und markieren den Eintrag – *SEITE -*.

6 Die Seitenzahl wird von Word automatisch mit einem Tabstopp zentriert.

7 Fügen Sie mit Enter eine Leerzeile ein und schließen Sie die Bearbeitung der Kopfzeile mit der Schaltfläche *Schließen*.

Die Einstellung *Erste Seite anders* zur Unterdrückung der Seitenzahl auf der ersten Seite können Sie natürlich nicht nur für die hier beschriebene Art der Seitennummerierung, sondern für jede Art der Seitennummerierung verwenden.

Fußzeile mit Hinweis auf Folgeseiten

Es ist üblich – und nach DIN 5008 auch vorgeschrieben –, in einem mehrseitigen Text in der Kopfzeile die Seitenzahl der aktuellen Seite und in der Fußzeile einen Hinweis auf Folgeseiten einzufügen. Logischerweise entfällt der Hinweis auf Folgeseiten auf der letzten Seite. Der Hinweis besteht aus drei Punkten, die am rechten Seitenrand ausgerichtet werden.

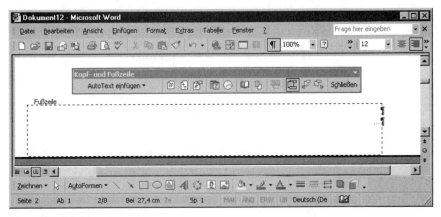

Hinweis auf Folgeseiten

So fügen Sie den Hinweis auf allen, außer der letzten Seite ein:

1 Wählen Sie *Ansicht/Kopf- und Fußzeile* und aktivieren Sie das Symbol *Zwischen Kopf- und Fußzeile wechseln*.

2 Fügen Sie mit (Enter) eine Leerzeile ein und aktivieren Sie in der Symbolleiste *Kopf- und Fußzeile* die Schaltfläche *AutoText einfügen*.

3 Klicken Sie auf den Eintrag *Folgeseite*.

4 Aktivieren Sie in der Symbolleiste das Symbol *Rechtsbündig*, um den Hinweis am rechten Seitenrand auszurichten.

5 Beenden Sie die Fußzeilengestaltung mit einem Klick auf die Schaltfläche *Schließen*.

Der Hinweis auf die Folgeseite wird auf der letzten Seite automatisch unterdrückt.

Seitenzahlen abschnittsweise nummerieren

Manchmal wird auch bei den Seitenzahlen eine abschnittsbezogene Nummerierung gewünscht. In diesem Fall beginnt Word die Seitenzahl in jedem Kapitel neu mit „1". Um eine solche Nummerierung zu erstellen:

1 Unterteilen Sie das Dokument mit dem Befehl *Einfügen/Manueller Umbruch* in *Abschnitte*. Jeder Abschnitt muss einem Kapitel entsprechen.

2 Wählen Sie *Einfügen/Seitenzahlen* und aktivieren Sie die Schaltfläche *Format*.

3 Wechseln Sie in der Optionsgruppe *Seitennummerierung* zu Auswahl *Beginnen mit*. Im zugehörigen Eingabefeld wird nun automatisch die Startziffer „1" vorgeschlagen und Sie müssen nur noch die geöffneten Dialogfelder bestätigen.

Kapitelnummerierung in Seitenzahl einbeziehen

Falls Sie beispielsweise ein Handbuch erstellen, das in mehrere Kapitel eingeteilt ist, und diese Kapitel nicht den Abschnitten Ihres Dokuments entsprechen, können Sie trotzdem eine kapitelbezogene Nummerierung einfügen:

1 Gliedern Sie das Dokument mithilfe der Formatvorlagen für Überschriften. Die Überschriften, mit denen die Kapitel beginnen, müssen mit einer einheitlichen Formatvorlage gestaltet sein, dies muss jedoch nicht die Formatvorlage *Überschrift 1* sein.

2 Wählen Sie *Format/Nummerierung und Aufzählungszeichen* und aktivieren Sie im Register *Gliederung* die Schaltfläche für eine Kapitelbezogene Überschriftennummerierung.

3 Nach der Bestätigung des Dialogfelds wählen Sie *Einfügen/Seitenzahlen* und aktivieren Sie die Schaltfläche *Format*.

4 Aktivieren Sie das Kontrollkästchen *Kapitelnummer einbeziehen*.

Empfehlenswert ist es bei einer abschnittsbezogenen Nummerierung, ein Trennzeichen zwischen Kapitelnummer und Seitenzahl einzufügen.

9

Dokumente

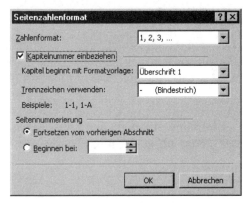

Kapitelweise nummerieren

Sie können in der Liste *Trennzeichen verwenden* zwischen Bindestrich, Punkt, Doppelpunkt, Gedankenstrich und Geviertstrich auswählen. Soll die abschnittsbezogene Seitenzahl in jedem Kapitel neu beginnen, wechseln Sie in der Optionsgruppe *Seitennummerierung* zur Schaltfläche *Beginnen bei*. Dort wird automatisch die „1" eingetragen.

Nach der Bestätigung des geöffneten Dialogfelds fügt Word die Abschnittsnummer, das ausgewählte Trennzeichen und dann die Seitenzahl ein.

Durchgehende Kopf- und Fußzeilen

Sie haben im vorhergehenden Abschnitt bereits erfahren, wie Sie Kopf- oder Fußzeilen zur Ausgabe der Seitenzahlen einsetzen können. Kopf- und Fußzeilen können Sie auch für die Ausgabe anderer Daten nutzen, die Sie nur einmal eingeben, aber auf jeder Seite anzeigen wollen. Dabei können Sie frei bestimmen, wo der Text oder die Objekte, die Sie in Kopf- oder Fußzeilen eingeben, positioniert werden sollen.

Einfache Kopf- oder Fußzeile erstellen

Alle Daten, die Sie in eine Kopfzeile oder eine Fußzeile eingeben, werden auf jeder Druckseite Ihres Dokuments ausgegeben. Der Inhalt der Kopfzeile wird normalerweise im oberen Randbereich mit einem Abstand von 1,25 cm zur oberen Papierkante gedruckt. Alle Daten, die Sie in die Fußzeile eingeben, werden mit einem Abstand von 1,25 cm zur unteren Papierkante gedruckt.

Um eine Kopfzeile oder eine Fußzeile zu erstellen, wählen Sie *Ansicht/ Kopf- und Fußzeile*. Beim Wechsel in die Kopf-/Fußzeilenansicht wird automatisch die Symbolleiste *Kopf- und Fußzeile* eingeblendet. Dort finden

Sie Schaltflächen zum Einfügen von Seitenzahlen, Datum und Uhrzeit und zur Navigation zwischen den unterschiedlichen Kopf- und Fußzeilen.

Tipp

Mit Doppelklick zur Kopf- und Fußzeile

Word unterscheidet den normalen Textspiegel und die Kopf-/Fußzeilenbereiche. In der Ansicht *Seitenlayout* werden Kopf- und Fußzeilenbereich zwar angezeigt, können jedoch nur über den Befehl *Ansicht/Kopf- und Fußzeile* umständlich zur Bearbeitung aktiviert werden. Sie können schneller zwischen Bearbeitung von Kopf- und Fußzeile und normalem Textspiegel hin- und herschalten, indem Sie einfach in den gewünschten Bereich doppelklicken. Das funktioniert allerdings erst, wenn Kopf- oder Fußzeile bereits Daten enthalten.

Die Symbolleiste Kopf- und Fußzeile

Die Symbolleiste *Kopf- und Fußzeile* hält Schaltflächen bereit, mit denen Sie sich zwischen Kopf- und Fußzeilenbereich oder zwischen unterschiedlichen Kopf- und Fußzeilen bewegen können. Über weitere Schaltflächen bzw. Symbole können Sie Informationen wie Seitenzahlen, Tagesdatum oder Uhrzeit in eine Kopf- oder Fußzeile einfügen.

Die Symbolleiste Kopf- und Fußzeile

Wählen Sie aus der Liste *AutoText einfügen* einen der AutoTexte. Word stellt Ihnen hier Funktionen zur Verfügung, mit denen Sie verschiedene Arten der Seitennummerierung oder andere Informationen in eine Kopf- oder Fußzeile einfügen können.

Fügt die Seitenzahl über die Feldfunktion *Page* ein.

Fügt die Gesamtseitenzahl über die Feldfunktion *NumPages* ein.

Öffnet das Dialogfeld *Seitenzahlenformat*, damit Sie Nummerierungsformat und andere Optionen für die Art der Seitennummerierung festlegen können.

Fügt das Datum über die Feldfunktion *Date* ein.

Fügt die Uhrzeit über die Feldfunktion *Time* ein.

Öffnet das Dialogfeld *Seite einrichten*.

Blendet den normalen Textspiegel ein und aus.

Verknüpft die aktuelle Kopfzeile oder die aktuelle Fußzeile mit der Kopf- oder Fußzeile des vorhergehenden Abschnitts. Existiert keine vorhergehende Kopf-/Fußzeile, wird das Symbol abgeblendet. Ist die aktuelle Kopf-/Fußzeile bereits mit dem vorigen Abschnitt verknüpft, wird die Verknüpfung bei Aktivierung dieses Symbols aufgehoben.

Mit diesem Symbol bewegen Sie sich zwischen der Kopfzeile und der Fußzeile des aktuellen Abschnitts.

Zeigt die Kopfzeile oder die Fußzeile des vorherigen Abschnitts, je nachdem, in welcher Zeile der Cursor sich befindet, wenn Sie das Symbol aktivieren.

Zeigt die Kopfzeile oder die Fußzeile des folgenden Abschnitts, je nachdem, ob sich der Cursor in einer Kopf- oder einer Fußzeile befindet, wenn das Symbol aktiviert wird.

Die Schaltfläche *Schließen* schließt die Bearbeitung der Kopf- oder Fußzeile und kehrt zum normalen Dokumentinhalt zurück.

Nach der Aktivierung der Kopf-/Fußzeilenansicht wird automatisch der Kopfzeilenbereich angezeigt. Sie können dort direkt mit der Dateneingabe beginnen. Um Daten in die Fußzeile einzugeben, wechseln Sie zuerst mit dem Symbol *Zwischen Kopf- und Fußzeile wechseln* in den Fußzeilenbereich.

Für die Gestaltung von Kopf- oder Fußzeile können Sie die normalen Zeichen- oder Absatzformate benutzen. Um Daten in Kopf- oder Fußzeile auszurichten, können Sie beispielsweise die Symbole *Linksbündig*, *Rechtsbündig* und *Zentriert* in der Symbolleiste benutzen. Sie können auch eine Tabelle in Kopfzeile oder Fußzeile einfügen, um Text, Grafiken oder andere Objekte auszurichten.

Kopf- und Fußzeilen mit Linien vom Textspiegel trennen

Aktivieren Sie in der Ansicht *Kopf- und Fußzeile* das Symbol *Rahmenlinie unten* in der *Rahmenlinien*-Palette, um die Kopfzeile mit einer Linie vom normalen Textspiegel zu trennen. Verwenden Sie das Symbol *Rahmenlinie oben*, um die Fußzeile mit einer Linie vom restlichen Text abzugrenzen.

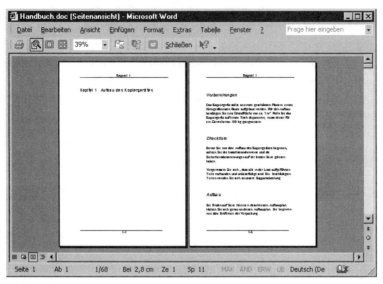

Kopf- und Fußzeile mit Randlinien vom Dokumenttext trennen

Alternativ können Sie auch über den Befehl *Format/Rahmen und Schattierung* im Register *Seitenrand* Trennlinien unter der Kopf- und über der Fußzeile einzufügen. Klicken Sie in der *Vorschau* auf die Schaltflächen für Randlinien oben und unten. Aktivieren Sie die Schaltfläche *Optionen* und wechseln Sie in die Liste *Gemessen von* zu *Text* und schalten Sie die Kontrollkästchen *Kopfzeile umgeben* und *Fußzeile umgeben* aus.

Position von Kopf- oder Fußzeile ändern

Die Position von Kopf- oder Fußzeile wird über die Registerkarte *Layout* im Dialogfeld *Seite einrichten* festgelegt. Als Standardposition gilt ein Abstand von 1,25 cm vom jeweiligen Papierrand. Um diese Position zu verändern:

1 Wählen Sie *Datei/Seite einrichten* oder klicken Sie in der Symbolleiste *Kopf- und Fußzeile* auf das Symbol *Seite einrichten*.

2 Aktivieren Sie das Register *Layout* und legen Sie in der Optionsgruppe *Abstand vom Seitenrand* im Feld *Kopfzeile* den Abstand der Kopfzeile zur oberen Papierkante fest.

3 Legen Sie im Feld *Fußzeile* den Abstand der Fußzeile zur unteren Papierkante fest.

Drucker können eine Druckseite nie komplett bedrucken. Bei der Veränderung der Kopf- und Fußzeilenposition müssen Sie den Minimalabstand zum Seitenrand, den der angeschlossene Drucker nicht unterschreiten kann, beachten!

Tipps zur Kopf-/Fußzeilengestaltung

Falls Sie eine Grafik, wie z. B. das Firmenlogo, in den linken oder rechten Rand jeder Seite drucken wollen, können Sie diese nach dem Einfügen in Kopfzeile oder Fußzeile direkt an die gewünschte Position in den linken oder rechten Randbereich ziehen, wenn Sie den Textfluss *Hinter den Text* wählen.

Auch wenn die Grafik außerhalb des markierten Kopf- oder Fußzeilenbereichs angezeigt wird, wird sie trotzdem auf jeder Seite gedruckt.

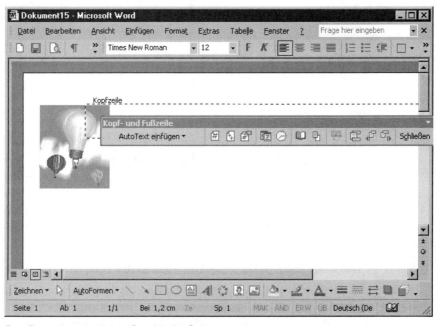

Das Firmenlogo im linken Rand jeder Seite

Um Text in den linken oder rechten Randbereich jeder Seite zu drucken, können Sie in der *Ansicht/Kopf- und Fußzeile* mit der Schaltfläche *Textfeld* ein Textfeld neben Kopf- oder Fußzeile aufziehen, dort hinein den Text schreiben und das Textfeld dann per Drag & Drop in den linken oder rechten Rand ziehen. Mit dem Befehl *Format/Absatzrichtung* können Sie den Text im Textfeld vertikal laufen lassen und per Doppelklick auf den Textfeldrahmen das Dialogfeld zur Formatierung des Textfelds öffnen.

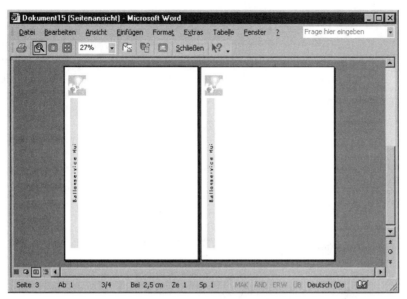

Mit einem Textfeld positionierter Text wird über die Kopfzeilenfunktion auf jeder Seite ausgegeben

Besondere Kopf- und Fußzeilen

Wenn Sie eine Kopf- oder Fußzeile benutzen, um z. B. die Seitenzahl in einen mehrseitigen Brief oder ein anderes Dokument einzufügen, das mit einer besonders gestalteten Titelseite erstellt ist, wollen Sie wahrscheinlich die Kopf- und Fußzeile auf der ersten Seite unterdrücken oder dort eine andere Kopf- und Fußzeile ausgeben lassen. In doppelseitig gedruckten Dokumenten, wie Zeitschriften, Geschäftsberichten oder Büchern, ist es üblich, die Seiten zu spiegeln und teilweise auf geraden und ungeraden Seiten unterschiedliche Kopf- und Fußzeilen zu drucken. Word ist für solche Fälle gerüstet. Sie können pro Abschnitt:

- eine separate Kopfzeile und eine separate Fußzeile für die erste Seite anlegen.

- eine Kopf- und Fußzeile für alle geraden Seiten erstellen.

- eine Kopf- und Fußzeile für alle ungeraden Seiten einfügen.

In einem Dokument, das aus nur einem Abschnitt besteht, können Sie also bei Bedarf bis zu drei verschiedene Kopf- und Fußzeilen erstellen. Benötigen Sie weitere Kopf- und Fußzeilen, müssen Sie einen neuen Abschnitt beginnen.

9

Dokumente

Separate Kopf-/Fußzeile für die erste Seite

Kopf- und Fußzeilen gehören zum Seitenlayout eines Dokuments. Um eine separate Kopf- und Fußzeile für die erste Seite zu erstellen bzw. die Kopf- und Fußzeile auf der ersten Seite zu unterdrücken, wählen Sie *Datei/Seite einrichten* und aktivieren die Registerkarte *Seitenlayout*.

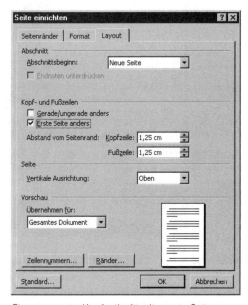

Eine separate Kopfzeile für die erste Seite

Schalten Sie dort das Kontrollkästchen *Erste Seite anders* ein und bestätigen Sie das Dialogfeld. Die Kopfzeile und Fußzeile der ersten Seite sind an der Beschriftung *Erste Kopfzeile* bzw. *Erste Fußzeile* zu erkennen. Sobald Ihr Dokument mehr als eine Seite enthält, werden außer der ersten Kopfzeile und der ersten Fußzeile noch eine einfache Kopfzeile und eine Fußzeile angezeigt, die ab der zweiten und auf allen weiteren Seiten ausgegeben werden.

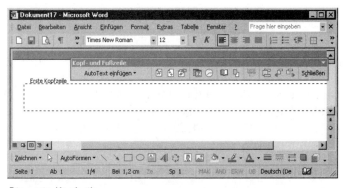

Die erste Kopfzeile

Wenn Sie die Kopf- und Fußzeile auf der erste Seite unterdrücken wollen, schalten Sie, wie oben beschrieben, das Kontrollkästchen *Erste Seite anders* ein und lassen die erste Kopfzeile und/oder die erste Fußzeile leer.

Hinweis

Kopf-/Fußzeile für die zweite und folgende Seiten verschwindet

Wenn Sie ein Dokument mit einer normalen Kopfzeile oder einer Fußzeile erstellen und anschließend das Kontrollkästchen *Erste Seite anders* aktivieren, verschwindet der Inhalt der ursprünglichen Kopf- und Fußzeile, solange das Dokument keine zweite Seite besitzt, weil die ursprüngliche Kopf- und Fußzeile erst ab der zweiten Seite gedruckt werden soll, es aber noch keine zweite Seite gibt.

Kopf-/Fußzeilen für rechte und linke Seiten

In doppelseitigen Dokumenten wird sowohl die Vorder- als auch die Rückseite bedruckt und die einzelnen Seiten werden später mit Bindung, Heftrand oder in anderer Form zusammengefügt. Die Ränder, Kopf- und Fußzeilen in solchen Dokumenten werden häufig für die rechten und linken Seiten gespiegelt und mit unterschiedlichen Daten ausgefüllt, z.B. auf der linken Seite die Abschnittsüberschrift, rechts die Kapitelüberschrift.

Um eine separate Kopf- und Fußzeile für die rechten (ungeraden) und linken (geraden) Seiten auszugeben, wählen Sie *Datei/Seite einrichten* und aktivieren die Registerkarte *Layout*. Schalten Sie das Kontrollkästchen *Gerade/ungerade anders* ein. Um die Seitenränder zu spiegeln, müssen Sie zusätzlich im Register *Seitenränder* das Kontrollkästchen *Gegenüberliegende Seiten* aktivieren. Nach der Bestätigung des Dialogfelds mit *OK* erstellt Word zwei Kopfzeilen mit den Beschriftungen *Ungerade Kopfzeile* und *Gerade Kopfzeile* und zwei Fußzeilen mit den Beschriftungen *Ungerade Fußzeile* und *Gerade Fußzeile*.

Geben Sie in die ungeraden Kopf-/Fußzeilen die Daten ein, die Sie auf allen rechten Seiten anzeigen wollen. Üblicherweise wird der Inhalt der ungeraden Kopf- und Fußzeilen über die Absatz-Schaltfläche *Rechtsbündig* am rechten Seitenrand ausgerichtet. In die geraden Kopf-/Fußzeilen geben Sie die Daten für die linken Seiten ein. Hier wird normalerweise die Standardausrichtung *Linksbündig* verwendet, mit der die Daten am linken Seitenrand ausgerichtet werden.

9

Dokumente

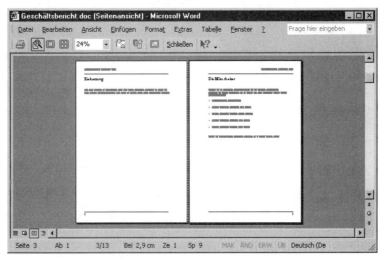

Die gespiegelten Kopf- und Fußzeilen

Kopf- und Fußzeilen abschnittsweise

Falls Sie unabhängig von rechten/linken Seiten oder der ersten Seite an einer beliebigen Stelle im Dokument eine neue Kopf- oder Fußzeile benötigen, müssen Sie einen neuen Abschnitt und damit auch eine neue Seite beginnen. Wählen Sie dazu *Einfügen/Manueller Umbruch* und markieren Sie in der Optionsgruppe *Abschnittswechsel* die Schaltfläche *Nächste Seite*. Nach der Bestätigung des Dialogfelds fügt Word einen Abschnittswechsel ein.

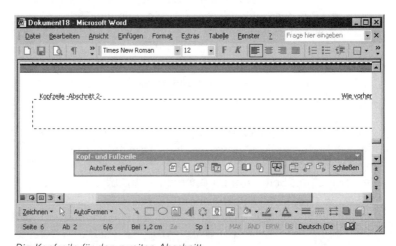

Die Kopfzeile für den zweiten Abschnitt

Wenn Sie im neuen Abschnitt die *Ansicht/Kopf- und Fußzeile* aktivieren, wird die Kopf- oder Fußzeile zusätzlich mit der laufenden Abschnittsnummer *Kopfzeile – Abschnitt 2 –* bzw. *Fußzeile – Abschnitt 2 –* usw. beschriftet. Alle Kopfzeilen und alle Fußzeilen der Abschnitte sind automatisch untereinander verknüpft, das bedeutet, Daten, die Sie in eine Kopf- oder Fußzeile eines beliebigen Abschnitts einfügen, werden in den Kopf- oder Fußzeilen aller Abschnitte angezeigt.

Hinweis

Änderungen nicht in verknüpften Kopf- und Fußzeilen

In einem Dokument, das mehrere Abschnitte enthält, sind die Kopfzeilen und die Fußzeilen aller Abschnitte automatisch so verknüpft, dass eine einheitliche Kopfzeile und eine einheitliche Fußzeile über allen Abschnitten ausgegeben wird. Änderungen, die Sie an Kopf- oder Fußzeile vornehmen, wirken sich auf alle Dokumentseiten aus. Erst nachdem Sie über die Schaltfläche *Wie vorherige* die Verknüpfung der Kopfzeile/Fußzeile zum vorherigen Abschnitt aufgehoben haben, können Sie den ursprünglichen Inhalt der Kopfzeile oder Fußzeile für einen Abschnitt löschen, um eine neue, unabhängige Kopfzeile oder Fußzeile zu erstellen.

Bevor Sie die Daten für die neue Kopf- oder Fußzeile eingeben, aktivieren Sie die Schaltfläche *Wie vorherige*, um die automatische Verknüpfung zur Kopf- oder Fußzeile des vorherigen Abschnitts aufzuheben. Anschließend löschen Sie die Daten und erstellen die neue Kopfzeile oder Fußzeile.

Tipp

Schneller Wechsel zwischen Kopfzeile und normalem Eingabebereich

Falls Kopf- oder Fußzeile bereits Daten enthalten, können Sie zwischen der Bearbeitung dieser Kopf- oder Fußzeile und dem normalen Textbereich per Doppelklick besonders schnell wechseln. Die Aktivierung oder Deaktivierung über *Ansicht/Kopf- und Fußzeile* entfällt damit.

Handbuch mit Kapiteln gestalten

Das Beispielhandbuch enthält drei Kapitel, die sich mit dem Aufbau, der Bedienung und der Pflege eines Kopierers beschäftigen. Es ist im Buchlayout gestaltet, d. h., Word verwendet das Querformat und druckt automatisch zwei Seiten auf ein Blatt. Außerdem werden die Ränder gespiegelt. Das Buch ist mit den Überschriften-Formatvorlagen strukturiert. Die Überschriften sind kapitelweise nummeriert. Außerdem enthält das Handbuch in der Kopfzeile die Kapitelnummer, die mit einer Feldfunktion eingefügt wird, und in der Fußzeile eine kapitelbezogene Seitennummerierung.

9

Dokumente

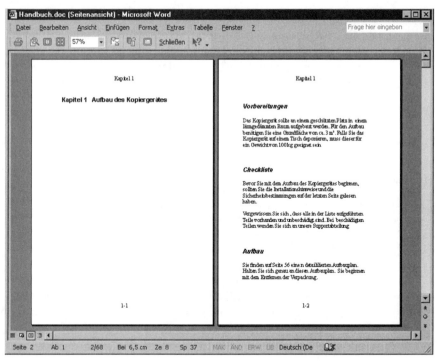

Das Handbuch

Buchlayout und Kapitelüberschriften gestalten

Weisen Sie zunächst das Buchlayout zu und gestalten Sie die Abschnittsanfänge in der Formatvorlage *Überschrift 1*. Da das Buchlayout zwei Seiten auf ein Blatt im Querformat druckt, somit nur ein beschränkter Raum zur Verfügung steht, sollten Sie die Schriftgröße der Formatvorlage *Überschrift 1* reduzieren.

1 Wählen Sie *Datei/Seite einrichten* und markieren Sie im Register *Seitenränder* in der Liste *Mehrere Seiten* den Eintrag *Buch*.

2 Geben Sie jedes Kapitel des Handbuchs in einen separaten Abschnitt ein. Dazu wählen Sie am Ende jedes Kapitels den Befehl *Einfügen/Manueller Umbruch* und markieren die Optionsschaltfläche *Nächste Seite* bzw. *Gerade Seiten* oder *Ungerade Seiten*, wenn Sie jedes Kapitel auf einer bestimmten Seite beginnen wollen. Bestätigen Sie das Dialogfeld.

3 Wählen Sie anschließend *Format/Formatvorlagen und Formatierung*, um die Überschriften mit den Formatvorlagen zu gestalten.

4 Ordnen Sie den Hauptüberschriften die Formatvorlage *Überschrift 1* zu.

5 Klicken Sie im Aufgabenbereich mit rechts auf den Namen der Formatvorlage und wählen Sie *Ändern*. Ändern Sie die Schriftgröße zu 14 pt und bestätigen Sie das Dialogfeld.

6 Wählen Sie anschließend *Format/Nummerierung und Aufzählungszeichen* und aktivieren Sie das Register *Gliederung*.

7 Aktivieren Sie die Schaltfläche mit der Beschriftung *Kapitel 1* und bestätigen Sie das Dialogfeld.

Den nicht markierten Teil fügt die Nummerierungsfunktion ein

Handbuch kapitelorientierte Seitenzahlen zuweisen

Die Seitenzahlen sollen zentriert in der Fußzeile in der Form 1-1, 1-2,...2-1... eingefügt werden. Da die Fußzeilen der Abschnitte untereinander verknüpft sind, müssen Sie die Seitenzahlen nur in einen Abschnitt einfügen.

1 Wählen Sie *Einfügen/Seitenzahlen* und aktivieren Sie die Schaltfläche *Format*.

2 Schalten Sie das Kontrollkästchen *Kapitelnummern einbeziehen* ein. Im Listenfeld *Kapitel beginnt mit Formatvorlage* ist automatisch die Formatvorlage *Überschrift 1* ausgewählt.

3 Bestätigen Sie die geöffneten Dialogfelder und wählen Sie *Ansicht/Kopf- und Fußzeile*.

4 Aktivieren Sie die Schaltfläche *Zwischen Kopf- und Fußzeile wechseln* .

5 Klicken Sie auf die Seitenzahl und doppelklicken Sie anschließend auf den Positionsrahmen der Seitenzahl.

6 Wechseln Sie in der Optionsgruppe *Horizontal* im Listenfeld Position zu *Zentriert* und bestätigen Sie das Dialogfeld.

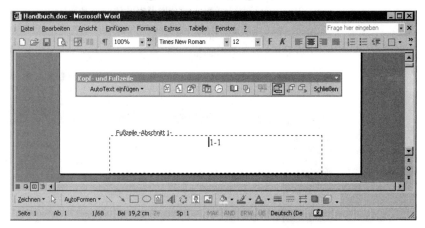

Die kapitelbezogenen Seitenzahlen

Kapitelnummer in der Kopfzeile anzeigen

In der Kopfzeile soll die Kapitelnummer in der Form „Kapitel 1" usw. auftauchen. Da Kopfzeilen der einzelnen Abschnitte standardmäßig untereinander verknüpft sind, müssen Sie die Kapitelnummer nur in eine Kopfzeile einfügen, sie wird dann in allen Abschnitten angezeigt. Sie fügen die Nummer als Feld ein.

1 Wechseln Sie mit der Schaltfläche *Zwischen Kopf- und Fußzeile wechseln* in die Kopfzeile.

2 Fügen Sie dort die Beschriftung „Kapitel", gefolgt von einem Leerzeichen, ein und zentrieren Sie diese mit der Absatzausrichtung *Zentriert*.

3 Wählen Sie *Einfügen/Feld* und markieren Sie im Listenfeld *Kategorien* den Eintrag *Nummerierung*.

4 Markieren Sie in der Liste der Feldnamen den Eintrag *Section*, um die Nummer des Abschnitts einzufügen, und bestätigen Sie das Dialogfeld.

Die Kapitelnummer wird als Feld in die Kopfzeile eingefügt

9.8 Den Seitenumbruch kontrollieren

Wenn Sie in Word 2002 Dokumente erstellen, die mehr als eine Seite umfassen, müssen Sie nicht extra angeben, dass Sie eine neue Seite beginnen wollen. Word verwöhnt Sie mit einem automatischen Seitenumbruch. Aus den Einstellungen für Papierformat, Seitenränder, Schriftgröße und Zeilenhöhe wird berechnet, wann das Seitenende erreicht ist, und automatisch eine neue Seite eingefügt.

Dieser automatische Seitenumbruch ist in umfangreichen Dokumenten jedoch nicht ganz unproblematisch. Hier kann es vorkommen, dass ein ungünstiger Seitenwechsel eine Überschrift vom zugehörigen Absatztext trennt oder einzelne Zeilen – so genannte Hurenkinder und Schusterjungen – am Seitenanfang oder -ende ein einsames Dasein fristen. Diese ungünstigen Seitenumbrüche vermitteln einen unprofessionellen Eindruck, auch wenn Ihr Dokument die raffiniertesten Formatierungen und die feinsinnigsten Formulierungen enthält. Vermeiden Sie diese Fehler, indem Sie genau kennzeichnen, wo bestimmte Absätze zusammengehören und nicht durch einen Seitenumbruch getrennt werden dürfen und welche Überschrift immer auf einer neuen Seite beginnen soll.

Hinweis

Hurenkinder und Schusterjungen

Als Hurenkinder und Schusterjungen bezeichnen Drucker die allein stehenden Zeilen am Anfang oder Ende einer Seite.

Seitenwechsel manuell einfügen und löschen

Die einfachste, wenn auch nicht die eleganteste Lösung, um unerwünschte automatische Seitenumbrüche zu verhindern, ist das Einfügen manueller Seitenwechsel. Die manuell eingefügten Seitenwechsel haben immer Vorrang vor den automatischen. Benutzen Sie diese Methode jedoch nur für relativ kurze Dokumente, die nicht mehr als drei oder vier Seiten enthalten.

Seitenwechsel einfügen

Einen manuellen Seitenwechsel fügen Sie entweder über den Befehl *Einfügen/Manueller Umbruch/Seitenwechsel* oder mithilfe der Tastenkombination [Strg]+[Enter] ein.

Seitenwechsel in der Layoutansicht entfernen

In der Seitenlayoutansicht wird ein Seitenwechsel nicht mit einer besonderen Markierung angezeigt, weil die Seiten dort so erscheinen wie im Ausdruck. Um hier einen Seitenwechsel zu entfernen, positionieren Sie den Cursor vor dem ersten Zeichen der Seite und drücken einmal die Taste [Rück].

Seitenwechsel in der Normalansicht entfernen

In der Normalansicht wird ein manueller Seitenwechsel durch eine Punktlinie mit der Beschriftung *Seitenwechsel* markiert. Um einen solchen Seitenwechsel zu löschen, klicken Sie ihn an und drücken die Taste [Entf].

Seitenwechsel-Markierung in der Normalansicht

┌─── **Tipp**
Anzeige beschleunigen

Wenn Sie lange Dokumentinhalte eingeben müssen, können Sie die Bearbei-
tungsgeschwindigkeit beschleunigen, indem Sie auf alle überflüssigen An-
zeigeelemente verzichten und die schnellste Ansicht – die Normalansicht –
aktivieren. Die Ergänzung oder Bearbeitung umfangreicher Dokumente können Sie zusätzlich beschleunigen, wenn Sie die Kontrollkästchen *Konzeptschriftart* und *Platzhalter für Grafiken* im Dialogfeld *Optionen* des Registers
Ansicht einschalten. In umfangreichen Dokumenten können Sie die Anzeige-
geschwindigkeit erheblich erhöhen, wenn Sie außerdem für die Normalansicht das Kontrollkästchen *Seitenumbruch im Hintergrund* im Register *Allgemein* ausschalten.

Den Seitenumbruch über Befehle steuern

Wie bereits weiter oben erwähnt, empfiehlt sich das Einfügen manueller
Seitenwechsel nur für relativ kurze Dokumente. In umfangreichen Dokumenten müssten Sie nach jeder Änderung bzw. Überarbeitung eine
Kontrolle der Seitenwechsel durchführen und diese ggf. verschieben.
Weil dies zu aufwändig ist, sollten Sie in umfangreichen Dokumenten die
verschiedenen Hilfsmittel zur Steuerung des Seitenwechsels einsetzen,
die Word Ihnen im Dialogfeld *Absatz* im Register *Zeilen- und Seitenwechsel* anbietet:

- Die Absatzkontrolle ist automatisch aktiviert, sie unterdrückt allein
  stehende Zeilen am Seitenanfang oder -ende.

- Die Option *Zeilen nicht trennen* unterdrückt Seitenumbrüche innerhalb eines markierten Absatzes.

- Die Option *Absätze nicht trennen* vermeidet Seitenwechsel zwischen
  dem markierten und dem folgenden Absatz.

- Die Option *Seitenwechsel oberhalb* erzwingt einen Seitenwechsel vor
  dem aktuellen Absatz, sodass z. B. eine Überschrift immer am Anfang
  einer neuen Seite gedruckt wird.

Um eine effektive Seitenkontrolle zu haben, sollten Sie nach der Eingabe
der Daten vor dem Ausdruck den kompletten Dokumentinhalt prüfen.
Bei dieser Überprüfung kennzeichnen Sie, an welchen Stellen kein Seitenwechsel eingefügt werden darf bzw. wo Sie einen Seitenwechsel erzwingen wollen.

9

Dokumente

Den Seitenumbruch kontrollieren

Seitenumbruch innerhalb eines Absatzes verhindern

Gerade in kurzen Absätzen, in Absätzen, die ein Zitat wiedergeben, oder in Absätzen, die besonders formatiert sind, wie z. B. eingezogene Absätze, ist ein Seitenwechsel unerwünscht und muss verhindert werden. So unterdrücken Sie einen Seitenwechsel innerhalb eines Absatzes:

1 Markieren Sie den Absatz und wählen Sie anschließend *Format/Absatz*.

2 Aktivieren Sie das Register *Zeilen- und Seitenwechsel* und schalten Sie das Kontrollkästchen *Zeilen nicht trennen* ein.

Um den Seitenumbruch für den letzten oder ersten Absatz auf einer Seite so festzulegen, dass allein stehende Zeilen nicht entstehen, schalten Sie auf der gleichen Registerkarte das Kontrollkästchen *Absatzkontrolle* ein.

Seitenumbruch zwischen Absätzen verhindern

Als unerwünscht würde man z. B. einen Seitenwechsel zwischen der Überschrift und dem zugehörigen Absatz oder einen Seitenwechsel, der eine Aufzählung auseinander reißt, bezeichnen. Auch die Trennung eines Zitats durch einen Seitenwechsel ist nicht immer erwünscht. Um einen solchen Seitenwechsel zu verhindern:

1 Markieren Sie den Absatz, nach dem Sie keinen Seitenwechsel wünschen, und wählen Sie *Format/Absatz*.

2 Schalten Sie das Kontrollkästchen *Absätze nicht trennen* ein, um den Seitenwechsel zwischen dem aktuellen und dem nächsten Absatz zu verhindern.

Schalten Sie zusätzlich das Kontrollkästchen *Zeilen nicht trennen* ein, um den Seitenwechsel auch innerhalb des markierten Absatzes zu vermeiden.

Festlegen, dass eine Überschrift am Seitenanfang gedruckt werden muss

Zur Steuerung des Seitenwechsels gehört sowohl das Markieren der Positionen, an denen ein Seitenwechsel nicht erwünscht ist, als auch die Festlegung der Position, an der ein Seitenwechsel erzwungen werden soll. Einen Seitenwechsel erzwingen Sie z. B. in einem Bericht oder Buch, damit die Kapitelüberschrift immer oben auf einer neuen Seite gedruckt wird. In diesem Fall können Sie den Seitenumbruch nicht dem Zufall überlassen.

1 Markieren Sie die Überschrift bzw. den Absatz, vor der/dem Sie einen Seitenwechsel erzwingen wollen.

2 Wählen Sie *Format/Absatz* und aktivieren Sie die Registerkarte *Zeilen- und Seitenwechsel*.

3 Schalten Sie das Kontrollkästchen *Seitenwechsel oberhalb* ein und bestätigen Sie das Dialogfeld.

Vielleicht erscheint Ihnen dieses Verfahren ein wenig umständlich und Sie fragen sich, warum Sie an dieser Stelle keinen manuellen Seitenwechsel verwenden sollen. Wenn Sie jeder Kapitelüberschrift diese Formatierung über das Dialogfeld zuweisen, ist der manuelle Seitenwechsel sicherlich eine Alternative. Effektiver arbeiten Sie, wenn Sie die Option *Seitenwechsel oberhalb* in eine Formatvorlage einbauen, die Sie den Kapitelüberschriften zuweisen.

9.9 Index, Verzeichnisse und Beschriftungen

Wenn Sie sich über den Inhalt eines Dokuments informieren oder prüfen wollen, ob ein Buch bestimmte Informationen enthält, werden Sie das Inhalts- oder das Stichwortverzeichnis einsetzen. Während das Inhaltsverzeichnis die Themen in der Reihenfolge auflistet, in der Sie im Dokument behandelt werden, stellt der Index wichtige Stichwörter in alphabe-

tischer Reihenfolge zusammen. Word unterstützt die Erstellung von In-
halts- und Stichwortverzeichnissen und ermöglicht auch andere Verzeichnisse, wie z. B. ein Verzeichnis aller Tabellen, Abbildungen oder
anderer Objekte.

Inhaltsverzeichnisse

Die eigentliche Erstellung des Inhaltsverzeichnisses übernimmt Word für
Sie. Sie müssen allerdings gewisse Vorarbeiten leisten, damit Word erkennen kann, welche Dokumentinhalte im Inhaltsverzeichnis erscheinen
sollen. Dafür gibt es zwei Möglichkeiten:

- Erstellung eines Inhaltsverzeichnisses aus Gliederungsüberschriften

- Erstellung eines Inhaltsverzeichnisses aus markierten Einträgen

Ein Inhaltsverzeichnis werden Sie für umfangreiche Dokumente erstellen, in denen üblicherweise eine Gliederungsstruktur vorhanden ist. Diese besteht aus den Dokumentüberschriften, die in verschiedene Ebenen –
Haupt- und untergeordnete Überschriften – eingestuft werden. Die Überschriften werden mithilfe von Formatvorlagen gestaltet und sind deshalb
von Word eindeutig identifizierbar. Falls Ihr Dokument bereits eine solche Gliederung enthält, müssen Sie zur Erstellung des Inhaltsverzeichnisses lediglich angeben, bis zu welcher Überschriftenebene Sie die Ü-
berschriften in das Verzeichnis aufnehmen wollen.

Ein automatisches Inhaltsverzeichnis

Enthält Ihr Dokument keine Gliederung oder wollen Sie das Inhaltsverzeichnis unabhängig von den Überschriften erstellen, müssen Sie so genannte Verzeichnisfelder an allen Stellen im Dokument einfügen, auf die Sie im Inhaltsverzeichnis verweisen wollen.

Erstellen eines Inhaltsverzeichnisses aus Gliederungsüberschriften

Voraussetzung für das Erstellen eines Inhaltsverzeichnisses aus Überschriften ist eine Gliederungsstruktur bzw. die Gestaltung der Überschriften mit einheitlichen Formatvorlagen, wie das im Abschnitt *IX.II Gliederung, Überschriften und Dokumentstruktur beschrieben ist*. Um dann aus dieser Gliederung ein Inhaltsverzeichnis zu erstellen:

1 Markieren Sie zunächst die gewünschte Einfügeposition für das Inhaltsverzeichnis, normalerweise ist dies der Dokumentanfang.

2 Wählen Sie *Einfügen/Referenz/Index und Verzeichnisse* und aktivieren Sie das Register *Inhaltsverzeichnis*.

3 Wählen Sie in der Liste *Formate* aus, wie das Inhaltsverzeichnis gestaltet sein soll. Sie können das hier ausgewählte Format im Feld *Seitenansicht* kontrollieren.

4 Stellen Sie im Feld *Ebenen* ein, bis zu welcher Überschriftenebene Sie die Überschriften ins Inhaltsverzeichnis aufnehmen wollen.

5 Um ein Standardinhaltsverzeichnis einzufügen, schalten Sie das Kontrollkästchen *Hyperlinks anstelle von Seitenzahlen* aus und bestätigen Sie das Dialogfeld.

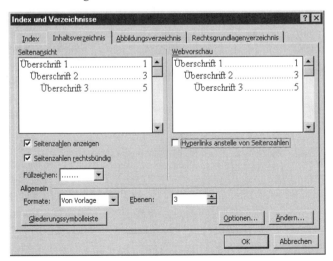

Erstellen eines Inhaltsverzeichnisses

9

Dokumente

Word fügt die Seitenzahlen als Hyperlinks ein, wenn Sie das Kontrollkästchen *Hyperlinks anstelle von Seitenzahlen* nicht deaktivieren. Anders als Vorgängerversionen gestaltet Word die Hyperlinks jedoch nicht in blauer Schriftfarbe und hervorgehoben. Falls Sie das Kontrollkästchen eingeschaltet lassen, können Sie mithilfe des Inhaltsverzeichnisses bequem im Dokument navigieren, indem Sie bei gedrückter Taste [Strg] auf eine Überschrift klicken.

Erstellen eines Inhaltsverzeichnisses aus einheitlichen Formatvorlagen

Falls Ihr Dokument keine Gliederung enthält, Sie die Überschriften aber mit einheitlichen Formatvorlagen gestaltet haben, können Sie auch daraus automatisch ein Inhaltsverzeichnis erstellen.

1 Wählen Sie an der gewünschten Einfügeposition des Inhaltsverzeichnisses *Einfügen/Referenz/Index und Verzeichnisse* und aktivieren Sie das Register *Inhaltsverzeichnis*.

2 Öffnen Sie im Register *Inhaltsverzeichnis* über die Schaltfläche *Optionen* ein weiteres Dialogfeld.

3 Ordnen Sie den Formatvorlagen, aus denen das Inhaltsverzeichnis gebildet werden soll, die entsprechenden Inhaltsverzeichnisebenen zu. Haben Sie beispielsweise die Hauptüberschrift mit der benutzerdefinierten Formatvorlage *Kapitelüberschrift* und die untergeordneten Überschriften mit *Titel 1* gestaltet, weisen Sie *Kapitelüberschrift* die *Inhaltsverzeichnisebene 1* und *Titel 1* die *Inhaltsverzeichnisebene 2* zu.

4 Bestätigen Sie das Dialogfeld *Optionen für Inhaltsverzeichnis* und passen Sie die Einstellungen im Dialogfeld *Index und Verzeichnisse* wunschgemäß an, bevor Sie auch dieses Dialogfeld bestätigen.

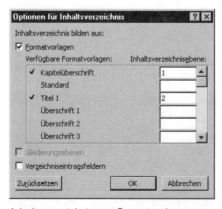

Inhaltsverzeichnis aus Formatvorlagen

Erstellen eines Inhaltsverzeichnisses aus Markierungen

Nicht immer eignen sich die Überschriften eines Dokuments auch als Einträge für das Inhaltsverzeichnis oder Ihr Dokument enthält weder eine Gliederungsstruktur noch sind die Überschriften mit einheitlichen Formatvorlagen gestaltet.

Wollen Sie in diesen Fällen ein Inhaltsverzeichnis unabhängig von den im Dokument enthaltenen Überschriften erstellen, müssen Sie Markierungen einfügen, an denen Word erkennen kann, was ins Inhaltsverzeichnis eingetragen und auf welche Seite verwiesen werden soll.

Eintrag für Inhaltsverzeichnis kennzeichnen

Das Markieren der Einträge für das Inhaltsverzeichnis wird über das Einfügen so genannter Verzeichniseintragsfelder (TC) erledigt.

Um ein solches Feld einzufügen:

1   Wählen Sie an der Stelle, auf die Sie im Inhaltsverzeichnis verweisen wollen, den Befehl *Einfügen/Feld*.

2   Markieren Sie die Kategorie *Index und Verzeichnisse* und den Feldnamen *TC*.

3   Tragen Sie den Text, der im Inhaltsverzeichnis angezeigt werden soll, in das Eingabefeld *Texteintrag* ein.

4   Nur wenn das Dokument mehr als ein Verzeichnis enthält, schalten Sie das Kontrollkästchen *Verzeichniseintrag in Dokument mit mehreren Verzeichnissen* ein.

5   Falls das Inhaltsverzeichnis mehrere Eintragsebenen erhalten soll, schalten Sie das Kontrollkästchen *Gliederungsebene* ein und tragen die Nummer der Ebene in das zugehörige Eingabefeld ein.

6   Wiederholen Sie diese Schritte, bis Sie alle Verzeichniseinträge markiert haben.

9

Dokumente

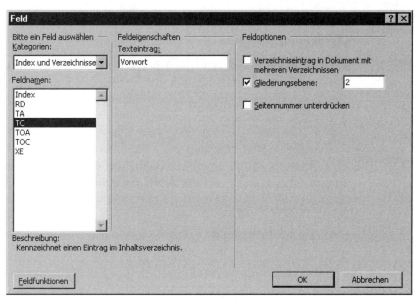

Erstellen eines Verzeichniseintrags

Inhaltsverzeichnis aus Feldern zusammenstellen

Nachdem die Verzeichniseintragsfelder im Dokument an allen Stellen eingefügt wurden, auf die Sie im Inhaltsverzeichnis hinweisen wollen, können Sie das Inhaltsverzeichnis zusammenstellen:

1 Zum Erstellen des Inhaltsverzeichnisses klicken Sie anschließend an die gewünschte Einfügeposition.

2 Wählen Sie dort *Einfügen/Referenz/Index und Verzeichnisse.*

3 Aktivieren Sie die Registerkarte *Inhaltsverzeichnis* und klicken Sie auf die Schaltfläche *Optionen.*

4 Schalten Sie das Kontrollkästchen *Formatvorlagen* aus und das Kontrollkästchen *Verzeichniseintragsfelder* ein und bestätigen Sie das geöffnete Dialogfeld *Optionen für Inhaltsverzeichnis.*

5 Passen Sie das Erscheinungsbild des Inhaltsverzeichnisses an und bestätigen Sie das Dialogfeld *Index und Verzeichnisse.*

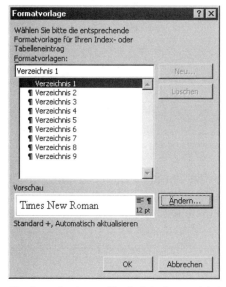

Ein Inhaltsverzeichnis aus Feldern

Formatvorlagen für das Inhaltsverzeichnis ändern

Die Haupt- und Unterebenen eines Inhaltsverzeichnisses werden mit automatischen Formatvorlagen gestaltet, wenn Sie in der Liste *Formate* den Eintrag *Von Vorlage* auswählen bzw. diesen Eintrag, der automatisch vorgeschlagen wird, unverändert lassen. Um diese Formatvorlagen zu ändern, aktivieren Sie im Dialogfeld *Index und Verzeichnisse* im Register *Inhaltsverzeichnis* die Schaltfläche *Ändern*, markieren den Namen der Formatvorlage, die Sie ändern wollen, und aktivieren erneut *Ändern*.

9

Dokumente

Die Formatvorlagen für die Inhaltsverzeichnisebenen

Selbstverständlich können Sie die Formatvorlagen, mit denen die Verzeichniseinträge gestaltet sind, auch über den Aufgabenbereich *Formatvorlagen und Formatierung* ändern.

Stichwortverzeichnisse – Index

Ein Index ist ein alphabetisch sortiertes Stichwortverzeichnis und listet alle wichtigen im Dokument enthaltenen Stich- oder Schlagwörter in alphabetischer Reihenfolge auf. Hier kann der Leser nachschlagen, auf welchen Seiten er Informationen zu einem bestimmten Stichwort findet. Es wird üblicherweise am Dokumentende eingefügt und kann ein- oder mehrstufig gestaltet sein. Ein mehrstufiger Index enthält zu einem Stichwort mehrere untergeordnete Stichwörter wie in folgendem Beispiel:

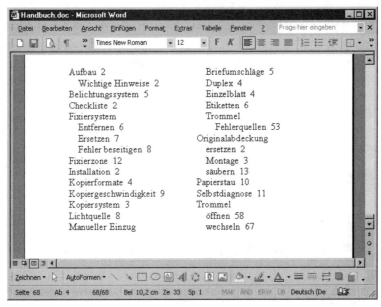

Ein zweistufiger Index

Word 2002 unterstützt selbstverständlich die Erstellung von Indizes und stellt das Stichwortverzeichnis sogar automatisch zusammen. Sie müssen allerdings an allen Dokumentstellen, auf die Sie verweisen wollen, einen unsichtbaren Indexeintrag einfügen, aus dem das Verzeichnis dann später zusammengestellt wird.

Erstellen eines Indexeintrags

Ein Index verwendet normalerweise einen Begriff als Stichwort, der im Dokument vorkommt, und zeigt zusätzlich die Seitenzahlen der Seiten an, auf denen dieser Begriff erwähnt wird. Aus diesem Grund können Sie die Stichwörter direkt aus dem Dokument übernehmen.

1 Markieren Sie einen Begriff, den Sie als Stichwort verwenden wollen, und drücken Sie die Tastenkombination Umschalt + Alt + X.

2 Der markierte Begriff erscheint automatisch im Feld *Haupteintrag*. Um einen einstufigen Index zu erstellen oder einen Haupteintrag zu definieren, klicken Sie sofort auf die Schaltfläche *Festlegen*.

3 Soll zum Haupteintrag ein Untereintrag im Index erscheinen, tragen Sie diesen in das Feld *Untereintrag* ein und klicken dann erst auf *Festlegen*.

4 Klicken Sie im Dokument an die nächste Position, an der Sie einen Verweis einfügen wollen, und markieren Sie das nächste Stichwort.

5 Wiederholen Sie die Schritte 2 bis 4, bis Sie alle Indexeinträge gekennzeichnet haben, und blenden Sie dann das Dialogfeld mit *Schließen* aus.

┌── Hinweis

Indexeintrag über Dialogfeld

Sie können das Dialogfeld auch über den Befehl *Einfügen/Referenz/Index und Verzeichnisse* und die Schaltfläche *Eintrag festlegen* im Register *Index* öffnen, dies ist aber deutlich umständlicher als die Tastenkombination.

Index zusammenstellen

Nachdem Sie alle Indexeinträge im Dokument gekennzeichnet haben, können Sie Word anweisen, den Index zusammenzustellen. Dazu markieren Sie die gewünschte Einfügeposition, normalerweise ist dies das Dokumentende.

1 Wählen Sie *Einfügen/Referenz/Index und Verzeichnisse.*

2 Aktivieren Sie die Registerkarte Index.

3 Wählen Sie in der Liste *Formate* aus, wie der Index gestaltet sein soll. Sie können das hier ausgewählte Format im Feld *Seitenansicht* kontrollieren.

4 Legen Sie im Feld *Spalten* fest, in wie vielen Textspalten nebeneinander die Stichwörter angeordnet werden sollen.

5 Markieren Sie für einen mehrstufigen Index in der Optionsgruppe *Typ*, ob die untergeordneten Stichwörter eingezogen werden sollen oder nicht.

6 Normalerweise werden die Seitenzahlen nur mit einem Leerzeichen Abstand hinter den Stichwörtern ausgegeben. Schalten Sie das Kontrollkästchen *Seitenzahlen rechtsbündig* an, wenn diese am rechten Rand erscheinen sollen.

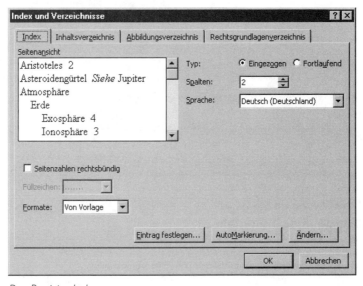

Das Register Index

Formatvorlagen für den Index ändern

Die Stichwörter eines Index werden mithilfe von automatischen Format-vorlagen gestaltet, wenn Sie in der Liste *Formate* den Eintrag *Von Vorlage* gewählt haben. Falls Sie die dort gespeicherten Formatierungen ändern oder weitere Gestaltungsmerkmale hinzufügen wollen, aktivieren Sie im Register *Index* die Schaltfläche *Ändern*, markieren den Namen der For-matvorlage und aktivieren erneut *Ändern*.

Hinweis

Index für Dokumente mit Abschnitten

In Dokumenten, die Sie in mehrere Abschnitte eingeteilt haben, berücksichtigt Word im Index automatisch die Nummer des entsprechenden Abschnitts und gibt die Seitenzahl in der Form Abschnittnummer-Seitennummer, also z. B. 1-2, 4-5 an.

Aktualisieren von Index oder Inhaltsverzeichnis

Die Überarbeitung eines Dokuments bewirkt häufig eine Veränderung des Seitenumbruchs. Die Seitenverweise, die ein Inhaltsverzeichnis oder ein Index enthält, müssen deshalb anschließend korrigiert werden. Die Aktualisierung eines Verzeichnisses führt Word automatisch durch. Klicken Sie in das Inhaltsverzeichnis oder den Index und drücken Sie die Taste F9 zur Aktualisierung. Bestätigen Sie das Aktualisieren der Seitenzahlen mit einem Klick auf *OK*.

Hinweis

Hyperlink-Inhaltsverzeichnis mit rechts aktualisieren

Falls die Einträge des Inhaltsverzeichnisses oder des Stichwortverzeichnisses als Hyperlinks gestaltet sind, müssen Sie mit rechts in das Verzeichnis klicken und den Befehl *Felder aktualisieren* wählen, da der Klick mit links den Hyperlink auslösen würde.

Aktualisierung per Mausklick

Wenn Sie ein umfangreiches Dokument in der Gliederungsansicht bzw. ein Masterdokument in der Masterdokumentansicht bearbeiten, können Sie das Inhaltsverzeichnis besonders schnell über die Schaltfläche *In-haltsverzeichnis aktualisieren* aktualisieren.

9

Dokumente

Schneller Sprung zum Inhaltsverzeichnis

In Word 2002 können Sie in umfangreichen Dokumenten oder in Masterdokumenten mithilfe einer Schaltfläche ohne langes Blättern direkt zum Inhaltsverzeichnis springen. Dazu klicken Sie in der Gliederungssymbolleiste auf die Schaltfläche *Gehe zu Inhaltsverzeichnis*.

Objekte automatisch beschriften

Word unterstützt die Erstellung anderer Verzeichnisse, wie z.B. Abbildungsverzeichnisse oder ein Verzeichnis aller Tabellen. Sie finden dafür im Dialogfeld *Index und Verzeichnisse* die Registerkarte *Abbildungsverzeichnis*. Um ein Verzeichnis für eine bestimmte Objektart zu erstellen, müssen Sie die betreffenden Objekte über den Befehl *Einfügen/Referenz/ Beschriftung* mit einer einheitlichen Beschriftung versehen. Im Dialogfeld *Index und Verzeichnisse* können Sie dann in der Liste *Beschriftungskategorie* die Objektart auswählen, aus der das Verzeichnis erstellt werden soll, also z.B. *Abbildung* oder *Tabelle*.

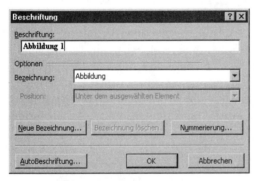

Einfügen einer automatischen Beschriftung

Falls in der Liste *Bezeichnung* keine für Ihre Objekte passende Beschreibung vorhanden ist, erstellen Sie über die Schaltfläche *Neue Bezeichnung* einfach eine neue Beschriftungskategorie. Ist das der Fall, können Sie im Register *Abbildungsverzeichnis* die Beschriftungskategorie aus der gleichnamigen Liste auswählen.

Andere Verzeichnisse aus Objektbeschriftungen erzeugen

Wie Sie beim Blick in das Dialogfeld *Index und Verzeichnisse* sehen, kann Word nicht nur Inhaltsverzeichnisse erzeugen. Sie können auch ein Verzeichnis aller Abbildungen, Tabellen oder sonstiger Objekte erstellen. Voraussetzung ist nur, dass die Absätze, in denen die Objektbeschriftungen enthalten sind, alle mit der gleichen Formatvorlage gestaltet sind.

Das können Sie am einfachsten gewährleisten, wenn Sie die Beschriftungen über den Befehl *Einfügen/Referenz/Beschriftung* einfügen lassen, wie im vorigen Abschnitt beschrieben.

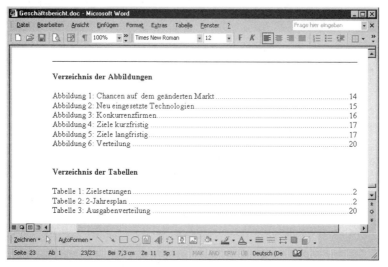

Tabellen- und Abbildungsverzeichnis aus Objektbeschriftungen

Nachdem Sie alle Objekte beschriftet haben, wählen Sie *Einfügen/Referenz/Beschriftungen* und aktivieren die Registerkarte *Abbildungsverzeichnis*. Öffnen Sie das Listenfeld *Titel*, um die Objektart auszuwählen, für die Sie ein Verzeichnis aus den automatischen Beschriftungen erstellen wollen. Um die automatisch erstellten Hyperlinks zu unterdrücken, die Word den Seitenzahlen zuordnet, schalten Sie das Kontrollkästchen *Hyperlinks anstelle von Seitenzahlen* aus.

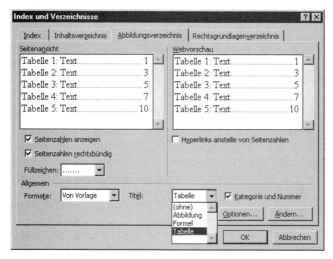

Ein Verzeichnis der Tabellen erstellen

Falls Sie keine automatischen Beschriftungskategorien verwendet haben, können Sie über die Schaltfläche *Optionen* das Dialogfeld *Optionen für Abbildungsverzeichnis* aktivieren, dort das Kontrollkästchen *Formatvorlage* einschalten und dort im Listenfeld den Namen der Vorlage markieren, mit der die Objekte gestaltet sind.

9.10 Fußnoten

Eine Fußnote besteht aus einem hochgestellten Zeichen im laufenden Text, das auf eine Erläuterung meist am Seitenende hinweist. Der Fußnotentext wird in Word automatisch durch eine kleine Strichmarkierung vom restlichen Textspiegel abgegrenzt. Fußnoten werden eingesetzt, um zusätzliche Informationen wie Hintergrundwissen, Übersetzungen oder Quellenhinweise so einzufügen, dass sie den Textfluss nicht stören. Word verfügt über eine automatische Fußnotenverwaltung, mit der Sie Fußnoten automatisch einfügen, umstellen oder entfernen können.

Hinweis

Fußnote und Endnote

Fußnoten und Endnoten unterscheiden sich im Prinzip nur durch ihre Position. Während Fußnoten am Seitenende ausgedruckt werden, druckt Word Endnoten am Dokumentende bzw. am Abschnittsende aus. Für den Leser sind Fußnoten komfortabler, da er zum Lesen nicht jedes Mal zum Ende des Abschnitts oder Dokuments blättern muss.

Einfügen von Fußnoten

Um eine Fußnote einzufügen, positionieren Sie den Cursor an der gewünschten Einfügeposition, also hinter dem Wort, zu dem Sie eine Erläuterung einfügen wollen, und wählen *Einfügen/Referenz/Fußnote*.

Um die automatische Fußnotenverwaltung zu nutzen, lassen Sie die das Feld *Benutzerdefiniert* leer. Falls Sie nicht die Standardnummerierung mit arabischen Ziffern verwenden wollen, wählen Sie ein anderes Format aus der Liste *Zahlenformat* aus. Sie können im Dialogfeld *Fuß- und Endnote* außerdem die Position aus den Listenfeldern *Fußnote* und *Endnote* und die Startzahl der Nummerierung festlegen. Außerdem können Sie festlegen, ob die Nummerierung durchgehend oder seitenweise bzw. abschnittsweise neu beginnen soll.

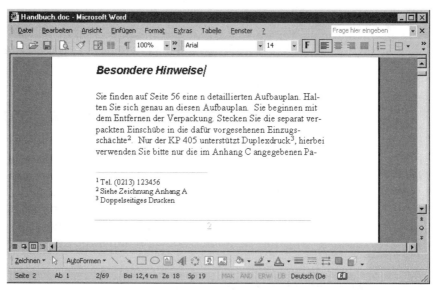

Fußnoten und Fußnotentext

Word fügt ein Fußnotenzeichen in den normalen Text ein und springt ans Seitenende. Auch hier wird das Fußnotenzeichen eingefügt. Geben Sie im Anschluss daran den Fußnotentext ein. Anschließend klicken Sie an die Position im Dokument, an der Sie weiterschreiben wollen. Wenn Sie die nächste Fußnote einfügen wollen, wiederholen Sie die beschriebenen Schritte.

Wenn Sie in der Normalansicht ein Dokument bearbeiten, das Fußnoten enthält, können Sie über den Befehl *Ansicht/Fußnoten* einen separaten Fußnotenausschnitt einblenden, in dem alle Fußnoten angezeigt werden, sodass Ihnen der Wechsel zwischen Seitenanfang und -ende erspart bleibt.

Tipp

Fußnoten per Doppelklick bearbeiten

Der Doppelklick auf ein Fußnotenzeichen springt in der Seitenlayoutansicht an das Dokumentende oder öffnet in der Normalansicht den Fußnotenausschnitt, damit Sie den Fußnotentext bearbeiten können. Wenn Sie im Fußnotenausschnitt auf das Fußnotenzeichen bzw. die Kommentarmarkierung doppelklicken, wird der Ausschnitt ausgeblendet und der Cursor springt zurück zur Position der Fußnote im Text.

Umstellen oder Entfernen von Fußnoten

Falls Sie Textabschnitte, die Fußnoten enthalten, innerhalb des Dokuments verschieben, korrigiert Word automatisch die Fußnotennummerierung.

Um eine Fußnote zu löschen, reicht es, wenn Sie das Fußnotenzeichen im normalen Textbereich markieren und mit (Entf) löschen. Der Fußnotentext wird automatisch mit entfernt. Sie können diese Löschaktion nicht im Fußnotenbereich am Seitenende durchführen.

Einfügen und Verwaltung von Endnoten

Das Einfügen und Verwalten von Endnoten unterscheidet sich nur unwesentlich von der Fußnotenverwaltung. Wählen Sie zum Einfügen von Endnoten ebenfalls *Einfügen/Fußnote*, markieren Sie aber hier die Schaltfläche *Endnote*. Endnoten können Sie wie Fußnoten formatieren. Endnoten können nur am Dokumentende oder am Abschnittsende gedruckt werden. Die Nummerierung von Fußnoten und Endnoten kann fortlaufend über das ganze Dokument oder abschnittsweise erfolgen. Umgestellt und entfernt werden Endnoten wie Fußnoten.

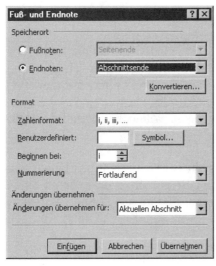

Einfügen von Endnoten

9.11 Suchen und Ersetzen

Wenn Sie umfangreiche Dokumente bearbeiten, ist der Einsatz einer komfortablen und leicht zu bedienenden Suchfunktion hilfreich und Zeit sparend. Word verfügt über eine Such- und Ersetzfunktion, mit der Sie nicht nur Text, sondern beliebige Dokumentinhalte suchen und austauschen können. Sie können damit z. B. auch nach bestimmten Formatierungen oder nach Sonderzeichen suchen.

Suchen mit der Suchfunktion

Wenn Sie bestimmte Textstellen in einem Dokument suchen, setzen Sie die komfortable Suchfunktion ein. Wählen Sie *Bearbeiten/Suchen* oder doppelklicken Sie auf den linken Teil der Statuszeile und tippen Sie im Register *Suchen* den Suchbegriff in das Feld *Suchen nach* ein. Anschließend klicken Sie auf die Schaltfläche *Weitersuchen*. Die erste Fundstelle wird angezeigt und Sie können nun außerhalb des Dialogfelds in das Dokument klicken, um den Text an dieser Stelle zu bearbeiten. Sie können anschließend mit *Weitersuchen* zur jeweils nächsten Fundstelle springen.

Neu in Word 2002 ist die Möglichkeit, alle Fundstellen des Suchbegriffs zu markieren und die Suche auf bestimmte Teile, wie das eigentliche Dokument, einen markierten Bereich, Kopf- und Fußzeilen oder Fußnoten, zu beschränken. Um eine solche Suche durchzuführen, schalten Sie nach der Eingabe des Suchbegriffs das Kontrollkästchen *Gefundene Elemente markieren in* ein und wählen im Listenfeld, welches Objekt bzw. welche Objekte Sie durchsuchen wollen.

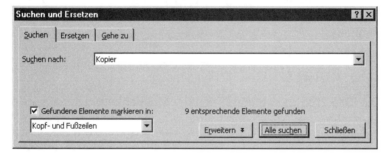

Die neue Suchfunktion

Die Schaltfläche *Weitersuchen* ändert in diesem Fall Ihre Beschriftung zu *Alle suchen*. Nach der Aktivierung der Schaltfläche werden alle Vorkommen des Suchbegriffs markiert und die Anzahl der Fundstellen wird im Dialogfeld angezeigt. Mithilfe der Schaltflächen *Vorwärts* und *Rückwärts* in der vertikalen Bildlaufleiste können Sie die markierten Fundstellen überprüfen.

Falls Sie nicht nach Text, sondern nach Formatierungen suchen oder falls Sie die Suche genauer beeinflussen wollen, aktivieren Sie die Schaltfläche *Erweitern*. Sie erhalten dann die Möglichkeit, über die Schaltfläche *Format* nach Zeichen- und Absatzformatierung, nach Tabulatoren, Sprachformaten, Positionsrahmen oder Formatvorlagen zu suchen.

Erweiterte Suche

Außerdem finden Sie im erweiterten Dialogfeld *Suchen und Ersetzen* Kontrollkästchen, mit denen Sie die Suche genauer steuern können. Word 2002 sucht den Suchbegriff nicht als Teil eines Wortes, wenn das Kontrollkästchen *Nur ganzes Wort suchen* eingeschaltet ist. Über die Schaltfläche *Sonstiges* können Sie nach Sonderzeichen sowie Feldern, Fußnoten, Absatzmarken oder Seitenwechseln suchen.

Suchen mit der Suchen-Schaltfläche

In der vertikalen Bildlaufleiste finden Sie die Schaltfläche *Browseobjekt auswählen*, mit der Sie sich ebenfalls bequem im Dokument bewegen können. Klicken Sie auf diese Schaltfläche, wird eine Auswahl weiterer Schaltflächen sichtbar. Klicken Sie auf eine dieser Schaltflächen, um eines der Dialogfelder *Suchen und Ersetzen* zu öffnen und dann das Dokument nach Bearbeitungen, Überschriften, Grafiken, Tabellen, Feldern, Fuß- oder Endnoten oder Kommentaren zu durchsuchen. Außerdem finden Sie zwei weitere Auswahlschaltflächen, mit denen Sie sich im Dokument seitenweise oder abschnittsweise bewegen können.

Die Ersetzfunktion

Die Ersetzfunktion bietet Ihnen die Möglichkeit, nach einer Zeichenkette zu suchen und diese durch einen neuen Begriff zu ersetzen. Wenn Sie den Befehl *Bearbeiten/Ersetzen* wählen, öffnet Word das Dialogfeld *Suchen und Ersetzen* und blendet die Registerkarte *Ersetzen* ein.

Das Ersetzen von Texten

Nach dem Start der Ersetzfunktion können Sie automatisch alle Vorkommen einer Zeichenkette ersetzen. Sie erhalten dann lediglich eine Meldung in der Statuszeile, wie oft Word den Suchbegriff ersetzt hat. Sie können die Ersetzfunktion auch so aktivieren, dass Sie für jede Austauschmöglichkeit bestätigen müssen, ob Word den Text auswechseln soll. Bei jedem einzelnen Austauschvorgang wird ein Dialogfeld angezeigt, in dem Sie dann noch den automatischen Austausch festlegen können. Bevor Sie die Ersetzfunktion starten, setzen Sie den Cursor an den Anfang des zu durchsuchenden Bereichs oder markieren den Bereich. Word trägt den letzten Suchbegriff automatisch in das Feld *Suchen nach* des Dialogfelds *Suchen und Ersetzen* ein. Überschreiben Sie gegebenenfalls den Eintrag im Eingabefeld *Suchen nach* mit dem neuen Text.

1 Um Dokumentinhalte zu ersetzen, wählen Sie *Bearbeiten/Ersetzen*.

2 Tragen Sie in das Feld *Suchen nach* den Text ein, der ausgetauscht werden soll.

3 Tragen Sie ins Eingabefeld *Ersetzen durch* den neuen Text ein, der den alten Begriff ersetzen soll.

4 Zum Start aktivieren Sie die Schaltfläche *Weitersuchen*.

5 Wenn Sie jedes Vorkommen des Suchbegriffs automatisch, ohne Kontrolle, austauschen wollen, aktivieren Sie die Schaltfläche *Alle ersetzen*. Um eine Kontrolle über den Austausch zu haben, aktivieren Sie jeweils die Schaltfläche *Weitersuchen* und klicken nur auf *Ersetzen*, wenn eine Stelle angezeigt wird, die Sie austauschen wollen.

6 Um zusätzliche Ersetzoptionen festzulegen, erweitern Sie das Dialogfeld mit einem Klick auf *Erweitern* und stellen die gewünschten Optionen ein.

Ersetzen von Text

Das Ersetzen von Formatierungen

Sie können auch Zeichenformate durch andere Zeichenformate, Absatzformate durch andere Absatzformate oder Formatvorlagen ersetzen. Dies ist ein sehr schneller Weg, einen Text neu zu gestalten. Auch in diesem Falle setzen Sie den Cursor an den Anfang des zu durchsuchenden Bereichs oder markieren den Bereich, bevor Sie den Austauschvorgang starten.

1 Wählen Sie *Bearbeiten/Ersetzen* und erweitern Sie das Dialogfeld mit der Schaltfläche *Erweitern*.

2 Klicken Sie in das Feld *Suchen nach* und löschen Sie ggf. den dort angezeigten Text. Aktivieren Sie die Schaltfläche *Format* und wählen Sie die Art der Formatierung, die ersetzt werden soll.

9

Dokumente

3 Klicken Sie dann in das Feld *Ersetzen durch* und erneut auf die Schaltfläche *Format*. Wählen Sie diesmal, durch welche Art der Formatierung das gesuchte Format ersetzt werden soll.

4 Ersetzen Sie anschließend schrittweise mit *Weitersuchen* und *Ersetzen*; wenn Sie alle gefundenen Formate auf einmal ersetzten wollen, wählen Sie die Schaltfläche *Alle ersetzen*.

9.12 Querverweise

Ein Querverweis ist ein Hinweis auf eine andere Position im Dokument, an der weitere Informationen zum aktuellen Punkt nachzulesen sind. Hyperlinks sind eine moderne Form von Querverweisen und nur für Onlinedokumente geeignet. Sie werden eingefügt, damit der Leser per Klick an das Verweisziel springen kann. Da Dokumente immer häufiger zunächst auf dem Bildschirm verfolgt werden, ist das Verknüpfen von Office-Dokumenten per Hyperlink sinnvoll.

Querverweis einfügen

Querverweise verwenden Sie in Dokumenten, die gedruckt werden sollen. Word unterstützt verschiedene Formen von Querverweisen. Sie können mit Querverweisen auf Informationen in Überschriften, Textmarken, Fuß- und Endnoten, Abbildungen oder Tabellen hinweisen.

1 Um einen Querverweis einzufügen, markieren Sie die gewünschte Einfügeposition und wählen *Einfügen/Referenz/Querverweis*.

2 Markieren Sie in der Liste *Verweistyp*, auf welches Objekt Sie verweisen wollen. Um z. B. auf eine Abbildung zu verweisen, die einen Punkt verdeutlicht, markieren Sie den Eintrag *Abbildung*.

3 Word zeigt anschließend alle vom Verweistyp vorhandenen Objekte in der Liste unten im Dialogfeld an. Markieren Sie hier z. B. die Abbildung, auf die Sie verweisen wollen.

4 In der Liste *Verweisen auf* können Sie genauer festlegen, wie der Querverweis eingefügt werden soll. Den Querverweis zu einer Abbildung können Sie beispielsweise als Verweis auf den Beschriftungstext oder die Seitenzahl einfügen.

5 Schalten Sie das Kontrollkästchen *Als Hyperlink einfügen* ein, wenn Sie den Querverweis so einfügen wollen, dass ein Klick genügt, um die Textstelle anzuzeigen, auf der der Querverweis sich bezieht.

6 Aktivieren Sie die Schaltfläche *Einfügen*. Klicken Sie an die Dokumentposition für den nächsten Querverweis und wiederholen Sie die Schritte 2 bis 6.

Querverweis erstellen

Nachdem Sie auf diese Weise alle gewünschten Querverweise erstellt haben, schließen Sie das Dialogfeld mit *Schließen*.

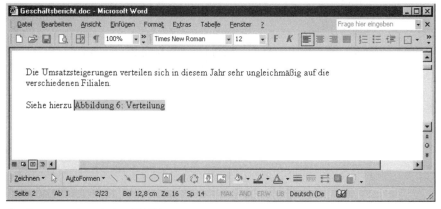

Ein Querverweis auf eine Abbildung

9.13 Der Geschäftsbericht

Unabhängig von Erfolg oder Misserfolg werden Zielsetzung, Marktstrategien und Zukunftsaussichten einer Firma in Form von Geschäftsberichten dokumentiert. Je nach Größe der Firma und abhängig davon, in welchen Intervallen die geschäftliche Entwicklung beschrieben wird, kann ein solcher Bericht ein recht umfangreiches Werk werden. Hilfreich ist es, wenn Sie sich bei der Erstellung von den Word-Funktionen unterstützen lassen, die speziell für die Bearbeitung umfangreicher Dokumente

9

Dokumente

entwickelt wurden. Der Beispielbericht wurde mithilfe von Überschriften-Formatvorlagen gegliedert. Da er doppelseitig gedruckt wird, wurden Seitenränder und die Kopf- und Fußzeilen gespiegelt. Wichtige Begriffe werden mithilfe von Fußnoten erläutert. Um den Lesern die Orientierung zu erleichtern, erhält der Geschäftsbericht am Anfang ein Inhaltsverzeichnis und am Ende ein Abbildungsverzeichnis.

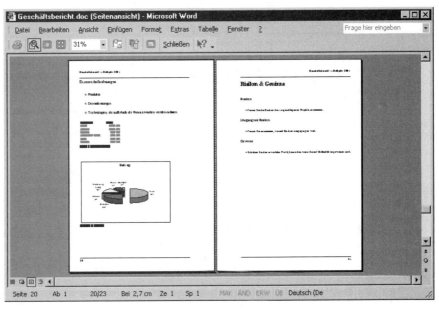

Der Geschäftsbericht

Gespiegelte Ränder und Bundsteg

In einem perfekten Bericht müssen Sie natürlich die Seitenränder und Seitenumbrüche genau kontrollieren. Damit der Geschäftsbericht nicht zu dick wird, soll er doppelseitig gedruckt werden. Damit die Ränder auf rechten und linken Seiten gleichmäßig sind, sollten Sie dafür sorgen, dass Word die Ränder spiegelt.

1 Über den Befehl *Datei/Seite einrichten* öffnen Sie das entsprechende Dialogfeld, schalten ins Register *Seitenränder* und markieren im Listenfeld *Mehrere Seiten* den Eintrag *Gegenüberliegende Seiten*.

2 Dadurch ändert sich die Beschriftung der Eingabefelder für den linken und rechten Rand zur allgemeineren Bezeichnung *Innen* und *Außen*, weil auf geraden, linken Seiten der rechte Rand innen und der linke Rand außen liegt, während es bei ungeraden Seiten genau umgekehrt ist.

3 Durch die Eingabe eines Bundstegs können Sie für einen zusätzlichen Kleberand sorgen, der immer dem inneren Rand zugeschlagen wird. Im Beispielbericht wurden oberer und innerer Seitenrand auf 2,5 cm, der untere Rand auf 2 cm und der äußere Rand auf 1,5 cm gesetzt. Außerdem wurde ein Bundsteg von 1 cm festgelegt.

Gespiegelte Kopf- und Fußzeilen

Damit jeder Leser sofort sieht, worum es geht und was er gerade liest, sollten Sie dafür sorgen, dass in einem längeren Geschäftsbericht die wichtigsten Daten wie Titel und Firmenname sowie das Geschäftsjahr in Form von Kopfzeilen auf jeder Seite angezeigt werden. Genauso wichtig ist in einem Geschäftsbericht natürlich eine vernünftige Seitennummerierung.

Bevor Sie in die entsprechende Ansicht wechseln, sollten Sie überlegen, auf welchen Seiten was gedruckt werden soll. Sie müssen z. B. dafür sorgen, dass die Kopf- und Fußzeilen auf der Titelseite unterdrückt werden.

1 Wählen Sie vor der Eingabe von Kopf- und Fußzeile *Datei/Seite einrichten* und schalten im Register *Layout* das Kontrollkästchen *Erste Seite anders* ein.

2 Wollen Sie wie im Beispiel auf den rechten und linken Seiten unterschiedliche Kopf- und Fußzeilen drucken, müssen Sie zusätzlich noch das Kontrollkästchen *Gerade/ungerade anders* einschalten.

3 Wählen Sie dann *Ansicht/Kopf- und Fußzeilen*, um die Daten für Kopf- und Fußzeile einzugeben. Der Kopf- Fußzeilenbereich zeigt immer eine Beschriftung an, der Sie entnehmen können, ob Sie gerade eine Kopfzeile für die erste Seite oder die Fußzeile für die geraden Seiten bearbeiten.

4 Um die Kopfzeile auf der erste Seite zu unterdrücken, lassen Sie die erste Kopfzeile leer. Sie können sich mithilfe der Schaltflächen *Nächste anzeigen* und *Vorherige anzeigen* zwischen den verschiedenen Kopf- und Fußzeilen bewegen.

5 Um die Kopf- und Fußzeilen für die rechten Seiten rechtsbündig und auf den linken Seiten linksbündig einzugeben, müssen Sie die Daten im Bereich *Gerade Kopfzeile* bzw. *Gerade Fußzeile* mit der Schaltfläche *Linksbündig* und die Daten im Bereich *Ungerade Kopfzeile*, bzw. *Ungerade Fußzeile* mit der Schaltfläche *Rechtsbündig* ausrichten.

9

Dokumente

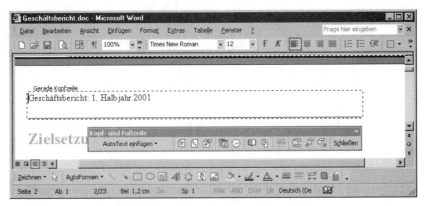

Die Kopfzeile der geraden Seiten

Aktuelle und Gesamtseitenzahl einfügen

1 Wechseln Sie mit der Schaltfläche *Zwischen Kopf- und Fußzeile wechseln* zunächst in die Fußzeile. Dort öffnen Sie mit Klick auf *AutoText einfügen* die Liste der AutoTexte und markieren den Eintrag *Seite X von Y*.

2 Diese Seitennummerierung müssen Sie sowohl in die gerade als auch in die ungerade Fußzeile einfügen und, wenn Sie diese nicht zentrieren wollen, wieder einmal links- und einmal rechtsbündig ausrichten.

3 Einen guten Eindruck macht es, wenn Sie die Kopf- und Fußzeilen mithilfe von Randlinien, die Sie über die *Rahmenlinien*-Palette einfügen, vom restlichen Textspiegel abtrennen. Um den gewünschten Effekt zu erreichen, müssen Sie in die Fußzeilen eine Randlinie oberhalb und in die Kopfzeilen eine Randlinie unterhalb einfügen.

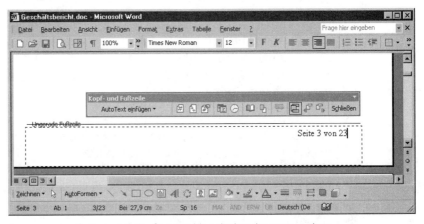

In ungeraden Seiten wird die Seitenzahl rechtsbündig ausgegeben

Überschriften-Formatvorlagen gliedern den Bericht

Sie können den Geschäftsbericht am einfachsten mithilfe der vorgefertigten Formatvorlagen *Überschrift 1* bis *Überschrift 9* strukturieren. Dann können Sie einige Arbeitsschritte wie die Erstellung eines Inhaltsverzeichnisses oder die Indexerstellung automatisieren und z. B. auch automatisch Querverweise einfügen.

1 Blenden Sie den Aufgabenbereich *Formatvorlagen und Formatierung* ein.

2 Klicken Sie in eine Überschrift, die Sie mithilfe der Überschriften-Formatvorlagen gestalten wollen, und stufen Sie diese über den Namen der Formatvorlage im Aufgabenbereich in die Überschriftenebene ein.

3 Falls Sie die Dokumentstruktur in der Gliederungsansicht erstellen wollen, aktivieren Sie die Gliederungsansicht und stufen die Überschriften mithilfe der Liste *Gliederungsebene* ein.

4 Der Beispielbericht enthält eine zweistufige Gliederungsstruktur. Für die Hauptüberschriften wählen Sie im Listenfeld *Gliederungsebenen* den Eintrag *Ebene 1*, für die untergeordneten Überschriften den Eintrag *Ebene 2*.

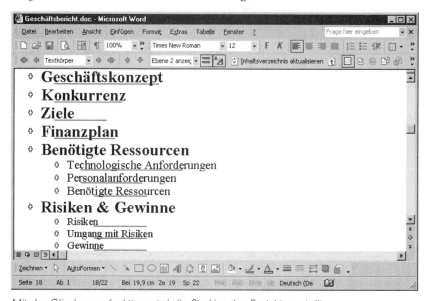

Mit der Gliederungsfunktion wird die Struktur des Berichts erstellt

9

Dokumente

Kontrolle des Seitenwechsels

Vor dem Ausdruck Ihres Geschäftsberichts kontrollieren Sie das Dokument natürlich in der Seitenansicht. Um dabei keine böse Überraschungen zu erleben, wenn durch den automatischen Seitenwechsel wichtige und zusammengehörige Daten auf getrennten Seiten ausgedruckt werden, passen Sie die Formatvorlagen der Dokumentinhalte so an, dass solche Absätze nicht durch einen Seitenwechsel getrennt werden können.

1 Klicken Sie im Aufgabenbereich *Formatvorlagen und Formatierung* mit rechts auf den Eintrag für die entsprechende Formatvorlage und wählen Sie *Ändern*.

2 Klicken Sie im Dialogfeld auf die Schaltfläche *Format* und wählen Sie *Absatz*.

3 Im Register *Zeilen- und Seitenwechsel* schalten Sie das Kontrollkästchen *Absätze nicht trennen* ein.

Für die Überschriften-Formatvorlagen müssen Sie diesen Schritt nicht durchführen, da diese bereits eine solche Seitenwechselkontrolle enthalten.

Fußnoten einfügen

Obwohl der Geschäftsbericht in erster Linie für branchenkundige Fachleute verfasst wird, sollten Sie ihn so gestalten, dass sein Inhalt verständlich ist. Mit kleinen Fußnoten erklären Sie Fremdwörter, falls Sie Zitate benutzen, weisen Sie höflicherweise mit Fußnoten auf die Quelle hin, aus der Sie zitieren.

Um im Beispielbericht eine Fußnote einzufügen, mit der auf einen Stellenschlüssel verwiesen wird, in der der Personalbedarf der einzelnen Abteilungen genauer aufgeschlüsselt ist, wählen Sie an der Einfügeposition für das Fußnotenzeichen den Befehl *Einfügen/Fußnote* und aktivieren die Schaltfläche *Einfügen*.

Word fügt an der Cursorposition eine hochgestellte Ziffer ein und springt ans Seitenende, wo Sie sofort mit der Eingabe der Erläuterung beginnen können.

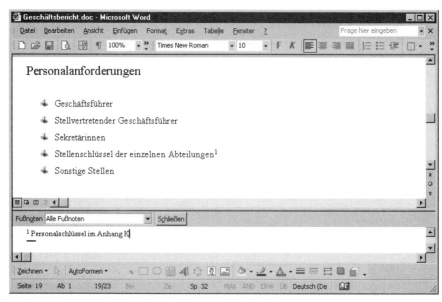

Eine Fußnote verweist auf den Personalschlüssel im Anhang

Inhaltsverzeichnis automatisch erstellen

Wenn Sie einen detaillierten Geschäftsbericht fertig gestellt haben, den Sie mithilfe der Gliederungsfunktion strukturiert und mit den Überschriftenformatvorlagen gestaltet haben, kann Word aus den Überschriften automatisch ein Inhaltsverzeichnis erstellen.

1 Klicken Sie an die gewünschte Einfügeposition für das Inhaltsverzeichnis – normalerweise auf der zweiten Seite unmittelbar hinter der Titelseite oder ganz am Ende des Dokuments.

2 Wählen Sie *Einfügen/Referenz/Index und Verzeichnisse* und aktivieren Sie die Registerkarte *Inhaltsverzeichnis*.

3 Legen Sie im Feld *Ebenen* fest, bis zu welcher Gliederungsebene Sie die Überschriften einfügen wollen. Der Beispielbericht enthält eine Haupt- und eine untergeordnete Überschriftenebene. Um beide in das Inhaltsverzeichnis aufzunehmen, geben Sie bei *Ebenen* „2" ein.

Word erstellt das Inhaltsverzeichnis aus den angegebenen Überschriften und zeigt die Seitenzahlen an, auf denen diese Themen behandelt werden. Um nach einer Veränderung im Dokument das Inhaltsverzeichnis zu aktualisieren, klicken Sie mit rechts in das Inhaltsverzeichnis und wählen *Felder aktualisieren*.

Abbildungsverzeichnis automatisch erstellen

Nun fehlt im Geschäftsbericht noch das Abbildungsverzeichnis, das am Ende eingefügt werden und die Beschriftungen und Seiten aller im Bericht enthaltenen Abbildungen auflisten soll.

1 Beginnen Sie am Dokumentbeginn mit der Suche nach den Abbildungen. Klicken Sie auf die Schaltfläche *Browseobjekt auswählen* und markieren Sie die Schaltfläche *Nach Grafiken durchsuchen*.

2 Klicken Sie unterhalb der ersten Abbildung und wählen Sie *Einfügen/Referenz/Beschriftung*.

3 Markieren Sie im Feld *Bezeichnung* den Eintrag *Abbildung* und bestätigen Sie das Dialogfeld. Ergänzen Sie die Abbildungsbeschriftung.

4 Blättern Sie mithilfe der Schaltflächen *Nächste Grafik* zur nächsten Abbildung und wiederholen Sie Schritt 2 und 3, bis Sie alle Abbildungen beschriftet haben.

5 Klicken Sie an das Dokumentende und fügen Sie die Beschriftung des Abbildungsverzeichnisses, z. B. *Verzeichnis der Abbildungen*, ein.

6 Wählen Sie *Einfügen/Referenz/Index und Verzeichnisse* und aktivieren Sie die Registerkarte *Abbildungsverzeichnis*.

7 Markieren Sie im Feld *Titel* den Eintrag *Abbildung* und bestätigen Sie das Dialogfeld.

Das Abbildungsverzeichnis

10. Datenaustausch innerhalb und außerhalb von Office

Von Datenaustausch spricht man, sobald Dateien, die Sie mit Word erstellt haben, in einem anderen Textverarbeitungsprogramm oder einer anderen Software oder einer Vorgängerversion von Word gelesen oder weiterbearbeitet werden sollen oder umgekehrt, wenn Sie Daten aus einem anderen Programm in Word weiterbearbeiten wollen.

Obwohl Microsoft Office das am meisten eingesetzte Büro-Softwarepaket und Word das am häufigsten benutzte Textverarbeitungsprogramm ist, gibt es eine Reihe weiterer Büropakete und Textverarbeitungsprogramme. Falls Sie mit Anwendern Daten austauschen wollen, die nicht Word besitzen, müssen Sie das Word-Dokument so speichern, dass die Zielanwendung das Format verstehen kann. Die Zahl der Anwender, die Aufgabenstellungen mittels PC lösen, nimmt immer weiter zu. Gleichzeitig wächst auch die Zahl der Softwareprogramme. Möglichkeiten des Datenaustauschs zwischen verschiedenen Programmen werden deshalb immer wichtiger.

Ein Textverarbeitungsprogramm muss Daten so speichern können, dass sie mit anderen Programmen weiterverarbeitet werden können, und genauso in der Lage sein, Dokumente aus anderen Textverarbeitungsprogrammen zu importieren. Außerdem muss es möglich sein, Tabellen, Grafiken und sonstige Dateien, die mit einem anderen Programm erstellt wurden, in ein Word-Dokument einzubinden.

10

Datenaustausch

10.1 So geht's am schnellsten: Datenaustausch per Drag & Drop oder Zwischenablage

Sie können Datenaustausch zwischen verschiedenen Word-Dokumenten durchführen, um so Teile eines Dokuments in ein anderes Dokument zu bewegen oder zu kopieren. Nutzen Sie die Möglichkeit zum Datenaustausch auch, um bestimmte Aufgabenstellungen in den dafür besonders ausgelegten Programmen zu lösen und die Ergebnisse anschließend in Ihr Word-Dokument einzubinden.

Sie können zwischen der Quelldatei, die das Original enthält, und dem Word-Dokument eine Verknüpfung herstellen und diese dann aktualisieren, wenn sich das Original verändert hat. Sie können ein Objekt auch so in das Word-Dokument einbinden, dass die Quellanwendung zur Bearbeitung des Objekts durch einen einfachen Doppelklick gestartet wird. Sie können auch zwischen verschiedenen Word-Dokumenten oder Teilbereichen von Word-Dokumenten eine solche Verknüpfung herstellen, um die Aktualität des Dokuments ständig zu gewährleisten. Beim Import von Fremddateien erkennt Word in der Regel das verwendete Fremdformat von selbst und Sie können die Datei auf normalem Wege öffnen und müssen gegebenenfalls nur die Konvertierung in das Word-Format bestätigen. Wollen Sie Daten exportieren, legen Sie mit dem Speicherbefehl fest, in welchem Format die Dateien gespeichert werden sollen, damit Sie ein Word-Dokument mit einem anderen Programm weiterverarbeiten können.

Unter Windows-Anwendungen ist der Datenaustausch besonders einfach. Setzen Sie Drag & Drop oder die in Office XP erweiterten Möglichkeiten der Zwischenablage ein, um Daten zwischen Office-Anwendungen auszutauschen.

Datenaustausch per Drag & Drop

Mithilfe der Funktion Drag & Drop können Sie markierte Dokumentinhalte zwischen Dokumenten und Anwendungen durch einfaches Ziehen mit der Maus verschieben oder kopieren. Außerdem ist es möglich, einen markierten Dokumentinhalt als Datenauszug auf dem Desktop abzulegen, um z. B. Daten später in ein noch nicht geöffnetes Dokument einzufügen. Um einen Datenauszug auf dem Desktop abzulegen, verkleinern Sie das Word-Anwendungsfenster und alle weiteren Fenster so, dass Sie den Desktop sehen können. Markieren Sie den entsprechenden Dokumentinhalt. Zeigen Sie dann mit der Maus auf die Markierung und ziehen Sie diese mit gedrückter linker Maustaste auf den Desktop. Der Auszug wird durch ein Symbol mit der Beschriftung *Dokument Daten aus...Dokumentname* angezeigt. Sie können das Symbol später in ein anderes Dokument ziehen, in das Sie die Daten einfügen wollen.

Datenauszug aus
Document 'Flug...

Ein Datenauszug auf dem Desktop

Wollen Sie Daten zwischen verschiedenen Dokumenten per Drag & Drop verschieben oder kopieren, öffnen Sie für beide Dokumente ein Fenster und wählen Sie anschließend den Befehl *Fenster/Alle anordnen*. Dann markieren Sie den gewünschten Dokumentinhalt. Sollen sie verschoben werden, ziehen Sie sie mit gedrückter linker Maustaste an die gewünschte Position in dem anderen Dokument. Soll der Dokumentinhalt in das andere Dokument kopiert werden, drücken Sie beim Ziehen zusätzlich die Taste (Strg) und lassen Sie diese am Zielort erst nach der Maustaste wieder los. Wollen Sie Daten per Drag & Drop zwischen Dokumenten verschieben, die mit verschiedenen Anwendungen erstellt wurden, wie z. B. eine Excel-Tabelle in ein Word-Dokument kopieren, starten Sie beide Anwendungen und öffnen Sie Quell- und Zieldokument. Ordnen Sie die beiden Anwendungsfenster so an, dass Sie Quell- und Zieldokument sehen können. Markieren Sie dann den gewünschten Datenbereich, also z. B. die Zellen der Excel-Tabelle, und ziehen Sie diese an die gewünschte Position im Zieldokument. Für das Verschieben reicht auch hier einfaches Ziehen mit der Maus, zum Kopieren drücken Sie wieder zusätzlich die Taste (Strg).

Datenaustausch per Zwischenablage

In Office XP wurde die bereits in Office 2000 erweiterte Zwischenablage noch mal erweitert. Sie können in Word ganz besonders einfach über den Aufgabenbereich auf die Zwischenablage zugreifen. Wählen Sie *Bearbeiten/Office-Zwischenablage*, um ihn einzublenden.

10

Datenaustausch

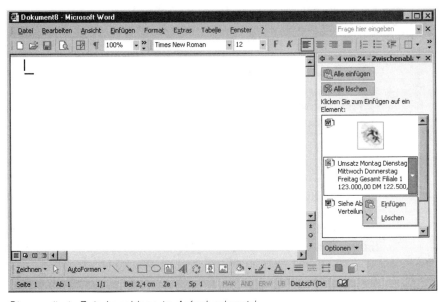

Die erweiterte Zwischenablage im Aufgabenbereich

Die Office-Zwischenablage kann in Office 10 bis 24 Datenblöcke speichern. Für jedes in der Zwischenablage gespeicherte Objekt wird ein Eintrag in der Liste *Klicken Sie zum Einfügen auf ein Objekt* angezeigt. Falls möglich, zeigt die Zwischenablage bereits eine Vorschau auf ein Objekt. Um neue Objekte aus Word in die Office-Zwischenablage zu kopieren, markieren Sie diese und aktivieren die Schaltfläche *Kopieren*. In der Zielanwendung müssen Sie lediglich das Objekt im Aufgabenbereich *Zwischenablage* anklicken, um es dort einzufügen.

Umgekehrt können Sie Daten aus anderen Office-Anwendungen mit dem Befehl *Kopieren* in die Zwischenablage bringen und von dort durch einfaches Anklicken in ein Word-Dokument einfügen.

Falls Sie mehrere Objekte in der Zwischenablage gesammelt haben, können Sie diese statt einzeln nacheinander mithilfe der Schaltfläche *Alle einfügen* alle zusammen in das Word-Dokument einfügen.

Falls Sie Daten in die Zwischenablage kopiert haben, die Sie bereits in das Office-Dokument eingefügt haben, können Sie diese entweder über den Rechtsklick und den Befehl *Löschen* einzeln entfernen oder die Zwischenablage mit der Schaltfläche *Alle löschen* leeren.

Hinweis

Inhalte einfügen

Wenn Sie die Office-Zwischenablage zum Datenaustausch zwischen den Office-Anwendungen einsetzen, benutzen Sie den Befehl *Bearbeiten/Inhalte einfügen*, um genauer festzulegen, wie die Daten eingefügt werden soll, also z. B. um sie zu verknüpfen statt einzubetten.

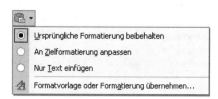

Auswahl der Zielformatierung von eingefügten Daten

Nach dem Einfügen von Daten aus der Zwischenablage zeigt Word das *Einfügen*-Symbol neben den eingefügten Daten an. Wenn Sie das Symbol anklicken, wird ein Kontextmenü angezeigt, in dem Sie auswählen können, ob der Text formatiert eingefügt werden soll, ob die ursprüngliche Formatierung übernommen oder die Formatierung an den Umgebungstext angepasst werden soll.

10.2 Im- und Export von Daten und Dokumenten

Als Import bezeichnet man das Öffnen oder Einfügen von Daten in Word-Dokumente, die nicht mit Word erstellt wurden. Als Export wird das Speichern von Word-Dokumenten in einem Fremdformat bezeichnet. Importiert und exportiert werden Daten von und nach Word auch mithilfe der Windows-Zwischenablage.

Datenaustausch mit Vorversionen und anderen Textverarbeitungsprogrammen

Nicht alle Anwender verfügen über die jeweils aktuellste Version von Word. Wenn Sie Word-Dokumente mit anderen Anwendern austauschen, werden Sie sie daher häufig in einem Format speichern müssen, das von vorausgehenden Versionen – etwa Word 95 oder Word 97– geöffnet werden kann. Word unterstützt außerdem den Datenaustausch mit anderen Textverarbeitungsprogrammen und allgemeinen Datenaustauschformaten.

Konvertierung kontrollieren

Wenn Sie das Konvertieren von Dokumenten grundsätzlich kontrollieren wollen, aktivieren Sie im Dialogfeld *Optionen* auf der Registerkarte *Allgemein* das Kontrollkästchen *Konvertierung beim Öffnen bestätigen*.

Vor der Konvertierung wird dieses Dialogfeld eingeblendet

In diesem Fall blendet Word ein Dialogfeld ein, das Sie über das Originalquellformat informiert und das Sie bestätigen müssen, bevor die Konvertierung durchgeführt wird.

10

Datenaustausch

Speichern im Vorgängerformat

Beachten Sie bitte, dass beim Speichern eines Word-Dokuments in einem vorausgehenden Dateiformat die gleiche Dateierweiterung *.doc*, und damit der gleiche Dateiname, verwendet wird. Sie überschreiben damit ggf. die Word-Originaldatei, wenn Sie keinen neuen Namen vergeben.

Hinweis

Speichern für Word (Word 8)

Word ist zu Word abwärtskompatibel, das bedeutet, Sie können Word-Dokumente mit Word öffnen und umgekehrt, ohne dass ein besonderes Speicherformat berücksichtigt werden muss. Formatierungen, die Word noch nicht unterstützt, werden in früheren Word-Versionen nicht angezeigt.

Um ein Word-Dokument so zu speichern, dass es mit einer früheren Version als Word geöffnet werden kann, wählen Sie *Datei/Speichern unter*. Geben Sie einen Namen für die neue Datei ein und öffnen Sie die Liste *Dateityp*. Markieren Sie den Eintrag für die Word-Version, für die Sie das Dokument speichern, also z. B. Word 6.0/95. Vergessen Sie nicht, dem Dokument ggf. einen neuen Dateinamen zu geben, um ein Überschreiben der Originalversion zu verhindern, und klicken Sie zum Speichern auf die Schaltfläche *Speichern*.

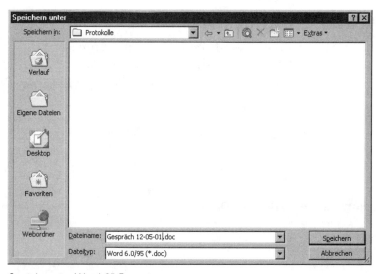

Speichern im Word 95-Format

Wenn das Dokument Formatierungen oder Objekte enthält, die von der Vorgängerversion noch nicht unterstützt werden, erhalten Sie einen entsprechenden Hinweis und müssen den Datenverlust bestätigen. Im Dialogfeld wird angezeigt, welche Formatierungen das Dokument enthält, die von der Vorgängerversion nicht unterstützt werden. Klicken Sie auf die Schaltfläche *Weitere Informationen,* zeigt die Word-Hilfe Ihnen detailliert, welche Word 2002-Formatierungen die Vorgängerversion grundsätzlich nicht unterstützt.

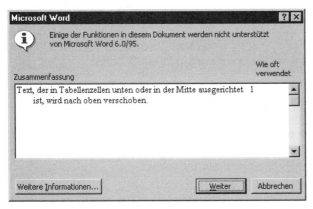

Formatierungsverluste werden aufgezeigt

Klicken Sie auf die Schaltfläche *Weiter,* um den Speichervorgang im Format der ausgewählten Vorgängerversion abzuschließen.

Öffnen von Vorgängerformaten

Ein Word-Dokument, das mit einer früheren Word-Version erstellt wurde, können Sie über den *Öffnen*-Befehl ganz normal öffnen, ohne dass ein Wechsel des Dateityps erforderlich ist. Erst wenn Sie ein geöffnetes Dokument speichern wollen, das in einer Version erstellt wurde, zu der Word 2002 nicht abwärtskompatibel ist, wird ein Hinweis angezeigt, der Sie darauf aufmerksam macht, dass das aktuelle Dokument mit einer früheren Version erstellt wurde. Sie müssen sich in diesem Fall entscheiden, ob die Datei im ursprünglichen Vorgängerformat gespeichert oder im neuen Format gespeichert werden soll.

10

Datenaustausch

10.3 Verschiedene Texte zusammenführen

Sie können an jeder beliebigen Stelle eines Word-Dokuments eine andere Textdatei einfügen. Wenn es sich um ein Fremdformat handelt, wird der Text in das Word-Format konvertiert. Sie können eine Textdatei oder Teile einer Textdatei, die Sie mit einer Textmarke gekennzeichnet haben, statisch einfügen oder mit der Originaldatei für spätere Aktualisierungen verknüpfen. Sie können eine Textdatei oder Teile einer Textdatei auch in ein Word-Dokument einbetten.

Text-Dokument in Word-Dokument einfügen

1 Bewegen Sie den Cursor an die gewünschte Einfügeposition und wählen Sie *Einfügen/Datei*.

2 Falls Sie eine Fremddatei in ein Word-Dokument einfügen wollen, müssen Sie zunächst den *Dateityp* auf das Fremdformat oder auf den Eintrag *Alle Dateien* umstellen.

3 Übergeben Sie die Datei, die Sie in das aktuelle Word-Dokument einfügen wollen, durch Markieren.

4 Wenn Sie eine Verknüpfung zur Quelldatei herstellen wollen, aktivieren Sie den Listenpfeil neben der Schaltfläche *Einfügen* und wählen *Als Verknüpfung einfügen*.

Wenn es sich bei dem einzufügenden Text nicht um eine Word-Datei handelt, wird er vor dem Einfügen automatisch in das Word-Format konvertiert.

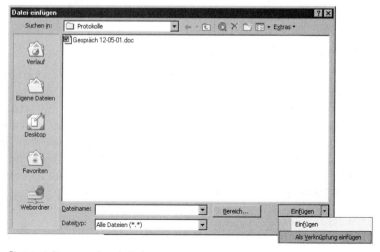

Datei einfügen und verknüpfen

Teilbereiche von Textdokumenten einfügen und verknüpfen

Sie können auch Teile eines Dokuments einfügen, wenn der betreffende Teil entsprechend gekennzeichnet ist. In Word-Texten wird ein Teilbereich mit einer Textmarke gekennzeichnet.

1 Markieren Sie zunächst den Bereich im Quelldokument und wählen Sie *Einfügen/Textmarke*.

2 Benennen Sie den Bereich im Feld *Textmarkenname* mit einem Namen und aktivieren Sie *Hinzufügen*.

3 Speichern Sie das geänderte Quelldokument und schließen Sie es.

4 Bewegen Sie den Cursor im Zieldokument an die gewünschte Zielposition für die einzufügende Datei und wählen Sie *Einfügen/Datei*.

5 Übergeben Sie den Dateinamen der Datei, die den einzufügenden Teilbereich enthält, durch Markieren.

6 Aktivieren Sie die Schaltfläche *Bereich* und übergeben Sie den Namen der Textmarke des Bereichs, den Sie einfügen wollen.

7 Wenn Sie eine Verknüpfung zur Quelldatei herstellen wollen, aktivieren Sie den Listenpfeil neben der Schaltfläche *Einfügen* und klicken auf den Befehl *Als Verknüpfung einfügen*.

Einfügen eines Teilbereichs

Text unformatiert einfügen

Wenn Sie eine Textdatei oder Teilbereiche eines Dokuments unformatiert einfügen wollen, benutzen Sie dazu die Windows-Zwischenablage. Wenn Sie einen unformatierten Text über die Windows-Zwischenablage in Ihr Dokument einfügen wollen, öffnen Sie zuerst das Quelldokument, markieren dort den Textabschnitt, den Sie übernehmen wollen, wählen *Bearbeiten/Kopieren* und aktivieren das entsprechende Symbol. Wechseln Sie zum Zieldokument oder wählen Sie dort *Bearbeiten/Inhalte einfügen*. Wählen Sie aus der Liste *Als* den Eintrag *Unformatierten Text* und schließen Sie das Dialogfeld mit *OK*.

10

Datenaustausch

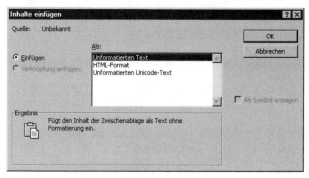

Einfügen von unformatiertem Text

Alternativ zu diesem Verfahren können Sie den Text auch zunächst formatiert aus der Zwischenablage einfügen und dann über das Kontextmenü des automatisch eingeblendeten *Einfügen*-Symbols den Befehl *Nur Text einfügen* auswählen, um die Formatierung nachträglich zu entfernen.

Verknüpfte Texte aktualisieren

Wenn Sie eine Verknüpfung zwischen einem eingefügten Text oder einem Textbereich und der Originaldatei hergestellt haben, können Sie die Verknüpfung aktualisieren, wenn das Original verändert wurde. Word aktualisiert die verknüpften Daten beim Öffnen und vor dem Drucken eines Dokuments jedoch auch automatisch. Textdateien, die Sie mit dem Befehl *Einfügen/Datei* mit einem Dokument verknüpft haben, können Sie manuell aktualisieren. Markieren Sie das eingefügte Objekt und wählen Sie *Bearbeiten/Verknüpfungen*. Aktivieren Sie dort die Verknüpfung, die Sie aktualisieren wollen, und aktivieren Sie die Schaltfläche *Jetzt aktualisieren*.

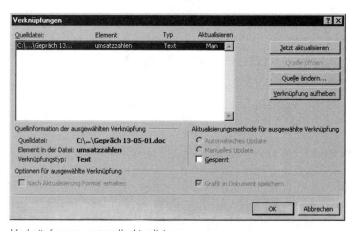

Verknüpfungen manuell aktualisieren

10.4 Tabellen, Diagramme aus Excel

Da sowohl Word als auch Excel Bestandteile von Office 2002 sind, ist der Datenaustausch zwischen diesen beiden Komponenten unproblematisch. Sie können sowohl normale Textabschnitte als auch Tabellen von Word nach Excel exportieren und umgekehrt Tabellen oder Diagramme, die Sie mit Excel erstellt haben, in Word-Dokumente einfügen. Dabei können Sie eine Verknüpfung zwischen beiden Dateien herstellen, um Änderungen von der Quelldatei auf die verknüpfte Zieldatei automatisch zu übertragen.

Excel-Tabelle von Word aus erstellen

Wie Sie vielleicht für die Tabellenfunktion bereits gelesen haben, können Sie innerhalb von Word-Tabellen mit der Formelfunktion rechnen. Die Formelfunktion eignet sich jedoch nur für einfache Berechnungen, da das Adressieren der Zellen und das Kopieren von Formeln in Word relativ umständlich ist. Wenn Sie außer Word auch Excel installiert haben, sollten Sie für Berechnungen deshalb bevorzugt Excel einsetzen.

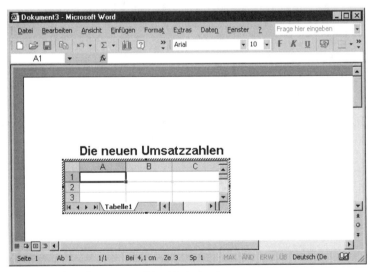

Eine Excel-Tabelle in einem Word-Dokument

Sie können innerhalb eines Word-Dokuments bequem über ein Symbol eine Excel-Tabelle erstellen, ohne dass Sie hierzu Excel separat starten müssen. Klicken Sie an der gewünschten Einfügeposition auf das Symbol *Microsoft Excel-Tabelle einfügen*. Markieren Sie im Tabellenraster, wie viele Zeilen und Spalten die Excel-Tabelle umfassen soll. Die Größe, die Sie hier festlegen, kann später noch geändert werden.

Nachdem Sie die Maustaste wieder losgelassen haben, wird die Excel-Tabelle als eingebettetes Objekt eingefügt.

Solange Sie Daten in die Tabelle eingeben, werden die Excel-Befehle und -Symbole angezeigt. Wenn Sie mit der Bearbeitung fertig sind, klicken Sie einfach außerhalb der Tabelle in das Word-Dokument. Später können Sie mit einem Doppelklick auf die eingebettete Excel-Tabelle diese jederzeit zur Bearbeitung aktivieren.

Excel-Tabelle nach Word importieren

Die im vorausgehenden Abschnitt beschriebene Methode zum Einfügen von Excel-Tabellen eignet sich, um neue Tabellen zu erstellen. Wenn Sie bereits in Excel erstellte Tabellen in ein Word-Dokument einfügen wollen, müssen Sie ein anderes Verfahren einsetzen. Starten Sie zusätzlich zu Word das Programm Excel über den Befehl *Start/Programme/Microsoft Excel*.

Excel-Tabelle als Word-Tabelle weiterbearbeiten

Öffnen Sie die Arbeitsmappe, in der die Tabelle enthalten ist, und markieren Sie diese. Aktivieren Sie die Schaltfläche *Kopieren*. Über die *Word*-Schaltfläche in der Windows-Taskleiste wechseln Sie anschließend zum Word-Dokument und markieren dort die gewünschte Einfügeposition für die Excel-Tabelle.

Wenn Sie die Excel-Tabelle als Word-Tabelle weiterbearbeiten wollen, können Sie nun auf die Schaltfläche *Einfügen* klicken oder den Befehl *Bearbeiten/Einfügen* oder die Schaltfläche *Einfügen* wählen. Falls der Aufgabenbereich *Zwischenablage* angezeigt wird, können Sie auch dort auf das angezeigte Tabellenobjekt klicken, um es aus der Zwischenablage einzufügen.

Excel-Tabellen-Objekt einbetten

Wenn Sie die Datei als Excel-Objekt einbetten wollen, wählen Sie nach dem Kopieren der Tabelle in die Zwischenablage den Befehl *Bearbeiten/Inhalte einfügen*. Markieren den Eintrag *Microsoft Excel-Arbeitsblatt-Objekt* und bestätigen das Dialogfeld mit *OK*. Ein so eingefügtes Objekt können Sie jederzeit per Doppelklick zur Bearbeitung mit den Excel-Befehlen aktivieren.

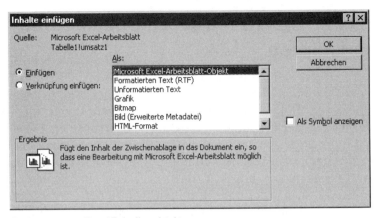

Einfügen eines Excel-Tabellenobjekts

Im Dialogfeld *Inhalte einfügen* finden Sie außerdem in der Liste *Als* verschiedene andere Einfügeformate für Excel-Tabellen. Sie können die Tabelle z. B. als Grafik, als unformatierten Text oder im HTML-Format einfügen.

> ### Tipp
> **Datenaustausch per Drag & Drop**
>
> Eine besonders einfache Art des Datenaustauschs können Sie per Drag & Drop zwischen Word und beliebigen anderen Office-Produkten praktizieren. Dazu starten Sie sowohl Quell- als auch Zielanwendung. Mit einem Rechtsklick auf die Taskleiste können Sie beide Anwendungsfenster überlappend, untereinander oder nebeneinander anordnen. Dann markieren Sie die Daten, die Sie zwischen Word und dem anderen Programm austauschen wollen, und ziehen sie mit gedrückter Taste [Strg] aus dem Quell- in das Zieldokument.

Excel-Diagramme in Word-Dokumente einfügen

Sie können sowohl eingebettete Diagramme als auch Diagrammblätter von Excel in Word-Dokumente exportieren. Starten Sie zusätzlich zu Word Excel über den Befehl *Start/Programme/ Microsoft Excel*. Markieren Sie das Diagramm bzw. zeigen Sie das Diagrammblatt an und wählen Sie *Bearbeiten/Kopieren*. Wechseln Sie über die Schaltfläche in der Taskleiste zum Word-Dokument und klicken Sie dort an die gewünschte Einfügeposition für das Diagramm und anschließend auf die Schaltfläche *Einfügen* oder, falls der Aufgabenbereich *Zwischenablage* angezeigt wird, auf das dort angezeigte Diagrammobjekt. Ein so eingebettetes Diagramm können Sie per Doppelklick zur Bearbeitung aktivieren.

10

Datenaustausch

Excel-Objekte mit Word-Dokumenten verknüpfen

In der Regel werden Sie keine Excel-Tabelle erstellen und in ein Word-Dokument einfügen, um sie ein einziges Mal zu benutzen, sondern das Dokument immer wieder einsetzen. Damit Änderungen, die Sie im Laufe der Zeit an der Excel-Tabelle oder an einem Excel-Diagramm durchführen, automatisch auf die Tabelle im Word-Dokument übertragen werden, müssen Sie eine Verknüpfung zwischen Word-Dokument und Excel-Arbeitsmappe erstellen. Dazu markieren und kopieren Sie die Excel-Tabelle oder das Excel-Diagramm, wie weiter oben bereits beschrieben, mit dem Befehl *Bearbeiten/Kopieren* oder der Schaltfläche *Kopieren* in die Zwischenablage.

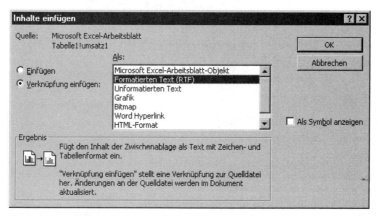

Die Tabelle als Verknüpfung einfügen

Im Word-Dokument wählen Sie anschließend *Bearbeiten/Inhalte einfügen*. Wechseln Sie von der Optionsschaltfläche *Einfügen* zu *Verknüpfen* und markieren Sie in der Liste *Als* den Eintrag für das Format, in dem Sie die Daten einfügen wollen.

Nach der Bestätigung mit *OK* wird die Tabelle oder das Diagramm eingefügt, und beide Dateien werden verknüpft. Sie können auch verknüpfte Objekte von Word aus per Doppelklick zur Bearbeitung aktivieren. Wenn Sie Änderungen an der Excel-Quelle durchführen, werden diese automatisch auf das Word-Zieldokument übertragen.

Word-Tabelle mit Excel weiterbearbeiten

Wenn Sie eine Tabelle in Word erstellt haben und dann feststellen, dass Sie die notwendigen Berechnungen doch lieber mit Excel durchführen wollen, können Sie die Word-Tabelle in eine Excel-Arbeitsmappe exportieren. Starten Sie zusätzlich zu Word das Programm Excel über den Befehl *Start/Programme/Microsoft Excel*. Markieren Sie die Word-Tabelle und kopieren Sie sie mit dem Befehl *Bearbeiten/Kopieren* oder der Schaltfläche *Kopieren* in die Zwischenablage. Falls Sie die Tabelle aus Word entfernen wollen, verwenden Sie stattdessen die Schaltfläche *Ausschneiden* oder den *Befehl Bearbeiten/Ausschneiden*.

Wechseln Sie über die Schaltfläche in der Taskleiste zu Excel und markieren Sie die Zelle, die die linke obere Ecke des Einfügebereichs bilden soll. Fügen Sie dort die Tabelle mit einem Klick auf die Schaltfläche *Einfügen* ein.

Um ein Word-Dokument, das eine Tabelle enthält, so zu speichern, das das Dokument von Excel geöffnet werden kann, müssen Sie es mit dem Dateityp *Nur-Text* speichern. Damit die Tabelle von Excel korrekt konvertiert wird, sollten Sie die Word-Tabelle vor dem Speichern mit dem Befehl *Tabelle/Umwandeln/Tabelle in Text* behandeln. Bei der Konvertierung werden die Tabellenzeilen in Absätze umgewandelt und die einzelnen Zellen mit einem Tabulator getrennt. In Excel müssen Sie dann im Dialogfeld *Öffnen* ebenfalls den Dateityp *Textdateien* einstellen. Sie starten damit dem Textkonvertierungs-Assistenten, der Ihnen bei der Konvertierung behilflich ist.

Excel-Tabellen in Word weiterbearbeiten

Word kann Dateien von sämtlichen Excel-Versionen, also Excel 2, 3.0, 4.0, 5.0, 95 und 97 bzw. 2000/2002, direkt öffnen. Beim ersten Öffnen einer Excel-Datei über den Befehl *Datei/Öffnen* wird der benötigte Konverter installiert. Da eine Excel-Mappe mehr als eine Tabelle enthalten kann, müssen Sie nun noch auswählen, ob Sie die gesamte Arbeitsmappe oder nur eine bestimmte Tabelle öffnen wollen. Wenn Sie sich für das Öffnen der gesamten Arbeitsmappe entscheiden, zeigt Word alle Tabellen hintereinander an. Schalten Sie im Dialogfeld *Arbeitsblatt öffnen* das Kontrollkästchen *Format für Seriendruck* ein, wenn Sie eine Excel-Datenbank als Word-Seriendruckdatei importieren wollen.

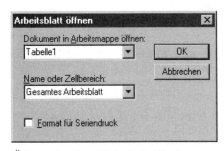

Öffnen einer Excel-Tabelle in Word

Rechnungsformular mit integrierter Excel-Tabelle

Wenn Sie freiberuflich arbeiten oder selbständig sind, müssen Sie wahrscheinlich regelmäßig Rechnungen an Ihre Kunden schreiben. Der Aufbau einer solchen Rechnung ist immer gleich oder sehr ähnlich. Es bietet sich deshalb an, zur Effektivierung ein Rechnungsformular zu entwickeln, das bereits alle erforderlichen Formeln enthält und immer wieder benutzt werden kann.

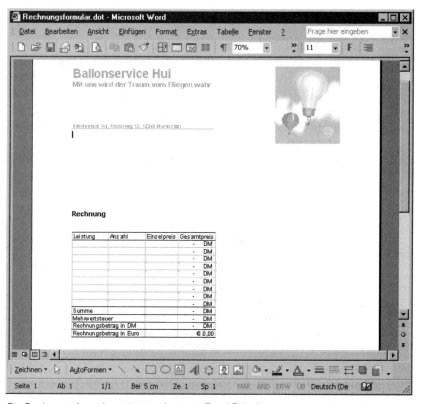

Ein Rechnungsformular mit eingebetteter Excel-Tabelle

1 Erstellen Sie über den Befehl *Datei/Neu* ein neues Dokument auf Basis einer Vorlage Ihrer Geschäftskorrespondenz.

2 Wählen Sie *Ansicht/Kopf- und Fußzeile* und wechseln Sie mit dem Symbol *Zwischen Kopf- und Fußzeile wechseln* in die Fußzeile.

3 Schließen Sie die Fußzeilenbearbeitung mit einem Klick auf *Schließen* ab. Fügen Sie unterhalb des Empfängerfelds drei Leerzeilen ein. In die dritte Leerzeile schreiben Sie den Betrefftext:

4 Fügen Sie unterhalb des Betreffs drei weitere Leerzeilen ein. Klicken Sie in die dritte Leerzeile und aktivieren Sie die Schaltfläche *Microsoft Excel-Tabelle einfügen*. Markieren Sie vier Spalten und 14 Zeilen.

5 Geben Sie folgende Daten in die Zellen der neuen Tabelle ein:

A1: Leistung, B1: Anzahl, C1: Einzelpreis, D1: Gesamtpreis

A11: Summe, A12: Mehrwertsteuer, A13: Rechnungsbetrag in DM A14: Rechnungsbetrag in Euro

D2: =B2*C2, D11: =Summe(D2:D10), D12: =D11*16%, D13: =Summe (D11:D12), D14: =D13*0,45113

6 Kopieren Sie die Formel aus D2 mithilfe des Ausfüllkästchens oder den Schaltflächen *Kopieren* und *Einfügen* in die Zellen D3:D10.

7 Markieren Sie D2:D13 und aktivieren Sie die Schaltfläche *Währung*. Klicken Sie auf D14 und wählen Sie *Format/Zellen*. Markieren Sie im Feld *Kategorie* den Eintrag *Währung* und im Feld *Symbol* den Eintrag für den Euro vor der Zahl.

8 Markieren Sie A1 bis D14 und wählen Sie *Format/AutoFormat*. Markieren Sie die erste Auswahl *Einfach* und aktivieren Sie die Schaltfläche *Optionen*. Schalten Sie das Kontrollkästchen *Schriftart* aus und bestätigen Sie das Dialogfeld mit *OK*.

9 Klicken Sie außerhalb der Excel-Tabelle in das Word-Dokument und wählen Sie *Datei/Speichern unter*. Speichern Sie das Formular unter dem Namen *Rechnungsformular* und wählen Sie in der Liste *Dateityp* den Eintrag *Dokumentvorlage*. Schließen Sie die Dokumentvorlage mit *Datei/Schließen*.

Wenn Sie zukünftig eine Rechnung erstellen wollen, wählen Sie *Datei/ Neu*, klicken im Aufgabenbereich auf den Link *Allgemeine Vorlagen*, markieren im Register *Allgemein* den Eintrag *Rechnungsformular* und bestätigen mit *OK*.

10

Datenaustausch

10.5 Word und Access

Auch zwischen Microsoft Word und Microsoft Access ist ein Datenaustausch möglich. Normalerweise wird diese Kombination eingesetzt, um in Word einen Serienbrief oder ein anderes Seriendruckdokument mit einer Access-Datenbank als Datenquelle zu verknüpfen.

Serienbrief mit Access-Datenbanktabelle als Datenquelle

Um mit Word einen Serienbrief zu erstellen und dabei auf eine Access-Datenbanktabelle als Datenquelle zuzugreifen, verwenden Sie in Word ganz normal den Befehl *Extras/Briefe und Sendungen/Seriendruck-Assistent*.

1 Markieren Sie im Aufgabenbereich *Seriendruck* die Optionsschaltfläche *Briefe* und klicken Sie auf die Schaltfläche *Weiter*.

2 Im nächsten Schritt markieren Sie die Optionsschaltfläche für das Dokument, mit dem Sie den Serienbrief schreiben wollen, und aktivieren wieder *Weiter*.

3 Im dritten Schritt markieren Sie die Optionsschaltfläche *Vorhandene Liste verwenden* und klicken darunter auf den Link *Durchsuchen*.

Auswahl einer externen Datenquelle

4 Word öffnet automatisch den Speicherordner *Eigene Datenquellen*. Markieren Sie hier oder in einem anderen Speicherordner die Access-Datei und aktivieren sie die Schaltfläche *Öffnen*.

5 Da eine Datenbank aus mehr als einer Tabelle bestehen kann, müssen Sie anschließend noch den Namen der Tabelle bzw. der Abfrage markieren, die als Datenquelle benutzt werden soll.

Nach der Bestätigung der Tabelle mit *OK* wird automatisch MS-Access gestartet, die ausgewählte Datenbank geöffnet und die Verknüpfung zur angegebenen Tabelle hergestellt. Anschließend wird das Dialogfeld *Se-*

riendruckempfänger eingeblendet, damit Sie Gelegenheit erhalten, Datensätze auszuwählen, zu suchen oder über die Spaltenbeschriftungen Datensätze zu filtern.

Das Dialogfeld Seriendruckempfänger

Bestätigen Sie das Dialogfeld *Seriendruckempfänger* mit *OK*. Sie können es später jederzeit über den Link *Empfänger bearbeiten* im Aufgabenbereich *Seriendruck* öffnen.

Da die Datenquelle nun mit dem Serienbrief verknüpft ist, können Sie über den Link *Weiter: Schreiben Sie Ihren Brief* sofort mit der Bearbeitung des Serienbriefs beginnen. Falls die *Seriendruck*-Symbolleiste nicht automatisch angezeigt wird, blenden Sie diese über *Ansicht/Symbolleisten/Seriendruck* ein. Sie können anschließend über die Schaltfläche *Seriendruckfelder einfügen* auf die Felder der verbundenen Datenbanktabelle zugreifen wie auf eine Word-Datenquelle.

Einzelne Datensätze über die Zwischenablage austauschen

Da der Datenaustausch zwischen allen Office-Komponenten grundsätzlich über die Zwischenablage möglich ist, können Sie auch Datensätze zwischen Word-Tabellen und MS-Access-Datenbanktabellen oder einzelne Feldinhalte auf diese Weise austauschen. Markieren Sie die Daten, die Sie kopieren wollen, in der Quelldatei und aktivieren Sie die Schaltfläche *Kopieren*. Markieren Sie in der Zieldatei die Einfügeposition, z. B. ein Feld in einer Access-Tabelle, und aktivieren Sie die Schaltfläche *Einfügen*.

Word-Datenquelle aus Access-Datenbank erstellen

Sie können in MS-Access auch den Befehl *Extras/Office-Verknüpfungen/ Seriendruck mit MS Word* oder die Schaltfläche *Office-Verknüpfungen* einsetzen, um eine Datenbanktabelle als Word-Datenquelle zu nutzen. Access konvertiert in diesem Fall die Datensätze ins Word-Format.

Umfangreiche Word-Datenquelle nach Access exportieren

Falls eine Word-Seriendruck-Datenquelle einen bestimmten Umfang überschreitet, ist sie mit Access sehr viel einfacher zu verwalten als mit den eingeschränkten Word-Tabellenfunktionen, weil Ihnen dort viel bessere Filter-, Verwaltungs- und Auswertungsmöglichkeiten geboten werden. Um eine Konvertierung in eine Access-Datenbank zu ermöglichen, muss jeder Datensatz in einem separaten Absatz enthalten sein und die Felder müssen mit einen Trennzeichen wie einem Tabulator getrennt sein.

Dazu speichern Sie die Word-Datei über den Befehl *Datei/Speichern unter* und mit dem Dateityp *Nur-Text* als unformartierte Textdatei und öffnen diese in Access über den Befehl *Datei/Externe Daten/Importieren*. Wählen Sie auch in Access den Dateityp *Text Files*. Nach der Aktivierung der Schaltfläche *Importieren* startet Access den Import-Assistenten, über den Sie noch genauer festlegen können, wie die Datensätze und Feldnamen übernommen werden sollen.

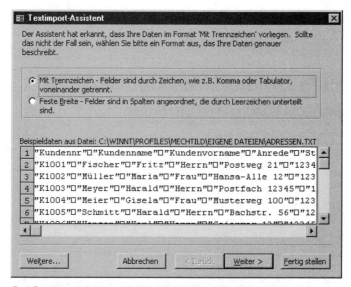

Der Textimport-Assistent hilft bei der Konvertierung

Kunden-Serienbrief mit Access-Datenbank

In diesem Beispiel sollen Sie einen Word-Serienbrief erstellen und dabei eine externe Datenquelle verwenden. Als Datenquelle wird eine Access-Datenbanktabelle benutzt. Sie finden die Schritte, die zur Erstellung einer Access-Datenbanktabelle erforderlich sind, ebenfalls in der folgenden Übersicht.

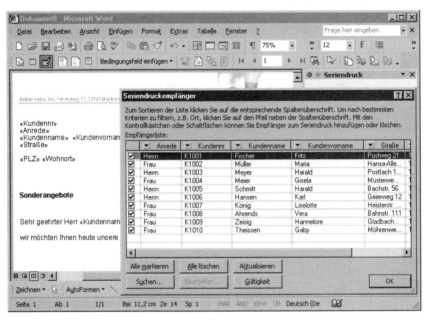

Einen Kundenbrief mit verknüpfter Access-Datenbank

Datenquelle in Access entwickeln

Entwickeln Sie zunächst die Access-Datenbank, um vom Seriendokument dann direkt auf diese zugreifen zu können:

1 Starten Sie Access mit leerer Datenbank. Aktivieren Sie die Schaltfläche *Start* in der Taskleiste und wählen Sie *Neues Office-Dokument*. Markieren Sie im Register *Allgemein* das Symbol *Leere Datenbank* und bestätigen Sie mit *OK*.

2 Geben Sie den Namen für die neue Datenbank in das Feld *Dateiname* ein, öffnen Sie den Speicherordner *Eigene Datenquellen* und aktivieren Sie *Erstellen*.

3 Doppelklicken Sie im Datenbankfenster auf den Eintrag *Erstellt eine Tabelle in der Entwurfsansicht*.

10

Datenaustausch

4 Geben Sie nacheinander die Namen der benötigten Felder ein. Normalerweise benötigen Sie für einen Serienbrief mindestens die Felder *Kundennummer, Kundenname, Vorname, Straße, PLZ, Wohnort* und *Anrede.*

5 Aktivieren Sie das Symbol *Speichern*, um die neue Tabelle in der Datenbank *Adressen* zu speichern. Geben Sie in das Feld *Tabellenname* „Kundenadressen" ein.

6 Bestätigen Sie mit *OK*. Wenn Sie aufgefordert werden, einen Primärschlüssel zu erstellen, aktivieren Sie die Schaltfläche *Nein*.

7 Wechseln Sie über den Befehl *Ansicht* zur *Datenblattansicht* und geben Sie die gewünschten Datensätze ein.

8 Beenden Sie anschließend Access mit *Datei/Beenden* und starten Sie Word oder wechseln Sie zu Word.

Die verknüpfte Access-Kundentabelle

Serienbrief schreiben

Nach der Fertigstellung der Datenquelle können Sie nun vom Seriendruck-Hauptdokument über die Schaltfläche *Seriendruckfeld einfügen* bequem auf die Seriendruckfelder der externen Datenquelle zugreifen.

1 Öffnen Sie einen Brief oder erstellen Sie den neuen Brief, den Sie als Serienbrief verwenden wollen. Um aus dem normalen Dokument einen Serienbrief zu erstellen, wählen Sie *Extras/Briefe und Sendungen/Seriendruck-Assistent.*

2 Aktivieren Sie im Aufgabenbereich die Optionsschaltfläche *Briefe und Sendungen* und klicken Sie auf *Weiter*.

3 Im nächsten Aufgabenbereich klicken Sie auf *Aktives Dokument verwenden* und wieder auf *Weiter*.

4 Aktivieren Sie den Link *Durchsuchen* und markieren Sie den Namen der Datenbank.

5 Aktivieren Sie die Schaltfläche *Öffnen*. Da eine Datenbank mehrere Tabellen beinhalten kann, müssen Sie nun noch den Namen der Tabelle, im Beispiel „Kundenadressen", markieren und mit *OK* dieses und das Dialogfeld *Seriendruckempfänger* bestätigen.

6 Aktivieren Sie den Link *Weiter: Schreiben Sie Ihren Brief*. Sie können nun die Seriendruckfelder aus der externen Datenquelle abrufen. Falls die Symbolleiste *Seriendruck* nicht angezeigt wird, blenden Sie diese mit *Ansicht/Symbolleisten/Seriendruck* ein. Im Beispielbrief klicken Sie in die dritte Zeile des Empfängerfelds und dann auf die Schaltfläche *Seriendruckfelder einfügen*.

7 In der Auswahlliste *Felder* klicken Sie auf *Anrede* und auf *Schließen*. Auf diese Weise fügen Sie die Seriendruckfelder für die Empfänger-anschrift ein:

```
"Anrede"
"Vorname" "Name"
"Straße"

"PLZ" "Ort"
```

8 Fügen Sie anschließend, mit zwei Leerzeilen Abstand unter dem Empfängerfeld, den Betrefftext ein. Es folgt mit zwei weiteren Leerzeilen Abstand die Anrede.

Wenn Sie zwei aufeinander folgende Felder einfügen, müssen Sie die benötigten Leerzeichen und Leerzeilen manuell einfügen.

Unterschiedliche Anreden über ein Bedingungsfeld

Die einfachste Form einer Anrede in einem Serienbrief besteht aus der Verwendung der Standardanrede „Sehr geehrte Damen und Herren". Dies ist jedoch nicht besonders höflich. Besser ist die Verwendung eines Bedingungsfelds, mit dem Sie die geschlechtsspezifischen Anreden „Sehr geehrte Frau" und „Sehr geehrter Herr" einfügen können.

1 An der Position für die Anrede klicken Sie in der Seriendruckleiste auf die Schaltfläche *Bedingungsfeld einfügen* und auf den Eintrag *Wenn ... Dann ... Sonst*. Stellen Sie im Listenfeld *Feldname* den Eintrag *Anrede* ein, lassen Sie bei *Vergleich* den Eintrag *Gleich* markiert und geben Sie bei *Vergleichen mit* ein:

```
Frau
```

10

Datenaustausch

2 Geben Sie in das Feld *Dann diesen Text einfügen* ein:

`Sehr geehrte Frau`

3 Geben Sie in das Feld *Sonst diesen Text einfügen* ein:

`Sehr geehrter Herr`

4 Bestätigen Sie das Dialogfeld mit *OK* und ergänzen Sie nach der Anrede ein Leerzeichen. Aktivieren Sie nochmals die Schaltfläche *Seriendruckfelder einfügen* und wählen Sie nochmals den Namen aus.

Ergänzen Sie den Brieftext, die Grußformel und die Unterschrift und speichern Sie den Serienbrief mit dem Befehl *Datei/Speichern unter* unter einem frei wählbaren Namen.

Falls Sie eine Vorlage für einen Serienbrief benötigen, speichern Sie den Brief mit dem Dateityp *Dokumentvorlage*. Sie können den Seriendruck-Assistenten weiter einsetzen, um im nächsten Schritt eine Vorschau zu erhalten und den Brief zu drucken.

10.6 Word und PowerPoint

Der Datenaustausch für beliebige Objekte von Word nach PowerPoint kann, wie bei allen Office-Anwendungen, bequem über die Zwischenablage erfolgen. Da besonders häufig Gliederungen von Word als Grundlage für eine PowerPoint-Präsentation übernommen werden, gibt es hierfür einen speziellen Befehl.

Sie rufen den Befehl über *Datei/Senden an* auf. Der Befehl wird eingesetzt, um eine Word-Gliederung als Gliederung einer PowerPoint-Präsentation weiterzuverwenden. Es werden dabei aus den Überschriften der Ebene 1 die Folientitel gebildet. Übernommen werden nur die Gliederungsüberschriften, nicht als Textkörper eingestufte Absätze.

Die Dateien, die PowerPoint erzeugt, werden als Präsentationen bezeichnet und enthalten Text, Grafiken, Tabellen und andere Objekte auf so genannten Folien. Sie können ein Word-Dokument nach der Installation des Konverters in PowerPoint öffnen.

Word-Gliederung als Basis einer Präsentation verwenden

Um eine Word-Gliederung nach PowerPoint zu exportieren, wählen Sie *Datei/Senden an/Microsoft PowerPoint*. Automatisch wird PowerPoint gestartet und eine neue Präsentation erstellt. Die Gliederungsstruktur wird in die PowerPoint-Präsentation übernommen, wobei aus den Hauptgliederungspunkten je eine Folie erstellt wird.

PowerPoint-Präsentation an Word-Dokument senden

Auch der umgekehrte Weg ist möglich. Um die Folien einer Präsentation an Word zu übergeben und dort weiterbearbeiten zu können, wählen Sie *Datei/Senden an/Microsoft Word*. Im Dialogfeld *An Microsoft Word senden* wählen Sie aus, welche Art von Information Sie aus der Präsentation in das Word-Dokument übernehmen wollen.

Legen Sie im Dialogfeld fest, ob die Notizen, die zu den Folien existieren, mit exportiert werden sollen, und wenn ja, wo diese angeordnet werden sollen. Markieren Sie die Optionsschaltfläche *Nur Gliederung*, wenn Sie nur die Folientitel und untergeordnete Überschriften, nicht aber die Notizen in das Word-Dokument übernehmen wollen.

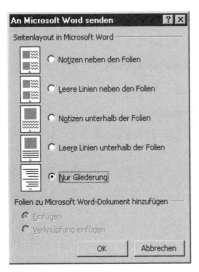

PowerPoint an Word

10

Datenaustausch

Die einzelnen Folien der Präsentation werden als verknüpfte oder eingebettete Grafiken in das Word-Dokument eingefügt und in einer Word-Tabelle angeordnet. In allen anderen Fällen kann mit den Schaltflächen der Option *Folien zu Microsoft Word Dokument hinzufügen* wahlweise eine Einbettung oder eine Verknüpfung zur Präsentation erstellt werden. Wird nur die Gliederung übernommen, wird eine Konvertierung durchgeführt und ein neues unabhängiges RTF-Dokument erzeugt. Speichern Sie diese RTF-Dokument mit dem Befehl *Datei/Speichern unter* im Word-Format, indem Sie den *Dateityp* zu *Word-Dokument* umstellen.

Word-Gliederung für Vortrag in PowerPoint weiterverwenden

Sie haben sich gründlich auf Ihren Vortrag vorbereitet und in Word die erforderlichen Gesprächsunterlagen erstellt. Nun wäre es optimal, wenn Sie ohne große Umstände auch das erforderliche Begleitmaterial, also etwa die Folien, die Sie für eine begleitende Präsentation benötigen, in PowerPoint auf Basis der Word-Gliederung erstellen könnten. Öffnen Sie die Gliederung in Word und wählen Sie *Datei/Senden an/PowerPoint*.

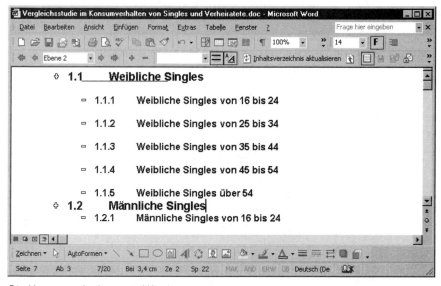

Die Ursprungsgliederung in Word

Das war schon alles! Den Rest übernehmen Word und PowerPoint. Sie sehen als Nächstes bereits die konvertierte Präsentation im PowerPoint-Anwendungsfenster und müssen nur noch die zusätzlichen Daten wie Anmerkungen, Tabellen, Grafiken, Bilder usw. in der PowerPoint-Präsentation ergänzen.

Die automatische Präsentationsstruktur

10.7 Daten von anderen Textverarbeitungsprogrammen und in andere Textverarbeitungsprogramme

Wenn Sie Dokumente mit Word erstellt haben und diese nun so weitergeben wollen, dass sie mit einem anderen Textverarbeitungsprogramm, z. B. mit Word für Macintosh, weiterverarbeitet werden können, müssen Sie die Daten in einem Format speichern, das von der Zielanwendung verstanden wird. Im günstigsten Fall bietet Ihnen Word direkt das Originalformat der Zielanwendung an. Ist dies nicht der Fall, können Sie ein Speicherformat verwenden, das speziell für den Austausch zwischen Anwendungen entwickelt wurde, wie z. B. RTF. Auch wenn Sie umgekehrt Dateien in Word öffnen und bearbeiten wollen, die mit einem anderen Textverarbeitungsprogramm erstellt sind, muss Word einen Importfilter verwenden, um das Dateiformat in das eigene Dateiformat umzuwandeln.

10

Datenaustausch

Speichern und Öffnen von Dateien anderer Textverarbeitungsprogramme

Word unterstützt den Datenaustausch mit anderen Textverarbeitungsprogrammen, wie etwa Word Perfect, Starwriter oder dem Textmodul von Works. Um Word-Dokumente so zu speichern, dass sie mit einem anderen Textverarbeitungsprogramm geöffnet werden können, öffnen Sie im Dialogfeld *Speichern unter* die Liste *Dateityp* und wählen den Namen und die Versionsnummer des Ziel-Textvearbeitungsprogramms. Falls Sie keinen passenden Eintrag finden, können Sie das RTF-Format Rich Text Format verwenden. Hierbei handelt es sich um ein spezielles Dateiaustauschformat, das sowohl Daten als auch Formatierungen des Word-Dokuments speichert.

Falls Sie ein Dokument in Word öffnen wollen, das mit einem anderen Textverarbeitungsprogramm erstellt wurde, öffnen Sie im Dialogfeld *Öffnen* das Listenfeld *Dateityp* und markieren den Namen des Quell-Textverarbeitungsprogramms. Anschließend öffnen Sie den Speicherordner, in dem die Datei abgelegt ist, und markieren die Datei. Dann aktivieren Sie die Schaltfläche *Öffnen*.

Wenn Sie mit anderen Personen zusammen an Word-Dokumenten arbeiten und die anderen Anwender Macintosh einsetzen, Sie jedoch Word 2000, können die anderen Anwender Ihre in Word 2000 erstellten Dateien mit dem Macintosh öffnen.

⌐ Tipp

Ändern des Standardspeicherformats

Sie können Word auch so einstellen, dass die Dokumente standardmäßig in einem Fremdformat gespeichert werden. Dazu stellen Sie über *Extras/Optionen* im Register *Speichern* das gewünschte Format im Listenfeld *Word-Dateien speichern unter* ein.

Importieren oder Exportieren mehrerer Dateien mit dem Konvertier-Assistent

Wenn Sie mehr als eine Datei im- oder exportieren wollen, lohnt sich der Einsatz des Konvertier-Assistenten. Er führt eine so genannte Stapel-Konvertierung durch. Gemeint ist damit eine Konvertierung von mehreren Fremddateien in das Word-Format oder von mehreren Word-Dateien in ein anderes Format. Sie starten den Konvertier-Assistenten über den Befehl *Datei/Neu*.

Markieren Sie im Register *Sonstige Dokumente* das Symbol für den Konvertier-Assistenten (*Batch Conversion Wizard*). Der erste Schritt zeigt lediglich eine allgemeine Information über den Konvertier-Assistenten an, die Sie mit *Weiter* überspringen können. Im nächsten Schritt markieren Sie die Optionsschaltfläche für die gewünschte Konvertierrichtung und wählen aus dem zugehörigen Listenfeld das Zielformat aus.

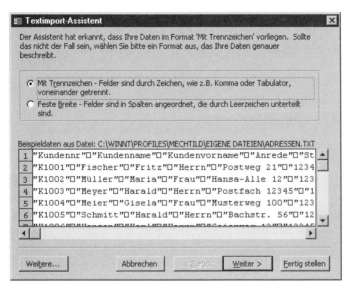

Der Konvertier-Assistent

Nachdem Sie mit *Weiter* den nächsten Schritt eingeblendet haben, können Sie die Dateien mit Doppelklick auswählen, die konvertiert werden sollen. Nach der Aktivierung der Schaltfläche *Fertig stellen* führt der Assistent alle Konvertierungen durch und zeigt das Ende der Konvertierung an.

Austauschformate

Wenn Sie in der Liste *Dateityp* das Dateiformat der Zielanwendung nicht finden, können Sie stattdessen ein Datenaustauschformat verwenden. Es gibt standardisierte Austauschformate, die von den meisten Anwendungen geöffnet werden können. Sie finden im Listenfeld *Dateityp* z. B. einen Eintrag für das Austauschformat RTF, einem von Microsoft für den Datenaustausch entwickelten Format. RTF steht für **R**ich **T**ext **F**ormat und wird von vielen Anwendungen unterstützt. Bei Dateien, die in dieses Format konvertiert werden, bleiben auch Formatierungen und eingebettete Objekte, wie z. B. Grafiken, erhalten. Die denkbar schlechteste Lösung in Bezug auf den Formatierungsverlust ist das Konvertieren in eine reine Textdatei. Verwenden Sie den Dateityp *Nur-Text*, um eine unformatierte Textdatei zu erzeugen. Dabei verzichten Sie auf das Speichern der Formatierungen, können jedoch sicher sein, dass jedes Zielprogramm diese Datei öffnen kann.

10

Datenaustausch

10.8 Verknüpfungen bearbeiten

Wenn ein Word-Dokument verknüpfte Daten aus anderen Anwendungen enthält, wie etwa eine Excel-Tabelle, ein Excel-Diagramm oder eine Word-Datenquelle mit den Datensätzen einer Access-Datenbank verknüpft wurde, können Sie den Befehl *Bearbeiten/Verknüpfungen* benutzen, um die verknüpften Daten manuell zu aktualisieren, die Verknüpfungsquelle zu öffnen oder zu ändern. Wechseln Sie im Dialogfeld *Verknüpfungen* zur Optionsschaltfläche *Manuell*, um Veränderungen, die an der Quelle durchgeführt werden, nicht mehr automatisch auf die verknüpften Daten zu übertragen. Sie können dann später die Schaltfläche *Jetzt aktualisieren* aktivieren, wenn Sie eine Aktualisierung durchführen wollen.

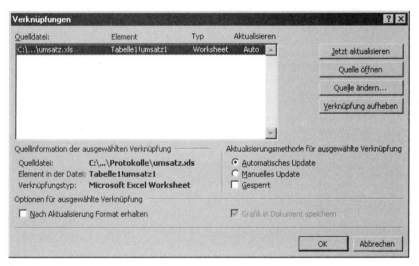

Das Dialogfeld Verknüpfungen

Schalten Sie das Kontrollkästchen *Gesperrt* ein, um die markierte Verknüpfung vor Aktualisierung zu schützen. Die Schaltfläche *Jetzt aktualisieren* wird dann abgeblendet.

Über die Schaltfläche *Quelle öffnen* können Sie die Datei öffnen, aus der die verknüpften Daten stammen. Falls die verknüpfte Datenquelle gelöscht oder verschoben wurde oder aus sonstigen Gründen nicht mehr zur Verfügung steht, können Sie die Schaltfläche *Quelle ändern* aktivieren, um der Verknüpfung eine andere Quelldatei zuzuweisen.

Aktivieren Sie die Schaltfläche *Verknüpfung aufheben*, wenn die Verbindung eines verknüpften Objekts zur Quelle gelöst werden soll. Das Objekt bleibt im Word-Dokument erhalten, es wird jedoch nicht mehr aktualisiert.

10.9 Webseiten – Word-Dokumente und umgekehrt

Webseiten werden mit der Dateierweiterung *.html* oder *.htm* abgespeichert. Da bereits alle Office 2000-Anwendungen HTML als proprietäres Speicherformat verwenden, können Sie in Word HTML-/HTM-Dateien ohne weitere Vorbereitung öffnen.

Webseite in Word öffnen

Da der Dateifilter im Dialogfeld *Öffnen* standardmäßig auch HTML-Dateien umfasst, werden Webseiten auch automatisch angezeigt. Nur wenn Ihnen die Liste zu umfangreich erscheint, können Sie über den Eintrag *Webseiten* in der Liste *Dateityp* die Anzeige auf die HTML-/HTM-Dateien beschränken.

Falls die Webseite, die Sie öffnen wollen, sich auf einem Webserver befindet, geben Sie deren Internetadresse (URL), also z. B. „http:// www. bspserver.com/webseite.html" in das Feld *Dateiname* ein oder Sie suchen mit einem Klick auf die Schaltfläche *Im Web suchen* nach der Webseite. Markieren Sie deren Dateinamen und aktivieren Sie die Schaltfläche *Öffnen*.

Hinweis

URL

URL ist die Abkürzung für **U**niversal **R**esource **L**ocator und bezeichnet eine Internetadresse, die immer mit dem Übertragungsprotokoll – für Webseiten z. B. http:// – eingeleitet wird.

Webformate und Word-Formate

Word unterstützt die meisten von HTML unterstützten Formate. Im Gegensatz zu früheren Versionen gibt es also kaum Formatierungsverluste, wenn Sie Word-Dokumente als Webseiten speichern oder umgekehrt. Wichtig ist, dass die Formatierungen, die von Webseiten nicht unterstützt werden, wie Kopf- und Fußzeilen, Seitenzahlen oder Positionsrahmen, nicht verloren gehen, sondern auf Webseiten nur nicht angezeigt werden. Bei der Rückkonvertierung einer Webseite in das Word-Format stehen diese Formatierungen wieder zur Verfügung.

10

Datenaustausch

Word-Dokumente als Webseite speichern

Um ein Word-Dokument als Webseite zu speichern, wählen Sie *Datei/Als Webseite speichern*. Über die Schaltfläche *Titel ändern* können Sie noch einen Seitentitel festlegen, der später in der Titelleiste des Browsers angezeigt wird. Über die Schaltfläche *Speichern* wird das Word-Dokument in das HTML-Format konvertiert.

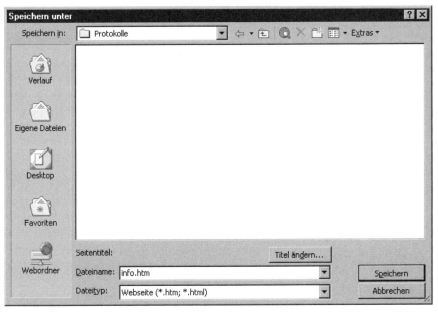

Speichern eines Word-Dokuments im HTML-Format

11. Serienbriefe und andere Seriendokumente

Es gibt viele Situationen, in denen man einen Brief mit dem gleichen oder einem ähnlichen Inhalt an mehrere Personen verschicken will. Es kann sich dabei beispielsweise um einen Werbebrief, eine Kundeninformation, eine Einladung zum Meeting oder um ein Teamprotokoll handeln. Um einen solchen Brief schnell und effektiv zu versenden, benutzen Sie die Seriendruckfunktion. Die Seriendruckfunktion können Sie auch einsetzen, um Etiketten, Briefumschläge oder Listen mit den gespeicherten Adressen zu drucken.

11.1 Das ist neu bei der Seriendruckfunktion

Wenn Sie die Seriendruckfunktion bereits in frühren Word-Versionen eingesetzt haben, müssen Sie sich in Word 2002 an eine neue Befehlsfolge und zahlreiche neue Symbole und Arbeitsweisen gewöhnen. Das Dialogfeld *Seriendruck-Manager* wird durch den Aufgabenbereich *Seriendruck* abgelöst, Kataloge heißen nun Verzeichnisse und Sie finden in der Symbolleiste zusätzliche Schaltflächen z. B. zum Einfügen von Adressblock und Gruß und zum Senden von Seriendokumenten per E-Mail oder Fax. Die wichtigste Änderung ist jedoch, dass Word die Datenquellen nun als Access-Datenbanken erstellt und nicht mehr als Word-Tabellen.

Hauptdokumente

Als Seriendruck-Hauptdokument wird bei der Erstellung eines Serienbriefs die Datei bezeichnet, in der der Brieftext und – als Platzhalter für die unterschiedlichen Adresselemente und andere Variablen – die Seriendruckfelder enthalten sind. Die Empfängeradresse setzt sich z. B. normalerweise aus den Seriendruckfeldern *Anrede*, *Vorname*, *Name*, *Straße*, *PLZ* und *Wohnort* zusammen.

Das Seriendruck-Hauptdokument enthält also immer die konstanten Elemente, das können ein Brieftext, die Feldnamen, eine Grafik oder Tabelle oder bei Umschlägen der Absender sein. Mögliche Seriendruck-Hauptdokumente sind Serienbriefe, Verzeichnisse oder Umschläge und Etiketten.

11

Serienbriefe

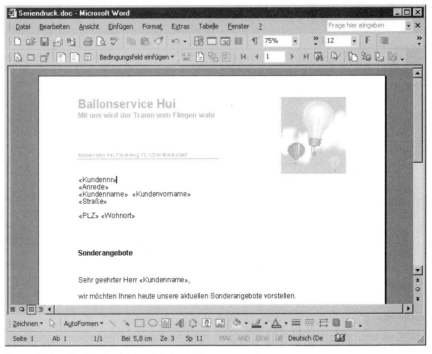

Ein typisches Seriendruck-Hauptdokument

- *Briefe*: Der Serienbrief enthält einen konstanten Brieftext und an den Einfügepositionen für Adresse oder sonstigen variablen Text die Seriendruckfeldnamen.

- *E-Mail-Nachrichten*: Das Seriendokument soll an mehre E-Mail-Adressen verschickt werden.

- *Umschläge*: Sie können ein Seriendruck-Hauptdokument so gestalten, dass Sie damit Briefumschläge bedrucken können. Sie fügen den Absender ein und ordnen hierzu die Feldnamen für die Anschrift an. Word entnimmt die Adressdaten den zugehörigen Datenquellen.

- *Etiketten*: Sie können ein Seriendruck-Hauptdokument erstellen, indem Sie die Feldnamen so anordnen, dass Sie damit Adressetiketten bedrucken können. Word entnimmt die Adressdaten der zugehörigen Datenquelle.

- *Verzeichnisse*: Ein Verzeichnis erstellt Dokumente in Listenform.

Adresslisten – Datenquellen

In einer zweiten Datei, die Datenquelle oder Liste genannt wird, speichern Sie die variablen Daten, also beispielsweise die Empfängeradressen. Diese Datei muss nicht unbedingt mit Word erstellt werden. Häufig wird als Datenquelle eine Datenbank, wie z. B. eine Access-Datenbanktabelle, eingesetzt, weil dort die Kundenadressen bereits gespeichert sind. Da Word alle wichtigen Datenbankformate importieren kann, ist der Zugriff auf solche externen Datenquellen kein Problem.

┌──── Hinweis

Word erzeugt MS Access-Datenbanktabellen

Wenn Sie in Word 2002 eine neue Datenquelle erstellen, speichert Word diese automatisch im MS Access-Datenbankformat, auch wenn Sie MS Access nicht installiert haben.

Zur Datenquelle gehören die Feldinhalte und die Feldnamen. Wenn Sie die Seriendruckfunktion einsetzen, erstellt Word die Daten der Datenquelle in Form einer Datenbanktabelle. In der obersten Tabellenzeile stehen die Feldnamen, die die einzelnen Spaltenüberschriften bilden. In den übrigen Tabellenzeilen folgen die Datensätze wie in folgender Abbildung.

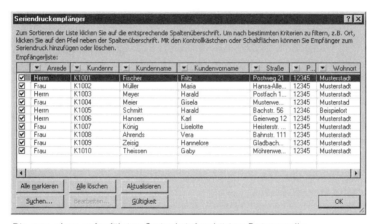

Die zum oben aufgeführten Serienbrief gehörige Datenquelle

Seriendokumente erstellen, verwalten und bearbeiten

Um die verschiedenen Dateien zu erstellen, zu verbinden und zu verwalten, setzen Sie den Seriendruck-Manager ein. Der Seriendruck-Assistent ist ein Aufgabenbereich, der Ihnen alle notwendigen Schritte erläutert und Sie bei der Bearbeitung von Seriendruck-Dateien unterstützt. Um den Seriendruck-Assistenten zu aktivieren, wählen Sie *Extras/Briefe und Sendungen/Seriendruck-Assistent*.

Seriendruckfelder

Für jede variable Information, die Sie in einen Serienbrief einfügen wollen, benötigen Sie ein Seriendruckfeld. Für eine Adresse werden z. B. normalerweise die Felder *Anrede, Vorname, Name, Firma, Straße, PLZ*

11

Serienbriefe

und *Ort* benötigt. Die Reihenfolge der Feldnamen in der Adressliste muss nicht mit der Reihenfolge übereinstimmen, in der die Felder im Serienbrief auftauchen.

Datensatz

Alle zusammengehörigen Informationen zu einer Person oder Firma bilden einen Datensatz. Jeder Datensatz steht in einer eigenen Tabellenzeile.

Feldnamen

Bei der Verwendung von Feldnamen müssen Sie folgende Regeln beachten:

- Feldnamen dürfen bis zu 40 Zeichen lang sein.
- Feldnamen dürfen keine Sonderzeichen wie Punkte oder Akzente enthalten.
- Feldnamen müssen mit einem Buchstaben beginnen und dürfen Buchstaben oder Zahlen enthalten.
- Feldnamen dürfen den Unterstrich enthalten (Feld_Name).
- Feldnamen müssen in Steuerdatei und Serientext gleich geschrieben sein, wobei die Groß-/Kleinschreibung jedoch keine Rolle spielt. Gültig ist also STRASSE und Strasse, ungültig aber Strasse und Straße.

Standardfelder

Word bietet Ihnen verschiedene Standardfelder, mit denen Sie die wichtigsten Informationen in Seriendruckdokumente einfügen können. Diese Standardfelder tragen die Namen: *Titel, Vorname, Nachname, Firmenname, Adresszeile 1, Adresszeile 2, Ort, Bundesland/Kanton, Postleitzahl, Land, Telefon privat, Telefon beruflich, E-Mail-Adresse*. Wenn Sie diese Feldnamen verwenden, können Sie z. B. den Adressblock in nur einem Arbeitsschritt in einen Serienbrief einfügen. Es ist jedoch auch möglich, mit der Schaltfläche *Übereinstimmende Felder festlegen* die von Ihnen verwendeten Feldnamen den Standardfeldern zuzuordnen, sodass Sie auch mit abweichenden Feldnamen die neuen Funktionen zum Einfügen von Adressblock und Briefanrede einsetzen können.

Die Serienbriefleiste

Wenn Sie die Seriendruckfunktion aktiviert haben, wird zu Ihrer Unterstützung eine zusätzliche Menüleiste eingeblendet. Wird diese Leiste nicht automatisch angezeigt, blenden Sie sie mit *Extras/Briefe und Sen-*

dungen/Seriendruck-Symbolleiste einblenden ein. Wenn Sie bereits mit Vorgängerversionen von Word 2002 gearbeitet haben, werden Sie auf der Symbolleiste viele neue Schaltflächen entdecken.

Die Symbolleiste enthält die folgenden Schaltflächen:

Hauptdokument-Setup: Diese Schaltfläche öffnet das Dialogfeld *Hauptdokumenttyp*, über das Sie den Typ des aktuelle Seriendruckhauptdokuments wechseln können. Sie können so z. B. vom Typ *Brief* zu *E-Mail-Nachricht* wechseln oder aus einem Seriendokument wieder ein normales Word-Dokument machen.

Datenquelle öffnen: Öffnet das Dialogfeld *Datenquelle öffnen* und zeigt die im Ordner *Eigene Datenquellen* gespeicherten Dateien an, damit Sie dem aktuellen Serienbrief eine andere Datenquelle zuordnen können.

Seriendruckempfänger: Blendet das Dialogfeld *Seriendruckempfänger* ein, damit Sie die Feldstruktur und die Datensätze bearbeiten oder selektieren können.

Adressblock einfügen: Ermöglicht das Einfügen der für eine normale Adresse benötigten Felder in einem Arbeitsschritt.

Grußzeile einfügen: Ermöglicht das Zusammenstellen der Felder für die Briefanrede bzw. das Einfügen einer Standardanrede.

Seriendruckfelder einfügen: Diese Schaltfläche aktivieren Sie, um Datenfelder aus der Datenquelle in das Serienhauptdokument einzufügen.

Bedingungsfeld einfügen: Diese Schaltfläche öffnet 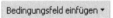 ein Menü, aus dem Sie Bedingungsfelder auswählen und in das Dokument einfügen können.

Seriendruck-Vorschau: Diese Schaltfläche schaltet zwischen den Seriendruckfeldern und den Feldergebnissen hin und her.

Seriendruckfelder hervorheben: Blendet die Feldschattierung für die Seriendruckfelder ein oder aus.

Übereinstimmende Felder festlegen: Ordnet den Word-Standardfeldern für den Adressblock und die Briefanrede die von Ihnen eingesetzten Feldnamen zu.

11

Serienbriefe

Etiketten übertragen: Überträgt den Inhalt und das Layout des ersten Etiketts auf alle anderen Etiketten.

Erster Datensatz: Zeigt die Feldergebnisse des ersten Datensatzes an, wenn die Seriendruck-Vorschau die Feldergebnisse eingeblendet hat.

Vorheriger Datensatz: Zeigt die Feldergebnisse des vorherigen Datensatzes an, wenn die Seriendruck-Vorschau die Feldergebnisse eingeblendet hat.

Gehe zu Datensatz: Zeigt die Feldergebnisse der hier eingetragenen Datensatznummer.

Nächster Datensatz: Zeigt die Feldergebnisse des nächsten Datensatzes an, wenn die Seriendruck-Vorschau die Feldergebnisse eingeblendet hat.

Letzter Datensatz: Zeigt die Feldergebnisse des letzten Datensatzes an, wenn die Seriendruck-Vorschau die Feldergebnisse eingeblendet hat.

Eintrag suchen: Ermöglicht die Eingabe eines Feldinhalts als Suchkriterium für die Suche nach bestimmten Datensätzen.

Fehlerprüfung: Das Aktivieren dieser Schaltfläche ermöglicht eine Überprüfung des Briefs auf eventuell vorhandene Fehler.

Seriendruck in neues Dokument: Druckt das Ergebnis nicht auf dem Drucker aus, sondern in ein neues Dokument, das Sie am Bildschirm überprüfen können.

Seriendruck an Drucker: Mit dieser Schaltfläche werden alle Exemplare des Serienbriefs auf dem Drucker ausgedruckt.

Seriendruckergebnis in E-Mail ausgeben: Öffnet das Dialogfeld *Seriendruck in E-Mail*, damit Sie Gelegenheit erhalten, das Feld auszuwählen, in dem die E-Mail-Adresse gespeichert ist, die Datensätze auszuwählen und die Betreffzeile zu formulieren.

Seriendruckergebnis in Fax ausgeben: Verschickt einen Serienbrief per Fax.

11.2 Erstellen eines Serienbriefs

Die Erstellung von Seriendokumenten ist mithilfe des Seriendruck-Assistenten kein Problem. Sie müssen sich nur daran gewöhnen, dass Sie nicht mehr ein einzelnes Dokument bearbeiten, sondern die Informationen auf mehrere Dateien verteilt werden. Beim Vorbereiten eines Seriendrucks arbeiten Sie immer mit zwei Dateien: Serienbriefhauptdokument und Adressliste bzw. Datenquelle. Während der Vorbereitung eines Seriendrucks stellen Sie vom Serienbrief aus die Verknüpfung zur gewünschten Datenquelle her. Name und Speicherort dieser Datenquelle werden zusammen mit dem Serienbrief gespeichert. Sie drucken mit einem speziellen Seriendruckbefehl. Beim Ausdruck ersetzt Word die Platzhalter im Serienbrief durch die Inhalte der einzelnen Datensätze der verknüpften Datenquelle. Falls Sie keine Beschränkung festlegen, wird für jeden Datensatz ein Briefexemplar gedruckt.

Einen Serienbrief schreiben

Die Arbeit mit mehr als einer Datei und die einzelnen Vorbereitungsschritte sind gewöhnungsbedürftig, wenn Sie Ihren ersten Serienbrief schreiben. Deshalb hier die Schritte zur Erstellung eines Serienbriefs erst einmal im Überblick:

1 Sie erstellen ein neues oder öffnen ein bestehendes Dokument, aus dem Sie den Serienbrief gestalten wollen.

2 Sie aktivieren den Seriendruck-Manager und geben an, dass Sie einen Serienbrief schreiben wollen.

3 Falls Sie eine neue Datenquelle erstellen wollen, legen Sie die Feldnamen und deren Reihenfolge fest und speichern diese Informationen in einer neuen Datenquelle. Anschließend geben Sie die Datensätze ein.

4 Falls Sie eine bestehende Datenquelle benutzen wollen, geben Sie an, aus welcher Anwendung diese stammt, z. B. aus MS-Access, und wählen dann die Datei und die Tabelle aus.

Nun können Sie an allen Stellen, an denen Daten aus der Datenquelle benötigt werden, die Seriendruckfelder in den Serienbrief einfügen und – falls noch nicht geschehen – den restlichen Brieftext ergänzen.

Anschließend ist der Serienbrief zum Ausdruck bereit.

11

Serienbriefe

Erstellen des Seriendruck-Hauptdokuments

Sie können einen neuen Brieftext für einen Serienbrief entwickeln oder einen bestehenden Brief in einen Serienbrief umwandeln.

1 Öffnen Sie den Brief, den Sie als Seriendruck-Hauptdokument verwenden wollen, oder erstellen Sie über die Schaltfläche *Neues leeres Dokument* ein neues Dokument.

2 Falls Sie ein neues Dokument erstellt haben, sollten Sie es aus organisatorischen Gründen bereits jetzt speichern. Wählen Sie *Datei/Speichern* und geben Sie dem Dokument einen passenden Namen.

3 Damit aus dem normalen Dokument ein Serienbrief wird, aktivieren Sie mit *Extras/Briefe und Sendungen/Seriendruck-Assistent* den Seriendruck-Manager. Der Aufgabenbereich *Seriendruck* wird angezeigt. Der Seriendruck-Assistent führt Sie schrittweise durch die Serienbrieferstellung.

4 Im ersten Schritt werden alle Formen von Seriendruck-Hauptdokumenten aufgelistet. Sie wählen den Punkt *Serienbriefe* und klicken anschließend auf den Link *Weiter: Dokument wird gestartet* ganz unten im Aufgabenbereich.

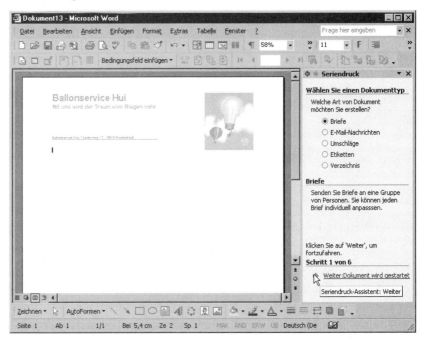

Der erste Schritt zum Serienbrief

Im zweiten Schritt müssen Sie angeben, ob Sie das aktuelle oder ein neues Dokument für den Serienbrief verwenden wollen. Lassen Sie die Optionsschaltfläche *Aktuelles Dokument verwenden* markiert und klicken Sie erneut auf *Weiter*.

Erstellen der Datenquelle

Im nächsten Schritt müssen Sie dem Brief nun eine Datenquelle zuordnen. Falls die Datenquelle bereits existiert, wählen Sie in der Optionsgruppe *Empfänger wählen* die Schaltfläche *Vorhandene Liste verwenden*. Sie erhalten dann Gelegenheit, den Namen der Datenquelle zu übergeben. Sie können weiter unten lesen, wie Sie eine bereits bestehende Datenquelle verwenden können. Um für den ersten Serienbrief eine neue Datenquelle zu erstellen, wählen Sie den Befehl *Neue Liste eingeben* und klicken unterhalb der Beschriftung *Neue Liste eingeben* auf den Link *Erstellen*.

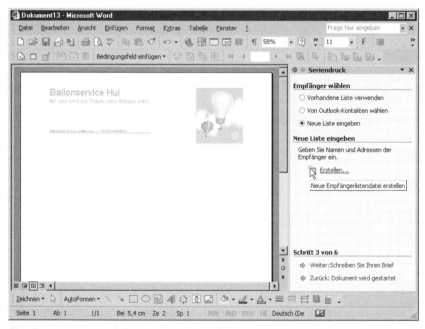

Erstellen einer neuen Adressliste im dritten Schritt zur Serienbrieferstellung

Festlegen der Struktur der neuen Datenquelle

Beim Erstellen der Datenquelle legen Sie fest, welche Felder Sie benötigen und in welcher Reihenfolge Sie die Feldinhalte der einzelnen Datensätze eingeben wollen. Am einfachsten ist es, zuerst alle nicht benötigten Feldnamen aus der Liste der Standardnamen zu entfernen und anschließend die zusätzlich benötigten hinzuzufügen.

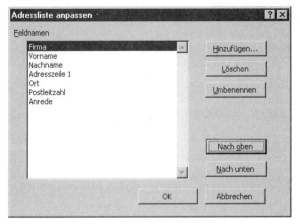

Die Liste der Felder für den ersten einfachen Serienbrief

Nicht benötigte Felder löschen

Dazu klicken Sie im Dialogfeld *Neue Adressliste* auf die Schaltfläche *Anpassen*. Markieren Sie die Feldnamen, die Sie nicht benötigen, in der Liste *Feldnamen* und aktivieren die Schaltfläche *Löschen*.

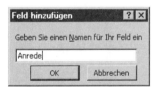

Hier fügen Sie zusätzliche Felder in die Feldliste ein

Zusätzliche Felder einfügen

Klicken Sie auf *Hinzufügen*, geben Sie Feldnamen, die Sie zusätzlich verwenden wollen, in das Eingabefeld ein und klicken Sie auf die Schaltfläche *OK*.

Hinweis

Verwenden von Seriendruckfeldnamen

Seriendruckfeldnamen dürfen bis zu 40 Zeichen lang sein, müssen mit einem Buchstaben beginnen und dürfen Buchstaben, Ziffern und Unterstriche „_" enthalten. Verboten sind Leerzeichen, Punkte und alle anderen Sonderzeichen.

Bleibt die Schaltfläche *OK* im Dialogfeld *Feld hinzufügen* abgeblendet, haben Sie entweder einen ungültigen Feldnamen eingegeben – z. B. weil er ein Leerzeichen oder einen Punkt enthält – oder der eingegebene Feldname ist bereits in der Liste enthalten.

Reihenfolge der Felder anpassen

Nachdem Sie alle Feldnamen eingegeben haben, können Sie diese mit den Pfeilschaltflächen *Nach oben* und *Nach unten* in die richtige Reihenfolge verschieben. Markieren Sie einen Feldnamen und klicken Sie auf die Schaltfläche mit dem Pfeil nach oben oder unten, bis das Feld an der richtigen Position in der Liste steht.

Tipp

Reihenfolge der Seriendruckfelder

Sie sollten die Feldnamen für die Adresse in die Reihenfolge bringen, in der Sie auch später in das Adressfeld eingefügt werden, auch wenn die Reihenfolge für Word völlig irrelevant ist. Da gewohnheitsmäßig diese Reihenfolge auch bei der Durchsage oder beim Aufschreiben einer Adresse verwendet wird, verhindern Sie mit dieser Anordnung Eingabefehler.

Nachdem Sie die Feldnamen festgelegt und in eine sinnvolle Reihenfolge gebracht haben, aktivieren Sie im Dialogfeld *Adressliste anpassen* die Schaltfläche *OK*.

Datensätze eingeben

Nun wird wieder das Dialogfeld *Neue Adressliste* angezeigt, damit Sie Gelegenheit haben, die Datensätze einzugeben. Von Feld zu Feld gelangen Sie mit Drücken der Taste (Enter) oder (Tab). Rückwärts können Sie mit der Taste (Umschalt)+(Tab) springen. Sie können zur Eingabe und Korrektur die normalen Editiertasten benutzen.

11

Serienbriefe

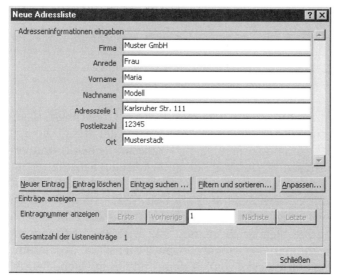

Der erste Datensatz in der Maske

Nach der Eingabe des ersten Datensatzes aktivieren Sie die Schaltfläche *Neuer Eintrag*, um eine neue leere Maske zu erhalten, und wiederholen diesen Schritt für jeden zusätzlichen Datensatz.

Zum Korrigieren oder Ändern bereits eingegebener Datensätze können Sie die Schaltflächen unter dem Formular benutzen. Sie finden dort Schaltflächen, mit denen Sie zum vorherigen oder nächsten Datensatz blättern oder zum Anfang oder Ende der Datenquelle springen können. Um einen bestimmten Datensatz anzuzeigen, geben Sie dessen Nummer in das Eingabefeld zwischen den Schaltflächen ein und drücken (Enter).

Nach der Eingabe aller Datensätze können Sie die Adressliste mit der Schaltfläche *Schließen* ausblenden. Nun blendet Word das Dialogfeld *Adressliste speichern* ein, damit Sie Gelegenheit haben, die Adressen zu speichern.

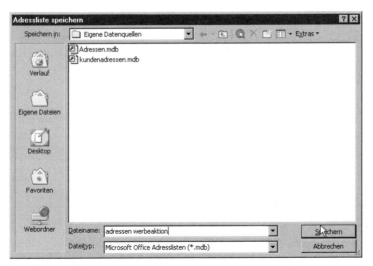

Das Dialogfeld Adressliste speichern

Vergeben Sie hier einen Namen, der Sie daran erinnert, dass es sich um eine Datenquelle handelt und zu welcher Datei diese Datenquelle gehört. Wenn das Hauptdokument z. B. *Werbeaktion* heißt, könnte die Datenquelle *Adressen Werbeaktion* benannt werden. Falls das Hauptdokument *Lieferantenanfrage* heißt, nennen Sie die Datenquelle *Adressliste Lieferantenanfrage* usw. Nachdem Sie den Namen und den Speicherort der Datenquelle eingegeben haben, aktivieren Sie die Schaltfläche *Speichern*. Zur Kontrolle blendet Word nun das Dialogfeld *Seriendruckempfänger* ein. Sie können die eingegebenen Datensätze in diesem Dialogfeld nochmals kontrollieren und es dann mit *OK* ausblenden. Aktivieren Sie noch mal die Schaltfläche *Weiter*, um mit dem Schreiben des Serienbriefs fortzufahren.

Einfügen des kompletten Adressblocks in den Serienbrief

Word 2002 bietet Ihnen eine neue Möglichkeit, die Daten, die zum Adressblock der Empfängeradresse gehören, in einem einzigen Schritt und mit einem einzigen Seriendruckfeld in den Brief einzufügen. Dazu aktivieren Sie die Schaltfläche *Adressblock einfügen*.

Im Dialogfeld *Adressblock einfügen* schlägt Word nun automatisch ein Format vor, in dem die Daten, die zum Adressblock gehören, eingefügt werden sollen. Schalten Sie die Kontrollkästchen für die Felder ein, die Sie in der Adresse anzeigen wollen.

1 Schalten Sie das Kontrollkästchen *Empfängernamen in diesem Format einfügen* ein. Die Bestandteile, die Sie für den Empfängernamen anzeigen wollen, können Sie im Listenfeld markieren. Eine Standardadresse setzt Word aus den Feldern *Anrede, Vorname, Name, Firma, Adresse1* sowie *PLZ* und *Ort* zusammen.

2 Schalten Sie das Kontrollkästchen *Firmennamen einfügen* ein, um außer dem Namen des Ansprechpartners auch den Firmennamen in der Adresse anzuzeigen.

3 Für Serienbriefe, die mit der herkömmlichen Post geschickt werden sollen, schalten Sie das Kontrollkästchen *Postanschrift einfügen* ein, um Straße, Postfach und Wohnort in den Adressblock aufzunehmen.

4 Falls die Adressdatei internationale Empfängeradressen enthält, wechseln Sie von der Optionsschaltfläche *Land/Region nie in Adresse einfügen* zur Auswahl *Immer Land/Region in die Adresse einfügen* bzw. markieren *Land/Region nur dann einfügen, wenn anders als* und geben in das zugehörige Eingabefeld den Namen des eigenen Landes, das diesen Hinweis nicht benötigt, ein.

11

Serienbriefe

Hinweis

Abweichende Feldnamen

Falls Sie in Ihrer Adressliste nicht die Standardfeldnamen benutzen, sondern z. B. statt *Ort* den Feldnamen *Wohnort* oder statt *Adresse1* den Namen *Straße*, aktivieren Sie im Dialogfeld *Adressblock einfügen* die Schaltfläche *Felder wählen*. Sie können nun über die Listenfelder auswählen, welche Ihrer Felder Word statt der Standardfelder benutzen soll.

Wenn Sie das Dialogfeld *Adressbock* bestätigen, fügt Word alle zur Empfängeradresse gehörigen Daten mit einem einzigen Seriendruckfeld mit dem Namen *««AdressBlock»»* ein. Dass es sich hierbei um ein automatisch generiertes Feld und kein normales Seriendruckfeld handelt, können Sie an den doppelten Feldklammern erkennen.

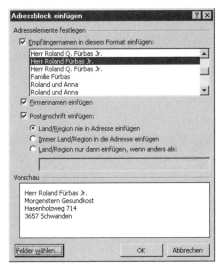

Adressblock zusammenstellen

Standardbriefanrede einfügen

Wenn Sie in der Adressliste im Feld *Anrede* für die weiblichen Empfänger die Anrede „Frau" und für die männlichen Empfänger die Anrede „Herr" gespeichert haben, können Sie in Word 2002 eine Standardbriefanrede automatisch einfügen. Die Briefanrede wird in Word irrtümlicherweise unter der Bezeichnung Grußzeile verwaltet. Klicken Sie an der gewünschten Einfügeposition für die Briefanrede auf die Schaltfläche *Grußzeile einfügen* und bestätigen Sie das Dialogfeld. Word fügt in diesem Fall die Anrede über das automatisch generierte Feld ««GreetingLine»» in der Form „Sehr geehrte(r) Herr xy" für männliche Empfänger und „Sehr geehrte(r) Frau xy" für weibliche Empfänger ein.

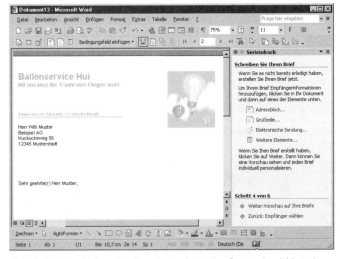

Adressblock und Standardbriefanrede in der Seriendruck-Vorschau

Einfügen von Adresse oder Seriendruckfeldern in das Seriendruck-Hauptdokument

Da es sich bei diesem Brief nun nicht mehr um ein normales Dokument, sondern um einen Serienbrief handelt, wird eine zusätzliche Symbolleiste *Seriendruck* eingeblendet.

Während Sie nun den Text für den Brief eingeben, klicken Sie an allen Stellen, an denen Informationen aus der Datenquelle benötigt werden, auf die Schaltfläche *Seriendruckfelder einfügen* und markieren den Feldnamen des Felds, dessen Inhalt beim Ausdruck an dieser Stelle erscheinen soll. An der Position, an der der Vorname gedruckt werden soll, fügen Sie z. B. das Feld *Vorname* ein usw. Leerzeichen und Leerzeilen zwischen den Seriendruckfeldern und dem Umgebungstext müssen Sie manuell eingeben.

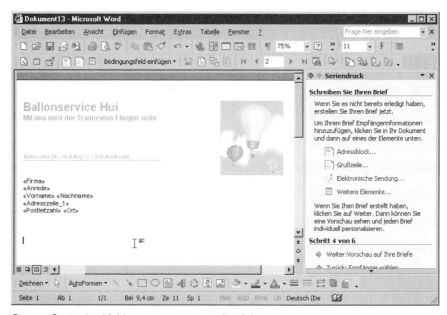

Die aus Seriendruckfeldern zusammengestellte Adresse

Briefanrede selbst zusammenstellen

Die Standardbriefanrede „Sehr geehrte(r) Frau/Herr xy‹" ist zwar einfach einzufügen, aber nicht besonders höflich. Um jeden Empfänger entsprechend seines Geschlechts anzusprechen, müssen Sie zwei verschiedene Anreden einfügen: „Sehr geehrte Frau xy" für die weiblichen Empfänger und „Sehr geehrter Herr xy" für die männlichen Empfänger.

11

Serienbriefe

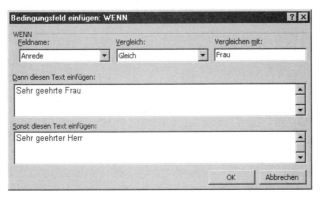

Ein Bedingungsfeld für zwei geschlechtsspezifische Anreden

1 Um geschlechtsspezifischen Anreden einzufügen, müssen Sie in der Adressliste ein Feld *Anrede* benutzen, in der Sie die Anreden „Frau" und „Herr" oder „Herrn" speichern.

2 Klicken Sie an die gewünschte Einfügeposition für die Briefanrede und dann auf die Schaltfläche *Bedingungsfeld einfügen*.

3 Wählen Sie im Menü den Eintrag *Wenn...Dann...Sonst*.

4 Öffnen Sie die Feldliste *Wenn* und markieren Sie den Eintrag *Anrede*. Lassen Sie im Feld *Vergleich* den Eintrag *Gleich* unverändert und geben Sie im Feld *Vergleichen mit* ein: „Frau".

5 Tragen Sie in das Feld *Dann diesen Text einfügen* ein: „Sehr geehrte Frau" und im Feld *Sonst diesen Text einfügen*: „Sehr geehrter Herr".

6 Bestätigen Sie das Dialogfeld *Bedingungsfeld einfügen*: *Wenn* und fügen Sie im Anschluss an die Anrede ein Leerzeichen ein.

7 Aktivieren Sie die Schaltfläche *Seriendruckfelder einfügen* und klicken Sie auf das Feld *Nachname*.

Geschlechtsspezifische Anreden

Drucken der Serienbrief-Exemplare

Nachdem Sie den Inhalt des Serienbriefs aus konstantem Text und den Seriendruckfeldern zusammengestellt haben, sollten Sie den Brief nochmals speichern und können dann die einzelnen Briefexemplare ausdrucken.

Zum Drucken verwenden Sie jedoch nicht den normalen Druckbefehl, sondern die Schaltfläche *Seriendruck an Drucker*. Diese Schaltfläche öffnet das Dialogfeld *Seriendruck an Drucker*, das Sie mit *OK* bestätigen, um den Ausdruck für alle Datensätze zu starten.

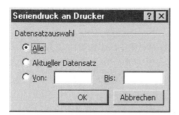

Die Vorauswahl druckt für jeden Datensatz ein Briefexemplar

Nach der Bestätigung des Dialogfelds *Seriendruck an Drucker* wird das Dialogfeld *Drucken* angezeigt, das Sie ebenfalls mit *OK* bestätigen, um den Ausdruck zu starten. Word druckt nun für jeden Datensatz ein Briefexemplar aus und ersetzt dabei die Seriendruckfelder durch die Feldinhalte des Datensatzes.

> **Hinweis**
>
> **Festlegung der Briefexemplare**
>
> Word druckt normalerweise für jeden Datensatz einen Serienbrief. Wie Sie eine bestimmte Anzahl von Serienbrief-Exemplaren ausdrucken, erfahren Sie weiter unten. Sie dürfen keinesfalls die gewünschte Anzahl von Exemplaren in das Feld *Anzahl* im Dialogfeld *Drucken* eingeben. Dies führt dazu, dass die dort eingegebene Anzahl Briefkopien pro Datensatz gedruckt wird.

Einen Serienbrief prüfen

Wenn Sie die Datenquelle und den Serienbrief fertig gestellt haben, können Sie verschiedene Methoden einsetzen, um das Ergebnis vor dem Druck zu prüfen. Sie können sich beispielsweise statt der Seriendruckfelder deren Ergebnisse einblenden. Dies ist sinnvoll, wenn Sie nicht mehr ganz sicher sind, unter welchem Feldnamen Sie welche Feldinhalte abgelegt haben, oder um zu testen, wie viel Platz Sie für die Feldinhalte im Serienbrief berücksichtigen müssen. Um Fehldrucke in größerer Anzahl zu vermeiden, können Sie die ausgedruckten Briefexemplare statt auf dem Drucker in eine Datei ausgeben, die Sie dann auf dem Bildschirm

11

Serienbriefe

prüfen können. Alternativ dazu können Sie auch einen Testdruck durchführen, indem Sie den Ausdruck auf ein Briefexemplar beschränken. Eine spezielle Schaltfläche in der Seriendruckleiste ermöglicht die Prüfung Ihres Serienbriefs auf eventuell vorhandene Syntaxfehler. Folgende Prüfmöglichkeiten stehen Ihnen insgesamt zur Verfügung:

- Anzeige der Feldergebnisse
- Ausdruck eines Probeexemplars auf dem Drucker
- Testdruck in eine Testdatei
- Prüfen auf Syntaxfehler

Anzeigen der Feldergebnisse

Eine gute Möglichkeit zu überprüfen, wie der zusammengeführte Serienbrief aussehen wird, besteht in der Anzeige der Feldergebnisse. Sie können dabei zwischen der Anzeige der Feldinhalte für die einzelnen Datensätze blättern. Dies ist besonders wichtig, wenn Sie im Serienbrief Bedingungen verwenden, die zu unterschiedlichen Ergebnissen führen sollen. Im vierten Schritt des Seriendruck-Assistenten wird der Link *Weiter: Vorschau auf Ihre Briefe* angezeigt. Die Aktivierung dieses Briefs zeigt die Feldergebnisse an.

Zu einem späteren Zeitpunkt klicken Sie auf das Symbol *Seriendruck-Vorschau*, um statt der Seriendruckfelder die Ergebnisse einzublenden. Klicken Sie es nochmals an, um wieder zu den Seriendruckfeldern zurückzukehren.

Blättern Sie mit den Symbolen *Vorheriger Datensatz/ Nächster Datensatz* in den Datensätzen, bis Sie die Feldinhalte eines bestimmen Datensatzes oder aller Datensätze überprüft haben.

Nachdem Sie den Brief in der Vorschau geprüft haben, können Sie im Seriendruck-Assistenten im Schritt 5 auf den Link *Weiter: Seriendruck beenden* klicken. Im sechsten Schritt finden Sie dann den Link *Drucken*, mit dem Sie den Ausdruck starten können.

Ausdruck eines Probeexemplars auf dem Drucker

Sie sollten dieses Prüfverfahren einsetzen, wenn Sie grundsätzlich wissen wollen, ob Sie die Feldnamen im Serienbrief auf die richtige Position gesetzt haben und ob Sie mit der äußeren Gestaltung des Ausdrucks zufrieden sind.

1 Falls Sie nicht den ersten Datensatz zum Testdruck verwenden wollen, müssen Sie mit den Schaltflächen *Vorheriger Datensatz* und *Nächster Datensatz* zum gewünschten Datensatz blättern.

2 Klicken Sie auf das Symbol *Seriendruck an Drucker*.

3 Markieren Sie die Optionsschaltfläche *Aktueller Datensatz*.

4 Aktivieren Sie im Dialogfeld *Seriendruck an Drucker* und im Dialogfeld *Drucker* die Schaltfläche *OK*.

Testdruck in eine Datei

Sie können das Ergebnis, das mit dem Druckbefehl normalerweise auf dem Drucker ausgegeben wird, mit einem Testdruck in eine Testdatei umleiten. Das erspart Ihnen eine größere Anzahl von Fehldrucken, wenn Fehler im Serienbrief vorhanden sind. Sie sollten dieses Verfahren einsetzen, wenn Ihr Serienbrief Bedingungsfelder enthält und wenn Sie prüfen wollen, ob die Datenfelder an den richtigen Positionen eingetragen sind. Ausgangspunkt für den Testdruck ist der Serienbrief.

Im sechsten und letzten Schritt des Seriendruck-Assistenten wird der Link *Individuelle Briefe bearbeiten* angezeigt. Klicken Sie auf diesen Link oder in der *Seriendruck*-Symbolleiste auf das Symbol *Seriendruck in ein neues Dokument* und bestätigen Sie das Dialogfeld *Seriendruck in Neues Dokument* mit *OK*.

Word druckt pro Datensatz ein Exemplar des Serienbriefs in die angegebene Datei und fügt dabei anstelle der Feldnamen die Feldinhalte ein. Die Testdatei enthält das Ergebnis, das Sie sonst auf dem Drucker ausdrucken würden. Word benennt die erste Testdatei automatisch *Serienbriefe 1* und nummeriert eventuell folgende Druckvorgänge entsprechend durch. Nach Fertigstellung der Testdatei wird diese zu Ihrer Kontrolle auf dem Bildschirm geöffnet.

Die einzelnen Briefexemplare in der Testdatei sind durch einen Abschnittswechsel, der gleichzeitig den Anfang einer neuen Seite definiert, getrennt. Sie können mit den Cursortasten oder der vertikalen Bildlaufleiste in der Testdatei blättern, um die weiter unten stehenden Briefe zu überprüfen. Sie können die Testdatei komplett ausdrucken oder durch Eingabe der entsprechenden Seitenzahl den Ausdruck auf einige Exemplare reduzieren. Entdecken Sie in der Testdatei Fehler, schließen Sie die Testdatei und korrigieren die Fehler im Original; also im Serienbrief, nicht in der Testdatei berichtigen und nach der Korrektur den Serienbrief erneut ausdrucken. Wenn Sie die Fehler direkt in den zusammengeführten Exemplaren der Testdatei korrigieren, würden diese beim nächsten Aufruf des Serienbriefs in der Originaldatei unverändert erhalten sein.

11

Serienbriefe

Prüfen auf Syntaxfehler

Die Serienbriefleiste bietet Ihnen ein weiteres Symbol, mit dem Sie einen Serienbrief auf Syntaxfehler überprüfen können. Ein Syntaxfehler wäre z. B. ein falsch geschriebener Feldname, der nicht mit dem Feldnamen in der Datenquelle übereinstimmt. Feldnamen, die Sie mit der Schaltfläche *Seriendruckfelder einfügen* eingefügt haben, werden automatisch korrigiert, wenn sie versehentlich verändert werden. Wenn Sie Bedingungsfelder verwenden, kann der Aufbau eines solchen Felds oder ein fehlender Parameter einen Syntaxfehler verursachen. Öffnen Sie den Serienbrief, damit Ihnen die Serienbriefleiste oder die entsprechenden Befehle zur Fehlerprüfung zur Verfügung stehen.

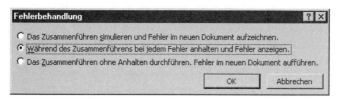

Das Dialogfeld Fehlerprüfung

Klicken Sie auf das Symbol *Fehlerprüfung* und aktivieren Sie im Dialogfeld *Fehlerbehandlung* eine der folgenden Auswahlmöglichkeiten:

- *Das Zusammenführen simulieren und Fehler im neuen Dokument aufzeichnen*: Aktivieren Sie diese Option, wenn Sie die Verbindung zwischen dem Serienbrief und der Datenquelle nur simulieren und gleichzeitig eventuell auftretende Fehler in einem neuen Dokument festhalten wollen.

- *Während des Zusammenführens bei jedem Fehler anhalten und Fehler anzeigen*: Wählen Sie diese Option, wenn Sie eine echte Verbindung zwischen Serienbrief und Datenquelle herstellen wollen und Word bei jedem Fehler, der auftritt, stoppen soll.

- *Das Zusammenführen ohne Unterbrechung durchführen, Fehler im neuen Dokument aufführen*: Wählen Sie diese Option, wenn Word eine echte Verbindung zwischen Serienbrief und Datenquelle herstellen soll und eventuell auftretende Fehler in einem neuen Dokument festgehalten werden sollen.

Serienbriefe drucken

Word druckt standardmäßig pro Datensatz ein Briefexemplar und fügt hierbei an den Stellen, die Sie durch die Seriendruckfelder gekennzeichnet haben, die einzelnen Feldinhalte ein, die Sie vorher in der Datenmaske erfasst haben. Sie können alle oder bestimmte Datensätze ausdrucken.

Wenn Sie nur einzelne Datensätze drucken wollen, können Sie die Datensatznummer oder bestimmte Feldinhalte als Selektionskriterium verwenden. Sie können Serienbriefe nicht mit dem normalen Druckbefehl drucken, da beim Ausdruck eine Verbindung zwischen dem Serienbrief und der Datenquelle hergestellt werden muss. Der Serienbrief muss das aktuelle Dokument sein, wenn Sie den Druck starten. Sie müssen also den Serienbrief öffnen oder zum Serienbrief wechseln, bevor Sie den Druckbefehl aufrufen.

Um alle Datensätze zu drucken, ohne auf den Ausdruck genaueren Einfluss zu nehmen, aktivieren Sie das Symbol *Seriendruck an Drucker* und bestätigen die folgenden Dialogfelder mit *OK*.

Nach der Aktivierung der Schaltfläche *Seriendruck an Drucker* wird das Dialogfeld *Seriendruck an Drucker* geöffnet. In diesem Dialogfeld können Sie festlegen, welche Datensätze gedruckt werden sollen.

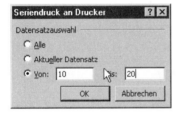

Auswahl der auszudruckenden Datensätze

Aktivieren Sie die Option *Alle*, um alle vorhandenen Datensätze einer Datenquelle auszudrucken. Wenn Sie bereits Selektionskriterien in das Dialogfeld *Seriendruckempfänger* festgelegt haben, werden mit dieser Option nur Datensätze ausgedruckt, die dem oder den Selektionskriterien entsprechen.

Tragen Sie in das Feld *Von* die erste Datensatznummer der Datensätze und in das Feld *Bis* die letzte Datensatznummer der Datensätze ein, die Sie ausdrucken wollen.

11

Serienbriefe

┌─── Tipp
Datensätze vom Druck ausschließen

Um bestimmte Datensätze zu drucken, andere vom Ausdruck auszuschließen, können Sie auch die Schaltfläche *Seriendruckempfänger* aktivieren und die Kontrollkästchen vor den Datensätzen deaktivieren, die Sie nicht drucken wollen.

Filtern und Selektieren der Datenquelle

Datenquellen, die Adressen für Serienbriefe speichern, erstellen Sie normalerweise nicht für den einmaligen Einsatz. Sie wollen vielleicht immer wieder auf diese Daten zurückgreifen und die Datensätze dabei immer wieder auf andere Weise selektieren. Vielleicht brauchen Sie für einen Werbebrief nur die Adressen aller Personen im Alter zwischen 25 und 35 Jahren oder Sie wollen nur alle Personen anschreiben, die innerhalb einer bestimmten Stadt wohnen. In diesen Fällen würden Sie die Datenfeldinhalte der Felder *Alter* oder *Ort* als Selektionskriterium einsetzen. Sie können auch die Datensatznummern der Datensätze in der Datenquelle als Kriterium für den Ausdruck benutzen. Dies wird besonders interessant, wenn Sie die Datenquelle sortiert ausdrucken lassen.

Datensätze sortieren

Sie können Datensätze nach bis zu drei Sortierschlüsseln, wahlweise aufsteigend oder absteigend sortiert, ausdrucken. Sortierschlüssel sind hierbei immer die Feldnamen der Datenquelle. Um Datensätze sortiert auszudrucken, aktivieren Sie das Symbol *Seriendruckempfänger*.

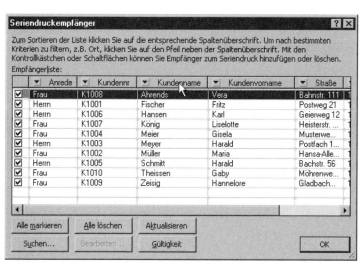

Einfaches Sortieren

Zum einfachen Sortieren klicken Sie einfach auf den Feldnamen der Spalte, nach der Sie sortieren wollen.

Sortieren nach mehreren Kriterien

Manchmal reicht das Sortieren nach einem einzigen Feld nicht aus. Haben Sie z. B. zwei Kunden, die beide Müller heißen, müssen Sie den Vornamen als zweites Sortierkriterium hinzunehmen.

1 Um eine Sortierung nach mehr als einem Kriterium durchzuführen, aktivieren Sie im Dialogfeld *Seriendruckempfänger* die Schaltfläche *Bearbeiten* und in der Datenmaske die Schaltfläche *Filtern und sortieren*.

2 Markieren Sie in den Listen *Sortierschlüssel* die Feldnamen, nach denen Sie Ihre Datensätze sortieren wollen.

3 Aktivieren Sie die Schaltfläche *Aufsteigend*, um die Datensätze in aufsteigender Reihenfolge zu sortieren. Buchstaben werden in diesem Fall von A bis Z und Ziffern von 1 bis 9 sortiert. Datumswerte werden vom ältesten zum jüngsten sortiert.

4 Mit der Schaltfläche *Absteigend* sortieren Sie die Datensätze in absteigender Reihenfolge. Buchstaben werden in diesem Fall von Z bis A und Ziffern von 9 bis 1 sortiert. Datumswerte werden vom jüngsten zum ältesten sortiert.

5 Wiederholen Sie die Schritte 2 bis 4 für den zweiten und dritten Sortierschlüssel. Der zweite und dritte Sortierschlüssel wird nur angewendet, wenn Feldinhalte des ersten bzw. zweiten Sortierkriteriums identische Feldeinträge aufweisen. Sie können den zweiten bzw. dritten Sortierschlüssel nur wählen, wenn Sie bereits einen ersten bzw. zweiten Schlüssel eingetragen haben.

Verwenden Sie später die Schaltfläche *Alle löschen*, um alle eingegebenen Sortierschlüssel zu löschen. Die Daten werden wieder in der gespeicherten Reihenfolge ausgedruckt.

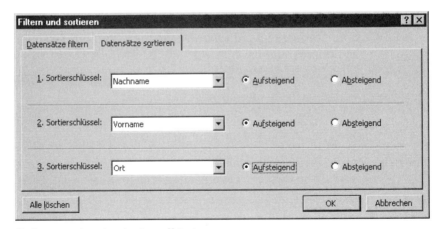

Sortieren nach mehr als einem Kriterium

11

Serienbriefe

Datensätze selektieren

Sie können Datensätze nach bis zu sechs Selektionskriterien gefiltert ausdrucken. Selektionskriterien sind die Feldinhalte der Datenquelle oder eine konstante Zeichenkette, ein konstanter Wert oder ein konstantes Datum. Sie können z. B. nur die Personen ausdrucken, deren Postleitzahl zwischen 8000 und 9000 liegt. Word stellt Ihnen acht Vergleichsoperatoren für den Vergleich von Buchstaben, Ziffern und Datumswerten zur Verfügung. Ein Datensatz wird ausgedruckt, wenn er der Anforderung entspricht, die der Vergleichsoperator definiert, also wenn der Vergleich zwischen Feldinhalt und Eintrag in *Vergleichen mit* das Ergebnis „wahr" erbringt.

Vergleichsoperator	Feldinhalt und Eintrag im Feld Vergleichen mit
Gleich	Müssen identisch sein.
Ungleich	Dürfen nicht identisch sein.
Kleiner als	Feldinhalt muss kleiner sein.
Größer als	Feldinhalt muss größer sein.
Kleiner oder gleich	Feldinhalt muss kleiner oder gleich sein.
Größer oder gleich	Feldinhalt muss größer oder gleich sein.
Ist leer	Feldinhalt muss fehlen.
Ist nicht leer	Beliebiger Feldinhalt muss vorhanden sein.

Um Datensätze selektiert auszudrucken, aktivieren Sie das Symbol *Seriendruckempfänger*. Klicken Sie auf den Listenpfeil, der neben der Spalte angezeigt wird, nach der Sie die Liste selektieren wollen. Markieren Sie den Feldinhalt, den Sie als Selektionskriterium verwenden sollen:

- *Alle*: Markieren Sie diesen Listeneintrag, um ein Selektionskriterium zu entfernen und wieder alle Datensätze ungefiltert anzuzeigen.

- *Feldinhalt xy*: Markieren Sie einen Feldinhalt, um nur die Datensätze anzuzeigen, die diesen Feldinhalt besitzen.

- *Leere*: Wählen Sie diesen Eintrag, um nur die Datensätze zu filtern, die in diesem Feld keinen Inhalt besitzen.

- *Nicht leere*: Wählen Sie diesen Eintrag, um nur die Datensätze zu filtern, die in diesem Feld einen beliebigen Inhalt besitzen, nicht jedoch die leeren.

- *Weitere Optionen*: Mit diesem Eintrag öffnen Sie das Dialogfeld *Filtern und sortieren*, in dem Sie weitere Filter eingeben können.

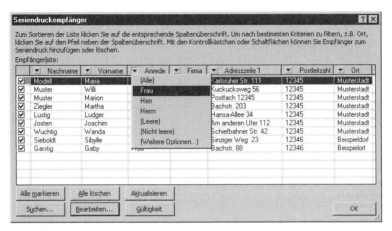

Selektieren im Dialogfeld Seriendruckempfänger

Sie können in mehr als einem Feld Filter einstellen, um die verschiedenen Kriterien zu verknüpfen. Filter, die Sie im Dialogfeld *Seriendruckempfänger kombinieren*, werden immer mit UND verknüpft, das heißt, ein Datensatz muss allen Filterkriterien entsprechen, damit er selektiert wird. Wenn Sie auf die Schaltfläche *OK* klicken, werden im Dialogfeld *Seriendruckempfänger* nur noch die gefilterten Datensätze angezeigt.

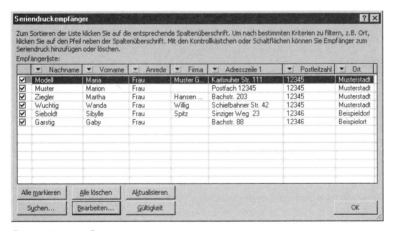

Die selektierten Datensätze

Sie können eine selektierte Datenquelle erkennen. Pfeilschaltflächen über den Spalten, die als Selektierkriterium eingesetzt werden, werden blau angezeigt.

11

Serienbriefe

Alternative Filterkriterien und Filtern von Wertebereichen

Im Dialogfeld *Seriendruckempfänger* können Sie mehrere Filterkriterien nur so kombinieren, dass alle zutreffen müssen, damit ein Datensatz angezeigt wird. Wollen Sie z. B. alle Kunden filtern, die aus Köln oder Düsseldorf kommen, oder alle Kunden, deren Rechnungsbetrag zwischen 1.000 und 2.000 DM liegt, können Sie die Filterung nicht mehr im Dialogfeld *Seriendruckmanager* durchführen.

1 Klicken Sie stattdessen dort auf die Schaltfläche *Bearbeiten* und dann auf *Filtern und sortieren* und aktivieren Sie das Register *Datensätze filtern*.

2 Wenn Sie mehr als ein Selektionskriterium eintragen, legen Sie hier mit der Auswahl *Und* fest, dass auch das nächste Kriterium erfüllt sein muss, damit ein Datensatz gedruckt wird. Mit der Auswahl *Oder* bestimmen Sie, dass es ausreicht, wenn entweder das aktuelle Selektionskriterium oder das nächste zutrifft.

3 Wählen Sie in der Liste *Feld* den Feldnamen, der den vergleichenden Feldinhalt speichert. Markieren Sie in der Liste *Vergleich* den Vergleichsoperator für das Selektionskriterium.

4 Tragen Sie bei *Vergleichen mit* ein, mit welchem Wert, welchem Datum oder welcher Zeichenkette der Feldinhalt verglichen werden soll, und aktivieren Sie *OK* und *Schließen*.

Aktivieren Sie später die Schaltfläche *Alle löschen*, um alle eingetragenen Selektionskriterien wieder zu löschen.

Filtern mit alternativem Filterkriterium

Nachdem Sie Feldnamen, Vergleichsoperatoren und Selektionskriterien eingetragen haben, aktivieren Sie die Schaltfläche *OK*, um das Dialogfeld zu schließen. Sowohl in der Datenmaske als auch im Dialogfeld *Serien-druckempfänger* werden nun nur noch die selektieren Datensätze ange-zeigt. Ein Ausdruck wird nur noch für die selektierten Datensätze durch-geführt.

Hinweis

Vergleichsoperatoren

Vergleichsoperatoren legen fest, wie zwei Felder verglichen werden sollen. Der Vergleich ergibt dann entweder, dass eine Bedingung zutrifft – dann ist sie wahr – oder nicht – dann ist sie falsch. Der in Word am häufigsten ein-gesetzte Vergleichsoperator ist *Gleich*. Word verwendet statt der in der Ma-thematik oder der Datenverarbeitung üblichen mathematischen Zeichen, wie = > oder <, ausgeschriebene Begriffe wie *Gleich*, *Kleiner als* oder *Größer als*.

Kunden aus Köln oder Düsseldorf filtern

1 Aktivieren Sie die Schaltfläche *Seriendruckempfänger* und kli-cken Sie dort auf die Schaltfläche *Bearbeiten*.

2 Aktivieren Sie die Schaltfläche *Filtern und sortieren* und aktivieren Sie das Register *Datensätze filtern*.

3 Öffnen Sie die Liste *Feld* und wählen Sie den Eintrag *Ort* bzw. den von Ihnen verwendeten Feldnamen für den Wohnort.

4 Belassen Sie den Eintrag im Feld *Vergleich* und geben Sie bei *Verglei-chen mit* ein „Köln".

5 Stellen Sie das Listenfeld am Anfang der zweiten Zeile um auf *Oder*.

6 Markieren Sie in der zweiten Liste *Feld* den Eintrag *Ort* und geben Sie bei *Vergleichen mit* ein „Düsseldorf" und aktivieren Sie *OK* und *Schließen*.

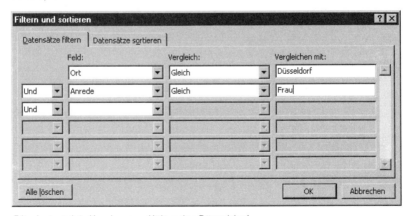

Filterbeispiel 1: Kunden aus Köln oder Düsseldorf

11

Serienbriefe

Nur weibliche Kunden aus Düsseldorf

Das nächste Beispiel filtert alle Datensätze von weiblichen Kunden aus Düsseldorf.

1 Aktivieren Sie die Schaltfläche *Seriendruckempfänger* und klicken Sie dort auf die Schaltfläche *Bearbeiten*.

2 Aktivieren Sie die Schaltfläche *Filtern und sortieren* und aktivieren Sie das Register *Datensätze filtern*.

3 Öffnen Sie die Liste *Feld* und wählen Sie den Eintrag *Ort* bzw. den von Ihnen verwendeten Feldnamen für den Wohnort.

4 Markieren Sie im Feld *Vergleich* den Eintrag *Gleich* und geben Sie bei *Vergleichen mit* ein „Düsseldorf".

5 Stellen Sie das Listenfeld am Anfang der zweiten Zeile um auf *Und*.

6 Markieren Sie in der zweiten Liste *Feld* den Eintrag *Anrede* und wählen Sie im Feld *Vergleich* den Eintrag *Gleich*.

7 Tragen Sie bei *Vergleichen mit* ein: „Frau" und aktivieren Sie *OK* und *Schließen*.

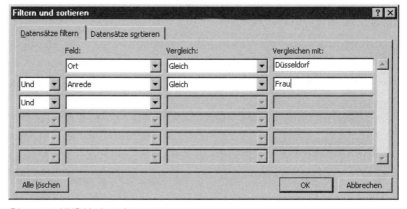

Filtern mit UND-Verknüpfung

Sortier- oder Selektionskriterium löschen

Wenn Sie später alle oder bestimmte eingetragene Sortier- oder Selektionskriterien wieder löschen wollen, öffnen Sie mit dem Symbol *Seriendruckempfänger* und den Schaltflächen *Bearbeiten* und *Filtern und sortieren* nochmals das Dialogfeld *Filtern und Sortieren*. Wählen Sie das Register *Datensätze filtern*, um Selektionskriterien zu löschen, und *Datensätze sortieren*, um Sortierkriterien zu löschen.

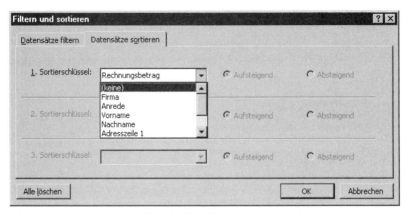

Mit diesem Eintrag löschen Sie einzelne Filter- oder Sortierkriterien

Mit der Schaltfläche *Alle löschen* entfernen Sie sämtliche Sortierschlüssel oder Selektionskriterien auf einmal. Wenn Sie nur bestimmte und nicht alle Sortierschlüssel oder Selektionskriterien löschen wollen, öffnen Sie stattdessen die Liste des entsprechenden Kriteriums und wählen den Eintrag *(keine)*. Schließen Sie die Dialogfelder mit *OK* und *Schließen*.

11.3 Adresslisten und Datenquellen in Word verwalten

Zur Verwaltung einer Datenquelle gehört sowohl die nachträgliche Veränderung der Feldstruktur als auch das Ergänzen, Löschen oder Bearbeiten der gespeicherten Datensätze.

Feldstruktur bearbeiten

Es kommt häufig vor, dass beim ersten Entwurf einer Adressliste Felder übersehen werden, sodass später Felder hinzugefügt werden müssen. Manchmal werden Sie feststellen, dass ein Feld in er Datenbank überflüssig ist oder umbenannt werden sollte. In diesem Fällen können Sie die Adressliste in Word bearbeiten und entsprechend verändern.

Um eine Adressliste zu bearbeiten, klicken Sie vom Serienbrief aus auf die Schaltfläche *Seriendruckempfänger* und aktivieren die Schaltfläche *Anpassen*. Sie erhalten nun Gelegenheit, die Feldstruktur zu verändern.

Felder hinzufügen

Aktivieren Sie die Schaltfläche *Hinzufügen*, um zusätzliche Felder zur Adressliste hinzuzufügen. Geben Sie den Feldnamen für das neue Feld ein und bestätigen Sie ihn.

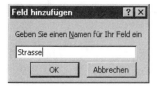

Hinzufügen eines Felds

Felder entfernen

Markieren Sie im Dialogfeld *Adressliste anpassen* den Feldnamen in der Liste *Feldnamen* und aktivieren Sie die Schaltfläche *Löschen*. Sie müssen das Löschen der Feldnamen nochmals bestätigen.

Feldern umbenennen

Um ein bestehendes Feld umzubenennen, markieren Sie im Dialogfeld *Adressliste anpassen* den Feldnamen in der Liste *Feldnamen* und aktivieren die Schaltfläche *Umbenennen*. Überschreiben Sie den alten Namen mit den neuen Feldnamen und bestätigen Sie das Dialogfeld.

Umbenennen eines Felds

Im Dialogfeld *Feld umbenennen* bleibt die Schaltfläche *OK* abgeblendet, solange Sie den alten Feldnamen nicht verändert haben, Sie müssen das Dialogfeld mit *Abbrechen* verlassen, wenn Sie den Feldnamen nicht verändern wollen.

Reihenfolge der Felder nachträglich verändern

Um die Reihenfolge, in der die Felder in der Datenmaske und im Dialogfeld *Seriendruckempfänger* angezeigt werden, zu verändern, aktivieren Sie im Dialogfeld *Seriendruckempfänger* die Schaltfläche *Bearbeiten* und in der Datenmaske die Schaltfläche *Anpassen*. Markieren Sie den Feldnamen, den Sie an eine andere Position verschieben wollen, und bewegen Sie ihn mithilfe der Schaltflächen *Nach oben* oder *Nach unten* an die gewünschte Position.

Datensätze bearbeiten

Genauso, wie Sie die Feldstruktur Ihrer Datenquelle verändern können, indem Sie Felder hinzufügen, entfernen oder verändern können, können Sie natürlich auch die Datenquelle jederzeit um zusätzliche Datensätze erweitern, Datensätze bearbeiten oder entfernen oder zusätzliche Datensätze in der Datenmaske erfassen.

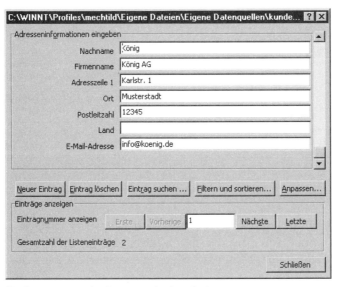

Ein Datensatz in der Datenmaske bearbeiten

Datensätze verändern

Das Verändern, Löschen und Hinzufügen von Datensätzen können Sie bequem in der Datenmaske durchführen. Um die Datenmaske anzuzeigen, aktivieren Sie entweder die Schaltfläche *Seriendruckempfänger* oder Sie klicken im Aufgabenbereich *Seriendruck* auf den Link *Empfänger bearbeiten*. Im Dialogfeld *Seriendruckempfänger* aktivieren Sie die Schaltfläche *Bearbeiten*.

Wenn Sie in der Datenmaske einen Datensatz verändern wollen, tragen Sie seine Datensatznummer in das Feld für die Datensatznummer ein oder bewegen sich mit der Schaltflächen *Erste*, *Vorherige*, *Nächste* oder *Letzte* zu diesem Datensatz.

Datensätze löschen

Wenn Sie einen Datensatz löschen wollen, blenden Sie ihn in der Datenmaske ein und aktivieren dann die Schaltfläche *Eintrag löschen*. Das Löschen müssen Sie nochmals bestätigen.

11

Serienbriefe

Datensätze hinzufügen

Wenn Sie einen Datensatz hinzufügen wollen, aktivieren Sie die Schaltfläche *Neuer Eintrag* und tragen die einzelnen Feldinhalte des Datensatzes in die leere Maske ein. Neue Datensätze werden immer am Ende der Adressliste eingefügt.

Nach dem Hinzufügen, Bearbeiten oder Löschen von Datensätzen können Sie mit der Schaltfläche *Schließen* die Datenmaske schließen.

Datensatz suchen

Sie können sowohl im Serienbrief als auch in der Datenmaske und im Dialogfeld *Seriendruckempfänger* einen Datensatz mit einem bestimmten Feldinhalt suchen lassen.

Wenn Sie im Seriendruck-Hauptdokument einen Datensatz suchen wollen, aktivieren Sie mit diesem Symbol die *Seriendruck-Vorschau* auf die Feldinhalte und klicken dann auf das Symbol *Eintrag suchen*.

Wenn Sie in der Datenmaske einen Datensatz suchen wollen, klicken Sie auf die Schaltfläche mit der Beschriftung *Eintrag suchen*. Im Dialogfeld *Seriendruckempfänger* klicken Sie zum Suchen auf die Schaltfläche mit der Beschriftung *Suchen*. In allen drei Fällen wird das Dialogfeld *Eintrag suchen* geöffnet.

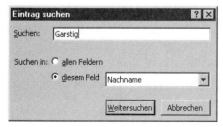

Suchen nach Datensätzen

Tragen Sie den Suchbegriff in das Feld *Suchen* ein und wählen Sie aus der Liste *diesem Feld* den Feldnamen, zu dem Sie einen bestimmten Feldinhalt suchen. Starten Sie mit der Schaltfläche *Weitersuchen* die Suche. Word blendet den ersten Datensatz ein, der das Suchkriterium erfüllt. Sie müssen eventuell das Dialogfeld *Eintrag suchen* verschieben, um den Inhalt der Maske komplett anzuzeigen. Im Dialogfeld *Seriendruckempfänger* markiert Word den gefundenen Datensatz. Blenden Sie jeweils mit der Schaltfläche *Weitersuchen* den nächsten Datensatz ein, bis Sie den gesuchten Datensatz gefunden haben.

Adressen aus dem Outlook-Adressbuch verwenden

Wenn Sie Adressen bereits ins Outlook-Adressbuch aufgenommen haben, können Sie diese Adressen als Datenquelle verwenden. Gehen Sie dazu den üblichen Weg über den Seriendruck-Assistenten, um das Serienhauptdokument zu erstellen. Wählen Sie im Aufgabenbereich *Seriendruck* den Link *Outlook-Kontakte verwenden*.

Word-Tabelle als Datenquelle benutzen

In früheren Word-Versionen wurden die Datenquellen für Serienbriefe standardmäßig in einer Word-Tabelle gespeichert. Sie konnten die Datensätze dieser Tabelle direkt oder mit einer Datenmaske anzeigen lassen. Sie können die Adressliste in Word 2002 weiterverwenden und mit der Auswahl *Vorhandene Liste verwenden* und dem Klick auf *Durchsuchen* übergeben. Word zeigt die Datensätze in der früheren Datenmaske mit den Ihnen vertrauten Steuerelementen an:

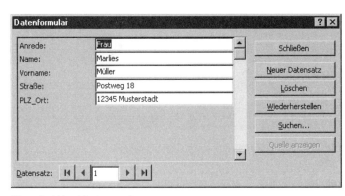

Die alte Word-Datenmaske

Neue Datenquelle verknüpfen

Falls Sie einen Serienbrief bereits mit einer Datenquelle verknüpft haben und später eine andere Datenquelle verwenden wollen, aktivieren Sie in der *Seriendruck*-Symbolleiste die Schaltfläche *Datenquelle öffnen* oder im Aufgabenbereich den Link *Andere Liste wählen*.

Serienbrief mit Excel-Datenquelle

In der Praxis kommt es häufig vor, dass die Datenquelle, die Sie mit einem Serienbrief verwenden wollen, nicht aus Word heraus erstellt werden soll. Access-Datenbanken können Sie benutzen wie die Adressenlisten, die Sie mithilfe des Seriendruck-Assistenten erstellt haben, da dieser seine Adresslisten ebenfalls als Access-Tabelle ablegt. Sie können auch auf eine Excel-Tabelle als externe Datenquelle zugreifen.

11

Serienbriefe

1 Dazu erstellen oder öffnen Sie das Dokument, das Sie als Serien-druck-Hauptdokument verwenden wollen, und wählen *Extras/Briefe und Sendungen/Seriendruck-Assistent.*

2 Im Aufgabenbereich legen Sie fest, welche Art von Seriendruck-Hauptdokument Sie erstellen wollen, und aktivieren *Weiter.*

3 Um dann die Verknüpfung zur externen Datenquelle herzustellen, aktivieren Sie im Aufgabenbereich den Link *Durchsuchen.*

4 Öffnen Sie den Speicherordner, in dem die Excel-Mappe gespeichert ist, markieren Sie deren Namen und aktivieren Sie dann die Schaltflä-che *Öffnen.*

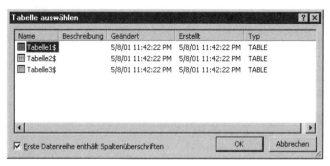

Die Liste der in der ausgewählten Mappe enthaltenen Tabellen

Sie müssen nun noch den Namen der Tabelle markieren, in der die Adressliste enthalten ist.

Hinweis

Bearbeiten von verknüpften Datenquellen

Es hängt von der Art der Verknüpfung ab, ob Sie eine verknüpfte Excel-Datenbank von Word aus bearbeiten können. Sie müssen das Tabellenblatt über DDE öffnen, um die Datensätze von Word aus in der Datenmaske bearbeiten zu können.

11.4 Serienbriefe per E-Mail oder Fax

Wenn die Empfänger Ihrer Serienbriefe über eine E-Mail-Adresse verfü-gen, können Sie Zeit und Geld sparen, wenn Sie den Brief auf elektroni-sche Weise verschicken. Dazu müssen Sie ein Feld in die Datenquelle aufnehmen, das die E-Mail-Adresse speichert.

1 Um den Versand per E-Mail direkt bei der Erstellung des Serienbriefs festzulegen, aktivieren Sie im Aufgabenbereich *Seriendruck* im ersten Schritt in der Liste *Wählen Sie einen Dokumenttyp* den Eintrag *E-Mail-Nachrichten.*

2 Schreiben Sie nun den Serienbrief, d. h., verknüpfen Sie die Datenquelle und stellen Sie die konstanten Inhalte und die Seriendruckfelder zusammen.

3 Im sechsten Schritt des Seriendruck-Assistenten klicken Sie auf den Links *E-Mail* oder Sie aktivieren in der *Seriendruck*-Symbolleiste die Schaltfläche *Seriendruckergebnis in E-Mail ausgeben.*

4 Falls Sie die Standardfelder verwenden, erkennt Word automatisch, dass die E-Mail-Adresse im Feld *EMailAdresse* gespeichert ist, sonst müssen Sie im Feld den Feldnamen markieren.

5 Geben Sie den Betrefftext in die Zeile *Betreffzeile* ein und wählen Sie im Feld *Nachrichtenformat*, ob die E-Mail im HTML-, im Textformat oder als Anlage gesendet werden soll.

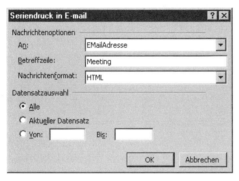

Serienbriefe per E-Mail

Sie können im Dialogfeld *Seriendruck in E-Mail* außerdem festlegen, ob alle oder nur bestimmte Datensätze gesendet werden sollen. Nach der Bestätigung des Dialogfelds wird der Serienbrief an den Standard-E-Mail-Client übergeben.

Auch für den Versand eines Serienbriefs per Fax gibt es in der *Seriendruck*-Symbolleiste eine Schaltfläche. Aktivieren Sie die Schaltfläche *Seriendruckergebnis in Fax ausgeben*, um einen Brief per Fax zu versenden. Voraussetzung ist hier, dass die Faxnummer der Empfänger in der Datenquelle enthalten ist.

11.5 Listen, Etiketten und Briefumschläge

Serienbriefe sind sicherlich die Hauptanwendungsform des Seriendrucks. Sie können diese Funktion jedoch auch einsetzen, um Etiketten, Briefumschläge oder Listen auszudrucken. Im Gegensatz zu einem Serienbrief als Seriendruck-Hauptdokument werden beim Druck von anderen Seriendruckhauptdokumenten, wie Adressetiketten, Briefumschlägen oder Verzeichnissen, mehrere Datensätze auf einen Bogen gedruckt.

11

Serienbriefe

Etiketten drucken

Die Seriendruck-Funktion von Word 2002 ist gerade im Hinblick auf den Druck von Etiketten sehr verbessert worden. Jetzt ist es möglich, Veränderungen und Ergänzungen, die Sie am ersten Etikett durchführen, per Mausklick auf alle übrigen Etiketten zu übertragen.

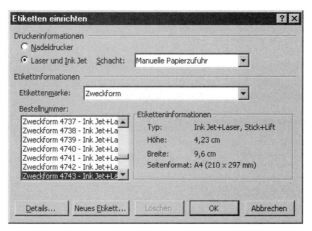

Auswahl des Etikettenformats

1 Um mithilfe der Seriendruckfunktion Adressetiketten zu bedrucken, blenden Sie mit *Extras/Briefe und Sendungen/Seriendruck-Assistent* den Aufgabenbereich *Seriendruck* ein.

2 In der Liste *Wählen Sie einen Dokumenttyp* markieren Sie die Auswahl *Etiketten* und klicken auf den Link *Weiter*.

3 Im zweiten Schritt aktivieren Sie im Aufgabenbereich den Link *Etikettenoptionen*, um das Layout der Etiketten anzupassen.

4 Markieren Sie bei *Druckerinformation* den angeschlossenen Drucker. Wenn Sie mit einem Mehrschacht-Drucker drucken wollen, wählen Sie ggf. den Einzugsschacht für die Etiketten aus der Liste *Schacht*.

5 Markieren Sie in der Liste *Etikettenmarke* das gewünschte Etikett und in der Liste *Bestellnummer* die Nummer des verwendeten Etikettenformats. Sie können parallel im Feld *Etiketteninformation* verfolgen, welche Ausmaße die einzelnen Etiketten haben und welche Seitengröße das Etikettenblatt insgesamt aufweist. Sie können die Schaltfläche *Details* aktivieren, um sich genauer über die Ränder, Ausmaße und Abstände zu informieren oder diese zu verändern.

6 Wenn Sie in der Liste *Bestellnummer* keinen passenden Eintrag finden, aktivieren Sie die Schaltfläche *Neues Etikett*, vergeben einen Namen und tragen die gewünschten Werte für Höhe, Breite, Abstand, Anzahl, Ränder und Seitenformat der verwendeten Etiketten ein.

7 Nach der Bestätigung des Dialogfelds wird ein Tabellenraster eingefügt, in dem jede Zelle die Größe eines Etiketts besitzt. Fahren Sie mit
der Erstellung des Seriendokuments fort, indem Sie die Adressliste
auswählen und das Dialogfeld *Seriendruckempfänger* bestätigen.

8 Im vierten Schritt des Assistenten erhalten Sie Gelegenheit, das
erste Etikett zu bearbeiten. Wenn es Ihren Wünschen entspricht, aktivieren Sie entweder im Aufgabenbereich *Seriendruck* die
Schaltfläche *Alle Etiketten aktualisieren* oder in der Symbolleiste die
Schaltfläche *Etiketten übertragen*.

Vorschau und Druck führen Sie für die fertig gestellten Etiketten
durch wie für einen Serienbrief als Hauptdokument. Klicken Sie im
vierten Schritt des Seriendruck-Assistenten auf den Link *Vorschau auf Ihre Etiketten* oder auf die Schaltfläche *Seriendruck-Vorschau*, um statt der
Seriendruckfelder die Feldinhalte aus der Datenquelle in den Tabellenzellen anzuzeigen.

Aktivieren Sie die Schaltfläche *Seriendruck an Drucker*, um die Etiketten auszudrucken. Genau wie einen Serienbrief müssen Sie auch
das Etikettenraster als Seriendruckhauptdokument speichern, um es später weiterzuverwenden.

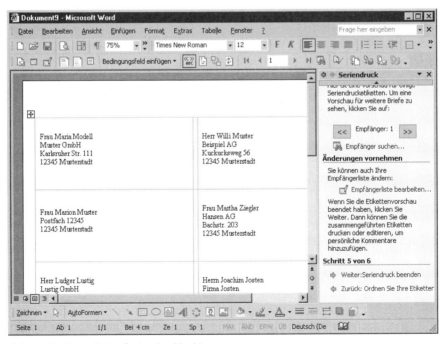

Adressetiketten mit der Seriendruckfunktion

11

Serienbriefe

Etiketten werden mit einem Tabellenraster ausgerichtet. Allen Zellen dieses Rasters sind in Word standardmäßig mit der vertikalen Ausrichtung *Zentriert* gestaltet.

Normgerechte Etiketten Zweckform No. 4743 drucken

Die Etiketten, die Word mit der Seriendruckfunktion erstellt, haben für den professionellen Einsatz in Unternehmen gleich mehrere Schönheitsfehler: Die Adressen werden als Block ohne Leerzeile vor der Zeile mit dem Ort eingefügt und im Etikett vertikal zentriert. Zudem ist der in Word eingestellte Standardzeilenabstand nicht korrekt, sodass in einem Etikett kein Platz für die benötigten neun Adresszeilen ist.

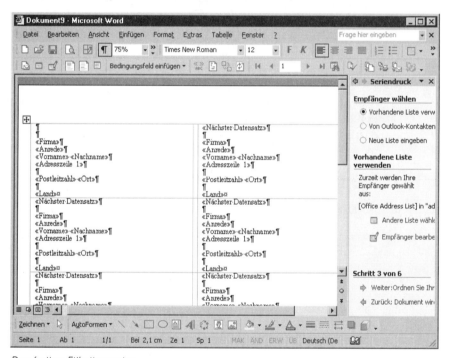

Das fertige Etikettenraster

Nach der folgenden Beschreibung erstellen Sie Beispieletiketten für das in der Praxis recht häufig verwendete Etikettenformat Zweckform No. 4743 mit einem korrekten Etikettenlayout:

1 Blenden Sie mit *Extras/Briefe und Sendungen/Seriendruck-Assistent* den Aufgabenbereich *Seriendruck* ein.

2 In der Liste *Wählen Sie einen Dokumenttyp* markieren Sie die Auswahl *Etiketten* und klicken auf den Link *Weiter*.

3 Im zweiten Schritt aktivieren Sie im Aufgabenbereich den Link *Etikettenoptionen*, um das Layout der Etiketten anzupassen.

4 Markieren Sie bei *Druckerinformation* den angeschlossenen Drucker. Wenn Sie mit einem Mehrschacht-Drucker drucken wollen, wählen Sie ggf. den Einzugsschacht für die Etiketten aus der Liste *Schacht*.

5 Markieren Sie in der Liste *Etikettenmarke* den Eintrag *Zweckform* und in der Liste *Bestellnummer* den Eintrag *Zweckform 4743 – Ink-Jet+Laser*.

6 Nach der Bestätigung des Dialogfelds aktivieren Sie den Link *Weiter: Empfänger wählen* und ordnen die Adressliste zu bzw. erstellen sie.

7 Markieren Sie anschließend die komplette Tabelle, löschen Sie deren Inhalt und markieren Sie die Tabelle erneut. Wählen Sie *Format/Absatz* und markieren Sie in der Liste *Zeilenabstand* den Eintrag *Genau*.

8 Bestätigen Sie das Dialogfeld, klicken Sie mit rechts in die markierte Tabelle und wählen Sie aus der Palette *Zellausrichtung* die Schaltfläche für die Ausrichtung links oben.

9 Klicken Sie in das erste Etikett und fügen Sie zwei Leerzeilen ein. Anschließend stellen Sie dort mit der Schaltfläche *Seriendruckfelder einfügen* die Felder für den Adressblock einzeln zusammen, wobei Sie zwischen Straße und PLZ/Ort eine Leerzeile berücksichtigen.

10 Nachdem Sie das erste Etikett komplett zusammengestellt haben, übertragen Sie seinen Inhalt und sein Layout mit der Schaltfläche *Etiketten übertragen* auf die restlichen Etiketten.

Beachten Sie, dass eine Adresse normalerweise erst in der dritten Zeile begonnen wird, wenn keine besondere Versendungsart, wie etwa „Wenn unzustellbar, zurück" verwendet wird. Fügen Sie also zwei Leerzeilen ein, bevor Sie das erste Seriendruckfeld einfügen.

┌─── **Hinweis**

Leerzeilen in Etikettenraster

Wenn Sie im ersten Seriendruckfeld mit Drücken der Taste ⌊Enter⌋ einen leeren Absatz einfügen, fügt Word diesen standardmäßig nicht in die Zelle, sondern vor der Tabelle ein. Fügen Sie anschließend die zwei Leerzeilen in die Zellen ein und löschen Sie anschließend die überflüssige Leerzeile über der Tabelle.

11

Serienbriefe

Briefumschläge drucken

Wenn Sie Seriendrucke durchführen und dabei Briefumschläge mit der Empfänger- und der Absenderadresse benötigen, können Sie viel Zeit sparen, wenn Sie auf eine gespeicherte Datenquelle zurückgreifen und mit der Seriendruckfunktion die Umschläge bedrucken lassen.

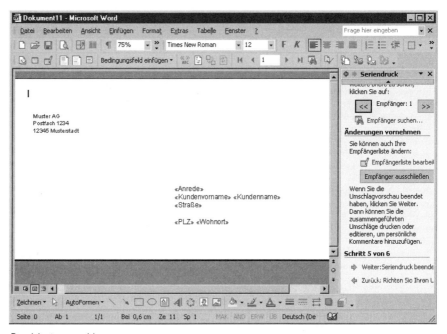

Der Musterumschlag

1 Wählen Sie den Befehl *Extras/Briefe und Sendungen/Seriendruck-Assistent* und aktivieren Sie im Aufgabenbereich in der Liste *Seriendruck* den Eintrag *Umschläge*.

2 Aktivieren Sie dann im Aufgabenbereich den Link *Weiter: Dokument wird gestartet* und klicken Sie anschließend auf den Link *Optionen für Umschläge*.

3 Word öffnet das Dialogfeld *Umschlagoptionen*. Öffnen Sie die Liste *Umschlagformat* und wählen Sie aus den Listeneinträgen das gewünschte Umschlagformat. Wenn das von Ihnen eingesetzte Umschlagformat in der Liste nicht auftaucht, wählen Sie den Eintrag *Benutzerdefiniertes Format*. Tragen Sie Breite und Höhe des verwendeten Umschlags ein und bestätigen Sie das Dialogfeld.

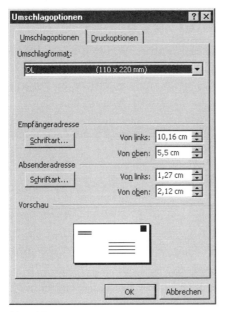

Umschlagoptionen

4 Word blendet bereits einen Musterumschlag ein, in dem die Position des Absenders mit einem Textfeld markiert ist. Aktivieren Sie jedoch zunächst im Aufgabenbereich den Link *Weiter: Empfänger wählen* und ordnen Sie dem Seriendruckhauptdokument eine Adressliste zu.

5 Anschließend tragen Sie die Absenderadresse in das markierte Textfeld ein. Da Word die Anzeigegröße automatisch verkleinert, müssen Sie diese ggf. mithilfe der Liste *Zoom* anpassen.

6 Klicken Sie im Briefumschlag auf die Position für die Empfängeradresse. Fügen Sie dort entweder mit dem Link *Adressblock* und der Schaltfläche *Adressblock einfügen* den kompletten Adressblock ein oder stellen Sie mit der Schaltfläche *Seriendruckfelder einfügen* den Adressblock selbst zusammen.

7 Zum Druck des Briefumschlags verwenden Sie die Schaltfläche *Seriendruck an Drucker*.

Wenn Sie das Layout des Briefumschlags später noch verändern wollen oder wenn Sie Einzugschacht oder die Einschubrichtung des Briefumschlags übergeben wollen, wählen Sie *Extras/Briefe und Sendungen/Umschläge und Etiketten*. Aktivieren Sie im Register *Druckoptionen* die Option für die Druckrichtung und aktivieren Sie in der Liste *Einzugsschacht* den Schacht, aus dem der Briefumschlag eingezogen werden soll.

11

Serienbriefe

Listen (Verzeichnisse) erstellen

Ein Verzeichnis stellt die Seriendruckfelder innerhalb eines Dokuments in Listenform zusammen und entspricht der früheren Dokumentart *Katalog*. Diese Art des Seriendrucks eignet sich daher besonders für Listen, z. B. Adresslisten, Telefonlisten oder E-Mail-Listen.

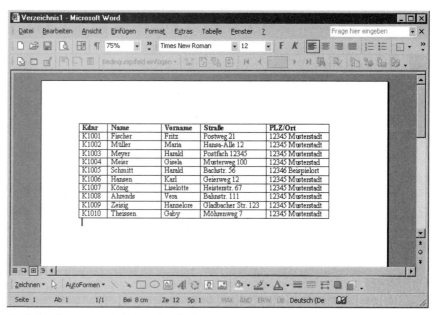

Ein Adressliste über die Verzeichnisfunktion

Um ein Verzeichnis zu erstellen:

1 Wählen Sie den Befehl *Extras/Briefe und Sendungen/Seriendruck-Assistent* und aktivieren Sie im Aufgabenbereich in der Auswahl *Wählen Sie einen Dokumenttyp* die Schaltfläche *Verzeichnis*.

2 Aktivieren Sie den Link *Weiter: Dokument wird gestartet* und wählen Sie das Startdokument aus. Um mit dem aktuellen Dokument zu arbeiten, lassen Sie die Vorauswahl *Aktuelles Dokument verwenden* markiert und klicken wieder auf *Weiter: Empfänger wählen*.

3 Aktivieren Sie nun entweder den Link *Durchsuchen*, um die Datenquelle zu übergeben oder markieren Sie in der Auswahl *Empfänger wählen Von Outlook-Kontakten wähle*n, wenn Sie das Outlook-Adressbuch als Datenquelle verwenden wollen, oder *Neue Liste eingeben*, wenn Sie die Adressliste erst zusammenstellen müssen.

4 Nachdem Sie die Datenquelle erstellt oder zugewiesen haben, aktivieren Sie den Link *Weiter: Richten Sie Ihr Verzeichnis* ein.

5 Ich empfehle Ihnen, die Seriendruckfelder in einem Verzeichnis entweder mit einer Tabelle oder mit Tabulatoren anzuordnen. Wählen Sie dazu z. B. *Tabelle/Einfügen/Tabelle* und setzen Sie die Spaltenanzahl auf die Anzahl von Seriendruckfeldern, die Sie einfügen wollen. Die Zeilenanzahl setzen Sie auf *1* und bestätigen das Dialogfeld. Fügen Sie nun mit der Schaltfläche *Seriendruckfelder einfügen* in jede Zelle ein Seriendruckfeld ein.

6 Ein Verzeichnis kann nicht direkt auf dem Drucker ausgegeben werden. Sie müssen die Liste zuerst in einem neuen Dokument erstellen. Das Dokument können Sie dann über den normalen Druckbefehl – nicht den Seriendruckbefehl – ausdrucken. Zur Erstellung des Dokuments aktivieren Sie entweder im sechsten Schritt des Seriendruck-Assistenten den Link *Als neues Dokuments speichern* oder die Schaltfläche *Seriendruck in ein neues Dokument* in der *Seriendruck*-Symbolleiste.

Falls Sie das Verzeichnis später weiterverwenden wollen, müssen Sie das erstellte Seriendruckhauptdokument speichern.

Erstellen einer Telefonliste mit der Seriendruckfunktion

Die Telefonliste soll die Spalten *Vorname*, *Nachname*, die *Abteilung* und die *Durchwahlnummer* der Mitarbeiter enthalten.

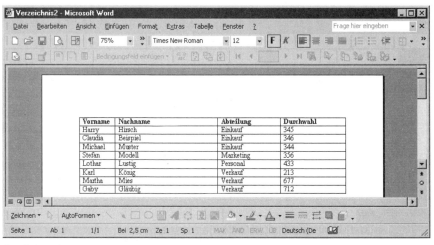

Die Telefonliste

1 Erstellen Sie ein neues leeres Standarddokument und wählen Sie *Extras/Briefe und Sendungen/Seriendruck-Assistent*.

2 Markieren Sie im Aufgabenbereich den Dokumenttyp *Verzeichnis* und klicken Sie auf den Link *Weiter* und im nächsten Schritt auf *Weiter: Empfänger wählen*.

3 Ordnen Sie dem Seriendruckhauptdokument die Adressdatei zu, in der Sie Namen und Telefonnummer gespeichert haben, und klicken Sie auf *Weiter: Richten Sie Ihr Verzeichnis* ein.

4 Wählen Sie *Tabelle/Einfügen/Tabelle* und fügen Sie eine Tabelle mit vier Spalten und einer Zeile ein.

5 Klicken Sie in die erste Zelle und auf die Schaltfläche *Serien-druckfelder einfügen*. Fügen Sie das Feld *Vorname*, in die nächste Zelle den *Nachnamen* und dann die Felder für *Abteilung* und die *Durchwahl* ein.

6 Aktivieren Sie in der *Seriendruck*-Symbolleiste die Schaltfläche *Seriendruck in neues Dokument*, um die Telefonliste zusammenzustellen, und bestätigen Sie das Dialogfeld mit *OK*.

7 Markieren Sie die erste Zeile der Ergebnistabelle und wählen Sie *Tabelle/Einfügen/Zeilen oberhalb*. Fügen Sie in diese Zeile die Feldnamen ein und gestalten Sie diese hervorgehoben.

8 Falls Sie das Verzeichnis später weiterverwenden wollen, müssen Sie das erstellte Seriendruckhauptdokument und nicht die Ergebnisliste speichern.

11.6 Serienbriefe mit Bedingungen

Der Ausdruck von Seriendokumenten kann durch die Verwendung von Bedingungsfeldern genauer gesteuert werden. Der Einsatz dieser Bedingungsfelder ermöglicht eine flexiblere Gestaltung der Dokumente, spart Speicherplatz und erlaubt den interaktiven Druck von Serienbriefen. Die Bedingungsfelder werden mit einer Schaltfläche in den Serienbrief eingefügt. Sie werden wie alle Feldfunktionen in Feldklammern eingeschlossen. Mit der Schaltfläche *Bedingungsfeld einfügen* können Sie einen Feldnamen auswählen und ein Dialogfeld öffnen, in das Sie die Bedingungen eintragen. Folgende Problemstellungen können Sie durch das Einfügen von Befehlen lösen:

- Das Einfügen unterschiedlicher Anreden und anderer Einfügetexte. Sie müssen diese Texte dann nicht für jeden Datensatz in die Steuerdatei aufnehmen.

- Das Unterdrücken oder Zulassen des Ausdrucks bestimmter Text-stellen nur dann, wenn eine Bedingung erfüllt ist.

- Das interaktive Eingeben bestimmter Feldinhalte erst während des Seriendrucks.

- Das Überspringen einzelner Datensätze beim Ausdruck.

- Das Ausdrucken mehrerer Datensätze auf einer Seite, z. B. in einer Liste.

- Das Einfügen von längeren Texten, die in separaten Dateien gespeichert sind, während des Ausdrucks.

Das Einfügen von Bedingungsfeldern

Die einfachste Möglichkeit, Bedingungsfelder in Seriendokumente auf-zunehmen, besteht in der Aktivierung der Schaltfläche *Bedingungsfeld einfügen*. In diesem Fall können Sie die einzelnen Bestandteile des Be-dingungsfelds in ein Dialogfeld eintragen und müssen sich nicht um die Syntax kümmern.

1 Öffnen Sie den Serienbrief, in den Sie Bedingungsfelder aufnehmen wollen.

2 Aktivieren Sie die Schaltfläche *Bedingungsfeld einfügen* in der Se-rienbriefleiste.

3 Markieren Sie das gewünschte Bedingungsfeld und drücken Sie die Taste (Enter) oder klicken Sie auf den Menüeintrag.

4 Wenn zusätzliche Eingaben nötig sind, blendet Word ein Dialogfeld ein. Tragen Sie die Bedingungen in die Eingabefelder des eingeblen-deten Dialogfelds ein und bestätigen Sie es.

Bei einigen dieser Bedingungsfelder handelt es sich nicht um echte Be-dingungen, sondern um Eingabeaufforderungen oder Steueranweisun-gen, die immer ausgeführt werden, wenn ein Seriendokument ausge-druckt wird. Andere Bedingungsfelder definieren Einfügetexte oder un-terdrücken den Ausdruck von Datensätzen, wenn eine bestimmte Bedin-gung erfüllt ist. Bedingungsfelder können auch unterschiedliche Einfüge-texte definieren für den Fall, dass eine Bedingung erfüllt ist, einen ande-ren Text für den Fall, dass die Bedingung nicht erfüllt ist.

Immer wenn eine Bedingung definiert wird, muss ein Vergleich stattfin-den. Wenn Sie das Bedingungsfeld einfügen, legen Sie den Feldnamen fest, dessen Feldinhalt verglichen werden soll. Welcher Vergleich statt-findet, bestimmen Sie mit dem Vergleichsoperator. Den Vergleichsopera-

11

Serienbriefe

tor finden Sie in den Dialogfeldern, in denen Sie die Bedingungen formulieren, immer in der Liste *Vergleich*. Verglichen wird der Feldinhalt des ausgewählten Feldnamens mit einem konstanten Wert, der aus einem Datum, einer Zeichenkette oder einem numerischen Wert bestehen kann. Diese Konstante tragen Sie immer in das Eingabefeld *Vergleichen mit* ein. Berücksichtigen Sie dabei die Groß-/Kleinschreibung, wenn Sie eine Zeichenkette vergleichen wollen.

Bedingungsfeld: Frage

Ein Bedingungsfeld vom Type *Frage* erzeugt die Ausgabe einer Dialogbox pro Briefexemplar, in der unterschiedlicher Feldinhalt für jedes Serienbriefexemplar erst während des Ausdrucks eingegeben wird. Die mit einer Textmarke gekennzeichnete Stelle wird dabei durch den in der Eingabeaufforderung abgefragten Inhalt der Textmarke ersetzt.

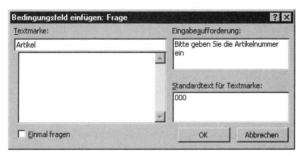

Das Dialogfeld Bedingungsfeld einfügen: Frage

Ein Bedingungsfeld mit den Daten im vorherigen Bild erzeugt beim Ausdrucken eines Serienbriefexemplars die folgende Eingabeaufforderung:

Ein Fragefeld

An der Stelle des Serienbriefs, die mit einem Textmarkenfeld {Artikel} gekennzeichnet ist, wird die Benutzereingabe eingefügt. Um ein Frage-Feld in Ihren Serienbrief einzufügen, aktivieren Sie die Schaltfläche *Bedingungsfeld einfügen* und wählen den Eintrag *Frage*.

1 Tragen Sie in das Feld *Textmarke* den Namen des Textmarkenfelds ein, durch das der eingegebene Text ersetzt werden soll.

2 Geben Sie in das Feld *Eingabeaufforderung* den Text ein, der im Dialogfeld eingeblendet werden soll.

3 Geben Sie als *Standardtext für Textmarke* den Text ein, der als Vorgabe gelten soll, bis oder falls keine Eintragungen gemacht werden.

4 Aktivieren Sie das Kontrollkästchen *Einmal fragen*, um nur einmal die Dialogbox einzublenden und dort einen Standardwert für alle Datensätze einzugeben.

5 Wenn Sie das Dialogfeld schließen, öffnet Word das erzeugte Dialogfeld. Sie können es ausfüllen oder die Standardvorgabe bestätigen.

Um die Position zu kennzeichnen, an der der Inhalt des Frage-Felds in das Dokument eingefügt werden soll, fügen Sie mit ⌜Strg⌟+⌜F9⌟ Feldklammern ein und tragen darin den Namen der Textmarke, die Sie im *Frage*-Dialogfeld vergeben haben, ein.

⌜ **Hinweis**

Frage – ASK

Word fügt ein Bedingungsfeld vom Typ Frage als {ASK}-Feld ein. ⌟

Bedingungsfeld: Eingeben

Ein Bedingungsfeld vom Typ *Eingeben* öffnet während des Verbindens von Serienbrief und Datenquelle ein Dialogfeld, in das Sie den Feldinhalt eintragen können.

Ein Bedingungsfeld: Eingeben

Das oben abgebildete Bedingungsfeld erzeugt beim Zusammenführen der Seriendateien das folgende Dialogfeld:

11

Serienbriefe

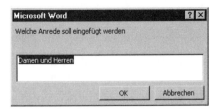

Ein Eingeben-Feld

Um ein *Eingeben*-Feld in Ihren Serienbrief einzufügen, aktivieren Sie die Schaltfläche *Bedingungsfeld einfügen* und wählen den Eintrag *Eingeben*. Word öffnet das Dialogfeld *Bedingungsfeld einfügen:Eingeben*.

1 Tragen Sie in das Feld *Eingabeaufforderung* den Text ein, der in der Dialogbox angezeigt werden soll.

2 Tragen Sie bei *Standardeingabetext* den Text ein, den Word als Vorgabe anzeigen und verwenden soll, wenn keine Antwort eingegeben wird.

3 Aktivieren Sie das Kontrollkästchen *Einmal fragen*, wenn Sie für alle Serienbriefexemplare nur eine Standardeingabe abfragen wollen.

Wenn Sie das Dialogfeld schließen, öffnet Word das erzeugte Dialogfeld. Sie können es ausfüllen oder die Standardvorgabe bestätigen.

Hinweis

Eingeben – Fillin

Word fügt ein Bedingungsfeld vom Typ Eingeben als {Fillin}-Feld ein.

Wenn...Dann...Sonst

Ein Bedingungsfeld vom Typ *Wenn...dann...sonst* steuert das Einfügen von unterschiedlichen Texten in die einzelnen Serienbriefexemplare. Dieses Bedingungsfeld ermöglicht das Zulassen oder Unterdrücken von Feldinhalten. In der einfachsten Form definieren Sie einen Text, der eingefügt wird, wenn die Bedingung zutrifft, d. h., wenn der Vergleich zwischen dem Feldinhalt und dem Vergleichswert positiv ausfällt, also das Ergebnis wahr ist. In diesem Fall wird kein Text definiert, der eingefügt werden soll, wenn die Bedingung nicht erfüllt wird. Das wohl bekannteste Beispiel hierfür ist die geschlechtspezifische Anrede in Briefen: „Sehr geehrter" und „Sehr geehrte". Sie definieren hier für den Fall, dass die Bedingung (z. B.: Anrede=„Herr") erfüllt wird, einen Einfügetext, der nur aus dem Zeichen „r" besteht. Trifft die Bedingung nicht zu, muss kein Text eingefügt werden. In anderen Fällen ermöglicht ein Wenn-Bedingungsfeld auch das Einfügen von zwei unterschiedlichen Feldinhalten, je nachdem, ob eine Bedingung erfüllt ist oder nicht.

Um ein Bedingungsfeld in Ihren Serienbrief einzufügen, aktivieren Sie die Schaltfläche *Bedingungsfeld einfügen* und wählen den Eintrag *Wenn... Dann...Sonst.* Word öffnet das Dialogfeld *Bedingungsfeld einfügen: Wenn.*

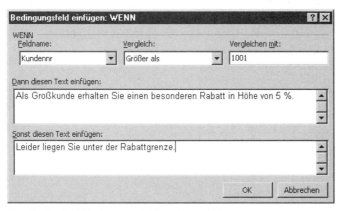

Das Dialogfeld Bedingungsfeld einfügen: Wenn

1 Wählen Sie in der Liste *Feldname* das Feld aus, dessen Inhalt von der Bedingung überprüft werden soll.

2 Wählen Sie bei *Vergleich* den Vergleichsoperator.

3 Tragen Sie in das Feld *Vergleichen mit* die Zeichenkette, das Datum oder den Wert ein, mit dem der Feldinhalt verglichen werden soll.

4 In das Feld *Dann diesen Text einfügen* geben Sie den Text ein, den Word ausdrucken soll, wenn die Bedingung erfüllt ist. Sie können dieses Feld auch frei lassen, wenn Sie nur für den Fall, dass die Bedingung nicht erfüllt ist, einen Text ausgeben wollen.

5 In das Feld *Sonst diesen Text einfügen* schreiben Sie, was ausgedruckt werden soll, wenn die Bedingung nicht erfüllt ist. Sie können dieses Feld auch frei lassen, wenn Sie nur für den Fall, dass die Bedingung erfüllt ist, einen Text vorsehen wollen.

Hinweis

Wenn...dann...sonst – IF

Word fügt ein Bedingungsfeld vom Typ Frage als {IF}-Feld ein.

11

Serienbriefe

Bedingungsfeld für drei unterschiedliche Anreden einsetzen

Normalerweise benötigen Sie in Serienbriefen, die Sie für die Geschäftskorrespondenz erstellen, nicht nur zwei geschlechtsspezifische Briefanreden, sondern eine dritte neutrale Anrede „Sehr geehrte Damen und Herren" für den Fall, dass Sie keinen Ansprechpartner in der Empfängerfirma kennen. Um dies zu erreichen, müssen Sie ein geschachteltes Bedingungsfeld erstellen, d. h., im Sonst-Teil des ersten Wenn-Dann-Sonst-Felds wird ein zweites Wenn-Dann-Sonst-Feld eingefügt.

Drei unterschiedliche Anreden

1 Aktivieren Sie die Schaltfläche *Bedingungsfeld* in der *Seriendruck*-Symbolleiste und wählen Sie *Wenn....Dann...Sonst*.

2 Markieren Sie im Listenfeld *Feldname* den Eintrag *Anrede*, lassen Sie im Feld *Vergleich* den Eintrag *Gleich* unverändert und geben Sie im Feld Ver*gleichen mit* ein: „Frau".

3 Geben Sie in das Feld *Dann diesen Text einfügen* ein: „Sehr geehrte Frau", ergänzen Sie dahinter ein Leerzeichen und drücken Sie die Tastenkombination (Strg)+(F9). Geben Sie in die Feldklammern „Mergefield" und den Namen des Felds, in dem der Kundenname gespeichert ist, ein.

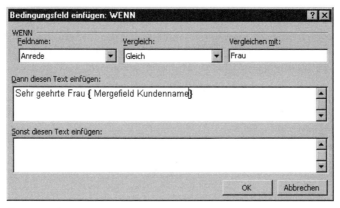

Der erste Schritt

4 Lassen Sie das Feld *Sonst diesen Text einfügen* frei und bestätigen Sie das Dialogfeld.

5 Drücken Sie [Alt]+[F9] und klicken Sie zwischen die leeren Anführungszeichen am Ende des Felds.

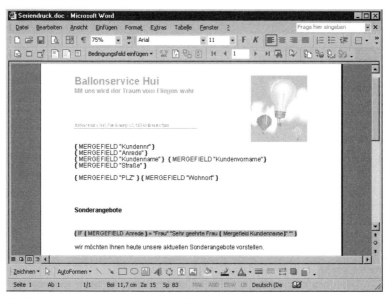

Die Einfügeposition für das innere Feld muss korrekt sein

6 Klicken Sie erneut auf die Schaltfläche *Bedingungsfeld einfügen* und wählen Sie wieder *Wenn...Dann...Sonst*.

7 Im Feld *Feldname* wählen Sie erneut *Anrede*, bei *Vergleich* belassen Sie *Gleich* und im Feld *Vergleichen mit* geben Sie ein: „Herr" oder „Herrn", je nachdem, welche Form der Anrede Sie verwenden.

11

Serienbriefe

8 In das Feld *Dann diesen Text einfügen* geben Sie ein „Sehr geehrter Herr", gefolgt von einem Leerzeichen. Drücken Sie wieder [Strg]+[F9]. Geben Sie in die Feldklammern „Mergefield" und den Namen des Felds, in dem der Kundenname gespeichert ist, ein.

9 Geben Sie in das Feld *Sonst diesen Text einfügen* die neutrale dritte Anrede ein „Sehr geehrte Damen und Herren" und bestätigen Sie das Dialogfeld. Sie müssen nun im Serienbrief nur mit [Alt]+[F9] die Feldergebnisse anzeigen und das Komma hinter der Anrede ergänzen.

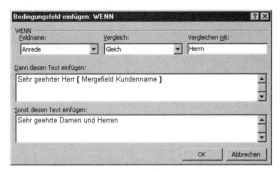

Das innere Bedingungsfeld

Als Ergebnis fügt Word bei allen Adressen mit der *Anrede* „Frau" die Briefanrede „Sehr geehrte Frau xy", bei allen Adressen mit der *Anrede* „Herr" bzw. „Herrn" die Briefanrede „Sehr geehrter Herr xy" und bei allen Adressen, in denen das Feld *Anrede* leer ist, die Anrede „Sehr geehrte Damen und Herren" ein. Zur Kontrolle sollten Sie die *Seriendruck-Vorschau* aktivieren und die einzelnen Briefexemplare überprüfen.

> **Hinweis**
>
> **Geschachtelte Bedingung**
>
> Natürlich ist das Einfügen einer zweiten Bedingung auch für den Dann-Teil möglich.

Wenn-dann-sonst-Bedingungsfelder bearbeiten

Leider ist es auch in Word 2002 nicht möglich, bereits eingefügte Bedingungsfelder nachträglich im Dialogfeld zu bearbeiten. Zum Bearbeiten eines Bedingungsfelds klicken Sie mit rechts in das Feld und wählen *Felder ein/aus*.

Zeilen- und Absätze in bedingten Einfügetexten

Wenn Sie mit einem Bedingungsfeld längere Textabschnitte einfügen, müssen Sie berücksichtigen, dass Zeilenschaltungen, Absatzschaltungen, Seitenwechsel und Abschnittswechsel an der richtigen Stelle positioniert sind. Absatzmarke und Zeilenwechsel können Sie in die Felder *Dann die-sen Text einfügen* oder *Sonst diesen Text einfügen* mit Enter oder Umschalt+Enter direkt eingeben. Falls Sie Leerzeilen erst einfügen wollen, nachdem Sie bereits das Feld in das Seriendruckdokument eingefügt ha-ben, klicken Sie mit rechts in das Bedingungsfeld und wählen *Fehler ein/aus*, um den Feldinhalt anzuzeigen, positionieren Sie den Cursor in die Feldklammer des Bedingungsfelds an die gewünschte Position zwi-schen die Anführungszeichen des Wenn- oder des Sonst-Textes und fü-gen Sie den Wechsel nachträglich ein.

Bedingungsfeld: Datensatz zusammenführen

Ein Bedingungsfeld vom Typ *Datensatz zusammenführen* fügt die Num-mer des Datensatzes, bezogen auf seine Position in der Datenquelle, ein. Falls die Datenquelle gefiltert ist, bezieht sich die Datensatznummer auf die Position in der ungefilterten Datenquelle. Dies ist in Verzeichnissen gut zu verwenden, um die Datensätze automatisch zu nummerieren. Um ein *Datensatz Zusammenführen*-Feld in Ihren Serienbrief einzufügen, ak-tivieren Sie die Schaltfläche *Bedingungsfeld einfügen* und wählen den Eintrag *Datensatz zusammenführen*.

Hinweis

Datensatz zusammenführen

Word fügt ein Bedingungsfeld vom Typ *Datensatz zusammenführen* als {MERGEREC}-Feld ein.

11

Serienbriefe

Bedingungsfeld: Sequenz zusammenführen

Ein Bedingungsfeld vom Typ *Sequenz zusammenführen* fügt die Nummer des Datensatzes bezogen auf den aktuellen Ausdruck ein. Diese Nummer unterscheidet sich von der Datensatznummer nur, wenn Sie einen Filter benutzen. Um ein *Sequenz zusammenführen*-Feld in Ihren Serienbrief einzufügen, aktivieren Sie die Schaltfläche *Bedingungsfeld einfügen* und wählen den Eintrag *Sequenz zusammenführen*. Im folgenden Bild sehen Sie ein Beispiel, das den Unterschied zwischen Datensatznummer und Sequenznummer verdeutlicht. Im Beispiel wurden die ersten zwei Daten-sätze vom Druck ausgeschlossen:

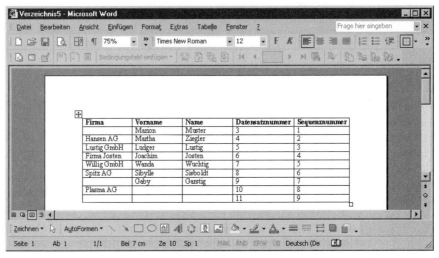

Die letzten beiden Spalten des Verzeichnisses zeigen Datensatznummer und Sequenznummer

Im Beispiel zeigt die vorletzte Spalte, die mit dem *Bedingungsfeld Datensatz zusammenführen* eingefügt wurde, die Position in der gefilterten Adressliste, die letzte Spalte, die mit dem Bedingungsfeld *Seriendruck-Sequenz-Nr* eingefügt wurde die Position in der gefilterten Datenquelle, die für den aktuellen Ausdruck benutzt wurde.

Hinweis

Sequenz zusammenführen

Word fügt ein Bedingungsfeld vom Typ *Sequenz zusammenführen* als {MERGESEQ}-Feld ein.

Bedingungsfeld: Nächster Datensatz

Ein Bedingungsfeld vom Type *Nächster Datensatz* unterdrückt den Seitenumbruch, der normalerweise nach jedem Datensatz erfolgt, und ermöglicht dadurch den Ausdruck von mehr als einen Datensatz auf einer Seite. Um ein *Nächster Datensatz*-Feld in Ihren Serienbrief einzufügen, aktivieren Sie die Schaltfläche *Bedingungsfeld einfügen* und wählen den Eintrag *Nächster Datensatz*.

Hinweis

Nächster Datensatz

Word fügt ein Bedingungsfeld vom Typ Nächster Datensatz als {NEXT}-Feld ein.

Bedingungsfeld: Textmarke festlegen

Mit einem Bedingungsfeld vom Type *Textmarke festlegen* definieren Sie eine Textmarke, der ein bestimmter Inhalt zugewiesen wird. Benutzen Sie diese Funktion zur Definition von Konstanten, die Sie entweder so in das Dokument einfügen wollen oder auf die Sie sich in Rechenausdrücken beziehen wollen. Um ein *Textmarke festlegen*-Feld in Ihren Serienbrief einzufügen, aktivieren Sie die Schaltfläche *Bedingungsfeld einfügen* und wählen den Eintrag *Textmarke festlegen*. Word öffnet das Dialogfeld *Bedingungsfeld einfügen:Bestimmen*.

Tragen Sie den Namen der Textmarke in das Feld *Textmarke* ein. Tragen Sie den Inhalt, den die Textmarke erhalten soll, in das Feld *Wert* ein und bestätigen Sie das Dialogfeld.

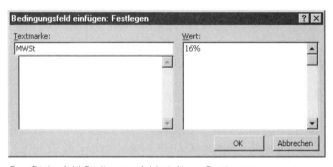

Das Dialogfeld Bedingungsfeld einfügen:Bestimmen

erstellt eine Konstante, auf die später Bezug genommen werden kann, wenn der Feldinhalt *Rechnungsbetrag* mit der Mehrwertsteuer multipliziert werden soll, um den Bruttobetrag automatisch berechnen zu lassen:

{= {Mergefield Rechnungsbetrag} * MWSt}

Hinweis

Textmarke festlegen

Word fügt ein Bedingungsfeld vom Typ *Textmarke festlegen* als {SET}-Feld ein.

Bedingungsfeld: Nächster Datensatz wenn

Ein Bedingungsfeld vom Typ *Nächster Datensatz wenn* unterdrückt den Feldinhalt eines Felds für den aktuellen Datensatz, wenn die definierte Bedingung wahr ist, und fährt mit dem Druck des nächsten Datensatzes fort. Um ein *Nächster Datensatz Wenn*-Feld in Ihren Serienbrief einzufügen, aktivieren Sie die Schaltfläche *Bedingungsfeld einfügen* und wählen

11

Serienbriefe

den Eintrag *Nächster Datensatz wenn*. Word öffnet das Dialogfeld *Bedingungsfeld einfügen:Nächster Datensatz wenn*.

Wählen Sie im Eingabefeld *Feldname* den Namen des Datenfelds, dessen Inhalt Sie prüfen wollen. Wählen Sie aus der Liste *Vergleich* den gewünschten Operator und tragen Sie in das Feld *Vergleichen mit* die Textkonstante, das Datum oder den Wert ein, mit dem Sie den Feldinhalt vergleichen wollen.

Hinweis

Nächster Datensatz wenn

Word fügt ein Bedingungsfeld vom Typ *Nächster Datensatz wenn* als {NEXTIF}-Feld ein.

Bedingungsfeld: Datensatz überspringen wenn

Ein Bedingungsfeld vom Typ *Datensatz überspringen wenn* überspringt den Ausdruck aller Datensätze, die eine Bedingung erfüllen. Sie können mit der Serienbrieffunktion Mahnungen verschicken und die Personen ausschließen, die im Datenfeld *Rechnung* den Eintrag „0" haben, sodass gewährleistet ist, dass auch wirklich nur Kunden angeschrieben werden, die Ihre Rechnung nicht bezahlt haben. Alle anderen werden beim Ausdruck übersprungen. Um ein solches Bedingungsfeld in Ihren Serienbrief einzufügen, aktivieren Sie die Schaltfläche *Bedingungsfeld einfügen* und wählen den Eintrag *Datensatz überspringen*. Word öffnet das Dialogfeld *Bedingungsfeld einfügen: Datensatz überspringen wenn*.

Wählen Sie in der Liste *Feldname* das Datenfeld, dessen Inhalt Sie prüfen wollen. Wählen Sie aus der Liste *Vergleich* den Operator. Tragen Sie in das Feld *Vergleichen mit* die Zeichenkette, den Wert oder das Datum ein, mit dem der Feldinhalt verglichen werden soll.

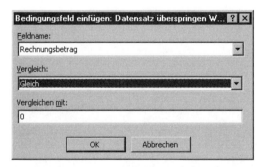

Das Dialogfeld Bedingungsfeld einfügen: Datensatz überspringen

Hinweis

Datensatz überspringen wenn

Word fügt ein Bedingungsfeld vom Typ *Datensatz überspringen wenn* als {SKIPIF}-Feld ein.

11

Serienbriefe

12. Word als Fax-, Mail- und Webeditor

In Word 2002 ist es noch einfacher geworden, Dokumente per E-Mail an einen oder mehrere Empfänger zu verschicken oder zu faxen.

12.1 Dokumente aus Word heraus faxen

Falls Sie eine Fax-Software, z. B. Microsoft Fax, installiert haben, können Sie das aktuelle Dokument direkt aus Word heraus faxen.

1 Wählen Sie dazu *Datei/Senden an/Faxempfänger*. Der Befehl startet den Fax-Assistenten. Dessen erstes Dialogfeld können Sie mit einem Klick auf *Weiter* übergehen.

2 Im nächsten Dialogfeld ist automatisch die Optionsschaltfläche *Das folgende Dokument* und im Listenfeld der Name des aktuellen Dokuments markiert. Die Liste enthält alle geöffneten Dokumente, sodass Sie dort auch ein anderes Dokument auswählen könnten. Außer den geöffneten Dokumenten können Sie mit dem Wechsel zur Optionsschaltfläche *Ein Fax-Deckblatt* mit Bemerkungen auch ein unabhängiges Blatt faxen.

Falls das Fax ein Deckblatt erhalten soll, lassen Sie die Optionsschaltfläche *With a cover sheet* markiert, sonst wechseln Sie zur Auswahl *Ohne Deckblatt*.

3 Nachdem Sie mit *Weiter* das nächste Dialogfeld eingeblendet haben, müssen Sie festlegen, welche Fax-Software Sie einsetzen wollen. Standardmäßig ist hier das Windows-Zubehör *Microsoft Fax* markiert, falls diese Software installiert ist. Um ein anders Fax-Programm zu verwenden, wechseln Sie ggf. zur Optionsschaltfläche *Ein anderes Fax-Programm, das auf diesem Computer installiert ist*. Anschließend wird die Liste *Wählen Sie Ihr Fax-Programm aus* aktivierbar. Markieren Sie dort den Namen der Fax-Software, die Sie verwenden wollen. Falls Sie keine Fax-Software installiert haben, aber ein externes Faxgerät besitzen, markieren Sie die Optionsschaltfläche *Ich möchte das Dokument drucken und dann später von einem Faxgerät aus versenden*.

12

Fax, Mail und Web

4 Nach dem erneuten Klick auf *Weiter* legen Sie die Fax-Empfänger fest. Wählen Sie die Namen und die Telefonnummern der Empfänger aus den Listenfeldern aus oder geben Sie diese Daten dort ein. Über die Schaltfläche *Adressbuch* können Sie auf bereits gespeicherte Daten zugreifen.

5 Wenn Sie sich für die Verwendung eines Fax-Deckblatts entschieden haben und jetzt nochmals die Schaltfläche *Weiter* aktivieren, können Sie den Stil des Deckblatts festlegen. Unter den Schaltflächen können Sie das Layout des jeweiligen Stils in einer Vorschau betrachten.

6 Der vorletzte Schritt zur Faxerstellung, den Sie wieder mit einem Klick auf *Weiter* einblenden, fragt nun die Daten des Absenders ab. Den Namen und die Firma übernimmt Word automatisch aus der Benutzerinfo im (Dialogfeld *Optionen*, Register *Benutzerinfo*), die übrigen Daten geben Sie manuell ein.

Da der letzte Schritt des Fax-Assistenten lediglich eine Information einblendet, können Sie die Faxerstellung auch jetzt bereits über die Schaltfläche *Fertig stellen* beenden.

Das automatisch erstellte Faxdeckblatt

Der Assistent entwickelt auf Basis Ihrer Daten ggf. das Faxdeckblatt und zeigt es an. Außerdem wird automatisch die Schaltfläche *Send Fax now* (Fax jetzt senden) angezeigt. Aktivieren Sie diese Schaltfläche, wenn Sie die Eingaben im Deckblatt vervollständigt haben und das Fax senden wollen. Je nachdem, welche Fax-Software Sie verwenden, verwenden Sie verschiedene Befehle, um das Senden zu bestätigen. Unter Windows 2000 können Sie auch über das Dialogfeld *Drucken* Faxe versenden. Wählen Sie dazu im Dialogfeld *Drucken* im Listenfeld *Name* den Faxdrucker aus und klicken Sie auf *OK*, dann wird der Fax-Assistent automatisch gestartet.

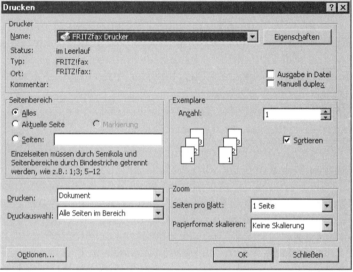

Faxen über das Dialogfeld Drucken

Über den Faxmonitor in der Taskleiste können Sie den Fortschritt beim Senden der Faxe beobachten und ggf. eingreifen.

Das Dialogfeld der Fax-Software wird zur Kontrolle eingeblendet

12

Fax, Mail und Web

12.2 Word als E-Mail-Editor

Word 2002 kann bequem als E-Mail-Editor eingesetzt werden. Der Zugriff auf diese Funktion kann über eine spezielle Vorlage oder über ein Symbol in der *Standard*-Symbolleiste erfolgen. Bevor Sie die erste E-Mail erstellen, sollten Sie die E-Mail-Optionen überprüfen, um z. B. die Signatur festzulegen, mit der Sie private und geschäftliche E-Mails unterzeichnen wollen.

Optionen für die E-Mail-Erstellung festlegen

Wenn Sie Word 2002 nutzen, um Dokumente per E-Mail zu versenden, können Sie über die E-Mail-Optionen Signaturen vereinbaren und das Design für Ihr persönliches Briefpapier zusammenstellen. Um die eingestellten E-Mail-Optionen zu prüfen und anzupassen, wählen Sie *Extras/ Optionen* und aktivieren das Register *Allgemein*. Aktivieren Sie die Schaltfläche *E-Mail-Optionen*.

E-Mail-Signatur erstellen

Im Register *E-Mail-Signatur* können Sie eine oder mehrere Signaturen festlegen, mit denen Sie Ihre E-Mails unterzeichnen wollen. Sie können z. B. eine Signatur für private und eine für geschäftliche Korrespondenz entwerfen. Dazu geben Sie einen Titel, z. B. „privat", in das obere Eingabefeld und die Signatur in das untere Eingabefeld ein. Verwenden Sie die Formatierungssymbole, um die Signatur zu gestalten, und nehmen Sie die neue Signatur mit *Hinzufügen* in die Liste auf.

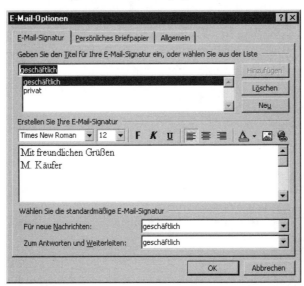

Signatur erstellen

Unten im Dialogfeld finden Sie die Listenfelder *Für neue Nachrichten* und *Zum Antworten und Weiterleiten*. Dort können Sie wählen, welche der Signaturen Sie für neu erstellte E-Mails verwenden wollen und welche eingefügt wird, wenn Sie E-Mails beantworten oder weiterleiten.

Persönliches Briefpapier auswählen

Im Register *Persönliches Briefpapier* aktivieren Sie die Schaltfläche *Design*, um ein Design – eine Zusammenstellung von Formatvorlagen – zur Gestaltung der E-Mail-Inhalte auszuwählen.

Standardmäßig ist im Dialogfeld *E-Mail*-Optionen auf der Registerkarte *Persönliches Briefpapier* das Kontrollkästchen *Schriftart des Designs verwenden* eingeschaltet.

In diesem Fall können Sie nur für das Beantworten und Weiterleiten von E-Mails die Schriftart wählen. Schalten Sie das Kontrollkästchen aus, können Sie auch für die neu erstellten Nachrichten die Standardschrift, abweichend vom Design, festlegen.

Persönliches Briefpapier verwenden

Eine neue E-Mail

Falls Sie Word als E-Mail-Editor verwenden wollen, um eine neue E-Mail zu schreiben, wählen Sie *Datei/Neu* und klicken im Aufgabenbereich auf den Link *Leere E-Mailnachricht* oder Sie klicken in der Symbolleiste auf die Schaltfläche *E-Mail*.

1 Geben Sie die Empfängeradresse des Hauptempfängers in das Feld *An* ein oder wählen Sie sie mithilfe der Schaltfläche vor dem Eingabefeld aus dem Adressbuch aus.

2 Falls Sie Kopien der E-Mail an weitere Empfänger versenden wollen, geben Sie deren Adresse in das Feld *Cc* ein oder wählen sie aus dem Adressbuch aus.

Hinweis

Blindkopien

Normalerweise kann jeder E-Mail-Empfänger, dem Sie eine Kopie der E-Mail senden, sehen, an welche anderen Empfänger Sie diese Mail verschicken. Wenn die Adressen der anderen Mail-Empfänger nicht angezeigt werden sollen, verschicken Sie Blindkopien.

3 Falls Sie Blindkopien versenden wollen, blenden Sie mit einem Klick auf die Schaltfläche *Optionen* und die Auswahl von *Bcc* in der *Mail*-Symbolleiste ein weiteres Eingabefeld ein, in das Sie die E-Mail-Adresse der Blindkopien-Empfänger eingeben oder aus dem Adressbuch auswählen.

4 Geben Sie im Feld *Betreff* ein aussagekräftiges Stichwort ein. Der Empfänger Ihrer E-Mail sieht zunächst nur den Absender und den Betreff und entscheidet auf Basis dieser Daten, ob er die Mail überhaupt lesen will.

5 Den eigentlichen Nachrichtentext geben Sie in das große Eingabefeld ein. Aktivieren Sie die Schaltfläche *Senden*, um die neue E-Mail direkt zu verschicken. Falls Sie nicht online sind, wird die Mail in den Postausgang verschoben und erst gesendet, wenn Sie das nächste Mal die Onlineverbindung herstellen.

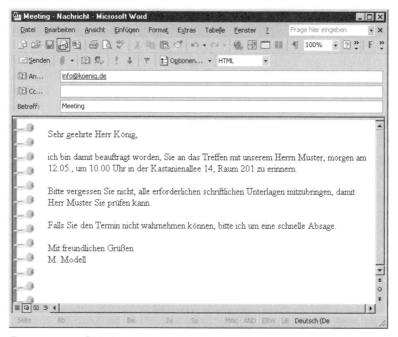

Erinnerung per E-Mail

┌─── **Hinweis**

Mehrere Empfänger ohne Verteiler

Falls Sie E-Mails an mehr als einen Hauptempfänger (oder Kopienempfänger) versenden wollen, ohne einen Verteiler zu erstellen, können Sie die Adressen mit Semikolon getrennt hintereinander in die Felder *An, Cc* oder *Bcc* eingeben.

12

Fax, Mail und Web

Dokument als E-Mail-Körper senden

Als Textkörper wird der eigentliche Nachrichtentext einer E-Mail bezeichnet. Falls Sie das aktuelle Word-Dokument als Textkörper senden wollen, genügt der Klick auf die Schaltfläche *E-Mail* in der *Standard*-Symbolleiste oder die Wahl des Befehls *Datei/Senden an/Mailempfänger*. Nachdem das E-Mail-Formular eingeblendet wird, füllen Sie die Felder für die Empfängeradresse und den Betreff aus, wie oben beschrieben, und senden die Nachricht mithilfe der Schaltfläche *Kopie senden*.

┌─── **Hinweis**

Dokument als Textkörper

Nicht alle E-Mail-Programme können E-Mails, die Word-Dokumente als Textkörper enthalten, empfangen. Erkundigen Sie sich ggf. beim Empfänger oder senden Sie Word-Dokumente als Anlage.

Dokument als E-Mail-Anlage senden

Falls Sie eine binäre Datei versenden, werden Sie diese normalerweise nicht als Textkörper, sondern als Anhang senden. Der Empfänger erhält dann, zusammen mit dem Nachrichtentext, einen Hinweis auf den beigefügten Anhang und kann diesen per Doppelklick öffnen. Ein Word-Dokument, das Sie als Anlage an eine E-Mail anhängen wollen, senden Sie über den Befehl *Datei/Senden an/Mailempfänger (als Anlage)*. Geben Sie die Empfängeradressen und den Betreff ein, wie oben beschrieben, und senden Sie dann die Mail mit einem Klick auf die Schaltfläche *Senden*.

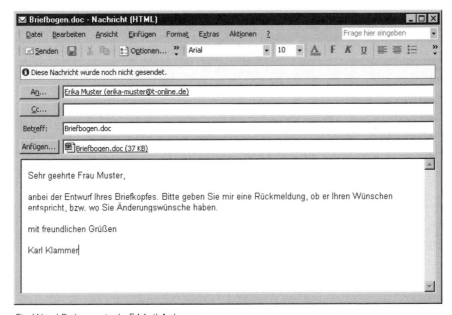

Ein Word-Dokument als E-Mail-Anhang

Word-Dokument an Verteiler schicken

Ein E-Mail-Verteiler ist eine Liste von E-Mail-Adressen, an die Sie die gleiche E-Mail verschicken wollen. Dies können z. B. alle E-Mail-Adressen der Kollegen sein, die mit Ihnen gemeinsam am aktuellen Projekt arbeiten. Normalerweise richten Sie in Outlook, Outlook Express oder dem von Ihnen benutzten E-Mail-Programm für alle Gruppen, denen Sie regelmäßig die gleichen E-Mails zukommen lassen, einen Verteiler ein, um die Namen nicht jedes Mal einzeln zusammenstellen zu müssen.

Einladung zum Meeting per E-Mail senden

Natürlich ist eine E-Mail der schnellste, billigste und einfachste Weg, um allen Kollegen eine Einladung zu einem Meeting zu senden. Damit kein Kollege den wichtigen Termin übersieht, kennzeichnen Sie ihn als besonders wichtig. Damit Sie den Überblick behalten, ob die E-Mail Ihre Kollegen erreicht hat, lassen Sie sich den Empfang quittieren.

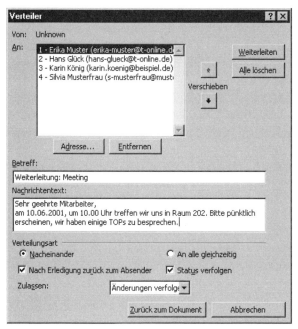

Eine E-Mail per Verteiler

12

Fax, Mail und Web

1 Um ein Word-Dokument an einen Verteilerempfänger zu versenden, wählen Sie *Datei/Senden an/Verteilerempfänger*. Im Dialogfeld *Verteiler* aktivieren Sie die Schaltfläche *Adresse*, um die erste E-Mail-Adresse auszuwählen.

2 Markieren Sie den Namen des ersten Empfängers und übernehmen Sie ihn mit einem Klick auf die Schaltfläche *An* in die rechte Liste.

3 Wiederholen Sie diesen Schritt, bis Sie alle Empfänger in die rechte Liste der Nachrichtenempfänger aufgenommen haben. Dann bestätigen Sie das Dialogfeld.

4 Falls Sie die E-Mail als Rundschreiben senden wollen, können Sie die Reihenfolge der Empfänger in der Liste *An* über die Schaltflächen *Verschieben* beeinflussen. Markieren Sie einen E-Mail-Empfänger und klicken Sie dann auf eine der Pfeilschaltflächen, bis der Empfänger an der gewünschten Position angezeigt wird.

5 Formulieren Sie den Betreff wie in einem Print-Brief. Viele Mail-Empfänger entscheiden anhand des Betreffs, ob eine Mail überhaupt geöffnet oder ungelesen gelöscht wird. In den unteren Formularbereich geben Sie den eigentlichen Nachrichten-Textkörper ein. Aktivieren Sie die Schaltfläche *Senden*, um die fertig gestellte Mail zu verschicken. Geben Sie den Textkörper für die E-Mail in das Feld *Nachrichtentext* ein.

6 Falls die E-Mail die Verteilerempfänger der Reihe nach erreichen soll, markieren Sie die Optionsschaltfläche *Nacheinander*, soll sie an alle gleichzeitig gesendet werden, markieren Sie *An alle gleichzeitig*.

7 Soll die E-Mail am Ende wieder an Sie zurückgeschickt werden, z. B. wenn alle Änderungswünsche eingetragen sind, lassen Sie das Kontrollkästchen *Nach Erledigung zurück zum Absender* eingeschaltet.

Klicken Sie auf die Schaltfläche *Weiterleiten*, um das Dokument sofort an die Verteilerempfänger zu versenden. Klicken Sie stattdessen auf die Schaltfläche *Zurück zum Dokument*, um es später zu versenden.

Sie können dann mit dem Befehl *Datei/Senden an/Weitere Empfänger* neue Empfänger zur Verteilerliste hinzufügen oder über *Datei/Senden an/Nächster Empfänger* das Dokument an den ersten Empfänger der Liste verschicken.

Hinweis

Anlage oder Einfügen

Im Dialogfeld *Optionen* auf der Registerkarte *Allgemein* finden Sie das Kontrollkästchen *Nachricht als Anlage senden*. Schalten Sie dieses Kontrollkästchen aus, wenn Sie die Word-Dokumente standardmäßig in den Textkörper der E-Mail einfügen und nicht als Anlage senden wollen.

12.3 Mit Word ins Inter- oder Intranet

Wie ich bereits weiter oben beschrieben habe, besitzt Word 2002 browserähnliche Funktionen. Das bedeutet, Sie können Webseiten direkt in Word öffnen und mithilfe der Symbolleiste *Web* durch per Hyperlink verbundene Dokumente oder Webseiten surfen und von Word aus nach Informationen im WWW suchen.

Webseiten in Word öffnen

Öffnen Sie eine Webseite, die auf einem Webserver abgelegt ist, direkt von Word aus, indem Sie nach der Wahl des Befehls *Datei/Öffnen* den URL direkt in das Feld *Dateiname* eingeben. Falls Sie zu diesem Zeitpunkt noch nicht mit dem Internet verbunden sind, werden Sie – je nach Verbindungseinstellung – automatisch nach dem Verbindungswunsch gefragt. Anschließend wird die Verbindung zum angegebenen Webserver hergestellt und die Webseite in Word angezeigt. Benutzen Sie die Schaltflächen der Symbolleiste *Web*, um sich zwischen per Hyperlink verbundenen Seiten im Internet oder im Intranet zu bewegen.

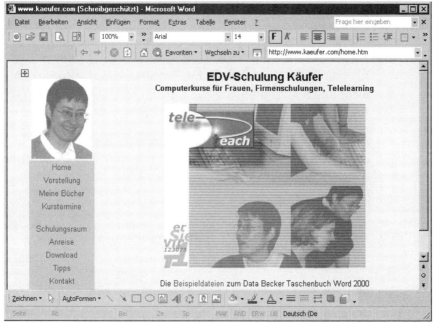

Word öffnet die Webseite vom Server schreibgeschützt

12

Fax, Mail und Web

Die Symbolleiste Web zum Surfen im Intra- oder Internet einsetzen

Word 2002 ist mit einer Symbolleiste ausgerüstet, die das Durchsuchen von Dokumenten mit Hyperlinks erleichtern soll. Sie können mithilfe der Schaltflächen in dieser Symbolleiste zwischen Dokumenten wechseln, nach Informationen oder Adressen auf Ihrem PC, im internen Netz oder im Internet suchen, eine Start- oder Suchseite öffnen oder wechseln.

Sie blenden die Symbolleiste auf dem üblichen Weg über *Ansicht/Symbolleisten* und Aktivierung des Eintrags *Web* ein und aus. Wenn Sie in einer in Word geöffneten Webseite oder einem Word-Dokument einen Hyperlink aktivieren, wird die Symbolleiste automatisch eingeblendet.

Die Symbolleiste Web

Aktivieren Sie diese Symbole, um das nächste bzw. vorherige Webdokument bzw. sonstige per Hyperlink geöffnete Dokumente einzublenden.

Aktivieren Sie die Schaltfläche *Zurück*, um nach dem Anklicken eines Hyperlinks zum vorherigen Dokument zurückzukehren.

Aktivieren Sie die Schaltfläche *Vorwärts*, um zum nächsten Dokument in der Liste der bereits besuchten Dokumente bzw. Webseiten zurückzukehren.

Aktivieren Sie dieses Symbol, um den aktuellen Sprung abzubrechen, z. B. wenn Ihnen das Laden zu lange dauert. Das Symbol ist nur verfügbar, wenn Sie eine Datei aus dem Internet oder im firmeneigenen Intranet geöffnet haben.

Klicken Sie auf die Schaltfläche *Neu laden*, um den Inhalt der aktuellen Webseite zu aktualisieren. Die Schaltfläche wird nur angezeigt, wenn Sie in Word eine Webseite direkt geöffnet haben.

Mithilfe dieses Symbols kehren Sie zur Startseite zurück.

Klicken Sie auf dieses Symbol, um mithilfe der festgelegten Suchseite das Web nach einer bestimmten Information zu durchsuchen.

Öffnen Sie die Liste *Favoriten*, um Internetadressen zur Liste der Favoriten hinzuzufügen oder aus ihr auszuwählen. Über diese Schaltfläche haben Sie auch Zugriff auf die Startseite des MSN und verschiedene vordefinierte Links. Die Schaltfläche öffnet ein Pulldown-Menü und Sie können sowohl zur vorherigen oder nächsten Webseite, zur Startseite als auch zu einer bestimmten Adresse springen. Sie können auch den Verlaufsordner öffnen und zu einer bereits besuchten Adresse zurückkehren.

Mit diesem Symbol blenden Sie alle anderen Symbolleisten aus und zeigen nur noch die *Web*-Symbolleiste an.

Über das Eingabefeld und die Liste *Adresse* können Sie zu einer anderen Internetadresse wechseln. Wählen Sie eine der aufgeführten Zieladressen aus oder geben Sie eine neue Zieladresse in diese Liste ein.

Je nachdem, über welchen Onlinedienst oder Provider Sie die Verbindung zum Internet herstellen und wie Sie diese konfiguriert haben, wird ein unterschiedliches Dialogfeld eingeblendet, in dem Sie einige Anmeldeformalitäten, wie z. B. die Eingabe eines Kennwortes, erledigen müssen. Nachdem Sie diese Formalitäten erledigt haben, wird die Verbindung zum Internet hergestellt.

Hinweis

Hyperlink folgen in Word

Wenn Sie eine Webseite in Word öffnen und darin einem Hyperlink folgen, wird die Zielseite nicht mehr in Word, sondern im Browserfenster angezeigt.

12

Startseite festlegen und öffnen

Als Startseite wird die Seite bezeichnet, die als erste Seite angezeigt wird, nachdem die Verbindung zum Internet hergestellt ist. Häufig wird als Startseite eine Suchmaschine ausgewählt, um ohne Zeitverlust schnell zu den benötigten Informationen zu gelangen. Sie können ein beliebiges Dokument oder eine Webseite aus dem Intra- oder dem Internet als Startdokument festlegen. Öffnen Sie das Dokument, das Sie als neue Startseite festlegen wollen, und blenden Sie die *Web*-Symbolleiste ein. Klicken Sie auf das Symbol *Wechseln zu* und wählen Sie den Eintrag *Startseite bestimmen*. Bestätigen Sie die Änderung der Startseite.

Wenn Sie auf die Schaltfläche *Startseite* klicken, öffnen Sie die Startseite bzw. kehren Sie von jeder beliebigen Seite immer zu der Seite zurück, die Sie als Startseite festgelegt haben.

Fax, Mail und Web

Die Firmenhomepage als Word-Startseite festlegen

1 Wählen Sie *Datei/Öffnen* und tippen Sie in das Feld *Dateiname* den URL zu Ihrer Firmenhomepage, also z. B. „http://www.muster-ag.de" ein.

2 Aktivieren Sie die Schaltfläche *Öffnen*. Wenn Word die Seiten geladen hat, aktivieren Sie in der *Web*-Symbolleiste die Schaltfläche *Wechseln zu* und klicken im Menü auf den Eintrag *Startseite bestimmen*.

3 Bestätigen Sie das folgende Dialogfeld, um die bisherige Startseite durch die neue Startseite zu ersetzen.

Hinweis

Startseite für Word und MSI

Wenn Sie in Word eine neue Startseite festlegen, wirkt sich diese Änderung auch auf die Startseite des Microsoft Internet Explorer aus.

Suchseite festlegen und öffnen

Eine Suchseite ermöglicht die gezielte Suche nach Informationen im Internet. Hierbei kann z. B. nach bestimmten Stichwörtern gesucht werden. Öffnen Sie das Dokument, das Sie als neue Suchseite festlegen wollen, und blenden Sie die *Web*-Symbolleiste ein.

Klicken Sie auf die Schaltfläche *Wechseln zu* und wählen Sie den Eintrag *Suchseite bestimmen*. Bestätigen Sie die Änderung der Suchseite.

Um mit Mithilfe der festgelegten Suchseite nach bestimmten Informationen im Internet zu suchen, blenden Sie die *Web*-Symbolleiste ein und aktivieren das Symbol *Im Web suchen*.

Schnellzugriff über die Favoriten

Die Informationen im Internet sind nicht statisch, sondern werden ständig aktualisiert. Aus diesem Grunde werden Sie häufig Webseiten besuchen, die Sie bereits kontaktiert haben. Damit Sie nicht jedes Mal den kompletten Pfad zu einem solchen Dokument angeben müssen, können Sie wichtige Seiten in einen besonderen Ordner aufnehmen und später aus diesem auswählen, um schnell zu der zugehörigen Seite zu springen.

Erstellen eines neuen Favoriten

Um ein Dokument in den Ordner *Favoriten* aufzunehmen, öffnen Sie das Dokument und blenden die *Web*-Symbolleiste ein, falls diese nicht automatisch eingeblendet wird. Klicken Sie auf die Schaltfläche *Favoriten* und wählen Sie *Zu Favoriten hinzufügen*. Im Order *Favoriten* sind weitere Unterordner enthalten. Öffnen Sie den Ordner, in dem Sie die Verknüpfung zum aktuellen Dokument ablegen wollen. Bestätigen oder ändern Sie den vorgeschlagenen Namen im Feld *Dateiname* und aktivieren Sie die Schaltfläche *Hinzufügen*.

Sie können ein so abgelegtes Dokument später mit erneutem Klick auf die Schaltfläche *Favoriten*, der Auswahl von *Favoriten öffnen* und der Auswahl des Ordners und der Datei wieder öffnen.

Firmennews

Der Ordner *Favoriten* gehört zu den personalisierten Windows XP-Ordnern. Das bedeutet, für jeden angemeldeten Benutzer wird ein eigener *Favoriten*-Ordner angelegt, in dem nur die von diesem Benutzer gewählten Favoriten verwaltet werden.

12

Fax, Mail und Web

12.4 Webpublishing mit Word 2002

Die Vorgänger-Versionen von Word 2002 besaßen mit der Symbolleiste *Web* bereits browserähnliche Funktionen und konnten als Webseiten-Editor eingesetzt werden. Schwierig wurde es allerdings, wenn Webseiten nachbearbeitet werden sollten, die von Word nicht unterstützte Gestaltungselemente – wie etwa Frames – enthielten, oder wenn Word-Dokumente in Webseiten konvertiert wurden und umgekehrt. Das hat sich geändert. HTML ist bereits seit Word 2002 das neue Standardformat aller Office-Komponenten. Formate, die in Word-Dokumenten, aber nicht in HTML-Seiten unterstützt werden, bleiben bei der Konvertierung erhalten, auch wenn sie nicht angezeigt werden.

Außerdem unterstützt Word HTML-Erweiterungen, CSS und XML und kann deshalb auch als Editor für Webseiten eingesetzt werden. Ein neues Feature macht es möglich, den von Word erstellten HTML-Code von überflüssigem Ballast zu befreien, sodass nur noch reines HTML gespeichert wird.

Sie können Word 2002 als komfortablen Webseiten-Editor einsetzen, um beliebige Websites, beispielsweise die eigene Homepage, zu erstellen. Falls Sie die Webfunktionen nicht mit installiert haben, werden Sie beim ersten Aufruf automatisch nachinstalliert.

Hinweis

Webseite und Website

Die ähnlich klingenden Begriffe „Webseite" und „Website" führen mitunter zu Verwirrung und werden auch nicht einheitlich benutzt. Während eine Webseite eine einzelne Datei im HTML-Format bezeichnet, wird der Begriff „Website" (Webplatz) für das komplette Angebot eines Anbieters, aber auch für den Rechner, der die Webseiten bereitstellt, verwendet.

Sie haben die Auswahl zwischen verschiedenen Arten von Webseiten, wie z. B. einer einfachen Webseite, der persönlichen Homepage oder mehrspaltigem Layout. Die Standarddokumentvorlage *Webseite*, die Sie auf der Registerkarte *Allgemein* finden, öffnet eine leere Standardwebseite. Anders als in Vorgänger-Versionen stehen Ihnen auf Webseiten nun alle normalen Word-Formatierungen und zusätzliche Web-Features, wie etwa Frames, zur Verfügung.

Wenn Sie den Web-Assistenten starten oder eine neue Seite auf Basis einer Vorlage der Registerkarte *Webseiten* erstellen, erhalten Sie Hilfestellungen und vorgefertigte Seitenelemente, die Sie nur noch anpassen müssen. Wenn Sie Vorlagen auswählen, die nicht installiert sind, werden diese ebenfalls automatisch nachinstalliert.

Weboptionen festlegen

Bevor Sie Word als Editor für Webseiten nutzen, sollten Sie die Einstellungen der Weboptionen, wie z. B. den angenommenen Browser, überprüfen und ggf. an Ihre persönlichen Wünsche anpassen. Zur Überprüfung der Weboptionen wählen Sie *Extras/Optionen* und aktivieren auf der Registerkarte *Allgemein* die Schaltfläche *Weboptionen*.

Browserkompatibilität anpassen

Im Dialogfeld *Weboptionen* können Sie im Register *Allgemein* wählen, für welchen Ziel-Browser Sie die Webseiten mit Word erstellen wollen. Voreingestellt ist hier der Microsoft Internet Explorer 4.0 oder höher. Mit dem Kontrollkästchen *Von diesem Browser nicht unterstützte Funktionen deaktivieren* sorgen Sie dafür, dass Funktionen, die der ausgewählte Browser nicht unterstützt, deaktiviert werden.

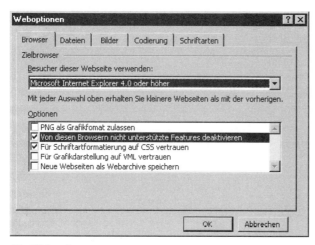

Die Weboptionen

Schalten Sie das Kontrollkästchen *Für Schriftartformatierung auf CSS vertrauen* aus, wenn Sie nicht sicher sind – und das können Sie außer im Intranet nie sein –, dass alle Besucher Ihrer Webseite einen Browser benutzen, der Cascading Style Sheets unterstützt. CSS sind Formatvorlagen für Webseiten vergleichbar und werden vom Internet Explorer ab Version 3 und vom Netscape Navigator ab Version 4 unterstützt. CSS wird heutzutage – insbesondere bei Nutzung von XHTML und XML – fast auf jeder Webseite eingesetzt.

Mit weiteren Kontrollkästchen legen Sie fest, wie Grafiken behandelt werden sollen, die in Webseiten eingebunden sind. *Die Kontrollkästchen Für Grafikdarstellung auf VML vertrauen* und *PNG als Ausgabeformat zulassen* sollten Sie ausgeschaltet lassen, solange VML (**V**ector **M**arkup

12

Fax, Mail und Web

Language) und PNG (**P**ortable **N**etwork **G**raphic) nur von wenigen Browsern (z. B. Internet Explorer erst ab Version 5 bzw. PNG ab Version 4) unterstützt werden.

Speicherort für Hilfsdateien

Im Register *Dateien* legen Sie den Speicherort für die Dateien fest, die mit Webseiten verknüpft sind. Webseiten enthalten prinzipiell nur Text. Alle zusätzlichen Elemente, wie z. B. Grafikdateien für den Hintergrund, grafische Aufzählungszeichen und Trennlinien, Bilder, Animationen sowie Sounddateien oder Videoclips, werden nicht in der HTML-Datei gespeichert. Die Webseite selbst enthält nur Verknüpfungen zum Speicherort dieser Objekte. Schalten Sie das Kontrollkästchen *Hilfsdateien in einen Ordner speichern* ein, wenn diese Dateien in einem automatisch erstellten Unterordner gespeichert werden sollen, bzw. aus, wenn sie im gleichen Ordner gespeichert werden sollen wie die Webseite. Empfehlenswert, weil übersichtlicher, ist die Verwendung eines Unterverzeichnisses. Dieser Unterordner erhält den gleichen Namen wie die Webseite, mit dem Zusatz *Dateien*, also z. B. *Homepage-Dateien*, wenn Sie die Webseite *Homepage* nennen.

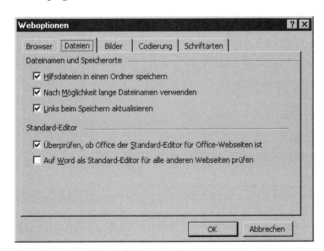

Speicherort und Word-Editoreinstellungen anpassen

Einige Webserver – und alte Betriebssysteme – unterstützen keine langen Dateinamen. Falls Sie aus diesem Grunde immer kurze Dateinamen (Name: acht Zeichen, Endung: drei Zeichen) verwenden wollen, schalten Sie das Kontrollkästchen *Wenn möglich, lange Dateinamen verwenden* aus. Lassen Sie das Kontrollkästchen *Links beim Speichern aktualisieren* eingeschaltet, damit die Verknüpfungen zu den in der Webseite eingebundenen Dateien, wie Grafiken, Sounddateien oder Videoclips, beim Speichern automatisch aktualisiert werden, wenn diese sich ändern.

Ähnlich, wie der Internet Explorer bei jedem Start eine Meldung anzeigt, wenn Sie ihn nicht als Standardbrowser einsetzen, verursachen die Kontrollkästchen *Auf Office als Standardeditor für Office-Webseiten prüfen* und *Überprüfen, ob Word Standardeditor für alle anderen Webseiten ist*, beim Speichern einer Webseite eine Meldung, in der Sie aufgefordert werden, Office oder Word wieder als Standardeditor einzusetzen.

Zielauflösung festlegen

Auf der Registerkarte *Bilder* legen Sie in der Optionsgruppe *Zielmonitor* fest, für welche Bildschirmgröße Sie die Webseiten erstellen wollen. Sie können diese Einstellung variieren, um die Anzeige Ihrer Webseiten mit verschiedenen Auflösungen zu testen. Da Sie – außer vielleicht im Intranet – nie sicher sein können, mit welchen Einstellungen Ihr Besucher eine Webseite betrachtet, sollten Sie die Anzeige in verschiedenen Browsern und mit verschiedenen Einstellungen für Auflösung und Fenstergröße testen.

Codierung und Schriftarten

Auf den Registerkarten *Codierung und Schriftarten* haben Sie die Möglichkeit, die Sprachcodierung und den Zeichensatz zu ändern, in dem die Webseiten gespeichert werden. Voreingestellt ist der Sprachcode *Westeuropa (Windows)* und der Zeichensatz *Englisch/Westeuropäisch*. Im Register *Schriftarten* können Sie außerdem die Schriftarten ändern, die Word für die Anzeige von Webseiteninhalt für *Proportionale Schrift* und *Festbreitenschrift* standardmäßig verwenden soll.

Weblayout oder Webseitenvorschau

Webseiten bearbeiten Sie in der Ansicht *Weblayout*. Diese Ansicht zeigt die Seitenelemente ähnlich wie ein Browser an. Die letzte Kontrolle müssen Sie allerdings in einem, besser in mehreren Browsern durchführen. Sie können über den Befehl *Datei/Webseitenvorschau* die aktuelle Seite in der Browseransicht anzeigen.

Der Webseiten-Assistent

Falls Sie noch nie eine Webseite erstellt haben und den einfachen Einstieg mit mit Hilfestellung bevorzugen, sollten Sie für die ersten Schritte den Webseiten-Assistenten einsetzen, mit dem Sie in Word 2002 sogar Frames erstellen können. Sie starten ihn über *Datei/Neu* den Link *Allgemeine Vorlagen* im Aufgabenbereich und die Auswahl *Web Page Wizard* im Register *Webseiten*.

12

Fax, Mail und Web

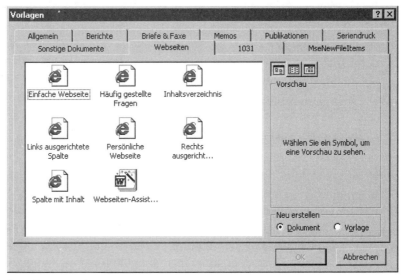

Der Webseiten-Assistent

Webseiten-Vorlagen einsetzen

Wenn Sie einfache Webseiten erstellen wollen und noch nicht viel Erfahrung im Gestalten von Onlinedokumenten haben, sollten Sie prüfen, ob der Einsatz der Webseiten-Vorlagen für Sie eine Hilfe ist. Wählen Sie *Datei/Neu*, klicken Sie auf *Allgemeine Vorlagen* und aktivieren Sie das Register *Webseiten*. Word bietet Ihnen auf der Registerkarte *Webseiten* verschiedene Designs für Webseiten an, von denen die folgenden für Ihre erste Firmenhomepage in Frage kommen:

- *Einfaches Layout*: Diese Vorlage erstellt eine dreispaltige Tabelle, wobei die erste und letzte Spalte keinen Text enthalten, sondern als Abstandhalter eingesetzt werden. Sie können die Platzhalter für zweistufige Überschriften und Absätze durch Ihre persönlichen Daten ersetzen.

- *Häufig gestellte Fragen*: Eine Vorlage für die Entwicklung einer FAQ – Abkürzung für **F**requently **A**sked **Q**uestions, die Sie auf vielen Webseiten finden. Die Vorlage enthält Platzhalter für Fragen und Antworten. Die Fragen am Anfang sind als Hyperlink-Inhaltsverzeichnis gestaltet und führen zum Abschnitt, der den Platzhalter für die Antwort enthält.

- *Inhaltsverzeichnis*: Diese Vorlage erstellt ebenfalls eine Tabelle, die allerdings nur eine Spalte enthält. Die erste Zelle enthält den Platzhalter für die Hauptüberschrift, die restlichen Zellen enthalten je einen Platzhalter für eine Überschrift der zweiten Ebene und den Absatztext.

- *Links ausgerichtete Spalte*: Die Vorlage enthält eine Tabelle, in der links eine Beispielgrafik und rechts die Platzhalter für Überschriften, Absatztexte und eine Aufzählung angeordnet sind.

- *Rechts ausgerichtete Spalte*: Die Vorlage enthält eine Tabelle, in der rechts eine Beispielgrafik und links die Platzhalter für Überschriften, Absatztexte und eine Aufzählung angeordnet sind.

- *Spalte mit Inhalt*: In dieser Vorlage enthält die Tabelle zwei Spalten. Der Inhalt wird in Abschnitte aufgeteilt. Jeder Abschnitt enthält rechts die Platzhalter für die Überschrift und die Absätze. Über Hyperlinks in der linken Spalte kann zwischen den Abschnitten navigiert werden.

Speichern von Webseiten

Beim Speichern einer Webseite wählen Sie den von anderen Dokumenten gewohnten Befehl *Datei/Speichern unter* und tragen den Namen ein, den Sie der Webseite geben wollen.

Das Benennen von Webseiten

Wenn Sie die Homepage im Internet veröffentlichen wollen, müssen Sie sich unbedingt an die Namen halten, die Ihnen Ihr Provider vorgibt. Webserver benutzen unterschiedliche Betriebssysteme. Es gibt z. B. UNIX-Server und Windows-Server. Wenn Sie Webseiten auf einem Windows-Server ablegen, dürfen Sie Leerzeichen und Sonderzeichen benutzen. Hier gibt es auch keine Unterscheidung zwischen Klein- und Großschreibung. Anders ist das bei den UNIX-Servern. In Dateinamen erlaubt UNIX nur Buchstaben, Ziffern sowie Mittel- und Unterstriche. Außerdem unterscheidet UNIX zwischen Klein- und Großbuchstaben. Die Webseite *index.htm* würde also z. B. nicht gefunden, wenn Sie als *Index.htm* gespeichert wäre. Es ist deshalb ratsam, sich bei der Benennung von Webseiten an die strengeren UNIX-Namenskonventionen zu halten und Dateinamen grundsätzlich ganz in Kleinbuchstaben zu schreiben. Normalerweise muss die Startseite den Namen *index.htm* bzw. *index.html* erhalten, sonst wird sie nicht automatisch gestartet, wenn jemand Ihre Internetadresse mit dem Browser aufruft. Webseiten-Dateien werden von Word automatisch mit der Erweiterung *.htm* (für **H**ypertext **M**arkup **L**anguage) gespeichert.

Bedeutung des Seitentitels

Wenn Sie eine Webseite speichern, erscheint im *Speichern unter-* Dialogfeld die Schaltfläche *Titel ändern*. Über diese Schaltfläche können Sie festlegen, welcher Titel in der Browsertitelleiste angezeigt werden soll, wenn Ihre Seite aufgerufen ist. Den Titelvorschlag einer Webseite

12

Fax, Mail und Web

erstellt Word automatisch aus den ersten Zeichen der Webseite. Sie können ihn beim Speichern ändern oder ergänzen. Da der Titel eines der Kriterien ist, die Suchmaschinen für die Einordnung von Webseiten benutzen, kann eine geschickte Titelformulierung dabei helfen, einen guten Platz im Suchergebnis zu erhalten. Versuchen Sie also, bereits im Titel Begriffe zu verwenden, die mögliche Besucher als Suchbegriffe eingeben, wenn Sie nach Ihrem Firmenangebot suchen. Der Titel wird, zusätzlich zum URL und weiteren Stichworten, von den meisten Suchdiensten auch im Suchergebnis angezeigt. Eine geschickte Titelformulierung ist deshalb doppelt wichtig.

Webseitenvorschau

Über den Befehl *Datei/Webseitenvorschau* können Sie die Seite mit Ihrem Standardbrowser betrachten. Diese Kontrolle entspricht der Seitenansicht für Printmedien und sollte unbedingt vor der Veröffentlichung durchgeführt werden. Nach Möglichkeit sollten Sie Ihre Seite sogar in allen gängigen Browserversionen, d. h. Netscape Navigator und Microsoft Internet Explorer in der aktuellen und der letzten Version, prüfen.

Wie Word Webseiten speichert

In einer Webseitendatei werden nur der Text und die Gestaltungsbefehle gespeichert. Alle Objekte, die auf der Seite angezeigt werden, wie Grafiken, grafische Trennlinien und Aufzählungszeichen, Fotos, Bilder, Videos, Sound usw., werden außerhalb der Webseite gespeichert. In der Seite ist lediglich eine Verknüpfung zu diesen Objekten enthalten. Beim Erstellen einer Webseite speichert Word diese unter dem von Ihnen angegebenen Namen mit der Dateierweiterung *.htm*. Außer der neuen Webseitendatei erstellt Word automatisch einen Speicherordner mit dem Namen der Webseite und dem Zusatz -Dateien. In diesem Ordner speichert Word automatisch alle Objekte der Webseite.

Webseiten gefiltert speichern

Der HTML-Quellcode der Webseiten, die Sie mit Word erstellen, wird sehr umfangreich. Das liegt unter anderem daran, dass Word beim Speichern auch all die Formatierungen behält, die auf der Webseite nicht oder anders angezeigt werden als in einem normalen Word-Dokument. Durch dieses Verfahren ist es aber möglich, ohne Formatierungsverluste aus Word-Dokumenten Webseiten zu erstellen und umgekehrt. Um den Umfang einer Webseite zur reduzieren, können Sie diese „gefiltert" speichern. Dazu wählen Sie *Datei/Speichern unter* und wählen im Feld *Dateityp* den Eintrag *Webseite gefiltert*. Da das Speichern in diesem Dateiformat die Office-typischen Speicherformate entfernt, müssen Sie dieses Speicherformat nochmals bestätigen.

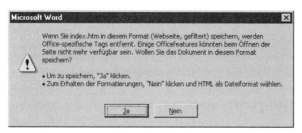

Webseiten gefiltert speichern

Eingabe und Gestaltung von Text in Webseiten

Um Text in eine mit Word erstellte Webseite einzugeben und diesen zu gestalten, benutzen Sie die in Word vertrauten Befehle. Die Formatierungsmöglichkeiten sind allerdings in einigen Punkten eingeschränkt, weil Browser nicht alle in Word möglichen Formatierungen unterstützen. Diese Formatierung sind in Word abgeblendet, wenn Sie eine Webseite gestalten.

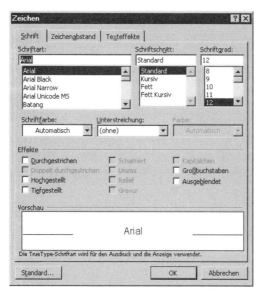

Abgeblendete Formate werden von Webbrowsern nicht unterstützt

Absätze, Abstände und Zeilen

Wenn Sie Text in Webseiten eingeben, wird wie gewohnt ein neuer Absatz erstellt, wenn Sie die Eingabe eines Textabschnitts mit [Enter] abschließen, und eine neue Zeile begonnen, wenn Sie die Tastenkombination [Umschalt]+[Enter] benutzen. Auf Webseiten wird allerdings automatisch zwischen Absätzen ein Leerraum von einer Zeile angezeigt. Sie müssen also überall dort, wo Sie diesen Leerraum nicht benötigen, eine Zeilenschaltung verwenden.

Formatvorlagen auf Webseiten

Webseiten können genau wie Printmedien mit Formatvorlagen gestaltet werden. Wenn Sie neue Abschnitte zu einer mit einer Vorlage gestalteten Webseite hinzufügen, sollten Sie diese nach Möglichkeit genauso gestalten wie die bereits bestehenden Abschnitte, um ein einheitliches Layout zu gewährleisten. Für Überschriften können Sie die Formatvorlagen *Überschrift 1* bis *Überschrift 6* aus dem Listenfeld im Aufgabenbereich *Formatvorlagen und Formatierung* auswählen. Je kleiner die Nummer der Überschrift, desto größer wird sie angezeigt. Es hat verschiedene Vorteile, diese Formatvorlagen einzusetzen. Weitere Formatvorlagen existieren z. B. für Adressenbestandteile, Listen, Zitate, Einzüge, Definitionen oder Hyperlinks.

Tipp

Formatvorlagen für Überschriften

Wenn Sie in Word in einer Webseite Überschriften mithilfe der Überschriften-Formatvorlagen gestalten, erstellt Word automatisch auch eine Textmarke für diese Überschrift, sodass diese automatisch als Hyperlinkziel vorbereitet ist. Sie können deshalb bequem einen Hyperlink erstellen, der zu dem entsprechenden Abschnitt führt.

Firmenvisitenkarte erstellen

Eine Webvisistenkarte stellt wie eine gedruckte Visitkarte das eigene Unternehmen in Kurzform vor. Diese Art der Präsentation eignet sich gut, um grundsätzliche Zugriffszahlen zu testen oder zur Überbrückung, bis die ausgefeilte Firmenwebsite ins Netz gestellt wird.

Die Webvisistenkarte

1 Um eine leere Webseite zu erstellen, wählen Sie *Datei/Neu* und klicken Sie im Aufgabenbereich auf *Neue Webseite*.

2 Fügen Sie als Hauptüberschrift den Namen Ihres Unternehmens ein und als untergeordnete Überschrift eine Kurzbeschreibung Ihrer Firma oder den Firmenslogan.

3 Blenden Sie den Aufgabenbereich *Formatvorlagen und Formatierung* ein und weisen Sie dem Firmennamen die Formatvorlage *Überschrift 1* und der Kurzbeschreibung die Formatvorlagen *Überschrift 2* zu.

4 Fügen Sie zusätzliche kurze Informationen, die Sie über Ihre Firma anzeigen wollen, und die Post- und E-Mail-Adresse Ihrer Firma ein. Nach der Eingabe der E-Mail-Adresse gestaltet Word diese automatisch als anklickbaren Hyperlink.

5 Fügen Sie mit dem Befehl *Einfügen/Grafik/Aus Datei* das Firmenlogo in einen separaten Absatz ein. Ziehen Sie die Grafik mit dem Markierungspunkten auf die gewünschte Größe.

6 Benutzen Sie die Schaltflächen *Schriftart vergrößern* und *Schriftart verkleinern*, um den Text auf die gewünschte Größe zu bringen, und benutzen Sie die Zeichenformate *Fett* und *Kursiv*, um die Schrift zu gestalten, und zentrieren Sie den markierten Seiteninhalt über die Absatzausrichtung *Zentriert*.

7 Um den Hintergrund mit einer Farbe auszufüllen, wählen Sie *Format/Hintergrund* und markieren die gewünschte Farbe in der Palette.

8 Speichern Sie die Webvisitenkarte mit *Datei/Speichern unter*. Aktivieren Sie die Schaltfläche *Titel ändern* und überschreiben Sie den Vorschlag im Feld *Seitentitel festlegen* mit dem Namen Ihres Unternehmens.

9 Überschreiben Sie den Vorschlag im Feld *Dateiname* mit dem Namen *index.htm* bzw. dem Dateinamen, den Ihr Provider für die Startseite festlegt, und aktivieren Sie die Schaltfläche *Speichern*.

10 Wählen Sie *Datei/Webseitenvorschau*, um die Seite in der Browservorschau zu prüfen. Klicken Sie auf die E-Mail-Adresse, um den E-Mail-Hyperlink zu prüfen.

12

Fax, Mail und Web

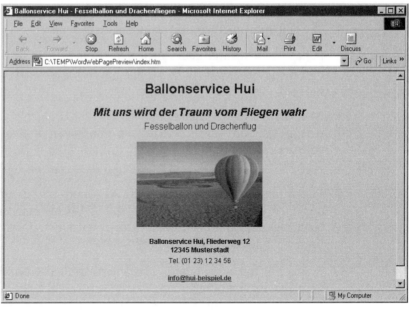

Die Seite in der Browservorschau des Internet Explorer

Wenn Sie in Ihrer Firmen-Webvisitenkarte in Word den Befehl *Einfügen/ Hyperlink wählen* und in der Leiste *Link zu* den Eintrag *Aktuelles Dokument* markieren, werden Sie feststellen, dass Word automatisch die Überschriften als Hyperlinkziele definiert hat.

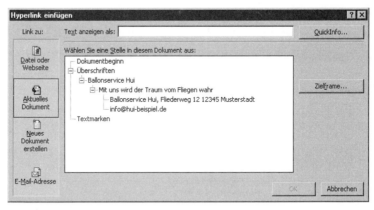

Die automatischen Hyperlinkziele

Grafik in Webseiten

Sie werden im WWW kaum eine Seite finden, die nur Text enthält, weil dies einfach zu langweilig wirkt. Grafische Elemente sind neben Farben die am einfachsten einzusetzenden Gestaltungsmittel für Webseiten. Sie benutzen in Word zum Einfügen von grafischen Elementen in Webseiten die gleichen Befehle wie in anderen Dokumenten. Wählen Sie also entweder den Befehl *Einfügen/Grafik* oder die Schaltfläche *Grafik einfügen*, um Bilddateien in eine Webseite einzufügen. Zusätzlich können Sie

- Grafische Trennlinien über den Befehl *Format/Rahmen und Schattierung* und die Schaltfläche *Horizontale Linie* einfügen.
- Seiten mit Hintergrundgrafik über den Befehl *Format/Hintergrund* gestalten.
- Aufzählungen mit grafischen Aufzählungszeichen über den Befehl *Format/Nummerierung und Aufzählungszeichen* und die Schaltflächen *Anpassen* und *Bild* gestalten.

Grafikformate in Webseiten

Auf Webseiten können eigentlich nur Grafiken angezeigt werden, die im GIF- oder im JPG/JPEG-Format bzw. bei den neusten Browserversionen im PNG-Format gespeichert sind. Wenn Sie jedoch andere Grafikformate z. B. ein ClipArt oder eine BMP-Datei, in eine Webseite einfügen, die Sie mit Word erstellen, konvertiert Word diese automatisch in das GIF-Format. Fotos, die Sie im JPG-Format einfügen, werden als JPG-Dateien gespeichert. Die entsprechenden Grafik-Dateien finden Sie in dem Speicherordner, der den Namen der Webseite und den Zusatz *Dateien* trägt.

Größe von Objekten auf Webseiten

Wenn Sie horizontale Trennlinien, Tabellen oder andere Objekte auf Webseiten anzeigen, sollten Sie die Größe nach Möglichkeit prozentual zur Fenstergröße festlegen. Sie wissen nicht, mit welcher Bildschirmauflösung und welcher Browserfenstergröße Ihre Besucher später die Seite anzeigen, deshalb könnte es bei einer absoluten Größenangabe vorkommen, dass Objekte nicht komplett angezeigt werden.

Webseiten mit Hintergrundgrafik oder Hintergrundfarbe gestalten

Auf den meisten Webseiten, die Sie im Word Wide Web finden, wird entweder eine Hintergrundgrafik oder eine Hintergrundfarbe eingesetzt. Wenn Sie sich für eine Hintergrundgrafik entscheiden, achten Sie darauf, dass diese nicht zu umfangreich ist. Die Ladezeit Ihrer Seite entscheidet mit darüber, ob die Besucher Ihre Seite überhaupt ansehen werden. Im Internet finden Sie viele Grafikdateien, die speziell für den Hintergrund von Webseiten entwickelt wurden. Es handelt sich dabei im günstigsten Fall um relativ kleine Ausschnitte, die durch Kacheln, eine zeilen- und spaltenweise Wiederholung des Motivs, so oft reproduziert werden, dass die Webseite komplett ausgefüllt ist.

12

Fax, Mail und Web

┌─── **Tipp**

Suche nach Hintergrundgrafik

Um nach passenden Hintergrundgrafiken zu suchen, sollten Sie z. B. die Suchdienste nach dem Stichwort „Hintergrund" oder „Wellpaper" durchsuchen.

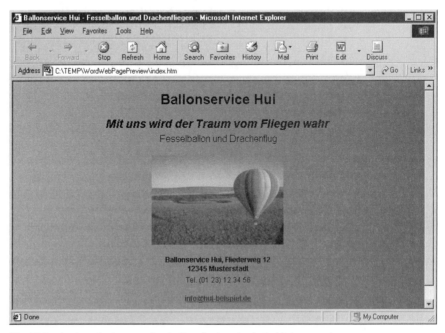

Die Visitenkarte mit einem gekachelten Farbverlauf als Hintergrund

┌─── **Tipp**

Hintergrundgrafik einfügen

Um den Hintergrund Ihrer Webseite zu gestalten, wählen Sie *Format/ Hintergrund*. Wenn Sie den Hintergrund mit einer Farbe ausfüllen wollen, klicken Sie auf eine der Farbschaltflächen oder wählen *Weitere Farben*. Um den Hintergrund mit einer Grafik zu gestalten, wählen Sie das Register *Fülleffekte*.

┌─── **Hinweis**

Hintergrund ohne Kacheln

Wenn Sie ein Foto oder eine Grafik als Hintergrund der Seite anzeigen wollen und dieses Bild nicht gekachelt werden darf, müssen Sie es mindestens mit einer Größe von 1024 x 768 zur Verfügung stellen. Selbst in diesem Fall wird das Bild auf Rechnern, die mit höheren Auflösungen arbeiten, wiederholt.

Auf den Registerkarten *Graduell* oder *Struktur* finden Sie bereits Grafiken, die sich als Hintergrund für Webseiten eignen. Über die Registerkarte *Grafik* und dort über die Schaltfläche *Grafik auswählen* können Sie auf eine beliebige Grafik zugreifen. Falls die Grafik nicht in einem von HTML unterstützten Format (JPEG/GIF) vorliegt, konvertiert Word sie beim Speichern automatisch in das GIF-Format. Öffnen Sie den Speicherordner, in dem die Grafik enthalten ist, die Sie als Hintergrund Ihrer Homepage verwenden wollen, und markieren Sie den Namen der Grafikdatei. Aktivieren Sie die Schaltflächen *Einfügen* und bestätigen Sie das Dialogfeld.

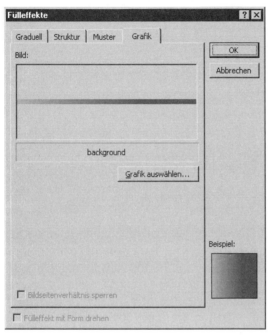

Auswahl des Hintergrunds für den Farbverlauf der Visitenkarte

Alternativtext für Grafiken festlegen

Wenn Sie schon öfter durchs WWW gesurft sind, werden Sie aus eigener Erfahrung wissen, wie ärgerlich es ist, wenn Sie beim Herunterladen von Webseiten längere Zeit auf die Daten warten müssen, weil auf der Seite viele speicherintensive Objekte enthalten sind. Einige Surfer deaktivieren aus diesem Grund die Grafikanzeige des Browsers. Es gibt auch ältere Browser, die Grafik nicht unterstützen. Aus diesem Grund ist es auf Webseiten üblich, einen alternativen Text zu definieren, der statt der Grafik angezeigt wird, falls die Grafikanzeige deaktiviert wurde. Über den Befehl *Format/Grafik* können Sie diesen Text in das Register *Web* eintragen. Der alternative Text wird statt der Grafik angezeigt, wenn die Grafikanzeige ausgeschaltet ist.

12

Fax, Mail und Web

Der Alternativtext im Browser

Webdesign verwenden

Word 2002 bietet Ihnen für die Webseitenerstellung einen neuen Befehl, mit dem Sie Webseiten mit einer vorgefertigten Kombination aus aufeinander abgestimmtem Hintergrund, grafischen Elementen und Hyperlinkfarben gestalten können. Wählen Sie *Format/Design* und markieren Sie in der Liste *Design auswählen* einen Eintrag. Falls das ausgewählte Design bereits installiert ist, erhalten Sie eine Vorschau auf seine Gestaltungsmerkmale.

Das Dialogfeld Design

Mit den Kontrollkästchen links unten im Dialogfeld können Sie das Design genauer steuern. Schalten Sie das Kontrollkästchen *Aktive Grafiken* aus, wenn Sie keine animierten Grafiken auf Ihren Seiten anzeigen wollen. Mit dem Kontrollkästchen *Lebendige Farben* verwenden Sie hellere Farben für Textelemente, Tabellenrahmen und Hintergrundfarbe. Schalten Sie das Kontrollkästchen *Hintergrundbild* aus, wenn Sie den Hintergrund nicht vom Design, sondern über den *Format/Hintergrund*-Befehl festlegen wollen. Mit der Bestätigung des Dialogfelds übernehmen Sie das ausgewählte Design in Ihre Webseite.

Zum Vergleich: Die Webvisitenkarte mit dem Design Übergänge gestaltet

Das Design wirkt sich auf Hintergrund, Schriftarten, Farben, Hyperlinkanzeige, Aufzählungszeichen und Trennlinien aus.

Horizontale Linien einfügen

Horizontale Trennlinien eignen sich gut, um umfangreiche Webseiten zu gliedern. Sie können einfache Trennlinien in Word 2002 über die *Rahmenlinien*-Palette einfügen. Öffnen Sie die Palette und aktivieren Sie die Schaltfläche *Horizontale Linie*, um eine Standardtrennlinie einzufügen. Um grafische Trennlinien einzufügen, wählen Sie *Einfügen/Grafik/Clip Art* und aktivieren die Kategorie *Trennlinien und Dekorationen*.

12

Fax, Mail und Web

Besondere Effekte in Webseiten einfügen

Die Beliebtheit des Word Wide Web beruht nicht zuletzt auf seinen multimedialen Elementen. Webseiten enthalten nicht nur einfache Bilder und Grafiken, sondern Animationen, Soundeffekte, Videos und Lauftexte. Der Nachteil der meisten dieser Effekte liegt im Umfang, der die Ladezeit der Webseiten verzögert und ungeduldige Besucher weiterziehen lässt.

Word und Multimedia

Auf Webseiten, die Sie mit Word erstellen, können Sie über die Symbolleiste *Webtools* multimediale Elemente einfügen. Zu den Objekten, die Sie über diese Schaltfläche einfügen können, gehören Lauftext, Hintergrundsound und Videos.

Word unterstützt das Einfügen von Lauftext, Animationen, Videos und Hintergrundsound. Hintergrundsound wird automatisch abgespielt, sobald die betreffende Webseite geöffnet wird. Ehrlicherweise muss erwähnt werden, dass viele Besucher die speicherintensiven multimedialen Effekte, insbesondere Videos und Hintergrundsound auf Webseiten, ablehnen, weil diese meist keinerlei Informationen enthalten, sondern nur Ladezeit kosten.

Hinweis

Multimedia-Effekte sind browserabhängig

Zwei spezielle Effekte, die Word unterstützt – Lauftext und Hintergrundsound –, werden nicht vom Netscape Navigator, sondern nur vom Internet Explorer unterstützt. Das bedeutet, Besucher, die mit dem Netscape Navigator oder einem anderen Browser als dem Internet Explorer surfen, sehen bzw. hören diese Elemente nicht.

Tipp

MM mit Windows

Windows 2000 bietet Ihnen Tools zur Erstellung und zum Abspielen von Multimedia-Dateien. Starten Sie diese Tools über den Befehl *Start/Programme/ Zubehör/ Unterhaltungsmedien*. Sie können z. B. den Audiorekorder einsetzen, um eine akustische Begrüßung als Sprachaufzeichnung zu erstellen, und CD-Player und DVD-Player, um CDs und DVDs abzuspielen.

Die Symbolleiste Webtools

Alle auf Webseiten üblichen Multimedia-Elemente können Sie über die Symbolleiste *Webtools* einfügen, die Sie mit *Ansicht/Symbolleisten/Webtools* einblenden können.

Die Symbolleiste Webtools

Videoclip einfügen

Immer mehr Webseiten im WWW zeigen kurze Videosequenzen, entweder auf der Eingangsseite als Einstieg oder um z. B. ein Produkt von allen Seiten präsentieren zu können. Browser verwenden so genannte Plug-Ins-Zusatztools, um Videos abzuspielen. Die bekanntesten Videoformate sind MOV für QuickTime, AVI für Video für Windows, MPEG/MPG für MPEG, VIV für VivoActive und RM für RealVideo.

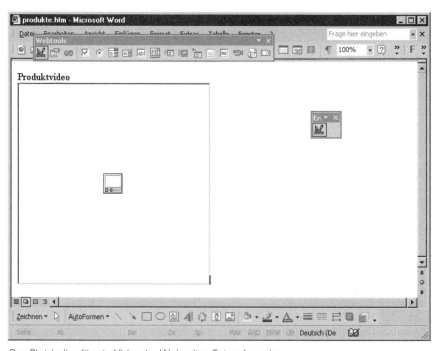

Der Platzhalter für ein Video im Webseiten-Entwurfsmodus

Um einen Videoclip einzufügen, aktivieren Sie an der gewünschten Einfügeposition das Symbol *Film*. Aktivieren Sie im Dialogfeld *Videoclip* die Schaltfläche *Durchsuchen*, öffnen Sie den Speicherordner und markieren Sie den Namen der Videodatei. Aktivieren Sie die Schaltfläche *Öffnen*, um die Datei in das Dialogfeld *Videoclip* zu übernehmen. Da nicht alle Browser die Wiedergabe von Videoclips unterstützen bzw. einige Besucher diese Funktion in ihrem Browser ausgeschaltet haben, können Sie im Feld *Alternativbild*, als Alternative zum Video, eine Grafik auswählen und im Feld *Alternativtext* einen Anzeigetext festlegen, der statt des Videos angezeigt werden soll.

12

Fax, Mail und Web

Videoclip einfügen

Falls das Video nicht (nur) automatisch beim Öffnen der Webseite gestartet werden soll, sondern beim Überfahren mit der Maus oder in beiden Fällen, wechseln Sie in der Liste *Start* zu *Mauskontakt* oder *Beide*. Soll das Video nicht nur einmal, sondern mehrmals oder in einer Endlosschleife wiederholt werden, markieren Sie die gewünschte Anzahl oder den Eintrag *Unendlich* in der Liste *Schleife*. Setzen Sie Wiederholungen und besonders Endlosschleifen nur in Ausnahmefällen ein.

┌─── Tipp
Videoclips browserunabhängig

Word fügt einen Videoclip über den Befehl *DYNSCR* ein, den nur der Internet Explorer unterstützt. Falls Sie einen Videoclip so einfügen wollen, dass auch der Netscape Navigator und andere Browser ihn anzeigen können, müssen Sie den folgenden Befehl mit dem Script-Editor in den Quellcode einfügen:
<EMBED SRC ="Videodatei.avi">

Über den Rechtsklick auf einen eingefügten Videoclip können Sie diesen starten, stoppen und seine Eigenschaften im Dialogfeld *Videoclip* bearbeiten, wenn der Entwurfsmodus ausgeschaltet ist. Im Entwurfsmodus zeigt der Rechtsklick direkt das Eigenschaftsfenster an.

Hintergrundsound einfügen

Sie können eine Webseite so gestalten, dass beim Öffnen der Seite automatisch eine Hintergrundmusik oder eine andere Sounddatei, wie z. B. eine Sprachaufzeichnung, in der Sie die Besucher begrüßen, abgespielt wird. Zum Einfügen eines Hintergrundsounds aktivieren Sie das Symbol *Sound* in der Symbolleiste *Webtools*.

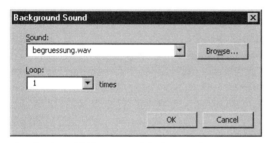

Das Dialogfeld Hintergrund-Audiosignal

Aktivieren Sie die Schaltfläche *Durchsuchen*, um den Speicherpfad und den Namen der Sounddatei auszuwählen. Falls Sie die Sounddatei mehr als einmal oder in einer Endlosschleife abspielen wollen, markieren Sie die gewünschte Zahl der Wiederholungen oder den Eintrag *Unendlich* in der Liste *Schleife*.

Hinweis

Hintergrund-Audiosignale

Hintergrund-Audiosignale werden nur vom Internet Explorer, nicht vom Netscape Navigator unterstützt. Außerdem muss der Besucher Ihrer Webseite eine Soundkarte installiert haben, um den Sound zu hören. Unterstützt werden die Formate WAV, MID, AU, AIF, RMI, SND und MP2.

Mit dem Symbol *Entwurfsmodus* schalten Sie den Entwurfsmodus ein und aus. Nur bei ausgeschaltetem Entwurfsmodus wird das Hintergrund-Audiosignal in Word abgespielt. Nur im aktivierten Entwurfsmodus wird das Symbol für die Hintergrund-Sounddatei angezeigt, Sie können es markieren und über das Symbol *Sound* und Doppelklick oder den Befehl *Format/Steuerelement bearbeiten* und gestalten. Über den Rechtsklick auf das Symbol für die Sounddatei und den Befehl *Eigenschaften* können Sie die Eigenschaften direkt im Eigenschaftsfenster bearbeiten.

Tipp

Sound und Hintergrundsound

Word verwendet den HTML-Befehl BGSOUND, um die ausgewählte Sounddatei als Hintergrundsound abzuspielen. Dieser Befehl wird nur vom Internet Explorer unterstützt. Um Sound so einzufügen, dass er von dem meisten Browsern unterstützt wird, verwenden Sie einen der folgenden Befehle, die Sie mit dem Script-Editor in den Quellcode einfügen:

```
<A HREF ="Sounddatei.wav">Anzeigetext</A>
<EMBED SRC ="Sounddatei.wav">
```

12

Fax, Mail und Web

Hinweis
MM-Dateien in Windows
Die Ausgabe von Klang- oder sonstigen Multimediadateien steuern Sie in Windows XP über *Start/Einstellungen/Systemsteuerung* und das neue Symbol *Sounds und Multimedia*.

Begrüßung für die Firmenhomepage aufzeichnen und verknüpfen

Wenn Ihr PC mit Mikrofon, Soundkarte und Kopfhörern bzw. Lautsprechern ausgerüstet ist, können Sie den Windows-Audiorekorder starten und eine Sprachaufzeichnung machen. Halten Sie diese Aufzeichnung möglichst kurz. Sprachaufzeichnungen sind sehr speicherintensiv.

1 Aktivieren Sie die Schaltfläche Start und wählen Sie *Programme/Zubehör/Unterhaltungsmedien* bzw. *Multimedia* und *Audiorekorder*.

2 Der Audiorekorder ist mit Schaltflächen ähnlich einem Video- oder Kassettenrekorder ausgestattet. Sie klicken auf die Schaltfläche *Aufnehmen*, um die Aufzeichnung zu starten.

3 Neben der Schaltfläche *Aufnehmen* wird dann die Schaltfläche *Wiedergabe beenden* wählbar, mit der Sie die Aufzeichnung beenden.

4 Anschließend können Sie die Datei über den Befehl *Datei/Speichern unter* als WAV-Datei z. B. mit dem Namen *begruessung.wav* ablegen.

5 Um die Audiodatei als Hintergrundsound automatisch zu starten, aktivieren Sie die Schaltfläche *Sound* und übergeben die Datei *begruessung.wav* mithilfe der Schaltfläche *Durchsuchen*.

Lauftext einfügen

Auf Webseiten werden häufig so genannte Banner – animierte Werbetexte – angezeigt, die per Klick zur Website des Sponsors führen. Word unterstützt eine ähnliche Funktion – Lauftext genannt – mit der Sie animierte Zeichenketten einfügen können.

Hinweis
Lauftext
Bitte beachten Sie, dass auch Lauftext nur vom Internet Explorer, nicht vom Netscape Navigator unterstützt wird. Besucher Ihrer Webseite, die nicht den Internet Explorer einsetzen, sehen den Lauftext also nicht. Überlegen Sie daher, ob nicht die Erstellung einer animierten GIF-Grafik, die auch vom Netscape Navigator unterstützt wird, die bessere Alternative ist.

Um einen Lauftext in eine Webseite einzufügen, klicken Sie in der 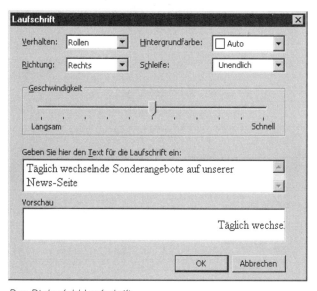 Symbolleiste *Webtools* auf das Symbol *Lauftext*. Im Dialogfeld *Lauf-schrift* legen Sie in der Liste *Verhalten* fest, wie der Lauftext im Objekt-rahmen erscheinen soll.

Er kann z. B. zwischen linkem und rechtem Rand gerollt werden, von rechts oder links eingeschoben werden oder zwischen den Rändern wechseln.

Das Dialogfeld Laufschrift

Überschreiben Sie den Platzhalter *Laufschrift* mit dem Text, der als Lauf-schrift angezeigt werden soll. Über die Listen *Hintergrundfarbe* können Sie den Objektrahmen mit einer Farbe ausfüllen. Über die Liste *Schleife* legen Sie fest, wie oft die Laufschrift erscheinen soll.

Mit dem Geschwindigkeitsregler legen Sie die *Geschwindigkeit* fest, mit der die Laufschrift bewegt wird. Über den Rechtsklick auf eine eingefügte Laufschrift können Sie diese starten, stoppen und deren Eigenschaften im Dialogfeld *Laufschrift* bearbeiten.

Im Entwurfsmodus zeigt Word nur einen Platzhalter für den Lauftext an, im normalen Bearbeitungsmodus wird er bereits animiert angezeigt.

12

Fax, Mail und Web

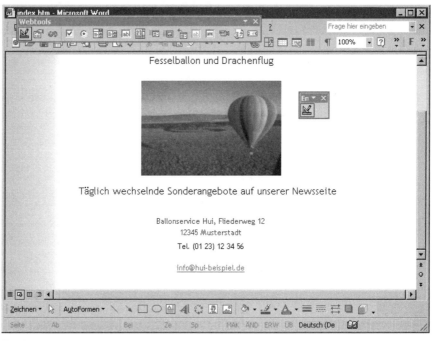

Der Lauftext auf der Visitenkarte

Hyperlinks für Text, Schaltflächen und Grafiken

Die einfache Navigation per Hyperlinks zwischen Webseiten hat zur explosionsartigen Verbreitung des World Wide Web geführt. An verschiedenen Stellen Ihrer Homepage fügen Sie Hyperlinks ein, mit denen der Leser zu anderen Stellen im Webseiteninhalt oder zu den verknüpften Webseiten springen kann, um dort genauere Informationen abzurufen.

Wenn der Leser einen solchen Hyperlink nutzt und zum verknüpften Dokument springt, wird er dort weitere Hyperlinks finden, mit denen er wiederum zu anderen Dateien gelangt usw. Ein Hyperlink wird auf dem Bildschirm farbig, meist blau, und durch Unterstreichung hervorgehoben angezeigt. Wenn der Mauszeiger auf einen Hyperlink zeigt, verwandelt er sich in eine Hand, und als QuickInfo wird der Pfad oder der URL zur verknüpften Datei eingeblendet. Hyperlinks können auf verschiedene Dokumentarten, also z. B. auf Textdateien, Grafiken, Tabellen, Klänge oder Animationen auf Ihrem PC, im Firmennetz oder im Internet verweisen.

Automatische Hyperlinks

Word kann Hyperlinks automatisch erkennen. Falls Sie eine Internetadresse oder eine E-Mail-Adresse eingeben und diese mit (Enter) abschließen, formatiert Word die Eingabe automatisch in blauer Schriftfarbe und mit Unterstreichung, den Standardmerkmalen eines Hyperlinks. Außerdem wird dem Anzeigetext auch automatisch die Verknüpfung zur angegebenen Adresse zugeordnet. Damit dies funktioniert, muss im Dialogfeld *AutoKorrektur*, aufzurufen über das *Extras*-Menü im Register *AutoFormat während der Eingabe,* das Kontrollkästchen *Internet- und Netzwerkpfade durch Hyperlinks* aktiviert sein.

Interne und externe Hyperlinks

Ein Hyperlink kann auf eine Position in der gleichen Webseite, auf eine andere Webseite oder – kombiniert – auf eine Position in einer anderen Webseite verweisen. Die Begriffe interne und externe Hyperlinks werden nicht einheitlich benutzt. Ich bezeichne die Hyperlinks, die auf eine Zielposition in der gleichen Webseite verweisen, als internen Hyperlink. Externe Hyperlinks verweisen dagegen auf eine Position in einer anderen Webseite.

Manchmal wird der Begriff intern auch für Verweise zu Seiten auf dem gleichen Server und extern für Verweise zu Webseiten auf anderen Webservern verwendet. Wenn Sie auf eine bestimmte Position in einer anderen Webseite hinweisen wollen, müssen Sie auf dieser Position eine Textmarke einfügen. Auf diese Textmarke können Sie dann im Dialogfeld *Hyperlink einfügen* über die Schaltfläche *Textmarke* verweisen.

Verweisziel innerhalb der Seite benennen

Wenn Sie einen Verweis zu einer bestimmten Stelle einer Webseite erstellen wollen, müssen Sie vorher diesen Bereich in der Zieldatei benennen. Um auf eine bestimmte Stelle in einer Webseite zu verweisen, fügen Sie dort zuerst mit dem Befehl *Einfügen/Textmarke* eine Textmarke ein. Benennen Sie die neue Textmarke im Feld *Name der Textmarke* und aktivieren Sie die Schaltfläche *Hinzufügen*. Sie könnten Ihre Firmenhomepage z. B. in die Bereiche *Vorstellung, Produkte, Service* und *Kontaktdaten,* unterteilen, den Titel jedes Abschnitts mit einer Textmarke versehen und am Seitenanfang Hyperlinks zu den Abschnittstextmarken einfügen.

12

Fax, Mail und Web

Erstellen eines Ankers für ein Hyperlinkziel auf der gleichen Seite

Webseiten per Hyperlink verknüpfen

Es gibt verschiedene Möglichkeiten, Hyperlinks in Ihre Webseite einzufügen. Markieren Sie die Textstelle oder die Grafik, die Sie als Hyperlink gestalten wollen, und wählen Sie *Einfügen/Hyperlink* oder klicken Sie auf das Symbol *Hyperlink einfügen*.

Hyperlink zu anderer Webseite oder Datei im Intra- oder im Internet

In der Leiste *Link zu* markieren Sie *Datei oder Webseite*, wenn Sie einen Verweis auf eine andere HTML-Datei oder eine beliebige andere Datei einfügen wollen. Über die Schaltflächen *Aktueller Ordner*, *Besuchte Webseiten* und *Zuletzt verwendet* können Sie besonders schnell auf wichtige Ziele zugreifen. Öffnen Sie den Speicherordner und markieren Sie den Namen der Zieldatei. Falls Sie zu einem früheren Zeitpunkt bereits eine Verknüpfung zum Zielobjekt erstellt haben, können Sie die Adresse auch aus der Liste wählen.

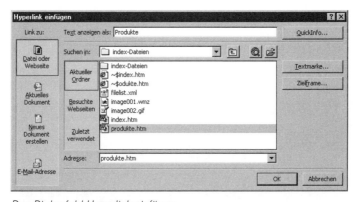

Das Dialogfeld Hyperlink einfügen

Wenn Sie auf eine bestimmte Position in der Zieldatei, z. B. auf eine Textmarke oder eine Überschrift in einer Webseite, verweisen wollen, markieren Sie den Eintrag *Aktuelles Dokument* in der Liste *Link zu*. Es werden dann alle Überschriften, Textmarken und ein Standardverweis zum Dokumentbeginn angezeigt. Wird vor einer Überschrift ein Pluszeichen angezeigt, können Sie mit einem Klick auf dieses Pluszeichen weitere, untergeordnete Überschriften einblenden, auf die Sie verweisen wollen. Markieren Sie das gewünschte Verweisziel durch einfachen Klick.

Im Feld *Text anzeigen als* können Sie Text eintragen, der als Hyperlink-Anzeige dienen soll, wenn Sie vor dem Öffnen des Dialogfelds *Hyperlink einfügen* keinen Text und keine Grafik markiert hatten. Aktivieren Sie die Schaltfläche *QuickInfo*, um einen Hinweistext einzugeben, der von modernen Browsern als QuickInfo angezeigt wird, wenn der Besucher auf den Hyperlink zeigt.

Hyperlink per Drag & Drop erstellen

Sie können einen Hyperlink auch per Drag & Drop erstellen. Dazu öffnen Sie ein bereits gespeichertes Dokument, in das Sie den Hyperlink einfügen wollen, und das Zieldokument, auf das Sie per Hyperlink verweisen wollen. Ordnen Sie beide mit dem entsprechenden Befehl aus dem Taskleisten-Kontextmenü an. Markieren Sie dann den Bereich, auf den Sie mit dem Hyperlink verweisen wollen, und ziehen Sie die Markierung mit der rechten Maustaste in die Webseite. Wählen Sie dann den Befehl *Hyperlink hier erstellen* aus dem Kontextmenü. Der Befehl wird nur angezeigt, wenn das Dokument, auf das der Hyperlink verweisen soll, bereits gespeichert ist.

> **Tipp**
>
> **Hyperlink, die schnellere Verknüpfung**
>
> Der Einsatz von Hyperlinks ist nicht auf HTML-Dokumente beschränkt. Sie können in jedes normale Word-Dokument einen Hyperlink einfügen, um so z. B. den Mitarbeitern im Netz die Dateien mit den entsprechenden Hintergrundinformationen auf einfache Weise zugänglich zu machen.

Per Hyperlink zu einer anderen Datei springen

Zeigen Sie auf einen hervorgehobenen Hyperlink, um den Namen der Datei und den Pfad zu dieser Datei bzw. den URL anzuzeigen. Normalerweise reicht der einfache Klick auf einen Hyperlink, um ihm zu folgen. In Word klicken Sie bei gedrückter Taste (Strg) auf einen Hyperlink, um zu der Datei zu springen, auf die er verweist. Sie können auch das Kontextmenü einsetzen, mit der rechten Maustaste auf einen Hyperlink klicken

12

Fax, Mail und Web

und den Befehl *Hyperlink/Öffnen* wählen, um die Zieldatei zu öffnen. Im Kontextmenü finden Sie weitere Befehle, mit denen Sie Hyperlinks bearbeiten, kopieren und zu den Favoriten hinzufügen können.

Hyperlink bearbeiten

Sie können nicht einfach auf einen Hyperlink klicken, wenn Sie ihn bearbeiten oder sein Verweisziel ändern wollen, weil der einfache Klick auf einen Hyperlink dessen Ziel öffnen würde. Klicken Sie deshalb mit rechts statt mit links auf einen Hyperlink, den Sie bearbeiten wollen, und wählen Sie *Hyperlink bearbeiten*. Das Dialogfeld *Hyperlink bearbeiten* entspricht dem Dialogfeld *Hyperlink einfügen*. Wenn Sie ein anderes Verweisziel auswählen, wird das ursprüngliche Ziel durch das neue Ziel ersetzt.

Hyperlink-Verknüpfung entfernen

Das Entfernen von Hyperlinks ist in Word 2002 etwas einfacher geworden. Sie müssen das Dialogfeld *Hyperlink bearbeiten* nicht mehr öffnen, sondern können den Befehl direkt aus dem Kontextmenü wählen. Klicken Sie mit der rechten Maustaste auf den Hyperlink, dessen Verknüpfung Sie entfernen wollen, und wählen Sie *Hyperlink entfernen*.

Schriftfarbe für Hyperlinks ändern

Hyperlinks werden standardmäßig in blauer, benutzte Hyperlinks in violetter Schriftfarbe angezeigt. Das hat zwar einen hohen Wiedererkennungswert, ist jedoch nicht gerade originell. Je nach Hintergrund der Webseite ergibt sich außerdem unter Umständen eine ungünstige Farbkombination.

Die Farbe der Hyperlinks wird von den Formatvorlagen *Hyperlink und Besuchter Hyperlink* bestimmt. Über den Befehl *Format/Formatvorlage und* Formatierung, den Rechtsklick auf *BesucherHyperlink* oder *Hyperlink* und den Befehl *Ändern* können Sie die Schriftfarbe für die beiden Formatvorlagen anpassen.

Über die Formatvorlagen passen Sie die Hyperlinkfarben an

Automatisches Inhaltsverzeichnis für Firmen-Webseite erstellen

Enthält Ihre Webseite Überschriften, wie das z. B. bei allen Webseiten der Fall ist, die Sie auf Basis der Word-Webseitenvorlagen erstellen, können Sie aus diesen Elementen automatisch ein Inhaltsverzeichnis erstellen, das die Besucher Ihrer Seite als Navigationshilfe benutzen können.

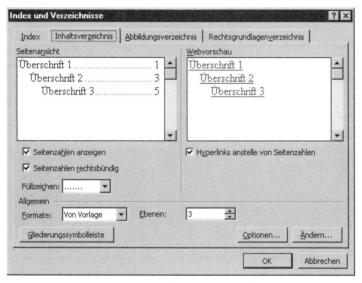

Hyperlink-Inhaltsverzeichnis

1 Dazu markieren Sie die Einfügeposition am Anfang der Seite und wählen *Einfügen/Referenz/Index und Verzeichnisse*.

2 Auf der Registerkarte *Inhaltsverzeichnis* wählen Sie den Stil für das Inhaltsverzeichnis aus der Liste *Formate*.

3 Geben Sie im Feld *Ebenen anzeigen* an, bis zu welcher Ebene Sie die Überschriften in das Inhaltsverzeichnis einbeziehen wollen. Webseiten können bis zu sechs Überschriftenebenen enthalten.

4 Damit die Einträge im Inhaltsverzeichnis in Form von Hyperlinks eingefügt werden, muss das Kontrollkästchen *Webvorschau* eingeschaltet sein.

5 Nach der Bestätigung des Dialogfelds wird das Inhaltsverzeichnis in Form von Hyperlinks eingefügt. Ein Klick auf einen Eintrag im Inhaltsverzeichnis zeigt sofort die entsprechende Überschrift bzw. die entsprechende Hyperlink-Position an.

12

Fax, Mail und Web

Frames gestalten

Frames unterteilen das Browserfenster in mehrere Ausschnitte. In jedem Ausschnitt kann eine andere Datei angezeigt werden. Häufig wird ein Frame zur Anzeige der Navigationselemente bzw. des Inhaltsverzeichnisses benutzt. Ein anderer dient zur Anzeige der wechselnden Dateiinhalte, die der Besucher durch einen Klick auf die Navigationselemente auswählt.

Frames und Framesets

Als Frameset wird die Definition bezeichnet, in der angegeben ist, wie das Browserfenster aufgeteilt werden soll. Ein Frameset legt z. B. fest, dass das Browserfenster in zwei nebeneinander liegende Ausschnitte geteilt werden soll und wie groß der rechte und linke Ausschnitt sein sollen. Außerdem wird im Frameset auch der Name der Frames gespeichert. Diesen benötigen Sie, um später anzugeben, in welchem Ausschnitt eine Webseite nach der Aktivierung eines Links angezeigt werden soll.

Eine in zwei horizontale Frames geteilte Seite

Wenn Sie Frames verwenden wollen, müssen Sie ...

- festlegen, wie das Browserfenster aufgeteilt werden soll, also z. B. die horizontale oder vertikale Teilung des Fensters festlegen.

- festlegen, was in jedem Frame als Startinhalt angezeigt werden soll.

- festlegen, in welchem Frame ein Verweisziel angezeigt werden soll, wenn der Besucher auf einen Hyperlink klickt.

Die Symbolleiste Frames

Word unterstützt die Verwendung von Frames mit einer speziellen Symbolleiste, die Sie über den Befehl *Ansicht/Symbolleisten/Frames anzeigen*. Die Symbole dieser Symbolleiste setzen Sie ein, um neue Frames zu erstellen, die Eigenschaften der vorhandenen Frames zu bearbeiten oder nicht mehr benötigte Frames zu löschen.

Wenn Sie in Word einen Befehl zur Framerstellung wählen, geben Sie an, wo der neue Frame im Fenster erscheinen soll. Sie finden in der Symbolleiste *Frames* z. B. Schaltflächen für die Erstellung eines Frames rechts, links, oben oder unten. Diese Schaltflächen erstellen leere Frames. Nur der Befehl oder die Schaltfläche *Inhaltsverzeichnis im Frame* erstellt links einen Ausschnitt mit den Überschriften der Webseite als Hyperlink formatiert.

Die Symbolleiste Frames

Aktivieren Sie das Symbol *Inhaltsverzeichnis im Frame*, um links im Fenster einen Frame einzufügen, in dem Word aus den Überschriften der Webseite ein Hyperlink-Inhaltsverzeichnis generiert. Nach dem Klick auf die Schaltfläche erstellt Word zwei neue Dateien. Die erste Datei speichert das Inhaltsverzeichnis und wird im linken Frame angezeigt.

Mit diesem Symbol wird ein neuer Frame links im Fenster erstellt.

Mit diesem Symbol wird ein neuer Frame rechts im Fenster erstellt.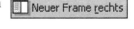

Mit diesem Symbol wird ein neuer Frame oben im Fenster erstellt.

Mit diesem Symbol wird ein neuer Frame unten im Fenster erstellt.

Aktivieren Sie diese Schaltfläche, um den aktuellen Frame zu löschen. Vorher werden Sie nach dem Speicherwunsch gefragt, um ggf. das Löschen zurücknehmen zu können.

12

Fax, Mail und Web

Diese Schaltfläche öffnet das Dialogfeld *Frameeigenschaften* für den aktuellen Frame. Sie können den URL zur Startseite, den Namen und die Größe des Frames festlegen und bestimmen, ob er einen Rahmen und Bildlaufleisten erhalten soll.

Neuen Frame erstellen

Um das Browserfenster in Frames zu unterteilen, aktivieren Sie die Schaltfläche für die gewünschte Fensterteilung. Anschließend können Sie die Breite bzw. Höhe der neuen Frames mit dem grauen Framerahmen durch Ziehen mit der Maus verändern.

Der neue Frame links kann per Drag & Drop bezüglich der Größe angepasst werden

Frame gestalten

Um die Einstellungen für den neuen Frame festzulegen, aktivieren Sie entweder in der Symbolleiste *Frames* die Schaltfläche *Frameeigenschaften* oder Sie klicken mit rechts in den Frame und wählen *Frameeigenschaften*.

Auf der Registerkarte *Frame* legen Sie fest, mit welcher *Anfangsseite* der Frame angezeigt werden soll. Schalten Sie das Kontrollkästchen *Mit Datei verknüpfen* ein, wenn Änderungen, die Sie an der festgelegten Startseite durchführen, automatisch im Frame angezeigt werden sollen.

Wählen Sie einen der Standardnamen aus der Liste *Name* oder vergeben Sie selbst einen Namen für den Frame. Falls das Fenster in nebeneinander liegende Frames unterteilt wurde, können Sie die Breite festlegen. Im Listenfeld *Maßeinheit* können Sie die Breite prozentual zur Fenstergröße oder als Festwert angeben. Für Frames, die die Höhe des Fensters aufteilen, können Sie die Höhe mit den gleichen Maßeinheiten festlegen.

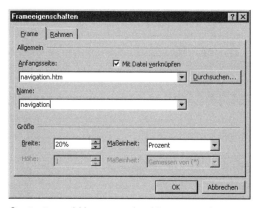

Startseite und Name werden hier angegeben

Auf der Registerkarte *Rahmen* legen Sie fest, ob der Frame mit Rahmenlinien angezeigt werden soll oder ohne. Falls Sie sich entscheiden, den Frame mit Rahmenlinien anzuzeigen, können Sie im Feld *Rahmenbreite* die Breite in Punkt festlegen. Über das Listenfeld *Rahmenfarbe* öffnen Sie eine Farbpalette, mit der Sie die Farbe des Rahmens auswählen können. Sollen die Besucher Ihrer Webseite die Größe des Frames nicht verändern können, schalten Sie das Kontrollkästchen *Framegröße in Browser anpassen* aus. Dies ist nötig, wenn der Inhalt z. B. eine bestimmte Größe nicht unterschreiten sollte.

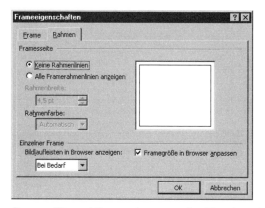

Framegröße und Framerahmen werden hier eingestellt

12

Fax, Mail und Web

┌─── **Hinweis**

Framegröße ändern

Ob die Größe eines Frames vom Benutzer verändert werden kann, hängt sowohl von der Einstellung des aktuellen Frames als auch von der Einstellung der anderen Frames ab. Wird das Fenster in zwei Frames unterteilt und haben Sie für einen Frame festgelegt, dass seine Größe nicht verändert werden kann, kann natürlich die Größe des anderen Frames ebenfalls nicht geändert werden, weil dessen Größenänderung sich automatisch auch auf den zweiten Frame auswirken würde.

In der Liste *Bildlaufleisten in Browser anzeigen* können Sie festlegen, ob der Frame mit Bildlaufleisten angezeigt wird und damit dem Benutzer das Scrollen möglich ist. Wählen Sie den Listeneintrag *Bei Bedarf*, wenn nur Bildlaufleisten angezeigt werden sollen, wenn die Auflösung es nicht erlaubt, den Inhalt des Frames komplett anzuzeigen. Mit *Immer* legen Sie fest, dass die Bildlaufleisten unabhängig von der Anzeige eingeblendet werden. Den Eintrag *Nie* sollten Sie nur verwenden, wenn Sie getestet haben, dass der Frameinhalt in der schlechtesten Auflösung (640 x 480) komplett angezeigt wird und Sie den Inhalt – z. B. bei einer Tabelle – prozentual zur Fenstergröße anzeigen lassen.

Frame mit automatischem Inhaltsverzeichnis erstellen

Falls Sie den Inhalt Ihrer Webseite mit Überschriften gegliedert haben, können Sie mit einem Klick auf das Symbol *Inhaltsverzeichnis im Frame* einen neuen Frame erstellen, der links im Fenster angezeigt wird und ein Inhaltsverzeichnis mit Hyperlink-Verweisen zu den Überschriften enthält.

┌─── **Hinweis**

Frameset

Als Frameset wird der Abschnitt im HTML-Code bezeichnet, der die Definition aller Frames enthält. Hierzu gehören die Art der Aufteilung, also horizontal oder vertikal, die Größe der Frames, deren Namen, deren Erscheinungsbild und deren Startseiten. Sie finden das Frameset zwischen den Tags <Frameset> und </Frameset>.

Frameset speichern

Sobald Sie einen Frame einfügen, erstellt Word zwei neue Webseiten. In der einen HTML-Datei ist das so genannte Frameset, d. h. die Definition der Frames, enthalten. In ihr werden die Aufteilung des Fensters und die anderen festgelegten Frame-Eigenschaften, wie die Startseite, die im Frame angezeigt werden soll, die Rahmenoptionen und die Bildlaufleisten-Optionen gespeichert. In der zweiten HTML-Datei werden die Daten, die im neuen Frame angezeigt werden sollen, gespeichert. Wählen Sie *Datei/Speichern unter*, um das aktuelle Frameset zu speichern, und speichern Sie es als HTM(L)-Datei.

Frame speichern

Sie müssen diese neuen Seiten speichern. Dazu klicken Sie mit rechts in die Seite und wählen *Aktuellen Frame speichern als*. Geben Sie einen Namen für den Frame an und aktivieren Sie die Schaltfläche *Speichern*. Der Dateiname der Datei, die in einem Frame angezeigt wird, kann unabhängig von dem Namen des Frames gewählt werden.

Zielframe festlegen

Wenn das Browserfenster in mehrere Frames aufgeteilt ist, müssen Sie für die Hyperlinks angeben, in welchem Ausschnitt das Ziel eines Hyperlinks geladen werden soll. Dazu aktivieren Sie im Dialogfeld *Hyperlink einfügen* die Schaltfläche *Zielframe*.

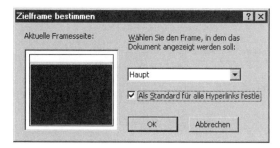

Zuordnen des Zielframes

12

Fax, Mail und Web

Wählen Sie den Zielframe aus dem Listenfeld. Damit Sie diese Zuordnung nicht für jeden Hyperlink, den eine Webseite enthält, erneut durchführen müssen, können Sie bei der ersten Zuordnung das Kontrollkästchen *Als Standard für Hyperlinks festlegen* aktivieren.

Ihre Firmensite im Frameset

Kaum eine Firma wird es sich in Zukunft leisten können, im Internet nicht präsent zu sein. Unabhängig davon, ob Sie Dienstleistungen anbieten oder etwas verkaufen wollen, moderne Kunden sind bald daran gewöhnt, 24 Stunden vom heimischen PC aus Service abrufen und Einkäufe erledigen zu können. Es muss ja am Anfang nicht gleich ein riesiges Onlinewarenhaus sein. Vielleicht wollen Sie sich auch darauf beschränken, Ihre Firma vorzustellen und einen ersten Kontakt zu ermöglichen.

Sie werden sehen, es lohnt sich. Internet und E-Mails erlauben einen ganz anderen, viel direkteren und schnelleren Umgang mit dem Kunden. Und keine Angst, Sie müssen kein Designer sein, um Erfolg zu haben. Bei Untersuchungen hat sich herausgestellt, dass nicht kunstvolle Gestaltung und die neuesten Effekte über den Erfolg einer Website entscheiden, sondern in erster Linie, dass der Kunde auf Ihrer Site genau das findet, was er erwartet hat.

Planung ist alles – planen Sie Ihre Website

Eine komplette Website – also Ihr späterer kompletter Auftritt im World Wide Web – will sorgfältig geplant sein. Sie sollten genau überlegen, wen Sie mit den Seiten ansprechen und was Sie anbieten wollen. Bevor Sie mit der Gestaltung der Seiten beginnen, sollten Sie überlegen, welche Gestaltungselemente, Farbkombinationen und Navigationselemente zum Angebot Ihrer Firma passen. Auch die Struktur und den Aufbau der Website sollten Sie planen. Am besten geht das mit einer kleinen Skizze.

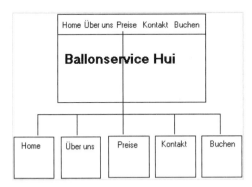

Die geplante Struktur der Site

Die Beispielfirma Ballonservice Hui hat für den Anfang ein kleines Angebot von sechs Seiten plus Inhaltsseite geplant. Die Seiten sollen in zwei Frames angezeigt werden. Der Inhaltsframe oben zeigt ein Inhaltsverzeichnis der Website, sodass die Besucher auf einfache Weise über den Klick auf einen der Einträge zu jeder anderen Seite navigieren können.

Der Inhaltsframe wird permanent angezeigt und muss in einer eigenen Datei gespeichert werden. Im rechten Frame erscheint automatisch die Startseite und später jeweils die Seite, die der Kunde ausgewählt hat. Auf den einzelnen Seiten wird die Firma Ballonservice Hui sich und ihr Angebot – ähnlich wie in der Firmenbroschüre – vorstellen, eine Kontaktadresse angeben und über ein Formular eine Onlinebuchung ermöglichen. Bei den Farben wird sich Ballonservice Hui natürlich an die Farben des Firmenlogos und den bereits in der Broschüre verwendeten Farbzusammenstellungen orientieren und die zum Firmenangebot gut passende, weil frische und an den Himmel erinnernde Farbkombination von Blau- und Weißtönen beibehalten.

Die Firmensite mit Navigationsleiste im separaten Frame

Nachdem feststeht, was auf welche Seite gehört, kann es losgehen. Sie können auf verschiede Weise zum gewünschten Ziel gelangen. Falls Sie Daten, die Sie veröffentlichen wollen, bereits in einer Word-Datei gespeichert haben, können Sie diese mit Word in eine Webseite konvertieren.

Startseite umbenennen

Als Startseite wird die bereits erstellte Visitenkarte verwendet. Um die ursprüngliche Startseite innerhalb des noch zu erstellenden Framesets anzuzeigen, benennen Sie diese um:

1 Öffnen Sie die Webseite *index.htm* in Word und wählen Sie *Datei/ Speichern unter.*

2 Überschreiben Sie den Dateinamen mit *home.htm* und aktivieren Sie *Speichern*.

3 Sie können bei geöffneter Seite *home.htm* mit Klick auf die Schaltfläche *Neue Webseite* sehr schnell die anderen Webseiten erstellen.

Die ursprüngliche Seite wird als *home.htm* im von Word automatisch erstellten Ordner *index-Dateien* gespeichert. Da die weiter unten erstellte Frameset-Seite den Namen *index.htm* erhalten wird, funktionieren die Verknüpfungen weiter.

Seiten mit E-Mail-Hyperlink und grafischen Trennlinien gestalten

Die anderen Seiten von Ballonservice Hui sollen ein einheitliches Erscheinungsbild ergeben. Hierzu gehört die Verwendung einheitlicher Füllfarbe oder einer Hintergrundgrafik für alle Seiten, einheitlicher Trennlinien, einheitlich gestalteter Hyperlinks usw. Der Firmenname oben auf der Seite und der Copyrightvermerk und die E-Mail-Adresse sollen auf jeder Seite angezeigt und mit einer Trennlinie vom restlichen Webseiteninhalt abgetrennt werden.

E-Mail-Hyperlink einfügen

Die E-Mail-Adresse sollte auf keiner Webseite fehlen, damit der Besucher jederzeit mit Ihnen per Mail Kontakt aufnehmen kann. Wenn Sie die Adresse als Hyperlink formatieren, genügt ein Klick und es wird ein neues E-Mail-Formular erstellt, in dem Ihre E-Mail-Adresse bereits eingetragen ist. Da es sich um einen Verweis auf eine E-Mail-Adresse handelt, beginnt der Verweis mit dem Protokoll *mailto:*.

1 Erstellen Sie zunächst wieder eine neue leere Standardwebseite und weisen dieser mit dem Befehl *Format/Design* das gleiche Design wie der Startseite zu, im Beispiel wurde das Design *Übergänge* eingesetzt.

2 Fügen Sie oben auf der Seite den Firmennamen ein und gestalten Sie ihn über den Aufgabenbereich *Formatvorlagen und Formatierung* mit einer der Überschriften-Formatvorlagen.

3 Um unterhalb des Firmennamens eine grafische Linie einzubauen, wählen Sie *Format/Rahmen und Schattierung* und klicken im Register *Rahmen* auf die Schaltfläche *Horizontale Trennlinie*.

4 Es wird eine spezielle Kategorie von ClipArts angezeigt, aus der Sie eine Trennlinie auswählen können. Fügen Sie die gewünschte Linie mit Doppelklick ein.

5 Wenn Sie Höhe oder Breite der Linie nach dem Einfügen noch anpassen wollen, klicken Sie anschließend auf die Trennlinie und wählen *Format/Horizontale Linie*.

6 Die eingefügte Schmucklinie soll immer in einer Breite angezeigt werden, die 90 % der Fensterbreite ausmacht. Stellen Sie deshalb die Liste *Maßeinheit* um auf *Prozent* und legen Sie die *Breite* auf 90 % fest.

7 Nachdem die Trennlinie einmal eingefügt ist, kann Sie per Drag & Drop bei gedrückter Taste (Strg) an die zweite Einfügeposition kopiert werden.

8 Fügen Sie unterhalb der zweiten Trennlinie einen E-Mail-Hyperlink ein. Aktivieren Sie die Schaltfläche *Hyperlink einfügen*, klicken Sie auf die Schaltfläche *E-Mail-Adresse* und geben Sie die E-Mail-Adresse Ihrer Firma in das Feld *E-Mail-Adresse* ein.

9 Geben Sie als Hyperlink-Anzeigetext „Kontakt" in das Feld *Text anzeigen als* ein und bestätigen Sie das Dialogfeld.

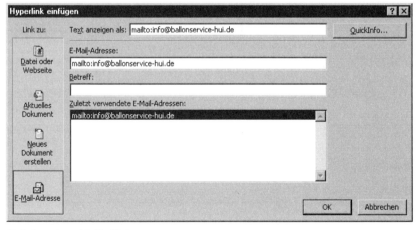

Erstellen eines Mailto-Links

Der allgemeine Kontakthinweis auf die E-Mail-Adresse benötigt keinen Standardbetreff. Wenn Sie jedoch E-Mail-Links bestimmten Inhalten zuordnen wollen, können Sie einen Standardbetrefftext in das Feld *Betreff* eingeben. Ihre Kunden müssen den Betreff dann nicht mehr manuell eintippen.

Webseite als Vorlage speichern

Die Webseiteninhalte, die auf allen weiteren Seiten angezeigt werden sollen, sind nun zusammengestellt und formatiert. Nun kann die Webseite über den Befehl *Datei/Speichern unter* mit dem Dateityp *.dot* als Vorlage für alle weiteren Firmenseiten gespeichert werden. Die übrigen Webseiten können Sie dann über den Befehl *Datei/Neu* auf Basis dieser Vorlage erstellen.

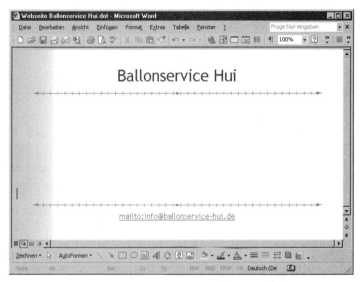

Zwischen den grafischen Trennlinien soll später der Seiteninhalt eingefügt werden

Diese Vorlage soll die Entwicklung der übrigen Webseiten erleichtern. Erstellen Sie auf Basis der Webseiten-Vorlage die restlichen Firmenseiten. Für das Beispiel benötigen Sie die Seiten *preise.htm*, *kontakt.htm*, *ueberuns.htm* und *buchen.htm*. Speichern Sie alle Seiten im gleichen Ordner wie die Homepage *home.htm*. Schließen Sie alle Seiten bis auf die Seite *home.htm*.

Das Frameset entwickeln

Nachdem die Webseiten fertig gestellt sind, können Sie ein Hyperlink-Inhaltsverzeichnis erstellen, über das die Navigation zwischen den Webseiten abgewickelt werden soll. Sie lassen Word den Anfang automatisch erstellen und ergänzen dann die noch fehlenden Hyperlinks selbst.

1   Öffnen Sie die Startseite, blenden Sie mit *Ansicht/Symbolleisten/Frames* die benötigte Leiste ein und aktivieren Sie die Schaltfläche *Neuer Frame oben*. Word erstellt das Frameset und eine neue Webseite, die in einem zweiten Bildschirmausschnitt angezeigt wird.

2 Weisen Sie der neuen Webseite das Design *Übergänge* zu. Speichern Sie zunächst die neue Webseite. Klicken Sie dazu mit rechts in den linken Fensterausschnitt und wählen Sie *Aktuellen Frame speichern als*. Weil der obere Frame die Webseite mit dem Inhaltsverzeichnis anzeigen soll, speichern Sie diese unter dem Dateinamen *inhalt.htm*.

3 Speichern Sie anschließend das Frameset mit dem Befehl *Datei/Speichern unter* unter dem Namen *index.htm*. Markieren Sie im Dialogfeld die Schaltfläche *Vorhandene Datei ersetzen* und bestätigen Sie das Dialogfeld.

4 Nun können die beiden Frames gestaltet werden. Klicken Sie in der Symbolleiste *Frames* auf die Schaltfläche *Frameeigenschaften*.

5 Wählen Sie für den oberen Frame im Register *Frame* den Namen *oben* aus der Liste *Name* und setzen Sie ihn mit den Feldern *Höhe* und *Maßeinheit* auf eine Höhe von 1 cm.

6 Die Startseite für den Frame ist mit *inhalt.htm* bereits vorgegeben. Im Register *Rahmen* blenden Sie mit der Auswahl *Keine Rahmenlinien* den Rahmen aus.

7 Wählen Sie für den zweiten Frame den Namen *Haupt*, weil dort der Hauptinhalt, nämlich immer die Webseiten angezeigt werden, die im Inhaltsverzeichnis ausgewählt wurden. Als Startseite ist dort die Seite *home.htm* festgelegt.

Durch Zuweisen einheitlicher Hintergründe wirken die Frames wie eine Seite

Navigationsleiste erstellen

Im oberen Frame soll die Navigationsleise mit allen Hyperlinks zu allen Seite der Site angezeigt werden. Da Sie die Site in einem Frameset präsentieren, müssen Sie auch den Zielframe der Links festlegen.

1 Um den ersten Link zu erstellen, aktivieren Sie die Schaltfläche *Hyperlink einfügen* und markieren in der Liste *Link zu* den Eintrag *Datei oder Webseite*.

2 Markieren Sie den Namen der ersten Webseite, im Beispiel den Link zur Startseite *home.htm*, und geben Sie im Feld *Text anzeigen als* ein: „Home".

3 Legen Sie jetzt noch fest, in welchem der beiden Frames die Startseite angezeigt werden soll, wenn ein Besucher auf den Link klickt. Aktivieren Sie dazu die Schaltfläche *Zielframe* und wählen Sie im Listenfeld den Eintrag *Haupt*.

4 Aktivieren Sie das Kontrollkästchen *Als Standard für Hyperlinks festlegen*, damit Sie den Arbeitsschritt nicht für alle Hyperlinks erneut durchführen müssen.

5 Fügen Sie nach diesem Muster die Links zu den restlichen Seite der Firmensite ein und testen Sie alle Links in der Browservorschau.

Die Firmensite mit Navigationsleiste in einem separate Frame

Webtabellen

Tabellen auf Webseiten können Sie im Prinzip genauso erstellen, wie ich dies für Tabellen in Word-Dokumenten bereits beschrieben habe. Sie kennen die Tabelleneigenschaften, die bisher nur Webseiten-Tabellen vorbehalten waren, auch bereits von der normalen Tabellenbearbeitung her.

Einsatz von Webtabellen

Webtabellen werden nicht nur eingesetzt, um tabellarische Aufstellungen anzuordnen, sondern auch, um Textabschnitte, Grafiken und andere Objekte in Webseiten auf einfache Art zu positionieren. Fügen Sie Webtabellen mit dem Befehl *Tabelle/Einfügen/Tabelle* ein und setzen Sie den Tabellenrahmen über den Befehl *Tabelle/Tabelleneigenschaften* und die Schaltfläche *Rahmen und Schattierung* auf *Ohne*, um eine „unsichtbare" Tabelle zu erstellen. Solche Tabellen nennt man auf Webseiten Blindtabellen. Über den Befehl *Tabelle/Zellen verbinden* können Sie Zellen in der Breite mehrerer Spalten oder der Höhe mehrerer Zeilen entwickeln. Sie dürfen sogar geschachtelte Tabellen erstellen, also eine weitere Tabelle in eine Tabellenzelle einfügen.

Tipps zur Tabellengestaltung

Um sicherzugehen, dass der Besucher Ihrer Website den kompletten Tabelleninhalt sieht, unabhängig davon, welche Auflösung und welche Fenstergröße für das Browserfenster eingestellt ist, sollten Sie die Tabellengröße auf der Registerkarte *Tabelle* auf eine *Bevorzugte Breite* mit der Maßeinheit *Prozent* setzen. Die Tabelle wird dann immer im Verhältnis zur aktuellen Fenstergröße skaliert. Genauso können Sie die Höhe bzw. Breite der Spalten, Zeilen und Zellen über die Maßeinheit Prozent im Verhältnis zur Gesamttabelle skalieren.

Kontaktdaten mit Tabelle anordnen

1 Öffnen Sie die Seite *kontakt.htm* in Word und fügen Sie zwischen die beiden grafischen Trennlinien mit dem Befehl *Tabelle/Einfügen/Tabelle* eine Webtabelle aus zwei Spalten und vier Zeilen ein.

2 Fügen Sie in die linken Spalten die Beschriftungen für die einzelnen Kontaktinformationen, also z. B. Firmensitz, E-Mail-Adresse der Firma und des Webmasters usw., ein.

3 Fügen Sie in die rechte Spalte die Kontaktinformationen ein.

12

Fax, Mail und Web

4 Klicken Sie mit rechts in die Tabelle und wählen Sie *Rahmen und Schattierung* und schalten Sie mit der Schaltfläche *Ohne* das Gitternetz aus.

5 Klicken Sie nochmals mit rechts in die Tabelle und wählen Sie *Tabelleneigenschaften*.

6 Schalten Sie das Kontrollkästchen *Bevorzugte Breite* ein, setzen Sie die *Maßeinheit* auf *Prozent* und die *Breite* für die Beispieltabelle auf *70 %*.

7 Wählen Sie in der Optionsgruppe *Ausrichtung* die Schaltfläche *Zentriert* und bestätigen Sie das Dialogfeld.

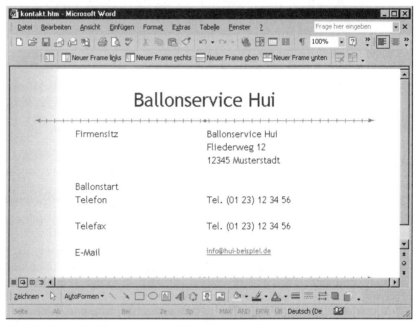

Die Webblindtabelle mit den Kontaktdaten

Webformulare mit Word gestalten

Ein Webformular ermöglicht es dem Besucher Ihrer Website, mit Ihnen Kontakt aufzunehmen. Formulare können dazu dienen, ein Feedback zu geben, eine Dienstleistung oder Waren anzufordern, an einer Umfrage teilzunehmen oder einen Eintrag in ein Gästebuch zu ermöglichen.

Ein Webformular kann die ganze Seite oder einen Teil einer Webseite umfassen und besteht aus mindestens einem Formularsteuerelement. Formularsteuerelemente können aus Kontrollkästchen, Texteingabefeldern, Listenfeldern oder auch Schaltflächen bestehen. Der Formularbereich ist mit einem bestimmten HTML-Code (<FORM> und </FORM>) gekennzeichnet und wird deshalb vom Browser erkannt. Wenn Sie Formulare mit Word erstellen, müssen Sie sich um die Kennzeichnung des Formularbereichs nicht kümmern, Word fügt sie automatisch ein, sobald Sie das erste Formularsteuerelement anfordern.

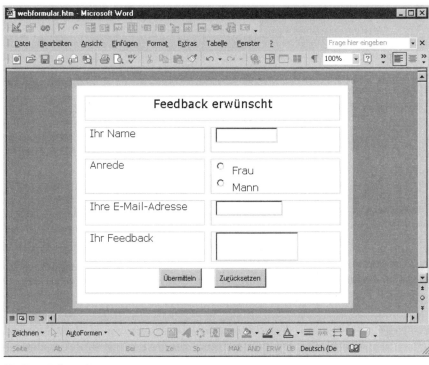

Ein Beispielformular

Tipp

Ausrichten von Formularinhalten

Damit die Formularsteuerelemente gleichmäßig ausgerichtet werden, sollten Sie eine Tabelle verwenden. Sie können z. B. eine Tabelle mit einer Spalte für die Beschriftungen und einer Spalte für die Eingabefelder erstellen.

Ein Webformular erstellen

Ein Formular können Sie in eine neue Webseite oder in eine bereits bestehende Webseite einfügen. Webseiten können auch mehr als einen Formularbereich beinhalten. Wenn Sie die Formularelemente mit einer Tabelle anordnen wollen, können Sie über den Befehl *Tabelle/Einfügen/Tabelle* die Tabelle zur Anordnung der Formularelemente anfordern. Anschließend fügen Sie die Beschriftungen und die Formular-Steuerelemente in die Tabellenzellen ein.

Formular-Steuerelemente

Ein Webformular kann Objekte zur Eingabe, zur Auswahl und zum Senden der Formulardaten enthalten, die Ihnen von Windows-Dialogfeldern
bekannt sein werden. Hierbei handelt es sich z. B. um Kontrollkästchen,
um Listenfelder und um Schaltflächen.

Die Anzeige und das Verhalten dieser Steuerelemente steuern Sie über
deren Eigenschaften, die Sie über ein Eigenschaftsfenster festlegen.

Das Einfügen eines Formularfelds

Sie fügen zuerst ein Steuerelement mit einem Klick auf eines der Symbole in der Symbolleiste *Webtools* ein. Das Formularfeld ist nach dem
Einfügen automatisch markiert. Außerdem aktiviert Word automatisch
den Formularentwurfsmodus in dem die Formularfeldeigenschaften bearbeitet werden können.

Der Inhalt des Formulars wird Ihnen später beispielsweise als E-Mail zu-
geschickt. Dabei werden jeweils Paare aus Namen und Werten eines
Formularfelds gebildet. Damit Sie den Inhalt des Formulars leicht nachvollziehen können, ist eine sinnvolle Benennung der Felder also wichtig.

Eigenschaften von Webformularfeldern

Nach dem Einfügen doppelklicken Sie auf das neu eingefügte Steuerelement oder Sie klicken auf die Schaltfläche *Eigenschaften*, um
die Eigenschaften des neuen Steuerelements festzulegen. Formular-
Steuerelemente haben allgemeine und spezifische Eigenschaften. Die
spezifischen Eigenschaften beschreibe ich im nächsten Abschnitt, hier erfahren Sie die allgemeinen Eigenschaften:

- *Name:* Ein von Word automatisch generierter Name (bestehend aus
  dem Klassennamen und einer laufenden Nummer) oder ein frei
  wählbarer Objektname.

- *HTMLName:* Über den HTML-Namen kann das Element im HTML-
  Code mit HTML oder Scriptbefehlen angesprochen werden.

- *Height:* Legen Sie über diese Eigenschaft die Höhe des Steuerelements in Pixeln fest.

- *Width:* Legen Sie über diese Eigenschaft die Breite des Steuerelements in Pixeln fest.

- *Value:* Der Wert des Steuerelements. Dieser Wert wird beim Klick auf die *Senden-*Schaltfläche zusammen mit den Namen des Elements an den Server oder die angegebene E-Mail-Adresse gesendet.

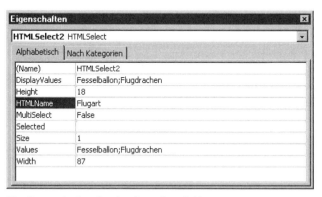

Die Eigenschaften für das Dropdownfeld

Das Eigenschaftsfenster können Sie permanent eingeblendet lassen, um später weitere Felder zu bearbeiten, oder jedes Mal neu aufrufen. Überschreiben Sie den Standardnamen, den Word für die Felder im Feld *HMTLName* vorgibt, mit dem passenden Namen. Es wäre z. B. sinnvoll, das Feld, in das der Kunde seine Adresse eingibt, auch *Adresse* zu nennen.

Die Symbolleiste Webtools

Zum einfachen Einfügen und Gestalten der Steuerelemente eines Webformulars sollten Sie mit *Ansicht/Symbolleisten/Webtools* die bereits vorgestellte Symbolleiste einblenden.

Sie setzen die Symbole der Symbolleiste und die damit abrufbaren Formularsteuerelemente folgendermaßen ein:

Entwurfsmodus: Mithilfe dieses Symbols aktivieren und deaktivieren Sie den Entwurfsmodus. Im Entwurfsmodus können Sie die Steuerelemente einfügen und bearbeiten. Im Entwurfsmodus heißt das Symbol *Entwurfsmodus beenden*.

Kontrollkästchen: Der Klick auf dieses Symbol fügt ein Kontrollkästchen-Steuerelement ein. Kontrollkästchen verwenden Sie, wenn mehrere Auswahlmöglichkeiten angeboten werden sollen, für jede Aus-

12

Fax, Mail und Web

wahl aber nur zwei Antworten (Ja/Nein) möglich sind. Setzen Sie die Eigenschaft *Checked* auf *True*, wenn das Kontrollkästchen eingeschaltet angezeigt werden soll.

Optionsfeld: Fügt ein rundes Optionsfeld ein. Optionsfelder verwenden Sie, wenn in einer Optionsgruppe nur eine Auswahl möglich sein soll. Alle Optionsfelder einer Gruppe erhalten den gleichen HTML-Namen! Setzen Sie die Eigenschaft *Checked* des Optionsfelds auf *True*, die markiert angezeigt werden soll.

Dropdownfeld: Fügt ein Dropdown-Listenfeld ein. Dieses Steuerelement eignet sich besonders, um eine große Anzahl von Auswahloptionen platzsparend anzuzeigen. Nach dem Einfügen können Sie der Eigenschaft *Values* die Listeneinträge getrennt durch Semikolon übergeben und in *DisplayValues* festlegen, welche dieser Werte angezeigt werden. Setzen Sie die Eigenschaft *MultiSelect* auf *False*, wenn keine Mehrfachauswahl möglich sein soll. Mit der Eigenschaft *Selected* legen Sie den als Standardauswahl angezeigten Listeneintrag fest.

Listenfeld: Im Gegensatz zum Dropdown-Listenfeld zeigt ein normales Listenfeld alle Werte gleichzeitig an. Verwenden Sie die Eigenschaften, wie für das Dropdownfeld beschrieben.

Textfeld: Ein Textfeld ist ein einzeiliges Eingabefeld für die Eingabe beliebiger Daten. Legen Sie mit der Eigenschaft *MaxLength* fest, wie viele Zeichen in das Feld maximal eingegeben werden dürfen.

Textbereich: Ein Textbereich ist ein mehrzeiliges Eingabefeld. Legen Sie mit der Eigenschaft *Columns* fest, wie groß das Feld angezeigt werden soll. Setzen Sie die Eigenschaft *WordWrap* auf *True*, wenn der automatische Zeilenumbruch im Listenfeld aktiviert sein soll.

Übermitteln: Fügt eine *Senden*-Schaltfläche ein, die der Anwender anklickt, um das ausgefüllte Formular abzuschicken. Über die Eigenschaft *Action* legen Sie fest, wohin die Formulardaten geschickt werden sollen. Mit der Eigenschaft *Caption* legen Sie die Beschriftung der Schaltfläche fest.

Mit Bild übermitteln: Fügt eine Schaltfläche mit einer Grafik ein. Die Grafik können Sie direkt nach der Aktivierung auswählen und über die Eigenschaft *Source* ändern.

Zurücksetzen: Erstellt eine *Reset*-Schaltfläche, die der Anwender anklickt, um die bereits eingegebenen Formulardaten zu löschen. Über die Eigenschaft *Caption* legen Sie die Beschriftung der Schaltfläche fest.

Ausgeblendet: Fügt ein ausgeblendetes Steuerelement ein. Im Prinzip handelt es sich dabei um ein ausgeblendetes Textfeld. Das Feld wird z. B. eingesetzt, um bestimmte Werte an den Server zu übergeben.

Kennwort: Fügt ein Kennwort-Eingabefeld ein. Hierbei handelt es sich um ein Textfeld zur Eingabe von Kennwörtern. Die Zeichen, die ein Anwender eingibt, werden hier nur in Form von Platzhaltern angezeigt.

Nachdem Sie die benötigten Formularfelder eingefügt und deren Eigenschaften festgelegt haben, müssen Sie noch angeben, wie die Informationen des Besuchers weitergegeben werden sollen, wenn er die Schaltfläche *Senden* aktiviert.

Sendeoptionen festlegen

Die Daten, die Besucher in ein Formular eingeben, werden gesendet, sobald diese auf die *Senden*-Schaltfläche klicken. Wohin sie gesendet werden sollen, müssen Sie festlegen. Es besteht grundsätzlich die Möglichkeit, die Daten entweder per E-Mail an ein E-Mail-Adresse zu übermitteln oder Sie an ein CGI-Script auf dem Webserver zu übergeben, das sie z. B. in eine Datenbank schreibt.

Die Sendeoptionen übergeben Sie der Eigenschaft *Action*. Setzen Sie die Eigenschaft *Action="mailto:xy@bspserver.com"*, werden die Formulardaten an die angegebene E-Mail-Adresse gesendet. Als Alternative können Sie die Daten an ein CGI-Script auf dem Webserver übergeben.

Ein Webformular für Onlinebuchung

Das Beispielformular der Firma Ballonservice Hui wurde entwickelt, damit die Kunden online einen Flug buchen können. Es enthält ein Dropdownfeld für die Auswahl der Flugart, ein Textbereichsfeld für die Adresse, ein Textfeld für den Terminwunsch, eine Optionsgruppe für die Anzahl der Personen und ein Kontrollkästchen für den Bestätigungswunsch. Das Formular wird so konfiguriert, dass es per E-Mail an die Firmenadresse gesendet wird, wenn die Kunden auf *Senden* klicken.

12

Fax, Mail und Web

Das Buchungsformular

1 Zeigen Sie ggf. mit *Ansicht Symbolleisten/Webtools* die benötigte Symbolleiste an. Erstellen Sie auf der Beispielseite *buchen.htm* zwischen den beiden grafischen Trennlinien ein Formular, mit dem die Kunden online einen Flug buchen können.

2 Fügen Sie eine Tabelle aus zwei Spalten und fünf Zeilen ein. Setzen Sie die Tabelle über die *Tabelleneigenschaften* auf eine Breite von 95 % der Fenstergröße. Aktivieren Sie im Register *Tabelle* die Schaltfläche *Optionen* und setzen Sie den *Abstand zwischen den Zellen zulassen* auf 0,3 cm.

3 Setzen Sie im Register *Zeile* die Höhe aller Zeilen auf mindestens 1 cm. Gestalten Sie die Tabelle über die Schaltfläche *Rahmen und Schattierung* mit Rahmenlinien.

4 Markieren Sie die Zellen der ersten und letzten Zeile und verbinden Sie diese mit dem Befehl *Tabelle/Zellen verbinden*. Fügen Sie in die erste verbundene Zelle den Formulartitel „Buchen Sie Ihren Flug" ein. Fügen Sie in die linken Zellen die Beschriftungen für die Formularfelder ein. Im Beispiel verwenden Sie die Beschriftungen *Wie möchten Sie fliegen, Ihre Adresse, Terminwunsch, Anzahl Personen* und *Wünschen Sie eine Bestätigung?*.

5 Klicken Sie in die erste freie Zelle und auf die Schaltfläche
Dropdownfeld. Doppelklicken Sie auf das eingefügte Dropdown-
feld und geben Sie bei *DisplayValues* die beiden Werte „Fesselballon"
und „Flugdrachen" durch Semikolon getrennt ein. Vergeben Sie den
HTMLNamen „Flugart".

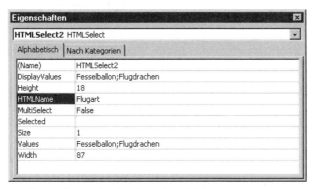

Die Eigenschaften für das Dropdownfeld

6 Klicken Sie in die nächste freie Zelle und auf die Schaltfläche
Textbereich. Doppelklicken Sie auf das neu eingefügte Steuer-
element. Benennen Sie es *Adresse* und setzen Sie die Höhe mit der
Eigenschaft *Rows* auf *3*.

7 Klicken Sie in die nächste freie Zelle und in der Symbolleiste
Webtools auf das Symbol *Textfeld*. Doppelklicken Sie anschließend auf das eingefügte Steuerelement. Überschreiben Sie den Wert
der Eigenschaft *HTMLName* mit „Terminwunsch" und schließen Sie
das Eigenschaftsfenster.

8 In der Zelle neben der Beschriftung „Anzahl Personen" fügen
Sie eine weitere Blindtabelle mit einer vierzelligen Zeile ein. Aktivieren Sie in der ersten inneren Zelle die Schaltfläche *Optionsfeld*
und öffnen dann per Doppelklick das Eigenschaftsfenster. Vergeben
Sie den Namen *Anzahl* und setzen Sie den Wert der Eigenschaft *Value* auf *1*. Fügen Sie „1" als Beschriftung, getrennt durch ein Leerzeichen, rechts neben dem Feld ein.

9 Kopieren Sie das Optionsfeld noch dreimal und fügen Sie die Beschriftungen „2", „3" und „4" ein. Ändern Sie die Werte der Felder im
Eigenschaftsfenster entsprechend. Setzen Sie für das zweite Optionsfeld die Eigenschaft *Checked* auf *True* und blenden Sie das Eigenschaftsfenster wieder aus.

10 Klicken Sie in die nächste freie Zelle und auf das Symbol *Kontrollkästchen*. Öffnen Sie per Doppelklick das Eigenschaftsfenster. Benennen Sie das neue Element mit dem HTML-Namen „Bestaeti-

12

Fax, Mail und Web

gung" und setzen Sie den Wert *Value* auf *Ja*. Schließen Sie das Eigenschaftsfenster und fügen Sie als Beschriftung „Bestätigung schicken"
rechts neben dem Kontrollkästchen ein.

11 Klicken Sie in die letzte Zeile und auf das Symbol *Übermitteln*.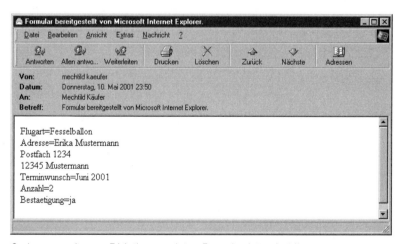
Im Eigenschaftsfenster legen Sie als Beschriftung in der Eigen-
schaft *Caption* den Wert *Senden* fest. In das Feld für die Eigenschaft
Action tragen Sie die E-Mail-Adresse nach dem folgenden Schema ein:

mailto:info@hui-beispiel.de

12 Ändern Sie den Wert der Eigenschaft *Encoding* zu *text/plain* und die
Eigenschaft *Method* zu *post* und schließen Sie das Eigenschaftsfenster.

13 Fügen Sie neben die *Senden*-Schaltfläche, getrennt durch Leerzeichen, mit einem Klick auf die Schaltfläche *Zurücksetzen* eine
Cancel-Schaltfläche ein. Diese Schaltfläche muss nicht angepasst
werden.

14 Speichern Sie das Formular mit *Datei/Speichern* als Webseite.

Über den Befehl *Datei/Webseitenvorschau* können Sie das Formular so
anzeigen, wie es später mit dem Browser angezeigt wird. Wenn die Besucher Ihrer Webseite später, nach dem Ausfüllen der Formularfelder, auf
die Schaltfläche *Senden* klicken, werden die Daten an Ihre E-Mail-Adresse
weitergeleitet.

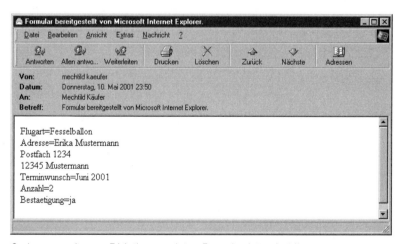

So kommen die per E-Mail gesendeten Formulardaten bei Ihnen an

Formulardaten auswerten

Moderne Browser wie der Internet Explorer ab Version 4 und der Netscape Navigator ab Version 4 unterstützen die Übergabe der Formulardaten an die E-Mail-Adresse in der erwähnten Form. Ältere Browser liefern ein nur schwer lesbares Ergebnis. In diesem Fall müssen Sie ein CGI-Script auf Ihrem Webserver installieren und bei *Action* den Pfad zu diesem Script übergeben. Es gibt ein fertiges, kostenlos einsetzbares Standardscript von Matt Wright, das sehr häufig zur Formularauswertung eingesetzt wird. Sie finden es in vielen Softwarearchiven im Web.

Veröffentlichen Sie Ihre Site auf dem FTP-Server

Sie können Dateien direkt von Word aus auf dem FTP-Server Ihres Providers ablegen. Dazu müssen Sie nur einmal die Adresse des FTP-Servers angeben und können Webseiten dann über den normalen Speicherbefehl dort ablegen. Wählen Sie *Datei/Speichern unter* und öffnen Sie die Liste *Speichern in*. Markieren Sie den Eintrag *FTP-Adressen hinzufügen/ändern*. Nun wird ein Dialogfeld geöffnet.

FTP-Server einrichten

Geben Sie in das Feld *Name der FTP-Site* die Adresse des FTP-Servers ein. Normalerweise ist das Ihre Internetadresse, jedoch ohne das einleitende Protokoll, also z. B. *xyserver.de*, wenn Ihre Internetadresse eigentlich *http://www.xyserver.de* lautet. Markieren Sie die Optionsschaltfläche *Benutzer* und geben Sie Ihren Benutzernamen und das Kennwort ein, das Sie von Ihrem Provider erhalten haben. Aktivieren Sie dann *Hinzufügen*. Die neuen Daten werden in die Liste aufgenommen.

12

Fax, Mail und Web

Um eine Webseite bei der eingegebenen Adresse abzulegen, wählen Sie in der Liste *Speichern in* den Eintrag *FTP-Adressen* und markieren Sie den Namen des FTP-Servers. Wenn Sie nun auf die Schaltfläche *Öffnen* klicken, wird ggf. die Verbindung zum Internet und zum angegebenen Server hergestellt und die Verzeichnisse auf diesem Server werden angezeigt, sodass Sie den genauen Speicherort auswählen und die Datei mit Klick auf *Speichern* ablegen können. Um ganze Ordner zu veröffentlichen, setzen Sie einen FTP-Client ein.

13. Word im Team einsetzen

Eine Schlüsselqualifikation in fast allen modernen Berufen ist heutzutage die Teamfähigkeit. Ohne die Fähigkeit zur Zusammenarbeit, zum effektiven Informationsaustausch und zur gemeinsamen Bearbeitung von Dokumenten werden Sie nur noch schwer einen interessanten Job finden. Das Gleiche gilt für ein modernes Softwareprogramm wie Word.

Vernetzung, Intranet und Internet machen den Informationsaustausch einfach, sodass jeder Anwender seine speziellen Ergänzungs- und Änderungswünsche in Dokumente einbringen, strittige Punkte diskutieren und das Resultat auf das Zieldokument übertragen kann.

13.1 Mit Share Point Teamwebsites erstellen und nutzen

Wenn Sie Zugriff auf einen Webserver haben, auf dem Microsoft Share-Point installiert ist, können Sie den von Ihnen festgelegten Personen dort Daten zur Verfügung stellen und auf deren Dateien zugreifen. Zu den SharePoint-basierten Teamwebsitefunktionen gehören:

- Dokumentbibliotheken
  Dokumente, die Sie anderen Personen zur Verfügung stellen wollen, fügen Sie in die Dokumentbibliothek ein. SharePoint fügt anschließend einen Verweis zum neuen Dokument in die Dokumentliste der Teamwebsite hinzu.

- Diskussionsforen und Umfragen
  Sie fügen der Teamwebsite ein Diskussionsforum hinzu, um Ihren Kollegen den Austausch zu einem bestimmten Thema zu ermöglichen, und ermitteln über Umfragen die Meinungen zu einem bestimmten Thema.

- Webdokumentdiskussionen
  Dieses Feature entspricht der Word-Überarbeitungsfunktion, wird jedoch innerhalb des Browserfensters ausgeführt und ermöglicht es, Kommentare zu einem Dokument hinzuzufügen, ohne das Dokument zu verändern.

13

Word im Team

- Ankündigungen und Teamereignisse
  Ermöglicht Ihnen, andere Teammitglieder auf bestimmte Ereignisse und Termine hinzuweisen.

- Abonnements
  Wie bei einer Zeitung oder einem Newsletter können Sie für wichtige Dokumente Abonnements festlegen, sodass Sie automatisch über Änderungen informiert werden.

Nutzen einer Teamwebsite

Teamwebsites sind Websites, die mit zusätzlichen Funktionen ausgestattet sind. Zu diesen Zusatzfunktionen gehört die Möglichkeit des gemeinsamen Zugriffs auf Dateien, der Teilnahme an Diskussionen, des Austauschs von Informationen. Um eine Teamwebsite zu erstellen und zu nutzen, benötigen Sie den Zugriff auf einen Server, auf dem Microsoft SharePoint oder Microsoft Share Point Portal Server ausgeführt wird, und die E-Mail-Adressen aller Teammitglieder, die Zugriff auf die Teamwebsite haben sollen. Allen Teamsite-Mitgliedern werden über so genannte Rollen Zugriffsrechte zugewiesen. Teammitglieder, denen Sie den Status *Diskussionsteilnehmer* zuweisen, können an Diskussionen teilnehmen, jedoch keine Veränderungen an den Dokumenten durchführen, während *Autoren* Dokumente bearbeiten und gestalten, *Inhalts-Manager* Abonnements, Listen und Diskussionen verwalten und *Administratoren* Zugriff auf alle Konten und Servereinstellungen haben.

SharePoint Portal Server

SharePoint Portal Server ermöglicht die einfache Erstellung von Firmenportals, den Austausch innerhalb virtueller Teams und die Integration von Firmeninformation und Unternehmensdateien in eine Website. Wenn auf dem Rechner, auf den Sie zugreifen, SharePoint Portal Server installiert ist, können Sie ebenfalls Teamwebsites entwickeln und verwalten. Ihnen stehen hierbei jedoch erweiterte Möglichkeiten für den Datenaustausch, die Organisation und die Sicherheitseinstellungen zur Verfügung. SharePoint Portal Server prüft z. B. Versionen von Dokumenten, checkt diese automatisch aus, wenn sie verändert werden, und speichert alle Änderungen in separaten Versionen. SharePoint Portal Server ermöglicht es, Dokumente zur Prüfung anderen Personen vorzulegen, per E-Mail einen Statusbereich über die Prüfung zu erhalten und das Dokument erst zu veröffentlichen, wenn die Prüfung beendet ist. Auch SharePoint Portal Server verwaltet die Zugriffsrechte der Teammitglieder, die gemeinsamen Zugriff auf eine Teamwebsite haben, mithilfe von Rollen, die hier als *Leser*, *Autor*, *Koordinator* und *Genehmigende Person* bezeichnet werden.

13.2 Dokumente gemeinsam bearbeiten

Wenn Sie Texte für andere Personen – z. B. als Assistentin für Ihren Chef – vorbereiten oder Dokumente in Teamarbeit erstellen, wollen Sie vielleicht dem endgültigen Urteil nicht vorgreifen und suchen nach einer Möglichkeit, Änderungen nur vorläufig durchzuführen, sodass diese später endgültig übernommen oder bei Nichtgefallen auch wieder rückgängig gemacht werden können. Auch dafür gibt es in Word natürlich eine Funktion: Die Überarbeitungsfunktion. Sollen Sie z. B. ein Redemanuskript, das zu lang ist, kürzen, markiert die Überarbeitungsfunktion alle Passagen, die Sie zur Streichung vorschlagen. Dann kann später gemeinsam beraten werden, welche dieser Streichungen tatsächlich durchgeführt werden sollen und welche Abschnitte erhalten bleiben sollen.

Mit der Überarbeitungs- und Kommentarfunktion können Sie Anmerkungen in ein Dokument einfügen. Falls Sie Dokumentinhalte mit anderen gemeinsam bearbeiten wollen und dabei jeder seine Änderungs-, Ergänzungs- und Streichwünsche individuell kennzeichnen will, setzen Sie die Überarbeitungsfunktion ein. Die Änderungswünsche jedes Bearbeiters werden dann nur mit einer eigenen Farbe markiert und nicht endgültig durchgeführt, dann kann anschließend gemeinsam oder an höherer Stelle der endgültige Bearbeitungsschritt beschlossen werden.

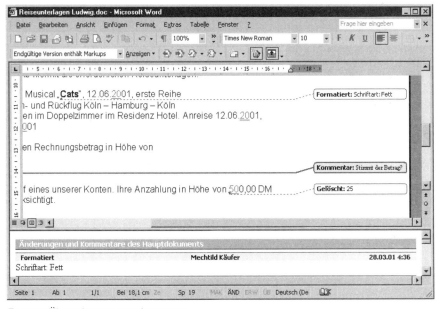

Text mit Überarbeitungsmarkierungen

Überarbeitungsfunktion aktivieren und deaktivieren

Die Überarbeitungsfunktion kann mit dem Befehl *Extras/Änderungen nachverfolgen* aktiviert werden. Bequemer und schneller als über den Menübefehl können Sie die Überarbeitungsfunktion mit einem Symbol ein- und ausschalten. Dieses finden Sie auf einer speziell für den Überarbeitungsmodus zusammengestellten Symbolleiste. Nach der Aktivierung der Symbolleiste führen Sie Ihre Änderungen, Ergänzungen und Formatierungsanpassungen wie gewohnt durch. Word markiert jede Änderung, die Sie durchführen, und ermöglicht später das Annehmen oder Ablehnen jeder einzelnen Änderung. Die aktivierte Überarbeitungsfunktion wird in der Statuszeile mit dem Status *ÄND* angezeigt. Um die Überarbeitungsfunktion zu deaktivieren, klicken Sie in der Symbolleiste auf die Schaltfläche *Änderungen verfolgen* oder wählen erneut den Befehl *Extras/Änderungen nachverfolgen*.

Symbolleiste Überarbeiten einsetzen

Word besitzt eine Symbolleiste, mit der das Einfügen und Bearbeiten von Kommentaren sowie das Überarbeiten des Dokuments, das Hervorheben bestimmter Dokumentstellen, das Speichern von Dokumentversionen und das Versenden von Dokumenten sehr einfach durchgeführt werden kann. Um diese Symbolleiste einzublenden, wählen Sie *Ansicht/Symbolleisten* und aktivieren *Überarbeiten*.

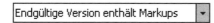

Mit dem Listenfeld zeigen Sie verschiedene Versionen des Dokuments

Am Anfang der Symbolleiste wird ein Listenfeld angezeigt. Benutzen Sie die Einträge dieses Listenfelds, um ein mit der Überarbeitungsfunktion bearbeitetes Dokument in verschiedenen Versionen zu betrachten. Sie können z. B. die Originalversion des Dokuments mit oder ohne Bearbeitungen oder die Endversion betrachten.

Über die Schaltfläche *Anzeigen* öffnen Sie ein Menü, in dem Sie die Kommentare, Formatierungsänderungen und Einfüge- und Löschaktionen ein- und ausblenden können. Falls mehrere Personen Anmerkungen zum Dokument gemacht haben, können Sie über die Auswahl *Bearbeiten* die Überarbeitungsschritte eines bestimmten Anwenders anzeigen.

Mithilfe dieser Symbole können Sie zum vorherigen oder   nächsten Kommentar oder zu einer Änderung springen.

Mit diesem Symbol können Sie einen Kommentar im Überarbeitungsfenster bearbeiten. Word öffnet den Ausschnitt, in dem der
Kommentartext angezeigt wird, und blendet den Kommentartext ein.

Mit diesen Symbolen nehmen Sie eine Änderung an bzw.
lehnen Sie diese ab.

Mit diesem Symbol löschen Sie den aktuellen Kommentar. Gelöscht wird sowohl das Zeichen, mit dem der Kommentar im Text
gekennzeichnet wird, als auch der Kommentartext.

Dieses Symbol aktiviert oder deaktiviert die Änderungsfunktion. Bei
aktivierter Änderungsfunktion werden alle Änderungen, jeder
Lösch- und Einfügevorgang markiert und nicht endgültig durchgeführt.

Aktivieren Sie dieses Symbol, um einen Kommentar in das Dokument einzufügen.

Überarbeitungsfunktion konfigurieren

Die Änderungsfunktion besitzt im Dialogfeld *Extras/Optionen* eine eigene
Registerkarte *Änderungen verfolgen,* über die Sie die Art der Änderungsmarkierung, z. B. die Farbeinstellung oder die Art, wie geänderte Passagen angezeigt werden, beeinflussen können. Sie können diese Registerkarte auch über die Schaltfläche *Anzeigen* und die Auswahl *Optionen* aktivieren.

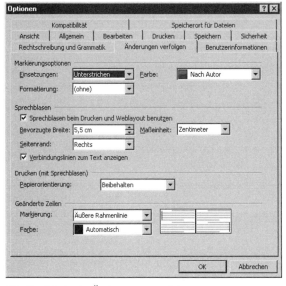

Die Registerkarte Änderungen verfolgen

Sie finden im Dialogfeld *Änderungen verfolgen* für jede Änderungsart, die hervorgehoben wird, eine Option. Markiert wird zusätzlich eingefügter Text und gelöschter Text. Sie haben auch die Möglichkeit, geänderte Formatierungen zu kennzeichnen. Neu hinzugefügter Text wird unterstrichen und außerdem farbig markiert. Sie können eine Farbe für Ihre eigenen Markierungen aus der Liste auswählen oder es mit dem Eintrag *Nach Autor* Word überlassen, Ihnen eine noch freie Farbe zuzuweisen.

Zusätzlich zu den beschriebenen Hervorhebungen werden Abschnitte, in denen Änderungen durchgeführt wurden, auch noch mit einer Randlinie gekennzeichnet. Unten im Dialogfeld finden Sie die Optionsgruppe *Geänderte Zeilen*, mit der Sie Farbe und Position der vertikalen Rahmenlinie, mit der Zeilen markiert werden, anpassen können. Sie können die Position dieser Randlinie in der Option *Überarbeitete Zeilen* in den linken oder rechten Rand einfügen lassen.

In diesem Dialogfeld können Sie festlegen, mit welcher *Farbe* neu hinzugefügter oder zum Löschen vorgesehener Text gekennzeichnet werden soll. Über das Listenfeld *Formatierung* können Sie auch eine Markierungsart auszuwählen, mit der Formatänderungen markiert werden. Wenn Sie auch Formatierungsänderungen markieren wollen, öffnen Sie das Listenfeld der Option *Formatierung* und wählen aus, wie diese hervorgehoben werden soll.

Neu in Word 2002 sind die so genannten „Sprechblasen", mit denen Kommentare und Änderungen direkt im Dokument angezeigt werden. Falls Sie diese Sprechblasen nicht drucken wollen, schalten Sie das Kontrollkästchen *Sprechblasen beim Drucken und Weblayout* benutzen aus. Alternativ können Sie mit der Auswahl *Querformat erzwingen* im Listenfeld *Papierorientierung* für ausreichend Platz im ausgedruckten Text sorgen.

Unterschiedliche Kommentare einbauen

Wenn Sie im Team Dokumente gemeinsam bearbeiten, suchen Sie nach Möglichkeiten, Hinweise für die Kollegen so in Dokumente einzufügen, dass diese zwar am Bildschirm gelesen, aber nicht gedruckt werden. In Word setzen Sie hierfür die Kommentarfunktion ein. Natürlich können Sie Kommentare über den Menüweg und den Befehl *Einfügen/Kommentar* in ein Dokument einfügen, schneller geht es allerdings, wenn Sie die Symbolleiste *Überarbeiten* einsetzen.

Wenn Sie ein Dokument mit mehreren Personen bearbeiten, können Sie Kommentare benutzen, um Änderungsvorschläge, Hinweise oder Ergänzungen für die anderen Anwender in das Dokument einzufügen. Sie können Kommentare sowohl in geschriebener als auch in gesprochener Form einfügen. Ein Textkommentar wird angezeigt, sobald der Mauszeiger sich über dem Anmerkungszeichen befindet, ein Audiokommentar kann über Doppelklick wiedergegeben werden.

Textkommentare

Normale Textkommentare haben viele Vorteile. Sie sind schnell erstellt, benötigen weniger Speicherplatz und können von jedem Anwender eingefügt und abgerufen werden, auch wenn keine Soundkarte und kein Mikrofon vorhanden sind.

Textkommentar einfügen

Je nachdem, ob Sie nur einen oder mehrere Kommentare benutzen wollen, können Sie einen Befehl oder die Schaltflächen einer Symbolleiste zur Erstellung einsetzen. Um einen einzelnen oder wenige Kommentare einzufügen, benutzen Sie an der gewünschten Einfügeposition den Befehl *Einfügen/Kommentar*.

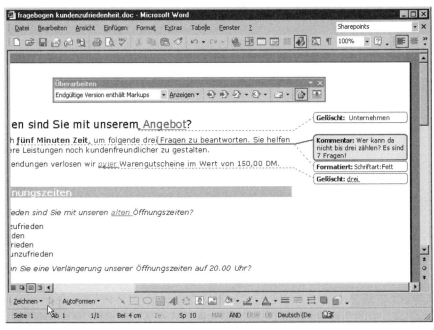

Ein Textkommentar

Anders als in Vorgängerversionen wird in Word 2002 der komplette Kommentartext im Text als „Sprechblase" eingegeben und angezeigt. Um Kommentare von den automatisch eingefügten Änderungsmarkierungen unterscheiden zu können, werden Kommentare rot unterlegt und mit dem Wort „Kommentar" gekennzeichnet.

13

Word im Team

Falls Sie die Sprechblasen ausblenden, können Sie die Kommentare in einem zweiten Ausschnitt dem *Überarbeiten*-Fenster eingeben und bearbeiten.

Textkommentar abrufen

Zum Ein- und Ausblenden der Kommentare (und Änderungsmarkierungen) können Sie den Befehl *Ansicht/Markup* benutzen. Falls ein Dokument Kommentare enthält, reicht es, den Mauszeiger über die entsprechende Position im Dokument zu bewegen, dann wird der Kommentartext als QuickInfo eingeblendet. Falls Sie auf eine geänderte Textstelle doppelklicken, wird die zugehörige Änderungsmarkierung im Rand hervorgehoben.

Falls Sie das Überarbeitungsfenster anzeigen lassen, können Sie alle Kommentare und Änderungen in einer Zusammenfassung, aufgeteilt nach Hauptdokument, Kopf-/Fußzeilen und Objekten wie Textfeldern, prüfen.

Eine Reihe von Kommentaren einfügen, abrufen oder bearbeiten

Falls Sie mehrere Kommentare einfügen, bearbeiten oder Kommentare anderer Bearbeiter abrufen wollen, sollten Sie die Symbolleiste *Überarbeiten* einblenden. Dies können Sie über den Befehl *Ansicht/Symbolleisten/Überarbeiten* erledigen. Sie finden dort Schaltflächen zur Kommentarbearbeitung.

Kommentar einfügen oder beantworten

Klicken Sie auf diese Schaltfläche, um an der aktuellen Position einen neuen Kommentar einzufügen. Um den aktuellen Kommentar zu bearbeiten, können Sie entweder das Kontextmenü über die rechte Maustaste öffnen oder auf den Listenpfeil neben der Schaltfläche klicken. Um Änderungen an einem Kommentar durchzuführen, klicken Sie direkt in die Sprechblase und ergänzen bzw. ändern den dort angezeigten Text.

Um einen Kommentar zu beantworten, klicken Sie in die entsprechende Kommentarblase und wählen *Einfügen/Kommentar* bzw. aktivieren die Schaltfläche *Neuer Kommentar*.

Kommentare löschen

Wählen Sie aus dem Kontextmenü oder nach dem Klick auf die Schaltfläche *Neuer Kommentar* den Eintrag *Kommentar* löschen, um den aktuellen Kommentar zu entfernen. Um alle Kommentare eines bestimmten Bearbeiters zu löschen, klicken Sie zunächst auf die Schaltfläche *Anzeigen* und wählen über *Bearbeiter* den Namen des Bearbeiters. Dann klicken Sie auf den Listenpfeil neben der Schaltfläche *Änderungen ablehnen/Kommentare löschen* und wählen *Alle angezeigten Kommentare* löschen. Um alle Kommentare des Dokuments zu löschen, klicken Sie ebenfalls auf den Listenpfeil neben der Schaltfläche *Änderungen ablehnen/Kommentare löschen* und wählen *Alle Kommentare im Dokument löschen.*

Fast genauso schnell wie der Klick auf eine der vorgestellten Schaltflächen ist das Kontextmenü für Kommentare. Wenn Sie mit der rechten Maustaste auf einen Kommentar klicken, erhalten Sie im Kontextmenü die Befehle zum Bearbeiten und Löschen von Kommentaren.

Audiokommentare einfügen

Ein Audiokommentar speichert eine Sprachaufzeichnung, die vom Zielanwender durch einen Doppelklick abgespielt werden kann. Zum Einfügen eines Audiokommentars wählen Sie entweder *Einfügen/Kommentar* oder Sie klicken in der Symbolleiste *Überarbeiten* auf die Schaltfläche *Kommentar einfügen.*

Im Kommentarausschnitt klicken Sie auf das Symbol *Audioobjekt einfügen*. Es kann eine Weile dauern, bis die Aufzeichnung startklar ist. Wenn Sie bereit zur Sprachaufzeichnung sind, klicken Sie auf das Symbol *Aufnehmen*. Sprechen Sie Ihren Text und klicken Sie dann auf das Symbol *Wiedergabe* beenden. Über den Befehl *Datei/Beenden und zu Dokument xy zurück* oder mit einem Klick auf das Symbol zum Schließen können Sie die Sprachaufzeichnung beenden und mit Schließen den Kommentarausschnitt ausblenden.

Audiokommentar abspielen

Das Audioobjekt wird mit einem kleinen Lautsprechersymbol im Kommentarausschnitt angezeigt. Doppelklicken Sie auf das Lautsprechersymbol, um den Audiokommentar abzuspielen.

Kommentar und Änderungshinweise anzeigen und drucken

Mit dem Befehl *Ansicht/Markups* können Sie alle Kommentare und Änderungsmarkierungen im Dokument unterdrücken, ohne dass Sie die *Überarbeiten*-Funktion ausschalten.

Wenn Sie die Markups anzeigen, druckt Word in der Version 2002 Kommentare und Änderungsmarkierungen grundsätzlich mit dem Dokument

13

Word im Team

aus! Wenn Sie sich im Team aber einen Überblick über die Einwände und Vorschläge aller Beteiligten machen wollen, können Sie festlegen, ob alle Kommentare mit dem Dokument ausgedruckt werden sollen oder nicht oder ob Sie nur die Kommentarliste ausdrucken wollen. Dazu wählen Sie dann vor dem Drucken im Dialogfeld *Drucken* den Befehl *Dokument mit Markups*. Mit der Auswahl *Dokument* drucken Sie das Dokument ohne Kommentare und Änderungsmarkierungen und mit der Auswahl *Markupliste* drucken Sie nur die Kommentare und Änderungsmarkierungen.

Hinweis

Markups drucken

Auch wenn Sie im Listenfeld *Drucken Dokument* oder *Markupliste* eingestellt haben, setzt Word dies zurück auf die Standardeinstellung *Dokument mit Markups*.

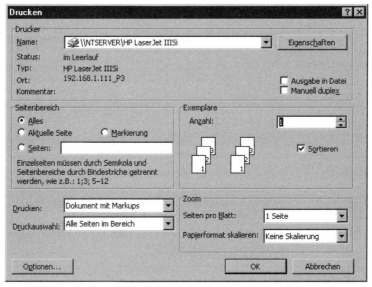

Drucken der Kommentare und Änderungen

Wenn Sie ein Dokument mit Änderungsmarkierungen und Kommentaren ausdrucken, passt Word automatisch die Größe und die Ausrichtung des Dokuments so an, dass auch die Markierungen gedruckt werden können.

Warnung anzeigen, bevor Dokument gedruckt wird

Sie können Word so einstellen, dass automatisch eine Warnung angezeigt wird, wenn Sie versuchen, ein Dokument zu drucken, das so genannte Markups, also Kommentare oder Änderungsmarkierungen, enthält.

Mehr Informationen zu den Änderungen anzeigen

Die Änderungsmarkierungen können mit den Schaltflächen der Symbolleiste schnell und bequem abgearbeitet werden. Informationen zum Autor oder dem Zeitpunkt einer Änderung werden angezeigt, wenn Sie die Maus auf eine Änderungsmarkierung bewegen. Um nur die Änderungen eines bestimmten Autoren anzuzeigen, klicken Sie in der *Überarbeiten*-Symbolleiste auf die Schaltfläche *Anzeigen* und im überlappenden Menü auf den Namen des Bearbeiters, dessen Änderungen Sie überprüfen wollen. Über das Menü *Anzeigen* können Sie auch festlegen, dass Sie nur die Einfüge- und Löschaktionen, nur die Kommentare oder nur die Formatierungsänderungen anzeigen wollen.

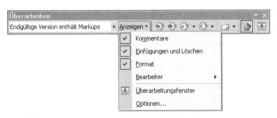

Die Änderungsanzeigen

Geänderte Textstellen suchen, annehmen oder ablehnen

Ist ein Text verändert worden, während die Überarbeitungsfunktion aktiv war, können Sie sehr schnell die Veränderungen prüfen, auch wenn Sie diese nicht selbst in das Dokument eingefügt haben. Die Überarbeitungsfunktion stellt hierfür einen Suchbefehl zur Verfügung. Sie können diesen Suchbefehl auch einsetzen, bevor Sie die Änderungen annehmen oder ablehnen.

Veränderungen überprüfen, annehmen oder ablehnen

Bevor Sie sich entscheiden, die markierten Änderungen in einem Dokument anzunehmen oder abzulehnen, wollen Sie sich vielleicht erst einen Überblick über alle Änderungen verschaffen. Öffnen Sie das Dokument, das die Änderungsmarkierungen enthält, und bewegen Sie den Cursor an den Textanfang.

Wenn Sie die Symbolleiste *Überarbeiten* eingeschaltet haben, können Sie mit den Symbolen *Zurück* und *Weiter* schrittweise alle Änderungen und Kommentare überprüfen. Word prüft zunächst alle im Dokument vorhandenen Überarbeitungsmarkierungen und Kommentare, dann die Änderungen in Textfeldern und Objekten und fährt dann mit der Überprüfung in Kopf- oder Fußzeile fort.

13

Word im Team

Mit Klick auf die Schaltflächen *Änderungen annehmen* und *Änderungen ablehnen/Kommentar löschen* können Sie die jeweils markierten Änderungen akzeptieren oder ablehnen. Klicken Sie dagegen auf die Listenpfeile neben den Schaltflächen und wählen Sie *Alle angezeigten Änderungen annehmen*, bzw. *Alle angezeigten Änderungen ablehnen*, wenn Sie die Änderungen eines bestimmten Bearbeiters gefiltert anzeigen und diese komplett entfernen wollen. Mit der Auswahl *Alle Änderungen im Dokument annehmen* oder *Alle Änderungen im Dokument ablehnen* können Sie die Zustimmung oder Ablehnung in nur einem Schritt durchführen.

Überarbeiten Sie das Werbekonzept der Buchhandlung Mischke

Sie arbeiten beispielsweise im Team der Werbeagentur XY und planen gemeinsam einen Werbefeldzug, mit dem Ihr Kunde, die kleine, neue Stadtteil-Buchhandlung Mischke, im Stadtteil bekannt gemacht werden soll. Ihre kreatives Team hat auch bereits einige gute Ideen zusammengestellt, die Kosten überschlagen und die Sekretärin hat eine erste Terminplanung durchgeführt. Das Konzept soll nun von Ihnen und den anderen Mitarbeitern überprüft und es sollen Änderungsvorschläge und Korrekturen gemacht werden. Änderungen, die Sie am Konzept durchführen, sollen als Vorschlag eingefügt und so durchgeführt werden, dass sie nicht endgültig sind, sondern erst später, nach der Beratung im abschließenden Teamgespräch, abgelehnt oder beschlossen werden.

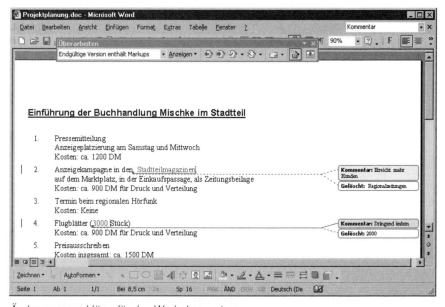

Änderungsvorschläge für das Werbekonzept

Der erste Punkt des Konzepts betrifft die Anzeigekampagne in den Regionalzeitungen. Da Sie der Meinung sind, dass eine Anzeigekampagne in den Stadtteilmagazinen mehr Leute erreicht und billiger ist, führen Sie hier eine Änderung durch.

1 Starten Sie die Änderungsfunktion über den Befehl *Extras/Änderungen nachverfolgen*. Wenn Sie sich vor dem Start der Überarbeitungsfunktion davon überzeugen möchten, wie die Änderungen markiert werden, klicken Sie in der *Überarbeiten*-Symbolleiste auf die Schaltfläche *Anzeigen* und wählen *Optionen*.

2 Markieren Sie den ersten Begriff, der gelöscht werden soll – im Beispiel „Regionalzeitungen" –, und drücken Sie die Taste (Entf). Word fügt eine Änderungsmarkierung ein, in der der gelöschte Text angezeigt wird.

3 Schreiben Sie nun stattdessen hinter den zum löschen markierten Begriff den neuen Vorschlag – im Beispiel „Stadtteilmagazinen". Weil diese Aktion wieder eine Änderung darstellt, wird der neue Text in roter Schriftfarbe und diesmal unterstrichen angezeigt.

4 Damit Ihre Kollegen, die das Dokument nach Ihnen lesen, nachvollziehen können, warum Sie diese Änderung durchgeführt haben, fügen Sie zusätzlich noch einen Kommentar ein. Um einen Kommentar einzufügen, klicken Sie an die gewünschte Einfügeposition, hier also hinter den eingefügten Begriff, und wählen Sie *Einfügen/Kommentar*. Geben Sie den Kommentartext „Erreicht mehr Kunden" in die Sprechblase am rechten Rand ein.

5 Um das Einfügen von Kommentaren und Änderungsmarkierungen zu beschleunigen, benutzen Sie die Schaltflächen der *Überarbeiten*-Symbolleiste. Im Beispiel wird eine höhere Zahl von Flugblättern vorgeschlagen, weil der Druck durch den Mengenrabatt dann günstiger wird. Der entsprechende Kommentar kann nach dem Entfernen der alten und dem Einfügen der neuen Zahl schnell über Klick auf die Schaltfläche *Neuer Kommentar* hinzugefügt werden.

6 Wenn Sie zum Schluss noch mal alle Änderungen prüfen wollen oder wenn Sie später im Team gemeinsam die Änderungsvorschläge prüfen und entscheiden, welche angenommen und welche verworfen werden, können Sie dazu ebenfalls Schaltflächen in der Symbolleiste *Überarbeiten* benutzen. Mithilfe der Schaltflächen *Weiter* und *Zurück* prüfen Sie schrittweise alle Änderungen, die Sie selbst erledigt haben, und später im Team auch alle Änderungen, die von anderen Personen durchgeführt worden sind.

13

Word im Team

7 Kommen Sie zu dem Schluss, dass diese Änderung tatsächlich in den Text übernommen werden soll, klicken Sie auf die Schaltfläche *Änderungen annehmen*. Die Aktivierung der Schaltfläche für die Änderung „Stadtteilmagazin" übernimmt diese endgültig in den Text, wobei die besondere Formatierung – Schriftfarbe Rot und Unterstreichung – entfernt wird.

8 Springen Sie im Beispieldokument zum zweiten Kommentar, mit dem Sie darauf hinweisen, dass der Druck von 3.000 Flugblättern günstiger ist, weil es hier einen Mengenrabatt gibt. Entfernen Sie einen Kommentar, der überflüssig geworden ist, über die Schaltfläche *Änderungen ablehnen/ Kommentar löschen*.

13.3 Austausch- und Vergleichsfunktionen

Finden Sie die Überarbeitungsfunktion zu kompliziert oder zu umständlich? Es gibt eine weitere Methode, mit der Sie Veränderungen in Dokumenten herausfinden können, von denen verschiedene Versionen existieren, weil das Originaldokument von mehreren Personen überarbeitet und in einer neuen Datei gespeichert wurde. Sie können die Überarbeitungsfunktion auch dazu benutzen, zwei verschiedene Versionen eines Textes zu vergleichen und alle Unterschiede zu kennzeichnen.

Sie übergeben Word die Namen von zwei Dateiversionen – dem Original und der ersten überarbeiteten Version – und Word führt einen Vergleich zwischen den beiden Versionen durch. Anschließend werden alle in der überarbeiteten Version gefundenen Abweichungen von Word automatisch auf das Original übertragen und mit den Überarbeitungsmarkierungen hervorgehoben. Wiederholen Sie den Versionsvergleich für jede zusätzliche Dokumentversion.

Diese Einsatzmöglichkeit nutzen Sie beispielsweise, um die Änderungen zwischen einer aktuellen Version und der Sicherheitskopie, also der vorletzten Version, festzustellen. Setzen Sie den Versionsvergleich ein, wenn Sie alle Versionen eines Dokuments, das von verschiedenen Personen bearbeitet wurde, miteinander vergleichen und die Änderungen später in das Original übernehmen wollen.

Sie bestimmen mit der Reihenfolge, in der Sie die Dateien öffnen, in welcher Version die Änderungen gekennzeichnet werden.

Zwei Textdateien vergleichen

Öffnen Sie deshalb immer zuerst die ältere Version. Um beispielsweise die Sicherungskopie von *Projektplanung.wbk* und das Dokument *Projektplanung.doc* zu vergleichen, öffnen Sie zuerst die Datei *Sicherungskopie von Projektplanung.wbk*. Wählen Sie dann *Extras/Dokumente vergleichen und zusammenführen*. Tragen Sie in das Feld *Dateiname* den Namen der Datei ein, mit der Sie die geöffnete Datei vergleichen wollen.

Sicherungskopie und Original vergleichen

In meinem Beispiel würde ich „Projektplanung" eintragen. Falls die Datei nicht im aktuellen Ordner oder im aktuellen Laufwerk gespeichert ist, wählen Sie zuerst das Laufwerk in der Liste *Suchen in* und öffnen Sie dann den Speicherordner, in dem das Dokument enthalten ist.

Klicken Sie auf den Listenpfeil neben der Schaltfläche *Ausführen* und wählen Sie den Eintrag

- *Ausführen*
  Überträgt die Änderungen, die Word beim Vergleich feststellt, als Überarbeitungsmarkierungen in das geöffnete Dokument.

- *In aktives Dokument zusammenführen*
  Um die Änderungen, die Word beim Vergleich der Dateien feststellt, in das aktuelle Dokument zu übertragen.

- *In neues Dokument zusammenführen*
  Um die Änderungen, die Word beim Vergleich der Dateien feststellt, nicht in das aktuelle Dokument, sondern in ein separates Dokument zu übertragen. Die verglichenen Dokumente bleiben unverändert.

13

Word im Team

Mit den Kontrollkästchen im Dialogfeld *Dokumente vergleichen und zusammenführen* können Sie die Art des Vergleichs noch genauer festlegen. Schalten Sie das Kontrollkästchen *Änderungen markiert* ein, wechselt die Beschriftung der Schaltfläche *Ausführen* zu *Vergleichen*. Die Aktivierung der Schaltfläche erstellt in diesem Falle immer ein neues Dokument, in das die gefundenen Änderungen eingetragen werden. Schalten Sie das Kontrollkästchen *Format suchen* ein, um auch Formatierungsunterschiede zwischen den Dateien zu markieren.

Word vergleicht jeden Eintrag der Originaldatei mit der geöffneten Kopie. In der Statuszeile wird angezeigt, wie weit der Vergleich durchgeführt ist. Die Änderungen werden – je nach Auswahl – in die geöffnete Kopie oder ein neues Dokument übertragen. Sie können die Änderungen mit der Überarbeitungsfunktion prüfen, annehmen oder ablehnen, wenn der Vergleich abgeschlossen ist.

Arbeiten mit Dateiversionen

Wenn Sie verschiedene Versionen eines Dokuments präsentieren oder unterschiedliche Formatierungen ausprobieren wollen, können Sie alle Versionen in einer einzigen Datei speichern.

Um die aktuelle Fassung Ihres Dokuments als Version festzuhalten, wählen Sie *Datei/Versionen*. Wenn Sie auf die Schaltfläche *Jetzt speichern* klicken, können Sie einen Kommentar zur aktuellen Version eintragen. Word hält außerdem Datum, Uhrzeit und den Namen des Autors fest.

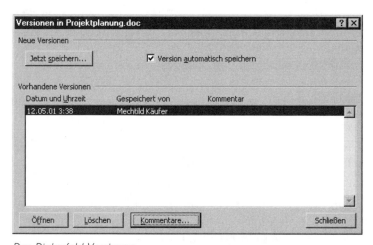

Das Dialogfeld Versionen

Später können Sie mit dem gleichen Befehl *Datei/Versionen* eine Liste der gespeicherten Versionen anzeigen, eine der Versionen markieren und mit der Schaltfläche *Öffnen* einsehen.

Tipp

Schnellzugriff auf Dateiversionen

Falls mehrere Versionen einer Datei gespeichert sind, wird dies mit einem Symbol im letzten Feld ganz rechts in der Statuszeile angezeigt. Doppelklicken Sie auf dieses Symbol, um das Dialogfeld Versionen zu öffnen.

Sollen geänderte Fassungen eines Dokuments beim Schließen automatisch erstellt werden, schalten Sie im Dialogfeld *Versionen in xy* das Kontrollkästchen *Version automatisch speichern* ein.

13.4 Sicherungs- und Schutzfunktionen

Vielleicht ist Ihnen mulmig zumute. Ein Neuer in Ihrem Team, der sich mit Word noch nicht so gut auskennt, könnte ja Ihr dringend benötigtes Konzept aus Versehen löschen oder unbrauchbar machen. Oder die arg neugierige Kollegin aus der Nachbarabteilung verursacht dieses Gefühl, weil Sie befürchten, dass Sie die Nase in Dateien steckt, die Sie besser nicht sehen sollte.

In Zukunft werden Sie ruhiger schlafen, wenn Sie sich auf die Schutzfunktionen verlassen, mit denen Sie festlegen, wer Ihr Konzept zu sehen bekommt und wer welche Änderungen darin durchführen kann.

Dokumente schützen

An Ihrem Arbeitsplatz zu Hause haben wahrscheinlich außer Ihnen auch noch andere Familienmitglieder Zugriff auf den PC. Am Arbeitsplatz im Unternehmen, insbesondere wenn Sie in ein Netzwerk eingebunden sind, können u. U. viele andere Anwender auf die Word-Dateien zugreifen.

Sie möchten sicherlich verhindern, dass Dokumente, die persönliche Daten enthalten, von anderen Anwendern gelesen werden können. Für die Daten, die Sie z. B. an Ihrem Arbeitsplatz in der Personalabteilung Ihrer Firma verwalten, schreibt das Bundesdatenschutzgesetz außerdem bestimmte Schutzmaßnahmen vor. In beiden Fällen sollten Sie den Zugriff Unbefugter durch ein Schreib-/Leseschutzkennwort verhindern.

13

Word im Team

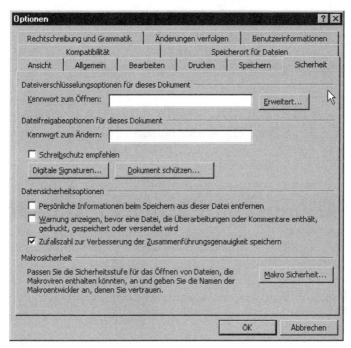

Microsoft hat die Sicherungsfunktionen in einer Registerkarte zusammengefasst

Word-Dateien, die besonders wichtige Daten enthalten, müssen vor dem versehentlichen – oder absichtlichen – Löschen oder Ändern geschützt werden. Dies leistet in Word der Schreibschutz, in der schwächsten Form als Schreibschutzempfehlung, sicherer mit einem Schreibschutzkennwort.

Word unterstützt folgende Schutzmechanismen:

- Schreibschutzempfehlung

- Schreibschutzkennwort

- Zugriffskennwort

- Schreibschutz mit Zulassen von Änderungen mit der Überarbeitungsfunktion, mit oder ohne Kennwort

- Schreibschutz mit Zulassen von Kommentaren, mit oder ohne Kennwort

- Schreibschutz mit Zulassen von Formulareingaben, mit oder ohne Kennwort

- Digitales Signieren

Die Schreibschutzempfehlung ist die schwächste Schutzform, wenn es darum geht, Word-Dokumente vor Änderungen zu schützen. Die Empfehlung wird vor dem Öffnen angezeigt, ist nicht mit einem Kennwort verbunden und kann daher auch abgelehnt werden. Diese Form des Schutzes eignet sich daher besonders, wenn nur Sie Zugriff auf Dokumente haben und sich selbst vor versehentlichen Änderungen schützen wollen.

Schreibschutzempfehlung vereinbaren

Um eine Schreibschutzempfehlung für das aktuelle Dokument zu vereinbaren, wählen Sie *Datei/Speichern unter*. Klicken Sie im Dialogfeld auf den Befehl *Extras* und wählen Sie *Sicherheitsoptionen*. Schalten Sie das Kontrollkästchen *Schreibschutz empfehlen* ein und bestätigen Sie mit *OK*. Speichern Sie nun das Dokument wie gewohnt und schließen Sie es, damit der Schutz beim nächsten Öffnen aktiv werden kann.

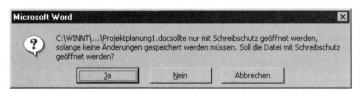

Schreibschutzempfehlung

Wenn Sie zukünftig das Dokument öffnen, wird eine Empfehlung angezeigt, die Sie daran erinnert, dass dieses Dokument nur mit Schreibschutz geöffnet werden sollte. Klicken Sie auf *Ja*, um den Schreibschutz zu aktivieren, oder auf *Nein*, wenn Sie Änderungen im Dokument durchführen müssen und diese Änderungen speichern wollen. Wenn Sie das Dokument mit Schreibschutz öffnen, können Sie es nicht unter dem ursprünglichen Dateinamen speichern. Sie müssen es unter einem anderen Namen in einer neuen Datei oder an einem anderen Speicherort ablegen.

Kennwörter

Wenn Sie Kennwörter für allgemeinen Schreibschutz, differenzierten Dokumentschutz oder Zugriffsschutz vergeben, verwenden Sie bitte nur Kennwörter nach folgenden Regeln:

- Kennwörter dürfen standardmäßig bis zu 15 Zeichen lang sein, für längere Kennwörter verwenden Sie einen erweiterten Verschlüsselungstyp.

- Kennwörter dürfen Buchstaben, Ziffern und Sonderzeichen enthalten.

- Kennwörter müssen bezüglich Groß-/Kleinschreibung später genauso eingegeben werden wie bei der Festlegung des Kennwortes.

13

Word im Team

Während der Definition des Kennwortes müssen Sie es zweimal in absolut identischer Schreibweise eingeben. Dabei, und später bei der Eingabe, wird das Kennwort selbst nicht angezeigt, sondern nur Platzhalter, damit keiner das Kennwort ausspähen kann.

Längere Kennwörter

Die Länge eines Kennwortes ist mit ausschlaggebend für die Sicherheit, die es gibt. Je mehr Zeichen ein Kennwort enthält, desto länger benötigen Personen oder entsprechende Softwareprogramme zu seiner Entschlüsselung.

In Office 2002 ist es deshalb möglich, Kennwörter zu vereinbaren, die länger als die bisher üblichen 15 Zeichen sind. Um längere Kennwörter zu vereinbaren, wählen Sie *Extras/Optionen* und aktivieren die Registerkarte *Sicherheit*. Klicken Sie auf die Schaltfläche *Erweitert* und markieren Sie den gewünschten Verschlüsselungstyp.

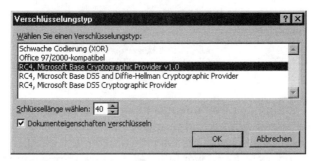

Sichere Kennwörter durch erweiterten Verschlüsselungstyp

Im Feld *Schlüssellänge wählen* legen Sie die Länge des Kennwortes fest. Die erweiterten Verschlüsselungstypen erlauben Schlüssellängen zwischen 40 und 56 Zeichen.

Schreibschutzkennwort

Die Schreibschutzempfehlung eignet sich nicht, um Word-Dokumente so zu schützen, dass andere Anwender keine Änderungen durchführen können. Für diesen Fall müssen Sie ein Schreibschutzkennwort festlegen. Ein so geschütztes Dokument kann weiterhin von jedem Anwender geöffnet, aber nur noch von Anwendern gespeichert werden, die in Besitz des Kennwortes sind.

Um ein Schreibschutzkennwort für das aktuelle Dokument festzulegen, wählen Sie *Datei/Speichern unter*. Aktivieren Sie im Dialogfeld den Befehl *Extras/Sicherheitsoptionen* und geben ein Kennwort in das Feld *Kennwort zum Ändern* ein. Bestätigen Sie die Eingabe mit *OK* und geben

Sie das Kennwort nochmals in das Dialogfeld *Kennwort bestätigen* ein. Die Bestätigungs-Eingabe muss mit der ersten Eingabe hundertprozentig übereinstimmen. Nach der wiederholten Eingabe des Kennwortes aktivieren Sie die Schaltfläche *OK* und speichern das Dokument dann mit einem Klick auf *Speichern*. Schließen Sie das Dokument, damit der Schutz beim nächsten Öffnen aktiv werden kann.

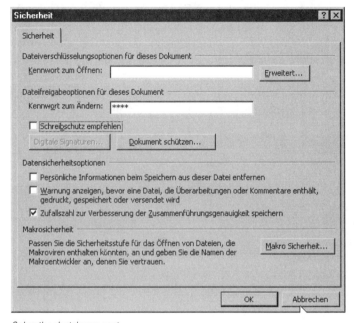

Schreibschutzkennwort

Beim nächsten Öffnen des Dokuments wird vor der Anzeige des Dokumentinhalts das Kennwort abgefragt. Geben Sie kein oder ein falsches Kennwort ein, wird das Dokument nicht geöffnet. Anwender, die nicht in Besitz des Kennwortes sind, können jedoch die Schaltfläche *Schreibgeschützt* anklicken, dann wird das Dokument schreibgeschützt geöffnet. Geben Sie das Kennwort ein, wird das Dokument ohne Schreibschutz geöffnet.

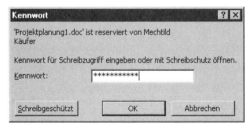

Das Schreibschutzkennwort wird abgefragt

13

Word im Team

Zugriffskennwort

Das Zugriffskennwort verhindert, dass unbefugte Personen die Word-Datei überhaupt öffnen können. Da eine Datei, die nicht geöffnet werden kann, auch nicht geändert werden kann, ist dieser Schutz gleichzeitig sowohl Zugriffs- als auch Schreibschutz.

Um eine Zugriffskontrolle per Kennwort für das geöffnete Word-Dokument festzulegen, wählen Sie *Datei/Speichern unter* und im Dialogfeld den Befehl *Extras/Sicherheitsoptionen*. Geben Sie ein Kennwort in das Feld *Kennwort zum Öffnen* ein. Bestätigen Sie die Eingabe mit *OK*. Sie müssen anschließend das Kennwort in identischer Schreibweise erneut eingeben und nochmals mit *OK* bestätigen. Speichern Sie anschließend das geänderte Dokument mit der Schaltfläche *Speichern*.

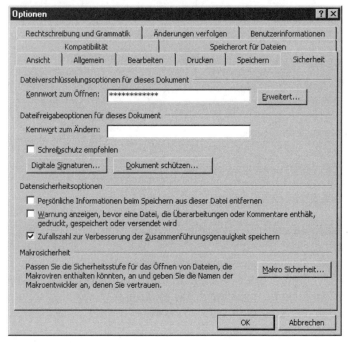

Zugriffskennwort

Vor dem nächsten Öffnen des zugriffsgeschützten Dokuments wird das Zugriffskennwort abgefragt. Geben Sie kein oder ein falsches Kennwort ein, verweigert Word das Öffnen des Dokuments. Der Zugriffsschutz ist auch außerhalb von Word gültig. Es ist z. B. nicht möglich das Dokument vom Explorer aus zu öffnen oder im Explorer oder im *Öffnen*-Dialogfeld eine Vorschau auf den Dateiinhalt zu nehmen, wenn das Kennwort nicht angegeben wird.

Schutz ohne direkte Speicherung

Wenn Sie ein Kennwort für Schreibschutz oder Zugriffsschutz festlegen wollen, ohne das Dokument sofort zu speichern, können Sie das Kennwort über den Befehl *Extras/Optionen* im Register *Sicherheit* festlegen.

Löschen oder Ändern von Kennwörtern

Zum Löschen eines festgelegten Schreibschutzkennwortes muss das Dokument ohne Schreibschutz geöffnet werden. Zum Öffnen eines geschützten Dokuments müssen Sie dazu natürlich in Besitz des Kennwortes sein. Öffnen Sie das Dokument ohne Schreibschutz und wählen Sie erneut *Datei/Speichern unter* und aktivieren Sie im Dialogfeld *Extras/Sicherheitsoptionen*. Um das Kennwort zu ändern, löschen Sie die Platzhalter im Eingabefeld *Kennwort zum Öffnen* bzw. *Kennwort zum Ändern* und geben das neue Kennwort ein. Sie müssen es nach der Bestätigung erneut eingeben und nochmals bestätigen.

Um das Kennwort zu löschen, lassen Sie nach dem Entfernen der Platzhalter das entsprechende Kennwort-Eingabefeld leer und bestätigen das Dialogfeld. Anschließend aktivieren Sie die Schaltfläche *Speichern*, um die geänderte Datei mit dem geänderten oder gelöschten Kennwort zu speichern.

Dokumentschutz mit Ausnahmeerlaubnis

Außer dem generellen Schreibschutz, der kein Speichern der Datei unter dem ursprünglichen Namen erlaubt, können Sie einen Schreibschutz festlegen, der bestimmte Änderungen zulässt. Sie können dabei festlegen, dass alle Änderungen zwar durchgeführt werden dürfen, aber automatisch markiert und somit sofort erkennbar sind. Sie können in Formularen nur Änderungen in Form von Feldeingaben erlauben oder in Dokumenten nur Kommentare zulassen. Dieser Schreibschutz mit Ausnahmeregelung kann für das komplette Dokument oder nur für einzelne Abschnitte im Dokument gelten und zusätzlich mit einem Kennwort verbunden werden.

Das Dialogfeld Dokument schützen

Um diese Art von Schreibschutz zu aktivieren, wählen Sie *Extras/Dokument schützen* oder Sie wählen *Extras/Optionen* und aktivieren im Register *Sicherheit* die Schaltfläche *Dokument schützen*. Markieren Sie die Option *Änderungen verfolgen*, wenn Sie Änderungen nur in der Überarbeitungsfunktion gestatten wollen. Alle Änderungen werden dann farbig und durch Unterstreichung markiert und können mit der Überarbeitungsfunktion gesucht, angenommen oder abgelehnt werden.

13

Word im Team

Markieren Sie die Optionsschaltfläche *Kommentare*, wenn Sie keine Änderungen zulassen wollen, andere Anwender aber Kommentare einfügen dürfen.

Schützen eines Formulars

In einem Formular, in dem Sie mithilfe der *Formular*-Symbolleiste Formularfelder eingefügt haben, markieren Sie die Optionsschaltfläche *Formulare*, wenn nur Eingaben in die Formularfelder und keine sonstigen Eingaben und Änderungen erlaubt sein sollen. In diesem Fall können Sie die Formularfelder in einen separaten Abschnitt setzen und den Schreibschutz mit Formulareingabe auf diesen Abschnitt beschränken. Die Schaltfläche *Abschnitte* lässt sich nur aktivieren, wenn das Dokument mindestens zwei Abschnitte enthält und die Schaltfläche *Formulare* markiert wurde. Sie können im daraufhin geöffneten Dialogfeld *Abschnitt schützen* mithilfe von Kontrollkästchen festlegen, welcher Abschnitt geschützt werden soll und welcher nicht. Schalten Sie die Kontrollkästchen für die Abschnitte aus, deren Inhalt geändert werden darf, und bestätigen Sie mit *OK*.

Sie können alle drei Schutzarten (*Überarbeiten*, *Kommentare*, *Formulare*) mit einem Kennwort verbinden, das Sie in das Feld *Kennwort* (optional) eingeben. Falls Sie ein Kennwort eingegeben haben und das Dialogfeld mit *OK* bestätigen, müssen Sie das Kennwort zur Bestätigung in identischer Schreibweise erneut eingeben und bestätigen.

Dokumentschutz aufheben

Um einen Schreibschutz mit Zulassen von Formulareingaben, Überarbeitungen oder Kommentaren wieder aufzuheben, wählen Sie *Extras/Dokumentschutz aufheben*. Falls Sie ein Kennwort vereinbart hatten, müssen Sie dieses jetzt eingeben. Auf diese Weise ist sichergestellt, dass ein anderer Anwender, der nicht in Besitz des Kennwortes ist, den Dokumentschutz aufheben kann.

Virtuelle Teamarbeit

Word 2002 eignet sich hervorragend als E-Mail-Editor und zum Informationsaustausch per Verteiler und Fax. Für den Versand per E-Mail offeriert Ihnen Word einen neuen Befehl, der es Ihnen ermöglicht, ein Dokument per E-Mail zur Weiterbearbeitung an ein anderes Teammitglied zu senden, von dem Sie es nach der Bearbeitung zurückerhalten:

E-Mail zur Bearbeitung schicken

Um das aktuelle Dokument per E-Mail mit Microsoft Outlook zur Weiterbearbeitung zu versenden, wählen Sie *Datei/Senden an/E-Mail-Empfänger (zur Überarbeitung)*. Outlook erstellt ein neues E-Mail-Formular, schlägt als Betreff und als Einleitung des Nachrichtentextes den Text „Bitte überarbeiten Sie Dokument xy" vor, fügt das aktuelle Dokument als Anlage bei und kennzeichnet es mit einer Nachverfolgungskennzeichnung. Sie müssen lediglich die Empfängeradresse und den Nachrichtentext ergänzen.

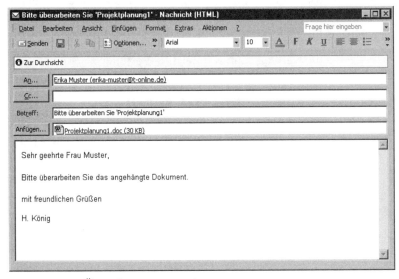

Dokumente zur Überarbeitung versenden

Das Dokument wird so verschickt, dass beim Empfänger automatisch der *Überarbeiten*-Modus aktiviert ist und alle Änderungen protokolliert und von Ihnen verfolgt werden. Wenn der Empfänger das überarbeitete Dokument an Sie zurücksendet, werden Sie automatisch aufgefordert, die durchgeführten Veränderungen zu kontrollieren und anzunehmen oder abzulehnen. In der *Überarbeiten*-Symbolleiste wird zusätzlich die Schaltfläche *Bearbeitung beenden* angezeigt, mit der Sie nach Erhalt aller überarbeiteten Versionen den Überarbeitungsmodus beenden können.

13

Word im Team

Wie Word das Dokument zur Überarbeitung verschickt, hängt vom Speicherort der Datei ab:

- Ein lokales Dokument wird als Anlage angefügt.

- Ein Dokument auf einem Netzwerklaufwerk wird als Verknüpfung angehängt, wahlweise kann es zusätzlich Empfängern, die keinen Zugriff auf den Speicherort haben, als Anlage beigefügt werden.

- Versenden Sie ein Dokument, das auf einem Rechner liegt, auf dem Microsoft SharePoint Server oder ein anderer Microsoft-Diskussionsserver installiert ist, werden dem E-Mail-Formular eine Verknüpfung zu den Überarbeitungen bzw. Diskussionsbeiträgen, ein Hinweis auf den Speicherort des Dokuments und Bedienungshinweise für den Diskussionsserver beigefügt.

Word-Dokument an Verteiler schicken

Ein E-Mail-Verteiler ist eine Liste von E-Mail-Adressen, an die Sie die gleiche E-Mail verschicken wollen. Dies können z. B. alle E-Mail-Adressen der Kollegen sein, die mit Ihnen gemeinsam am aktuellen Projekt arbeiten. Um das aktuelle Word-Dokument per E-Mail Verteiler zu verschicken, wählen Sie *Datei/Senden an/Verteilerempfänger*.

Querverweis zum Kapitel 12 – Verteiler

Word-Dokument per Fax versenden

Auch wenn E-Mails als elektronische Post immer häufiger für die schnelle interne Kommunikation im Unternehmen eingesetzt werden, ist es immer noch erforderlich, in einigen Fällen Dokumente per Fax zu senden. Dies ist z. B. der Fall, wenn rechtsverbindliche Dokumente mit einer Unterschrift verlangt werden. Um das aktuelle Word-Dokument per Fax zu versenden, wählen Sie *Datei/Senden an/Faxempfänger*.

Querverweis zum Kapitel 12 – Verteiler

Hyperlink-Verknüpfungen fürs Firmennetz

Ein firmeneigenes Netzwerk, das die Technologie des Internet einsetzt, wird als Intranet bezeichnet. Aber auch in einem anderen Firmennetzwerk, das Ihnen erlaubt, auf freigegebene Netzwerklaufwerke des Servers oder Laufwerke anderer Netzwerkteilnehmer zuzugreifen, können Sie Hyperlinks einsetzen, um auf einfache Weise eigene Dokumente untereinander und mit Dokumenten anderer Mitarbeiter zu verknüpfen. Unabhängig davon, wo ein solches Word-Dokument gespeichert ist, reicht der Klick auf einen Hyperlink, um die Datei zu öffnen, auf die er verweist.

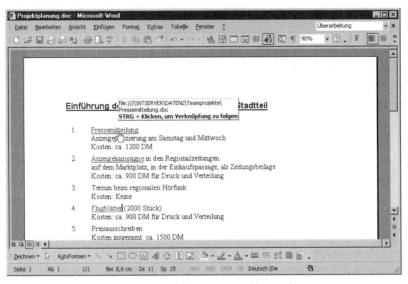

Word-Dokument mit Hyperlinks zu Dokumenten im Netzwerk

Wenn Sie in Ihrem Unternehmen Zugriff auf einen Intranet-Webserver haben, fügen Sie die Hyperlinks zu den internen Webseiten genauso ein wie zu einer Webseite im globalen Internet.

Hyperlink zu Office-Dokument auf Netzwerklaufwerk einfügen

Hyperlinks können Text oder Grafiken zugeordnet werden. Falls das Dokument bereits eine Textstelle oder eine Grafik enthält, die Sie als Anzeigetext für den Hyperlink verwenden wollen, markieren Sie diese. Wählen Sie *Einfügen/Hyperlink* oder aktivieren Sie die Schaltfläche *Hyperlink einfügen*.

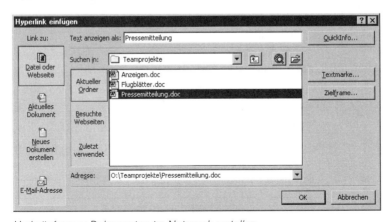

Verknüpfung zu Dokumenten im Netzwerk erstellen

Falls Sie keinen Anzeigetext oder keine Grafik markiert haben, geben Sie nun den gewünschten Anzeigetext in das Feld *Text anzeigen als* ein. Markieren Sie in der Leiste *Link zu* die Schaltfläche *Datei oder Webseite*. Öffnen Sie über die Liste *Suchen in* den Ordner auf dem Netzwerklaufwerk, in dem die Zieldatei abgelegt ist, und markieren Sie diese. Nach der Bestätigung des Dialogfelds wird der Hyperlink bereits angezeigt. Sie können zukünftig das auf dem Netzwerklaufwerk gespeicherte Zieldokument öffnen, indem Sie bei gedrückter Taste (Strg) auf den Hyperlink klicken.

Onlinekonferenzen

Sie können Office 2000 einsetzen, um sich z. B. mit Ihren Kollegen online über Word-Dokumente auszutauschen. Voraussetzung für eine Onlinebesprechung ist die Installation von Outlook und Microsoft NetMeeting, das zum Lieferumfang von Windows 2000 gehört. Außerdem müssen Sie Zugriff auf einen Server haben, auf dem einer der Microsoft-Diskussionsserver wie Microsoft SharePoint Portal Server installiert ist.

Besprechung ansetzen

Verwenden Sie den Befehl *Extras/Onlinezusammenarbeit/Meeting ansetzen*, um die Projektplanungen zur Besprechung zu versenden. Der Befehl startet Microsoft Outlook und ermöglicht Ihnen die Terminabsprache mit den anderen Diskussionsteilnehmern. Über das Feld *Office-Dokument* können Sie den Namen und den Pfad zu dem Word-Dokument angeben, das Sie als Gegenstand der Besprechung verwenden wollen.

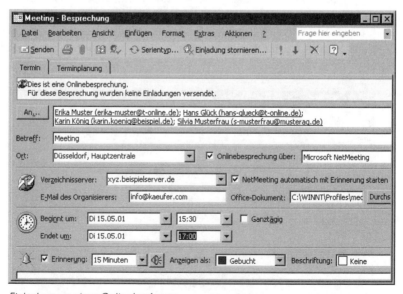

Einladung zu einer Onlinekonferenz

Über den Befehl *Extras/Onlinezusammenarbeit/Besprechung beginnen* können Sie die Konferenz starten. Sie haben die Möglichkeit, mit dem MSN Messenger nach anderen Kollegen zu suchen, die online sind, oder das integrierte Chatfenster für Echzeitgespräche zu nutzen, im Whiteboard gemeinsam grafische Objekte wie Skizzen und Ähnliches zu bearbeiten. Mit der Schaltfläche *Besprechung beenden* können Sie am Ende der Diskussion die Onlinebesprechung abschließen.

Mit Zugriff auf einen Webserver, auf dem ein Microsoft-Diskussionsserver installiert sind, können Sie über den *Befehl Extras/Onlinezusammenarbeit/Webdiskussionen* Webdiskussionen durchführen, z. B. um Word-Dokumente gemeinsam zu diskutieren.

13

Word im Team

14. Makros im täglichen Praxiseinsatz

Jeder gelangt bei der Arbeit mit einer Textverarbeitung an den Punkt, an dem eine Aufgabe so oft wiederholt werden muss, dass man sich fragt, ob das nicht vom PC gemacht werden könnte. An dieser Stelle setzen Makros, die Sie nach Ihren Bedürfnissen erstellen können, ein und erleichtern Ihnen Routinetätigkeiten.

14.1 Was ist ein Makro?

Ein Makro enthält eine Befehlskette, die gespeichert wurde und deren Befehle bei Aktivierung des Makros in der gespeicherten Reihenfolge automatisch abgearbeitet werden. Ein Makro kann durch die Aufzeichnung oder das Aufschreiben von Befehlsfolgen erstellt werden. Es kann durch Eingabe des Makronamens, durch einen zugeordneten Tastenschlüssel, durch ein zugeordnetes Symbol gestartet oder als Befehl in ein Menü aufgenommen werden. Makros dienen der Automatisierung und Rationalisierung der Arbeit, passen das Programm an die jeweiligen Bedürfnisse an oder werden geschrieben, um komplexe Aufgabenstellungen auch für unerfahrene Anwender menügeführt und leicht lösbar zu machen.

Um ein Makro zu erstellen, gibt es zwei Möglichkeiten: Mit dem Makrorekorder kann eine Befehlskette aufgezeichnet werden, unterstützt durch eine entsprechende Entwicklungsumgebung und die Programmiersprache VBA – **V**isual **B**asic for **A**pplications – können Makrobefehle aufgeschrieben werden. Auch eine Kombination von beiden Arbeitsformen ist möglich. Bei einfachen Makros reicht es, folgende Fragen zu klären: Von welchem Ausgangspunkt soll das Makro später gestartet werden? Wie variabel muss das Makro sein? Wie soll das Makro gestartet werden? Zum besseren Verständnis finden Sie hier eine kurze Übersicht über die Begriffe, die bei der Aufzeichnung und beim Schreiben von Makros auftauchen.

14

Makros

- *Makrorekorder*: Die Word-Funktion, die Maus- und Tastatureingaben aufzeichnet. Wenn der Makrorekorder aufzeichnet, erscheint in der Statuszeile das Kürzel *MAK* und unter der Maus ein kleines Kassettensymbol. Außerdem werden zwei Symbolflächen eingeblendet, mit denen Sie die Makroaufzeichnung anhalten und beenden können.

- *Makroanweisung oder Makrobefehl*: Ist eine Instruktion, die dem Makro vorschreibt, welcher Arbeitsschritt wie ausgeführt werden muss. Viele Makrobefehle entsprechen Menübefehlen oder Elementen aus Dialogfeldern.

- *Makronamen*: Sie benennen ein Makro ähnlich wie eine Datei oder einen AutoText-Eintrag. Makronamen dürfen bis zu 80 Zeichen lang sein, müssen mit einem Buchstaben beginnen und dürfen keine Leerzeichen, keine Sonderzeichen und keine Satzzeichen enthalten. Ein Makroname darf also nur aus Buchstaben und Ziffern zusammengesetzt werden. Es ist allgemeine Praxis, dass ein Makroname, der aus einem zusammengesetzten Wort besteht, jedes dieser Teile mit einem Großbuchstaben beginnt. Ein Makro, das das aktuelle Datum einfügt, würden Sie z. B. *DatumEinfuegen* nennen.

- *Schaltfläche*: Jedem Makro kann eine Schaltfläche in der Symbolleiste zugeordnet werden, über die es besonders schnell per Mausklick gestartet werden kann.

- *Tastenschlüssel*: Jedem Makro kann ein Tastenschlüssel zugeordnet werden. Durch Drücken dieses Tastenschlüssels kann das Makro ebenfalls gestartet werden.

- *Menü*: Alternativ oder zusätzlich zu einer Schaltfläche in der Symbolleiste können Sie einem Makro einen Menübefehl zuordnen, über den es gestartet werden kann wie ein Standard-Word-Befehl.

- *Schlüsselwörter*: Schlüsselwörter sind feststehende Bestandteile einer Makrosprache mit festgelegter Bedeutung. Sie dürfen deshalb Schlüsselwörter nicht als Variablen verwenden und erhalten eine Fehlermeldung, wenn Sie es versuchen.

- *Editor*: Ein Entwicklertool, in dem Sie die aufgezeichneten Makrobefehle nachbearbeiten oder direkt Befehle aus Visual Basic for Applications eintragen können.

14.2 Das Dialogfeld Makros

Das Dialogfeld *Makros* beinhaltet die Optionen zum Aufzeichnen, Schreiben, Bearbeiten und Verwalten Ihrer Makros und wird über den Befehl *Extras/Makro/Makros* geöffnet. Sie können mit der Schaltfläche *Organisieren* ein weiteres Dialogfeld öffnen, in dem Sie Makros umbenennen oder aus anderen Vorlagen übernehmen können.

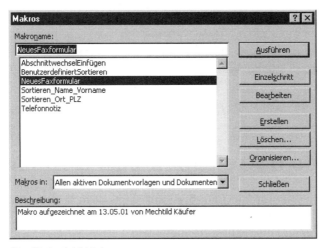

Das Dialogfeld Makros

Die verschiedenen Elemente des Dialogfelds unterstützen Sie bei der Arbeit mit Makros auf folgende Weise:

In der Liste *Makroname* werden wahlweise die Makros aus allen aktiven Dokumentvorlagen, aus der *Normal.dot* oder die Word-internen Befehlsmakros angezeigt. Sie können die Anzeige in der Liste *Makros in* umstellen.

Sie aktivieren die Schaltfläche *Ausführen*, um ein erstelltes Makro zu starten, das Sie in der Liste *Makroname* markiert haben.

Aktivieren Sie die Schaltfläche *Einzelschritt*, wenn Sie das markierte Makro starten und in Einzelschritten testen wollen.

Um ein neues Makro ohne Aufzeichnung des Makrorekorders direkt im Microsoft Visual Basic Editor zu erstellen, wählen Sie die Schaltfläche *Erstellen* aus dem Dialogfeld *Makro*. Mit der Schaltfläche *Bearbeiten* können Sie ein bereits bestehendes Makro mit dem Editor nachbearbeiten.

Um ein Makro aus der Liste *Makroname* zu entfernen, aktivieren Sie die Schaltfläche *Löschen*. Um es endgültig aus der Dokumentvorlage zu löschen, müssen Sie die Nachfrage nach dem Speichern der Änderung der Dokumentvorlage am Ende der Word-Sitzung bestätigen.

Die Schaltfläche *Organisieren* öffnet das Dialogfeld *Organisieren*. Dort können Sie Makros bequem umstellen, kopieren, löschen und umbenennen oder andere Dokumentvorlagen öffnen, um die enthaltenen Makros zu bearbeiten.

14

Makros

Mithilfe der Liste *Makros in* können Sie die Anzeige der Makros in der Liste *Makroname* beeinflussen. Wählen Sie *Allen aktiven Dokumentvorlagen und Dokumenten*, um die Makros aus allen zusammengeführten Vorlagen anzuzeigen. Wählen Sie *Normal.dot (Globale Dokumentvorlage)*, um nur die globalen Makros zu sehen, und wählen Sie *Word-Befehlen*, um die Word-internen Befehlsmakros zu sehen.

14.3 Makros aufzeichnen und ausführen

Die einfachste Form, ein Makro zu erstellen, besteht darin, eine Abfolge von Tastaturbewegungen und Mausaktionen zu speichern. Diese Tastaturbewegungen laufen später dann genauso ab, wenn das Makro gestartet wird. Tastaturbewegungen können Texteingabe, Befehlswahl und das Ausfüllen von Eingabefeldern beinhalten.

Makros aufzeichnen und benennen

Um bestimmte Arbeitsschritte in einem Makro zu speichern, aktivieren Sie den Makrorekorder. Sie öffnen das Dialogfeld zur Makroerstellung und -bearbeitung mit dem Befehl *Extras/Makro/Aufzeichnen*. Bevor der Makrorekorder seine Aufzeichnung beginnt, müssen Sie einen Namen für das Makro vergeben und eventuell ein Symbol, ein Menü und einen Tastenschlüssel zuordnen, mit dem Sie das Makro später starten können.

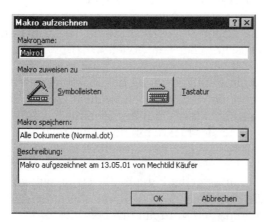

Benennen von Makros

Geben Sie bei *Makroname* den gewünschten Namen ein. Wenn Sie keinen eigenen Namen eintragen, vergibt Word für das erste Makro den Namen *MAKRO1*. Tragen Sie in das Feld *Beschreibung* eine Beschreibung Ihres Makros ein. In der Beschreibung sollten Sie Einsatzvoraussetzung, Ziel und Funktionsweise des Makros kurz erläutern. Die Beschreibung wird später angezeigt, wenn Sie im Dialogfeld *Makros* das Makro in der Liste markieren. Sie können nach der Eingabe des Makronamens und der Beschreibung das Dialogfeld bereits bestätigen und Schaltfläche und Tastenschlüssel später zuordnen.

┌─── **Tipp**
│
Makros aufzeichnen

Sie können das Dialogfeld *Makro aufzeichnen* sehr schnell öffnen, wenn Sie
einen Doppelklick auf die Statusanzeige *MAK* ausführen.

Starten und Beenden der Aufzeichnung

Nachdem Sie das Dialogfeld *Makro aufzeichnen* bestätigt haben, zeichnet der Makrorekorder alle folgenden Schritte und Eingaben auf. Während der Makrorekorder aufzeichnet, wird in der Statusleiste das Kürzel *MAK* eingeblendet. Zusätzlich wird eine Minisymbolleiste mit zwei Symbolen eingeblendet und unter dem Mauszeiger erscheint ein kleines Kassettensymbol, das Sie daran erinnern soll, dass der Makrorekorder aufzeichnet. Während der Aufzeichnung können Sie mit den zwei Symbolen der Symbolleiste jederzeit die Aufzeichnung anhalten oder abbrechen.

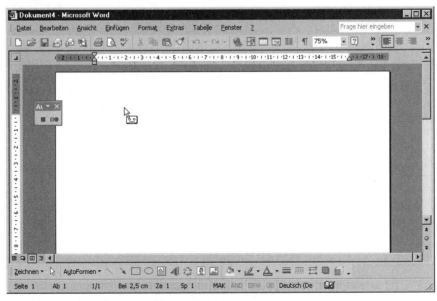

Der Bildschirm bei aktiviertem Makrorekorder

Klicken Sie auf das Symbol *Aufzeichnung beenden*, um den Makrorekorder auszuschalten und die Aufzeichnung zu beenden, oder wählen Sie *Extras/Makro-Aufzeichnung* beenden.

Klicken Sie auf das Symbol *Aufzeichnung anhalten*, um die Makroaufzeichnung zu unterbrechen. Das Symbol wird hervorgehoben,
solange die Aufzeichnung unterbrochen ist. Wenn Sie nochmals auf das
Symbol klicken, wird die Aufzeichnung fortgeführt.

Führen Sie nun die Tastaturbewegungen und Mausaktionen so durch,
wie sie aufgezeichnet werden sollen. Wenn Sie alle Eingaben gemacht
haben, schalten Sie den Makrorekorder mit Klick auf die Schaltfläche
Aufzeichnung beenden aus.

Makro aufzeichnen und einem Symbol zuordnen

Falls Sie Makros für unerfahrene Word-Anwender oder für Anwender,
die nur gelegentlich mit Word für Windows arbeiten, erstellen, empfiehlt
sich die Startmöglichkeit eines Makros mit einem zugeordneten Symbol.
Bei Makros, die Sie nur selten benutzen, sollten Sie auf ein Symbol verzichten, da es eventuell Platz für häufiger benötigte Funktionen belegt.
Sie können bereits vor der Aufzeichnung des Makros festlegen, mit wel-
chem Symbol Sie es starten wollen. Blenden Sie die Symbolleiste, in die
Sie Ihr Makro aufnehmen wollen, über den Rechtsklick in eine Symbol-
leiste und die Auswahl der Symbolleiste ein. Wählen Sie dann *Extras/*
Makro/Aufzeichnen und tragen Sie den Namen für das neue Makro ein.
Aktivieren Sie dann die Schaltfläche *Symbolleisten*. Im Dialogfeld *Anpas-*
sen wird rechts der Namen des Makros in der Form *Normal.NewMacros.*
Makronamexy angezeigt. Klicken Sie auf den Makronamen und ziehen
Sie ihn bei gedrückter linker Maustaste auf die Symbolleiste.

Ziehen Sie das Makro auf die Symbolleiste

Die Makroschaltfläche wird in die Symbolleiste aufgenommen und mit dem Makronamen beschriftet. Sie sollten diese Beschriftung nun noch über Klick auf die Schaltfläche *Auswahl ändern* anpassen. Sie haben drei verschiedene Möglichkeiten zur Auswahl, die Sie einem Makro zuordnen können. Entweder Sie wählen eines der angebotenen grafischen Symbole, indem Sie es anklicken, oder Sie beschriften die Schaltfläche nur mit Text oder Sie kombinieren beides. Was auf der Schaltfläche angezeigt wird, entscheidet Ihre Auswahl im unteren Bereich des Menüs mit den Befehlen *Nur Text* oder *Nur Text in Menüs* (für Beschriftung) oder *Standard* (Symbol) oder *Schaltflächensymbol und Text*.

- Um die Schaltfläche mit einer benutzerdefinierten Beschriftung zu versehen, überschreiben Sie die Standardbeschriftung neben dem Menüfeld *Name*.

- Um auf der Schaltfläche ein Standard-Symbol anzuzeigen, wählen Sie *Schaltflächensymbol ändern* und markieren das gewünschte Symbol.

- Um auf der Schaltfläche ein benutzerdefiniertes Symbol anzuzeigen, wählen Sie *Schaltflächensymbol bearbeiten* und erstellen das gewünschte Symbol mit dem Schaltflächen-Editor pixelweise.

Zum Starten der Aufzeichnung schließen Sie das Dialogfeld *Anpassen* mit der Schaltfläche *Schließen*.

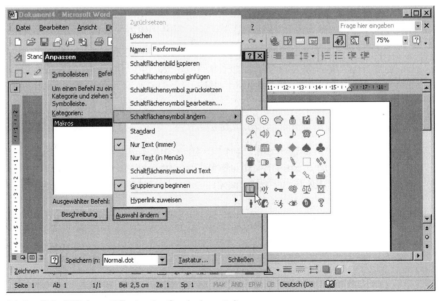

Makro-Schaltfläche mit Text oder Symbol gestalten

14

Makros

> ┌──── **Tipp**
>
> **Schaltflächen gestalten mit dem Schaltflächeneditor**
>
> Falls Sie die Schaltfläche für ein Makro erstellen wollen, fügen Sie auf die weiter oben beschriebene Art eine Schaltfläche für ein Makro ein. Wählen Sie den Eintrag *Schaltflächensymbol bearbeiten*. Im Dialogfeld *Schaltflächen-Editor* können Sie die Schaltfläche pixelweise durch Auswahl der Farbe und anschließemden Klick auf eine Pixelschaltfläche gestalten. Wenn Sie später zur Standardschaltfläche zurückwollen, wählen Sie nach dem Rechtsklick auf die Schaltfläche *Anpassen*, klicken nochmals mit der rechten Maustaste auf die Schaltfläche und wählen den Eintrag *Schaltflächensymbol zurücksetzen*. ┘

Makro zum Druck der aktuellen Seite über eine Schaltfläche

Eine Funktion, die viele Anwender vermissen, ist die Möglichkeit, in einem mehrseitigen Dokument nur die aktuelle Seite auszudrucken. Es ist in Word zwar möglich, die aktuelle Seite über den Befehl *Datei/Drucken* und die Auswahl der Optionsschaltfläche *Aktuelle Seite* in der Optionsgruppe *Seitenbereich* ausgeben zu lassen. Dieses Verfahren ist aber umständlich. Sie erstellen deshalb ein Makro, das die entsprechende Einstellung im Dialogfeld automatisch für Sie erledigt, sodass Sie nur noch auf eine Schaltfläche in der *Standard*-Symbolleiste klicken, um die aktuelle Seite zu drucken.

1 Wählen Sie dazu *Extras/Makro/Aufzeichnen* und überschreiben Sie die Vorgabe im Feld *Makroname* mit *AktuelleSeiteDrucken*.

2 Aktivieren Sie die Schaltfläche *Symbolleisten* und ziehen Sie den Eintrag *Normal.NewMacros.AktuelleSeiteDrucken* aus der Liste *Befehle* in die *Standard*-Symbolleiste neben die Schaltfläche *Drucken*.

3 Aktivieren Sie die Schaltfläche *Auswahl ändern* und den Befehl *Schaltflächensymbol ändern*.

4 Wählen Sie ein Symbol für die neue Schaltfläche nach Wunsch. Wählen Sie anschließend nochmals *Auswahl ändern* und *Standard*, um die Beschriftung der Schaltfläche zu unterdrücken und nur das Symbol anzuzeigen.

5 Schließen Sie das Dialogfeld mit *Schließen*. Wählen Sie *Datei/Drucken* und markieren Sie die Optionsschaltfläche *Aktuelle Seite*. Starten Sie den Ausdruck mit Klick auf die Schaltfläche *OK*.

6 Beenden Sie nun die Makroaufzeichnung mit einem Klick auf das Symbol *Aufzeichnung beenden*.

Das neue Makro wird in der Dokumentvorlage *Normal.dot* gespeichert. Bestätigen Sie das Speichern dieser Vorlage, wenn Sie eine entsprechende Meldung erhalten. Sie können zukünftig in jedem Dokument die aktuelle Seite über den Klick auf die Schaltfläche *Aktuelle Seite Drucken* ausgeben lassen.

Makro aufzeichnen und einem Menü zuordnen

Wird ein Makro einem Menü zugeordnet, taucht der Makroname im entsprechenden Menü auf. Das Makro kann dann wie ein normaler Befehl durch die Aktivierung des entsprechenden Menüs und die Wahl des Makronamens, durch Anklicken mit der Maus oder durch die Auswahl mit den Cursortasten und (Enter) gestartet werden. Standardmäßig wird als Menüeintrag der Makroname vorgeschlagen. Im ausgewählten Menü kann auch ein vom Makronamen abweichender Text aufgenommen werden, der das Makro startet. Da in Word 2002 eine Menüleiste im Prinzip auch eine Symbolleiste ist, können Sie den Menüs Einträge in ähnlicher Weise per Drag & Drop hinzufügen wie den anderen Symbolleisten. Wählen Sie *Extras/Makro/Aufzeichnen* und geben Sie den gewünschten Namen für das neue Makro ein und aktivieren Sie die Schaltfläche *Symbolleisten*.

Verschieben Sie nun das Dialogfeld *Anpassen* per Drag & Drop so, dass Sie das Menü, in das Sie das Makro aufnehmen wollen, sehen können. Ziehen Sie den Eintrag für das neue Makro aus dem Dialogfeld auf das Menü und halten Sie die linke Maustaste weiter gedrückt. Das Menü klappt mit einer kurzen Verzögerung auf und Sie können das Makro auf die gewünschte Positionen ziehen.

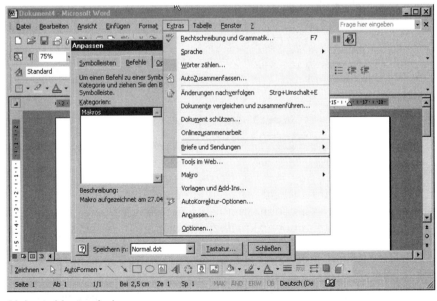

Makro in Menü aufnehmen

Mit der Schaltfläche *Schließen* beenden Sie das Dialogfeld und starten die Aufzeichnung.

Hinweis

Makro in überlappende Menüs

Falls Sie das Makro nicht in ein Hauptmenü, sondern in ein überlappendes Menü aufnehmen wollen, müssen Sie es zunächst auf den Menüeintrag ziehen, der dieses überlappende Menü öffnet. Dann können Sie es auf die gewünschte Position im überlappenden Menü ziehen.

Makros aufzeichnen und einem Tastenschlüssel zuordnen

Um Ihr Makro auch ohne Maus schnell starten zu können, vergeben Sie eine Tastenkombination. Wählen Sie *Extras/Makro/Aufzeichnen* und geben Sie den Namen für das neue Makro ein. Aktivieren Sie die Schaltfläche *Tastatur* und drücken Sie im Feld *Neue Tastenkombination* die Tastenkombination, mit der Sie das Makro starten wollen.

Tastenschlüssel zuweisen

Unter diesem Feld erhalten Sie eine Anzeige, für welchen Befehl diese Tastenkombination eventuell schon benutzt wird. Neben dem Feld wird eine Liste mit den aktuell zugeordneten Tastenkombinationen angezeigt. Viele Tastenkombinationen sind schon belegt. Suchen Sie eine freie Kombination. Sie erkennen sie an der Beschreibung *Derzeit zugewiesen an <nicht zugewiesen>*. Sie können auch eine Kombination benutzen, die einem Befehl zugeordnet ist, den Sie selten einsetzen. Aktivieren Sie die

Schaltfläche *Zuordnen*, und die Tastenkombination wird in die Liste *Aktuelle Tasten* aufgenommen. Starten Sie die Makroaufzeichnung mit Klick auf *Schließen*.

Makros nachträglich Symbol, Menüeintrag oder Tastenschlüssel zuordnen

Wenn Sie es bei der Neuerstellung eines Makros versäumt haben, diesem eine Schaltfläche in der Symbolleiste zuzuordnen, es in kein Menü eingetragen haben und keinen Tastenschlüssel zugeordnet haben, können Sie diese Optionen auch später noch zuweisen.

Wählen Sie *Ansicht/Symbolleisten/Anpassen* und markieren Sie im Dialogfeld *Anpassen*, im Register *Befehle* und hier im Listenfeld *Kategorien* den Eintrag *Makros*. Um ein Makro nachträglich in eine Symbolleiste oder ein Menü aufzunehmen, ziehen Sie den entsprechenden Eintrag aus dem Feld *Befehle* auf die Symbolleiste oder in ein Menü und verfahren zur Anpassung der Beschriftung wie oben beschrieben.

Über die Schaltfläche *Tastatur* können Sie Makros nachträglich Tastenschlüssel zuweisen.

Makros nachträglich in Symbolleiste oder Menü aufnehmen oder mit Tasten verknüpfen

14

Makros

14.4 Makros ausführen

Um ein aufgezeichnetes Makro ablaufen zu lassen, haben Sie mehrere Möglichkeiten. Sie können es über den Befehl *Extras/Makro/Makros* und die Auswahl aus der Liste starten oder, wenn ihm ein Tastenschlüssel zugeordnet ist, durch die Eingabe des Tastenschlüssels. Wenn einem Makro ein Menü oder ein Symbol zugeordnet ist, können Sie es auch durch die Wahl des Befehls oder Anklicken des Symbols starten.

Start durch Eingabe des Namens

Wollen Sie das Makro durch die Eingabe des Namens starten, rufen Sie das Dialogfeld *Makro* mit *Extras/Makro/Makros* auf, wählen den Namen in der Liste *Makro* aus oder tippen ihn in das Feld *Makroname* ein. Anschließend aktivieren Sie die Schaltfläche *Ausführen*.

Start durch Eingabe des Tastenschlüssels

Drücken Sie die Tastenkombination, die Sie dem Makro zugeordnet haben. Sie müssen alle zugeordneten Tasten gleichzeitig drücken, um das Makro zu starten.

Start durch Aktivierung des Symbols

Wenn ein Makro einem Symbol zugeordnet wird, taucht das Symbol in der ausgewählten Symbolleiste auf. Wenn die Symbolleiste, die Ihr Makro enthält, nicht eingeblendet ist, können Sie dies mit dem Befehl *Ansicht/Symbolleisten* und der Aktivierung des Kontrollkästchens für die betreffende Symbolleiste nachholen. Durch Anklicken des Symbols, das Sie dem Makro zugeordnet haben, wird das Makro mit der Maus gestartet.

Beispielmakro, das die Seitennummer der aktuellen und der Folgeseite einfügt

Mit der folgenden Anleitung erstellen Sie ein Makro, das automatisch die Seitennummern in Ihr Dokument einfügt, und zwar im Gegensatz zum Befehl *Einfügen/Seitenzahlen* sowohl die aktuelle Seitenzahl zentriert im oberen Seitenrand als auch die Seitenzahl der nächsten Seite zentriert im unteren Seitenrand. Sie lernen außerdem, wie Sie das Makro in das Menü *Einfügen* integrieren und ihm ein Symbol und einen Tastenschlüssel zuordnen.

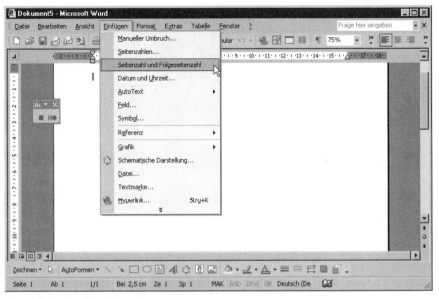

Der Befehl, der das Makro startet

Die Aufzeichnung vorbereiten

1 Vor der Aufzeichnung eines Makros sollten Sie immer alle nicht benötigten Dokumente schließen. Vor unserer Aufzeichnung erstellen Sie mit der Schaltfläche *Neues, leeres Dokument* ein neues Standarddokument.

2 Wählen Sie dann *Extras/Makro/Aufzeichnen* und tragen Sie in das Feld *Makroname* als Namen für das neue Makro *SeitenzahlEinfuegen* ein.

3 Aktivieren Sie die Schaltfläche *Symbolleisten* und schieben Sie den Makronamen aus dem Feld *Befehle* bei gedrückter linker Maustaste auf die *Standard*-Symbolleiste.

4 Aktivieren Sie die Schaltfläche *Auswahl ändern* und wählen Sie *Schaltflächensymbol ändern*. Klicken Sie auf das gewünschte Symbol, um es zuzuordnen.

5 Aktivieren Sie nochmals die Schaltfläche *Auswahl ändern* und wählen Sie den Eintrag *Standard*, um nur das Symbol auf der Schaltfläche anzuzeigen.

6 Im nächsten Schritt soll das Makro dem Menü *Einfügen* zugeordnet werden. Das Makro soll hinter dem Befehl *Seitenzahlen* auftauchen. Ziehen Sie den Eintrag für das Makro auf das Menü *Einfügen* und, wenn dieses aufgeklappt ist, unter den Eintrag *Seitenzahlen*.

14

Makros

7 Um den Menüeintrag anzupassen, klicken Sie auf *Auswahl ändern* und ändern den Eintrag im Feld *Name* zu *Seitenzahl und Folgeseitenzahl*.

8 Aktivieren Sie die Schaltfläche *Tastatur* und drücken Sie im Feld *Neue Tastenkombination* die Tastenkombination (Strg)+(). Aktivieren Sie *Zuordnen* und *Schließen* und schließen Sie das Dialogfeld mit *Schließen*.

Das Makro aufzeichnen

Sobald Sie die Schaltfläche *Schließen* aktivieren, startet der Makrorekorder die Aufzeichnung.

1 Wählen Sie den Befehl *Einfügen/Seitenzahlen*, öffnen Sie die Liste *Position* und markieren Sie den Eintrag *Seitenanfang <Kopfzeile>*.

2 Öffnen Sie die Liste *Ausrichtung* und markieren Sie den Eintrag *Zentriert* und bestätigen Sie das Dialogfeld. Der erste Teil des Makros ist damit erledigt.

3 Das Einfügen der Seitenzahl der Folgeseite ist nicht ganz so schnell erledigt. Wählen Sie zuerst den Befehl *Ansicht/Kopf- und Fußzeile*. Klicken Sie auf das Symbol *Zwischen Kopf- und Fußzeile wechseln*.

4 Aktivieren Sie die Schaltfläche *AutoText einfügen* und wählen Sie *Folgeseite*. Aktivieren Sie die Schaltfläche *Rechtsbündig*, um die Seitennummer der Folgeseite rechtsbündig auszurichten.

5 Schließen Sie die Kopf-/Fußzeile mit Klick auf *Schließen* und beenden Sie die Makroaufzeichnung mit Klick auf *Aufzeichnung beenden*.

Mit dem fertig gestellten Makro können Sie nun in jedes gewünschte mehrseitige Dokument die Seitennummerierung mit einem der unten aufgelisteten Schritte einfügen.

Es bleibt Ihnen überlassen, für welchen Weg Sie sich entscheiden. Bevor Sie Ihr Makro nun zum ersten Mal starten, sollten Sie das alte Dokument schließen und ein neues, leeres Dokument einblenden, da das aktuelle Dokument die Seitennummerierung bereits während der Makroaufzeichnung erhalten hat.

Das aufgezeichnete Makro starten

Starten Sie dann das Makro auf eine der folgenden Weisen:

- Drücken Sie die Tastenkombination (Strg)+(.) oder die von Ihnen zugeordnete Tastenkombination.

- Wählen Sie aus dem Menü *Einfügen* den Befehl *Seitenzahl und Folgeseitenzahl.*

- Klicken Sie auf das dem Makro zugeordnete Symbol in der *Standard-*Symbolleiste.

- Wählen Sie *Extras/Makro/Makros*, markieren Sie den Namen Seitenzahl in der Liste *Makroname* und aktivieren Sie die Schaltfläche *Ausführen.*

Wenn Sie feststellen, dass Ihr Makro nicht fehlerfrei arbeitet, zeichnen Sie es erneut auf. Wählen Sie hierzu *Extras/Makro/Aufzeichnen*, geben Sie den alten Makronamen auf und bestätigen Sie das Überschreiben.

Das zugeordnete Menü, das zugeordnete Symbol und der zugeordnete Tastenschlüssel bleiben auch weiterhin dem Makro zugeordnet. Wiederholen Sie die Schritte zur Erstellung der Seitennummerierung wie oben beschrieben und testen Sie dann Ihr Makro erneut.

Makros verwalten

Wenn Sie die Vorteile von Makros schätzen gelernt haben, werden Sie bald eine Vielzahl von eigenen Makros erstellt haben. Sie sollten diese Makros genauso systematisch wie Ihre Dokumente verwalten. Sie können Makros global, also in der *Normal.dot*, oder mit einer anderen Dokumentvorlage speichern. Wenn Sie ein Makro hinzugefügt, gelöscht, verändert oder umbenannt haben und Word verlassen, wird eine Meldung eingeblendet, mit der Sie gefragt werden, ob die Veränderungen der *Normal.dot* oder der aktuellen Dokumentvorlage gespeichert werden sollen.

Bestätigen Sie diese Meldung, um die neuen oder geänderten Makros zu sichern. Wenn im Register *Speichern* des Dialogfelds *Optionen* das Kontrollkästchen *Anfrage für Speicherung von Normal.dot* deaktiviert ist, wird diese Meldung unterdrückt und die Veränderung automatisch gespeichert. Wenn Sie kontrollieren wollen, wann eine Änderung Ihrer Makros gespeichert wird, sollten Sie dieses Kontrollkästchen aktivieren.

14

Makros

Zugeordnetes Symbol, Tastenschlüssel oder Menüeintrag entfernen

Wenn Sie Symbol, Tastenschlüssel oder Menüeintrag, die einem Makro zugeordnet sind, löschen, bleibt das Makro weiterhin erhalten und ist dann immer noch über seinen Namen aktivierbar. Sie können ein Symbol oder eine beschriftete Schaltfläche schnell wieder aus der Symbolleiste entfernen, indem Sie es bei gedrückter Taste Alt und gedrückter linker Maustaste in den Eingabebereich ziehen und die Maus dann loslassen. Um einen Tastenschlüssel oder einen Menüeintrag für ein Makro zu löschen, wählen Sie *Extras/Anpassen*. Um einen Eintrag aus einem Menü zu entfernen, ziehen Sie ihn jetzt mit gedrückter Taste Alt aus diesem Menü. Um einen Tastenschlüssel zurückzusetzen, aktivieren Sie die Schaltfläche *Tastatur*. Markieren Sie das Makro in der Liste *Kategorien* und das Makro in der Liste *Makros* und den zugeordneten Tastenschlüssel in der Liste *Aktuelle Tasten*. Aktivieren Sie nacheinander die Schaltflächen *Entfernen* und *Schließen*.

Löschen eines Makros

Insbesondere, wenn Sie den Umgang mit Makros noch testen, werden Sie zu Übungszwecken Makros erstellen, die Sie nachher nicht mehr benötigen. Sie sollten diese Makros entfernen, damit die Liste der Makros übersichtlich bleibt. Wählen Sie *Extras/Makro/Makros*, markieren Sie das gewünschte Makro in der Liste *Makro* und aktivieren Sie die Schaltfläche *Löschen*. Bestätigen Sie das Löschen und schließen Sie das Dialogfeld mit der Schaltfläche *Schließen*. Durch das Löschen von Makros verändern Sie die Dokumentvorlage. Wenn Sie Word verlassen, müssen Sie die Speicherung der Änderungen bestätigen, um die gelöschten Makros endgültig zu entfernen.

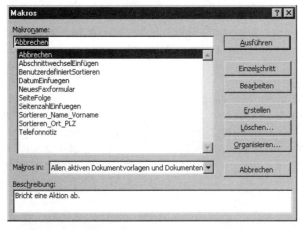

Löschen eines Makros

Formularfeldern Makros zuordnen

Sie können einem Formularfeld ein Makro zuordnen, um den Anwendern bestimmte Informationen, z. B. über zulässigen Feldinhalt und -länge, zu geben oder andere Hintergrundinformationen einzublenden, die zum Ausfüllen des Formulars wichtig sein könnten.

Einem Kontrollkästchen können Sie z. B. ein Makro zuordnen, das bestimmte Einstellungen zum Ausdruck oder zum Speichern des Formulars festlegt. Bedenken Sie bei der Zuordnung eines Makros, dass die Formulareingabe in einem geschützten Dokument erfolgt und deshalb viele Befehle für das Makro nicht ausführbar sind.

Die Makros, die Sie einem Formularfeld zuordnen wollen, müssen in der Dokumentvorlage gespeichert sein, in der auch das Musterformular gespeichert ist. Um einem Formularfeld ein Makro zuzuordnen:

1 Öffnen Sie die Dokumentvorlage, die das Musterformular enthält.

2 Klicken Sie doppelt auf das Formularfeld oder öffnen das Kontextmenü mit Rechtsklick und wählen den Befehl *Eigenschaften*.

3 Sie können ein Makro, das einem Formularfeld zugeordnet wird, beim Eintritt oder beim Verlassen des zugeordneten Felds ausführen lassen. Wenn ein Makro ausgeführt werden soll, sobald der Cursor in das Feld positioniert wird, wählen Sie im Feld *Makro ausführen bei* das Makro aus der Liste *Ereignis*. Wenn ein Makro beim Verlassen des Felds ausgeführt werden soll, wählen Sie den Makronamen aus der Liste *Beenden*. Sie können einem Feld auch für beide Situationen ein Makro zuordnen.

4 Schließen Sie das Dialogfeld mit der Schaltfläche *OK* und wiederholen Sie die Zuordnung gegebenenfalls für andere Formularfelder.

5 Speichern und schließen Sie das Formular und bestätigen Sie die Nachfrage nach dem Speichern der Veränderungen.

Wenn Sie später die Zuordnung eines Makros zu einem Formularfeld wieder aufheben wollen, wählen Sie aus den Listen der Optionsgruppe *Makros starten bei* den Listeneintrag *(keinen)* und verlassen Sie das Dialogfeld mit *OK*.

14

Makros

14.5 Makroschutzfunktionen

Sicher haben Sie bereits davon gehört, dass in den letzten Jahren Viren mithilfe von Office-Makros verbreitet wurden. Um sich hiervor zu schützen, hat Microsoft eine Makroschutzfunktion eingeführt, die es Ihnen erlaubt, Makros in Dokumentvorlagen zu deaktivieren, wenn diese keine Signatur von einer vertrauenswürdigen Quelle haben. Um diesen Schutz einzuschalten, wählen Sie *Extras/Optionen* und aktivieren die Registerkarte *Sicherheit*.

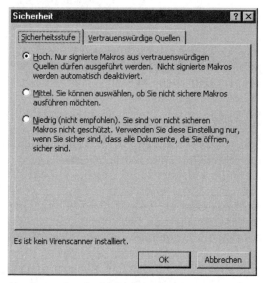

Hier legen Sie die Makrosicherheit fest

Markieren Sie im Register die Optionsschaltfläche *Hoch*, wenn Sie nur Makros ausführen wollen, die von sicheren Quellen signiert wurden. Dies ist die sicherste Einstellung bezüglich Makros in Dokumentvorlagen. Wenn Sie die Schaltfläche *Mittel* aktivieren, werden Sie beim Öffnen von Dokumentvorlagen, die Makros enthalten, gefragt und können dann von Fall zu Fall entscheiden. Aktivieren Sie die Registerkarte *Vertrauenswürdige Quellen* und schalten Sie das Kontrollkästchen *Allen installierten Add-Ins und Vorlagen vertrauen* aus, wenn Sie auch den vorinstallieren Makros und Add-Ins nicht automatisch vertrauen wollen.

15. FAQ und Pannenhilfe

Wie jedes moderne Softwareprogramm hat auch Word seine Schwachstellen. Hiermit sind nicht die unvermeidlichen Programmbugs gemeint, sondern die Tücken, die besonders beim Ein- oder Umstieg für jeden Anwender auftreten. Damit auch Sie für den Fall der Fälle gerüstet sind, finden Sie hier die Lösungen für die häufigsten Problemsituationen.

15.1 Ressource Internet als Hilfsquelle nutzen

Falls Sie ein Problem haben, bei dem es auf aktuelle Informationen ankommt, z. B. wenn Sie meinen, dass eine neuere Treiberversion Abhilfe schafft, wenn Sie einen Programmbug vermuten oder andere Unterstützung in Bezug auf Word oder Office suchen, können Sie Hilfe direkt aus dem World Wide Web abrufen. Microsoft bietet Ihnen verschiedene Hilfsmöglichkeiten in Form eines Support-Portals. Die deutschsprachige Homepage von Microsoft können Sie über den Befehl *Office im Web* im *Hilfe*-Menü oder die direkte Adresse www.microsoft.de besuchen.

Die Supportbereich auf der Microsoft-Homepage

15

FAQ und Pannenhilfe

Microsoft Hilfe-Datenbank

Die Hilfe-Datenbank ist unter dem Namen Knowledge Base bekannt, bietet aber auch einen deutschsprachigen Bereich. Nach der Wahl des Befehls *Office im Web* aus dem Word-*Hilfe*-Menü und der Herstellung der Internetverbindung landen Sie zunächst auf der Homepage von Microsoft. Wenn Sie auf der Startseite keinen direkten Link zur Knowledge Base entdecken, nutzen Sie die Suchfunktion oder den Support-Link. Sie müssen nun angeben, dass Sie zur aktuellen Version von Microsoft Word Hilfe suchen, und können ein oder mehrere Suchbegriffe formulieren. Haben Sie z. B. Probleme mit dem Ausdruck von Serienbriefen, können Sie die Suche mit den Suchbegriffen „Seriendruck" und „drucken" einschränken.

Suchmaske für die Knowledge Base

Word-Newsgroups

Außerdem betreut Microsoft verschiedene Newsgroups zu Office und Word, in denen Sie zunächst nachforschen können, ob Ihr Problem bereits von einem anderen Anwender veröffentlicht wurde und ob Antworten dazu existieren. Falls das nicht der Fall ist, können Sie Ihre Frage selbst posten. Einen Zugang zu den Newsgroups können Sie über den gleichen Weg wie im vorherigen Abschnitt beschrieben abrufen, wenn Sie im Supportbereich auf den Link zu den Newsgroups klicken. In diesem Fall muss allerdings ein Newsreader, wie z. B. Outlook Express, installiert sein.

Newsgroups

Als Newsgroups bezeichnet man die Diskussionsgruppen im Internet, die Informationen zu allen denkbaren Themen diskutieren, also zum Bereich Computer genauso wie beispielsweise zu Fanclubs oder zu bestimmten Hobbys. Eine Veröffentlichung in einer Newsgroup wird als „Artikel" bezeichnet, das Veröffentlichen wird „posten" genannt. Das Client-Programm, mit Sie die Artikel einer Newsgroup lesen, wird als Newsreader bezeichnet.

Einen webbasierten Zugang zu der Newsgroup, in der Sie Informationen zu Word lesen und veröffentlichen können, erreichen Sie über einen Suchdienst, den Sie über die Adresse http://www.web.de im WWW erreichen.

Der webbasierte Zugang zu den Newsgroups

Sie finden dann ein Listenfeld mit dem Eintrag *Hierarchie wählen*, in dem Sie zum Eintrag *microsoft* wechseln. Nun haben Sie über Hyperlinks Zugriff auf die Newsgroups von Microsoft, z. B. die Newsgroup *microsoft.public.de.word*, in der Word-Anwenderprobleme diskutiert und Fragen beantwortet werden. Bevor Sie allerdings selbst einen Beitrag veröffentlichen können, müssen Sie sich von *Web.de* ein Zugangskennwort zumailen lassen.

Einfacher, bequemer, browserbasierter Zugang zu Word-Newsgroups

15

FAQ und Pannenhilfe

Sie können die Newsgroups auch nach einem bestimmten Stichwort durchsuchen. Nachdem Sie den Link *Newsgroups* auf der Startseite gewählt haben, wird der Suchfilter automatisch auf die Newsgroups gelegt.

Es lohnt sich auf jeden Fall, die Newsgroup von Word regelmäßig zu besuchen und die Artikel zu lesen. Erfahrene Anwender und Microsoft-Experten beantworten die Fragen der Word-Anwender. Vielleicht veröffentlichen Sie nach einiger Zeit keine Fragen mehr, sondern können auch den einen oder anderen Tipp anbieten.

Die FAQ

Auf dem Support-Portal von Microsoft finden Sie einen Hyperlink zur FAQ, die Abkürzung für **F**requently **A**sked **Q**uestions, also einer Liste mit Fragen und Antworten, die von Anwendern besonders häufig gestellt wurden.

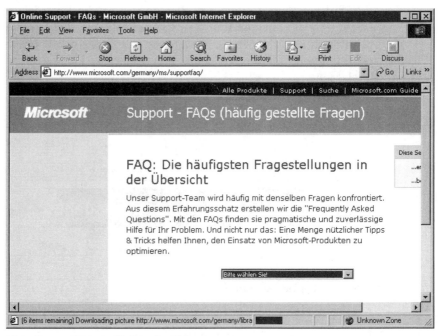

Viele Fragen klärt ein Blick in die FAQ

Es bringt sowohl Ihnen schneller Hilfe, gehört jedoch auch zur Netiquette, dass Sie immer zuerst einen Blick in die FAQ werfen, bevor Sie eine direkte Frage an Microsoft oder eine der Newsgroups richten, damit die Hilfeangebote nicht von immer den gleichen Fragen blockiert werden.

Hinweis

Newsletter

Microsoft bietet Ihnen als Office-Anwender auch einen Newsletter, mit dem Sie über neue Angebote, Downloads, Bugfixes usw. auf dem Microsoft Support Portal informiert werden. Den Newsletter können Sie ebenfalls auf dem Microsoft Support Portal abonnieren und erhalten ihn dann automatisch in Form von E-Mails regelmäßig zugestellt.

Beispielsuche zu einem akuten Fehler

Leider ist es heutzutage eher die Regel als die Ausnahme, dass Programme wie Microsoft Word fehlerhaft arbeiten. Programm-Fehler – Bugs – sollten eigentlich in der Zeit des Betatests herausgefunden und beseitigt werden, das gelingt jedoch nicht immer. Als Anwender können Sie dann leicht in eine unangenehme Situation geraten. Wenn ein Befehl oder eine Aktion plötzlich zu einem unerwarteten Ergebnis führt, fragen Sie sich, ob es sich hierbei um einen Programmfehler handelt oder Sie etwas verkehrt gemacht haben. Liegt der Fehler vielleicht in einer fehlenden Funktion, die nachinstalliert werden sollte, oder ist gar eine der Programmdateien beschädigt?

Wenn Sie beispielsweise mit Spaltensatz arbeiten und die Ausrichtung der Seite vom Hoch- zum Querformat ändern, kann es vorkommen, dass eine Fehlermeldung erscheint, die Sie darauf hinweist, dass entweder die Seitenränder, die Spaltenabstände oder die Absatzeinzüge zu groß sind.

Da Sie weder Seitenränder noch Spaltenabstände oder Absatzeinzüge geändert haben, fragen Sie sich nun, was die Ursache des Fehlers sein könnte. Da die Angebote im World Wide Web ständig bearbeitet und aktualisiert werden, kann sich der eine oder andere der folgenden Befehle unterscheiden, der Zugang zum Hilfsangebot wird aber ähnlich verlaufen.

Hilfe im Internet – Besuchen Sie die Microsoft-Homepage

Nachdem Sie als ersten Schritt Handbuch und die Word-Hilfe konsultiert und dort nicht die gewünschten Informationen erhalten haben, sollten Sie die aktuellsten Informationen aus dem Internet abrufen. Durch die Rückmeldungen der Word-Anwender werden bestimmte Probleme erst sichtbar, nachdem eine Programmversion wie Word 2002 bereits auf dem Markt ist. Es könnte z. B. sein, dass bereits ein so genannter Bugfix, also eine Erweiterung, existiert, mit dem ein Programmfehler behoben wird. Oder Sie erfahren, wie Sie das Problem sonst beseitigen können.

15

FAQ und Pannenhilfe

1   Um den Kontakt zur Microsoft-Homepage herzustellen, wählen Sie aus dem *Hilfe*-Menü den Befehl *Office im Web* oder Sie starten den Browser und geben die Internetadresse www.microsoft.de direkt in die Adresszeile ein.

2   Je nach Einstellung Ihres Browsers werden Sie jetzt oder später danach gefragt, ob der Server Cookies auf Ihrem PC ablegen darf. Sie müssen dies nicht gestatten, die Suche funktioniert auch ohne dass Sie die Cookies akzeptieren. Das Gleiche gilt, wenn Sie bei Ihrer Suche nach dem Microsoft-Passport gefragt werden, das lediglich für einige Downloads benötigt wird.

3   Auf der Startseite finden Sie oben eine Menüleiste mit Hyperlinks zu den verschiedenen Hilfsangeboten. Um in das Support-Portal zu gelangen, aktivieren Sie den Link *Support*.

4   Klicken Sie nun auf den Link zur Knowledge Base und öffnen Sie das erste Listenfeld *Zu welchem Produkt suchen Sie Hilfe* und markieren Sie den Eintrag für Word 2002.

5   Geben Sie einen oder mehrere Suchbegriffe ein, der Ihr Problem charakterisiert – z. B. und aktivieren Sie die Schaltfläche *Suchen*. Falls Sie mehrere Suchbegriffe benutzen, verbinden Sie diese mit booleschen Suchoperatoren. Sie können z. B. die Suchbegriffe so verbinden, dass alle in der Antwort vorkommen müssen oder nur einer der Suchbegriffe.

6   Die Themenvorschläge des Suchergebnisses sind als Hyperlinks formatiert. Klicken Sie auf ein Thema, werden die zugehörige Problemschilderung und der Lösungsvorschlag angezeigt.

7   Falls das Thema eine Lösung für Ihr Problem anbietet, sollten Sie die entsprechende Seite über die Schaltfläche *Drucken* ausdrucken, um sie schwarz auf weiß zu besitzen.

Lösung über Artikel der Word-Newsgroups finden

Falls Ihr Problem durch das Angebot der Knowledge Base nicht gelöst werden konnte, sollten Sie die Word-Newsgroup besuchen. Dort können Sie eine Vielzahl von Artikeln nach einem bestimmten Stichwort durchsuchen. Wenn Sie bei den bereits veröffentlichten Artikeln keine Antwort finden, posten Sie Ihre Frage in einem neuen Artikel. Falls Sie Outlook Express als Newsreader konfiguriert haben oder einen anderen Newsclient einsetzen, können Sie die Newsgroups über den Link auf der Microsoft-Homepage kontaktieren.

1   Um die Newsgroup mit einem Browser anzuzeigen, können Sie geben Sie in das Adressfeld des Browsers die Adresse von Web.de ein:

www.web.de

2 Klicken Sie auf der Startseite auf den Link zu den *NewsGroups*.

3 Wählen Sie dann im Listenfeld *Hierarchie wählen* den Eintrag *microsoft*. Nun werden alle Newsgroups von Microsoft bzw. zu Microsoft-Anwendungen angezeigt.

4 Klicken Sie auf den Link, der die Anzahl der aktuellen Veröffentlichungen in der öffentlichen Microsoft-Newsgroup *microsoft.public* anzeigt. Mit dem Link zur Anzahl der in *microsoft.public.de* veröffentlichten Artikel gelangen Sie zu den deutschsprachigen Gruppen.

5 In dieser Hierarchiestufe finden Sie den Link für die deutschsprachige Word-Newsgroup *ms.pub.de.word*.

6 Um selbst eine Frage zu veröffentlichen, klicken Sie auf den Link *Schreiben* der betreffenden Newsgroup. Formulieren Sie den Betreff so, dass jeder sofort sieht, um welche Problem es geht, also für das Beispiel z. B. „Spaltensatz und Querformat".

Hinweis

Artikel posten in Newsgroups über web.de

Sie müssen sich allerdings zunächst eine Benutzerkennung zuweisen lassen, über die Sie vom Betreiber des Suchdienstes identifiziert werden können, bevor Sie einen Artikel veröffentlichen können.

15.2 Installationsprobleme

Die Installation von Word 2002 ist noch einfacher geworden als die der Vorgänger-Versionen. Um nicht unnötig Speicherplatz zu verschwenden, wird Word nur mit den Standardfeatures installiert. Sobald Sie jedoch eine nicht installierte Programmfunktion aufrufen, müssen Sie deren automatische Installation nur noch bestätigen.

Damit die Installation problemlos und ohne Fehlermeldung durchgeführt werden kann, sollten Sie alle Office-Tools, also Word, Excel usw., beenden. Klicken Sie auf das *System*-Menü der Leiste und wählen Sie *Beenden*. Falls Sie die Installation bereits begonnen haben und darauf aufmerksam gemacht werden, dass ein Office-Tool aktiviert ist und Sie dieses beenden sollen, können Sie aus der Installation heraus den Befehl zum Beenden aktivieren und dann mit der Installation fortfahren.

Falls Sie nicht sicher sind, ob die Standardinstallation die benötigten Komponenten installiert, können Sie eine benutzerdefinierte Installation durchführen.

15

FAQ und Pannenhilfe

Freien Speicherplatz prüfen

Ein wichtiger Vorbereitungsschritt, der für eine problemlose Installation Voraussetzung ist, besteht in der Prüfung, ob genug Speicherplatz für die Installation von Word oder Office zur Verfügung steht. Den freien Speicherplatz Ihrer Festplatte können Sie über den Windows-Explorer oder den Arbeitsplatz ermitteln, wenn Sie mit rechts auf das Laufwerksymbol Ihrer Festplatte klicken und den Befehl *Eigenschaften* aus dem Kontextmenü wählen.

Nachträglich installieren

Die automatische Installationsroutine installiert fehlende Programmfunktion automatisch, sobald Sie diese das erste Mal aufrufen. Falls Sie gezielt einzelne Features installieren wollen, können Sie dies über die Wartungsinstallation erledigen. Falls die Office-CD nach dem Einlegen nicht automatisch startet, können Sie den Befehl *Start/Ausführen* und die Schaltfläche *Durchsuchen* benutzen, um die Startroutine ausführen zu lassen, oder Sie erledigen das über die Systemsteuerung und das Symbol *Software* nachinstallieren. Verwenden Sie die Schaltfläche *Hinzufügen/ entfernen,* um zusätzliche Funktionen nachzuinstallieren. Im Office-Setup verwenden Sie die Auswahl zur Nachinstallation, um zusätzliche Features zu installieren und die Auswahl zur Wiederherstellung, um beschädigte Dateien zu reparieren.

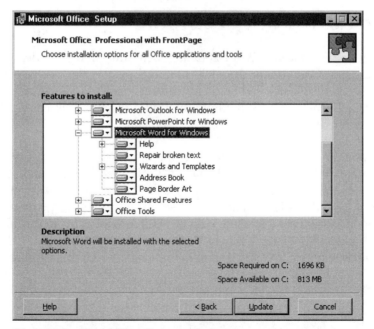

Die Symbole zeigen die verfügbaren Features

Die Symbole vor den einzelnen Features zeigen Ihnen, wie diese Funktion installiert wird, ob das Tool z. B. vom lokalen Rechner, vom Netzwerk oder von der CD gestartet wird, ob es automatisch bei der ersten Verwendung installiert wird oder nicht verfügbar ist, weil es nicht installiert wurde. Falls Sie die Symbole nicht eindeutig nachvollziehen können, schlagen Sie deren Bedeutung über die Schaltfläche *Hilfe* nach.

Automatisches Reparieren

Office XP-Anwendungen sind mit einer automatischen Reparaturfunktion ausgerüstet, die nach einem Absturz versucht, beschädigte Programmdateien automatisch neu zu installieren. Sie können die Funktion mit dem Befehl *Erkennen und Reparieren* aus dem Word-*Hilfe*-Menü auch manuell starten, wenn Sie Fehlermeldungen erhalten, die auf eine Beschädigung schließen lassen. Alle Office XP-Anwendungen sind mit einer automatischen Reparatur-Funktion ausgestattet, die Sie über *Programme/Office Application Recovery* aktivieren können. Falls Dateien versehentlich gelöscht oder beschädigt werden, die Word für die Arbeit benötigt, werden sie beim Start automatisch festgestellt und repariert. Falls nicht alle Fehler automatisch erkannt und beseitigt werden, können Sie den Befehl *Erkennen und Reparieren* aus dem Word-*Hilfe*-Menü verwenden.

15.3 Bekannte Word-Bugs und Hilfe dazu

Auch wenn die Entwickler von Word großen Wert auf die Rückmeldung durch den Anwender legen, wird ein so mächtiges Programm wie Word immer einige Tücken, insbesondere für den Einsteiger, beinhalten. Einige dieser Fallstricke tauchen nur in ganz bestimmten Situationen und bei der Kombination von ungewöhnlichen Befehlen auf, andere begegnen fast jedem Anwender irgendwann einmal. Ich möchte deshalb an dieser Stelle einige Tipps geben, wie Sie diese alltäglichen Probleme lösen können.

Alltagsprobleme

Wichtig für die Erstellung und Bearbeitung von Word-Dokumenten ist, dass Word ein absatzorientiertes Programm ist. Formatierungen, wie Zeilenausrichtung, Einzüge, aber auch Rahmenlinien oder Tabulatorpositionen, werden in der Absatzmarke gespeichert, die den aktuellen Absatz abschließt. Diese Absatzmarke fügen Sie automatisch ein, wenn Sie einen Absatz mit [Enter] beenden. Falls Ihnen bei der Textbearbeitung Formatierungen verloren gehen, z. B., wenn eine ordentlich gestaltete Tabelle plötzlich wieder sehr ungeordnet angezeigt wird, haben Sie die Absatz-

15

FAQ und Pannenhilfe

marke gelöscht, in der die Tabulatoren gespeichert waren. Die beste Fehlerbehebung führt hier über die Schaltfläche *Rückgängig*. Aktivieren Sie die Schaltfläche oder wählen Sie den entsprechenden Eintrag aus der Protokolldatei, bis die Tabellenspalten wieder ausgerichtet sind.

Zeichenformatierung wird nicht übernommen

Ein Problem, das ebenfalls häufig auftritt, aber sehr leicht gelöst werden kann, ist, dass die Wahl eines Zeichenformats nicht zum gewünschten Ergebnis führt. Die Ursache ist eine fehlende Markierung. Feste Zeichenformate werden nur auf Zeichenketten übertragen, wenn Sie diese markieren, bevor Sie den Befehl aktivieren. Dies gilt auch für Schriftformate, die Sie über eine Absatzformatvorlage einem Absatz zuweisen wollen. Um die in der Absatzformatvorlage gespeicherten Absatzformate zuzuweisen, reicht der Klick in den Absatz vor der Wahl der Vorlage. Um die Zeichenformate zu übertragen, muss der Absatz jedoch markiert werden.

Rahmen oder Linie unter letztem Absatz kann nicht ausgeschaltet werden

Ein Problem, das in der Praxis sehr häufig im Zusammenhang mit Rahmen oder Linien auftaucht, ist folgendes. Sie wollen z. B. den Briefkopf mit einer Linie unterhalb vom restlichen Text trennen. Nach der Zuweisung der Linie gelingt es Ihnen jedoch nicht mehr, unterhalb der Linie weiterzuarbeiten. Dies passiert immer dann, wenn Sie die Linie dem letzten Absatz des Dokuments zugewiesen haben. Um das Problem zu lösen, sollten Sie am Dokumentende einmal [Enter] drücken und im neuen Absatz über die Schaltfläche *Kein Rahmen* aus der *Rahmenlinien*-Palette die Linie ausschalten.

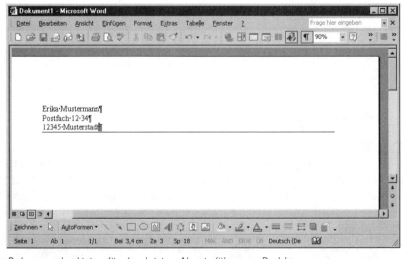

Rahmen oder Linien für den letzten Absatz führen zu Problemen

Automatisches Ersetzen von Eingaben unerwünscht

Word 2002 unterstützt Sie bei der Erstellung und Bearbeitung von Dokumentinhalt durch verschiedene automatische Funktionen. Nicht immer sind diese selbständigen Aktionen auch erwünscht. Werden nach der Eingabe Zeichenketten automatisch durch andere Zeichenketten oder Objekte, wie z. B. Grafiken, ersetzt, ist die AutoKorrektur dafür verantwortlich. Um das automatische Ersetzen der betreffenden Zeichenkette abzustellen, wählen Sie *Extras/AutoKorrektur-Optionen* und geben die Zeichenkette, die automatisch ersetzt wird, im Register *AutoKorrektur* in das Feld *Ersetzen* ein. Word zeigt nun im Feld *Durch* den Ersetzbegriff rechts daneben an. Aktivieren Sie *Löschen*, um den Eintrag aus der Liste zu entfernen.

Unangenehm ist auch das automatische Formatieren. Hierbei werden z. B. Zahlen oder Bindestriche, die Sie am Absatzanfang eingeben, entfernt und durch automatische Aufzählungszeichen oder Nummerierung ersetzt. Der Absatz und alle folgenden werden automatisch als Aufzählungspunkt oder Nummerierungspunkt gestaltet. Um diese Art der Formatierung auszuschalten, müssen Sie im Dialogfeld *AutoKorrektur* im Register *AutoFormat während der Eingabe* die Kontrollkästchen *Automatische Aufzählung* und *Automatische Nummerierung* ausschalten.

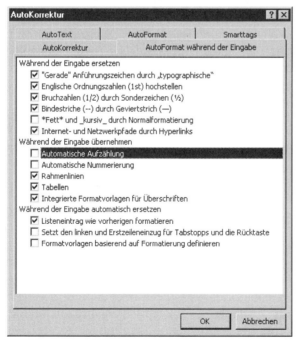

So unterdrücken Sie die automatische Listenerstellung

Probleme beim Einsatz von Dokumentvorlagen

In Word sind Speicherpfade für bestimmte Dokumentarten voreingestellt. Word sucht z. B. Dokumentvorlagen immer in einem bestimmten Ordner. Diese Tatsache ist für einige Probleme verantwortlich, die im Zusammenhang mit Dokumentvorlagen auftauchen können.

Dokumentvorlage zur Bearbeitung öffnen

Dokumentvorlagen, die Sie an einem anderen Speicherort ablegen, werden im Dialogfeld *Neu* nicht angezeigt. Wenn Sie eine Datei als Dokumentvorlage speichern wollen und deshalb den *Dateityp* auf *Dokumentvorlage* umstellen, wird automatisch der Standardspeicherordner für Dokumentvorlagen geöffnet. Sie können entweder den Hauptordner *Vorlagen* oder einen seiner Unterordner als Speicherziel auswählen oder einen neuen Ordner erstellen. Leider ist das Öffnen der Dokumentvorlage nicht so komfortabel. Wenn Sie eine Dokumentvorlage bearbeiten wollen, wird nicht automatisch der Speicherordner geöffnet. Sie müssen den Speicherort der Vorlagen kennen. Dieser ist abhängig von der Windows-Version, mit der Sie arbeiten. Sie können jedoch mit der Office-Suche nach dem Ordner *Templates* suchen, in dem die Vorlagen gespeichert werden.

Dokumentvorlage als Dokument speichern

Es ist nicht ohne weiteres möglich, eine Dokumentvorlage als Dokument abzuspeichern. Wenn Sie den Befehl *Datei/Speichern unter* für eine Dokumentvorlage wählen, bleibt die Liste *Dateityp* abgeblendet und dort der Dateityp *Dokumentvorlage* voreingestellt. Eine Möglichkeit, die Dokumentvorlage als Dokument abzuspeichern, besteht natürlich in der Erstellung eines neuen Dokuments auf Basis der Vorlagen, über den Befehl *Datei/Neu* und Auswahl der Vorlage im Aufgabenbereich oder über die Register des Dialogfelds *Neu*. Um den Inhalt der Dokumentvorlage in ein Dokument zu übertragen, können Sie auch den Befehl *Bearbeiten/Alles Markieren* wählen, ein neues, leeres Dokument erstellen und die kopierten Daten mit dem Befehl *Bearbeiten/Einfügen* dort einfügen.

Felder

Auch wenn Sie nicht bewusst und über den Befehl *Einfügen/Feld* auf Felder zugegriffen haben, werden Sie Felder trotzdem bereits eingesetzt haben. Dies ist z. B. der Fall, wenn Sie den Befehl *Einfügen/Datum und Uhrzeit* aktiviert haben oder wenn Sie über *Einfügen/Seitenzahlen* eine Seitenpaginierung festlegen. In einigen Fällen wird auch bei diesen Standardfeldern nicht das gewünschte Ergebnis angezeigt, sondern ein merkwürdiger Code. Auch wenn Sie bereits fortgeschrittener Anwender sind und die Felder manuell einfügen und zusammenstellen, kann es zu Problemen kommen.

Feldinhalt statt Ergebnis wird angezeigt

Ein Problem, das beim Einfügen von Feldern auftreten kann, hängt mit der aktivierten Ansicht zusammen. Felder können auf zweierlei Art und Weise angezeigt werden. Entweder Sie sehen das Ergebnis eines Felds, also z. B. die Seitenzahl oder das Tagesdatum, oder Sie sehen die Feldfunktion selbst. Diese besteht aus einem Code, der von geschweiften Klammern eingeschlossen wird. Sie können zwischen beiden Ansichten sehr schnell mit der Tastenkombination Alt+F9 oder dem Rechtsklick und dem Kontextmenübefehl *Feldfunktionen ein/aus* umschalten.

Felder statt Ergebnis werden gedruckt

Ein weiteres Problem, das im Zusammenhang mit Feldfunktionen auftauchen kann, betrifft den Ausdruck. Auch hier haben Sie zwei Möglichkeiten. Sie können das Feldergebnis oder die Feldfunktion selbst drucken. Wenn Sie z. B. mit viel Mühe eine geschachtelte *Wenn*-Bedingung in Ihren Serienbrief eingefügt haben, um drei verschiedene Anreden ausgeben zu lassen, wollen Sie diese Bedingung vielleicht als Muster für weitere Briefe ausdrucken. Das können Sie über den Befehl *Extras/Optionen* im Register *Drucken* über das Kontrollkästchen *Feldfunktionen* erledigen. Das Kontrollkästchen wird allerdings nach dem Ausdruck nicht automatisch deaktiviert. Wundern Sie sich also nicht, wenn der Seriendruck nicht mehr funktioniert oder kein vernünftiges Datum mehr gedruckt wird. Schalten Sie das Kontrollkästchen wieder aus, wenn Sie den normalen Druck der Feldergebnisse wünschen.

Eingabe in Feldklammern nicht möglich

Ein großes Problem mit kleiner Ursache kann in Zusammenhang mit Feldern auftreten, wenn Sie Felder manuell eingeben. Es kann dann vorkommen, dass nach dem Einfügen der Feldklammern über die Tastenkombination Strg+F9 keine Eingabe des Feldinhalts möglich ist. Die Ursache hierfür ist die aktivierte Überschreibfunktion. Die Feldklammern sind besonders geschützt und können nicht überschrieben werden. Sie müssen zuerst mit einem Doppelklick auf die Statusanzeige *ÜB* vom Überschreibmodus in den Einfügemodus wechseln, bevor Sie den Feldinhalt eingeben können.

Fehlerquellen in Tabellen und Tabulatoren

Tabellen können Sie in Word entweder mit mithilfe von Tabulatoren oder über die Tabellenfunktion erstellen. In einigen Fällen müssen auch beide Funktionen kombiniert werden. Falls der Umgang mit Tabulatoren oder Tabellen noch ungewohnt ist, kann es zu Problemen kommen, insbesondere, wenn eine Tabelle nachträglich verändert oder ergänzt werden soll.

15

FAQ und Pannenhilfe

Umfangreiche Tabellen bearbeiten

Insbesondere umfangreiche Tabellen können Probleme bei der Anzeige, bei der Gestaltung und beim Ausdruck verursachen. Lesen Sie hier, wie Sie diese Probleme vermeiden.

Spaltentitel auf jeder Seite ausgeben

Falls Sie eine Tabelle erstellt haben, die so umfangreich geworden ist, dass Sie nicht mehr auf eine Seite gedruckt werden kann, haben Sie oder hat der spätere Leser der Tabelle vielleicht ein Problem damit, die Daten auf den Folgeseiten zu interpretieren, weil dort die Spaltentitel fehlen. Word löst dieses Problem für Sie jedoch auf einfache Weise. Falls die Titel in mehr als einer Zeile untergebracht sind, markieren Sie die betreffenden Zeilen. Wählen Sie dann *Tabelle/Überschriftenzeilen wiederholen*.

Markieren von umfangreichen Tabellen

Word unterscheidet den Dokumentinhalt nach Tabellen und Absätzen. Sie müssen deshalb bei der Markierung von Tabellen darauf achten, dass Sie nur die Tabelle und keine zusätzlichen Absätze markieren. Das Markieren umfangreicher Tabellen kann problematisch sein, weil hier der Bildschirminhalt gescrollt werden muss. Um sicherzugehen, dass nur die Tabelle oder ein bestimmtes Tabellenelement markiert wird, verwenden Sie den Befehl *Tabelle/Markieren* und die Befehle des überlappenden Menüs.

Keine Größenänderung nach dem Verbinden von Zellen

In Word 2002 können mehrere Zellen in einer Zeile oder einer Spalte zu einer neuen Zelle verbunden werden. Falls Sie planen, eine Tabelle mit verbundenen Zellen zu erstellen, sollten Sie zuerst die endgültige Größe der einzelnen Spalten und Zeilen festlegen und dann erst die Zellen verbinden. Die Größenänderung von verbundenen Zellen führt selten zum gewünschten Ergebnis. Falls Sie dennoch nach dem Verbinden von Zellen Zeilenhöhe oder Spaltenbreite anpassen müssen, sollten Sie die entsprechenden Werte berechnen und manuell in das Dialogfeld *Tabelleneigenschaften* eingeben.

Tabellenbefehle sind abgeblendet

Die Anpassung von Pulldown-Menüs und Befehlleisten an Ihre persönlichen Bedürfnisse in Word 2002 kennen Sie nun bereits. Eine ähnlich flexible Befehlsanpassung in kleinerem Rahmen gibt es in Word schon lange, sie führt jedoch manchmal zu Verwirrung. Einige Befehle sind nur wählbar, wenn die dazu passenden Objekte markiert sind. Zu diesen Befehlen gehören die Befehle *Bearbeiten/Ausschneiden*, *Kopieren* und *Einfügen*, die nur bei einer Markierung wählbar sind. Zu diesen Befehlen gehören auch viele Befehle des *Tabelle*-Menüs. Falls hier Befehle abgeblendet angezeigt werden, befindet sich der Cursor nicht in einer Tabelle. Klicken Sie in die Tabelle, die Sie bearbeiten wollen, und öffnen Sie das Menü erneut.

Tabulatoren in Tabellen

Die Verwendung von Tabulatoren ist in Word 2002 eigentlich sehr einfach. Auch der Einsatz der Tabellenfunktion ist eigentlich unproblematisch. Probleme können bei der – vielleicht sogar unbeabsichtigten – Kombination von beiden Funktionen auftauchen. Der Zellinhalt lässt sich dann nicht an einem bestimmten Tabulator ausrichten oder verschwindet ganz, sobald ein Tabulator gesetzt wird. Die Fehler können auch auftauchen, wenn in der Tabelle kein Tabulator verwendet wird. Sie sollten folgende Ursachen prüfen:

- Haben Sie vor dem Einfügen der Tabelle Tabulatoren verwendet? Wenn dies der Fall ist, sollten Sie die Tabelle, in der das Problem auftaucht, über den Befehl *Tabelle/Markieren/Tabelle* markieren und dann den Befehl *Format/Tabstopp* wählen. Aktivieren Sie die Schaltfläche *Alle löschen*, auch wenn keine Tabstopps angezeigt werden, und schließen Sie das Dialogfeld.

- Beachten Sie, dass in Tabellen nur Dezimaltabulatoren, ohne Drücken der Taste Tab vor dem Zellinhalt, den Zellinhalt ausrichten. Bei anderen Tabulatoren müssen Sie vor dem Zellinhalt, der ausgerichtet werden soll, die Tastenkombination Strg+Tab drücken. Das Drücken der Taste Tab reicht in Tabellen nicht aus, um Tabulatoren einzufügen, weil diese Taste eingesetzt wird, um zur nächsten Zelle zu springen!

- Kontrollieren Sie, ob Sie der Zelle, deren Zellinhalt nicht korrekt ausgerichtet wird oder verschwindet, eine Absatzausrichtung wie *Rechtsbündig*, *Zentriert* oder *Blocksatz* zugewiesen haben. Falls dies der Fall ist, setzen Sie die Ausrichtung zurück auf *Linksbündig*.

Probleme beim Einsatz von grafischen Elementen

Das Einfügen und Bearbeiten von grafischen Elementen in einer der Office XP-Anwendungen ist eigentlich kinderleicht. Trotzdem kann es sein, dass das Ergebnis nicht oder nicht in der gewünschten Weise angezeigt oder ausgedruckt wird. Lesen Sie in diesem Abschnitt, wie Sie unerwünschte Ergebnisse bei der Grafikbearbeitung vermeiden.

15

FAQ und Pannenhilfe

Störender Zeichnungsbereich beim Einfügen von AutoFormen und Textfeldern

In Word 2002 wird beim Einfügen einer Autoform oder eines Textfelds automatisch immer ein Zeichnungsbereich eingefügt. Eigentlich soll der automatisch eingefügte Zeichnungsbereich die Verwaltung mehrerer Zeichnungsobjekte erleichtern, er stört bei der Erstellung einzelner Objekte jedoch häufig. Sie können das automatische Einfügen des Zeichnungsbereichs deaktivieren. Wählen Sie *Extras/Optionen* und schalten Sie im Register *Allgemein* das Kontrollkästchen *Automatisch beim Einfügen von Autoformen einen neuen Zeichnungsbereich erzeugen* aus.

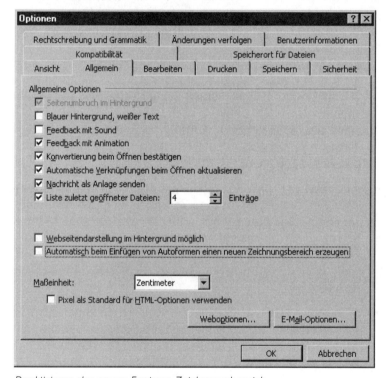

Deaktivieren des neuen Features Zeichnungsbereich

Grafik wird nicht angezeigt oder nicht gedruckt

Falls alle eingefügten Grafiken eines Dokuments in den normalen Bearbeitungsansichten, also in der Normalansicht oder der Seitenlayoutansicht, nicht angezeigt werden, sollten Sie die Einstellung für die Ansichten überprüfen. Dazu wechseln Sie über *Extras/Optionen* in das Register *Ansicht*. Schalten Sie das Kontrollkästchen *Platzhalter für Grafiken* aus und bestätigen Sie das Dialogfeld mit *OK*.

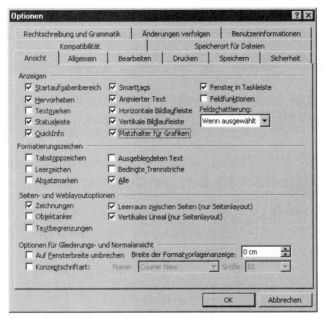

Das Kontrollkästchen Platzhalter für Grafiken unterdrückt die Anzeige der Grafiken

Falls die Grafiken in der Seitenansicht fehlen und nicht gedruckt werden, müssen Sie ebenfalls das Dialogfeld *Optionen* öffnen und diesmal das Register *Drucken* überprüfen. Schalten Sie ggf. die Kontrollkästchen *Konzeptausdruck* und *Feldfunktionen* aus. Falls ein Dokument eine verknüpfte Grafik enthält und statt der Grafik nur das unten abgebildete Symbol angezeigt wird, kann Word nicht auf das Verknüpfungsziel zugreifen.

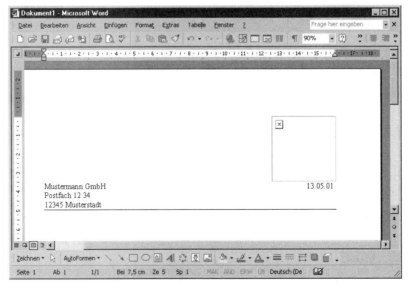

Fehleranzeige bei verknüpften Grafiken

15

FAQ und Pannenhilfe

Prüfen Sie den Speicherpfad zur verknüpften Grafik über den Befehl *Bearbeiten/Verknüpfungen*. Falls die Zieldatei gelöscht wurde, können Sie über die Schaltfläche *Verknüpfung aufheben* die Verknüpfung zur gelöschten Datei entfernen oder über *Quelle ändern* eine andere Grafikdatei einbinden. Falls die Datei auf einem Disketten- oder Netzwerklaufwerk abgelegt ist, stellen Sie den Zugriff zu diesem Laufwerk sicher, legen Sie also die Diskette ein oder stellen Sie die Verbindung zum Netzwerklaufwerk her.

Fehlerquellen in Seriendokumenten vermeiden

Die Fehler, die bei der Bearbeitung von Seriendokumenten auftreten, beruhen meist darauf, dass kein Zugriff auf die verknüpfte Datenquelle möglich ist, dass bereits verwendete Feldnamen gelöscht oder umbenannt wurden oder dass der Vergleichswert in Bedingungen nicht mit dem tatsächlichen Feldinhalt übereinstimmt.

Fehlerursache: verknüpfte Datenquelle

Wenn Sie einen Serienbrief oder ein anderes Seriendruck-Hauptdokument erstellen, speichert Word den Namen und den Pfad der angegebenen Datenquelle im Hauptdokument. Falls beim nächsten Öffnen des Seriendruck-Hauptdokuments eine Fehlermeldung angezeigt wird, kann Word vermutlich nicht auf die verknüpfte Datenquelle zugreifen. Normalerweise korrigiert Word den Speicherpfad automatisch, wenn Sie eine Datenquelle umbenennen oder verschieben. Die Fehlermeldung hat deshalb zumeist eine der folgenden Ursachen:

- Die Datenquelle wurde auf einer Diskette gespeichert, die nicht im Laufwerk liegt.

- Die Datenquelle liegt auf einem Netzwerklaufwerk, auf das Sie im Moment keinen Zugriff haben.

- Die Datenquelle wurde aus Versehen gelöscht.

Sie können den Befehl *Extras/Briefe und Sendungen/Seriendruck-Assistent* verwenden, um den Speicherpfad zu überprüfen. Er wird unter der Beschriftung *Zur Zeit werden Ihre Empfänger gewählt aus* angezeigt. Falls die Datenquelle tatsächlich gelöscht wurde, können Sie über den Link *Andere Liste wählen* eine andere Datenquelle zuordnen oder eine neue Datenquelle erstellen.

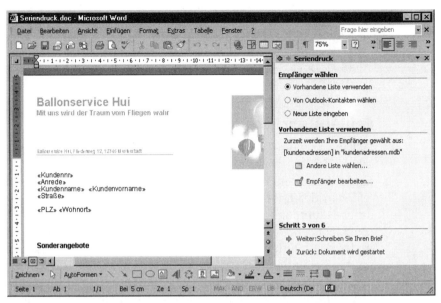

Im Aufgabenbereich wird die verknüpfte Datenquelle angezeigt

Fehlerursache: ungültige Seriendruck-Feldnamen

Wenn Sie einen Seriendruck durchführen wollen, müssen Sie entweder eine neue Datenquelle erstellen oder auf eine bereits gespeicherte Datenquelle zugreifen. Falls Sie im Dialogfeld *Adressliste anpassen* einen Feldnamen verwenden, der gegen die Namenskonventionen verstößt, akzeptiert Word diesen Namen nicht, sondern blendet eine Fehlermeldung ein.

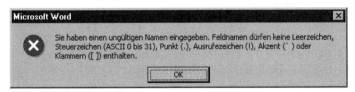

Die Fehlermeldung erscheint bei der Eingabe ungültiger Feldnamen

Prüfen Sie, ob der Feldname Sonderzeichen, wie z. B. den Punkt, enthält oder mit einer Ziffer statt mit einem Buchstaben beginnt, und entfernen Sie diese ungültigen Zeichen. Wenn der Feldname keine ungültigen Zeichen enthält, aber trotzdem von Word nicht akzeptiert wird, ist er bereits in der Liste *Feldnamen* enthalten. Da Sie jeden Feldnamen nur einmal verwenden können, müssen Sie sich einen anderen Namen für das neue Feld überlegen.

15

FAQ und Pannenhilfe

> **Hinweis**
>
> **Leerzeichen in Seriendruckfeldnamen**
>
> Obwohl Word Sie in der Fehlermeldung darauf hinweist, dass Leerzeichen in Feldnamen nicht erlaubt sind, werden diese in Word 2002 akzeptiert und sind in den vorgegebenen Feldnamen auch enthalten.

Fehlerursache: ungültige Seriendruckfelder

Es kann vorkommen, dass im Ausdruck von Serienbriefexemplaren Feldinhalte fehlen, wenn Sie nach der Bearbeitung einer Datenquelle einen neuen Ausdruck durchführen. Der Fehler tritt auf, wenn Sie Seriendruckfelder in der Datenquelle löschen oder umbenennen, die Sie im Seriendruck-Hauptdokument bereits verwenden. Haben Sie z. B. das Seriendruckfeld *Anrede* in den Serienbrief eingefügt und löschen Sie dieses Feld in der verknüpften Datenquelle, kann der Seriendruck-Assistent den passenden Feldinhalt nicht ausgeben. Aktivieren Sie in diesem Fall den Link *Empfängerliste bearbeiten* im Aufgabenbereich und die Schaltfläche *Bearbeiten* und im Dialogfeld *Seriendruckempfänger*. Über die Schaltfläche *Anpassen* können Sie dann fehlerverursachende Felder umbenennen oder hinzufügen.

Probleme beim Einsatz von Bedingungsfeldern

Falls Sie einen Serienbrief schreiben, werden Sie Bedingungsfelder verwenden, um an bestimmten Stellen unterschiedliche Einfügetexte festzulegen. Am häufigsten werden Bedingungsfelder eingesetzt, um unterschiedliche Anreden, wie etwa „Sehr geehrte Frau xy" und „Sehr geehrter Herr xy", auszugeben. Prinzipiell ist die Benutzung der Bedingungsfelder einfach und unproblematisch. Falls dennoch nicht das gewünschte Ergebnis ausgegeben wird, hängt das in der Regel damit zusammen, dass der Vergleichswert nicht hundertprozentig mit dem Feldinhalt übereinstimmt. Haben Sie z. B. folgendes Bedingungsfeld erstellt:

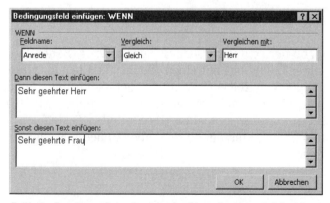

Falls die Empfängerliste die Anrede „Herrn" verwendet, funktioniert diese Bedingung nicht

und wird trotzdem in jedem Brief die Anrede „Sehr geehrte Frau" ausgegeben, dann sollten Sie prüfen, ob bei den männlichen Ansprechpartnern tatsächlich der Wert „Herrn" eingetragen ist oder ob Sie vielleicht „Herr" verwendet haben. Falls der Fehler nur bei einzelnen Datensätzen auftaucht, sollten Sie prüfen, ob Sie sich bei der Eingabe der Anrede im Datenformular bei den betreffenden Datensätzen verschrieben haben oder ob eventuell Leerzeichen hinter dem Feldeintrag eingegeben wurden. Sie können die Datenquelle über die Schaltfläche *Datenquelle bearbeiten* einsehen.

Natürlich kann der Fehler auch darin begründet sein, dass Sie sich bei der Eingabe des Vergleichswerts im Dialogfeld *Bedingungsfeld einfügen* verschrieben haben. Das Dialogfeld können Sie nicht mehr öffnen, Sie können sich über die Tastenkombination [Alt]+[F9] jedoch den Inhalt der Bedingung anzeigen lassen und ihn korrigieren. Nach der Korrektur müssen Sie mit erneutem Drücken von [Alt]+[F9] die Feldfunktionen wieder ausblenden und mit [F9] eine Aktualisierung durchführen.

Onlinedokumente ohne Pannen erstellen

Die häufigste Fehlerursache im Zusammenhang mit Webseiten liegt in der Verwendung von Hyperlinks. Da Webseiten normalerweise auf dem lokalen Rechner erstellt und verknüpft werden, speichert Word die lokalen Speicherpfade in den Hyperlinks. Nach der Fertigstellung werden die Webseiten dann auf den Server im Intra- oder Internet kopiert. Falls die Verweise nicht korrekt festgelegt wurden, tauchen nun erst die Fehlermeldungen auf. Wenn Sie beim Testen oder die späteren Besucher Ihrer Webseiten auf einen Hyperlink klicken, wird statt der verknüpften Datei die berühmte Fehlermeldung *Fehler 404 - Document not found* oder eine vom Administrator angepasste Fehlermeldung angezeigt. Um solche Fehler zu vermeiden, sollten Sie nach dem Kopieren der Webseiten alle enthaltenen Links gründlich testen.

Fehler 404

Falls Sie absolute Pfadangaben verwenden, muss die Verzeichnisstruktur auf Ihrem Webserver mit der Verzeichnisstruktur auf Ihrem lokalen Rechner exakt übereinstimmen. Falls dies nicht der Fall ist, sollten Sie relative Pfadangaben einsetzen, bei denen Sie den Speicherpfad, ausgehend vom Speicherort des aufrufenden Dokuments, festlegen. Sie können über den Befehl *Datei/Eigenschaften* im Feld *Hyperlink-Basis* den URL angeben, der für alle Hyperlinks als Ausgangspfad benutzt werden soll.

Webseiten werden teilweise mit der Endung *.html,* aber auch mit der Endung *.htm* gespeichert. Prüfen Sie, ob Sie die Erweiterung korrekt angesprochen haben. Einige Webserver unterscheiden bei Dateinamen zwischen Groß- und Kleinschreibung. In diesem Fall muss der Name der Webseite in den Verweisen bezüglich Groß-/Kleinschreibung genau mit dem gespeicherten Namen übereinstimmen. Bei Servern, die lange Dateinamen nicht unterstützen, dürfen Sie nur die früher üblichen kurzen Dateinamen (8-3er-Konvention: DOS-Namen) verwenden. Falls Sie Hyperlinks verwenden, die auf externe Webseiten verweisen, müssen Sie regelmäßig kontrollieren, ob diese Seiten noch vorhanden sind oder vielleicht im Zuge von „Umbauarbeiten" gelöscht oder verschoben wurden.

Grafik wird auf Webseiten nicht angezeigt

Falls Ihre Webseiten Grafiken enthält, werden diese nicht direkt in der Webseite gespeichert, sondern in externen Dateien, und in die Webseite wird lediglich ein Verweis auf den Namen und den Speicherort der Grafikdatei aufgenommen. Falls der Browser die verknüpfte Grafik am angegebenen Speicherort nicht findet, wird statt der Grafik das gleiche Symbol angezeigt, das auch während des Ladevorgangs statt der Grafik erscheint.

Fehlt die verknüpfte Grafik, nützt auch die Aktivierung der Grafikanzeige im Browser nichts

Fehlermeldung bei verknüpften Grafiken

Prüfen Sie in diesem Fall, ob die Grafik tatsächlich am angegebenen Speicherort liegt. Unter Umständen haben Sie vergessen, die Grafikdatei mit der Webseite auf den Server zu kopieren, oder sie an eine andere Stelle kopiert. Prüfen Sie über den Befehl *Extras/Optionen* und die Aktivierung der Schaltfläche *Weboptionen* im Register *Allgemein*, ob im Register *Dateien* das Kontrollkästchen *Hilfsdateien in einen Ordner speichern* eingeschaltet ist. In diesem Fall erstellt Word automatisch einen Ordner mit dem Namen der Webseite und dem Zusatz *-Dateien*, in dem alle verknüpften Objekte abgelegt werden. Sie müssen diesen Ordner zusammen mit der Webseite auf den Webserver kopieren, damit der Browser die entsprechenden Dateien findet.

Da Grafiken wie Hyperlink-Verweise über einen URL in die Webseite eingebunden werden, sollten Sie außerdem die im letzten Abschnitt beschriebenen Fehlerursachen überprüfen. Browser unterstützen nicht alle Grafikformate, die in normalen Word-Dokumenten üblich sind, sondern meist nur GIF und JPEG, neuere Browser zusätzlich PNG. Word konvertiert andere Grafikformate beim Speichern einer Webseite jedoch automatisch in das GIF-Format. Haben Sie Webseiten mit dem Script-Editor oder mit einem anderen Editor nachbearbeitet, sollten Sie prüfen, ob Sie nicht unterstützte Formate verwenden.

Webseiteninhalte werden unterschiedlich angezeigt

Wie der Inhalt der Webseiten im Browser angezeigt wird, hängt vom Browser ab. Leider unterstützen nicht alle Browser alle derzeit von Word angebotenen Formate und Effekte. Einige Optionen, wie Hintergrundsound oder Lauftext, werden z. B. nur vom Internet Explorer, andere nur vom Netscape Navigator unterstützt. Ältere Browser unterstützen CSS, die Wiedergabe von Videos oder sogar die Anzeige von Grafiken nicht, sondern zeigen nur den auf der Seite enthaltenen Text an und ignorieren Formatierungsbefehle, die durch Cascading Style Sheets festgelegt wurden.

Außerdem kann jeder Anwender seinen Browser so einstellen, dass ladeintensive Objekte wie Grafiken, Sounddateien oder Videoclips nicht geladen werden. Falls Sie sicher sein wollen, dass die Webseiteninhalte zumindest ähnlich angezeigt werden, sollten Sie diese mit möglichst vielen Browsern überprüfen und auf browserabhängige Formatierungen und die neuesten HTML-Erweiterungen verzichten.

Eine weitere Ursache für die unterschiedliche Anzeige von Webseiteninhalten kann in den unterschiedlichen Bildschirmauflösungen liegen, mit denen die Webseite angezeigt wird. Wird der Inhalt der Webseite nicht

15

FAQ und Pannenhilfe

komplett angezeigt, können Sie ihn mit mithilfe einer unsichtbaren Tabelle anordnen und über die Tabelleneigenschaften die Größe der Tabelle prozentual zur Fenstergröße skalieren. Dazu schalten Sie im Dialogfeld *Tabelleneigenschaften* das Kontrollkästchen *Bevorzugte Breite* ein und setzen die *Maßeinheit* auf *Prozent*. Der im Eingabefeld festgelegte Wert skaliert die Tabelle nun prozentual zur jeweils aktuellen Größe des Browserfensters bzw. des Frames.

Stichwortverzeichnis